Franz Kurowski

1944

So war der 2. Weltkrieg

Die Rückzüge

Franz Kurowski

1944

So war der 2. Weltkrieg

Die Rückzüge

FLECHSIG

Umwelthinweis:
Dieses Buch und der Umschlag wurden auf chlorfrei gebleichtem Papier gedruckt.
Die Einschrumpffolie – zum Schutz vor Verschmutzung – ist aus umweltverträglichem und recyclingfähigem PE-Material.

Sonderausgabe für Flechsig-Buchvertrieb

Internet: www.verlagshaus.com
Gesamtherstellung: AGORA, United Graphic Services b.v., Netherland

ISBN 978-3-88189-715-0

INHALTSVERZEICHNIS

ALLGEMEINE LAGE AM 1. 1. 1944

Die "Festung Europa"

"Die 'Festung Europa' muß in dem Umfang, den ihr die Feldzüge der vorangegangenen Kriegsjahre gegeben haben, mit allen Inseln und allen Binnenräumen, selbst den entlegensten und unwegsamsten, besetzt und verteidigt werden."

Diese Forderung Hitlers galt für das Jahr 1944. Sie zog das Entstehen der "Festen Plätze" nach sich und alle jene "bis zur letzten Patrone" zu verteidigenden Positionen. Daraus resultierten Einschließungen starker Heeresteile, von Divisionen zu Armeekorps, Armeen und schließlich der gesamten Heeresgruppe Mitte.

Diese Forderungen des Obersten Befehlshabers der Wehrmacht stellten die deutsche militärische Führung, insbesondere jedoch das deutsche Feldheer, vor Aufgaben, deren ganze Tragik bis dahin - trotz Stalingrad und "Tunisgrad" - noch gar nicht erkennbar waren.

Die deutsche Luftwaffe sah in den am weitesten vorgeschobenen Teilen der Front jenen Absprungraum, von dem aus sie feindliche Verbände schon frühzeitig erkennen und bekämpfen konnte. Darüber hinaus bildeten diese vorgeschobenen Stellungen teilweise geeignete Absprungbasen für eigene Kampfverbände und Aufklärer. Sobald einer dieser Frontvorsprünge freigegeben wurde, hätte der Feind *seine* Chance, sich darin einzunisten und von dort aus den Kampf weiter zu führen und damit seine Reichweite auszudehnen.

Sobald die Flugbasen des Feindes nahe genug herangerückt waren, lag ganz Deutschland im feindlichen Bombenhagel und eine Großoffensive der feindlichen Luftstreitkräfte konnte die Reichsverteidigung zum Zusammenbruch reifbomben.

Ein bestes Zeichen dafür war die Tatsache, daß sich die USAAF nach dem Vordringen der westlichen Alliierten in Süditalien der dortigen Flugbasen bemächtigten und von dort aus den Luftkrieg in die Außenbastionen der Festung Europa hineintrugen. Wien, ebenso Rumäniens Erdölfelder und ganz Süddeutschland waren damit den feindlichen Bombergeschwadern ausgesetzt.

Das gleiche traf für die Kriegsmarine zu, die vor allem für den U-Bootkrieg die gesamte Länge der westeuropäischen Küste von Norwegen bis hinunter zur Biskaya als Stützpunkte in Besitz genommen hatte. Je weiter diese deutschen U-Bootstützpunkte auseinander lagen, desto wirksamer war der Einsatz der Boote und desto schwieriger die Bekämpfung ihrer Basen aus der Luft.

Der Einsatz der U-Boote aber sollte 1944 - unter verbesserten Bedingungen, was die Boote selbst und deren Waffe, die Torpedos, anlangte - verstärkt geführt werden.

Bei der Seeüberlegenheit der Westalliierten war jede Aufgabe, seien es Inseln oder an der See liegende Landgebiete, eine besondere Erschwerung der eigenen Kriegführung und konnte *auch* zur Unterbrechung wichtiger Landverbindungen führen. Dies trat insbesondere bei den Kämpfen in der Ägäis immer wieder in den Vordergrund der Überlegungen.

Was die deutsche Kriegswirtschaft anlangte, so war das Halten der fernen Fronten von ganz besonderer Bedeutung, weil die europäischen Rohstoff-Vorkommen, wie bereits dargestellt, in diesen exponierten Ländern lagen. Damit war ihr Halten für die Durchführung der Aufgaben, welche der Industrie gestellt wurden, von entscheidender Bedeutung.

So mußten vor allem jene Räume, die über besonders wichtige Rohstoffe verfügten, gehalten werden. Beispielsweise Nickel und andere Erze aus Petsamo und Kolosjoki, Erdöl aus Ploesti und wichtige Rohstoffe aus den Balkanländern.

Dazu gehörten die Verkehrsverbindungen, weil ohne sie alle Rohstoffe, selbst wenn sie in deutscher Hand waren, nicht nach Deutschland geschafft werden konnten.

Daß der Ernährungswirtschaft ganz besondere Bedeutung zukam, braucht nicht besonders erwähnt zu werden. Deutschland konnte zu Beginn des Jahres 1944 auf *keines* jener Ernährungsgebiete, die noch in seiner Hand waren, verzichten.

Da Bandentätigkeit, Aufstände und Revolutionen in den besetzten Gebieten eine immer dichtere Besetzung erforderten, ohne daß die Kräfte dazu vorhanden waren, wuchsen die Besatzungsaufgaben in der noch gehaltenen Festung Europa ins Unermeßliche. Hinzu kam seit September 1943 die Überwachung der Apeninn-Halbinsel. Sobald an irgend einer Stelle keine deutschen Truppen standen, war innerhalb kürzester Zeit auch dort mit anwachsender Bandentätigkeit zu rechnen. Terrorgruppen kamen hinzu.

Einige dieser Bandengebiete konnten abgeriegelt und gelegentlich durchkämmt werden, um sie niederzuhalten. Andere wiederum, vor allem die größeren Aufstandsgebiete, aus denen heraus Banden in kampfstarken Gruppen, mit guter Bewaffnung und militärischer Führung hervorbrachen und deutsche Vorpostenstellungen überfielen, bildeten eine ständige Gefahr für die gesamte Kriegführung. Diese Gefahr verstärkte sich, als die Alliierten mit Fallschirm- und Luftlandeeinsätzen in diese Gebiete hineinstießen und den Banden wertvolle Unterstützung zuteil werden ließen.

Die deutschen Außenbastionen auf dem Balkan, im Hohen Norden und in verschiedenen Teilen Südrußlands, vor allem aber in Rumänien und Ungarn, waren ständig in Gefahr, zu einer zweiten und dritten Front zu werden, was ja ausgesprochenes Ziel der Anglo-Amerikaner war. Bereits die ersten Versuche bei Dieppe, in Nordwestafrika, sowie auf Sizilien und dem italienischen Festland, auf den Inseln der Ägäis, stellten dies unter Beweis.

Ein die endgültige Entscheidung suchender Stoß der Westalliierten - möglicherweise mit einer sowjetischen koordinierten Offensive - lag überall im Bereich des Möglichen.

Dieser Lage mußte das OKW Rechnung tragen, wobei erschwerend ins Gewicht fiel, daß noch kein feindlicher Hauptstoß erkannt werden konnte, von dem aus der Feind eine zweite Front errichten würde. So war es dem OKW *nicht* möglich, einen eindeutigen Verteidigungsschwerpunkt zu bestimmen. Dies veranlaßte den Stab des WFSt. zu einer am 13.2. geschriebenen Notiz an den Chef des OKW GFM Keitel: "Wir kämpfen aus diesem Grunde in der strategischen Defensive auf der inneren Linie um die Festung Europa, ohne daß wir die Vorteile dieser inneren Linie voll ausnutzen können, da zahlreiche ungebundene Feindkräfte im Mittelmeer, Mittleren und Nahen Osten, in Afrika, Amerika, England und Island, deren Einsatz zum Angriff gegen die Küsten Europas jederzeit zu erwarten ist, große Teile unserer Reserven festlegen." (siehe: WFStab/Op (H), GenMaj. von Buttlar vom 13.2. 1944)

Unter diesem Gesichtspunkt der Errichtung einer zweiten Front, der für das Jahr 1944 die Kräfteverteilung der Wehrmacht bestimmen mußte, stellte sich die Lage auf den einzelnen dem OKW zugewiesenen Kriegsschauplätzen folgendermaßen dar:

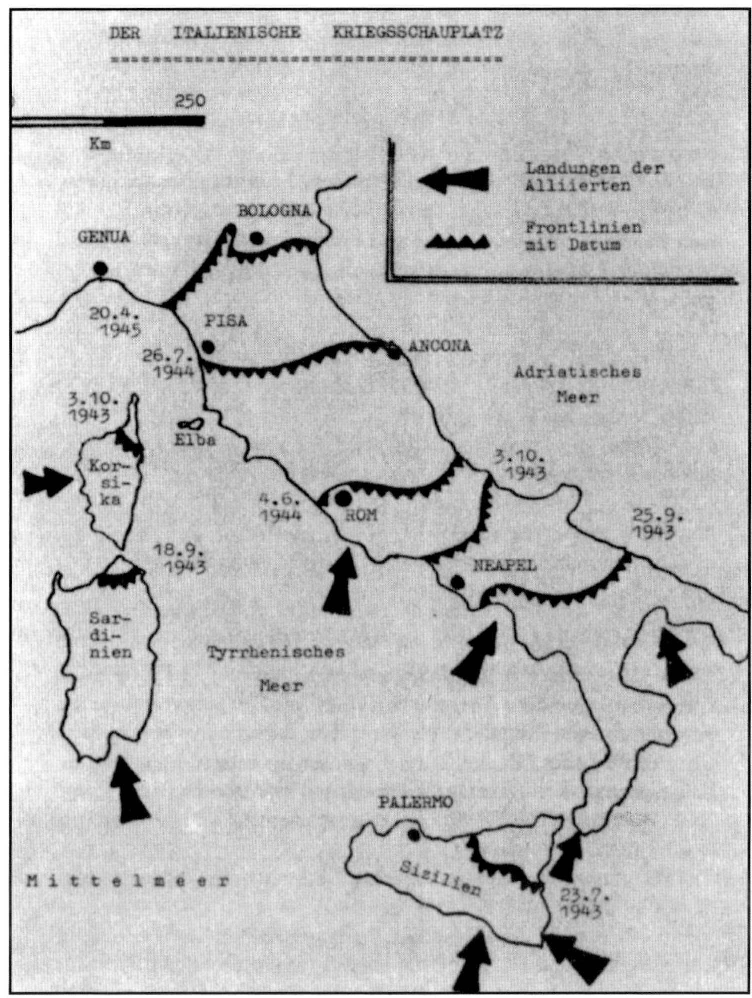

Die Italienfront

Im Südwesten Italiens war seit der Landung der Anglo-Amerikaner auf Sizilien im Juli 1943 und dem deutschen Rückzug von dort bereits eine neue Landfront errichtet worden. Dort war ein von den Westalliierten mit riesigem Materialeinsatz geführter Großkampf im Gange. Dieser übertraf in mancher Hinsicht noch die Härte der Ostschlachten.

Der Einsatz der deutschen Kräfte an dieser Front war durch den Entschluß bestimmt, dort in der Verteidigung zu bleiben und auf Gegenschläge, auch örtlichen Ausmaßes, zu verzichten, obwohl solche vom OB Südwest, GFM Kesselring, immer wieder angeregt wurden.

Dadurch, daß die deutsche Verteidigung entgegen den ursprünglich bestehenden Absichten in die Linie Ortona-Gaeta vorverlegt wurde, trat neben der eigentlichen Kampfführung *auch* die Küstenverteidigung als Aufgabe hinzu, die umfangreiche Kräfte forderte.

Der damit eingetretene Nachteil wurde dadurch aufgewogen, daß eine Verteidigung in der 300 km langen Apenninstellung oder gar in der 1000 km langen "Alpenstellung" einen ungleich höheren Kräftebedarf gehabt hätte.

Außerdem wurde der Einsatz deutscher Kräfte in Italien dadurch bedingt, daß seit Jahresbeginn eine Zusammenziehung starker anglo-amerikanischer und französischer Kräfte in Nordafrika stattgefunden hatte, die dort vorgezogen wurden, um in den Kampf in Süditalien einzugreifen. Sie konnten aber a u c h für Sonderaufgaben bestimmt sein.

Da außerdem in Nordafrikas Häfen das Gros aller westalliierten Landungsschiffe lag, schälte sich die Befürchtung heraus, daß der Gegner *hier* ein neues großes Landungsunternehmen vorbereitete.

Ein solches wurde entweder an der ligurischen, oder an der südfranzösischen Küste angenommen. Es konnte sich aber auch gegen den Bereich des AOK 19 richten.

Daß unter den zusammengezogenen Kräften übermäßig viele französische Einheiten und Verbände waren, legte den Schluß nahe, daß eine Landung auf Korsika geplant sein könne.

Die Situation auf dem Balkan

Im Südostraum war zu Anfang 1944 die Gefahr eines anglo-amerikanischen Landungsunternehmens ebenfalls gegeben. Dieser Verdacht wurde dadurch genährt, daß die Angloamerikaner im Großraum Ägypten, Syrien und Palästina größere Truppenkontingente zusammengezogen hatten. Allerdings stand diesen Truppen noch kein genügend großer Landungsschiffsraum zur Verfügung. Dennoch war auch mit den vorhandenen Mitteln durchaus ein Angriff gegen Rhodos oder die Ägäischen Inseln möglich.

Dies deuteten auch die westalliierten See- und Luftoperationen im Ägäischen Meer an.

Ein weiterer Ansatzpunkt war die Dalmatinische Küste. Von Italien aus würde es den Westalliierten - sobald sie weit genug nach Norden vorgestoßen waren – ein Leichtes sein, mit starken Kampfverbänden auf den Balkan überzusetzen, die dort noch weiter südlich stehenden deutschen Truppen abzuschneiden und sie im Verein mit den Tito-Partisanen zu vernichten.

Hitler hatte es im Vorjahr verabsäumt, die ihm von Tito gereichte Hand zur gemeinsamen Abwehr eines solchen westalliierten Angriffs zu ergreifen. Der letzte genannte Angriff konnte allerdings nicht eher beginnen, bis die Alliierten einen genügend tiefen und breiten Raum auf der italienischen Halbinsel gewonnen hatten.

In Sachen Südostraum lag jedoch das große Fragezeichen in der weiteren Haltung der Türkei. Falls die Türkei zum Feind übertreten sollte, war deutscherseits eine mit Bulgarien vorbereitete Operation geplant worden, die den Codenamen "Gertrud" trug. Doch dazu waren zu Anfang 1944 noch keinerlei Kräfte bereitgestellt worden.

Auf dem Balkan erforderte die Bandenbekämpfung – es mußte mit 100.000 gut bewaffneten und militärisch straff geführten Bandenmitgliedern gerechnet werden – einen großen Aufwand an Waffen und Soldaten.

Eines stand allerdings seit Ende 1943 fest: Daß die westlichen Alliierten den eigentlichen Ort einer Invasion im Westen sahen und daß dort - irgendwo an der französischen Atlantikküste - diese Invasion gestartet werden würde, nachdem die Westalliierten auf den Konferenzen von Moskau und Teheran den sowjetischen Forderungen nach Errichtung einer zweiten Front im Westen nachgegeben hatten.

In Südengland war bereits zu dieser Zeit der beginnende Aufmarsch einer Invasionstruppe festgestellt worden. Zum Jahresbeginn 1944 wurden dort etwa 50 Großverbände erkannt. Darunter befanden sich auch einige Divisionen, die aus dem Mittelmeerraum nach dem Mutterland geschafft worden waren.

Aus den USA trafen um diese Zeit die Schiffskonvois mit Truppen in England ein. General Eisenhower, der Befehlshaber der US-Truppen in Europa, war zum Oberbefehlshaber der Invasionsstreitkräfte ernannt worden.

Diese Erkenntnisse waren bereits in die Führerweisungen Nr. 51 vom 3. Nov. 1943 eingeflossen, in der es u.a. hieß: "Die Gefahr im Osten ist geblieben, aber im Westen zeichnet sich eine größere ab: die der angelsächsischen Landung!

Im Osten läßt die Größe des Raumes äußersten Falles einen Geländeverlust auch größeren Ausmaßes zu, ohne den deutschen Lebensnerv tödlich zu treffen.

Anders im Westen!

Gelingt dem Feind hier ein Einbruch in unsere Verteidigung auf breiter Front, so sind die Folgen in kurzer Zeit unabsehbar."

Damit stand fest, daß der Westen nicht mehr zu Gunsten anderer Kriegsschauplätze geschwächt werden durfte. Er mußte vielmehr in seiner Abwehrkraft gestärkt werden, vornehmlich an der Stelle, wo der Fernkampf gegen England geplant war.

Aufgrund dieser Führerweisung Nr. 51 flossen dem Westen Verstärkungen an Panzern und Sturmgeschützverbänden, sowie anderer schwererer Waffen zu. Doch nach den ersten Kämpfen des Jahres 1944 im Osten wurde dieser Grundsatz wieder durchbrochen und es kam zu Truppenabzügen aus dem Westen, die im Osten dringend benötigt wurden.

Die Operation gegen Norwegen findet nicht statt

Eine angloamerikanishe Operation gegen Norwegen, wie sie Hitler seit geraumer Zeit vorhersah, hätte sicherlich den Eintritt Schwedens auf alliierter Seite in den Krieg bedeutet. Dann wäre der deutschen Kriegswirtschaft ganz Skandinavien verloren gegangen und damit auch dessen entscheidende Rohstoffe.

Zu Beginn des Jahres 1944 zeigte es sich jedoch, daß eine solche Unternehmung offenbar nicht mehr auf dem Programm stand, zumal sie außerhalb der Reichweite der britischen Jägerkräfte hätte durchgeführt werden müssen. Damit war das Unternehmen mit zu vielen Risiken behaftet und wurde abgeblasen.

Dies bewirkte, daß nunmehr auch auf Truppen aus dem Bereich des Wehrmachtbefehlshabers Norwegen zurückgegriffen wurde. Von den im Norden zurückbleibenden deutschen Divisionen hatte jede an der insgesamt 2.500 km langen Küstenfront jeweils bis zu 200 km zu verteidigen.

Angriffspläne der Sowjetunion gegen die 20. Gebirgsarmee waren nicht erkannt worden, ebensowenig solche, die sich gegen Finnland richteten.

Auch ein Angriff gegen Dänemark lag nicht im Bereich der feindlichen Absichten, zumal dort mit großen Schwierigkeiten zu Lande und zur See gerechnet werden mußte. Dennoch war auch diese Möglichkeit nicht ganz auszuschließen, denn die geringe deutsche Küstenbesetzung ließ einen solchen handstreichartigen Überfall als möglich erscheinen.

Was deutscherseits zur Abwehr eines solchen Angriffs - wo auch immer - fehlte, war eine zentrale Reservetruppe, die nach einer Feindlandung und Erkennen des Landungsschwerpunktes direkt an die bedrohte Front hätte geworfen werden können. Aber der deutschen Führung standen keine solchen Reserven zur Verfügung.

Jene gut ausgerüsteten Divisionen, die an und für sich als OKW-Reserve gedacht waren, und nur mit dessen Genehmigung eingesetzt werden durften, standen auf den OKW-Kriegsschauplätzen im Einsatz. So beispielsweise die 20. Luftwaffen-Felddivision in Dänemark, die 1. Gebirgsdivision und die 100. Jägerdivision auf dem Balkan. Ferner die noch in Italien in der Aufstellung begriffene 4. Fallschirmjägerdivision und die Fallschirm-Panzerdivision "Hermann Göring", die ebenfalls auf dem italienischen Kriegsschauplatz stand.

Planungen über Neuaufstellungen

Bereits am 23.9.1943 war die Aufstellung von neun Divisionen der 21. Welle befohlen worden, von denen vier im Westen, drei im Generalgouvernement und jeweils eine im Südwesten und Südosten aufgestellt wurde. Hinzu kam die Aufstellung von zwei FallschirmjägerDivisionen und zwei Waffen-SS-Panzergrenadier-Divisionen.

Gefolgt war bereits im Oktober 1943 die Aufstellung der 22. Welle mit fünf Divisionen im Westen und einer im Südosten; Gleichzeitig war die Aufstellung der 23. Welle mit vier Divisionen befohlen worden.

Alle diese Divisionen konnten in ihrer Aufstellung erst Monate später und dann auch nur unvollständig an Kopfzahl und Ausrüstung als vollzogen angesehen werden.

Darüber hinaus lief ab Ende 1943 die Aufstellung zweier starker Heeres-Panzerdivisionen. Es waren dies: Die 21. PD und die 2. PD. Im Westen wurde außerdem die Panzer-Lehr-Division aufgestellt. Letztere war erst am 1. April 1944 verwendungsbereit.

Noch am 30.12. 1943 wurde für 1944 die Aufstellung von weiteren vier Divisionen der 24. Welle eingeleitet. Diese Aufstellungen geschahen im Heimatkriegsgebiet, wo auch 15 Landesschützen-Bataillone aufgestellt wurden. Diese Bataillone sollten in abgekämpfte Ostdivisionen eingegliedert werden.

Noch am 30.12. hatte Hitler in einem weiteren Führerbefehl die Aufstellung der 25. Welle, bestehend aus sechs verstärkten Infanterie-Kampfgruppen in Regimentsstärke, befohlen.

Alle diese Bemühungen zur Schaffung vor allem von operativen Reserven wurden durch Hitlers Befehl zur "Heranziehung des Ersatzheeres" vom 2.11. 1943 durchgeführt. Durch einen weiteren Führerbefehl vom 9.1. 1944 dazu sollten die sechs in diesem Zusammenhang aufgestellten Grenadier-Regimenter 1021 bis 1026 als Kerntruppe zur Aufstellung der sechs Divisionen der 25. Welle dienen. Zur Aufstellung der PLD wurden die Grenadier-Regimenter 1027 und 1028, das Panzer-Lehr-Regiment, das Pionier-Lehr-Bataillon und einige weitere Einheiten zusammengezogen.

Neue Aufstellungsbefehle folgten einander in schneller Folge. In ähnlicher Weise wurde auch die Zahl der Divisionen der Waffen-SS aufgestockt. Zum Beginn des Jahres 1944 befanden sich folgende Divisionen der Waffen-SS in der Aufstellung:

1.Im Westen: Die 9. SS-PD "Hohenstaufen"

2.Ebenfalls im Westen: Die 10. SS-PD "Frundsberg" und

3.die 12. SS-PD "Hitlerjugend".

4.Die 17. SS-PGD "Götz von Berlichingen".

Drei im Osten abgekämpfte Divisionen der Waffen-SS sollten ihre Neuaufstellungen erfahren:

1. Die 2. SS-PD "Das Reich"

2.Die 16. SS-PGD "Reichsführer SS"

3.Die 8. SS-Kavallerie-Division.

4.Die 4. SS-Pol. PGD.

Abschließend die Lagebeurteilung vom 24.1. 1944 unter besonderer Beachtung der feindlichen Absichten, wie sie im KTB des OKW 1944-1945, Teilband I, niedergelegt wurde:

"Bei der Beurteilung der feindlichen Absichten vertrat der Chef des WFST. die Ansicht, welcher der Führer voll zustimmte, daß die Alliierten uns durch verschiedene Operationen an der Peripherie des Kriegstheaters zwingen wollen, unsere Kräfte abzuziehen und zu zersplittern, um dann zum entscheidenden Schlag der Invasion über den Kanal auszuholen.

In diesem Zusammenhang wäre eine Operation gegen eine der Inseln im Ägäischen Meer, eine Landung in Portugal, Spanien oder im Raum von Bordeaux, denkbar (siehe auch: Merkbuch, Aufzeichnungen Chef WFSt. vom 24.1.).

Diese Besorgnisse blieben, was den Mittelmeerraum betraf, auch bestehen, nachdem eine dieser erwarteten Landungen bei Anzio-Nettuno auf dem ital. Festland tatsächlich stattgefunden hatte, denn es stellte sich heraus, daß der Gegner seine Kräftegruppe im Landekopf von Nettuno allein mit den Mitteln des italienischen Kriegsschauplatzes aufgebaut hatte und nährte, so daß die Masse seiner im übrigen Mittelmeerbereich vermuteten Kräfte weiterhin ungebunden blieben.

Auf die Tatsache, daß die Biskaya-Küste, sowie Spanien und Portugal als bedroht anzusehen seien, hatte der Führer bereits am 7.1. hingewiesen. In Portugal sei eine Landung für die Alliierten mit geringerem Risiko verbunden, sie bedeute aber für Deutschland den Ausfall der Wolfram-Lieferungen, die Erschwerung des U-Bootkrieges und die Festlegung von Verbänden aus dem Bereich des OB-West. Daher sei sie für uns sehr nachteilig."

Weitere Gefahrenstellen waren nach der Ansicht des WFStabes die Biskaya-Küste, die südfranzösische Küste und die französische Mittelmeerküste.

Hauptstelle für eine alliierte Landung blieb aber die Westküste Frankreichs vom Pas de Calais bis hinunter zur Halbinsel Cotentin, wobei die deutsche Führung eher mit einer Landung im Bereich des Pas de Calais rechnete.

Währenddessen war die Sowjetarmee im Südabschnitt der Ostfront bereits wieder in voller Aktion.

* * *

IM SÜDEN DER OSTFRONT

Rückschau:

Die Wotanstellung und der Angriff der Sowjetarmee

Die große Schlacht am Unterlauf des Dnjepr, welche die Sowjetarmee mit dem Ziel führte, die 6. Armee ein zweitesmal zu vernichten und den Weg zur Krim zu öffnen, war von der 4. Ukrainischen Front unter GenOberst Tolbuchin geführt worden.

Seit dem 27.9. 1943 hatten Tolbuchins Armeen die Front der 6. Armee berannt. Der Großangriff hatte aber erst am 9.10., nach einem gewaltigen Artillerie-Feuerschlag, begonnen.

Melitopol hatte im Zentrum des ersten großen Angriffs gelegen. Hier griff das sowj. XI. PzKorps an und verlor weit über 200 Panzer.

GenOberst. Hollidt, OB der 6. Armee, hatte, wie seinerzeit GenOberst Paulus, gegen eine Einschließung mit nachfolgender Vernichtung zu kämpfen.

Die Ortschaften Bogdanowka, Akimowka und Danilo Iwanowa standen im Brennpunkt der Kämpfe. Mehr aber als an allen diesen Plätzen mußten sich die in Oktoberfeld verteidigenden deutschen Soldaten ihrer Haut wehren. Nicht weniger als 30-mal griff die Sowjetarmee die hier liegende 3. GD sowie die 17. und 258. ID an.

Als Turm in der Schlacht stand hier das PGR 66 der 13. PD unter seinem Führer, Major von Gazen, genannt Gaza. Mit seinen Männern vernichtete der Major in erbitterten Gefechten insgesamt 62 T 34. Das war für ihn die Auszeichnung mit den Schwertern zum RK des Eisernen Kreuzes, die er als 83. am 3. 10. 1943 erhielt.

Der Kampf um Melitopol weitete sich zu einem einzigen Gemetzel um die Plantagen südlich der Stadt aus. Auch hier stand die 13. PD neben den Kameraden von der Infanterie ihren Mann. Melitopol mußte am 23.10. aufgegeben werden,und damit hatte die 4. Ukrainische Front den Weg nach Süden, direkt zur Krim, geöffnet.

Das XXXXIV. AK hatte diesen Ansturm am 24.10. aufzuhalten. Gegen dieses abgekämpfte Korps richtete sich der Ansturm von 6 Schützendivisionen und zwei aufeinander folgenden Panzerwellen. Auch hier kam der Angriff trotz dieser hohen feindlichen Überlegenheit nach Abschuß von 94 T 34 zum Stehen.

Diesmal war es die PzKGr. unter Oberst von Hake, Kdr. des PR 4 der 13. PD, die – von Sturmgeschützen und Panzerjägern der sPzJägAbt. 93 unterstützt – den Feind warf.

Am 27.10. mußte die 73. ID, die ebenfalls im Zentrum des Abwehrkampfes gestanden hatte, eine Gefechtsstärke von 170 Mann melden. Diese Division war der 6. Armee wenige Wochen vorher voll aufgefüllt zugeführt worden. Ebenso war es der 111. ID ergangen, die noch 200 Mann in der Front stehen hatte.

Durch eine Schneise von 45 km Breite stürmten die Divisionen der 4. Ukrainischen Front mit der 51. Armee, an deren Spitze das XIX. PzKorps, und die unter dem Kommando von GenLt. Sacharow stehende 2. Gardearmee weiter.

Das XXXXIV. AK unter GendArt. de Angelis im Südabschnitt dieser Durchbruchslücke hatte gleichzeitig gegen den Feind vor der Front und in seinem Rücken zu kämpfen. Das Korps setzte sich ab.

Der Durchbruch gelang , doch die 2. Gardearmee war bereits weit daran vorbei nach Westen vorgestoßen und hielt auf das Mündungsgebiet des Dnjepr zu. Dennoch gelang es der 4. GebDiv. und der 13. PD, die Brücke über den Dnjepr bei Cherson zu erreichen und dort über den Fluß zu setzen.

Die 6. Armee war ihrer Einschließung entkommen und konnte ihre Divisionen auf die neue Abwehrstellung zwischen Nikopol und der Krim zurückführen. Dieser Rückblick zeigt auf, wie die Sowjetarmee die Voraussetzung für ihre Offensive 1944 schuf.

Rückblick auf Kiew

Bereits am 3.11. 1943 hatte die Sowjetarmee die Offensive gegen Kiew eröffnet und schoß im Raum Ljutesch die deutsche HKL zusammen. Zentrum des losbrechenden Angriffs waren die 681, 88. und 208. ID. GenOberst Hoth, OB der 4. Panzerarmee, warf die 20. PGD in den bedrohten Frontabschnitt. Doch auch sie war dem Ansturm der am 4. Nov. losbrechenden Panzerverbände der 3. Garde-Panzerarmee unter General Rybalko nicht mehr gewachsen.

Diese Panzerrudel stießen durch die Lücken, die von der 38. Sowjetarmee geschlagen worden waren. Auf den Panzern aufgesessen die Soldaten der 136. und 167. Schützendivision.

Gegen diese Panzerlawine wurde die 7. PD angesetzt. GenLt. von Manteuffel führte sie persönlich am 4.11. aus dem Waldgelände bei Belitschi nach Norden, um den von Norden nach Süden angreifenden Gegner zu aufzuhalten. Während der Angriff vorwärts ging, stieß der Gegner ostwärts an der Division vorbei nach Süden und brach über den Vorort Wolijkoff in den Westteil von Kiew ein. Erst jetzt stellte sich heraus, daß das VII. AK sich hinter den Irpen abgesetzt und der Feind die Straße Kiew-Shitomir bis zum Übergang über den Irpen 12 km weiter westlich in Besitz genommen hatte.

Gen. von Manteuffel befahl für die 7. PD "Rückzug über den Irpen und über Schwetschenko-Belgorodka nach Süden!"

In der Nacht zum 7. 11. mußte Kiew aufgegeben werden und General Kraftschenko rollte an der Spitze seines 5. Garde-PzKorps über den Krastschatik - die Hauptstraße der Hauptstadt der Ukraine - nach Kiew hinein. Kiew war wieder in sowjetischer Hand.

Zur gleichen Zeit rollten die Hauptkräfte der 3. Garde-Panzerarmee weiter nach Westen, überwanden nach Niederringung der deutschen Verteidiger den Irpen und standen damit im Rücken der Heeresgruppe Süd.

Die Krim war wenig später völlig abgeschnitten, sodaß die 17. Armee sich dort wie in einem eigenen selbstgeschaffenen und unterhaltenen Gefangenlager befand. Anstatt sie für die Schlacht um den Dnjepr freizubekommen, war sie von Hitler der Vernichtung preisgegeben worden. Darüber im folgenden Kapitel mehr.

Übersicht bei der Heeresgruppe Süd

Am 25. Dez. 1943 hatte der OB der HGr. Süd, GFM von Manstein, ein Fernschreiben an das OKH geschickt. Darin eingebunden eine präzise Darstellung der Feind- und der eigenen Lage.

"Eine bevorstehende Offensive der Roten Armee kann die 4.Pz-Armee mit den derzeit verfügbaren Kräften nicht auffangen",lautete einer der Kernsätze. Damit konnte sie ihre eigentliche Aufgabe: Sicherung der tiefen Flanke der HGr. Süd und der sich nach Süden und Südwesten anschließenden HGr A zu decken, nicht mehr erfüllen.

Als Konsequenz zu dieser Schilderung forderte GFM von Manstein die völlige Bewegungsfreiheit für den gesamten rechten Flügel seiner Heeresgruppe.

Der Gegner war inzwischen im Bereich des XXXXII. AK zum Angriff angetreten. Sein Ziel: Durchbruch auf Shitomir.

Zur Stärkung der HGr. Süd war dieser die 6. Armee vorübergehend wieder unterstellt. Die 17. PD kam von Unterlauf des Dnjepr herauf und wurde der 4. PzArmee zugeführt.

Auf eine Rückfrage hin meldete GFM von Manstein, daß der Feind mit starken Kräften beiderseits der Straße Kiew - Shitomir angegriffen habe. Und zwar sei die 1. Ukrainische Front zum Durchbruch auf breiter Front angetreten und mit der 38. Armee, sowie der 1. Garde-Armee und der 1. PzArmee, südlich der Straße nach Shitomir im Vordringen Dieser Offensive habe sich zuletzt noch die sowietische 18. Armee angeschlossen und es sei zu befürchten, daß die Sowjetarmee noch weitere Winterreserven in den Kampf werfen werde.

"Die Lage" so GFM von Manstein, "ist nunmehr so, daß in den nächsten Wochen im Gebiet Korosten - Shitomir - Berditschew - Winniza - südlich Kiew die Entscheidung *darüber* fallen wird, ob der Südflügel des Ostheeres von seinen rückwärtigen Verbindungen abgeschnitten und im weiteren Verlauf nach Südwesten abgedrängt werden wird." (siehe: Manstein, Erich, von: a.a.0.).

Diese Lage setzte durchgreifende Maßnahmen voraus, wenn sie gemeistert werden sollte. Von Manstein formulierte diese folgendermaßen:
"Der Ostteil des Dnjeprbogens muß aufgegeben werden. Die Front muß dort in eine bereits vorbereitete Stellung in Linie Dnjeprknie westlich Nikopol - Kriwoi Rog zurückgenommen werden."

Durch diese Frontverkürzung könnten, so von Manstein weiter, "12 Divisionen eingespart werden. Sechs davon sind mit dem Panzer-AOK 1 nach dem Nordflügel der HGr. zu verschieben. Die übrigen sind der 6. Armee zu belassen, die ihrerseits den Befehl auch über den bisherigen Abschnitt der 1. PzArmee zu übernehmen, und die Verteidigung am Unterlauf des Dnjepr aufzubauen hat."

Hitlers Entscheidung ließ auf sich warten. Trotz des Drängens der HGr.-Führung erfolgten keine Befehle von oben, sodaß GFM von Manstein am 29.12. die notwendigen Befehle aus eigener Machtvollkommenheit erließ. Demnach hatte die 1. PzArmee den Befehl in ihrem bisherigen Abschnitt bis zum 1.1.1944 an die 6. Armee zu übergeben und bis zum 3. Jan. das Kommando über die bisherige Front der 4. PzArmee vom Dnjepr bis 45 km südostwärts Berditschew zu übernehmen.

Am 30.12. meldete das Oberkommando der HGr. Süd dem OKW die getroffenen Anordnungen, die am folgenden Tage von Hitler anerkannt wurden. Über die Aufgabe des Ostteiles des Dnjeprbogens jedoch schwieg sich Hitler auch weiterhin aus.

Inzwischen war den Offensivkräften der Sowjetarmee ein breiter Durchbruch nach Südwesten gelungen. Winniza lag als Ziel vor dieser starken Stoßgruppierung. Zwar hielt die Front der 4. PzArmee noch südlich Kiew, hatte aber ihren Westflügel weit zurückbiegen müssen. Daran anschließend klaffte eine Lücke von 75 km Breite. Hier sollte sich das III. PzKorps versammeln. Erst 45 km südostwärts von Berditschew begann eine neue dünne Front der 4. PzArmee. Um Shitomir kämpften mit Front nach Osten und Norden das XIII. AK. Zwischen diesem und dem LIX. AK, das bis westlich Korosten zurückgedrängt worden war, klaffte eine weitere Lücke auf, die ebenfalls 75 km breit war.

Hier sollte sich, weiter rückwärts, das XXVI. AK. versammeln.

Anfang Januar verstärkte sich der Druck im Dnjeprbogen und gegen den Brückenkopf Nikopol. Dieser Angriff richtete sich gegen die 6.und 8. Armee.

Der Feldmarschall und der Führer

Am 4.1. 1944 flog GFM von Manstein ins FHQ nach Rastenburg. Ungeschminkt schilderte er Hitler die Lage. Er betonte die Notwendigkeit der Aufgabe des Brückenkopfes von Nikopol und die Zurücknahme des Südflügels der HGr. – womit die Aufgabe der Krim einhergehen mußte – falls die Führung keine namhaften Kräfte heranführen könne. Nur so könnten dann Kräfte für den entscheidenden Nordflügel gewonnen werden.

Hitler lehnte alle Vorschläge Mansteins ab. Er erklärte dazu, daß im Falle der Preisgabe der gesamten Halbinsel Krim der Umfall der Türkei, die sich Englands Werben bisher entzogen hatte, anschließend auch der Abfall Rumäniens und Bulgariens die Folge sein müsse.

Allerdings konnte Hitler auch keine weiteren Kräfte zur Stärkung des Nordflügels der HGr. Süd zur Verfügung stellen.

GFM von Manstein bat Hitler am Ende seines Lagevortrages, ihn allein, nur in Gegenwart des Generalstabschefs, sprechen zu dürfen. Hitler willigte darin ein und alle Personen, die der großen Lage beigewohnt hatten, einschließlich der beiden Stenographen, die jedes Wort mitzuschreiben hatten, verließen den Raum. Zurück blieben Hitler, General Zeitzler und der Feldmarschall. Hitler bat von Manstein zu sprechen und dieser begann:

"Man muß sich klar sein, mein Führer, daß die überaus kritische Lage, in der wir uns jetzt befinden, nicht allein auf die unbestreitbare Überlegenheit des Gegners zurückgeführt werden darf. Sie ist auch die Folge der Art, in der bei uns geführt wird."

Hitler erstarrte, denn dies ging eindeutig gegen ihn als Oberster Befehlshaber der Wehrmacht. Von Manstein schlug Hitler vor, für die Gesamtkriegführung einen wirklich verantwortlichen Generalstabschef zu ernennen. Daraus ergebe sich auch die Notwendigkeit, für die Ostfront einen Oberbefehlshaber zu ernennen, wie dies im Falle Italien und im Westen bereits geschehen sei. Dieser müsse im Rahmen der Gesamtführung auf dem Ostkriegsschauplatz volle Selbständigkeit haben.

Hitler lehnte dies ab. "Nur ich," so erklärte er, "habe alle Mittel des Reiches in der Hand, den Krieg militärisch wirksam zu führen. Nur ich bin in der Lage, zu entscheiden, welche Kräfte für die einzelnen Kriegsschauplätze verfügbar sind und wie dementsprechend operiert werden muß.

"Selbst *mir* gehorchen die Feldmarschälle nicht!" rief er wenig später aus. "Glauben Sie, daß sie beispielsweise etwa Ihnen besser gehorchen würden? Ich kann sie notfalls absetzen, kein anderer wird diese Autorität haben." (siehe Manstein, Erich von: a.a.0.).

Vorbereitungen zu Kirowograd

Ziel der Sowjetarmee war es nunmehr, die Landverbindungen der deutschen Truppen zur Krim abzuschneiden und die gesamte Halbinsel im Schwarzen Meer von jeder Versorgung abzuriegeln.

Während nunmehr von Norden die 3. Ukrainische Front mit der 46. Armee und der 8. Gardearmee auf den Nordrand des großen Brückenkopfes von Nikopol zustieß und von Kriwoi Rog bis Gruschewka mit einer Reihe von Stoßgruppierungen vordrang mit dem Ziel, weit genug hinter Nikopol dicht zu machen, stürmte die 4. Ukrainische Front nach Überwindung der Moletschnaja und dem Fall von Mariupol, Danilo Iwanowka und Akimowka weiter nach Westsüdwesten vor. Sie jagte die KGr.Becker der 13. PD im Süden ebenso wie die KGr. Braun der 4. GD weiter nach Westen. Als es Teilen der KGr. Becker gelang, nach Süden auf die Krim auszuweichen, saß sie dort in der Falle. Der zweite Teil gewann Anschluß an die KGr. Braun und konnte ostwärts Cherson den Dnjepr überschreiten.

Das XXXXIV. AK war gerettet. Die Sowjetarmee hatte ihr erklärtes Ziel, die zweite Vernichtung der 6. Armee, nicht erreicht, doch die Krim war abgeriegelt und sollte dies auch bis zum Ende der Kämpfe dort bleiben.

Während die 6. Armee um ihr eigenes Überleben kämpfte, hatte eine zweite Großoperation der Sowjetarmee sechzig Kilometer weiter im Norden ihren Anfang genommen. Ziel dieser Offensive war die Vernichtung aller im Großraum Kirowograd stehenden deutschen Verbände. Gleichzeitig damit die Vernichtung aller Kräfte, die in einem geplanten Kessel zwischen Kanew im Norden am Dnjepr gelegen und Kirowograd im Süden zu erreichen.

Dazu hatte die Sowjetarmee die 1. und 2. Ukrainische Front ausersehen. Während die 1. Ukrainische Front unter Watutin mit drei Armeen nach der Gewinnung von Kiew und des Raumes südlich und südwestlich davon nach Süden stürmte, um mit der 6. Panzerarmee in Richtung Swenigorodka Boden zu gewinnen, kam aus Südosten die 5. Garde-Panzerarmee der 2. Ukrainischen Front unter GenOberst Konjew mit vier Armeen und einem Panzerkorps über Krasnosielka ebenfalls auf Swenigorodka zu. Am 28.1.1944 trafen die Spitzenverbände der beiden Panzerarmeen aufeinander und schlossen einen Kessel westlich von Tscherkassy mit Schwerpunkt in Korsun, in dem das XXXXII. AK und das XI. AK eingeschlossen wurden.

Südlich dieses Kessels stießen Konjews Truppen direkt auf Kirowograd vor und schlossen diese Stadt ein.

Zu dieser Zeit hielten sowohl der Brückenkopf Nikopol als auch die nordwestlich davon gelegene Stadt Kriwoi Rog immer noch dem feindlichen Ansturm stand.

Kampf um Kirowograd

Ebenfalls im Dezember 1943 war sowjetischerseits der Versuch gemacht worden, Kirowograd in Besitz zu nehmen.Bereits zu dieser Zeit hatten die Soldaten der 2. Fallschirmjägerdiv. unter

General Ramcke dem Druck starker Feindkräfte standzuhalten. Für den erkrankten General Ramcke führte OberstLt. Kroh die Division.

Erst am Abend des 28.11. 1943 hatte mit dem I./FJR 6 der letzte Verband dieser Division in Shitomir entladen. Am selben Abend wurde die Division dem XXXXVIII PzKorps unterstellt und griff am 30.11. in den Kampf ein, um am 1.12.dem XXXXI. AK zugeführt zu werden.

Im Unternehmen "Advent" stießen Panzerverbände der 4. PzArmee am 6.12. aus dem Bereitstellungsraum Shitomir in Richtung Radomyschl vor. Als dieser Angriff lief, eröffnete die 2. FJD die befohlenen Scheinangriffe, um den Gegner abzulenken. Am 8. Dez. wurde dieser Angriff wiederholt und am 9. Dez. erhielt OberstLt. Kroh Weisung des XXXXI. AK, die Division in der kommenden Nacht aus der Front zu lösen und in den bedrohten Raum Kirowograd zu führen. Südostwärts Kirowograd war der Sowjetarmee ein Einbruch in die deutsche Front gelungen. Wenige Minuten später übernahm GenMaj. Wilke die Divisionsführung.

Aus dem neuen Bereitstellungsraum erfolgte der erste Einsatz mit Unterstützung der StGeschAbt. 286 auf Nowo Fedorowka, wo die 11. PD bereits im Kampf stand und die Hälfte ihrer Panzer verloren hatte. Nowgorodka wurde erobert. Perwomaisk fiel den Fallschirmjägern am 18.12. zu. Der Gegner wich über die Rollbahn Ingulo-Kamenka zurück.

Am 21.12. traten die Fallschirmjäger gemeinsam mit der 11. und 13.PD zum weiteren Angriff nach Osten an. Es gelangen einige Geländegewinne. Die Höhe 167 wurde besetzt und von den Sowjets zurückgewonnen.

Die Front hielt und erst nach Neujahr rüstete sich die Sowjetarmee zu einem neuen Großangriff im Raume Werschina Kamenka. Am Morgen des 5.1. 1944 trat sie nach schwerem Artillerie- und Salvengeschützfeuer an. Fünf Schützendivisionen stießen gegen die Front der 2. FJD, die hier der 8. Armee direkt unterstellt war. Starke Panzerkräfte versuchten den Durchbruch. Die Front wurde gehalten. Insgesamt wurden 179 Feindpanzer vernichtet. Das Flak-Reg. 41 schoß davon im direkten Richten mit ihren Achtacht Flak 61 ab. Die wenigen Geschütze der StGeschAbt.286 brachten es auf 12 Abschüsse.

Hptm. Dr. Bausch, Kdr. dieser Abteilung, gelang es mehrfach, durchgebrochene Feindgruppen durch selbständige Gegenstöße und Angriffe aufzuhalten und zu vernichten. Am 25.2. wurde er mit dem RK ausgezeichnet (er fiel am 29.8. 1944).

Die Höhen 167 und 159,9 wurden von den Fallschirmjägern gehalten. Hier zeichneten sich besonders die Männer unter Lt. Lepkowski – Teile der 5./FJR 2 – aus. OberstLt. Kroh schlug Lepkowski zum Ritterkreuz vor, das der Lt. am 8.8. 1944 (bereits in der Festung Brest) erhielt. Bis zum 10.1. kämpften die Fallschirmjäger bei Kirowograd. Gen.d.Flg. Dessloch schrieb als OB der Luftflotte 4 zu diesem Einsatz:

"Die 2. Fallschirmjägerdivision hat in der Abwehrschlacht im Raume Kirowograd ungeachtet schwerer Blutopfer dem Feind hohe Verluste zugefügt und über 150 Panzer abgeschossen. Im Brennpunkt aller feindlichen Angriffe stehend, hat sie entscheidenden Anteil am Mißlingen dieses großangelegten Durchbruchsversuches der Roten Armee in diesem Kampfabschnitt."

Hermann Göring richtete an GenLt. Wilke, dem DivKdr., ein Handschreiben:

"Soldaten der 2. Fallschirmjäger-Division!
In der gewaltigen Winterschlacht an der Ostfront hat sich die 2. Fallschirmjäger-Division erneut auf das Höchste bewährt. Stolz und dankbar spreche ich den Sturmsoldaten meine volle Anerkennung aus. gez. Göring."

Was geschah weiter bei Kirowograd? In dieser Stadt, die bereits einmal Schwerpunkt erbitterter Kämpfe gewesen war, entschied sich im Januar 1944 erneut das Schicksal deutscher Großverbände. GenOberst Konjew erhielt den STAWKA-Befehl, die Stadt unter allen Umständen zu nehmen. Es galt zum einen, das wichtige westukrainische Industriezentrum wiederzugewinnen, zum anderen, die in der Stadt und den Stadtrandsiedlungen verteidigenden vier deutschen Divisionen zu vernichten.

Da war vor allem die 3. PD, geführt von GenLt. Bayerlein, dem ehemaligen Stabschef des DAK und der Panzerarmee Afrika in der Wüste.

Als Gen. Bayerlein die Meldung der Spähtrupps durchgegeben wurden, daß die Sowjets beiderseits an Kirowograd vorbeirollten, um hinter der Stadt dicht zu machen und solcherart die Stadtbesatzung vom XXXXVII. PzKorps zu trennen, befahl er, alles zum Ausbruch der 3. PD nach Norden vorzubereiten.

Die neben dieser Division noch in der Stadt sitzenden Verbände, die 14. PD, die 10. PGD und die 376. ID, informierte er über seinen Entschluß. Sie wollten sich diesem Ausbruch nicht anschließen und verteidigten lieber in der Stadt. General Bayerlein an den Autor:

"Die erste der fünf von meinem Stab zusammengestellten Kampfgruppen wurde mit allen gepanzerten Fahrzeugen – vor allem Panzer und Selbstfahrlafetten – an die Spitze gesetzt, um den Ring der Sowjets zu durchbrechen. Dahinter sollten die Panzergrenadiere und die Artillerie vorpreschen und nach den Verwundeten und den Versorgungsfahrzeugen würde das verstärkte PGR 395 unter OberstLt. Beuermann vorrollen. Mit der PzAA unter Major Deichen war die Nachhut bestmöglich zusammengestellt. Panzerjäger, Flak und Selbstfahrlafetten sorgten für den Flankenschutz. Dies war ein Raid Rommelscher Prägung und ich war sicher, daß er auch die Russen überrumpeln würde."

Mit dem ersten Tageslicht war die 3. PD durch die sowjetische Einschließungslücke gerollt und hatte im weiteren Vorstoß auch die Ortschaft Wladimirowka zurückgewonnen, wo sich die Truppe aufwärmen konnte.

Das XXXXVII. PzKorps aber, geführt von GenLt. von Vormann, wurde nunmehr verstärkt angegriffen. Als sowjetische Panzer unmittelbar vor dem KorpsGefStand auftauchten, mußte dieser vom Nordrand von Kirowograd nach Malyj Wiski, 45 km weiter westlich, verlegt werden.

Am Abend des 8. Jan. 1944 war es General von Vormann klar, daß die 1. Ukrainische Front, die Kiew erobert und den Durchbruch bei Berditschew erzielt hatte, nunmehr in Richtung auf den Bug weiter vordringen und damit bald im Rücken der 8. Armee auftauchen würde.

Der Durchbruch bei Kirowograd war das Gegenstück dazu und bildete den zweiten Zangenarm, dessen Ziel ebenfalls der Bug war. Beide Heeresgruppen wollten sich im Raume Uman-Perwomaisk treffen.

Wenn dieser Schachzug gelang, war die 8. Armee eingeschlossen. Gleichzeitig damit war auch für die 6. Armee das Ende nahe, ganz zu schweigen von der auf der Krim eingeschlossenen 17. Armee.

Das war Stalins Absicht: Den gesamten Südflügel der Ostfront zu erledigen. Und daß dies kein Wunschtraum war, das zeigten die sowjetischen Panzer, die bereits 30 km südwestlich der Stadt standen und die voraus – bis zur rumänischen Grenze – keinen deutschen Truppenverband mehr vor sich hatten. Es waren das 18. und 19. sowie PzKorps, die diese Chance erhielten.

Allerdings bestand noch eine einzige Hoffnung: Die PGD "Großdeutschland" wurde in Eilmärschen herangeführt. Dahinter versuchte die SS-Division "Totenkopf" Anschluß zu gewinnen und mit dabei zu sein, wenn es gegen die linke Flanke der beiden sowjetischen Panzerkorps ging.

In Kirowograd selbst waren die drei genannten Divisionen eingeschlossen. Hitler hatte einen seiner berüchtigten Führerbefehle erlassen, daß auch diese Stadt unbedingt zu halten sei.

In den ersten Stunden des 9.1. wurde das HQ des XXXXVII. PzKorps von sowjetischen Panzern erreicht. Es war die 67. PzBrigade des sowj. 8. mech. Korps, das Malyje Wiski einwalzte und dann zum Flugplatz durchrollte. Im Abwehrkampf fand in der Nähe des KorpsHQ der Adjutant von General von Vormann, Major Hasse, Goldmedaillengewinner im Turnierreiten auf der Olympiade 1936, den Soldatentod. Mit ihm fielen der 1. OrdOffz., Oblt. Becker, und viele Nachrichten- und Troßleute, die sich dem Feind entgegengeworfen hatten. Alles Nachrichtengerät des XXXXVII. PzK fiel in Feindeshand.

Es waren die Schlachtflieger von Major Rudel, die III./Schlachtgeschwader 2 "Immelmann", die sich auf die sowjetischen Panzer dieser schnellen Brigade stürzten und diesem Verband schwerste Verluste beibrachten. Zwischen Malyja Wiski und Gruskoje blieben weit über 40 Feindpanzer liegen. Den Rest besorgten die Panzerjagd-Kommandos des XXXXVII. PzKorps. Kein Panzer dieser legendären Brigade kam davon.

Die sowjetische Aufgabe, die deutsche 8. Armee einzuschließen, gelang nicht. Major Rudel erhielt am 29. 3. 1944 als 10. deutscher Soldat die Brillanten zum Ritterkreuz mit Eichenlaub und Schwertern. Hitler befahl, weiterhin zu halten, um von Kirowograd aus wieder nach dem nur 60 km weiter nördlich liegenden Kiew zurückzugreifen und die Dnjeprverteidigung wieder herzustellen. Der vorspringende Frontbalkon sollte dazu unter allen Umständen gehalten werden. Er hatte eine Tiefe von 100 km und eine Breite von 130 km. Zwei Korps verteidigten diesen großen Bogen: das XI. AK unter GenLt. Stemmermann und das XXXXII. AK, das von GenLt. Lieb geführt wurde. Die insgesamt sieben Divisionen der beiden Korps verfügten über 56.000 Mann.

Aber dieser Raum war inzwischen zum Hauptziel der Sowjetarmee geworden. Der große Wurf, Einkesselung der 8. Armee war mißlungen. Nunmehr sollte dieser Frontbalkon beseitigt werden, weil er einmal der Sowjetarmee den Weg versperrte und sich wie ein breiter Keil zwischen die beiden sowjetischen Heeresgruppen Watutin und Konjew eingeschoben hatte, und zum anderen eine ständige Flankenbedrohung beider sowjetischer Heeresgruppen darstellte.

Am 24. Januar 1944 meldeten die Aufklärungszüge der 3. PD, daß der Feind sich im Großraum Krosnosielka, 50 km nördlich Kirowograd, bereitstelle.

GenOberst Konjew hatte vier Armeen und ein Kavalleriekorps vor dem Nordflügel der 8. Armee, der Front von GenLt. Stemmermann, bereitgestellt.

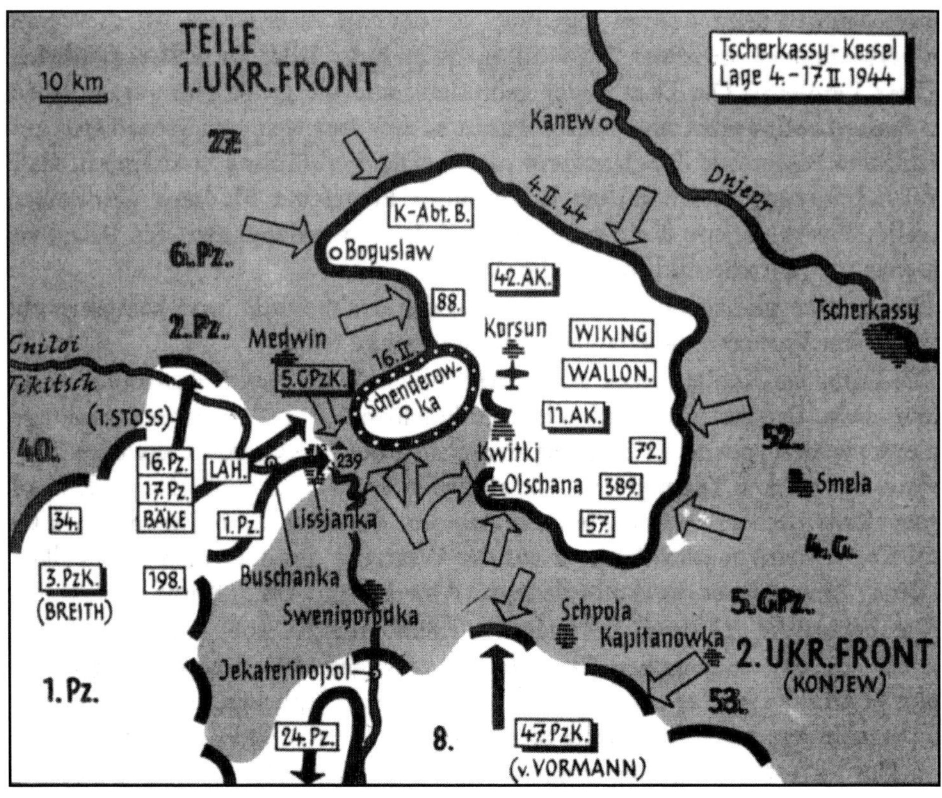

Tscherkassy - Der Höllenkessel

Die Front der 8. Armee stand in einem weiten Bogen von Nikopol über Tscherkassy bis in den Raum nördlich von Uman hinein. Sie wurde vom LII., XXXXVII., XI., XXXXII. und VII. AK gebildet. Der tiefe Schnee bot nur unvollkommenen Schutz gegen die beißende Kälte, die im Januar 1944 eingesetzt hatte.

Am 25.1. 1944 eröffnete der Feind aus dem erkannten Bereitstellungsraum heraus die Offensive mit einem starken Trommelfeuer, das genau auf die Naht zwischen dem XXXXII. und XI. AK niederging. Die im Zentrum dieses Feuers liegende 389. ID wich zurück.

Beim XXXXII. AK, wo der Feind ebenfalls mit massierten Kräften angriff, wurde die 198. ID geworfen. Im Rücken des XI. und XXXXII. AK stießen sowjetische Panzerverbände aufeinander zu. Es war die 5. Garde-Panzerarmee unter GenOberst Rotmistrow, die den entscheidenden Durchbruch erzielte. GenOberst Konjew warf alles in diese Lücke hinein, was er verfügbar hatte.

Zwei deutsche Panzerdivisionen, die 11. und 14., sollten diesen sowjetischen Einbruch seitlich abriegeln. Dies gelang mit einigem Glück, und durch eine Frontbegradigung bekam GenLt. Stemmermann die 57. ID unter GenMaj. Trowitz frei. Diese brachte zunächst den weiteren Feindvorstoß zum Stehen.

Bei Kapitanowka, am linken Armeeflügel, gelang es der 11. und 14. PD, den Feind am 26. noch einmal aufzuhalten.

Diesmal ließ GenOberst Konjew mit allen Divisionen an den beiden deutschen Panzerdivisionen vorbeirollen. Er setzte seine Spitzenverbände dem mörderischen Feuer dieser beiden deutschen Verbände aus. Doch dann waren die 11. und 14. PD am Ende und die Rote Flut ergoß sich unaufhaltsam durch diese Lücke.

Drei Kavalleriedivisionen stießen am Nachmittag dieses Tages im Galopp durch die Lücke und damit war die deutsche Front bei Kapitanowka hinweggefegt.

Hinzu kam etwa zur gleichen Zeit der Weiterstoß des zweiten sowjetischen Zangenarmes von Kiew über Belaja Zerkow nach Südosten. Drei Armeen der 1. Ukrainischen Front, darunter die 6. PzArmee, geführt von General Krawtschenko, durchbrachen die Abwehrfront des VII. AK der 1. PzArmee.

Die hier stehenden 88. und 198. ID wurden von den Panzerrudeln zermalmt und so marschierten und rollten die Kräfte der 1. Ukrainischen Front von Konjews Nord-West-Angriff genau nach Südosten.

Am 28.1. reichten sich die beiden Spitzenverbände der Sowjet-Heeresgruppen bei Swenigorka die Hand. Ein Kessel hatte sich gebildet, in dessen Mittelpunkt die Stadt Korsun lag.

Den Sowjets war eine zweite Kesselschlacht mit einer doppelten Umfassung gelungen. Diesmal lagen allerdings nur sechs Divisionen im Kessel.

Auf seinem KorpsGefStand in Nowo Mirgorod beriet General von Vormann mit seinem Chef des Stabes die Lage: "Wenn der Gegner unseren Kessel einfach liegen läßt, 100 Kilometer weiter durchstößt und den deutschen Südflügel hinter sich läßt, ist dieser vernichtet," sagte der Chef des Generalstabes nach einem Blick auf die Karte.

Diese Gefahr war so drohend und schien so sicher, daß es eigentlich keine andere Möglichkeit gab, als sich dagegen zu wappnen. Daß sowohl das STAWKA, als auch Marschall Schukow und GenOberst Konjew dies nicht taten, sondern die "kleine Lösung" wählten, war allen unverständlich.

Erst nach dem Kriege ließ die Quellenlage es zu, diese Verhaltensweisen zu verstehen. Die Führungsabteilung von GenOberst Konjews Truppen war nämlich der Überzeugung gewesen, die *gesamte* 8. Armee der Deutschen im Kessel zu haben und nicht nur zwei Armeekorps. *Dies* rechtfertigte das Anhalten und die Einschließung derselben.

Es war Oberst Kalinow, GenStOffizier der VI. Abteilung im Generalstab der Sowjetarmee, der am 3. 2. – zur Front geschickt – mit Oberst Kwatsch, dem Kommandanten des Befehlszuges von GenOberst Konjew, konferierte und von diesem erfuhr: "Die gesamte deutsche 8. Armee unter General Wöhler ist im Kessel bei Kanew eingeschlossen. Sie umfaßt neun der stärksten deutschen Panzer- und mot.-Divisionen, ferner eine Division der Waffen-SS (die 5. SS-PGD "Wiking") und die mot.-Brigade "Wallonien". Ein neues Stalingrad bereitet sich hier vor."

Das war der Grund, daß angehalten und die gesamte Kesselfront verstärkt wurde. Dieser Irrtum war auch der Grund, warum der Südflügel des deutschen Heeres einem Desaster entging.

Dieses Gespräch des Abgesandten aus Moskau wurde auch von General Konjew bestätigt, an den sich Oberst Kalinow abschließend wandte und um eine Bestätigung des Inhaltes bat. Konjew dazu: "Diesmal ist es so weit! Ich habe die Deutschen in der Zange und lasse sie nicht wieder entwischen. Im Kessel müssen über 100.000 Mann deutscher Truppen stecken.

Die Würfel waren gefallen. Zwei sowjetische Heeresgruppen wollten den Kessel von Korsun zu einem neuen Stalingrad machen. GenOberst Konjew erhielt im Gesamtraum die Befehlsführung.

Ab dem 31. Jan. 1944 war Gen.d.Art. Stemmermann mit der Befehlsführung im Kessel betraut worden. Dieser hatte einen gesamten Umfang von knapp 280 Kilometern. Der General versuchte unter Abdeckung seiner Nord- und Ostfront eine nur noch 100 km breite Südfront aufzubauen. Der Dnjepr wurde vom XXXXII. AK aufgegeben. Im Südosten ging das XI. AK schrittweise auf die vorgesehenen Stellungen zurück. Der Flugplatz von Korsun aber, in der Mitte des Kessels gelegen, sollte unter allen Umständen gehalten werden. Er war für die Versorgung wichtig.

Um diese Zeit befahl Hitler GFM von Manstein zwei starke Panzerkampf-Verbände zu bilden und damit den durch die Front gebrochenen Feind zu vernichten und den Anschluß an die beiden eingeschlossenen Korps wieder herzustellen.

Aber diesmal stand den deutschen Panzerverbänden ein Gegner gegenüber, der sich nicht überlisten ließ: Die Rasputiza. Sie gebar einen Frühjahrsschlamm, der von den motorisierten Verbänden nicht durchfahren werden konnte. Die 1., 14. und 24. PD, die als Entsatztruppe heranrollen sollten, blieben buchstäblich im Schlamm stecken.

Die 14. PD erreichte am Abend des 3. 2. 1944 den Raum hart südlich Swenigorodka. Sie hatte das XX. PzKorps unter General Rotmistrow vor sich. Die 24. PD erhielt von General Stemmermann Weisung, am Morgen des 4.2. den sowjetischen Umklammerungsring zu durchstoßen, alle anderen Verbände mit sich nach vorn zu reißen und die Entscheidung zu erzwingen.

In diese Situation platzte die Nachricht hinein, daß die Lage bei Nikopol sich dramatisch zugespitzt habe und die gesamte Armeegruppe Schörner bedroht sei, weil der Gegner in ihrem Rücken durchgebrochen sei. Hitler, dem die Sachlage gemeldet wurde, entschied noch am späten Abend des 3.2., daß die 24. PD sofort in den Raum Apostolowo zurückmarschieren müsse. Sie sollte also wieder in mehreren Tagesmärschen durch den Schlamm zurückgehen, obwohl doch am nächsten Morgen mit Hilfe dieser Division der Kessel von Korsun geöffnet werden sollte.

"Mit Hilfe der 24. PD" so GenLt. Reichsfreiherr von Edelsheim an den Autor, "wäre es möglich gewesen, das gesamte XXXXII. PzK in den Kessel hineinzubringen, gemeinsam die Front gegen jeden Feindangriff zu halten und die beiden eingeschlossenen Korps zu befreien.

So kam die 24. PD weder zum Entsatzangriff auf den Kessel von Tscherkassy noch zum rechtzeitigen Eingreifen bei Apostolowo.

Nunmehr bestand die letzte Hoffnung für die eingeschlossenen Divisionen in dem Stoß des III. PzKorps unter General Breith. Am frühen Morgen des 4.2. 1944 trat das III. PzKorps an. Es hatte die 16. und 17. PD zur Verfügung. Angeschlossen hatte sich den Spitzenverbänden auch das schwere Panzerregiment Bäke, das aus 34 Tigern und 47 Panthern bestand und einen schlagkräftigen Verband unter Führung eines oftmals bewährten Offiziers bildete.

Es ging durch den Schlamm vorwärts. Nach zehn Kilometern lag der gesamte Verband fest. Vier sowjetische Panzerkorps griffen an. Erst als die "Leibstandarte" und die 1. PD herangekommen waren, ging es wieder vorwärts.

Hier der Weg der schweren Panzerkampfgruppe Bäke zum entscheidenden Vorstoß auf den Kessel von Tscherkassy.

Das schwere Panzerregiment Bäke im Einsatz

Als Eingangs Januar 1944 die 1. Ukrainische Front unter ArmeeGen. Watutin die 4. dt. Panzerarmee in mehrere Teile aufgesprengt hatte, kam es in diesem Raum zu einer Reihe erbitterter Kämpfe, bei denen vor allem die deutsche Panzertruppe immer wieder gefordert wurde. Aus der Sicht der 6. PD stellte sich dies folgendermaßen dar: "Die 1. PzArmee wurde aufgrund des feindlichen Durchbruchs im Rücken bedroht. Um diese Gefahr auszumerzen, erfolgte der Einsatz der 6. PD.

Die Panzergruppe Bäke dieser Division traf mit 26 Panzern am 2.1. im neuen Bereitstellungsraum ein und setzte sich an die Spitze. Am Morgen des 4.1. begann der Angriff auf Oratowka und Nowo-Schiwotiw. Bäkes Panzer schossen den Feind aus Oratowka hinaus und standen im folgenden Geschehen in pausenlosen Kleinkämpfen gegen einen gut getarnten Gegner, der zu seiner Unterstützung auch Panzer einsetzte. Russische Panzer wurden durch Nahkampftrupps vernichtet.

Im RegGefStand von Frantiwka erlebte Dr. Bäke einen Feindangriff. Das heranstürmende russische Bataillon wurde durch das Abwehrfeuer aller Waffen aufgerieben. Dazu Marschall Schukow: "Der Gegner verteidigte sich mit Ausdauer gegen die 1. Ukrainische Front."

Die 6. PD wurde am 13.1. dem III. PzK wieder unterstellt. Damit unterstand sie der 1. PzArmee. Als Panzergrenadiere der benachbarten 16. PD und eigene Truppen vom Feind eingeschlossen wurden, trat am 21.1. das PR 11 an. OberstLt. Bäke befehligte nun zwei KGr. Beide hatten dank seiner überlegenen Führung vollen Erfolg. Der Gegner wurde geworfen.

Als OberstLt. Bäke nach diesem Abwehrerfolg zum GefStand zurückkehrte, fand er dort den Befehl vor, zu einem Sonderunternehmen anzutreten. Neben dem PR 11 wurden ihm neben 34 Tigern noch 47 Panther (erstere von der sPzAbt. 509, letztere von der II./PR 23) unterstellt. Alle Einheiten bildeten nunmehr das "Schwere Panzerregiment Bäke". Außerdem stellte die 18. ArtDiv. ihre I./ArtRgt. 88 zur Verfügung, die mit "Hummeln" ausgestattet war. OberstLt. Bäke verfügte nunmehr über einen Kampfverband, der jedem russischen Großangriff Paroli zu bieten vermochte.

Es galt nunmehr ohne Rücksicht auf offene Flanken einen Panzerangriff zu fahren. Dazu meldete das KTB des PR 11:
"Durch die glückliche Zusammensetzung dieses schweren Panzerregiments, durch dessen Einsatzbereitschaft und Schwung und seinen Kommandeur, gelang es, – wie befohlen unaufhaltsam vordringend – *jeden* Feind zu vernichten."

Der große Erfolg der Führungskunst von OberstLt. Dr. Bäke wurde durch drei eigene Abschüsse seines Panzers gekrönt.

Danach wurde dieses kampfstarke Regiment Eingreifreserve des XXXXVI. PzKorps unter General Gollnick.

Als der Gegner in Gestalt des sowjetischen III. Panzerkorps der sowj. 2. Panzerarmee des Generals Bogdanow angriff, gelang es Bäke, den Verband aufzuhalten. In einem langen Panzerkampf konnten seine Tiger und die schnellen und durchschlagkräftigen Panther insgesamt in dieser Schlacht 268 Feindpanzer und Sturmgeschütze vernichten. 156 Geschütze wurden zusammengeschossen oder niedergewalzt. OberstLt. Bäke hatte sieben sowjetische Angriffe auf seinen Panther zu bestehen. Dank der Schnelligkeit und der Sicherheit der eigenen Panzerbesatzung konnten selbst zwei Angriffe feindlicher Schweigepak pariert und diese abgeschossen werden. Sechsmal blieb der Wagen von Dr. Bäke im Duell Panzer gegen Panzer Sieger.

"Wenn wir diesen Panther 1941 gehabt hätten, wäre das Heer in einem Zuge bis nach Moskau durchgerollt", erklärte Dr. Bäke, nach Durchschlagskraft, Feuergeschwindigkeit und Schnelligkeit des Panther-Panzers befragt. "Ich ziehe den Panther dem Tiger noch vor, obgleich auch er ein einmaliges Kampffahrzeug ist."

Der Kampf im Kessel

Der Kessel von Tscherkassy hatte einen Durchmesser von etwa 60 Kilometern. Dort wurden alle Kräfte benötigt, um die Kesselfront zu halten u n d um möglichst starke Kräfte am Südrand des Kessels zum Angriff nach Süden bereit zu stellen.

Alle örtlichen Reserven, über die GenLt. von Vormann verfügen konnte, wurden dazu benötigt, um die Aufspaltung des Kessels zu verhindern. Seit einer Woche bereits von jeder Erdverbindung abgeschnitten, durch eine Luftbrücke versorgt, die täglich 150 Tonnen Versorgungsgüter einfliegen sollte und die Verwundeten zurückzubringen hatte, wurden Munition und Verpflegung bald knapp.

Als es am 4.2. gelang, die Südfront des Kessels mit der 88. ID und Teilen der 5. SS-PGD "Wiking" zu schließen, atmete alles im Kessel auf. Die erste Voraussetzung zum Halten, bis die Entsatztruppen herangekommen waren, schien gegeben.

Der Kessel wurde in den folgenden Tagen mehr und mehr zusammengedrückt. Die Verteidiger im Kessel kämpften aufopfernd. Täglich fielen 300 Mann durch Tod oder schwere Verwundung aus.

Am 15.2. fiel die Entscheidung, daß der Ausbruch gewagt werden sollte. Die "Gruppe Stemmermann" sollte geschlossen ausbrechen. Sie mußte den Durchbruch durch die feindliche Umklammerungsfront allein schaffen, da die "Aktionsfähigkeit des III. PzKorps witterungs- und versorgungsmäßig eingeschränkt" sei.

Drei tiefgestaffelte Angriffsgruppen wurden gebildet, die eine Stunde vor Mitternacht des 16.2. nacheinander antraten. Im nächtlichen handstreichartigen Überfall wurde der Gegner von der ersten Gruppe überrumpelt und durchstoßen.

Eine Stunde später traten die zweite und die 3. Gruppe an.

Beinahe lautlos ging es durch die Winternacht. Plötzlich riß die Verbindung zur vorn stürmenden ersten Gruppe ab. Dann schlug Panzerfeuer mitten in die zweite Gruppe hinein und darin fielen Pak und Artillerie des Gegners ein. Das zweite Treffen blieb liegen und das dritte lief auf das zweite auf.

"Alles weiter, durch!" riefen die einzelnen Einheitsführer. Mitten durch das Feuer preschten die Soldaten nach vorn. Einzelne Gruppen kamen durch. Die Masse wurde durch das Feuer zu Boden geworfen. Reihenweise stürzten die Männer nieder. Es gab keine Führung mehr und so fanden sie zu Tausenden den Tod. Unter ihnen auch der Kommandierende General, Gen.d.Art. Stemmermann.

Es waren insgesamt etwa 28.000 Mann, die sich schließlich am 17. 2. 1944 hinter den Linien des III. PzKorps fanden. Die Reste jener 56.000, die die beiden deutschen Armeekorps dargestellt hatten. Einige Nachhuten schlugen sich noch in der Nacht zum 18.2. in voller Ordnung, geführt von tatkräftigen Offizieren, durch die feindlichen Linien durch.

Hier der Anteil der Truppen außerhalb des Kessels am Freischlagen einer Schneise für die Ausbrechenden, aus der Sicht der KGr. Dr. Bäke.

Entsatzangriff der Gruppe Bäke

Als im Raume Proskurow ein starker Panzerverband zusammengezogen wurde, um den dort drohenden russischen Durchbruch nach Westen zu verhindern, rollte als erste die 6. PD in diesen Raum. Dort erhielt OberstLt. Dr. Bäke den Befehl, mit seiner KGr. im Rahmen der 17. PD einen Entsatzangriff zur Befreiung dreier im Kessel von Tscherkassy (Korsun) steckenden deutschen Armeekorps zu fahren.

Mit 11 Tigern und 14 Panthern ging es zum Einsatzort. Aus dem Raum nordostwärts von Uman griff die PzGr. Bäke vom 4. bis 8.2. an, konnte aber den Umklammerungsring des Gegners nicht aufbrechen.

Erst der erneute Einsatz aus dem Raume Rubanny-Most, von OberstLt. Bäke persönlich geführt, brachte den Erfolg.

Die gepanzerte schwere Gruppe Bäke stieß auf einen Feind, der ihr starke Panzer- und Sturmgeschützverbände entgegenwarf. Das Panzerduell wurde von der KGr. Bäke in drei Stoßkeilen ausgefochten. Während links und rechts vorwärtsgestaffelt die schnellen Panther vorrollten, fuhren in der Mitte, etwa 300 Meter zurückgesetzt, die Tiger. Sobald einer der Feindpanzer aus größerer Distanz das Feuer eröffnete, schossen die Tiger auf die vom Kommandeur angegebenen Ziele und vernichteten sie.

Während so die Tiger den Kampf auf sich zogen, überflügelten die schnellen Panther die feindlichen Pakfronten, während die Tiger auf diese versteckt aufgestellten und schweigende Pak das Feuer eröffneten, sobald sie erkannt wurde.

Es zeigte sich, daß ein Kampffahrzeug wie der Tiger, der einen starken Feindpanzer bereits aus 2000 Meter Distanz vernichten konnte, in den Händen eines den Panzerkampf bis in die kleinste Verästelung beherrschenden Kommandeurs eine verheerende Waffe war.

Nicht weniger als 80 sowj. Panzer und Sturmgeschütze wurden in diesem ersten Angriff abgeschossen oder lahmgeschlagen. Dennoch: der Sieg mußte bei der gewaltigen zahlenmäßigen Überlegenheit teuer bezahlt werden.

Als der Kampf am 13.2. in Chishinzy zu Ende war, verfügte OberstLt. Dr. Bäke nur noch über vier Panther und 12 Schützenpanzer.

Am 15. Febr. wurde das schwere Panzerregiment Bäke - wieder mit einigen aus den Werkstätten kommenden Panzern aufgefüllt - auf Lissjanka abgedreht. GFM von Manstein beglückwünschte Dr. Franz Bäke in einem Fernschreiben zu seinem stolzen Erfolg: "Bravo! Trotz Dreck und Russen schon viel geschafft. Nun gilt es, den letzten Schritt zu tun! Zähne zusammen und drauf! Auch das wird gelingen!"

Der Angriff wurde am 15.2. gemeinsam mit der 1. PD fortgesetzt. Der Kessel wurde in einer letzten Anstrengung freigeschlagen. Am frühen Morgen des 16.2. um 3.30 Uhr sah OberstLt. Bäke,wie die ersten eingeschlossenen Verbände den Kessel verließen. Der Kommandeur des Schweren Panzerregimentes führte die in seinem direkten Bereich aus dem Kessel herauskommenden beiden Bataillone nach Oktjabr und bat deren Kommandeure persönlich, sich auf die Abwehr der Sowjets vorzubereiten und den Fluchtkorridor für die noch im Kessel steckenden Kameraden freizuhalten.

Als dann erwartungsgemäß die Sowjets angriffen, wurden sie von den bis zum Umfallen kämpfenden Panzersoldaten abgewiesen. Leider hatten sich die beiden genannten Bataillone, die direkt von Dr. Bäkes Verband befreit worden waren, abgesetzt, obgleich sie noch kampffähig waren.

Insgesamt konnten 28.000 deutsche Soldaten den Kessel von Tscherkassy verlassen. Es war der PzKGr. Dr. Bäke mit zu verdanken, daß sie ihre Freiheit zurückerhielten.

Was waren die Gründe für dieses Desaster:

- Erstens wurde der Ausbruch viel zu spät angesetzt.
- Zweitens wurde der Feind durch die Entsatzkräfte noch nicht voll gebunden, da diese noch nicht nahe genug herangekommen waren.
- Drittens war der Raum durch den Zeitverlust für eine planmäßige Aktion zu klein geworden. Die eigenen Kräfte waren zu schwach für eine Durchbruchsoperation größeren Stils und zu zahlreich für ein heimliches Durchschlagen zu den eigenen Linien. Die Ausbruchsrichtung Süd war für den Gegner nicht überraschend und stieß auf seine stärkste Front. Die treffenweise Gliederung zum Ausbruch hatte sich nicht bewährt. Es war befürchtet worden, was denn auch eintrat: Das erste Treffen, nur aus Infanterie bestehend, lief den folgenden Treffen davon und diesen fehlte es schließlich an der Kraft zum Durchbruch. Man brauchte zum Ausbruch kleine gemischte Kampfgruppen, die auf sich gestellt zu Angriff und Abwehr befähigt waren. Oder man hätte die Verbände auflösen und ihnen befehlen sollen, sich in vielen verschiedenen Richtungen auf eigene Faust in kleinsten Gruppen zu eigenen Fronten durchzuschlagen. - - -

Der Ausfall der sieben deutschen Divisionen schuf die Voraussetzung für den großen russischen Durchbruch im März 1944 über Bug und Dnjestr." (siehe: Wagener, Carl: Heeresgruppe Süd, der Kampf im Süden der Ostfront 1941-1945).

Marschall Stalin ließ diesen Erfolg mit einem Sondertagesbefehl feiern und verkündete, daß im Kessel von Korsun, wie sie ihn richtigerweise nannten, 10 deutsche Divisionen vernichtet worden seien. Die deutsche Wehrmacht habe 50.000 Tote auf dem Schlachtfeld zurückgelassen. 20.000 Mann seien in die Gefangenschaft gegangen.

Der Wehrmachtbericht hatte am 18. Febr. 1944 gemeldet, daß im Raume westlich Tscherkassy "nach Abwehr heftiger feindlicher Gegenangriffe die Verbindung zu einer seit Wochen abgeschnittenen starken deutschen Kampfgruppe, die sich bis zur Front der zu ihrem Entsatz angetretenen Panzerverbände durchgeschlagen hatte, wieder hergestellt" sei.

Am 20.Feb. 1944 lautete der Wehrmachtbericht wie folgt: "Ferner gibt das Oberkommando der Wehrmacht zu der am 18. gemeldeten Befreiung der westlich Tscherkassy eingeschlossenen deutschen Kampfgruppe ergänzend bekannt:

Die Aufnahme der freigekämpften Divisionen ist abgeschlossen. Die hier seit dem 28. Jan. abgeschnittenen Truppen des Heeres und der Waffen-SS unter der Führung des Generals der Artillerie Stemmermann und des GenLts Lieb haben in heldenmütigem Abwehrkampf dem Ansturm weit überlegener feindlicher Kräfte standgehalten und dann in erbitterten Kämpfen den Einschließungsring des Gegners durchbrochen. - - -

Die Sowjets erlitten hier schwerste blutige Verluste und verloren vom 4. bis zum 18.2. 1944 728 Panzer und Sturmgeschütze. 800 Geschütze wurden erbeutet, mehrere Tausend Gefangene eingebracht. Das VIII. Fliegerkorps unter der Führung des GenLts Seidemann hat in bewährter Waffenkameradschaft die schwer ringenden Truppen des Heeres vorbildlich unterstützt.

Transport- und Kampffliegerverbände versorgten die eingeschlossenen Kräfte bei schwieriger Wetterlage und starker feindlicher Jagd- und Flakabwehr, führten ihnen Munition, Verpflegung und Betriebsstoff zu und brachten über 2.400 Verwundete zurück. Dabei gingen 32 Transportflugzeuge verloren. 58 feindliche Flugzeuge wurden in Luftkämpfen und durch Flak abgeschossen."

Was sich fast wie eine Siegesmeldung anhörte, wurde durch die Fakten widerlegt. Die Sowjetarmee stieß weiter vor. Der Südflügel war noch immer nicht in Sicherheit. Von Norden nach Süden rollten die gewaltigen Massen der Sowjets später westwärts. Die 2. Weißrussische Front rollte am Südrand der Pripjetsümpfe entlang auf Kowel zu. Die dicht unterhalb dieser HGr. angreifende 1. Ukrainische Front unter Marschall Schukow stieß von Schepetowka aus nach Süden vor. Ihr Ziel war die Karpathen. Westlich an Kamenez Podolsk stießen sie über den Dnjestr vor, mit Czernowitz am Pruth als nächstem Ziel.

Weiter nach Süden war es die 2. Ukrainische Front unter GenOberst Konjew, die nach Ausräumen des Kessels von Korsun nach Südwesten weiterfuhr, zwischen dem XXXXVI. PzK und dem VII. AK durchstieß und hart nördlich Jampol den Dnjestr überwand.

Damit bahnte sich im Großraum Winniza-Proskurow-Kamenez Podolsk ein weiterer Kessel an, in dem die 1. Panzerarmee unter General der PzTr. Hube eingeschlossen wurde.

Noch weiter südlich davon waren es die 3. und 4. Ukrainische Front, die einmal nördlich des Schwarzen Meeres auf den Bug vorrollte, und zum anderen mit einem starken Stoßkeil der 4. Ukrainischen Front hart nördlich des Schwarzen Meeres nach Westen und mit einem zweiten auf die Krim rollten.

Während die 1. Ukrainische Front die Bildung des Kessels von Kamenez Podolsk forderte, versuchte GenOberst Konjew mit aller Kraft Bessarabien und Rumänien zu erreichen.

Maßnahmen zur Begegnung der russischen Angriffsvorbereitungen waren möglich. Sie hätten dort erfolgen müssen, wo die bekannten feindlichen Schwerpunkte lagen. Das Aufklärungsmaterial und die Spionageberichte der Gruppe Fremde Heere Ost hatten gemeldet, daß die Sowjetarmee bereit stehe, um "eine Zangenoperation gegen den deutschen Südflügel anzusetzen. Sie werden hierzu sehr bald mit der 1. Ukrainischen Front den Großangriff gegen das LIX. AK südlich der Pripjet-Sümpfe beginnen, um dort gegen Polen zu stoßen; gleichzeitig werden sie in Richtung auf den Dnjestr nach Süden einschwenken, um den deutschen Südflügel aufzurollen.

Mit der 2. Ukrainischen Front werden sie aus dem Raum Swenigorodka die schwachen Linien der 8. Armee durchbrechen, auf Rumänien vorstoßen und im Zusammenwirken mit der 1. Ukrainischen Front die noch ostwärts des Dnjestr stehenden Kräfte der 1. und 4. Panzerarmee einkesseln."

Hitler hätte nunmehr *jene* Bewegungen in Gang setzen müssen, die diese prekäre Lage bereinigten. Doch er versteifte sich darauf, "Halten um jeden Preis!" zu verkünden. So auch bei Nikopol.

Brückenkopf Nikopol

Nach dem Durchbruch der Sowjetarmee am 23.10. 1943 bei Melitopol berief Hitler den General der Gebirgstruppe Schörner als OB der Armeegruppe Schörner in den Südraum der Ostfront. Schörner standen in dem neuen Einsatzraum zunächst neun Divisionen zur Verfügung. Mit ihnen sollte er die am weitesten nach Südosten vorgeschobene Frontspitze, den Brückenkopf von Nikopol, verteidigen und gegen den Ansturm der Sowjetarmee halten. Damit sollte er die 1. PzArmee nördlich des Dnjepr unterstützen und die Konsolidierung der 6. Armee sicherstellen.

Die Armeegruppe Nikopol setzte sich aus dem XXIX. und IV. AK zusammen. Als Einsatzreserve stand ihm die 24. PD zur Verfügung. Wenig später sollte noch das XVII. AK unter General der Gebirgstruppe Kreysing hinzu kommen.

Die Bogenstellung des Brückenkopfes Nikopol hatte eine Gesamtlänge von 120 km, mit einer Tiefe von 10 km. Dieses Gebiet bestand durchweg aus Sumpfgebiet. Darin eingesickert hielten sich starke Partisanenverbände, gegen die Schörner die fünf freiwilligen Kalmücken-Schwadronen unter Major Abuschinow einsetzte.

Der Brückenkopf von Nikopol auf dem Ostufer des Dnjepr schützte die Südflanke der 1. PzArmee, die in dem von Nikopol nach Osten vorspringenden großen Dnjeprbogen stand. Diese Frontlinie deckte vor allem die kriegswichtigen Manganerzgruben von Nikopol und Kriwoi Rog.

Hitler liebäugelte darüber hinaus immer noch mit einer neuen Offensive im Südabschnitt der Ostfront. *Diese* konnte aus dem Nikopoler Brückenkopf heraus nach Süden geführt werden, mit dem Ziel, die Verbindung zur 17. Armee auf der Krim wieder herzustellen.

Die besondere Bedeutung des Brückenkopfes von Nikopol war von der Obersten Führung der Sowjetarmee ebenfalls erkannt worden. Sie setzte die 8. Gardearmee unter dem Befehl von General Tschuikow gegen diesen Brückenkopf an.

Der Angriff begann am 31.1. 1944. Er wurde von Norden her frontal gegen den Brückenkopf geführt und 48 Stunden durchgehalten. General der Gebirgstruppe Schörner erkannte die drohende Gefahr für alle noch auf dem Ostufer des Flusses stehenden Kräfte und ließ am 2.2. 1944 diese Stellungen räumen.

Über die beiden vom Gegner hart attackierten Brücken von Nikopol und Lepeticha marschierten diese Verbände über den Dnjepr auf das andere Ufer und stellten sich den Verbänden der sowjetischen 8. Armee und des IV. Garde-mech.-Korps entgegen.

Es gelang Schörner, den sich bereits anbahnenden feindlichen Durchbruch zum Dnjepr aufzuhalten. Zwischen dem Fluß und der Stadt Apostolowo vorstoßend konnten die deutschen Verbände einen schmalen Korridor zum Brückenkopf freikämpfen und diesen offen halten.

Wenn General Schörner seine Truppen retten wollte, mußte er durch diesen schmalen Einschnitt alle Truppen zurückführen. Dazu gab er den Befehl aus:

"Kein Zögern und durch!"

Diese Ausbruchsoperation, die ihresgleichen suchte, gelang. Die 3. GebDiv., als erste Division aus der Brückenkopfstelle herausgezogen, richtete sich bei Gruschewka als Flankensicherung ein..Die ihr folgende 17. ID übernahm den Abschnitt Marinskoje.

Von hier aus traten am Morgen des 8.2. 1944 die KGr. Zimmer und Lorch mit Teilen der 17. ID und der 3. GD unter Führung des IV. AK zum Angriff auf Apostolewo an. Der Angriff unter dem Komm.Gen des IV. AK, Gen.d.Inf. Mieth, schlug durch. Es ging durch knietiefen Schlamm vorwärts. Auf diese Weise wurde die Deckungsfront am Flaschenhals verstärkt, hinter welcher die Verbände des XVII. AK nach Westen abflossen. Tschuikows 8. Armee wurde westlich von Apostolowo zum Stehen gebracht.

Alle feindlichen Großangriffe auf die Flanken dieses Flaschenhalses wurden abgewiesen. Nacheinander traten die 97. JägDiv., die 17. ID, die 3. GebDiv. und die 258. ID gegen die 8. Gardearmee ins Gefecht.

Die 8. Gardearmee, hervorgegangen aus der bei Stalingrad erfolgreichen 62. Armee kam nicht durch. General Tschuikow hatte in seinem deutschen Gegenspieler den Meister gefunden. Der Rückzug vollzog sich geordnet. Bei Bolschaja Kostromka , dem westlichen Eckpfeiler des Fluchtloches, standen Teile der 97. JägDiv. und der 24. PD im Abwehrkampf.

Aus Norden rollten die Verbände der 9. PD unter Führung von GenMaj. Jolasse den Ausbrechenden entgegen.

Um Marinskoje, dem zweiten Eckpfeiler des Ausbruchsloches, entbrannten ebenso heftige Gefechte. Hier kämpften in den einsetzenden Schneestürmen des Februar die Soldaten der Armeegruppe Schörner mit letztem Einsatz. Der Rückzug vollzog sich unter sibirischer Kälte und dichtem Schneetreiben, und in der Nacht zum 16.2. hatte die Armeegruppe Schörner die Falle Nikopol verlassen.

Nachdem die Wehrmachtsberichte vom 3.2. ebenso wie vom 4. und 5.2. ausführlich über den Verteidigungskampf bei Nikopol berichtet hatten, würdigte er den schweren Abwehrkampf am 6., 7., 9. und 10. Februar, in dem "unsere Truppen in vorbildlichem Kampfgeist starke bolschewistische Angriffe und Durchbruchsversuche abwiesen." Die Meldungen der nächsten Tage konzentrierten sich auf Kriwoi Rog. Erst am 18.2. wurde der abschließende Bericht über Nikopol gebracht:

"In den schweren Kämpfen im Raum von Nikopol haben ostmärkische, bayerische, rheinisch-westfälische, sächsische, mecklenburgische, pommersche und ostpreußische Divisionen unter dem Befehl des Generals der Gebirgstruppe Schörner und der Generale Brandenberger, Mieth und Kreysing in der Zeit vom 5.11. 1943 bis zum 15.2. 1944 in Angriff und Abwehr starke Durchbruchsversuche der Bolschewisten, oft mit blanker Waffe, verhindert und ihnen hohe Verluste zugefügt.

Dabei wurden 1.754 Panzer, 533 Geschütze, zahlreiche andere Waffen und sonstiges Kriegsgerät erbeutet oder vernichtet und 56 feindliche Flugzeuge durch Infanteriewaffen abgeschossen.

Unsere Luftwaffe hat an diesen Erfolgen durch Einsatz starker Kampf- und Schlachtfliegerverbände hervorragenden Anteil."

Was verschwiegen wurde, ist im KTB der 6. Armee genauer nachzulesen. Dort heißt es über diesen Einsatz in einer Zusammenfassung:
"Sechzehn Divisionen der 6. Armee haben die Masse ihrer Fahrzeuge in diesem Kampf verloren. Ein großer Teil des Materials der Versorgungstruppen, so insbesondere die Bäckerei- und SchlachtereiKpn., Feldküchen und viele schwere Waffen, konnten nicht zurückgebracht werden. Die lebendige Kraft der Divisionen dagegen war gerettet worden." (siehe KTB der 6. Armee 1.1. - 31.3. 1944)

General Schörner hatte keinen einzigen Verwundeten zurückgelassen. Über 1.500 Schwerverwundete wurden auf Panjewagen unter dem Schutz der Kosakenschwadron des XXXX. PzKorps abtransportiert und gerettet.

Major Kandutsch, Ic der 6. Armee, faßte das Wirken von General Schörner in den wenigen Worten zusammen: "Der Kessel ist geplatzt. Schörner verabschiedet sich von uns. Ohne ihn und seinen Chef, Oberst von Kahlden, wären wir alle wohl jetzt auf dem Marsch nach Sibirien. D i e s wird keiner von Nikopol jemals seinem Retter Schörner vergessen."

Am 17.2. 1944 hatte Gen. Schörner als 398. deutscher Soldat das Eichenlaub zum Ritterkeuz erhalten. General der Inf. Mieth wurde am 1.3. mit dieser hohen Auszeichnung bedacht.

Damit war die operative Absicht der Sowjetarmee, die weit nach Osten vorgestaffelten deutschen Kräfte der HGr. Süd abzuschneiden und zu vernichten, vereitelt worden.

Gen. Schörner wurde am 31. März 1944 zum Generaloberst ernannt und mit dem Oberbefehl über die Heeresgruppe Südukraine beauftragt. In dieser HGr. standen die Verbände der 17., der 6. und 8. Armee sowie der 2. und 3. rumänischen Armee, die sich in schweren Abwehr- und Rückzugskämpfen dem Djnestr näherten.

Kampf um Kriwoi Rog

Kriwoi Rog, etwa 50 km nordwestlich von Nikopol gelegen, wurde von einigen Divisionen des LII. AK verteidigt. Diese schüttere Linie sah eine Verteidigung vorwärts der Stadt, in der Stadt und zum rechts anschließenden Abschnitt Nikopol vor. Sie wurde also von schwachen Kräften geführt und begann, wie alle übrigen Kämpfe im Südabschnitt der Ostfront, bereits am 15. Okt. 1943, als die 2. Ukrainische Front- unter Armeegeneral Konjew mit der 5. Gardearmee, der 37. Armee, der 7. Gardearmee und der 67. Armee in diesem Großraum angriff. Wenig später trat auch die 5. Garde-Panzerarmee aus dem Brückenkopf Krementschug in Richtung Kriwoi Rog an.

Dieser Angriff wurde von der 1. Panzerarmee abgewiesen und kam zum Erliegen, ohne daß jedoch die Kämpfe im Vorfeld von Kriwoi Rog verstummt wären. Sie waren lediglich aus dem Zentrum an die Peripherie verlagert worden, als die 1. PzArmee auswich und das Gros der 2. Ukrainischen Front nachdrehte.

Während sich nunmehr alles auf die bereits abgehandelten Kampfstätten- und Plätze konzentrierte, wurden mehr und mehr deutsche Truppen aus dem Großraum Kriwoi Rog abgezogen in der Annahme, daß hier keine russische Schwerpunktbildung mehr erfolgen werde.

Nach der Umbenennung der sowjetischen Heeresgruppen in 1. bis 4. Ukrainische Front, 1. bis 3. Weißrussische Front, 1. bis 2. Baltische Front und Wolchow-Front, war die deutsche Dnjeprverteidigung zwischen Krementschug und Dnjepropetrowsk bereits auf einer Breite von 150 km aufgerissen. Ein breiter sowjetischer Kampfkeil schob sich zwischen die 1. Panzerarmee und die 8. Armee, dessen Spitze über den Ingulez nördlich von Kriwoi Rog reichte.

Kriwoi Rog wurde bei der folgenden Wiederaufnahme der Offensive nördlicher Punkt des sowjetischen Angriffs, der Nikopol zum Hauptziel gehabt hatte. Am 20. Nov. 1943 brach der Sturm los. Er richtete sich wiederum gegen die 1. PzArmee, die unter dem Befehl von Gen. d.PzTr. Hube stand. Auch diesmal wurde der Gegner gehalten. Er stand mit seinen Hauptkräften in einem weiten Bogen um Nikopol und mit einem nördlichen Zangenarm, der Nikopol umrunden und nach Süden zur Einschließung eindrehen sollte, vor Kriwoi Rog.

Damit wuchs Kriwoi Rog eine neue Aufgabe zu: Halten dieses Gegners und Offenhalten eines nach Westen führenden Auswegs für die in Nikopol eingeschlossenen Truppen.

Die Kämpfe um Kriwoi Rog entbrannten fast gleichzeitig mit jenen um Nikopol. Während aber die Wehrmachtberichte anfangs Februar 1944 fast ausschließlich die Kämpfe um Nikopol meldeten und demzufolge Kriwoi Rog immer auch in der Kriegsliteratur nur mit wenigen Zeilen am Rande abgehandelt wurde, fanden jedoch *auch* und vor allem *dort* Kämpfe statt, die in ihrer Härte und Verbissenheit nur selten vorher geführt worden waren.

Die wenigen Infanterieverbände krallten sich in ihrer HKL vor der Stadt und im weiten Bogen darum herum fest und hielten auch die Stadt selbst besetzt, weil eines klar war: Die Sowjetarmee wollte und mußte in die Wärme der Häuser gelangen, wenn sie von den Unbilden dieses eisigen Winters einigermaßen verschont bleiben wollte. Das gleiche aber galt insbesondere auch für die deutschen Truppen.

Ein unvorstellbarer Kampf entbrannte und am 10.2.1944 als in Nikopol alles auf des Messers Schneide stand, meldete der Wehrmachtbericht erstmals über die Kämpfe bei Kriwoi Rog und vor allem südlich der Stadt, wo Feindtruppen durchzubrechen trachteten, um auch Kriwoi Rog in Besitz zu nehmen und ihre Flankenbedrohung auszuschalten. Von nun an blieb Kriwoi Rog für volle drei Wochen täglich im Wehrmachtbericht.

Der 10. Februar sah Abwehrkämpfe, die sich am 11.2. bis in den Raum südostwärts der Stadt fortsetzten. Die deutschen Infanterieverbände hielten diesen Gegner auf und hinderten ihn daran, der Armeegruppe Schörner in die offene Nordflanke zu fallen. Dieser Kampf setzte sich bis zum 15.2. fort. Feindeinbrüche wurden durch Gegenstöße bereinigt. Nahkampftrupps kämpften die eingedrungenen Feindpanzer nieder.

Von nun an rannte die Sowjetarmee ununterbrochen gegen die deutschen Verteidigungsstellungen von Kriwoi Rog an. Sie erzielte eine Reihe von Einbrüchen, die stets durch selbständige Gegenstöße beherzter Kommandeure abgeriegelt und bereinigt wurden.

Als die Sowjetarmee hier am 17. Febr. mit starken Panzerkräften den Durchbruch erzwingen wollte, um die Rückzugsbewegungen der Armeegruppe Schörner abzuschneiden, kam es zu erbitterten Gefechten der Panzervernichtungstrupps gegen die sowjetische Panzerlawine. 19 Feindpanzer wurden abgeschossen oder mit Sprengmitteln außer Gefecht gesetzt. Die wenige Pak, die den Verteidigern zur Verfügung standen, erzielten immer wieder entscheidende Erfolge und entschärften die Angriffsspitzen. Reiche Beute an liegengelassenen Kraftwagen und Waffen, sowie Gefangene wurden gemacht.

Die schweren Kämpfe dieses Tages führten südlich der Stadt zu einem Einbruch, der mit letzter Kraft, überwiegend im Häuserkampf im Südteil von Kriwoi Rog, bereinigt werden mußte. Dieser Kampf dauerte die ganze Nacht an, ehe der Feind geworfen war.

Nunmehr verstärkten die Sowjets ihren Druck und stießen den ganzen 18.2. hindurch in diese Lücke hinein. Noch einmal konnten die tiefen Einbrüche bereinigt werden und am nächsten Morgen stieß eine deutsche KGr. südlich Kriwoi Rog gegen die sowjetischen Stellungen vor, durchbrach sie, nahm zahlreiche Ortschaften wieder in Besitz und schloß gleichzeitig damit eine klaffende Frontlücke. Die beiderseits zur Umklammerung der Stadt vorgetragenen Feindangriffe scheiterten.

Auch am 20.2. drang der Gegner trotz starker Massierung und Panzerunterstützung nicht durch. Von den 25 hier eingesetzten T34 wurden 20 durch Pak, Flak und Nahkampfmittel vernichtet. Der Feindangriff brach zusammen.

Der 21..Febr. sah die eigenen Truppen im erbitterten Ringen um den Besitz der Häuser am Stadtrand. Häuser bedeuteten Wärme und Überleben. Der Kampf zog sich bis ins Zentrum von Kriwoi Rog hin.

Der Gegner wurde zum Stehen gebracht und am 22.2. traten deutsche Sturmgeschütze, Teile der Sturmgeschützbrigade 210 unter Major Sichelschmidt, den Grenadieren vorausrollend und ihnen eine Bresche schlagend, südostwärts Kriwoi Rog zum Gegenstoß an. Die Feindstellungen wurden durchbrochen und im weiteren Vorgehen den Sowjets schwere Verluste beigebracht.

Ganz besonders zeichnete sich die StGeschBrig. 243 aus, als sie aus dem Raum südostwärts Saporoshje durch die Nogaische Steppe zurückrollte und bis in den Brückenkopf von Nikopol gelangte. Von dort aus rollte sie mehrfach nach Norden und Nordwesten, um in der Abwehrschlacht von Kriwoi Rog einen entscheidenden Anteil zu leisten. Hptm. Maier führte diese Brigade während dieser Zeit.

Am Nachmittag des 22. Febr. wurden in Kriwoi Rog alle wichtigen Industrieanlagen gesprengt. Danach zogen sich die Grenadiere unter Feuerschutz der Sturmgeschütze einige Kilometer weiter nach Westen zurück, wo eine Auffangstellung errichtet worden war.

Die Nachhuten, auch sie durch Sturmgeschütze unterstützt, welche die nachfolgenden Panzer niederhielten, hielten gegen den nachstoßenden Feind. Zwischen dem Dnjepr und Kriwoi Rog scheiterten einige weitere Feindangriffe an der Abwehrkraft der deutschen Verteidiger, obwohl diese Angriffe durch starke Panzerverbände und Schlachtflieger unterstützt wurden.

Die beiden letzten Februartage sahen das gleiche Bild. Tag um Tag brandeten Feindangriffe gegen die schütteren deutschen Linien. Bis zum 7. März dauerte dieser verbissene Kampf um einzelne Stellungen und kleine Dörfer. Starke Feindkräfte, die am 7. März angriffen, wurden von den Verteidigern zurückgeschlagen.

Dann kamen endlich westlich der Stadt deutsche Panzerkräfte heran, zerschlugen diesen Angriff und gingen, von den Grenadieren begleitet, zum Gegenangriff vor, der ihre verlorengegangenen Stellungen zurückgewann. Dennoch blieb ein Einbruchsraum unbereinigt. Hier drangen starke Feindkräfte am 8. März weiter vor und erreichten den Raum südwestlich Kriwoi Rog.

Noch einmal rafften sich am 8.3. die Grenadiere, von einigen Panzern und Sturmgeschützen unterstützt, zu einem Gegenangriff auf. Sie konnten den Gegner bis zum 9.3. an mehreren Stellen zurückwerfen und eine stärkere sowjetische KGr. vernichten.

Der Wehrmachtbericht des 11. März meldete schließlich:
"Vom unteren Dnjepr bis in den Raum von Tarnopol tobt die erbitterte Abwehrschlacht in den bisherigen Brennpunkten. Südwestlich Kriwoi Rog, im Kampfgebiet um Kirowograd und südwestlich von Swenigorodka konnten die Bolschewisten trotz zähen Widerstandes unserer Truppen weiter Gelände gewinnen.
Im Raum zwischen Pogrebischtsche und Tarnopol kam es in Angriff und Abwehr zu schweren wechselvollen Kämpfen. In die Stadt Tarnopol vorübergehend eingedrungener Feind wurde im Gegenangriff wieder herausgeworfen."

Das war die letzte Nennung von Kriwoi Rog. Das Schwergewicht der Kämpfe verlagerte sich nunmehr in den Raum Tarnopol.

* * *

DIE SOWJETISCHE FRÜHJAHRSOFFENSIVE IM SÜDEN

Beginn der Schlacht

Die sowjetische Frühjahrsoffensive begann am 4. März 1944 mit einem Angriff der 1. Ukrainischen Front, die den linken Flügel der HGr. Süd angriff. Diese stärkste sowjetische HGr. wurde jetzt von Marschall Schukow geführt, der Armeegeneral Watutin ersetzt hatte. Watutin war von ukrainischen Freischärlern überfallen und schwer verwundet worden. Er starb am 15. April 1944.

Die 13. Sowjetarmee stieß genau in das XIII. AK unter General Hauffe und warf es zurück. Südlich daran anschließend traten vier Armeen der 1. Ukrainischen Front gleichzeitig gegen das LIX. AK unter General Schulz an. Auch hier wurde die deutsche Front aufgerissen. Zwar verteidigte die 7. PD noch eine Reihe ihrer Stützpunkte, doch das änderte nichts an der Tatsache, daß sich die 96. und 291. ID nicht halten konnten und von der sowjetischen Kampfwoge zurückgespült wurde. Durch die Lücke stürmten schnelle Feindtruppen nach Südwesten.

Zwar wurde die SS-PD "Leibstandarte" in diese Lücke geworfen, doch auch sie konnte dieser übermächtigen Dampfwalze nicht standhalten.

Als Marschall Schukow 24 Stunden später noch die in Reserve gehaltene 18. Armee in den Kampf warf, konnte diese beinahe unangefochten durch eine Bresche von 50 km Breite hindurchrollen.

Die 4. Panzerarmee war in zwei Teile aufgespalten und die genannten deutschen Divisionen, die dem ersten Feinddruck standhalten konnten, dann aber weichen mußten, wurden in den Abschnitt der 1. Pz-Armee zurückgeworfen.

Es war wieder einmal mehr GFM von Manstein, der in exakter Voraussicht der Dinge auf diesen Fall vorbereitet war. Hinter seinem Nordflügel hatte er das III.und XXXXVIII. PzKorps bereitgestellt.

Gend.PzTr. Balck hatte mit seinem XXXXVIII. PzKorps zunächst die Aufgabe, die zurückflutenden deutschen Verbände aufzufangen und mit ihnen schrittweise auf Tarnopol zurückzugehen, um so den Schwung zu bremsen. Um den Feind zum Stehen zu bringen, igelte sich die 7. PD ebenso wie die "Leibstandarte" ein. Teile der 68. ID folgten diesem Beispiel und so standen zumindest drei Wellenbrecher in der roten Flut.

Dem III. PzKorps oblag es, als"Stopper"der Feindeinbrüche zu dienen. Auch hier trat wieder das schwere Panzerregiment Bäke in Tätigkeit. Aus dem KTB des PR 11 ist in dieser Einsatzphase zu entnehmen:

Schwere Panzerkampfgruppe Bäke greift an

Am 6. März wurde diese Kampfgruppe, die aus der II./PR 11, der I. (Panther) PR 1 und der sPzAbt. 509 zusammengestellt. Sie erhielt den Auftrag, aus Staroi Konstantinow nach Westen vorzustoßen, um den dort nach Osten eindrehenden Gegner auf Rossolowzy zurückzuwerfen. Dazu wurde der KGr. das I./PGR 114 unterstellt. Dieser Angriff galt dem Ziel, die Nord-Süd-Rollbahn freizukämpfen und Staro Konstantinow zu halten.

Als die PzKGr. auf den Feind stieß, schossen Tiger und Panther diesen Gegner zusammen. In einem Zug ging es bis zur Mitte nach Rossolowzy hinein. Dann säuberten die Panzergrenadiere die Ortschaft, während die Panzer, Oberstleutnant Dr. Bäke an der Spitze, nach Kamenka weiterfuhren und auch diese Ortschaft im Handstreich in Besitz nahmen. Auf Panzern der II./PR 11 wurden dann die Panzergrenadiere nach Kamenka geschafft und besetzten diese Ortschaft.Der Feindvorstoß aus Westen auf Staroi Konstantinow war damit abgewehrt.

Der 9. März sah die gesamte 6. PD in schwerem Kampf um die Ortschaft Wyschaja Pogorelaja, die vom I./PGR 4 in der vorangegangenen Nacht gegen starken Feinddruck hatte aufgegeben werden müssen. Fünf einsatzbereite Panzer der II./PR 11 unterstützten den Gegenangriff auf diese Ortschaft und gewann sie am Morgen des 9. 3. zurück.

Die Sowjets, die sich auf die Höhen nördlich Wyschaja Pogorelaja zurückgezogen hatten, wurden von den Panzern Bäkes angegriffen. Diese stießen auf eine starke Pakfront. Zwei eigene Panzer brannten nach wenigen Minuten des Kampfes. Jetzt traten die Sowjets zum Gegenangriff an und stießen wieder in den Ort hinein.Die Panzergrenadiere mußten wegen Munitionsmangels aufgeben und zogen sich durch eine Mulde nach Westen zurück.

Von den drei letzten Panzern fiel ein weiterer aus. Die beiden letzten hielten so lange, bis der Gegner die Ortschaft endgültig räumte. Damit war die Nord-Süd-Rollbahn weiterhin für den Nachschub offen.

Mit ihren letzten drei Panzern und dem unterstellten FüsBat. 96 trat die II./PR 11 am 10. März an der Rollbahn in Höhe von Werchnjaki zur Sicherung der letzten aus Staroi Konstantinow zurückgehenden Truppen an. Weitere Einsätze der stark angeschlagenen 6. PD folgten, bis sie am 12. März nur noch eine Kampfstärke von 956 Mann hatte.

Der Einsatz der 6. PD wurde durch einen am 15.3. erlassenen Befehl des KommGen. des LIX. AK, GenLt. Schulz, gewürdigt:

"Die 6. PD stand ab dem 4.3. im Brennpunkt der Schlacht. In schweren Kämpfen mit weit überlegenen Feindverbänden hat die Division wesentlich dazu beigetragen, daß es gelang, mein Korps hinter dem Bushok-Abschnitt zurückzuführen.
Die schwere Panzerabteilung 509 hat bereits in den Kämpfen südlich Schepetowka zum Kampferfolg beigetragen. Seit dem 4. März war sie stets an den Schwerpunkten eingesetzt und hat sich in den schwierigsten Lagen durch Führung und Kampfgeist besonders ausgezeichnet."

Kampfraum Proskurow

Als Armeegeneral Konjew mit seinen Truppen am 16. März die lebenswichtige Eisenbahnlinie Lemberg-Odessa durchschnitt und damit die Hauptversorgungslinie des Südflügels der Ostfront unterbrach, begann eine noch kritischere Phase. Am nächsten Tage stießen diese Truppen über den hier 250 m breiten Dnjestr und schwenkten gleichzeitig zur Umfassung der 1. Panzerarmee nach Nordwesten ein. Dieser sowjetische Stoßkeil erreichte bis zum 26.3. die rumänische Grenze und überschritt sie.

Schwieriger gestaltete sich der Kampf für die 1. Ukrainische Front, denn der 1. PzArmee gelang es, die beiden nach Südosten zurückgeworfenen 96. und 291. ID wieder freizukämpfen. Dennoch: Die deutsche Front war zwischen Schepetowka und Rowno auf vielen Kilometern Breite aufgerissen.

Hier kam noch einmal das III.PzKorps ins Spiel und mit ihm auch die 6. PD und die gepanzerte Gruppe Bäke, die am Mittag des 16.3. mit vier Panzern IV und 20 Panthern von Proskurow nach Westen über die Rollbahn fuhr, um in Widowa auf die "Leibstandarte" zu stoßen, die auf halbem Wege zum Zbucz-Fluß stand. Es war dies die Straße, über welche das III. PzKorps nach Westen abrollen wollte, falls ein rasches Absetzen notwendig wurde.

Am Abend dieses Tages erreichte die KGr. Bäke nach Abschuß einiger T 34 die Ortschaft Klimkowzy. Hier stieß sie auf die Hornissen der 3./PzJägAbt. 81.

Am anderen Morgen früh um 4.00 Uhr an der Rollbahn auf die Panzer aufsitzend, rollten die Panzergrenadiere nunmehr mit der PzKGr. Bäke weiter nach Westen. Starke Feindstellungen an der Straßenkreuzung beim Punkt 345,4 wurden unter Feuer genommen. Als Feindpanzer und Infanterieeinheiten vor der KGr. nach Norden auswichen, ließ Dr. Bäke die weichenden Panzer unter Feuer nehmen. Einige derselben blieben qualmend liegen.

Der Vorstoß ging weiter nach Westen. Bei Chomenzy wurde eine neue starke Feindgruppe erkannt und überrollt. Um 15.00 Uhr war der Treffpunkt Widowa erreicht und die Verbindung mit der Leibstandarte hergestellt.

An diesem Tage vernichtete die KGr. Bäke 15 Panzer, jeweils zwei Sturmgeschütze und Selbstfahr-Lafetten, 19 Pak, drei Infanteriegeschütze und machte etwa 100 Gefangene.

Nachdem am 18.3. die Tiger der sPzAbt. 509 eingetroffen waren, griff Dr. Bäke die Höhen 362,9 und 355 an. Hier hatte der Feind eine starke Pak- und Panzerfront errichtet. Dennoch wurden beide Höhen genommen. Das Eindringen in die Ortschaft Dselintsche gestaltete sich zwar verlustreich, dennoch war es ein erfolgreicher Tag der KGr. Bäke,die 12 Sturmgeschütze, 44 Panzer, 33 Pak und InfGeschütze vernichtete.

Der Angriff des 19.3. richtete sich gegen die Höhen 340 und 347 und das umliegende Gelände mit dem Ziel: "Erreichen der Linie Redkodubi-Pedossi-Lakowzy". Dr. Bäke verfügte hierzu über vier Tiger, sieben Panther, sieben Sturmgeschütze, einen Panzer IV, 10 SPW und die ArtAbt. Bering.

Die Höhe 349 wurde im ersten Ansturm überwunden. Dann schlug der KGr. starkes Feindfeuer aus der Flanke entgegen, das erst bekämpft werden mußte. Es sollte nun durch eine Waldenge gehen,wobei die Tiger an der Spitze fuhren und die Panther und Sturmgeschütze als Flankensicherung nach rechts und links dienten.

Die in dieser Enge eingebauten sechs Feindpak und etwa acht Panzer und Sturmgeschütze des Gegners schalteten vier der eigenen Tiger und drei Panther aus. Vier der Pak wurden vernichtet, ferner vier Feindpanzer.

Dann eröffnete auch noch russische Pak von einer Hinterhangstellung aus das Feuer und wiesen diesen Angriff ab. Der nach vorn gefahrene RgtKdr. versuchte den Angriff um das Wäldchen herum vorzureißen, doch das Gelände dort war stark versumpft und ließ keine Panzerbewegungen zu. Er mußte den Rückzug befehlen, wobei die PzKGr. Bäke erneut Feuer aus Norden und Westen erhielt und weitere Wagen verlor.

Zwar hatte die KGr. Bäke sechs Feindpanzer und acht Pak sowie einige Sturmgeschütze vernichtet, war aber selber so ausgeblutet, daß sie zum Angriff am 20. März nur noch zwei Tiger, zwei Panther, vier Sturmgeschütze und vier Panzer IV zur Verfügung hatte, zehn SPW kamen hinzu. Das am Vortag hart umkämpfte Wäldchen war in der Nacht vom Feind geräumt worden.

Der befohlene Angriff auf Lapkowzy drang nicht durch. Als Dr. Bäke kurz vor Einfall der Dunkelheit noch einmal antrat, gelang es trotz weiterer Verluste, diese Ortschaft zu nehmen. Dabei wurde der Kommandeurswagen abgeschossen und der darin mitfahrende Nachrichtenoffizier, Lt. Möller, schwer verwundet. ObersLt. Dr. Bäke stieg in einen SPW um und führte den Kampf weiter.

Nach Ende dieses Gefechtes war kein einziger Panzer mehr einsatzbereit. Neun T 34, fünf Sturmgeschütze und 10 Pak waren um den Preis der eigenen Vernichtung abgeschossen worden.

Wenig später fand sich auch die 6. PD im Hubekessel wieder. Doch zurück zur großen Lage Die Umfassung nach Westen über Proskurow war zwar verhindert worden, doch die 1. Ukrainische Front überwand am 29.3. den Dnjestr und drang in Czernowitz ein. Damit stand diese HGr. in breiter Front im Rücken der HGr. Süd. Von Osten schoben sich jetzt die Divisionen der 2. Ukrainischen Front heran.

Das Fazit lautete: Die 4. Panzerarmee war aufgerissen und nach Westen zurückgeworfen worden. Die 8. Armee war zerschlagen und die 6. Armee stand völlig isoliert am unteren Dnjepr und war ebenfalls an mehreren Stellen von Truppen der 3. Ukrainischen Front durchbrochen worden.

Die 1. Panzerarmee steckte nunmehr in einem riesigen Kessel zwischen Bug und Dnjestr und war vom Gros der 4. Panzerarmee um mehr als 80 km getrennt. 22 deutsche Divisionen saßen in der Falle. Wenn die 1. Panzerarmee verloren ging, war der Weg für die Sowjets frei. Gleichzeitig war dann auch der gesamte Südabschnitt der Ostfront verloren.

Die 1. Panzerarmee konnte vom 23.3. an nur noch aus der Luft versorgt werden. GFM von Manstein, der seinen GefStand in Lemberg eingerichtet hatte, forderte von Hitler die sofortige Heranführung schneller kampfkräftiger Verbände, um diese nach Osten zur eingeschlossenen 1. Panzerarmee durchzuboxen.

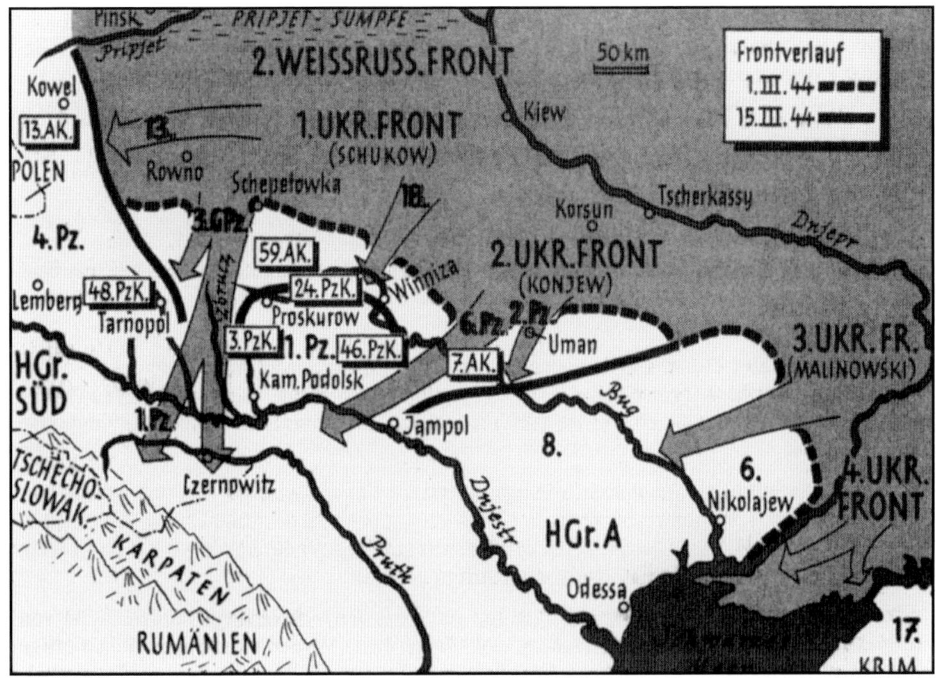

Der "Feste Platz" Tarnopol

Als Hitler eingangs März 1944 den Gedanken der Festen Plätze formulierte, bestimmte er zugleich auch die Stadt Tarnopol zu einem, solchen "Festen Platz".

Es war die 1. Ukrainische Front, die mit zwei Panzerarmeen zur erneuten Offensive antrat. Dieser sowjetische Großangriff begann, wie im Vorkapitel dargelegt, am 4. März 1944. Zwei Panzerarmeen und die 60. Sowjetarmee stürmten durch das deutsche XIII. AK, das im Raume Dubno stand und zielten in direkter Linie auf Proskurow-Tarnopol. Gleichzeitig damit versuchte die 18. Sowjetarmee den rechten Flügel der 1. PzArmee nach Südosten abzudrängen. Damit wurde Tarnopol zu einem Dreh- und Angelpunkt des Kampfes.

Am 8. März verkündete Hitler in seinem Führerbefehl Nr. 11 über "Kommandanten der 'Festen Plätze' und Kampfkommandanten":

"Die Aufgabe der Kommandanten der Festen Plätze ist es,den ihm anvertrauten Festen Platz nach Eintreffen der für die Verteidigung notwendigen Gesamtbesatzung endgültig, auch bei stärksten geschlossenen Feindangriffen zu verteidigen, sich gegebenenfalls einschließen zu lassen und bis zum Letzten zu halten."

Tarnopol war einer der ersten dieser offiziellen Festen Plätze.

In der Nacht zum 11. März 1944 griff die Sowjetarmee hier an. Es war ihre 155. SD, die in die Stadt einsickerte und auf die Männer des Füsilierbataillons "Demba" traf. Der Feind wurde geworfen, stieß aber rechts und links an dieser KGr. vorbei in die Stadt hinein.

Sofort traten zwei Kpn. mit fünf Sturmgeschützen der Brigade 301, zwei Panzern V und zwei Selbstfahr-Lafetten zum Gegenstoß an. Der Gegner wurde im Häuserkampf geworfen. Tarnopol war wieder feindfrei.

In der Stadt war GenMaj. Kittel am 11.3. zum Kommandanten ernannt worden. Ihm standen das FüsBatl. "Demba" unter Major Balzer, das Bewährungsbataillon 500 unter Major Fischer, das IR 949, geführt von Oberst von Schönfeld, ein Marschbataillon der 7. PD, die Eingreifgruppe der 254. Reservediv., das LandesschützenBatl. 543, die PiKp. 15, dieser Division, die 5./AR 24,mehrere StGesch. der "Leibstandarte", die 1./StGesch Brig. 301 und einige kleine Einheiten zur Verfügung.

Die nächsten Angriffe wurden abgewiesen. Dabei zeichnete sich das FüsBatl. "Demba" unter Major Balzer immer wieder aus. Am 9.4. wurde Maj. Balzer mit dem RK ausgezeichnet (er fiel am 14.4., kurz nach seiner Beförderung wegen Tapferkeit vor dem Feind).

Zwischen Stupki und Tarnopol konnte nach der Rückeroberung von Broko Wielki durch die 68. ID und Stupki und Symkcwze durch die 359. ID die Rollbahn zeitweilig wieder benutzt werden. Als schließlich auch das GR 188 der 68. ID am 17. März Romanowka erstürmte, schien die Lage entspannt. Doch der Abend des 17.3. zeigte, daß die Sowjetarmee für jede Art von Überraschung gut war.

Die vorgeschobenen Posten des GR 188 meldeten einen rasch näherkommenden Panzerverband. Zwei 7,5 cm Pak und die 6./GR 188 hielten die feindliche Panzerspitze auf. Die beiden Pak schossen einige der anrollenden T 34 ab, ehe sich neun dieser sowjetischen Kolosse auf sie einschossen und nacheinander ausschalteten.

Die ersten Panzer hatten die Infanteriestellungen erreicht. Die Männer schossen mit MG 42 auf die aufgesessenen und die zu Fuß hinter den Panzern herlaufenden Sowjets.

Mit Tellerminen und Hohlladungen wurden die Panzer, welche die Stellungen erreicht hatten, angegangen. Zwei T 34 wurden vernichtet, ehe der Befehl zum Absetzen erfolgte.

Die 68. und 358. ID wurden von Feindpanzerverbänden eingekreist. Der 68. ID wurde die StGesch Brig. 311 zugeführt und erhielt Befehl, von Chodaczkow Maly aus nach Osten anzugreifen und damit die zwischen ihr und der 7. PD aufklaffende Lücke zu schließen. Der Angriff begann am 18. März. Mit den Sturmgeschützen voraus wurde die Ortschaft Kolodziejowka erreicht und der darin liegende Feind geworfen. Bis zum 20.3. konnte die Verbindung mit dem linken Flügel der im Raume Skalat stehenden 7. PD hergestellt werden.

Damit hatte Gend.PzTr. Balck sein Korps zu einer zusammenhängenden Front vereinigt. Er war sicher, auch ohne die 7. PD, die am 21.3. herausgelöst und dem XIII. AK zugeführt werden sollte, diese Stellungen lange Zeit halten zu können.

Auch diesmal machte die 1. Ukrainische Front allem einen Strich durch die Rechnung, als sie am 21. März mit drei Armeen gegen die Front des XXXXVIII. PzKorps antrat. Ziel dieses Angriffs war es, den am 10. März erzielten Einbruch nach Osten und Westen zum Durchbruch zu erweitern und dann nach Süden durchzustoßen. Sein Schwerpunkt lag ostwärts Tarnopol zwischen dem Sereth und Zburcz. In diesem Abschnitt hatten sich die neu ins Gefecht geführten 1. und 4. sowj. Panzerarmee bereitgestellt. In der Spitzengruppe 200 schwere und überschwere Panzer.

Die 60. Sowjetarmee griff aus ihren Stellungen nordwestlich Tarnopol an. Dort versuchte die 357. ID in einem Verzweiflungskampf seit Tagen den Feind zu halten. Die 140. SD der Sowjetarmee drang in einem Zug 20 km weit vor, um zwischen Czerniechow - Reniow einen Brückenkopf zu bilden und von dort mit dem weiter südlich an der Rollbahn gelegenen weiteren sowjetischen Brückenkopf Iwaczow Gorny Verbindung aufzunehmen.

Durch diese Ereignisse wurde die Verbindung zwischen dem XXXXVIII. PzK und dem XIII. AK unterbrochen. In diese Lücke schoben sich die Sturmtruppen der 60. Sowjetarmee hinein. An deren Spitze die 165. SD. In diesem Kampf versuchte die 68. ID ohne schwere Waffen, sich verzweifelt gegen den Ansturm von 100 Feindpanzern der sowj. 1. PzArmee zu behaupten. Die gesamte DivArt. wurde durch einen überraschenden Panzervorstoß überrollt und ging verloren. Die Division wurde nach Süden und Südwesten abgedrängt und verlor die Fühlung zur 359. ID. Der Rest gewann einen Tag später Anschluß an die 7. PD.

Zur gleichen Zeit wurde die 7. PD und die "LSS AH" von den übrigen 100 Panzern der 4. sowj. Panzerarmee angegriffen. Oberst Dr. Mauss, der diese Division nach dem Tod von GenMaj. Schulz auf dem Gefechtsfeld (siehe: Band Nr. 4 und 5) übernommen hatte, ließ seine Panzer anrollen. Hier war es wieder einmal mehr Lt. von Rohr, der als Zugführer in der II./PR 25 von sich reden machte und vier T 34 abschoß.

Bei Turowka kam es am nächsten Tag zum zweiten Zusammenprall. Der Feind wurde mit letzter Kraft gehalten. In der Nacht zum 23.3. setzte sich die 7. PD nach Satanowka ab. Da die Ortschaft feindbesetzt war, mußte der Gegner erst hinausgeschossen werden. Zweimal wechselte die Ortschaft ihren Besitzer, dann hatte die 7. PD es geschafft, wurde aber kurz darauf eingeschlossen. Oberst Dr. Mauss mußte Versorgung aus der Luft anfordern, die am Morgen des 24.3. einsetzte.

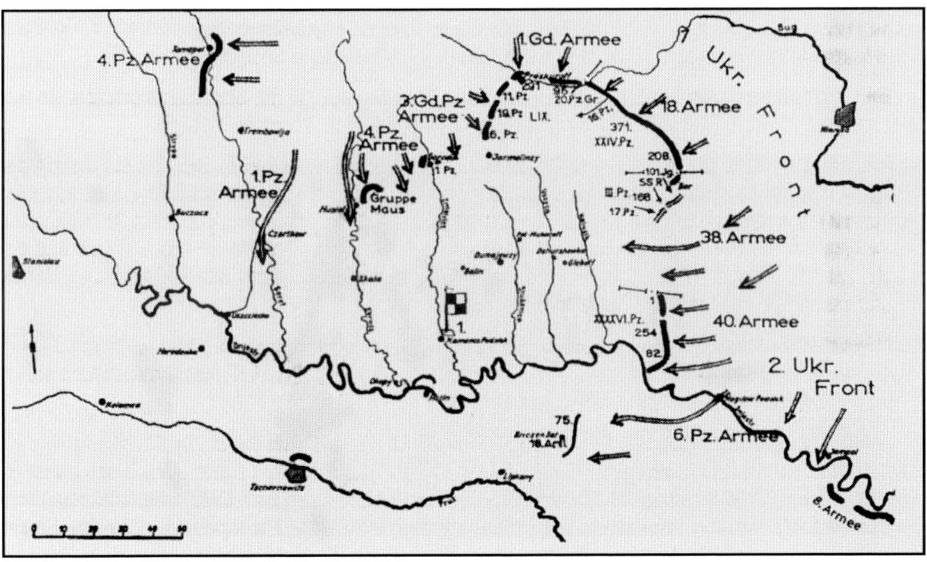

Am Abend dieses Tages hatte Oberst Dr. Mauss zwei KGr. gebildet, die zum Ausbruch durch die russische Umklammerung antraten. Sämtliche Teile setzten bis zum späten Abend über die Brücke bei Luka Mala über den Zbrucz und marschierten nach Osten. Die Brücke wurde nach Passieren der letzten deutschen Kräfte gesprengt.

Nunmehr nach Osten rollend, gelang es der 7. PD, ihre eigenen vom Feind bereits aufgeriebenen Trosse zu erreichen und den Rest freizukämpfen. Sie marschierten am 26. März weiter nach Süden.

Was aber war mit Tarnopol? Bis zum Abend des 22. März hatte ein neuer sowjetischer Großangriff die geringen Erfolge des XXXXVIII. PzKorps im Vorfeld des Festen Platzes Tarnopol wieder zunichte gemacht. Nachdem die 68. ID zersprengt worden war, richtete sich der weitere Angriff der sowj. 1. Panzerarmee, mit dem X. Gardepanzerkorps an der Spitze, gefolgt von der 148. und 336. SD, gegen die schütteren Linien der 359. ID. Mit 70 Panzern als Sturmspitze eroberte die Sowjetarmee alle kleinen Ortschaften zurück, um welche die Soldaten der Grenadierregimenter 947 und 948 so opfervoll gerungen hatten.

Bis zum Abend des 23.3. mußte die Division auf das Westufer des Seret (nicht der Sereth in Rumänien) zurückgenommen werden. Der Division fehlte das GR 949, das ja in der Festung stand und den Kern der Verteidigungskräfte bildete.

Die 359. ID wich zurück. Trotz Zuführung einer Kp. der sPzAbt. 507 brach die Seret-Front, die westlich Tarnopol von der 68., 357. und 359. ID gehalten wurde, zusammen.

Damit gelang es der Sowjetarmee mit ihren gleichzeitig von Süden und Norden angreifenden Verbänden, sich westlich von Tarnopol zu vereinigen. Der Feste Platz war eingeschlossen und vom XXXXVIII. PzKorps abgeschnitten.

In den vier Verteidigungsabschnitten Nord-Ost-Süd-West der Stadt standen Kampfgruppen von jeweils etwa 600 Soldaten mit sieben bis zehn Offizieren. Das FüsBatl. Demba war Reserve des Kampfkommandanten. Es hatte eine Stärke von 11 Offizieren, 116 Unteroffizieren und 511 Mann und verfügte über 53 MG und 100 MPi; hinzu kamen neun Granatwerfer und drei Pak.

Am 24. März griff die Sowjetarmee Tarnopol erstmalig wieder direkt an und erzielte einen Einbruch in den Vorort Zagrobela. Im Gegenstoß wurde Zagrobela um 17.00 Uhr zurückgewonnen.

30 Minuten später griffen drei sowj. Angriffsdivisionen die im Norden stehenden Truppen des BewBatl. 500 an. Mit 15 Panzern voraus rollten sie im Zuge der Straßen- und Bahnlinie in die Stadt hinein. Abfangtrupps brachten die Feindpanzer mit Nahkampfmitteln zum Stehen. Um 21.15 Uhr ging ein FT-Spruch der 4. PzArmee in Tarnopol ein. Er lautete:

> "Am 25.3. wird ein Panzerverband aus dem Raume Jezierna entlang der Straße Jezierna-Tarnopol durchstoßen, um ein Versorgungsgeleit in die Stadt durchzuboxen und den Feind westl. Tarnopol zu zerschlagen. - - -
> Er gibt sich bei Annäherung an Tarnopol durch weiße Leuchtzeichen zu erkennen", lautete ein Zusatz, der 25 Minuten später gesendet wurde. Es schien, als sollte die Stadt entsetzt werden, doch um 21.55 Uhr ging ein weiterer Spruch der 4. PzArmee ein:
> "Panzerverband entlastet nur, entsetzt nicht! Platz ist gemäß Führerbefehl zu halten."

Um 2.25 Uhr des 25. März griffen sowjetische Sturmgruppen die Stadt aus allen Richtungen gleichzeitig an. Die Besatzungen der vier Abschnitte wiesen den Gegner ab. Danach eröffneten neu herangeschaffte sowj. Artillerie- und Werferverbände das Störfeuer auf Tarnopol. Anschließend griff die 336. SD des IV. Kantimir-Gardekorps an.

Kampfgruppe Friebe kommt nicht durch

Die Versorgungskolonne, allen voran Teile der sPzAbt. 507, rollte am 24.3. um 4.30 Uhr los. Drei gegnerische Sperr-Linien wurden durchstoßen. Tarnopol rückte näher und Oberst Friebe, der KGr. Führer der 8. PD, spornte seine Männer zu schnellster Fahrt an. Als sie um 12.00 Uhr den Wald 4 km westlich von Tagrobela erreichten, fuhren sie in das Abwehrfeuer der 107. und 322. SD hinein, die eine Pakfront aus 30 Kanonen errichtet hatten.

Schlachtflieger des Typs IL-2 griffen in den Kampf ein und dann schossen schwere Feindbatterien vom Ostufer des Seret. Die ersten Panzer fielen aus.

Der Durchbruch blieb liegen. Oberst Friebe entschloß sich zu einer Umgruppierung, weil sie frontal nicht durchkommen würden. Mit einer Panther-Kp. voraus stießen jene Teile der KGr., die das Feindfeuer überstanden hatten, nach Süden, bis an die Dolzanka hinunter. Dicht am Fluß entlang schwenkten sie wieder nach Osten ein. Über Funk wurden die Verteidiger davon verständigt. Doch auch am Fluß hatte der Gegner Panzer und Pak postiert und von der Höhe 361 schoß eine schwere Feindbatterie. Fünf Panther blieben nach 400 Metern liegen.

Plötzlich erscholl auch jenseits der Dolzanka schweres Feuer einiger sowjetischer Sturmgeschütze, Pak und Panzer. Der Angriff brach zusammen. Um 13.00 Uhr mußte Oberst Friebe den Rückmarsch befehlen.

Zwei Stunden später griff die Sowjetarmee mit von Westen herangeführten frischen Kräften erneut den Westabschnitt an. Zagrobela lag wieder unter dichtem Artilleriefeuer der Sowjets.

Dann rollten Panzer heran. Mit Panzerfäusten wurde dieser sowj. Panzerkeil aufgehalten. Dennoch gelang es den Rotarmisten, Zagrobela um 21.00 Uhr zu erreichen und diesen vorgeschobenen Brückenkopf einzudrücken. Major Balzer mußte dem Bataillon Demba den Rückzug in die inneren Verteidigungsanlagen befehlen.

Vier Stunden später hatte Lt. Hoepfl, Zugführer in der 1./StGeschabt. 301, mit drei Sturmgeschützen und einer Kp. Grenadieren Zagrobela zurückgewonnen. Dafür erhielt er am 5.4. 1944 das Deutsche Kreuz in Gold.

Auch im Nordabschnitt hatte der Feind den Sturm auf Tarnopol eingeläutet. Mit 18 Panzern und aufgesessener Infanterie versuchte er dort, das Bewährungsbataillon 500 zu überrennen. Sieben Panzer wurden mit Sprengmitteln vernichtet. Der Rest drehte ab.

In Tarnopol lagen 167 Schwerverwundete, die auf ärztliche Versorgung warteten. GenMaj. von Neindorff, der General Kittel als Kampfkommandant abgelöst hatte, ließ am 26.3. einen Funkspruch absetzen:

"An Oberbefehlshaber der HGr. Süd und Panzerarmee-Oberkommando 4:

Richtlinien Kommandant 'Fester Platz' Ziffern 7 und 8 sind trotz dauernder Anforderung nicht rechtzeitig erfüllt worden. Erbitte Führerbefehl, was bei weiterem Ausbleiben von Munition geschehen soll. - von Neindorff, Generalmajor und Kommandant Tarnopol."

Egon von Neindorff war ein aufrechter Soldat, der bei seiner Truppe kämpfte. Aber er setzte mit allen Mitteln durch, daß sie auch kämpfen konnte. Dazu gehörte Munition und noch einmal Munition.

Während der Gegner mit Salvengeschützen, schwerer Artillerie, Werfern und Panzern in die Stadt hineinschoß, waren den wenigen Artillerie-Batterien der Verteidigung die Hände wegen Munitionsmangel gebunden.

Am 4.4. 1944 erhielt GenMaj. von Neindorff das Ritterkreuz. 13 Tage später wurde er am 17. April mit dem 457. Eichenlaub ausgezeichnet. Einen Tag später sollte er beim Ausbruch aus Tarnopol fallen.

Ende März war Tarnopol bereits für die 4. PzArmee keine Hilfe mehr, sondern nur noch eine Belastung. Spätestens *jetzt* hätte der Ausbruch befohlen werden müssen. Doch es wurde weiter gekämpft. Seinem Chef des Generalstabes, Oberst von Mellenthin, gegenüber erklärte Gen.d.PzTr. Balck, Komm.Gen. des XXXXVIII. PzKorps, daß man befürchten müsse, "daß man Tarnopol bereits einschließlich der Besatzung abgeschrieben" habe. "Eine Rettung, die noch immer möglich ist, muß mit einem Befehl zum Ausbruch erfolgen. Der aber kann nur vom Führerhauptquartier gegeben werden."

Nach der Zerschlagung der 68. und 359. ID war das GR 949 in die Festung zurückgenommen worden. Es wurde am 27. März nach schwerem Vernichtungsfeuer angegriffen. Im Südostteil der Stadt stand das I./GR 949 unter Major Züllich im Abwehrkampf. Hier stießen sowj. Schlachtflieger in wenigen dutzend Metern Höhe über die Verteidigungslinien hinweg, schossen aus allen Bordwaffen und warfen Raketenbomben.

Dann wurde Panzeralarm gegeben. Vier 7,5 cm-Pak schossen aus 1.800 m Distanz die ersten drei T 34 ab. Bis auf 600 m kamen einige der Panzer heran, ehe auch sie abdrehten und ihre Infanterie allein zurückließen, die von den MG 42 der Verteidiger zu Boden gestreckt wurden.

Beim II./GR 949 gelang dem Feind ein Einbruch, gegen den GenMaj. von Neindorff die letzten Reserven einsetzte. Der Gegner wurde zum Stehen gebracht, der Einbruch im Gegenstoß bereinigt.

Am 27.3. waren vier Munitionsbehälter an Fallschirmen abgeworfen worden. Sie gingen mitten in der HKL nieder und wurden durch Feindfeuer zerstört. Die am 28.3. abgeworfenen Güter fielen im ganzen Stadtgebiet. Das wichtige Sanitätsmaterial landete im Seret und von diesem am Stadtrand gebildeten See.

Wieder trat Lt. Hoepfl in Aktion. Mit nur seinem Geschütz rollte er zu der gefährdeten Stelle im Ostabschnitt und schoß insgesamt acht T 34 ab, womit der Durchbruchsversuch des Gegners gescheitert war.

Am 29.3. erschienen zum ersten Male die angeforderten Stukas. Sie warfen im Westen, hätten aber im Osten werfen müssen. 273 Schwerverwundete wurden am 29.3. der 4. PzArmee gemeldet. Der Chef des Hauptverbandplatzes Tarnopol forderte noch einmal Sanitätsmaterial an.

Da Major Balzer am 29.3. Ia des Kampfkommandanten wurde, übernahm der KpFhr. der 1./ Batl. Demba, Oblt. Kienast, die Führung dieses Bataillons.

Auch er hatte sich bis dahin mehrfach ausgezeichnet und erhielt am 9.4. 1944 das RK. Oblt. Roth übernahm die 1. Kp. dieses mit Bravour kämpfenden Verbandes. Unter seiner Führung kämpften die Grenadiere den Südostteil der Stadt, der von Feindtruppen erreicht worden war, wieder frei.

Mit dem ersten Büchsenlicht des 30. März schoß eine sowjetische Batterie, die in der Nacht zum Punkt 372 vorgefahren war, aus offener Feuerstellung in die Stadt. Sie konnte nicht bekämpft werden, da keine Artilleriemunition mehr vorhanden war. Es wurde Luftwaffeneinsatz erbeten.

Sechs He 111 flogen am selben Nachmittag Tarnopol an, aber sie waren zum Versorgungseinsatz gestartet. Die um die Stadt herum aufgefahrene Feindflak schoß zwei He 111 ab.

An diesem Tage ließ GenMaj. von Neindorff einen FT-Spruch über die Feindstärke absetzen: "Um Tarnopol wahrscheinlich fünf Schützendivisionen, davon durch Gefangenenaussage bestätigt: 332., 336., 99. Schützen- und 117. Gardeschützendivision. Außerdem eine selbständige Brigade mot."

Am Nachmittag erschienen deutsche Schlachtflieger. Sie durchstießen den feindlichen Feuervorhang und griffen den im West- und Südostteil der Stadt liegenden Feind mit Bomben und Bordwaffen an. Allerdings wurde das wichtigste Ziel, die Höhe 372, nicht angegriffen.

GFM von Manstein, der am 25. März zur Mittagslage auf dem Berghof in Berchtesgaden eingetroffen war, hatte Hitler vergeblich bestürmt, den "Festen Platz Tarnopol" aufzugeben. Manstein war der überzeugung:

"Feste Plätze ohne Festungswerke und mit zwangsläufig unzureichenden Besatzungen und zu wenig Kampfmitteln und Munition müssen dem Gegner früher oder später zum Opfer fallen, ohne den ihnen zugedachten Zweck erfüllen zu können." (siehe Manstein, Erich von: an den Autor).

In der Abendlage stimmte Hitler schließlich der Durchbruchsoperation der 1. PzArmee, wie sie von GFM von Manstein erbeten worden war, zu. Hitler sagte auch die Zuführung eines im Westen aufgestellten SS-Panzerkorps zu.

Als bei Tarnopol am 30. März schwere Kämpfe tobten, wurde von Manstein abermals ins FHQ befohlen. Hitler verlieh dem verdienten Feldmarschall die 59. Schwerter zum Ritterkreuz mit Eichenlaub und sagte abschließend:
"Ich habe mich dazu entschlossen, die Heeresgruppe Süd dem Feldmarschall Model zu übergeben."

Damit war ein unbequemer Mahner abgelöst und zugleich von der Bildfläche verschwunden. Gleichzeitig damit erfolgte die Umbenennung der HGr. Süd in HGr. Nordukraine. Die HGr. A wurde HGr. Südukraine benannt und deren OB, GFM von Kleist, durch GenOberst Schörner ersetzt. Models HGr. Nord wurde von GenOberst Lindemann übernommen.

Am selben Tage eroberten Verbände der 1. Ukrainischen Front Czernowitz und unterbrachen damit die Verbindungslinie von Rumänien nach Deutschland.

Am 3. April erbat GenMaj. von Neindorff durch FT-Spruch an die 4. PzArmee den Führerentscheid zum Durchbruch, da ein "Halten gegenüber dem weit überlegenen Gegner erfolglos" sei.

Der Feind feuerte mit allen Waffen in die Stadt hinein. Die eigene Artillerie war zum Schweigen verurteilt, weil während der gesamten Nachtversorgung kein einziger Behälter hinter den deutschen Stellungen niedergegangen war. Die 4. PzArmee ließ zurücktasten: "Ausharren! Entscheidung noch nicht gefallen!"

Am selben Tage um 15.10 Uhr folgte die Entscheidung: "Führerentscheid: Tarnopol ist zu halten!"

Die Verlustliste dieses Tages für Tarnopol lautete: 358 Gefallene, 1651 Verwundete, 248 Vermißte. Erfrierungen: 68 Mann. Ausfälle insgesamt: 2.335 Mann."

Der nächste Tag sah einen weiteren sowjetischen Großangriff. Sein Ziel: Gewinnung der Straßen- und der Eisenbahnbrücke. Beide Brücken wurden von der 2./PiBatl. 359 rechtzeitig gesprengt. Die 5./AR 24 mußte ihre acht schweren und drei leichten Feldhaubitzen nach Verschuß der letzten Munition sprengen und wurde infanteristisch eingesetzt.

40 Minuten vor dem 2. April ging beim Kampfkommandanten der FT-Spruch der 4. PzArmee ein: "An Kommandanten Tarnopol!
Vom Ausharren tapferer Besatzung nur noch wenige Tage abhängt eigenes Schicksal sowie Fortgang der Gesamtoperation. Dank und Anerkennung für das bisherige Ausharren."

Eine Stunde später brach die Sowjetarmee mit Panzern und aufgesessener Infanterie in den Stadtkern ein. Mit letzter Kraft konnte dieser Einbruch abgeriegelt werden. Der Feind hielt sich mit sechs Panzern im Kern. Wieder war Lt. Hoepfl mit den Resten der 1./StGeschBrig. 301 zur Stelle, um mit der 2./Batl. Demba unter Oblt. Kienast zugleich anzugreifen. Ein Sturmgeschütz fiel getroffen aus, die anderen schossen die Feindpanzer und die MG-Nester zusammen. Mehrere T 34 wurden von Hoepfls Geschütz vernichtet. Der Wehrmachtbericht des 3. April meldete:

"Die Besatzung von Tarnopol hielt schwersten feindlichen Angriffen stand und vernichtete 10 Feindpanzer. Dabei hat sich Leutnant Hoepfl, Batterieführer in einer Sturmgeschützbrigade, durch besondere Tapferkeit hervorgetan."

Die Morgenmeldung des 3. April aus der Festung zeigte, daß der Kampf sich dem Ende zuneigte. Am Nachmittag. drangen weitere Feindkräfte in Tarnopol ein. Wenig später stand die Sowjetarmee an allen Stellen der Umklammerungsfront im Angriff. Alle Sturmgeschütze, bis auf den Wagen von Lt. Hoepfl, gingen verloren. Neun Panzer wurden abgeschossen. Fünf davon vom Batl. Demba mit »Ofenrohren«. Zwei weitere wurden in Brand geschossen, denen aber die Flucht gelang. Über 850 Schwerverwundete galt es nun zu versorgen.

Am Morgen des 5.4. eröffnete die Sowjetarmee den Generalangriff mit Artillerie, Werfern, Panzern, Schlachtfliegern. Der erste Infanterieangriff wurde abgewehrt. 13 Versorgungsbehälter waren gefunden worden. Die eigene Artillerie konnte, wenn auch sparsam, in den Feuerkampf eingreifen.

Dieser 5. April wurde zum schwersten Abwehrtag. Um 21.45 Uhr ging ein FT-Spruch beim Kampfkommandanten ein: "Der Führer hat Ihnen das Ritterkreuz verliehen. Herzlichen Glückwunsch – Raus!"

Am Abend des 7. April starteten zwei freiwillige Lastenseglerpiloten zum Flug in die Festung, um den Eingeschlossenen das dringend erforderliche Sanitätsmaterial zu bringen. Die beiden wurden über die Stadt geschleppt und gingen dann in steilen Spiralen nieder. Uffz. Schelle landete mitten in der Stadt. Er erhielt einen Schulterschuß. Der zweite Segler, der durch Beschuß einen Steuerschaden erlitt, wurde von ObGefr. Irmschler im Niemandsland gelandet. Stoßtrupps holen das Sanitätsmaterial von dort im Handstreich ein.

GFM Model stimmte einem Vorschlag der 4. PzArmee zu, die soeben eingetroffenen beiden SS-PDnen 9 und 10 zur Rettung von Tarnopol einzusetzen. Wenn die-Stadt nicht entsetzt werden konnte, sollte sie zumindest entlastet werden. Oberst Friebe sollte ein zweitesmal den Durchstoß nach Tarnopol versuchen.

Drei weitere Lastensegler versuchten, ihre Ladungen Sanitätsmaterial in die Stadt zu bringen. Nur einer kam durch, die beiden anderen wurden abgeschossen.

Um 17.23 des 9. April erreichte der Feind das Zentrum der Stadt. Die wenigen eigenen Pak, Panzer und Sturmgeschütze kämpften mitten in einer brennenden Hölle. Am frühen Morgen des

Ende 1943 gelang ein erfolgreicher Vorstoß nach Shitomir.
Im Bild: Ein Panzer IV mit Schürzen (seitliche Panzerplatten) und deutsche Infanterie in den Straßen von Shitomir.

An der Front der Heeresgruppe Nord bahnte sich die Entlastung Leningrads ab.
Ein deutsches Beutegeschütz in Feuerstellung.

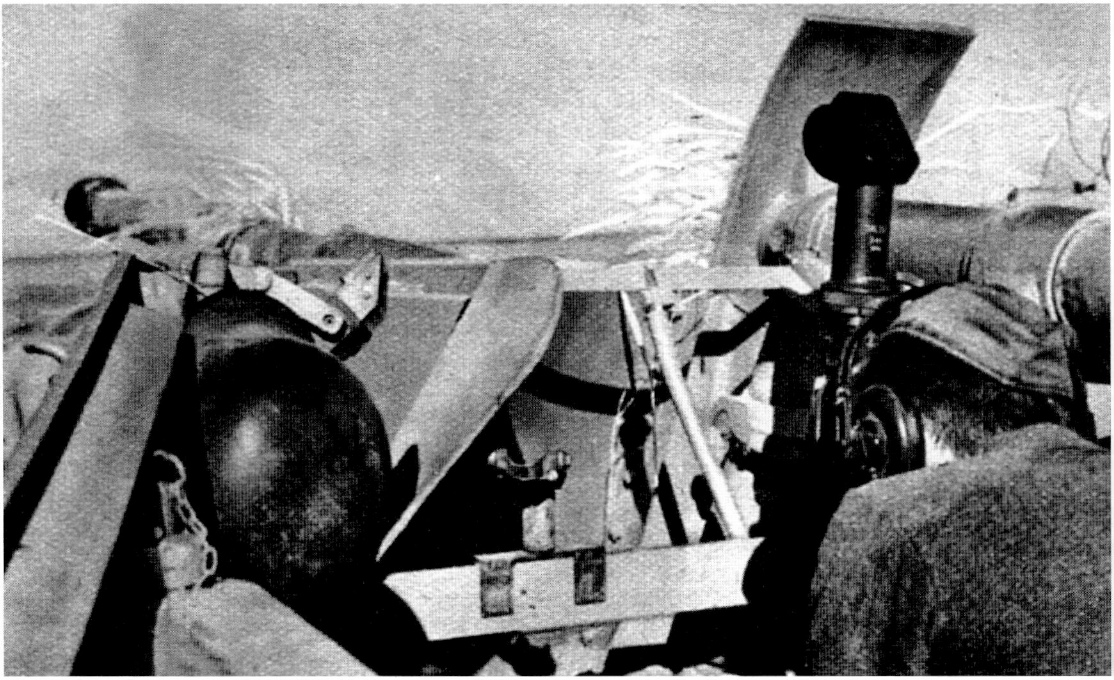

Ein Panzerjäger „Hornisse" oder auch „Nashorn" genannt in Feuerposition. Mit der 8,8 cm-Pak dieses Panzerjägers war es möglich, feindliche Panzer schon auf großer Entfernung zu bekämpfen.

Ab 1944 kam auch das 7,5 cm-Pakgeschütz in größeren Stückzahlen zu den Panzerabwehrkompanien der Grenadiereinheiten an die Front. Die russische Panzerüberlegenheit wurde jedoch immer größer.

Während eines Artilleriefeuerschlags der Russen liegt eine Gruppe Grenadiere als Stoßreserve am Hinterhang in Deckung.

Die Sturmgeschütze waren oft Retter in größter Not für die geplagten Infanteristen. Mit ihrer durchschlagenden Feuerkraft gelang es Ihnen oft, feindliche Panzerangriffe zum Stehen zu bringen.

Witebsk an der Düna musste im Juni 1944 aufgegeben werden.

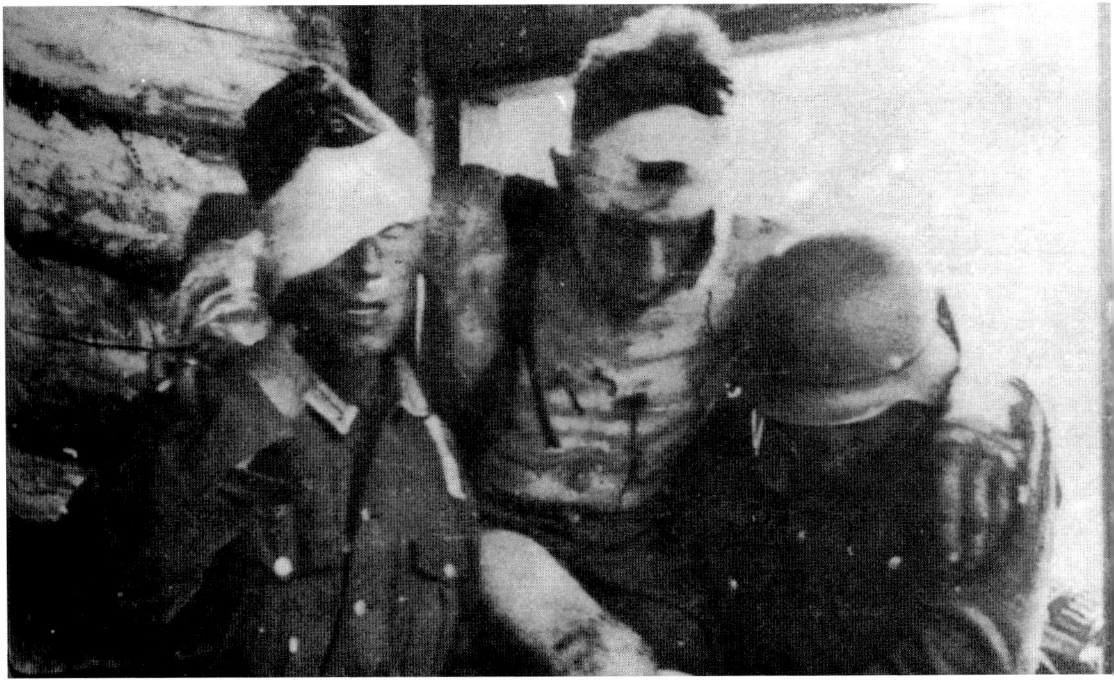

Das Grauen des Krieges. Ein Schwerverwundeter mit zahlreichen Granatsplitterverletzungen wird von seinen Kameraden zurückgebracht.

Ein Schützenpanzer mit Schnellfeuerkanone bei einem Entlastungsvorstoß.

Hier im Bild ist die überlange 8,8 cm-Pak des Panzerjägers „Hornisse“ gut zu erkennen.

Tiger und Schützenpanzer rollen in die Bereitstellung.

Eine Grube dient als Nachtlager für eine Panzerbesatzung. Der Panzer wird über das Loch gefahren und schon ist man vor Granatsplittern sicher. So gut hatten es die Infanteristen nicht.

Frühjahr 1944: Ein russischer T 34 hat sich in einem Schützengraben festgefahren. Der deutsche Grenadier späht zu den Russen hinüber. Wann wird der nächste Angriff erfolgen?

Der deutsche Frontsoldat 1944, müde und ausgemergelt blickt er einer ungewissen Zukunft entgegen.

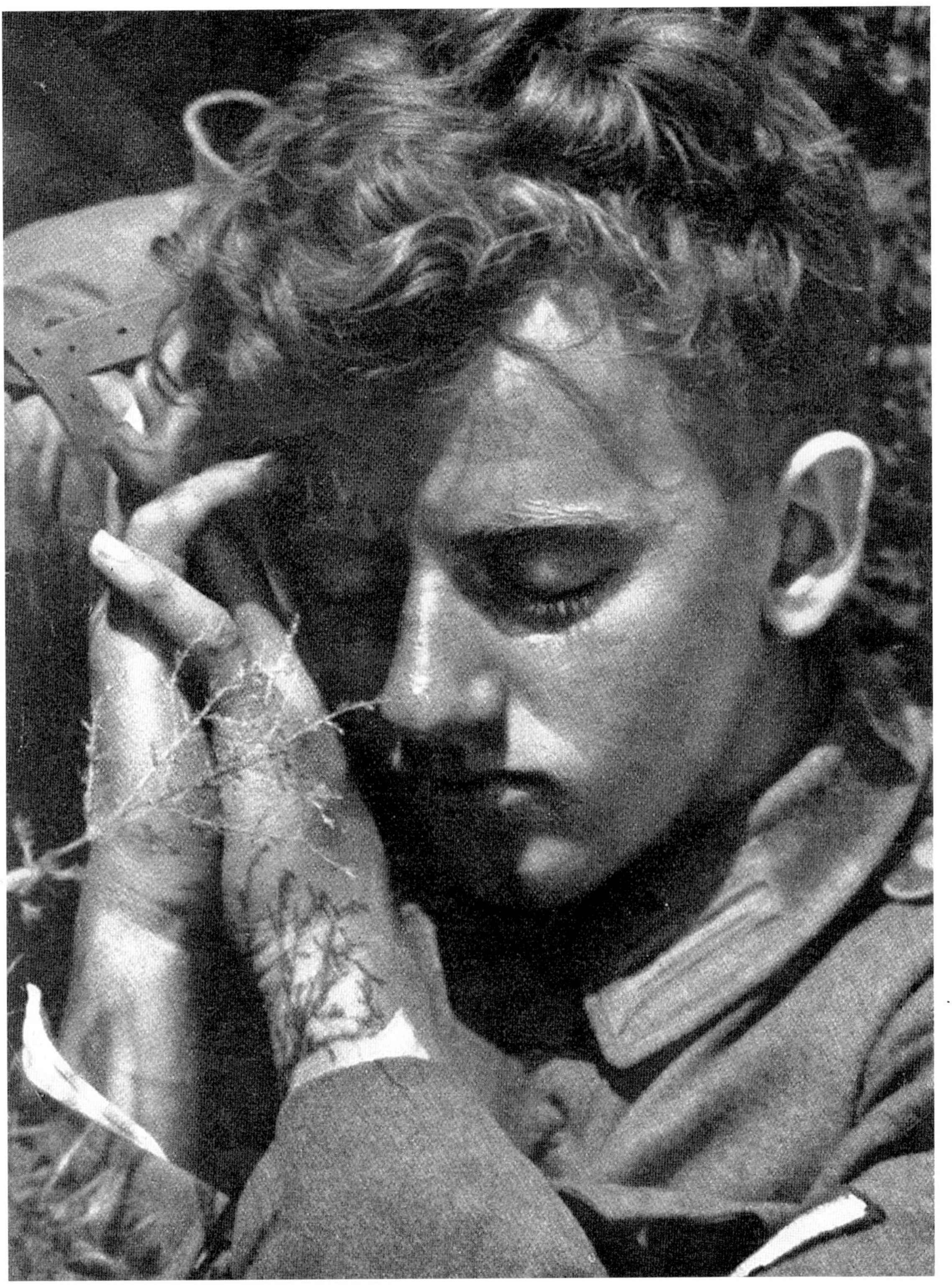

Ein blutjunger deutscher Soldat ist von den Strapazen erschöpft, auf der Stelle eingeschlafen.

Verwundete auf dem Weg zu einer Verwundetensammelstelle.

Ein Pionier führt vor, wie man an einem feindlichen Panzer eine 2 Kilo-Sprengladung am Kanonenrohr anbringt. Doch wer hatte die Nerven und die Möglichkeit bei einem Angriff so ruhig auf einen Feindpanzer zu klettern?

Die Luftwaffe tat, was sie konnte, um die bedrängten Bodentruppen an der Front zu entlasten. Jedoch gab es zu wenige deutsche Maschinen am Himmel über der Ostfront. Die Luftüberlegenheit der Roten Armee wurde immer größer. Im Bild eine Me 109 im Frühjahr 1944.

Fallschirmjäger an einem leichten Maschinengewehr in Feuerstellung im Südabschnitt der Ostfront.

Panther und Grenadiere der Waffen-SS führen einen Entlastungsvorstoß auf Kowel im Frühjahr 1944 aus.

Ein Panther ist auf einem Bahndamm abgeschossen worden.

Ein Panther rollt mit aufgesessener Infanterie vor. Die Landser sind froh, ein Stück mitgenommen zu werden.

Der Panther von Johannes Mühlenkamp, der in der SS-Panzerabteilung 5 der SS-Division „Wiking" große Erfolge erzielte.

Wechselvolle Abwehrkämpfe bei Narwa im Frühjahr 1944. Die Mauern dieses Klosterkomplexes sind mit Einschusslöchern übersät.

Ein russischer Panzerangriff konnte gestoppt werden. Ein rauchender T 34 blieb vor der Hauptkampflinie liegen.

Wann wird der nächste Angriff erfolgen? Die Waffen liegen zur Verteidigung bereit.

Im Jahr 1944 bestand die Waffen-SS schon lange nicht mehr nur aus Freiwilligen. Im Bild zu sehen ist die Musterung von deutschstämmigen Balkandeutschen in Wien.

Generalfeldmarschall Erich von Manstein, einer der erfolgreichsten deutschen Strategen, musste im Frühjahr 1944 seinen Abschied nehmen. Zu oft hat er Hitler dilettantische Kriegsführung vorgeworfen. Er wurde kaltgestellt.

Die Krim musste nach Verlust der Halbinsel Kertsch und der Festlandverbindung bei Perekop geräumt werden. Nur wenige deutsche Einheiten konnten bei den letzten Kämpfen um Sewastopol, das erst 2 Jahre zuvor unter hohen Verlusten von den Deutschen eingenommen worden war, nach Rumänien überführt werden.

10.April landeten drei Lastensegler genau an den vorgesehenen Stellen und brachten die ersehnten Medikamente und Verbandsmaterial.

Die Besatzung bestand am diesem 23. Tag der Einschließung aus 103 Offizieren, 735 Unteroffizieren und 3.764 Soldaten. Insgesamt also 4.602 Soldaten.

Am Abend des 10. April ging ein FT-Spruch des PzAOK 4 ein:

"An Kommandant des Festen Platzes Tarnopol!
Angriff zum Entsatz unter Leitung des XXXXVIIII. PzKorps bricht am 11.4. früh über die Linie Horodyszcze-Kozlow.
Bereithalten zum Ausbruch unter Mitnahme aller Waffen und des Geräts. Nicht mitzuführendes Gerät zerstören. Ausbruch erst auf Funkbefehl des Panzerkorps, dem die Besatzung bei Herankommen unterstellt ist.
Abtransport Verwundeter vorbereiten. Trennung nach Marsch- und Marschunfähigkeit, Zahlen gleich funken.
Starke Kampfgruppen zusammenstellen, die beim Absetzen die Nachhut bilden. Gegenseitiges Erkennungszeichen: Weiße Leuchtkugeln. Einsatzparole: 'Kein Soldat besser als Wir!'
Der OB der 4. Panzerarmee, gez. Raus, General der Panzertruppe (Befehl Nr. 2681/44 gKados."

Der Angriff der Panzerkampfgruppe Friebe am Morgen des 11. April drang nicht durch. Der Übergang über die Wosuszka konnte nicht erzwungen werden. Während die Angriffstruppen um das Durchkommen kämpften, rannte die Sowjetarmee mit starken Kräftegruppen gegen das Stadtzentrum an, wo die Verteidiger, bereits in Kampfgruppen eingeteilt, auf den Befehl zum Ausbruch warteten.

Die Sowjets hatten sämtliche Brücken über den Fluß zerstört und starke Artillerie- und Pakkräfte zwischen Stadt und Entsatzgruppe geworfen. Nun lag die Hoffnung bei der 9. SS-PD, der General Raus "die ehrenvolle Aufgabe gestellt" (hatte) "die tapferen Verteidiger von Tarnopol zu befreien."

Während die KGr. Friebe einen starken sowj. Gegenstoß abwies und mehrere T 34 abschoß, rollten 30 Panzer und Sturmgeschütze der 9. SS-PD gegen das feindbesetzte, im Weg liegende Horodyszcze. Es gelang, in schneller Fahrt diesen Feindriegel zu durchbrechen und die Ortschaft zu nehmen. Zwei Züge Panzerpioniere erreichten wenig später die dortige gesprengte Straßenbrükke und bildeten einen Brückenkopf.

Einige km weiter südlich traten die Grenadiere des I./SS-PGR 20 gemeinsam mit dem I./GR 947 der 359. ID bei Mlynjec auf Floßsäcken den Übergang über den Fluß an. Der auf der Höhe 367 sitzende Gegner wurde überwunden, der Feind auf die Bahnlinie Denysow-Tarnopol zurückgeworfen. Die erste Voraussetzung zum Sturm durch die Feindlinien bis nach Tarnopol hinein war geschaffen.

Der Straßenkampf in der Festung war in vollem Gange. Oblt. Kienast und Maj. Balzer wurde durch FT-Spruch die Auszeichnung mit dem RK bekannt gegeben. Am frühen Morgen des 12. April ließ Major Balzer an OberstLt. Binder, Ia des XXXXVIII. PzKorps, funken: "Erbitten Absicht für heute! Letzte Möglichkeit des eigenen Ausfalls!"

Der schwere Angriff der Sowjetarmee am 12.4. konnte noch einmal abgewehrt werden. Am 13.4. kam ein Funkspruch aus dem FHQ durch:

An Generalmajor von Neindorff!
Ich danke Ihnen und Ihren Männern!

Halten Sie um jeden Preis!
Befehl zur Befreiung ist gegeben.

Adolf Hitler."

Es war Feldwebel Jerschke vom Batl. Demba, der die Meinung seiner Kameraden aussprach:

"Der Kerl hat uns verheizt."

Am Nachmittag des 14.4. ging der Funkspruch ein, der GenMaj. von Neindorff den Ausbruch in den Vorort Zagrobela freigab, um dort seine Ostgruppe mit der Westgruppe zu vereinigen.

Die Entsatzkräfte waren abgeschmiert worden. Weder die 9. SS-PD noch die KGr. Friebe war durchgekommen und der Bau einer Brücke für die Panzer wurde erst am frühen Morgen des 14. April fertig.

Noch einmal schossen die Verteidiger am Morgen dieses Tages vier T 34 ab, ehe GenMaj. von Neindorff die letzten 1.300 Kämpfer aus Tarnopol führte und mit ihnen Zagrobela erreichte. Tarnopol war gefallen. Am 15. April kam das Ende. Während die KGr. Friebe von General Raus gegen Zagrobela angesetzt wurde, stand GenMaj. von Neindorff vorn bei seinen Füsilieren. Hier fand er bei einem Feindanqriff den Soldatentod. Oberst von Schönfeld, Kdr. des GR 949, übernahm die Führung. Er gab in der Nacht zum 16. April selbständig den Ausbruchsbefehl.

Ein letztes fürchterliches Ringen begann. Jeweils zwei Gruppen von 700 Mann stürmten nach Westen. Die Gruppe Oberst von Schönfeld erreichte den Wald südlich Janowka. Dort wurde sie eingeschlossen und vernichtet. Sämtliche Offiziere, an ihrer Spitze Oberst von Schönfeld, fielen.

Bei Kozlow kamen 50 Grenadiere bis auf Rufweite an die Stellungen der hier liegenden eigenen Truppen heran, die unter dichtestem Feindfeuer lagen. In der Nacht zum 17. April schlugen sich fünf (!) davon durch. Die KGr. Friebe nahm 50 Tarnopolkämpfer auf.

Oberst Friebe versuchte mit letzter Kraft durchzubrechen und die Kameraden zu retten. Seine KGr. wurde vom IV. sowj. Gardekorps eingeschlossen. Zwei Soldaten des Bewährungsbataillons Demba erreichten am 18. April bei Jezierna die eigenen Truppen. Insgesamt waren 55 (!) Soldaten aus Tarnopol entkommen. Von den Entsatztruppen hatten 1.200 Soldaten ihr Leben verloren, 18 Panzer des Verbandes Friebe waren abgeschossen worden.

Der "Feste Platz Tarnopol" hatte seine Verteidiger verschlungen: 97 Offiziere und 3.925 Soldaten. Diese Hölle wenigstens in ihren Umrissen zu schildern, war dieses Kapitel gewidmet.

Die lange Schlacht von Kowel

Als SS-Gruppenführer Gille am 12. März 1944 einen Befehl aus dem FHQ erhielt, daß seine Division sofort 4.000 Mann nach Kowel in Marsch zu setzen habe, um der dort in schweren Abwehrkämpfen stehenden eigenen Truppe zu helfen, befand sich diese Division noch in der Auffrischung, denn sie hatte im Kessel von Tscherkassy einen Teil ihres Mannschaftsbestandes und sämtliche schweren Waffen verloren.

Gruppenführer Gille verlangte, den Führer zu sprechen. Dies jedoch wurde höheren Ortes verhindert. Drei Tage darauf fuhr die 5. SS-PD "Wiking" über Cholm in Richtung Kowel. Einen Tag später traf Gruppenführer Gille dort ein. Er hatte am 20. Febr. 1944 als 47. deutscher Soldat die Schwerter erhalten. In Kowel sollten er und seine Division ihre Standfestigkeit ein weiteres Mal unter Beweis stellen.

Im Kessel von Kowel befanden sich bei Eintreffen der ersten Wiking-Divisionsteile ein Regiment Landesschützen, ein Rgt. der Waffen-SS , ein Batl. des SS-PolRgt. 17, ein Pionierbatl., eine ArtAbt. mit sechs Geschützen, eine FlakAbt. mit acht 2 cm-Rohren und 300 Bahnarbeiter, die nicht rechtzeitig hatten zurückgeführt werden können.

Die KGr. des SS-Standartenführers Richter und das SS-PR, "Wiking" unter SS-Obersturmbannführer Mühlenkamp erhielten Befehl, sämtliche Kräfte zusammenzufassen und sich über Hrubieszow Turzysk unter Bildung und Sicherung eines Schlauches nach Kowel hineinzukämpfen.

Dieser Vorstoß wurde von der hier führenden 4. Armee nicht genehmigt. Inzwischen war auch die 131. ID unter GenMaj. Weber im Anrollen. Die ersten Sturmgeschütze der StGeschBrig. 190 wurden dem PR 5 "Wiking" unterstellt und nach Luboml vorgeschickt.

Bis zum 28. März war auch die II. (Panther)/ SS-PR 5 herangekommen. Das Rgt. stand unter dem Kommando von Obersturmbannführer Mühlenkamp.

Die Sowjets hatten westlich von Kowel, wo der deutsche Entlastungs und Durchbruchsangriff erwartet wurde, die beiden Höhenrücken ostwärts Staro-Nowe und Koszary mit einem starkem Pakriegel, Flak- und Panzereinheiten besetzt. Hinzu kamen starke Infanterie- und Panzerverbände, die zum Sturm auf Kowel ansetzten.

Die 8./SS PR 5 unter Obersturmführer Nicolussi-Leck wurde am frühen Morgen des 29.3. mit 17 Panthern der 131. ID unterstellt. Stoßtrupps des GR 434 (der 131. ID) unter Oberst Naber saßen auf die Panther auf und rollten los. ObStBaFhr. Mühlenkamp fuhr mit Standartenführer Richter nach Tupaly voraus, um das Gelände zu erkunden.

Das SS-PGR »Germania« unter Sturmbannführer Dorr stellte sich ebenfalls zum Angriff auf Kowel und dessen Entsatz bereit. Um 11.00 Uhr traten die 17 Panzer an und rollten entlang der Bahnlinie in Richtung Czerkasy. Von hier aus sollten sie nach weiterer Erkundung über Mosczona nach Kowel durchstoßen. An der Spitze fuhr Hauptscharführer Faas. Ein leichtes Schneetreiben hatte eingesetzt, das die Sicht jedoch noch nicht wesentlich behinderte. Kaum im freien Gelände, eröffnete der Gegner das Artilleriefeuer auf die Panzer und die beiden flankierenden Kampfgruppen. Auf der linken Flanke war dies das II./GR 434 unter Hptm. Bolm. Sie hatte sieben Sturmgeschütze als Angriffsspitze erhalten.

"Feuer frei nach Sicht!" befahl Nikolussi-Leck seinen Männern. Hauptscharführer Faas ließ auf eine erkannte Pak schießen. Der zweite Schuß fegte diese gefährliche Waffe weg. Alle Panzer fielen in das Feuer ein, sobald sie Ziele erkannten. Ihre 7,5 cm KwK L 70, eine der zielsichersten Waffen, schossen haargenau. Das hatten die Richtschützen in Mailly le Camp in Frankreich gelernt.

Sie überkarrten diese Feindstellung und folgten dem KpChef, der sich an die Spitze setzte und in schneller Fahrt die Bahnlinie erreichte. Rechts der Bahnlinie entlang rumpelten die Panzer weiter. Fünf Panther fuhren sich wenig später im Schlamm fest, doch die anderen kamen durch, brachten einen Pakriegel von 12 Pak zum Schweigen und durchbrachen diese Feindstellung 600 m vor Czerkasy.

Das Schneetreiben war inzwischen dichter geworden. Die ausgeschickten Spähtrupps meldeten die Ortschaft von drei Seiten von Sumpf umschlossen. Dies bewies sich, als beim Angriff auf Czerkasy dreiPanzer im Schlamm stecken blieben. Nikolussi-Leck warf seine Kp. herum, zog über den Bahndamm und wollte nunmehr die Ortschaft links umfassend nehmen. Als die Panzer vor der

Ortschaft auftauchten, eröffnete Feindartillerie das Feuer. Acht Panzer erhielten Treffer, konnten aber bis auf einen den Kampf fortsetzen. Binnen 15 Minuten wurden alle Feindgeschütze niedergekämpft. Acht übriggebliebene Panzer folgten dem Zugführer, HSchaFhr. Faas, in die Ortschaft hinein. Der KpChef hatte sich ebenfalls festgefahren.

Sie nahmen die Ortschaft, trieben den noch haltenden Feind hinaus und Nikolussi-Leck, dessen Panzer wieder freigekommen war, rollte mit seinem Panther zum Erkundungsvorstoß auf Moszczona zu. Vier weitere Wagen folgten dichtauf. An der ersten Paksperre schossen sie drei Pak ab. Danach blieben zwei Panzer im Sumpf stecken.

Kurz darauf, als die Panzer eine Pause einlegten, wurden sie vom Bataillon Bolm erreicht. Hptm. Bolm säuberte mit seinen Männern die Ortschaft vom Feind.

Ein Funkspruch hielt die Panzer an. Diese bildeten eine Sicherungsfront nach Norden und Osten. Bergepanzer zogen die steckengebliebenen Panther aus dem Sumpf. Es wurde aufgetankt und aufmunitioniert. Bis nach Kowel waren es noch etwa 2000 Meter.

"Panthersprung nach Kowel"

Am frühen Morgen des 30.3. standen ObStFhr. Nikolussi-Leck wieder neun fahrbereite Panther zur Verfügung. Die erste Pakfront, die durch einige Panzer verstärkt war, eröffnete das Feuer auf die vorrollenden Panther. Sie wurde überrollt und wenig später fuhr der Panther von Zugführer Faas auf eine Mine. Die linke Kette wurde zerrissen.

Der Pionierzug, der mitgefahren war, räumte die Minen. Mit sieben Panzern setzte Nikolussi-Leck den Marsch nach Kowel fort.

Die beiden zurückgebliebenen Panzer wurden währenddessen von der Infanterie angegriffen, konnten aber die Sowjets mit MPi und Handgranaten abwehren, zumal Hptm. Bolm 20 Grenadiere zur Sicherung bei ihnen zurückgelassen hatte.

Nur noch 1600 Meter vor Kowel kam ein Kradmelder der Grenadiere nach vorn und brachte die Meldung des Bataillonskommandeurs, anzuhalten. Dies in einem Augenblick, als gerade sowjet. Einheiten aus den verschiedensten Deckungen links und rechts das Feuer aus Panzerbüchsen eröffneten. Das waren jene Feindgruppen, die den Nordwestausgang von Kowel sicherten. Die Kanonen der Panther schossen mit Sprenggranaten in die Panzerbüchsentrupps hinein und Nilolussi-Leck ließ eine Meldung zurückbringen, daß die Panzer weiterfahren müßten, weil sie sich nicht aus dem Gefecht lösen könnten.

Sekunden später eröffneten zehn bis 12 Pak vom Stadtrand aus das Feuer. Die Panzer rollten auseinander und machten einzeln Schießhalt. Drei Pak wurden zum Schweigen gebracht. Dann ließ der KpChef alle im geschlossenen Sprung vorrollen.

"Vorwärts, mir nach und hinein!" hallte es durch die Sprechverbindung der Kommandanten. Sie rollten durch Sperren, überkarrten MG-Nester, schossen auf Pak und auf einmal waren sie in der Stadt. Vor ihnen tauchten schemenhaft sichtbar deutsche Landser auf.

Die Begleitstoßtrupps, welche die letzten hundert Meter hinter den Panzerhecks vorgegangen waren, wurden von den Verteidigern der Stadt jubelnd begrüßt. Sie hatten es geschafft. Sie waren, allein auf sich gestellt, durchgebrochen.

Hptm. Strecker, BatlKdr. im GR 545, wies sie sofort ein, um jene sowjet. Gruppen zu vernichten, die sich hinter einigen Ruinen eingerichtet hatten. Die Panzer rollten vor und setzten diesen Gegner außer Gefecht.

Sie rollten tiefer nach Kowel hinein. Im Zentrum stießen sie auf den DivGefStand von Gruppenführer Gille. Der "Panthersprung nach Kowel" war erfolgreich zu Ende gegangen. Die 8./SS-PR 5 hatte bei diesem Angriff 16 Feindpak, zwei Flak, drei Panzer des US-Typs Sherman, 40 Panzerbüchsen und eine Reihe Granatwerfer ausgeschaltet, sowie zahlreiche Beute gemacht. Sämtliche Panzer konnten wieder instand gesetzt werden. Herbert Gille reichte den KpChef zum Ritterkreuz ein, das Karl Nikolussi-Leck am 25. April 1944 erhielt.

Der Durchbruch war erzielt, die Grenadiere hatten den Schlauch hinter den Panzern ausgeweitet und gesichert. Nachgeschobene Kräfte der 131. ID bauten ihn weiter aus. Damit war die größte Gefahr im Kessel beseitigt.

Um alles zu stabilisieren, wurden von der 4. Armee auch noch die 4. und 5. PD nach Kowel in Marsch gesetzt.

Zur gleichen Zeit, da die 8. Kp. den Durchbruch geschafft hatte, wurde auch die 7./SS-PR 5 am Bahnhof Maciejow ausgeladen. "Hannes" Mühlenkamp traf am 30.3. zur Besprechung in Kowel ein, kehrte am Nachmittag zu seinem Rgt zurück und unternahm wenig später mit dem Kdr. der 131. ID eine Geländeerkundung.

Die 7./SS-PR 5 rollte unter dem Befehl von Obersturmführer Schneider in den Raum Berewisy und schlug den dort angreifenden Feind ab. Danach wurde ihm befohlen, gemeinsam mit dem GR 431 (der 131. ID) am 1. April das Dorf Kalinowka in Besitz zu nehmen. Doch sie wurde am folgenden Tage der KGr. unter SS-Sturmbannführer Hack, dem III. (gep.)/SS-PGR "Germania", unterstellt, um den bei Czerkasy im Rücken Kowels angreifenden Feind zu zerschlagen. Es galt, dem Heeres-SchiBatl., das direkt dem AOK 4 unterstand und dort eingeschlossen worden war, zu helfen. ObStFhr. Schneider stieß mit fünf Panthern durch und warf den Gegner aus Czerkasy hinaus. Nachdem Obersturmbannführer Mühlenkamp seinen Freund, UStFhr. Renz, mit seinem PzAufkl Zug zur Erkundung vorgeschickt hatte und dieser die Möglichkeiten des direkten Durchstoßes nach Kowel meldete, sollte nunmehr mit der inzwischen herangekommenen 4. PD der Großangriff auf Kowel durch die sowjetischen Verbände gefahren werden.

Der Angriff begann am 4. April mit dem ersten Büchsenlicht. Nach einigen Einzelgefechten befahl GenLt. von Saucken, Kdr. der 4. PD, daß sie nun gemeinsam nach Kowel hineinstürmen sollten.

Während dieser Angriff rollte, begann in Kowel selbst, der Stadt im Zentrum der Pripjetsümpfe,der Abwehrkampf gegen die inzwischen wieder in die Stadt eingedrungenen Sowjet-Truppen. An der Spitze dieses Kampfes Gruppenführer Gille, der von innen heraus führte.

Das XIII. AK unter Gen.d.Inf. Hauffe, das hier zu halten hatte, sah sich der 13. Sowjetarmee gegenüber, die Kowel fest ins Visier genommen hatte. Seine drei Infanteriedivisionen wurden nun in letzter Stunde von drei deutschen Panzerdivisionen unterstützt, um Kowel und das, was von den drei Infanteriedivisionen in der Stadt noch übrig war, zu retten.

Am 5. April rollte ObStBaFhr. Mühlenkamp mit seinen Panzern in den Nordwestteil von Kowel hinein. Mit zwei Panzern fuhren sie zur Stadtmitte weiter. Der Kommandeurspanzer rollte auf eine Mine. Mühlenkamp stieg in den zweiten Panther um und meldete sich wenig später bei seinem DivKdr.. Hier konnte er den Chef seiner 8. Kp. begrüßen, der den GefStand gesichert hatte. Andere

Verbände stürmten nach Kowel hinein. Kowel war entsetzt, doch die Gefahr, wieder eingeschlossen zu werden, war noch nicht beseitigt. Als dann auch noch I./PR 35 und die aufgesessenen Panzergrenadiere des PGR 12 unter OberstLt. Hoffmann in den von den Sowjets zäh verteidigten Nordostteil von Kowel einrollten, war auch hier die Gefahr gebannt. Ernst Wilhelm Hoffmann erhielt dafür am 9. Juni 1944 als 494. deutscher Soldat das Eichenlaub.

Der Kampf um Kowel verstärkte sich in den nächsten Tagen. Die Sowjets schossen mit allem was sie hatten in die Stadt hinein. Während die sowj. 243. SD sich aus dem Umklammerungsring löste,um beiderseits der Bahnlinie nach Czerkasy mit Front nach Westen eingesetzt zu werden, wurde die 234. SD um Kowel herumgedreht und stieß in den Raum nordwestlich der Stadt vor, um von dort aus den Korridor anzugreifen.

Bis zum 16. April war jedoch keinerlei Veränderung in der deutschen HKL zu verspüren. Der Westteil von Kowel und die weiter westlich davon liegenden Höhen 189,5 und 188 wurden am 17. April in einem Überraschungsschlag angegriffen. Sturmbannführer Dorr führte seine KGr. mit einigen Panzern gegen die Höhe 189,5 und nahm sie im Sturm. Die zweite KGr. umging diese Höhen und stieß an der Bahnlinie auf die erste. Der Westteil von Kowel war wieder feindfrei.

In den nächsten Tagen kam es nur zu Späh- und Stoßtruppunternehmen. Im Unternehmen "Ilse" wurden am 27.4. die Höhe 193,3 genommen und der Übergang über die Turja bei Korodelec gesperrt. Auch diesmal fuhren sich wieder einige Panzer im Sumpf fest. Nach Kampf wurde Korodelec erreicht, der dort stehende Feind überwältigt und die Turjabrücke in Besitz genommen. Auf dem Wege dorthin waren insgesamt 43 Feindpak vernichtet worden.

Der große Stützpunkt der Sowjetarmee, aus dem die Angriffe gegen Kowel genährt wurden, war damit ausgeschaltet.

Am Abend des 30.4. mußte ein am Vortage gelungener Feindeinbruch am Ostrand von Kowel nördlich der Bahnrampe, wo sich der Gegner in den Häusern verschanzt hatte, ausgebügelt werden. GenMaj. Weber, Kdr. der 131. ID, wurden zu diesem Unternehmen Sturmgeschütze der 1./StGeschAbt. 5 und einige Panther zur Verfügung gestellt. Es gelang nicht, den Gegner aus diesen Stellungen zu werfen. Zwei Panther fielen durch Pak und Minen aus.

In den nächsten Tagen blieb es in Kowel ruhig. Der Gegner stellte sich offenbar zu einer neuen Großoffensive bereit. Diese würde nach den Erkenntnissen des OKH im Raume Kowel-Tarnopol erfolgen und sich damit gegen die HGr. Nordukraine richten. Das OKH hatte dies in seiner Meldung an den WFSt. so formuliert:

"Das Feindbild nach Abschluß der Kämpfe um Kowel und im Raume südwestlich der Stadt im Winter 1943 bis Ende April 1944 zeigt eine Schwerpunktbildung vor der HGr. Nordukraine an."

Noch wußte niemand, daß dies eine der großen Finten der Sowjetarmee war und diese Großoffensive sich nicht gegen die HGr. Nordukraine, sondern gegen die HGr. Mitte richten würde. Die Sowjetarmee hatte lediglich mit einer Vielzahl von Leerzügen einen gewaltigen Eisenbahnaufmarsch aus dem Gebiet der HGr. Mitte in Szene gesetzt, um so viele Panzerdivisionen wie möglich aus ihrem Bereich abzuziehen.

Aufgrund dieser Fehlbeurteilung hatte sich das OKH entschlossen, einem Vorschlag von GFM Model - OB der HGr. Nordukraine - folgend, die Lage im Großraum Kowel durch einen starken Angriff zu bereinigen. Dazu wurden starke Panzerverbände aus dem Bereich der HGr. Mitte abgezogen und nach Süden verlegt.

Im Rahmen dieser Bewegungen wurde auch die 5. SS-PD "Wiking" am 8. Mai aus Kowel abgezogen und als Korpsreserve in den Raum Maciejow verlegt. Die Division wurde Korpsfeuerwehr des LVI. Panzerkorps, General Hossbach. In diesem Korps waren die 4. PD, die 101. GebDiv., die 26. ID und die 131. ID zusammengefaßt worden. Die 342. ID kam wenig später hinzu.

* * *

POLITISCHE EREIGNISSE

Von Neujahr 1944 bis Ende März

Bereits am 14. Januar 1944 betrachtete Churchill vor dem britischen Unterhaus die Oder-Neisse-Linie als endgültige polnische Westgrenze. Alle folgenden Verlautbarungen, daß beispielsweise der Osten Deutschlands bis zu einem endgültigen Friedensvertrag nur "unter polnischer Verwaltung gestellt" werde, war lediglich Augenwischerei.

Einen Tag später tagte ein britischer Kabinettausschuß unter dem Vorsitz des stellvertretenden britischen Premierministers Attlee, einen Plan für die zukünftige Zoneneinteilung Deutschlands vor. Dieser zog die Grenzlinie zwischen Ost und West auf der Höhe von Lübeck-Helmstedt-Eisenach-Hof.

Der britische Vorschlag wurde den beiden anderen der »Großen Drei« vorgelegt. Die US-Regierung stimmte am 1. Juni diesem Vorschlag zu. Nachdem sie erfahren hatte, daß die Sowjets bereits am 18. Februar ihr "Ja" dazu gegeben hatten, war man amerikanischerseits nicht mehr so sicher, daß dies die richtige Grenzziehung sei. Erst am 1. Juni waren Roosevelt und seine Berater nach mehreren Unterredungen und Bearbeitungen durch England und die UdSSR dazu bereit, ihren Vorschlag zurückzuziehen, der für sie besondere Erfolge versprach. Sie hatten nämlich eine radiale, von Berlin ausgehende Teilung in Vorschlag gebracht. Diese wies den größeren Teil von Deutschland als westliches Besatzungsgebiet aus.

In seinem Neujahrsaufruf an das deutsche Volk sagte Hitler am Vormittag des 1. Jan. 1944: "Das Jahr 1944 wird harte und schwere Forderungen an alle Deutschen stellen.
Das ungeheure Kriegsgeschehen wird sich in diesem Jahr einer Krise nähern. Wir haben das volle Vertrauen, daß wir sie erfolgreich überstehen."

Die politischen Aktivitäten des ersten Vierteljahres 1944 liefen hektisch ab. Hitler wollte so schnell wie möglich alle Achsen-Verbündeten auf ihre Treue zu Deutschland einschwören, da zu befürchten stand, daß einige von ihnen dem italienischen Beispiel folgen könnten.

Über ihre V-Leute in England hatte die Auslandsabteilung der Abwehr bereits Ende Dezember 1943 den gesamten Wortlaut der Ergebnisse der am 15. Dez. stattgefundenen "European Advisory Commission" erhalten. Darin hatten die beteiligten Diplomaten der großen Drei, Sowjetunion, USA und England, in London den ersten Ansatz der Besatzungszonen für ein Nachkriegsdeutschland entwickelt und den Alliierten Kontrollrat ins Leben gerufen. Um negative Auswirkungen dieser Konferenz für Deutschland zu vermeiden, galt es, eine rege politische Aktivität zu entfalten.

So empfing Hitler am 23. Jan. in seinem HQ in der Wolfsschanze bei Rastenburg den norwegischen Ministerpräsidenten Quisling, der absolute Treue zu Deutschland bekannte.

Zum 30. Jan., dem 11. Jahrestag der Machtergreifung, hielt Hitler eine Rundfunkansprache, deren Kernsatz lautete:

> "Ganz gleich, wie dieser Kampf auch ausgehen wird, England hat seine Rolle auf dem Kontinent endgültig ausgespielt."

Hitler verließ am 23. Februar die Wolfsschanze. Eine seiner letzten Reden dort war sein Vortrag über die "Notwendigkeit der nationalsozialistischen Erziehung des Heeres."

Am 1. März traf der kroatische Ministerpräsident Manditsch und dessen Außenminister in der Wolfsschanze ein. Auch sie waren fest entschlossen, den Kampf an der Seite Deutschlands und gegen die Tito- Partisanen fortzusetzen.

Nur wenige Tage später leitete Finnland seine intensiven Verhandlungen mit der Sowjetunion über ein eventuelles Ausscheiden aus dem Krieg ein. Einzige Voraussetzung dazu war, daß die Sowjets keine Gebietsforderungen stellten.

Zur Finnlandfrage gewährte Hitler dem Berliner Vertreter der schwedischen Zeitung "Stockholms Tidningen" ein Interview. In diesem letzten Interview seines Lebens erklärte Hitler:

> "Ich beurteile die von den Sowjets bekannt gegebenen Waffenstillstandsbedingungen genau so, wie sie gemeint sind: Es handelt sich hier nur darum, dem Opfer eine Schlinge um den Hals zu legen, um sie zu gegebener Zeit zuziehen zu können."

Hitler sollte mit dieser Voraussage recht behalten.

Am 12. März hatte er den seit dem 28. Febr. vorbereiteten Operationsbefehl zur Besetzung Ungarns in Kraft gesetzt und am 19. März wurde dieses Unternehmen "Margarethe I" gestartet. Unter dem Befehl von GFM von Weichs rollten deutsche Truppen in drei Stoßgruppen auf Budapest vor und besetzten die Stadt kampflos. Am Vortage hatte Ungarns Reichsverweser, Admiral Horty, dieser Besatzung während einer Besprechung auf Schloß Kleßheim zugestimmt.

Diese Aktion kam nicht von ungefähr, denn der ungarische Ministerpräsident von Kállay hatte bereits am 1. April 1943 in Rom während eines Gesprächs mit Mussolini versucht, diesen auf seine Seite zuziehen um ihn von der Möglichkeit eines gemeinsamen Separatfriedens zu überzeugen.

Wenige Tage später war Hitler darüber vom Duce informiert worden und hatte am 17. April 1943 den ungarischen Reichsverweser auf Schloß Kleßheim eingeladen. Dort legte er Horty nahe, den Ministerpräsidenten abzulösen. Horty lehnte dies ab. Von da an war Ungarns Ministerpräsident Kállay Dauergegenstand der Ausspäher der Auslandsabteilung der Abwehr. Diese bekam weitere Kontakte Kállays zu den Westmächten heraus.

Admiral Horty war schließlich gezwungen worden, Kállay abzusetzen. Dieser floh in die türkische Gesandtschaft in Budapest. Admiral Horty gelang es am 23. März 1944, eine neue Regierung zu bilden, deren Chef der bisherige Gesandte in Berlin, Sztójay wurde. Die ungarische 1. Armee wurde der HGr. Süd unterstellt.

Dieser Regierungswechsel in Ungarn machte Dome Sztójay zum neuen Ministerpräsidenten. Neuer deutscher Gesandter in Budapest wurde Edmund Veesenmeyer. Dieser nahm zugleich auch die Aufgaben eines Reichskommissars für Ungarn wahr. Die selbständige Politik Ungarns ging damit zu Ende.

Von der Zeit an wußte Hitler zuverlässig, daß Ungarn zu den unsicheren Kantonisten gehörte. Dies galt auch für Rumänien. Der Besuch des rumänischen Staatsführers Marschall Antonescu am 22. und 23. März diente der "Vergatterung auf Treue zum Bündnis." Dabei bat Hitler den rumänischen Staatschef, sich gegenüber der UdSSR zurückzuhalten, und sein Land dem Bündnis zu erhalten. Marschall Antonescu hatte Hitler noch einmal unverbrüchliche Treue geschworen und dieser glaubte ihm. Als Horty nach dem letzten Besuch wieder nach Budapest zurückkehrte, stand vor dem Schloß bereits eine "Ehrenwache" der SS.

GFM von Weichs hatte sein HQ nach Budapest verlegt. Er trug dem Führer am 28. März die Maßnahmen der Besetzung vor. Als er Berchtesgaden verließ, notierte von Weichs in seinem KTB:

"Der Führer hegt größtes Mißtrauen gegen Ungarn, sein besonderer Haß gilt dem Reichsverweser, Admiral Horty, dem er die größte Abneigung gegen Deutschland zuschreibt. Die Fäden der ungarischen Führung zu den Feindmächten bestehen nach Ansicht des Führers noch. Mit Verrat ist also immer noch zu rechnen und damit besteht eine große Gefahr für die Ostfront. Daher sind möglichst wenig bewaffnete ungarische Kräfte erwünscht, doch die Entwaffnung der Armee ist nicht möglich." (siehe KTB GFM von Weichs vom 28.3. 1944 und: KTB des OKW IV, S. 242 f). 'Im Tagebuch von GenOberst Jodl ist dieser Tag noch drastischer dargestellt. Dort heißt es zum 28. Mätz 1944:

"Der Führer sagt: 'Horty, der Adel, die Juden und das Proletariat, soweit es kommunistisch ist, hassen uns jetzt und stellen sich nur tot. Die Gefahr ist latent. - - - Horty wird erneut jede Gelegenheit benutzen, um gegen uns vorzugehen.

Wenn heute die Engländer, Amerikaner und Sowjets den Ungarn erklären, daß sie seine Unabhängigkeit und Grenzen garantieren, dann wird Horty abspringen, wenn er kann! Das heißt, wenn wir keine Macht über ihn haben sollten."

Ein Blick zurück

Am Sonntag, dem 19. März 1944, dem Tage des Einmarsches in Ungarn, traf Hitler seine Feldmarschälle von Rundstedt, Busch, von Kleist, von Manstein und Rommel auf dem Berghof. GFM von Rundstedt verlas die persönliche Treuerklärung, die alle Feldmarschälle unterschrieben hatten und überreichte anschließend Hitler dieses Dokument.

Danach wurden in aller Form die Verräter unter dem abtrünnigen General von Seydlitz aus der Wehrmacht ausgeschlossen (kurze Zeit später wurden diese vom Reichskriegsgericht in Abwesenheit zum Tode verurteilt).

Der folgende 20. März erlebte eine Rede Hitlers vor den Heeresgruppen- und Armeeoberbefehlshabern, die sich hatten freimachen können. Alle Festungskommandanten der Westfront waren ebenfalls eingeladen worden.

Hitler sprach hier von neuen Strahljägern und neuen U-Booten, die bald eingesetzt werden könnten. Einen Termin nannte er allerdings nicht.

Danach ließ er sich von GFM Rommel Vortrag halten. Dieser hatte die Küstenverteidigung von Norwegen bis zur Biskaya überprüft und gab Hitler den Bericht über seinen persönlichen Eindruck. GFM Rommel wurde an diesem Tage die 1. und 19. Armee unterstellt.

Um die Rumänen auf den Abfall von Deutschland einzustimmen, ließ Stalin am 2. April verkünden, daß die Sowjetunion nicht beabsichtige, sich irgend ein Teilgebiet des rumänischen Territoriums anzueignen, oder die bestehende Gesellschaftsordnung des Landes zu verändern.

Die Hitler am 27. Febr. bereits zugegangenen Warnungen des türkischen Außenministers erwiesen sich durch ein Ereignis am 21. April 1944 als durchaus zutreffend. An diesem Tage stellte die türkische Regierung unter dem Druck Englands und der USA ihre Chromlieferungen nach Deutschland ein. Sie erklärte, die Türkei sei von nun an kein neutraler Staat mehr, sondern ein alliierter. Im Gefolge der sich daraus entwickelnden innerpolitischen türkischen Ereignisse, trat Außenminister Menemencoglu am 15. Juni zurück.

Am 12. April lehnte der finnische Reichstag, der mit der Sowjetunion Geheimverhandlungen führte, die sowjetischen Friedensbedingungen ab.

Auf Druck der westlichen Alliierten schloß Spanien am 5. Mai 1944 das deutsche Generalkonsulat in Tanger. Alle Deutschen wurden aus Marokko ausgewiesen und die Lieferung von Wolfram nach Deutschland eingestellt. Dafür öffneten die Alliierten den Treibstoffhahn wieder, den sie den Spaniern zugedreht hatten.

Beide Ereignisse verliefen in der synchron ablaufenden Aktion der Alliierten, Deutschland von allen Rohstoffen, derer das Land zur Weiterführung des Krieges dringend bedurfte, abzuschneiden.

Am 12. Mai empfing Hitler auf Schloß Kleßheim, dem Barockschloß bei Salzburg, das unter dem Fürsterzbischof von Salzburg, Graf Thun, durch den berühmten Baumeister Fischer von Erlach von 1700-1709 errichtet worden war und zu großen Staatsempfängen bereitstand, wenn sich Hitler auf dem Berghof befand, slowakische Politiker.

In seinen Gesprächen mit Staatspräsident Dr. Tiso gab Hitler "seiner Entschlossenheit Ausdruck, den uns von den Feinden des Reiches und seinen Verbündeten aufgezwungenen Krieg im Osten und Westen bis zum siegreichen Ende kompromißlos durchzuschlagen" (siehe: Kommunique des Staatsbesuches).

Rumänien schickte sich trotz aller gegensätzlicher Beteuerung an, das Achsenbündnis zu verlassen und aus dem Krieg auszuscheren. Dies käme in der gegenwärtigen Situation einem kaum zu verkraftenden Desaster gleich, denn die Sowjetarmee hatte bereits ihre Ausgangsposition zum Sturm durch Rumänien erreicht. Es war abzusehen, wann die letzte Öllieferung aus Rumänien nach Deutschland gelangen würde. Seit vielen Wochen bereits hatten die Westalliierten ihre Luftoffensive mit der 15. USAAF von Italien aus gegen die rumänischen Erdölgebiete eröffnet. Ziele waren Ploesti und andere Erdölraffinerien in Rumänien und Ungarn.

Nebenbei wurden Budapest und Bukarest von alliierten Bomberverbänden angegriffen, um die Bevölkerung zur Kapitulation reifzubomben (siehe Abschnitt Luftkrieg über Europa).

In diesen Geheimverhandlungen Rumäniens, zwischen der Regierung Antonescu und der sowjetischen Botschaft in Stockholm geführt, kam es am 2. Juni 1944 zu einer prinzipiellen Einigung über die Bedingungen eines Ausscheidens Rumäniens aus dem Kriege.

Am selben Tage wurde auch in Bulgarien die Regierung umgebildet. Die neue Regierung unter Bagrianoff nahm sofort Geheimverhandlungen mit den Westmächten auf, deren Ziel es war, zu einem Waffenstillstand zu gelangen.

Die Nachricht vom Beginn der Invasion erhielt Hitler auf dem Berghof am 6. Juni 1944 beim Frühstück. Er war in der Nacht, als die ersten Nachrichten von einer alliierten Großlandung in der Seinebucht eintrafen, nicht geweckt worden.

Hitler zu Keitel, der diese Nachricht überbrachte:

"Die Nachrichten können gar nicht besser sein. So lange diese Truppen in England waren, konnten wie sie nicht fassen. jetzt haben wir sie endlich dort , wo wir sie schlagen können."

Am nächsten Tage empfing er den neuen ungarischen Ministerpräsidenten Sztójay, um mit diesem "die Fragen der gemeinsamen Kriegführung der beiden Völker" zu behandeln.

Am 9. Juni machte auch Italien politisch wieder von sich reden, als König Viktor Emanuel III. den Kronprinzen Umberto zum "Generalstatthalter des Königreiches Italien" ernannte.

Nach dem nun erfolgenden Rücktritt Marschall Badoglios bildete Ivanoe Bonomi, mehrfach Minister in vorfaschistischen Regierungen und seit 1942 Koordinator der Widerstandsbewegungen gegen den Faschismus, am 16. Juni eine neue Regierung, in der a l l e antifaschistischen Parteien und alle Widerstandsgruppen vertreten waren.

Noch während an der Ostfront die Entscheidungsschlacht bei der HGr. Mitte tobte, zeichnete sich bei der HGr. Südukraine das völlige Chaos und die Vernichtung der 6. Armee ab.

Am 1. August war der neue OB dieser HGr., GenOberst Frießner, mit seinem Chef des GenStabes in Bukarest eingetroffen. Auf dem Flugplatz erwartete ihn bereits der deutsche Gesandte, Frhr. von Killinger, der Chef der deutschen Heeresmission in Rumänien, General der Kav. Hansen, der Befehlshaber der deutschen Luftwaffe in Rumänien, General Gerstenberg und andere politische und militärische Führer.

GenLt. Gerstenberg berichtete Frießner, daß die Sicherheit des Erdölgebietes von Ploesti voll gewährleistet sei.

"Im Falle einer Unruhe in Bukarest genügt eine deutsche Flakbatterie, um diese niederzuschlagen." (siehe Frießner, Hans: Verratene Schlachten; und Unterlagen an den Autor).

Der deutsche Gesandte von Killinger, U-Bootkommandant des Ersten Weltkrieges, versicherte Frießner ebenfalls, daß "Marschall Antorescu Volk und Regierung hinter sich" habe. Seine Gegenspieler seien allerdings so bekannte und machtausübende Persönlichkeiten wie Iuliu Maniu, Führer der Bauernpärtei, die Königinmutter und auch der stellvertretende Ministerpräsident Mihai Antonescu. Dieser war nicht mit dem Staatschef Marschall Antonescu verwandt.

Mit seiner Prognose irrte Killinger allerdings völlig. Der damalige rumänische Gesandte in Berlin, Ion Gheorge, erklärte später, daß Killinger die "verschiedenen Konspirationen gar nicht zur Kenntnis" nahm.

Auch den militärischen dt. Dienststellen blieben die bereits seit langem laufenden Umsturzpläne Rumäniens verborgen.

GenOberst Frießner gewann ein durchaus negatives Bild von der politischen Lage in Rumänien. Deshalb entsandte er seinen 1. Generalstabsoffizier, Oberst i.G. von Trotha, und den Verbindungsmann des AA, Oblt.d.Res. Dr. Lehmann, der der HGr. Südukraine beigegeben worden war, mit einem persönlichen Handschreiben zu Hitler. Darin stellte Frießner lakonisch fest:

"Auf die Frage, was passiere, wenn die rumänische Regierung umfalle, konnte mir der deutsche Gesandte in Budapest keine Antwort geben."

GenOberst Frießner forderte die Unterstellung aller Truppen und Dienststellen in Rumänien und die Einrichtung eines eigenen Nachrichtendienstes, um über die Planungen der Rumänen rechtzeitig unterrichtet zu sein und den Schutz der deutschen Truppen gewährleisten zu können.

Im Falle eines rumänischen Ausscherens aus dem Bündnis und dem Abfall der rumänischen Truppen schlug GenOberst Frießner vor, die Front seiner HGr. sofort hinter den Pruth zurückzunehmen und auf der Linie Galatz-Focsani-Karpatenrand zu verteidigen.

Oberst von Trotha hatte GenOberst Guderian gegenüber darauf hingewiesen, daß jedes weitere Abziehen von Truppen aus dem Heeresgruppenbereich im Falle eines Ausscheidens der Rumänen die Front derart schwächen würde, daß sie gegen einen sowjetischen Angriff nicht mehr zu halten sein würde.

Am 5. August war Marschall Antonescu im FHQ eingetroffen und hatte wieder einmal mehr die Loyalität der Rumänen bekräftigt, sodaß die Befürchtungen von GenOberst Frießner als nicht mehr existent angesehen wurden.

Obwohl die Türkei am 2. August ihre diplomatischen Beziehungen zu Deutschland abgebrochen hatte – was auch nicht erwartet worden war – wurde Oberst von Trotha ergebnislos zur HGr. Südukraine zurückgeschickt. Im Gepäck Hitlers Worte:

"Halten Sie mal die Front, ich werde euch den Rücken freihalten."

Noch am 10. August meldete der Gesandte von Killinger: "Lage völlig sicher. König Michael Garant des Bündnisses mit Deutschland."

Dies war für das OKH ein Zeichen, weitere Kräfte aus der »ruhigen Heeresgruppe Südukraine« herauszuziehen. Bis zum 13. August verlor sie 11 Divisionen. Ständig warnte GenOberst Frießner vor dieser Schwächung der Front.

Am 19. August begann der Angriff der Sowjetarmee (siehe den folgenden Großabschnitt). Die rumänischen Divisionen scherten aus der HKL aus und überließen ihren deutschen Waffenbrüdern das Feld. Am 21.und 22. August sprach GenOberst Frießner mit Marschall Antonescu, der sich über das feige Aussteigen verschiedener Verbände bestürzt zeigte. "Sie haben zweifellos nicht richtig gekämpft", gab er zu. Er forderte am 21. August, daß im politischen Interesse Rumäniens Bessarabien einschließlich Jassy gehalten werden müsse. Dies nicht nur wegen der Getreide- und Öllieferungen, sondern vor allem, weil bei einer Aufgabe dieses Gebietes der ganze Balkan offen vor den Sowjets liege, wenn die Front zusammenbreche.

Allerdings konnte er nicht zusichern, daß die rumänischen Verbände diese Gefahrenlage für ihr eigenes Land auch so sehen würden.

Außerdem wies Marschall Antonescu auch darauf hin, daß die bulgarische Einstellung – die deutscherseits bereits erkannt worden war, ohne daß daraus Konsequenzen gezogen worden wären – sich bald drastisch ändern werde.

Am Abend des 23. August wurde Marschall Antonescu im Königspalast zu Bukarest auf Befehl König Michaela verhaftet und um 22.00 Uhr teilte der König seiner Bevölkerung mit, daß er allen rumänischen Truppen den Befehl zur Einstellung des Kampfes gegeben habe. Dazu Frießner: "König Michael hatte nicht nur das verbündete Deutschland, sondern auch sein eigenes Volk und letzten Endes ganz Europa an die Bolschewisten verraten."

Ion Gheorge hat in seinem bereits zitierten Werk alle Zweifel daran ausgeschlossen, daß dieser Staatsstreich mit Wissen des Königs von langer Hand vorbereitet worden war. Dazu der Autor Gheorge:

"Schlimmer als hier in Rumänien hat das Kriegsschicksal wohl kaum jemals die auf Bündnistreue gegründeten Berechnungen eines Heerführers zunichte gemacht."

Über dieses Kapitel eines Verrats zweier Völker, der Bulgaren ebenso wie der Rumänen, wird im kriegsgeschichtlichen Teil noch zu sprechen sein. Nunmehr zurück zu den Ereignissen an der Front.

* * *

DIE 1. PANZERARMEE MÄRZ - APRIL 1944

Die Vorgeschichte

Bald nach dem Ausbruch der letzten kampffähigen Verbände aus dem Kessel von Tscherkassy sollte es zu einer weiteren großen Einschließungsoperation der Sowjetarmee kommen. Diesmal war es die 1. Panzerarmee, die zwischen Bug und Dnjestr im Abwehrkampf stand.

Aufgrund der vorher geschilderten Lage stand die HGr. Süd im März 1944 mit ihrer 8. Armee, der 1. und 4. Panzerarmee in schweren Abwehrkämpfen gegen die 2. und 1. Ukrainische Front. Die Verbindung zwischen der 1. und 4. PzArmee war durch den sowjetischen Angriff eingangs März 1944 mit dem Ziel, die Linie Proskurow-Tarnopol zu überwinden, durchbrochen worden.

Die 1. PzArmee erhielt Befehl, diese Lücke angriffsweise wieder zu schließen. Dazu wurde ihr das III. PzKorps neu zugeführt.

Die Sowjetarmee kam diesen Bemühungen mit einem weiteren am 10. März losbrechenden Angriff zuvor. Dieser zielte gegen den rechten Flügel der 1. PzArmee und die rechts anschließende 8. Armee und zerschnitt die Verbindungen dieser beiden Großkampfverbände zueinander.

Durch die sich öffnende breite Lücke stürmten mehrere Sowjetarmeen über den Bug und gegen den Dnjestr vor. Am 18. März erreichten sie Jampol am Dnjestr und standen zwei Tage später im Raume Mogilew-Podolsk. Der Dnjestr wurde in den folgenden Tagen nach Süden überschritten.

Westlich Proskurow war es der 1. PzArmee am 17. März vorübergehend gelungen,eine lose Verbindung mit dem rechten Flügel der 4. PzArmee herzustellen. Ein neuer Angriff warf den Südflügel der 4. PzArmee weiter nach Westen auf Tarnopol zurück (siehe Kampf um Tarnopol).

Die Verbindung war abermals unterbrochen und schnelle sowjetische Verbände stießen entlang des Zbrucz und des Seret, die 1. PzArmee westlich überflügelnd, nach Süden auf den Dnjestr vor. Sie erreichten den Fluß am 24. März bei Horodenka.

Mit ihrer Mitte bei und ostwärts von Proskuroff am Bug haltend, im Rücken den breiten brückenlosen Dnjepr,war die 1. PzArmee eingeschlossen.

An ihrem rechten Flügel, beiderseits des Dnjestr, stand das XXXXVI. PzKorps. Es hatte die Verbindung mit der ostwärts des Dnjestr stehenden Gruppe verloren. Diese bestand aus der 75. ID und Teilen der 18.ArtDiv.. Vor einem stark nachdrängenden Feind zog sich diese Gruppe, hinhaltend kämpfend, nach Westen zurück.

Die Nordgruppe mit der 82., 254. und 1. ID wiederum kämpfte nördlich des Flusses.

Das XXXXVI. PzK. hatte Weisung erhalten, als selbständige Gruppe in der Lücke zur 8. Armee zu operieren. Es wurde im Verlauf dieser Kämpfe so schwer angeschlagen, daß es zu selbständigen Angriffshandlungen nicht mehr in der Lage war.

Vom Nordflügel zum Südflügel des XXIV. PzKorps klaffte ebenfalls eine Lücke. Sie sollte durch das in diesen Raum geworfene III. PzKorps geschlossen werden. Das III. PzKorps war am 23. März aus dem Raum südwestlich Bar zum Angriff nach Südosten angetreten, konnte aber gegenüber dem zahlenmäßig vielfach stärkeren Gegner keinen größeren Bodengewinn erzielen. Die Sowjetarmee drang immer noch durch diese 15 km breite Lücke nach Westen vor.

Zwischen Bar und dem Bug kämpfte das XXIV. PzKorps, in dem neben der 208. und 371. ID auch die 20. PzGrenDiv. und die 17. PD standen.

20 km ostwärts Proskuroff stand im Anschluß an das XXVI. PzKorps der rechte Flügel des LIX. AK noch nördlich des Bug. Ihre beiden Divisionen (96. und 291. ID) waren im Begriff, hinter den Fluß zurückzugehen. Proskuroff, in eigener Hand befindlich, war zum Festen Platz erklärt worden. Südwestlich dieser Stadt kämpften die 11., 19. und 6. PD gegen starke russische Panzer- und Infanteriekräfte. Die Sowjetarmee stieß in diesen Raum hinein mit dem Ziel, Bahn und Straße Proskuroff - Kamenez Podolsk.

Seitlich, etwas herausgestaffelt, stand die 1. PD des LIX.AK bei Gorodok. Sie hatte Weisung, die Versorgungsstraße dieses Korps zwischen Jarmolinzy-Husiatyn zu sichern. Sie konnte jedoch nicht verhindern, daß der Feind diese Straße bei Jarmolinzy bereits überschritten hatte und mit Panzern weiter vorstieß. Südlich davon, in den Städten Hotin und Czernowitz standen Stadtbesatzungen und Alarmeinheiten. Das AOK verlegte am 24. März von Kamenez-Podolsk nach Dunajewzy.

Insgesamt verfügte die 1. PzArmee über acht Infanterie-, sechs Panzer- und je einer PGD., Art.-Jäg. und SS-Division. Alle Verbände verfügten nicht annähernd über ihren Sollbestand. Die Panzerdivisionen hatten zwischen keinem und 11 Panzern (bei der 16. PD) zur Verfügung, womit ihre "Stärke" umrissen sei.

Von der Bahnlinie nördlich des Dnjestr abgeschnitten, konnte die 1. PzArmee nur über die Bahnversorgung aus Czernowitz verfügen. Zahlreiche Lager und Verpflegungsdepots hatten während des Zurückweichens der Front gesprengt werden müssen, oder waren dem Feind gar unzerstört in die Hände gefallen.

Der 1. PzArmee standen nach dem Ergebnis der eigenen Funkaufklärung am 23. März 1944 die 1. und 2. Ukrainische Front gegenüber. Die 2. Ukrainische Front hatte mit der 27. Armee und der 6. PzArmee zwischen Mogilew-Podolsk und weiter stromabwärts den Dnjestr überschritten und folgte der weichenden 8. Armee. Teile, bestehend aus der 6. Panzerarmee,waren nach Westen abgedreht worden und standen bald mit dem XXXXVI. PzKorps im Gefecht.

Die 1. Ukrainische Front wiederum hatte ihre Kräfte beiderseits umfassend gegen die 1. PzArmee angesetzt. Ihr schwächerer Nordflügel stieß der 4. PzArmee hinterher, um diese "am Laufen zu halten."

Gegen die Ostfront der 1. PzArmee rollten 10 Schützendivisionen der 40. und 38. Sowjetarmee. Einige selbständige Panzerverbände kamen hinzu. Weitere Divisionen und Panzerkräfte wurden aus der Tiefe des Raumes nach vorn gezogen, womit sich die Zahl der Großverbände auf etwa 20 erhöhte.

Die 18. Sowjetarmee stieß mit acht Schützendivisionen dem XXIV. PzKorps nach, um dieses Korps zu fesseln. Die 1. Gardearmee wiederum griff mit 11 Schützenverbänden im Raume Proskuroff gegen die Nordwestfront der 1. PzArmee an. Ihr Vorwärtsschwung wurde durch starke Kampfverbände der sowj. 3. Garde-Panzerarmee verstärkt, die den hier stehenden Flügel der deutschen Front fesseln und sodann zum Einsturz bringen sollte.

Die sowjetische 1. und 4. PzArmee sollten als Kern des Angriffs in die Lücke zwischen der 1. und 4. deutschen Panzerarmee entlang der Täler des Ubrucz und des Seret nach Süden vorstoßen. Die 4. sowj.Pz-Armee zielte während dieses Vorstoßes auf Kamenez-Podolsk, die 1. sowjetische PzArmee wiederum auf die Straße Tarnopol-Czernowitz.

Um diesem Ansturm begegnen zu können, stellte das Heeresgruppenkommando Süd die abgesplitterten, noch ostwärts des Zbrucz stehenden Teile der 4. PzArmee unter den Befehl des Kdrs. der 7. PD, Oberst Dr. Mauss. Aus der 7. PD und Panzerteilen der "Leibstandarte" sowie der 68. ID wurde ein Kampfverband gebildet, der 1. PzArmee zugeführt und dieser unterstellt.

Der Kampf im Kessel

Die 1. Pz-Armee kämpfte verbissen gegen einen weit überlegenen Gegner. Die HGr. Süd, GFM von Manstein, befahl ihr am 24. März den Ausbruch nach Westen , um durch diesen Angriff die Verbindung zur Gruppe Mauss herzustellen, die Übergänge über den Zbrucz beiderseits Husiatyn zu gewinnen und damit dem von dort aus auf Kamenez-Podolsk vorstoßenden Gegner die rückwärtigen Verbindungen abzuschneiden.

Die 1. PzArmee stellte dazu einige Kampfgruppen zusammen. Es waren:

Gruppe Gollnick (Gen.d.Inf. Gollnick),
Korpsgruppe Breith (Gen.d.PzTr. Breith),
Korpsgruppe Chevallerie (Gen.d.Inf. von der Chevallerie).

Diese drei Gruppen erhielten die Aufgaben, den Rückzugskampf zu führen, und den Feind nach Westen zu durchbrechen. Um den Zusammenhang der einzelnen KGr. untereinander zu gewährleisten und ihre Unternehmungen zu koordinieren, wurden vom AOK 1 vier Widerstandslinien für die Nachhut befohlen.

1. Widerstandslinie: Uszica-Raum nördl. Dunajewzy, Codewort "Amalie".
2. Widerstandslinie: Studenica-Dunajewzy, Codename "Barbara".
3. Widerstandslinie: Raum ostw. Kamenez-Podolsk, Codename "Cäcilie".
4. Widerstandslinie: Raum westl. Kamenez-Podolsk, Codename "Dorothee".

Nun entwickelte sich jener Rückzug, der als Wandernder Kessel bekannt wurde. Er begann am 27. März. Während die Bewegungen anliefen, war das X. sowj. PzKorps (der 4. sowj. PzArmee) mit 140 Panzern in Kamenez-Podolsk eingedrungen. Vier Schützendivisionen folgten über Skala nach, während zwei Brigaden der sowj. 4. PzArmee noch am Zbrucz sicherten. Das IV. mot.-mech. Korps dieser sowj. PzArmee stand bereits südlich Kamenez-Podolsk. Wichtig war, daß Tarnopol eisern hielt (siehe Kapitel: Fester Platz Tarnopol).

Am 28. März wurde zum Angriff nach Westen und damit zum Ausbruch angetreten. Es galt, etwa 200 km durch Feindgebiet zu stoßen. Die Korpsgruppe von der Chevallerie konnte noch am selben Tage bei leichtem Schneetreiben die Verbindung zur 1. PD und zur KGr. Mauss herstellen. Die Korpsgruppe Breith stieß mit der 17. PD und der 371. ID aus dem Brückenkopf auf Kamenez-Podolsk, während die Gruppe Gollnick aus dem Brückenkopf Hotin nach Norden angetreten war und die Verbindung mit der Korpsgruppe Breith hergestellt hatte.

Im Verlaufe des folgenden Tages konnten die Brückenköpfe der Korpsgruppe von der Chevallerie bei Zbrucz und Skala über den Zbrucz erreicht werden. Die Brücke bei Skala wurde unversehrt in Besitz genommen.

Luftversorgung – Aufforderung zur Kapitulation

Damit war die Initialzündung gegeben. Besonders wichtig war in dieser Phase die Versorgung der 1. PzArmee aus der Luft. Dazu hatte die Luftflotte 4 den Transportfliegerführer 2, Oberst Morzik, im Raum Lemberg abgestellt. Diesem standen fünf Transportgruppen zur Verfügung. Vier von ihnen flogen Ju 52, die fünfte war mit He 111 Kampfflugzeugen ausgestattet.

Am 26. März wurde der erste Versorgungseinsatz geflogen, und zwar Munition, Panzernahbekämpfungsmittel, Betriebsstoff und Sanitätsmaterial.

Auf ihrem Rückflug vom Landeplatz Dunajewzy (später wurde nahe Kamenez-Podolsk ein neuer Landeplatz eingerichtet), nahmen die wieder nach Lemberg startenden Ju 52 und He 111 die Schwerverwundeten mit. Während am 26. März 140 Verwundete ausgeflogen wurden, konnten in der folgenden Versorgungsnacht sogar 200 gerettet werden. Am 28. waren es allerdings nur 75 Schwerverwundete, die der Hölle entkamen. Der Bedarf der 1. PzArmee an Versorgungsgütern konnte nicht annähernd gedeckt werden.

Deshalb war es völlig unbefriedigend, daß in der Nacht zum 30.3. nur 14 Ju 52 mit nur acht Tonnen Versorgungsgütern landen konnten. Die Luftflotte 4 hatte mit dem Ausbleiben der zugesagten Versorgungsgüter zu rechnen, und was nicht da war konnte nicht verladen werden.

Dennoch ging der Kampf planmäßig weiter. Am 31. März konnten die17. PD ebenso wie die Gruppe Gollnick zwei Brückenköpfe über den Zbrucz bilden, während die Korpsgruppe von der Chevallerie einen Brückenkopf über den Niczlawa-Abschnitt bildete.

Entscheidend war in dieser Lage die Steigerung der eingeflogenen Versorgungsgüter. Der Flugplatz außerhalb von Kamenez-Podolsk mußte ab dem 1. April geräumt werden, da ab diesem Tage die vierteWiderstandslinie dort verlief. In der vorausgehenden Nacht konnten 800 der insgesamt nicht marschfähigen Verwundeten ausgeflogen werden, denn am frühen Morgen des 1. April waren 57 Ju 52 noch einmal in Kamenez-Podolsk gelandet und hatten 57 Tonnen Versorgungsgüter herangeschafft.

Der am Abend des 1. April einsetzende Schneesturm verstärkte sich am folgenden Tage weiter. Trotz dieses völligen qbi-Wetters setzte die Luftwaffe ihre Versorgungs- und Kampfeinsätze mit großem Elan fort.

Die Aufforderung von Marschall Schukow, dem OB der 1. Ukrainischen Front, den "sinnlosen Widerstand einzustellen und mit allen eingeschlossenen Einheiten zu kapitulieren, weil alle in drei Ringen eingeschlossen" seien, erreichte deutscherseits nur das Gegenteil. Alle drei Gefechtsgruppen und die Nachhuten kämpften verbissen. Als starker Frost in der Nacht des 4. April die Straßen festigte, liefen die Bewegungen reibungslos ab. Die Versorgung und die Zuführung von Munition lief nun einwandfrei. Alle wußten, worum es ging: Es galt ein Stalingrad für die 1. PzArmee zu verhindern!

Als am Morgen des 5. April die Entsatztruppe der HGr. Süd, bestehend aus dem II. SS-Panzerkorps antrat, kam es noch zu einer Krisenlage bei der Korpsgruppe Breith, da dort das XI. Garde-PzKorps der sowj. 1. PzArmee der Korpsgruppe auf dem Nordufer des Dnjestr in die Flanke stieß. Unter Einsatz aller verfügbaren Kräfte konnte Gen.d.PzTr. Breith diesen Angriff abwehren und 35 Feindpanzer abschießen.

Die nördliche Stoßgruppe der Korpsgruppe Breith, die 6. PD, stürmte in einem schnellen Raid bis an die Strypa durch, drehte dort nach Norden auf Buczacz ein und eroberte diese Ortschaft am

6. April morgens. Als am Nachmittag dort auch die 10. SS-PD von Nordwesten durchstieß, war die seit dem 23.3. unterbrochene Verbindung zur 1. PzArmee wieder hergestellt. Der Ausbruch aus dem Kessel war gelungen. Die 1. PzArmee stand mit ihrer Ostfront am Seret, doch die Sowjetarmee befand sich noch immer tief in den Flanken und sogar im Rücken der Armee. Die 1. PzArmee schlug vor, ihre Front am 9. April hinter die Strypa zurückzunehmen. Dieser Angriff begann am Abend des 11.4. und wurde am 12. 4. fortgesetzt.

Der Angriff des III. PzKorps über die Strypa nach Westen gelang, vier sowj. SDnen zogen sich fluchtartig nach Süden zurück. Bis zum 14. April war auch die Zurücknahme der Ostfront des XXXXVI. PzKorps und des LIX. AK in die Strypa-Vorstellung vollzogen. Ihnen folgten etwa fünf sowjetische Schützendivisionen, ohne jedoch Druck zu machen.

Damit war die Lage gesichert. Anstelle völlig eingekesselt und vernichtet zu werden, war die 1. PzArmee in eine sichere Stellung zurückgegangen und hatte in den Kämpfen dieser Tage dem Feind schwerste Verluste zugefügt. Das Ziel dieses Ausbruchs: Die Erhaltung der eigenen Truppe, war voll erreicht worden. Allerdings wog das Vernichten der schweren Waffen, Geräte und Fahrzeuge schwer. Doch sie mußten geopfert werden.

Hier aus dem KTB der Angriff der KGr. Dr. Bäke in den kritischen Tagen.

Kampfgruppe Dr. Bäke greift an!

Am 16. März wurde die gepanzerte Gruppe Bäke, nunmehr aus 12 Tigern I E, der sPzAbt. 509, Teilen des PR 11 und der 1./PR 1 (der 1.PD) bestehend, aus ihren Stellungen im Bozok-Abschnitt herausgezogen und am Ostrand von Proskuroff zum Vorstoß nach Westen gesammelt.

Der Auftrag für Dr. Bäke lautete: "Wiederherstellen der Verbindung der 1. PzArmee zur 4. PzArmee."

Am Abend wurde der gepanzerten Gruppe Bäke noch die gesamte I./ PR 1 unter Hptm. Graf Wedel zugeführt. Damit trug OberstLt. Dr. Bäke die Hoffnungen zweier deutscher Panzerarmeen. Der Kampfverband erhielt binnen weniger Stunden weitere Zuführungen an Panzern, damit er dieser einmaligen schweren Aufgabe gerecht werden konnte.

Am frühen Morgen des 17. März 1944 trat die gepanzerte Gruppe Bäke, die Tiger an der Spitze, zum Durchstoß in den Kessel von Kamenez-Podolsk an. In zügigem Vorgehen wurde bei Klimkowzy der erste Feindwiderstand gebrochen. Gegen Mittag stand sie bereits 30 km westlich von Proskuroff und stieß im Raum Widwa - Medwedowka auf Teile der 1. SS-PD "Leibstandarte Adolf Hitler". Damit war die Verbindung zur 4. PzArm. wieder hergestellt.

Nachdem am 18.3. neue Tiger eingetroffen waren, griff die gepanzerte Gruppe Bäke Dselintsche an und nahm die stark feindbesetzte Ortschaft trotz erbitterter sowjetischer Gegenwehr.

12 Sturmgeschütze und 44 Panzer, darunter vier KW I und KW 85, 33 Pak und eine Reihe Infanteriegeschütze wurden vernichtet. Der Panther von Dr. Bäke kam in diesem Einsatz auf drei Panzerabschüsse. Zwei Pak wurden aus Nahdistanz zum Schweigen gebracht.

Der 19.3. sah den nächsten Angriff dieser unaufhaltsam stürmenden Kampfgemeinschaft, deren Kommandeur mitten unter seinen Panzermännern jeden Angriff mitfuhr.

Die Gruppe Bäke erreichte mit vier Tigern, sieben Panthern, sieben Sturmgeschützen und 10 SPW nach Überwindung der Höhe 340 auch noch die Höhe 349. Hier erhielt sie starkes Pakfeuer.

Im nachfolgenden Kampf wurden alle vier Tiger und drei Panther durch Beschuß außer Gefecht gesetzt. Der Angriff mußte abgebrochen werden. Die gesamte KGr. war auf zwei Tiger, zwei Panther, vier Sturmgeschütze und vier Panzer IV zusammengeschmolzen. Von den 10 SPW war noch keiner ausgefallen.

Beim Angriff des nächsten Tages wurde der Kommandeurswagen abgeschossen. Dr. Bäke stieg in einen schnellen SPW um und führte weiter. Die letzten eigenen Panzer wurden hier in einem Duell mit an Zahl hoch überlegenen Feindpanzern abgeschossen, oder hinkten angeschlagen vom Gefechtsfeld. Kein einziger Panzer des PR 11 war mehr einsatzbereit. Der Feinddurchbruch aber war abermals vereitelt worden.

Am 19.3. erhielt Oblt. Dr. König, KpChef in der sPzAbt. 509,den Befehl, sämtliche nicht mehr einsatzbereiten Panzer nach Proskuroff einzuschleppen.

OberstLt. Dr. Bäke blieb mit dem Rest der wieder einsatzbereit gemachten sechs Panzer – darunter zwei Tiger – in Dselintsche, um von dort aus, sprungweise zurückgehend, die Absetzbewegungen zu decken.

Als hier der Gegner schnell nachstieß, rollte er in die geschickt aufgebaute Falle der wenigen Panzer Bäkes. Vier der nachrollenden T 34 wurden abgeschossen, die gesamte feindliche Panzerfront blieb liegen. Noch einmal hämmerten die wenigen Panzerkanonen in die dicht aufgefahrenen und zwischen den abgeschossenen Panzern eingekeilten T 34 hinein.

Dr. Bäke schoß aus einer Deckung hinter einem flachen Hügel zwei durchgestoßene T 34 ab. Der Gegner war abgewiesen und rührte sich an diesem Tage nicht, wodurch das Absetzen des Gros der deutschen Truppen reibungslos weitergehen konnte.

Die zur Werkstatt nach Jaromolinzy gerollten oder geschleppten Tiger wurden dort bis zum 23. März überholt. Nun stieß auch Hptm. Burmester, der Kommandeur der sPzAbt. 509, zur Abteilung und übernahm anstelle des durch Fernschreiben abberufenen Hptm. Radtke, der die Abteilung ebenfalls erst am 26. Febr. erreicht hatte, die Führung.

Am 23. März verabschiedete sich OberstLt. Dr. Bäke von seinen Kameraden. Er wurde aus dem Kessel ausgeflogen, um im Führerhauptquartier die Schwerter zum Ritterkreuz mit Eichenlaub aus Hitlers Hand entgegenzunehmen, die ihm bereits am 21.2. für die Befreiung der in Tscherkassy eingeschlossenen Kameraden verliehen worden waren.

Alle bedauerten den Weggang des bewährten Panzerführers, der jeden seiner Soldaten zum Kameraden und den jüngeren Panzermännern zum väterlichen Freund geworden war. Alle wußten, daß Dr. Bäke nicht mehr zur 6. PD zurückkehren würde, mit der er den gesamten Krieg hindurch gekämpft hatte. Alle waren davon überzeugt, daß dieser Panzerführer mit größeren Aufgaben betraut werden würde.

Im FHQ erfuhr Dr. Bäke durch Hitler, der sich eingehend mit ihm über den Befreiungskampf von Tscherkassy und die letzten Einsätze seiner gepanzerten Gruppe unterhielt, daß er für einen Panzergroßverband als Führer vorgesehen sei und daß er – nach Absolvierung eines Divisionskommandeur-Lehrgangs – eine Panzerdivision führen solle.

Einsatz der 16. Panzerdivision

Wie die 16. PD seit dem 29. März an der Operation des "Wandernden Kessel" beteiligt war, ist ihrer Geschichte zu entnehmen, in der diese Tage dargestellt werden.

"Der große Durchbruchskampf des rollenden Igels der 1. PzArmee unter General Hube hatte begonnen. Der erfolgreiche Durchbruch der 16. PD bei Frampol und die Vereinigung mit der 6-, 11. und 19. PD, sowie der 20. PGD gab jedem Mann den Willen zurück, mit letzter Zähigkeit durchzuhalten.

Der Igel kämpfte sich nach Überwindung der ersten Sperre weiter nach Westen. Noch waren es 120 km bis zu den eigenen Linien. Die Verpflegung wurde knapp. - - -

Die 16. PD übernahm nun die Spitze. Nach der Wegnahme von Tynna stieß sie zügig 15 km nach Südwesten zum Ssmotritsch-Abschnitt vor. Hier igelte die 1. PD, sie reihte sich in den rollenden Kessel ein. - - -

Im Morgengrauen des 29.3. stieß die 16. PD über die Sicherungslinien von Tscherna und Bjelaba hinaus und weiter über Ljanskorun zum Zbrucz vor. Die Panzer durchrollten dessen flaches Wasser. Teile des I./PGR 64 folgten auf Panjewagen. Die Division griff den auf dem anderen Ufer in seinen Stellungen stehenden Feind an. Der Sturm auf diese ansteigende Höhe blieb jedoch im Abwehrfeuer der Rotarmisten liegen.

Erst als auch das II./PGR 64 mit vier Panzern als Unterstützung und dem Kern der AA 16 herankam, übernahm Oberst Hesse, Kdr. des PGR 64, die Führung. An der Spitze seiner Panzergrenadiere ging er von der linken Flanke gegen diese ausgebaute Feindstellung vor. Loch für Loch mußte vom Feind geräumt werden, ehe der Brückenkopf stand. Für diese Leistung erhielt Oberst Hesse am 15.4. 1944 das Ritterkreuz."

Andere Divisionen gingen ebenfalls über diesen Fluß, sodaß der Zbrucz auf breiter Front überschritten war.

Während die 7. PD zur eingeigelten 1. PO durchstieß und die Div. "Leibstandarte AH" ebenfalls diesen-Igel erreichte, übernahm hier die 7. PD die Spitze. Geführt von Oberst Mauss griff sie an (darüber später mehr).

Während dessen war die 16. PD vom Westufer des Zbrucz angetreten und sicherte die Nordflanke des rollenden Kessels. Während nun alle Einheiten der 7. PD folgten, hielt die 16. PD zwischen Zburcz und Seret. Sie machte nach Norden Front und sicherte die Rollbahn.

Als der Gegner sich anschickte, mit einem Stoß nach Süden diese Rollbahn erneut zu sperren, wurde er von Spähtrupps der 16. PD erkannt. Nun erfolgte die Zusammenfassung der 1., 16. und 19. PD zur Gruppe Back. GenMaj. Back, Kdr. der 16. PD, setzte den Panzerverband gegen die bei Gusztyn stehenden Gegnerkräfte an. Von Osten griffen die PzAA 16 und die 19. PD, von Norden die Gruppe Hesse an. Zehn T 34 brannten nach kurzer Zeit. 20 Feindgeschütze wurden zum Schweigen gebracht. Dann zog sich der Gegner nach Norden auf Losiacz zurück und wurde in der weiteren Verfolgung bis nach Wola Czarnokoniecka und noch darüber hinaus zurückgedrückt. Die Rollbahn von Skala wurde damit gesichert.

Im Schneesturm des 1. und 2.4. verteidigten die einzelnen Kompanien, nur noch 30 bis 35 Soldaten stark, gegen den erneut anrennenden Gegner. Als es Abend wurde, tauchten die Kampffahrzeuge der "Leibstandarte" auf. Die KGr. Back rollte nun hinter der 7. PD her und erkämpfte die Ortschaft Jezierzany, wo sechs T 34 und 40 Geschütze bzw. Pak vernichtet wurden.

Der Weiterstoß zum Seret gelang. Ulaszkowce fiel und im Handstreich wurde die dortige 60-Tonnen-Brücke gewonnen und ein Brückenkopf gebildet. Von hier aus waren es nur noch 30 km bis zu den eigenen Truppen.

Noch während sich alle Divisionen schrittweise weiterkämpften, traf eine Nachricht bei ihnen ein, die alle noch einmal voll motivierte. Die 7. PD hatte bei Buczacs, 30 km westlich des Seret,die Verbindung zum II- SS-PzKorps unter Gruppenführer Hausser hergestellt. Der Kessel war gesprengt und die letzte Sperrstellung des Gegners wurde von der 16. PD am 7. 4. durchbrochen. Ein russischer Gegenangriff auf Dzuryn brach am 9.4. im Abwehrfeuer der Panzergrenadiere zusammen.

Bis zum 16.4. waren die letzten Feindverbände über die Strypa zurückgeworfen. Die 1. Panzerarmee war wieder frei. In 18 Tagen hatte sie sich unter der Führung von General Hube über 200 km durch den Feind nach Westen gekämpft, fünf Flußläufe überwunden, drei feindliche starke Sperr-Riegel aufgebrochen und Teile der durchgebrochenen Panzerrudel der Sowjets vernichtet.

Den traurigen Abschluß dieses Kampfes bildete der 21. April. An diesem Tage fand GenOberst Hube, einen Tag vorher mit den Brillanten zum Ritterkreuz mit Eichenlaub und Schwertern ausgezeichnet und von Hitler zum GenOberst befördert, in der Nähe von Berchtesgaden den Tod, als sein Flugzeug abstürzte. Abordnungen der Regimenter der 16. PD, die "Papa" Hube lange geführt hatte, nahmen an dem Staatsbegräbnis in Berlin teil (siehe: Geschichte der 16. Panzerdivision 1939 - 1945).

Bei der 7. Panzerdivision

Wie der Verlauf der Kämpfe sich bei der 7. PD gestaltete, das hat General der PzTr. von Manteuffel in der Divisionsgeschichte der "Gespensterdivision" dargestellt. Hier ein knapper Auszug daraus:

"Durch den am 21. März beginnenden russischen Angriff, der am dritten Kampftag zum Durchbruch durch die deutschen Linien führte, wurde die 4. Panzerarmee nach Westen abgedrängt. Sie mußte Teile im "Festen Platz Tarnopol" belassen und hielt auf ihrem Nordflügel eine schüttere Linie aus dem Raum Tarnopol über Brody und Luzk bis nach Kowel, das ebenfalls zum Festen Platz ernannt worden war.

Die neu herangeführte 1. PzArmee war zu spät gekommen und wurde nördlich des oberen Dnjestr in beiden Flanken umfaßt und im Raum Kamenez - Podolsk - Skala eingeschlossen.

Die 7. PD, die ostwärts des Zbrucz einen Brückenkopf hielt, erreichte am 26. März mit ihrer Masse den Raum Kugajewzy und Ljaukorum. Von etwa 20 Feindpanzern, welche die Marschkolonne angriffen wurden neun abgeschossen.

Am 27. März erhielt die 7. PD einen FT-Spruch von der 1. PzArmee. Darin befahl Hans Hube:

"Die Armee wird sich durch den Feind hindurchkämpfen und ihn schlagen, wo sie ihn trifft."

Wenig später erhielt die 7. PD einen zweiten Funkspruch, daß die Ausbruchsrichtung, die zunächst nach Süden vorgesehen war, nach Westen gerichtet sein sollte."Es sollte mit allen Mitteln versucht werden, einen Brückenkopf bei Skala über den Zbrucz zu bilden. Dazu mußte das feindbesetzte Skala erst freigekämpft werden."

Die Nachhut der 1. PD und die 7. PD erkämpften in den folgenden Tagen den Durchbruch nach Westen. Wer würde den ersten Brückenkopf jenseits des Zbrucz bilden? Dies war auch die Frage, die das LIX. AK an die beiden Kommandeure richtete, als es einen FT-Spruch absetzte:

"Wer macht das Rennen? - Breit oder Mauss?
Wer hier gewinnt, fährt drei Tage nach Haus!"
Oberst Mauss ließ antworten:
"Keiner hält das Tempo mit, wenn die Maus genügend Sprit!"

Der Angriff der 7. PD auf Skala und der 16. PD nördlich davon auf Zbrzyz am 29. März schlug voll durch. Damit bestanden zwei Brückenköpfe über den Fluß. Das PR 25 schoß bei diesem Angriff sieben T 34 ab.

Am 31. März wurde gegen starken Feindwiderstand Borszczow südlich Skala genommen. Die PzAA 7 stieß mit schnellster Fahrt bis an den Seret durch.

Die sowjetische Armee versuchte in mehreren Wellen am 1. April, diese wichtige deutsche Position wieder auszuräumen, wurde aber abgeschlagen. Der unverschlüsselte Funkspruch, den Marschall Schukow an alle deutschen Verbände zu ihrer Kapitulation richtete, wurde nicht beachtet.

Nach einem Einbruch neuer sowjetischer Schützendivisionen in Gleboczek traten die 7. und 17. PD sowie die 20. ID (mot.) am 3.4. zum Angriff nach Nordwesten, zum Schutz der nördlichen Flanke an. Der Brückenkopf über den Seret wurde erweitert. Eine KGr. der 7. PD erreichte Jagielnica. Die Reste der Division verteidigten mit dem DivStab in Ulaszkowce.

Am nächsten Tag konnte sich die zunächst eingeschlossene 20. ID (mot.) mit Unterstützung durch eine gepanzerte Gruppe der 7. PD freikämpfen und ebenfalls den Seret erreichen.

Auch die 1. PD hatte den Seret überwunden.

Der Angriff des PR 25 und der PzAA 7 am 5. April auf Dzuryn schlug durch. Am Nachmittag dieses Tages erreichte auch die 100. Jägerdivision, die gemeinsam mit den beiden bereits genannten Waffen-SS-Divisionen den Durchbruch der 1. PzArmee erleichtern sollte, den Kampfplatz und griff in die Kämpfe ein.

Der 6. April sah den Höhepunkt des Kampfes an der "Westfront" des Kessels, als dort starke sowj. Schützendivisionen in letzter Minute den Ausbruch der 1. PzArmee vereiteln sollten. Der sowjetische Angriff begann am 7. April und endete erst am nächsten Vormittag mit der Rückgewinnung der alten HKL in die der Feind einige Einbrüche erzielt hatte.

Am 9. April wurde ein weiterer um 2.00 Uhr beginnender russischer Großangriff gegen die Stellungen der 7. PD bei Dzurynka abgewiesen. Ein letzter Angriff der Russen am 14. April beim linken Nachbarn der Division ostwärts von Medwedowce, der die tiefe linke Flanke der 7. PD bedrohte, wurde am nächsten Tage bereinigt. Zu dieser Zeit erfolgte – wie dargestellt – die Vereinigung der 16. PD mit den bei Buczacz stehenden Waffen-SS-Verbänden. Damit war der Kessel der 1. PzArmee geöffnet. Am 16. April erhielt der Kdr. der PzAA 7, Rittmeister Kolczyk, das Ritterkreuz.

* * *

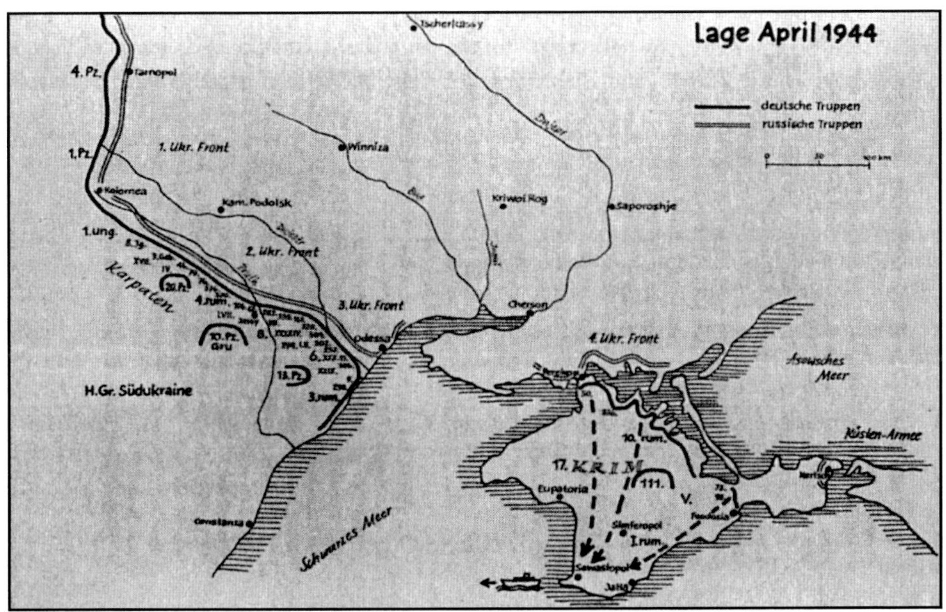

DER KAMPF UM DIE KRIM

Übersicht - Die Lage bei der 17. Armee

Nachdem der April 1944 eine sowjetische Großoffensive gesehen hatte, die alles bisher Dagewesene übertraf, und die HGr. Nordukraine, über Bug und Dnjester zurückgehend, auf der Linie Kolomea-Kowel zum Stehen gekommen war, während die Besatzung von Tarnopol der feindlichen Übermacht erlag, bahnte sich auch bei der HGr. Südukraine unter ihrem neuen OB, GenOberst Schörner, eine kurze Ruhezeit an. Deren Linie verlief von Odessa über Jassy bis zum Rand der Karpathen. Die Sowjetarmee hatte ihre Angriffe eingestellt, weil alles im grundlosen Frühjahrsschlamm versackte.

Allein auf der Krim standen noch immer – nun bereits 300 Kilometer hinter der übrigen Front, die Divisionen der 17. Armee in Erwartung des sowjetischen Angriffs abwehrbereit. Es waren dies: das V. AK unter General Allmendinger mit der 73. und 98. ID, der rum. 3. GebDiv. und der rum. 6. KavDiv. vor Kertsch. Das XXXXIX. GebKorps unter General Konrad wiederum war zur Verteidigung der Nordküste und vor der Enge von Perekop in Stellung gegangen. Hier sollten die 50. und 336. ID zusammen mit der rum. 10. und 19. ID sowie der rum 9. KavDiv. halten. Das rum. I. GebKorps sicherte mit zwei Divisionen die Küstenregionen. Die 111. ID, Anfang März 1944 auf die Krim verlegt, wurde als Armeereserve zurückgehalten.

Wenn etwas auf diesem weiten Ostkriegsschauplatz unnötig war und verheerende Folgen für andere Verbände hatte, dann war dies die Zurückhaltung der gesamten 17. Armee auf der Krim.

Nur Teile wurden auf das Festland übergeführt und der HGr. Süd am Dniepr unterstellt. Wäre der Antrag von GFM von Manstein durchgegangen, dann hätten die 16 Krim-Divisionen mithelfen können, die Krise im Süden der Ostfront zu meistern.

Diese 16 Divisionen waren es, die im Südabschnitt der Ostfront fehlten. Zwar hielt die 17. Armee auf der Krim mit den geringen deutschen Seestreitkräften, bestehend aus S-Booten, U-Booten und Räumbooten und einigen Fliegerstaffeln, die russische Schwarzmeerflotte in Schach und verhinderte, daß ab Anfang April 1944 die Krim zum russischen "Flugzeugträger" für Angriffe ihrer Bomberflotte gegen die rumänischen Erdölfelder wurde. Andererseits aber dauerte diese Verhinderung nur bis zum 12. Mai, also etwa sechs Wochen lang an und war mit der Opferung der gesamten 17. Armee zu teuer erkauft.

Andererseits hätten diese Divisionen den Feind im Süden halten und sein Vordringen im Juli-August 1944 nach Rumänien hinein, verbunden mit dem Abfall der Rumänen vom Bündnis, viel wirkungsvoller zum Stehen bringen können

Alle Theorien, die mit dem Halten der Krim verbunden waren, zerplatzten wie eine Seifenblase, nachdem die Sowjetarmee die Halbinsel im Schwarzen Meer durch ihren weiteren Vorstoß nach Westen abriegelte.

Der sowjetische Angriff

Mitte März 1944 zeichnete sich der sowjetische Angriff gegen die Eingänge zur Krim ab. Das besonders Verheerende in dieser Situation war die Tatsache, daß die Sowjetarmee nach dem Fall des Brückenkopfes von Nikopol am 10. April Odessa, die Nachschubbasis der 17. Armee, eroberte.

Hitlers Operationsbefehl Nr. 7 vom 2. April erklärte "den Höhepunkt der russischen Offensive für überschritten". Deshalb sei die jetzige Front hinter dem Dnjestr, am Karpatenrand und die Krim zu halten.

Die Sowjetarmee unterbrach ihre Bewegungen gegen die beiden HGr. Süd- und Nordukraine und wandte sich der Eroberung der Krim zu.

Die 4. Ukrainische Front unter Armeegeneral Tolbuchin griff am 7. April an. Zuerst nur mit etwa acht Bataillonen am Siwasch gegen die Stützpunkte der rum. 10. ID. Am folgenden Morgen aber begann der Großangriff an der Nordfront. Zwei Armeen, darunter ein Panzerkorps mit 500 Panzern und 18 Infanteriedivisionen, stürmten gegen die Stellungen des XXXXIX. GebKorps.

Die 50. ID stand am Tatarenwall in der Abwehr. Ihr wurde die 111. ID zugeführt. Im Gegenangriff wurden alle Einbrüche bereinigt. Die 336. ID an der Westfront des Siwasch-Abschnittes hielt, während die rum. 10. ID vernichtet wurde.

Die 50. ID mußte ihre Stellungen zurückverlegen und sich auf die vorbereitete A-Linie zurückziehen. An dieser Divisionsfront rollten 200 sowjet. Panzer vorbei in Richtung Simferopol. Am 10. April mußte die Armee das V. AK in den Raum Feodosia zurücknehmen. Das XXXXIX. GebKorps erhielt Weisung,kämpfend auf die 2. Stellung auszuweichen.

Der Rückzug erfolgte bei direkter Verfolgung durch die selbständige 1. Küstenarmee unter General Jeremenko, in der 12 Schützendivisionen, eine PzBrigade mit 100 Kampfwagen und die 8. Luftarmee zusammengefaßt waren. Dennoch erreichte die 73. und 98. ID bis zum 12.4. die Parpatsch-Stellung

Als der Feind in Verfolgung der 98. ID den Paß ins Jaila-Gebirge erreichte, saß dieser deutschen Division der Feind bereits im Nacken. Eine Pak der PzJägAbt. 198 schoß hier neun der verfolgenden T 34 ab. Diese blockierten brennend und lahmgeschlagen den Paß. Das war die Rettung und Gen. d.Inf. Reinhardt reichte den Geschützführer der Pak zum Ritterkreuz ein. GFM Keitel später zu dem hoch ausgezeichneten deutschen General:

"Für weichende Truppen gibt es keine Auszeichnungen."

Dies war ein Affront gegen die kämpfende Truppe, die auf der Krim nicht zuletzt auch durch Keitel ihrem Schicksal überlassen wurde.

Der Rückzug ging weiter. Bis zum 16.,4. trafen die letzten Teile des V. AK in der Festung Sewastopol ein. Damit hatten sie das Wettrennen über 250 Kilometer gegen zehnfache Übermacht gewonnen. Aber an eine Rückführung auf das Festland war offensichtlich nicht gedacht. Das Korps wurde in die Verteidigungsfront von Sewastopol eingereiht.

Das XXXXIX. GebKorps wiederum erreichte bis zum 13. April die "Gneisenaustellung". Nur durch einen vorhergegangenen Gegenangriff der Sturmgeschützbrigaden 191 unter Hpt. Müller und der ihr unterstellten StGeschAbt. 279 unter Hptm. Hoppe, der den Feind über 20 Panzer kostete, gelang es dem XXXXIX. GebKorps,bis zum 14.4. den Nordteil der Festung Sewastopol zu erreichen. Die KGr. Sixt, zu welcher die 50. ID zusammengeschrumpft war, gelangte ebenfalls unmittelbar vor ihren Verfolgern in die Festung, die von Oberst Betz mit einigen InfBatlnen,sechs Flak-Batterien und sechs Sturmgeschützen bis dahin gehalten worden war.

Damit waren die Rückzugsbewegungen nach Sewastopol gelungen. Die Gefechtsstärke der 17. Armee betrug bei der Zählung des 16.4. noch 19.500 Mann. Die Verpflegungsstärke war auf 124.233 Mann abgesunken. Die deutschen Truppen hatten 13.131 Mann, die rumänischen 17.652 Mann verloren.

Luftwaffen-Erfolge

Während der Wehrmachtbericht des 15. April meldete, daß die deutschen Truppen vom 8. bis 13. d.M. 285 Feindpanzer vernichtet hatten und die Luftwaffe mit starken Schlacht- und Kampffliegerverbänden in die Abwehrkämpfe auf der Krim und im Raum Tiraspol eingegriffen und weitere 73 Feindpanzer aus der Luft vernichtet hatten, wurden am 16.4. weitere Panzer- und Flugzeugabschüsse gemeldet.

Über der südlichen Krim gelang es den deutschen Jägern am 17.4., in teilweise erbitterten Luftkämpfen 29 Feindflugzeuge, überwiegend IL-2-Schlachtflieger, abzuschießen. Die Flak brachte es am selben Tage auf 11 Abschüsse. Leutnant Lambert, Flugzeugführer in der 5./SG 2,schoß an diesem Tage allein 12 Feindflugzeuge ab. Am 14.5. erhielt er das Ritterkreuz.

In den folgenden Tagen, da sich der Ring um die Festung schloß, fanden immer neue Panzer- und Luftduelle statt.

Am 19. wurden abermals 36 Feindflugzeuge in Luftkämpfen über Sewastopol abgeschossen und etwa 20 am Boden zerstört. Diesmal zeichnete sich Oblt. Smola, Staffelführer der berühmten 5./SG 2 "Immelmann",durch den Abschuß von neun Feindflugzeugen aus. Er erhielt das Ritterkreuz am 27. Juli 1944.

Oberst Dorenbeck, Kdr. des GR 170, stellte am 19.4. eine Kampfgruppe zusammen, in der sich auch eine Sturmgeschütz-Batterie der StGeschAbt. 191 befand. Mit dieser KGr. warf er einen eingebrochenen Feind hinaus und stellte die alte HKL wieder her. Der 4. Juni war der Tag der Verleihung des Ritterkreuzes an ihn.

Die Abschußerfolge häuften sich. Die 257. ID unter GenLt. Frhr.von Mauchenheim genannt Bechtolsheim bewährte sich i n den Abwehrkämpfen des 25.4. besonders.

Die I./SG 2 unter Major Frank vernichtete in der Zeit vom 13. bis zum 26.4. am Himmel über Sewastopol in Luftkämpfen 106 Feindflugzeuge und zerstörte weitere 28 am Boden.

Die Unteroffiziere Winter und Reder waren Türme in der Schlacht.

Während Uffz. Winter als Geschützführer in der 14./GR 168 am 23. und 24. 4. 18 Feindpanzer abschoß, und dafür am 9.6. 1944 das RK erhielt, konnte Uffz. Reder, GeschFührer in der 1./PzJägAbt. 173 der 73. ID, in den selben beiden Tagen 16 Feindpanzer abschießen. Ihm wurde am 9.6. ebenfalls das RK verliehen.

Rückführungsoperationen der Kriegsmarine

Am 12. April 1944 liefen endlich die Rückführungsoperationen für die 17. Armee an, nachdem es der 1. Leichter-Flottille unter Kptlt. Giele mit ihren MFP schon vorher gelungen war, etwa 10.000 Soldaten des VI. AK von der Südostseite der Halbinsel nach Balaklawa und Sewastopol durchzubringen. Zunächst kamen am 12. April nur entbehrliche Trosse und andere nicht kämpfende Truppenteile, einschließlich des Wehrmachtsgefolges an die Reihe. Die Geleitzüge liefen in der ersten Phase von der Krim nach Konstanza. An den Rückführungsfahrten beteiligten sich rumänische Dampfer sowie rumänische und deutsche Kleinkampfeinheiten. Leiter dieser Evakuierungsfahrten war Kpt.z.S. Weyher, Chef der 10. Sicherungsdiv. Bis zum 16.4. wurden mit diesen Schiffen 36.000 deutsche und 9.600 rum. Soldaten, 16.000 Soldaten der Ostlegionen, 3.800 Kriegsgefangene und 1.600 Zivilisten auf dem Seeweg, teilweise aber auch in Transportflugzeugen, zurückgeschafft.

Die Seeluftstreitkräfte der sowj. Schwarzmeerflotte unter GenLt. Ermacenkow wurden mit 90 Maschinen des 9. und 11. Jagdflieger- und des 23. Schlachtflieger-Regimentes im Raume Odessa eingesetzt.

Aus dem Raume Skadowsk griffen 93 Flugzeuge der 2. Garde-Minen-Torpedoflieger-Division und des 40. Jagdflieger-Rgt. an. Hinzu kamen 86 Maschinen der 11. Schlachtflieger-Div. und des 30. Aufklärer-Rgt. aus dem Einsatzraum nördlich der Krim. Sie starteten später von Eupatoria aus gegen Sewastopol.

Diese Luftstreitkräfte waren es, welche die Rückführungs-Geleite angriffen. Die sowjetische Schwarzmeerflotte hatte sich nach dem Desaster des Vorjahres verkrochen, wie Stalin es befohlen hatte. Als erstes Boot wurde R 204 bereits am 11. April durch eine Fliegerbombe versenkt. Ihm folgten die Marinefährprähme MFP 564 und 569. R 205 wurde durch Bombennahtreffer beschädigt.

Während eines Angriffes des 2. TKA-Brigade von Skadowsk mit den raketentragenden Torpedokuttern TKA 86, TKA 14, TKA 85, TKA 94 und TKA 104 wurde die als Flankensicherung in See stehende 1. S-.Flot. abgefangen. Alle Angriffsversuche russischer U-Boote blieben zunächst erfolglos. Sie wurden von den U-Jägern der 1. U-Jagd-Flotille bekämpft und durch Wasserbomben abgedrängt.

Im weiteren Verlauf dieser Rückführungsaktionen, die des besseren Verständnisses wegen hier angehängt werden sollen, kam es zu schweren Kämpfen der eingesetzten Kleinkampfverbände gegen schwere Luftangriffe. Es gab Verluste und Erfolge zu verzeichnen.

Vom 17.4. an steigerte die sowjetische Luftwaffe ihren Kampf gegen den deutschen Rückführungsverkehr zwischen Sewastopol und Konstanza. In diesen Kampf griff nun auch die 1. Torpedokutter-Brigade ab dem 19.4. von Jalta aus ein. Die U-Bootbrigade unter KAdm. Boltunow versuchte immer wieder zum Schuß zu kommen, blieb jedoch ohne größere Erfolge. Dies trotz der Vielzahl der Geleite. Immerhin liefen täglich sechs bis acht Geleitzüge auf den bekannten Routen von Osten nach Westen durch das Schwarze Meer.

Die Gesamtleitung dieser Rückführungsfahrten hatte der Admiral Schwarzes Meer, VAdm. Brinkmann. Alle rumänischen Streitkräfte, die sich daran beteiligten, standen unter dem Kommando von KAdm. Marcellariu.

An Schiffen standen folgende Einheiten zur Verfügung:

"Alba", "Ardenal", "Budapest", "Danubius", "Durostor", "Helga", "Julia", "Kassa" , "Oitus" , "Ossag", "Teja", "Tisza", "Totila".

Hinzu kamen die Küstentorpedoboote KT 18, KT 25 und KT 26, eine Reihe Schlepper und die Marine-Fährprähme der 1. Leichter-Flottille unter Kptlt. Giele, der 3. Leichter-Flottille unter Kptlt. Kuppich und der 7. Leichter-Flottille,geführt von KKpt. Stelter.

Die 10. Sicherungsdivision unter dem Kommando von Kpt.z.S. Weyher hatte - wie bereits erwähnt - Sicherung zu fahren.

Unter dem Kommando von KAdm. Marcellariu standen die rumänischen Zerstörer "Ferdinand", "Marasesti", "Maresti", "Regele Ferdinand" und "Regina Maria".

Die 1. U-Jagd-Flottille unter KKpt. Gampert verfügte über die Boote UJ 103, UJ 104, UJ 105, UJ 106, UJ 115/Rosita und UJ 116/Xanten. Hinzu kam die 3. U-Jagd-Flottille unter dem Kommando von Oblt. z.S. Teichmann mit dem Kriegsfischkuttern KFK UJ 301 bis UJ 307, UJ 310, UJ 313 bis UJ 318. Die 23. U-Jagd-Flottille unter KKpt. Wolters hatte ebenfalls Kriegsfischkutter als U-Jäger eingesetzt. Es waren UJ 2305, UJ 2307, UJ 2302, UJ 2312, UJ 2313 und UJ 2318.

Die 3. Räumboot-Flottille unter Kptlt. Klassmann, auch als "Taxi"-R-Flottille bekannt,fuhr mit ihren Booten R 35, R 37, R 164, R 165, R 166, R 163, R 196, R 197, R LI-03, R 205, R 206, R 207,R 216 und RA 54 viele dramatische Einsätze. Sie rettete Tausenden deutscher Soldaten das Leben.

Den Schluß machte die von KKpt. Büchtig geführte 1. Schnellboot-Flottille mit 13 Booten.

Bereits am 18.4. wurden die "Alba" und "Julia" in Brand geworfen. Bei dem Versuch, diese havarierten Dampfer anzugreifen und endgültig zu versenken,wurde das sowj. U-Boot L-6 von UJ 104 aufgefaßt und mit Wasserbomben belegt. Das Boot sank. auch "Alba" und "Julia" sanken, nachdem ein Teil der beförderten Soldaten von den U-Jägern gerettet worden waren.

Einige Einheiten gingen bis zum 4. Mai verloren. So auch UJ 104 und UJ 2304, der Schlepper "Junac" und sieben Leichter. Dennoch konnten diese Boote und Schiffe vom 17. April bis zum 4. Mai 13.400 deutsche und 29.000 rumänische Soldaten aus Sewastopol abtransportieren.

GenOberst Schörner flog am 21. April ins FHQ, um von Hitler die Aufhebung des Haltebefehls zu fordern. Schörner stellte unter Beweis, daß die Krim nicht zu halten sein werde. Hitler antwortete

ihm:
"Ich brauche vor allem zwei Dinge für den Krieg: Das rumänische Öl und das türkische Chromerz. Beides geht uns verloren, wenn ich die Krim räume."

Dann räumte er ein, daß ja nicht für immer, sondern nur noch für acht bis zehn Wochen gehalten werden müsse.

Am 27. April ließ GenOberst Jaenecke ein Fernschreiben an die HGr. Südukraine tasten, das nach seiner Diktion für das FHQ gedacht war. Er forderte darin mindestens eine Division Verstärkung und das sofort . Außerdem wollte er Hitler die Handlungsfreiheit abringen. Dies sah Hitler als einen persönlichen Angriff gegen ihn an. Er bestellte den GenOberst ins FHQ und enthob ihn seines Postens. An seine Stelle wurde General der Inf. Allmendiger zum OB der 17. Armee ernannt.

Der KommGen. des XXXXIX. AK, Gen.d.GebTr. Konrad, wurde ebenfalls seines Postens enthoben und durch General Hartmann ersetzt.

Der sowjetische Großangriff

Am 5. Mai trat die sowjetische Armee auf der Krim zu ihrem entscheidenden Angriff auf Sewastopol an. 400 Geschütze und ebenso viele "Stalinorgeln" eröffneten ihn. Dahinter gingen fünf Schützendivisionen vor. Der Kern dieses wuchtigen Keils traf die 336. ID unter GenMaj. Hagemann. Diese Division, geführt von einem energischen Kommandeur, hielt bis zum 7. Mai dem Ansturm der Sowjets stand (GenMaj. Hagemann erhielt am 4. Juni für diese Abwehrleistung als 484. deutscher Soldat das Eichenlaub.

Danach wurde der Angriff aus Norden auf Sewastopol abgeblasen. General Jeremenko ließ nun aus Osten und Süden gleichzeitig antreten. Hier standen die Divisionen 73, 111 und 98, die bereits beim Rückzugskampf auf die Festung schwer gelitten hatten. Die ersten Einbrüche wurden bei der 111. ID erzielt. An diesem Frontabschnitt erlitt das V. AK am ersten Angriffstag 5.000 Mann Verluste.

Auf den Sapuner Höhen, auch im Sommer 1942 Schwerpunkt des deutschen Angriffs, drang der Gegner am 8. Mai durch. Die Höhe von Nikolajewka fiel ebenfalls in sowjetische Hand und auch der Friedhof wechselte seinen Besitzer.

Nun mußte die 17. Armee alle Reserven zusammenraffen, um die entscheidenden Höhen zurückzugewinnen, wenn nicht Sewastopol rasch verlorengehen sollte. Der Gegenangriff des 8. Mai blieb nach erbitterten Kämpfen am Höhenrand liegen. Damit war die entscheidende Riegelstellung für Sewastopol verloren. Von hier aus konnte der Feind auch mit Geschützen auf den Hafen einwirken, was einer Katastrophe gleichkam.

Erneut war es GenOberst Schörner, der eine Viertelstunde nach 21.00 Uhr dieses Tages ein Fernschreiben an das FHQ durchgeben ließ. Der Text lautete unmißverständlich:

"Antrag auf Räumung, da weitere Verteidigung Sewastopols nicht mehr möglich."

Fünf Stunden darauf ging der FT-Spruch aus dem FHQ in der Festung ein, der General Allmedinger die Räumung freigab. Er befahl den Rückzug auf die Cherson-Stellung am südwestlichen Ende der Halbinsel, von wo aus die letzten Einschiffungen erfolgen sollten. Die letzten Soldaten, welche die Festung Sewastopol um 16.00 Uhr verließen, war die 50. ID, die den Nordteil der neuen verkürzten Stellung bezog. Wenige Stunden später fiel Oberst Paul Betz im Abwehrkampf des ersten sowjetischen Angriffs auf diesen Nordriegel vorn bei seinen Soldaten. Er wurde nachträglich wegen Tapferkeit vor dem Feind zum GenMaj. befördert und erhielt posthum am 16.6. 1944 das Ritterkreuz. Seit der Verwundung von GenLt. Sixt am 1. Mai hatte er die 50. ID geführt.

In der Chersonstellung mit ihren durchgehenden Schützengräben, den betonierten Unterständen und MG-Kampfständen hielten die wenigen deutschen Soldaten stand, um die Räumung und Einschiffung der noch etwa 100.000 Soldaten beider Nationen zu sichern.

Die letzten 13 Jäger des JG 52 kämpften verbissen, mußten aber am Abend des 9. Mai die Krim verlassen, da der Feldflugplatz von Granattrichtern übersät war.

Auf der letzten Piste aber landeten und starteten die Ju 52 immer noch, um so viele Verwundete wie möglich ans Festland zu schaffen. Noch in der Nacht zum 10.5. wurden etwa 1000 Verwundete auf diese Weise geborgen.

Am 10. Mai begann der sowjetische Angriff auf die letzte Stellung der deutschen Truppen auf der Krim. Aus mehreren hundert Rohren hämmerte Artilleriefeuer auf dieses kleine Reduit nieder. Unter diesem Feuer mußten so viele Soldaten wie möglich an Bord der heranlaufenden Schiffe gehen, um das Festland über das Schwarze Meer hinweg zu erreichen.

Die "Totila" und die "Teja" kamen heran. Sie mußten zwei Seemeilen vor der Landestelle liegenbleiben. Auf Siebelfähren und Pionierbooten wurden die Soldaten längsseits gebracht und enterten an Bord. 5000 waren es auf der "Teja". Auf der "Totila" konnten 4000 Soldaten untergebracht werden. Als sie am frühen Morgen des 11. Mai Fahrt.aufnahmen, griffen mit dem ersten Büchsenlicht Bomber und Schlachtflieger an. Um 5.45 Uhr erhielt die "Totila" drei Bombentreffer und trieb brennend in der See. 150 Minuten dauerte ihr Untergang, dann war sie von der Wasseroberfläche verschwunden. Räumboote liefen heran und nahmen einige Hundert Schiffbrüchige auf. Alle übrigen ertranken, sofern sie nicht durch direkte Bombeneinwirkung gefallen waren.

Die "Teja" wurde noch am Morgen von Torpedobooten angegriffen. Zwei Torpedos trafen das Schiff, das manövrierunfähig auf der See liegenblieb, ehe es um 15.00 Uhr sank. 400 Soldaten konnten gerettet werden. Damit waren mit diesen beiden Schiffen 8.000 deutsche und rumänische Soldaten untergegangen.

Die Marine und die Krim

Spätestens an dieser Stelle ist es notwendig, darauf hinzuweisen, daß Großadmiral Dönitz bereits am 16. Okt. 1943, während einer Lagebesprechung im FHQ, Hitler darauf hingewiesen hatte, daß der Verlust der Krim besondere Folgen für die Seelage im Schwarzen Meer haben werde.

Während einer der nächsten "Führerlagen" am 27. Okt. 1943 wurde die Möglichkeit der Versorgung der Krim über See geprüft. Ebenso auch der Abtransport aller auf der Krim stehenden Truppen. Dazu GA Dönitz: "Ich beantwortete Hitlers diesbezügliche Fragen dahin, daß die Marine mit den vorhandenen Seetransportmitteln monatlich wenigstens 50.000 Tonnen Wehrmachtsgut nach der Krim bringen könne und daß für den Abtransport von 200.000 Mann einschließlich aller Waffen und allen Materials etwa 80 Tage benötigt würden."

Hitler wollte aus den bereits genannten Gründen die Krim unter allen Umständen halten.

Am Schluß dieser Besprechung fiel bereits die Entscheidung über das Schicksal der 17. Armee, als Hitler entschied:

"Wenn irgend möglich muß die Räumung der Krim vermieden werden. - - -

Wird die Räumung unvermeidlich, muß sie über See erfolgen. Die notwendigen Schritte, Transportraum bereitzustellen, sind zu ergreifen, unabhängig davon, was geschehen wird, weil der Transportraum entweder für die Versorgung, oder für die Räumung der Halbinsel dringend gebraucht wird. Die Armee und die Luftwaffe sind mit größter Beschleunigung zu verstärken."

Von den 125.000 Mann, die sich am 20. April 1944 noch auf der Krim befanden, wurden auf dem See- und Luftweg bis zum 12. Mai 116.ooo Mann abtransportiert. Der letzte Einsatz der Marine in diesem Gebiet lief folgendermaßen ab:

In der Nacht zum 11. Mai schiffte sich der Rest der 17. Armee ein. In der Chersonstellung verteidigten noch 30.000 Soldaten. Großadmiral Dönitz hatte alles was schwamm dorthin entsandt. Es waren über 190 deutsche und rumänische Schiffe, die 87.000 Mann hätten abbergen können. Damit hätten alle noch auf der Krim stehenden Soldaten gerettet werden können.

Unter dem Kommando des Seekommandanten Krim, KAdm. Schulz, mußten die Fahrzeuge gegen den Feind und den plötzlich losbrechenden und mit Stärke 8 gehenden Sturm kämpfen. Es zeigte sich, daß die Schiffe nicht zur angegebenen Zeit eintreffen konnten. KAdm. Schulz veranlaßte die Bereitstellung für die Nacht zum 12. Mai. Die Chersonstellung mußte weitere 24 Stunden gehalten werden. General Reinhard, Kdr. der 98. ID,hat in seinem KTB darüber folgendes notiert:

"Am 10. Mai 1944 griff der Feind wütend an. In sieben Wellen brandete dieser Angriff gegen unsere Stellungen. Er wurde siebenmal abgewiesen. Ein eingebrochener Panzer wurde über dem vordersten Graben abgeschossen und blieb liegen. Ein guter Kugelfang."

Am Abend dieses entscheidenden Tages erhielt General Reinhard einen Anruf des KommGen. des XXXXIX. GebKorps, General Hartmann. Dieser beschwor ihn zu halten. "Wenn bei Ihnen die Front bricht," sagte er, "dann alles auf die Schiffe!"
General Reinhard erklärte, daß er noch weitere 24 Stunden halten könne, wenn dies befohlen würde.

Der Führungsstab der 17. Armee, noch immer im Hauptfort eingerichtet, wurde am späten Abend des 10. Mai im feindlichen Artillerie- und Salvengeschützfeuer aus den zu den Klippen führenden unterirdischen Gängen abgeseilt. Zwei Schnellboote lagen etwa 100 Meter vor diesen Klippen, die sie wegen des starken Seeganges nicht anlaufen konnten. In kleinen Booten ruderten die Männer des Armeestabes zu ihnen herüber. Jedes Schnellboot nahm 50 Mann auf. Dann ging es die 400 Kilometer durch das Schwarze Meer in Richtung Konstanza,die als "Todesfalle" bekannt wurde. Acht Stunden später liefen sie in den Hafen Konstanza ein.

Der Kampf des 11. Mai steigerte sich zu einem Inferno, als sich die sowj. Artillerie auf den Landeplatz mit den Anlegestellen konzentrierte. Dann verlegte sie das Feuer auf die HKL, und diesmal konnte der Gegner bei der 98. ID bis zum Batteriehügel durchbrechen. Im Gegenstoß wurde er noch einmal geworfen.

"3.00 Uhr: Absetzen zu den Anlegestellen!" Dieser Befehl wurde von allen noch in der Front stehenden Soldaten mit unendlicher Erleichterung aufgenommen. Aber über Funk erfuhr General Reinhardt.daß die Schiffe noch immer nicht eingetroffen seien. Die Katastrophe nahm Gestalt an. Es war KAdm. Schulz, der um 21.30 Uhr mit dem Führerboot der 1. S-Flot. hinausfuhr, um die Geleite, die draußen lagen, hereinzuführen. Die Funkverbindung zwischen seinem Stab und der Führung des Geleitdienstes war zusammengebrochen. Der Funkspruch an die Schiffe, bis dicht an den Ausgang der Kamyschewaja-Bucht heranzulaufen, von wo aus sie zur Verladestelle gelotst werden würden, erreichte diese nicht. Lediglich der Transporter "Davia" wurde gefunden und an die Verladestelle gelotst. Einige andere kamen hinzu. Aber 60 weitere Schiffe fehlten.

Fünf Siebelfähren und zehn Geleitboote wurden vom Kommandeur der 98. ID gefunden, deren Kommandanten sich unter großer Gefahr bis an die Küste herangewagt hatten. Darauf wurden die Soldaten der 98. ID und einige Teile des GR 117 der 111. ID untergebracht. Der General hielt den letzten Fährprahm an. Er befahl dem Kommandanten desselben, erst dann abzulegen, wenn er an Bord sei. Er wollte durch diese Maßnahme die letzten herankommenden Versprengten retten. So gelang es, den Chef des GenSt. des XXXXIX. GebKorps, Oberst i.G. Haidlen, den Ia der 73. ID, OberstLt. Becker, und viele Offiziere und Soldaten noch heranzulotsen. Um 3.00 Uhr ließ General Reinhardt ablegen.

Bei der Anlegestelle der 50. ID ging es anders zu. Während das GR 121 auf die Schiffe kam, konnte das GR 123, an dessen Verladestelle nur ein Fährprahm lag,nur einen Teil des Regiments übernehmen. Als "Halt!" befohlen wurde,blieben die Männer stehen. Es befanden sich noch eine Reihe Verwundeter auf dem Kai. Deshalb bat Major Teschner, Führer des GR 122, alle Offiziere, die Fähre wieder zu verlassen. Keiner der Offiziere verweigerte den Gehorsam. Dafür gingen die Verwundeten an Bord. Mit den Offizieren und den zurückbleibenden Soldaten bildete der Major einen letzten Abwehrriegel vor der Landestelle. Sechs Stunden lang versuchten die Rotarmisten hier durchzudringen. Erst als die Munition zur Neige ging, konnten sie die letzten Männer überwältigen.

Bei der 336. ID ging es auf die gleiche Weise. Auch sie hatte nicht genügend Schiffsraum, um alle Überlebenden herauszubringen. Die 73. ID konnte mit ihrer Masse auf MFP, der Rest mit U-Jägern, gerettet werden. Ihr Kdr., GenLt. Böhme blieb auf seinem GefStand. Er wollte keinem seiner Soldaten einen Platz wegnehmen. Diese Hochherzigkeit bezahlte er mit elfjähriger sowjetischer Kriegsgefangenschaft.

In den letzten drei Tagen wurden von Cherson 39.808 Soldaten eingeschifft. Von ihnen erreichten 31.708 Konstanza. Etwa 10.000 Soldaten aber warteten vergebens auf die rettenden Schiffe. Sie marschierten am Mittag des 12. Mai in die Gefangenschaft. In der Zeit des Kampfes um die Krim vom 7. April bis zum 12. Mai 1944 gingen 57.500 Mann an Toten und Verwundeten verloren. Der abschließende Wehrmachtbericht vom 14. Mai gab bekannt:

"Von der Krim sind am 13. Mai die letzten deutsch-rumänischen Truppen auf das Festland überführt worden.

Seit dem 1. Nov. 1943 stürmten dort die Bolschewisten mit einer vielfachen Überlegenheit gegen unsere schwache Verteidigung an. Erst im April 1944 war es notwendig geworden, unsere Truppen auf einen engen Verteidigungsring um Sewastopol zurückzunehmen.

Auch dort scheiterten die weiteren Versuche der Sowjets, mit 29 Schützendivisionen, mehreren Artilleriedivisionen, Panzer- und Marinebrigaden, den Ring zu sprengen und die deutschen Kräfte zu vernichten, unter blutigen Verlusten für den Feind.

Jagd- Schlacht- und Kampffliegerverbände haben den Abwehrkampf der Erdtruppen vorbildlich unterstützt und dabei allein in der Zeit vom 8. April bis zum 12. Mai 604 feindliche Flugzeuge, 196 Panzer und 113 Geschütze vernichtet.

In einer einzigartigen Übersetzbewegung haben Einheiten der deutschen und rumänischen Kriegs- und Handelsmarine sowie Transportverbände der Luftwaffe gegen starke feindliche Abwehr die auf der Krim eingesetzten verbündeten Truppen auf das Festland zurückgeführt."

Das war nicht die ganze, nicht einmal die halbe Wahrheit. Die Krim und damit der Großteil der 17. Armee war verloren gegangen, weil wieder einmal ein Haltebefehl ausgegeben wurde, der nichts als Zerstörung zurückließ. Was aber war mit den Jagd-, Schlacht- und Kampffliegerverbänden, die in diesem Abschlußbericht so vollmundig genannt wurden?

Die Luftwaffe auf der Krim: Vorschau

Die deutsche Luftwaffe verfügte zum Beginn des Jahres 1944 auf dem gesamten Ostkriegsschauplatz über höchstens 2.000 einsatzbereite Flugzeuge. Der Druck im Westen hatte die Luftwaffenführung dazu gezwungen, besonders Jagdkräfte für die Reichsverteidigung vom Ostkriegsschauplatz abzuziehen. Dies bedeutete, daß die deutsche Luftwaffe im Jahr 1944 mit der Hälfte der Kampfkraft operieren mußte, die ihr zu Beginn des Ostfeldzuges 1941 zur Verfügung stand.

Dies gegen einen Gegner, der viermal so stark war, was die zahlenmäßige Bilanz betrifft. Die Luftwaffe hatte jeden Versuch zur Erringung der Luftherrschaft oder zumindest der Luftüberlegenheit aufgeben müssen. Flugzeuge konnten in begrenztem Umfang noch ersetzt werden, nicht aber hochqualifizierte Flieger.

Die Einsatzstärke der deutschen Jägerwaffe im Osten betrug zu Beginn des Jahres 1944 385 (!) Maschinen.

Die sowjetische Flugzeugproduktion des Jahres 1944 betrug insgesamt 40.300 Flugzeuge. Diese konnten – was wichtiger war – auch mit Besatzungen versehen werden. Die sowjetische Luftwaffe erhielt von 1943 bis 1945 – dies sei vorangestellt – allein 4.484 Yak 3-Hochleistungsjäger. Während des gesamten Krieges waren 33.000 Yak-Jäger und 22.000 Lawotschkin-Jäger zur Front gekommen. Der OB der sowjetischen Luftstreitkräfte, General Nowikow, konnte immer neue Flugzeuge zur Front schicken, mit Piloten, die in der STAWKA-Reserve ausgebildet worden waren.

Auch bei den Kämpfen um den Korsuner Kessel westlich Tscherkassy konnte die sowjetische Luftstreitmacht zwischen dem 24. Jan. und und 17. Febr. 1944 die eingeschlossenen deutschen Truppen pausenlos angreifen. Mit ihrer 2. und 5. Luftarmee wurden die Kämpfe mit zunächst 997 Flugzeugen begonnen, die vom 29. Jan. bis 3. Febr. 3.800 Einsätze flogen. Hier hatte General. Krasowskij, OB der 2. Luftarmee, sein 19. Jägerkorps unter GenMaj. Rybkin eingesetzt, während die 5. Luftarmee mit massierten Schlachtfliegereinsätzen die sowj. Bodentruppen unterstützte.

In diesem Kampfraum erzielte die feindliche Luftwaffe nach ihren Bekundungen vom 31. Jan. bis zum 15. Febr. 257 Luftsiege, darunter 31 abgeschossene deutsche Transportflugzeuge. Im Gesamtzeitraum dieser Operation bei Korsun/Tscherkassy gibt die sowjetische Luftwaffe den Abschuß oder Vernichtung am Boden von 457 deutschen Flugzeugen an.

Während der Schlammperiode des Frühjahrs 1944 flogen die 2., 5., 17.und 8. Luftarmee mehr als 66.000 Einsätze zur allgemeinen Unterstützung der Sowjetarmee. In den ersten vier Monaten reklamierte die sowjetische Luftwaffe den Gesamtabschuß von 1.400 deutschen Flugzeugen, was sich als völlige Utopie erwies. Was aber war mit der deutschen Luftwaffe auf der Krim?

Kampf über der Krim

Auf der Halbinsel Krim befand sich das I. Fliegerkorps unter GenMaj. Deichmann im Einsatz. Es verfügte über einige Stukagruppen, einige Jägergruppen, eine Aufklärerstaffel und die knappen Verbände des Fliegerführers Schwarzes Meer, OberstLt. Schalke.

Auch die rum. Fliegerkräfte unterstanden diesem Korps.

Das HQ des I. FlKorps befand sich in Nikolajew. Das Korps hatte die Aufgabe, die 6. Armee an ihrer südlichsten Flanke zu unterstützen. Die Kampfflugzeuge waren in Nikolajew untergezogen. Der GefStand der Jägergruppen befand sich ebenfalls dort, mit OberstLt. Hrabak (Kommodore des JG 52) als Kommodore. Die Jäger wurden von Hptm. Barkhorn geführt, unterstand aber ebenfalls Hrabaks Kommando. Barkhorn war Kommandeur der II./JG 52. Seit dem 2. März 1944 trug er die 52. Schwerter zum RK mit Eichenlaub.

GenMaj. Deichmann befahl, die kleinen Horste im Raum Sewastopol für die Jäger und die größeren Flugfelder bei Cherson für die Kampfflieger vorzubereiten. Munition, Flugbenzin und Nachschubgüter aller Art wurden dorthin verlagert, um die Verteidigung der Krim optimal zu gestalten.

Als das IV. FlKorps im Dezember 1943 durch Befehl des Ob.d.L. herausgezogen wurde, weil es zum strategischen Kampffliegerkorps umgerüstet werden sollte, blieb das I. FlKorps allein in diesen Raum zurück. Dazu wurden GenMaj. Deichmann einige leichte Verbände des IV.FlKorps zugeführt.

Zu den sowjetischen Streitkräften zur Eroberung der Krim gehörten auch 2.225 Flugzeuge, die durch General d. Flieger Falalejew vom STAWKA-HQ zusammengezogen worden waren. Dieser arbeitete eng mit den Befehlshabern der 8. Luftarmee, General Kryjukin, und der 4. Luftarmee, General Werschinin, zusammen.

Mit Beginn des sowjetischen Angriffs auf die Krim am 7. April 1944 und des am nächsten Tage folgenden Großangriffs, begann der Einsatz der deutschen Kampfflugzeuge. Zunächst flog eine Gruppe des KG 27 im Tiefflug gegen angreifende Panzerverbände. GenMaj. Deichmann leitete aus der vordersten Infanteriestellung diesen Angriff über Funk. 50 Feindpanzer wurden von den He 111 des KG 27 vernichtet.

Noch konnten die deutschen Flieger vom Horst in Sarabus starten, weil dieser von Truppen der 50. ID verteidigt wurde. Am 14.4. aber mußten die Maschinen nach den anderen Plätzen im Festungsgebiet ausweichen. Die hier stehende deutsche Flakabwehr hielt den Gegner durch dichtes Feuer vom Bombardement der Plätze ab. Einer jener Verbände, die vom ersten bis zum letzten Tage auf der Krim im Einsatz stand, war die II./Schlachtgeschwader 2 "Immelmann". Die Gruppe lag seit dem 14.4. auf dem Feldflugplatz von Chersones. Mit ihr teilte sich eine Gruppe des JG 52 den Platz, sie war noch mit Me 109 ausgestattet.

Während die Jäger den Luftraum über Sewastopol freizuhalten versuchten, griffen die als Schlachtflieger eingesetzten FW 190 die feindlichen Panzerspitzen an.

Am 9. Mai wurde der Einsatz eines gemeinsamen Schwarmes (!) von zwei Me 109 und zwei FW 190 befohlen, weil beide Einheiten erschöpft waren. Geben wir an dieser Stelle Oberst Hermann Bucher das Wort, der als OFw. und Flugzeugführer in der 6./SG 2 dabei war.

"Kurz vor 11.00 Uhr rollten wir zum Start. Leider übersah mein Rottenflieger einen Bombentrichter und beendete diesen Feindflug mit einem Kopfstand. Ich kam etwas verspätet zum Startplatz. Eine Me 109 wartete dort auf mich, der ich die FW 190 fliegen würde. Sie hatte zwei schwarze Winkel auf der Rumpfseite.

Wir starteten nach Westen und nach kurzem Steigflug stellte ich fest, daß meine FW 190 durchaus mithalten konnte. Über dem Schwarzen Meer waren wir 1.000 m hoch, als uns die Bodenstelle "Christian" (Maxim Gorki II) informierte: 'Indianer im Raum Hafen SEWA, Höhe 3000 bis 4.000 Meter!'

Bald hatten wir 4.000 m Höhe erreicht. Von Westen kommend flogen wir Richtung Sewastopol. Dann gab mein Schwarmführer 'Pauke -Pauke!' Wir stießen in einen Pulk Yaks hinein, kurbelten etwa zehn Minuten umeinander herum ohne einen Abschuß zu erzielen.

Der Gegner drehte ab und wir wurden von der Bodenstelle in den Raum Balaklawa befohlen, wo IL 2 und 'Indianer' (Jäger) in der Luft sein sollten.

Kurz vor Erreichen des Zieles sahen wir einige Yak 9. Eine davon konnte ich abschießen.

Tief unter uns sahen wir bei Balaklawa einige IL 2 herumflitzen. Wir stürzten uns von hinten auf sie. Mit einigen Feuerstößen schoß ich eine IL 2 ab. Nach 45 Minuten Einsatzzeit flogen wir nach Chersones zurück."

OFw. Hermann Buchner erhielt am 20. Juli 1944 das Ritterkeuz nach Abschuß von 28 Flugzeugen und etwa 12 Panzern.

Bis zum 9. Mai flogen die wenigen Jäger und Schlachtflugzeuge, die zu Beginn noch über sieben Me 109 und 14 FW 190 verfügt hatten, mit einigen wenigen Maschinen ihre Einsätze. Am Nachmittag des 9. Mai verließen die Reste des JG 52 die Halbinsel und am Abend folgte die II./SG 2 aus Chersones nach Mamaia in Rumänien. Der Kampf auf der Krim war für die wenigen deutschen Flugzeuge, die dort eingesetzt waren, zu Ende.

Letzte Rettungseinsätze - Die Opfer

Daß die deutschen Einheiten mit den rumänischen Waffengefährten trotz stärkster sowjetischer Luftangriffe seit dem 5. Mai noch 37.500 Soldaten retten konnten, grenzt an ein Wunder. Allein in den letzten drei Tagen wurden 26.677 Mann gerettet. Der Untergang der 2.773 BRT großen "Totila" und der 3.600 BRT großen "Teja" forderte die höchsten Opfer. Aber auch die "Helga" mit ihren 2000 BRT, die 1.489 BRT große "Danubius", die nur 800 BRT große "Prodomos," das Minenschiff "Romania", die U-Jäger UJ 2313, UJ 2314 und UJ 310, drei Hs-Boote, der Tanker "Friederike Tieruz" mit 7.327 BRT, fünf Schlepper und elf Leichter sanken durch U-Bootangriffe oder Luftbombardements.

Eine Reihe weiterer Einheiten bezahlten diesen dramatischen Einsatz mit dem eigenen Untergang. Von den darauf eingeschifften Soldaten gingen 8.100 in den Tod.

Insgesamt aber kann gesagt werden, daß vom 12. April bis zum 13. Mai insgesamt 130.000 deutsche und rumänische Soldaten auf dem Seeweg und 21.357 auf dem Luftwege von der Halbinsel Krim evakuiert wurden.

* * *

DIE HEERESGRUPPE SÜDUKRAINE

Kampfraum Rumänien - Erste Übersicht

Am 18. März erreichten sowjetische Panzerspitzen Jampol am Dnjestr. Damit war auch hier nicht mehr an den Aufbau einer Verteidigungslinie zu denken.

Im Zuge dieses Vorstoßes drehten zwei weitere sowj. Armeen und eine Panzerarmee nach Süden gegen die Nordflanke der 8. Armee ein. Ihr Ziel war darauf gerichtet, die 8. Armee zwischen Bug und Dnjestr zu vernichten. Ende März näherten sich diese Feindverbände bereits dem Pruth.

Parallel zu diesen Bewegungen verlegten die Einheiten der PzGr. Div. "Großdeutschland" nach Westen. Am 21. März erreichte sie Rybniza.

Die PGD "GD" erhielt nun den Befehl,nach Floresti weiterzumarschieren. Nach 20 km Marsch drehte die Division auf Befehl aus dem FHQ nach Süden ein und näherte sich der Stadt Kischinew. Am 30. März wurde der Dnjestr überschritten.

In Kishinew eingetroffen, erhielt die Division den Befehl zum Weitermarsch nach Calarasi an der Bahnlinie Kischinew - Jassy. Unmittelbar nach dem Antreten erfuhr GenLt. von Manteuffel, daß sowj. Panzer bereits bei und nördlich Cornesti Targ an der Rollbahn und an der Bahnlinie Kischinew-Jassy stünden.

In Cornesti Targ hatte die Sowjetarmee die schütteren Linien der 79. ID durchbrochen. Die Division 'GD' kam gerade zurecht, um diesen Gegner aufzuhalten und im Gegenstoß die alte HKL zurückzugewinnen.

Am 14. März hatte Hitler den General d.GebTr. Schörner zum Chef des NS-Führungsstabes des Heeres ernannt. Dieses politische Zwischenspiel des Generals, mit dessen Hilfe Hitler offenbar die Forderung nach einer einheitlichen politischen und weltanschaulichen Führung des deutschen Heeres durchsetzen wollte, dauerte für Schörner jedoch nur zwei Wochen. Am 31.3. erhielt er seine Beförderung zum GenOberst und wurde zum OB der HGr. Südukraine ernannt. Diese HGr. verfügte über die 17. Armee (die noch auf der Krim stand und deren Herausholen Schörner mehrfach bei Hitler erbat), ferner die 6. und 8. Armee. Hinzu kamen die rum. 2. und 3. Armee.

Die gesamte HGr. befand sich Ende März 1944 auf dem Rückzug zum Dnjpr und war dabei in schwere Kämpfe gegen die ungestüm nachdrückenden Sowjets verstrickt.

Die 6. Armee, die am rechten Flügel zurückgestaffelt stand, befand sich noch im Großraum Odessa. Sie sollte diese Stadt unter allen Umständen halten, damit der Rückzug der 17. Armee aus der Krim reibungslos vonstatten gehen konnte.

Nach Übernahme dieses Kommandos erließ GenOberst Schörner einen Tagesbefehl:

"Soldaten der Heeresgruppe Südukraine!
Der Führer hat mich zum Oberbefehlshaber der Heeresgruppe ernannt. Harte Monate und schwere Kämpfe gegen einen zahlenmäßig überlegenen Feind, gegen Schlamm, Dreck und Kälte, liegen hinter Euch, Eure Tapferkeit und Euer Kampfgeist haben alle Versuche des Feindes, die Entscheidung zu erzwingen, zunichte gemacht. Was Ihr in diesen Monaten geleistet habt, geht in die Geschichte ein. - - -

Nur durch zähes Halten kann sich die Lage bessern. Daß Euch mit allen Kräften geholfen wird, dafür setze ich mich ein.
Ich weiß, daß Ihr Soldaten der Heeresgruppe Südukraine das Schicksal unseres Volkes in den Händen haltet. Seite an Seite mit unseren Verbündeten, den tapferen Soldaten S.M. König Michael und des Marschalls von Rumänien, werden wir kämpfen, bis der Feind sich verblutet hat.

gez. Schörner."

Die sowjetische Aufklärung hatte derweilen die Einsatzorte der rum. Truppen erkundet. Am 7. April stießen sowjetische Divisionen in die rum. 10. ID hinein.

Armeegeneral Tolbuchin, OB der 3. Ukrainischen Front,warf zwei seiner Armeen gegen das XXXXIX. GebKorps vor. Gen.d.GebTr. Konrad feuerte seine Gebirgsjäger zum letzten Einsatz an. Die anrollenden 500 Feindpanzer und 18 Infanteriedivisionen der Sowjetarmee schafften es nicht. Die 111. ID verteidigte am Tatarengraben und an der Westseite der Front des Siwasch.

Am 10.4. ging allerdings Odessa verloren. Der Führerbefehl, daß keine Truppen aus Sewastopol evakuiert werden dürften und die Halbinsel im Schwarzen Meer zu halten sei, war unerfüllbar. GenOberst Schörner telefonierte zweimal mit dem FHQ,um Hitler die Aufhebung des Haltebefehls abzuringen. Beim zweiten Telefongespräch mit General Zeitzler erklärte Schörner, daß die Entscheidung in Bezug auf Sewastopol bis zum 19. 4. abends fallen müsse, da bis dahin alle Troßteile aus der Halbinsel abgezogen seien. Schörner erklärte, daß die Luftlage immer schwieriger werde und daß sowjetische Fernartillerie den gesamten Festungsraum unter Feuer halte. Er stellte Hitlers Irrtum, nach dem noch fünf kampfstarke Divisionen in der Festung stünden, richtig, indem er korrigierte: "Es sind keine fünf Divisionen, sondern Teile davon, deren jede nur noch Regimentsstärke hat (siehe Kern, Erich: Generalfeldmarschall Schörner).

Am 21.4. flog GenOberst Schörner ins FHQ nach Berchtesgaden,um im persönlichen Gespräch mit Hitler die Aufhebung des Haltebefehls zu erbitten. Hitler gab nicht nach. Sewastopol war verloren und alle dort noch stehenden Truppen befanden sich in höchster Gefahr.

Der Kampf um Sewastopol war am 12. Mai zu Ende,und der OB der HGr. Südukraine hatte eine Armee verloren, denn alles, was von der Krim gerettet wurde, waren die überlebenden und verwundeten Soldaten. Ihre Waffen und Geräte und etwa 10.000 Kämpfer blieben auf der Halbinsel zurück. Nun trat das ein, was Hitler unter allen Umständen hatte verhindern wollen. Nur daß jetzt, sechs Wochen später, auch noch die 17. Armee verloren war.

GenOberst Schörner baute aus den geretteten Truppen am Unterlauf des Dnjepr eine neue Frontlinie auf. Doch viel Zeit dazu blieb ihm nicht.

Die neue sowjetische Offensive

Am 14. Mai 1944 trat die Sowjetarmee in der Dnjestrschleife bei Koschniza zu ihrer neuen Offensive an. Die vom rollenden Feindpanzer stießen, es fehlte an panzerbrechenden Waffen, durch die deutsche HKL hindurch und hielten erst wieder bei den rückwärtigen Riegelstellungen. Das GJR 91 der 4. GD unter Oberst Hörl konnte diesem sowj. Ansturm nicht standhalten. GenLt. Braun, der DivKdr., mußte das Zusammenbrechen der Front bei seinem Rgt. 91 melden. Bei Corjewa wiederum war es die Regimentsgruppe 415, die mit dem FüsBatl. "F" als Kern den angreifenden

Feind aufhielt. Hier verfügten die Verteidiger über Panzerfäuste und Panzerschreck,mit denen die durchgebrochenen Feindpanzer aufgehalten und vernichtet wurden.

Nördlich davon standen die PGRgter 93 und 66. Diesen Männern gelang es, mit wenigen Hilfsmitteln über den Fluß zu setzen, diesen als Barriere zwischen sich und den Feind zu bringen und so die Feindangriffe abzuwehren. Der Gesamtangriff konnte – von dem genannten Durchbruch abgesehen – zum Stehen gebracht werden. Die neue Front füllte sich mit Soldaten und Waffen auf und hielt sich gegen jeden weiteren sowjetischen Angriff.

Die feindliche rote Lawine war zum Stillstand gekommen. Mit einem Fernschreiben vom 23.7. wurde Genoberst Schörner von der Führung der HGr. Südukraine abgelöst. Hitler ließ ihm mitteilen:

"Die beiden Oberbefehlshaber der Heeresgruppen Nord und Südukraine haben sofort gegenseitig das Kommando zu wechseln. Ich befördere General d.Inf. Frießner zum Genoberst.
Adolf Hitler."

Krisentage bei der 8. Armee

Gend.Inf. Wöhler, OB der 8. Armee, hatte der Gruppe Manteuffel wegen ihrer erfolgreichen Abwehrkämpfe im April 1944 in einem Fernschreiben vom 15.4. seine besondere Anerkennung ausgesprochen. Der Text dieses Fernschreibens:

"Die Gruppe Manteuffel hat in den schweren Abwehrkämpfen im Raume Cornesti Targ - Ungheni Targ den feindlichen Durchbruch in der Zeit vom 1. bis 7.4. 1944 nach Südwesten verhindert und dem Feind sehr hohe Verluste zugefügt.
Vernichtet wurden 89 Panzer (davon 18 durch Nahbekämpfung, von diesen wiederum sechs durch das PzPiBatl. "GD") sowie 10 Pak.
Ich spreche Führung und Truppe (der PzGrenDiv. "GD") Dank und Anerkennung aus."

Doch das war für "Großdeutschland" erst der Anfang. Die sich daran anschließenden Kämpfe um Jassy sollten sich zu einem dramatischen Höhepunkt steigern.

Am 10. April wurde die Division alarmiert und rollte von Jassy aus in die Flanke eines starken Feindkeils, der zwischen Jassy und Targul Frumos nach Süden durchgebrochen war. In Stärke eines Armeekorps war dieser Gegner eine unmittelbare Bedrohung, wenn nicht sein Angriffsschwung so rasch wie möglich gebrochen wurde.

Der Angriff der PGD "GD" erreichte gegen schwachen sowj. Widerstand die Höhen bei Danuan. Für den weiteren Angriff übernahm hier das III./PGR "GD" die Spitze. Es ging entlang der Rollbahn nach Westen.

Das nächste Ziel war Podul Iloaei. Dort war ein rumänischer Inf.Verband vom Feind eingeschlossen worden. In direktem Durchstoß wurde diese Ortschaft erreicht und der Waffenbruder befreit.

Der weitere Vorstoß führte nach Sarca. Mit der 11./PGR 'GD' stürmte Lt. Kollewe in die Ortschaft hinein und schoß den Gegner aus den Häusern hinaus. Von hier aus übernahm das I./(SPW)Batl. "GD" die Führung. Sein Kdr., Major Krieg, rollte an der Spitze weiter und wurde erst vor Valea Otlor durch starke Abwehr zum Halt gezwungen. Nachdem Panzer und Flak nachgezogen waren, wurde die Ortschaft erstürmt.

In der folgenden Nacht ging es weiter in Richtung Targul Frumos. Die sowjetischen Widerstandslinien, die diesen deutschen Vorstoß aufzuhalten versuchten, wurden überrollt und die Stadt ebenfalls in Besitz genommen. Nach Inbesitznahme von Balteti wurde auf einer Höhe, 1.000 m südostwärts von Palieni, eine Verteidigungslinie eingerichtet.

Gegenüber der Division begann die Sowjetarmee ihren Aufmarsch sehr bald. Der Schwerpunkt lag entlang der Rollbahn Vascari - Targul Frumos und an der zweiten Rollbahn Bals - Targul Frumos.

Am 16.4. begann der erste Feindvorstoß bei Bals. Hier wurde der vorgeschobene Posten der 11./PGR "GD" unter Fw. Nieswand aus der Ortschaft geworfen. Dem mit Sturmgeschützen der StGeschAbt. "GD" vorgetragene und mit nachgeschickten Tigern weitergeführte Gegenstoß gelang es, Bals zurückzugewinnen.

Die sowj. Angriffsabsichten waren nunmehr bekannt. Durch Spähtrupps gelang es, die notwendigen Informationen über Art und Zahl des Gegners zu erhalten. Hier erhielt Ufz. Hans Röger, Zugführer in der 1./PzFüsRgt."GD", für seine dramatischen Spähtrupps, der einmal als Schäfer verkleidet und allein durchgeführt, bis zu den russischen Gräben führte, am 21.9. 1944 das Ritterkreuz.

Um 4.45 Uhr des 25.4. begann der Angriff der PGD "GD" gegen die erkannten Feindstellungen. Im rechten Angriffsstreifen rollten die Sturmgeschütze vor. An ihrer Spitze Oblt.Steffani. Oblt. Diddens, Chef der 1./StGeschAbt. "GD", stieß am schnellsten durch. Im überschlagenden Einsatz gelang es ihm und seiner Batt. binnen einer Stunde, 31 schwere Feindpak und drei Panzer zu vernichten. Das war für ihn, der bereits als junger Lt. am 18. März 1942 das RK erhalten hatte, das 501. Eichenlaub, das ihm am 15.6. 1944 durch GenMaj. von Manteuffel verliehen wurde.

Der Wehrmachtbericht des 26. April lautete: "Nordwestlich von Jassy stießen deutsche und rumänische Truppen überraschend vor und fügten dem Feind schwere Verluste zu. Die Bolschewisten verloren 22 Panzer, 70 Geschütze und über 600 Gefangene."

Am nächsten Tag meldete der Wehrmachtbericht: "Nördlich von Jassy traten die Sowjets mit starken Kräften zum Angriff an. Sie scheiterten am zähen Widerstand der deutschen und rum. Truppen. Örtliche Einbrüche wurden abgeriegelt.
In diesem Kampfraum hat sich ein Sturmgeschützverband der PGD "GD" unter Führung von Oblt. Diddens besonders ausgezeichnet."

Es waren nur insgesamt 28 Sturmgeschützmänner, die diesen Erfolg errangen.

Tiger und Panther der Division hatten zur gleichen Zeit entlang der Rollbahn nach Vascani gegen feindliche Pak und Panzer zu kämpfen. Sie erreichten trotz starker Gegenwehr die befohlenen Ziele. In diesem Kampf fiel Oblt. Rupert Reisenhofer, einer der ältesten Sturmartilleriemänner, im Kampf.

Der Angriff des 27.4. zielte auf das Höhengelände zwischen Vascani und Dumbravita. Der Panzerkampf dauerte einige Stunden. Unter dem Kommando von ObersttLt. Baumungk rollten die Tiger der sPzAbt. "GD" in den Einsatz. Sie meldeten eine Reihe Abschüsse bei nur einem Verlust. Hier trafen die deutschen Panzer zum ersten Male auf sowjetische Kolosse mit der 12,2 cm-Kanone. Es war der JS 122.

Zu diesen Einsätzen Gen.d.PzTr. von Manteuffel: "Nachdem die Panzerfüsiliere unter Oberst Niemack die erkannten Feindspitzen, die auf Jassy zielten, niedergekämpft hatten, ließ ich unmittelbar nach Eingehen dieser positiven Meldung den Angriff bis Targul Frumos, hart ostwärts des Sereth, fortsetzen.

Dieser Angriff schnitt die feindlichen Spitzenverbände von Osten nach Westen vollends ab. Dadurch konnte die Division eine Abwehrstellung beiderseits von Targul Frumos aufbauen und sie in den folgenden Wochen im Hinblick auf die mit Sicherheit zu erwartende Fortsetzung der gegnerischen Angriffe, die auf Ploesti zielten, mit allen verfügbaren feldmäßigen Mitteln verstärken.

Targul Frumos, kein Soldat meiner Division wird diesen Namen jemals vergessen. Dieser Kampfraum sollte in den folgenden Wochen eine entscheidende Rolle spielen. Dies nicht nur für meine Division, sondern für den gesamten Abschnitt der südlichen Ostfront." (siehe Hasso von Manteuffel an den Autor und: Schaulen, Joachim von: Hasso von Manteuffel, Führer gepanzerter Großverbände im Zweiten Weltkrieg).

Bereits mehrfach war Gen. von Manteuffel gefragt worden, w a n n er denn zur Entgegennahme der Schwerter zum Eichenlaub ins FHQ kommen könne, die ihm am 22.2. 1944 verliehen worden waren. Dies hing nach Manteuffels Worten "nicht von mir, sondern von den Sowjets ab."

Kampf um Targul Frumos

Am 2. Mai 1944 um 4.20 Uhr begann die Sowjetarmee gegenüber der Front der PGD "GD" ein 60 Minuten andauerndes Trommelfeuer. Als sich dieses nach rückwärts verlagerte, rollten die ersten sowjetischen Panzerverbände heran. Unter ihnen solche eines völlig neuen Typs. Hier der Bericht von GenLt. von Manteuffel darüber:

"Beide Infanterieregimenter in vorderster Linie tief gestaffelt, mit starken örtlichen Reserven in der Hand der Regimentskommandeure, so hatte ich die Verteidigung vorgesehen. Die Sturmgeschütze wurden Kompanieweise auf die beiden Regimenter aufgeteilt und diesen unterstellt.
Die drei PzArtAbtlgen waren ebenfalls auf dem gesamten Divisionsabschnitt verteilt, ebenso das Panzerregiment und die anderen Verbände und Einheiten.
Der Feuerplan war lückenlos erstellt und die Infanteriegeschütze darin eingebaut. Die Flak, drei der vier Batterien waren mit der durchschlagkräftigen Achtacht ausgestattet, hatte eine schwere Batterie nördlich von Targul Frumos eingegraben.
Das gesamte PzRgt. stand dem Divisionskommandeur im Raume um Targul Frumos zur Verfügung.
- - -
Ich sagte der Truppe den bevorstehenden Großkampf an und erläuterte meinen Kampfplan nicht nur mit den Regimentskommandeuren, sonden auch mit Bataillonskommandeuren und Kompaniechefs an Ort und Stelle. Jedem Manne war klar, was zu tun war und daß es auf ihn ankam. - - -
Der Kampfwert meiner Division war ausgezeichnet, ihr Kampfgeist vorbildlich."

An schweren Waffen standen zur Verfügung:

Die Sturmgeschützabt. "GD" mit etwa 40 Geschützen. Das PanzerRgt., eine Abteilung Panzer IV mit 40 Panzern, zwei Abteilungen Panzer V mit insgesamt 80 Panzern. Eine Abteilung Panzer VI mit 40 Panzern.

Das war eine gewaltige Streitmacht, geführt von erfahrenen Offizieren und ebenso erfahrenen Panzerbesatzungen.

Am 1. Mai war die gesamte Front vor der PGD "GD" noch ruhig. GenLt. von Manteuffel forderte für den Abend dieses Tages einen Angriff der Kampfflieger. Dieser wurde geflogen und hatte gute Wirkung.

Um 4.00 Uhr des nächsten Tages eröffnete die Sowjetarmee den Angriff mit starkem Artilleriefeuer. Eine Stunde darauf erschienen die ersten Feindpanzer vor den Stellungen und 30 Minuten darauf schlug deren Panzerfeuer nach Targul Frumos hinein.

Die eigene Infanterie ließ sich befehlsgemäß überrollen. Dies gab der am Nordrand der Stadt eingegrabenen Flak die Chance,von den etwa 35 angreifenden Panzern 25 abzuschießen. Der Rest erreichte die Bereitstellungen des PR "GD" und wurde dort vernichtet.

Als kurz darauf etwa 30 Feindpanzer aus Nordwesten auf Targul Frumos angriffen, stand das PR "GD" bereits mit seinem Gros hinter einer Anhöhe in diesem Bereich empfangsbereit. Die Sturmgeschützbatterie, die auf der Höhe gut getarnt eingebaut war, ließ den Feind befehlsgemäß auf 300 m herankommen, ehe sie das Feuer eröffnete. Jeder Schuß wurde aus dieser Distanz ein Treffer. Alle angreifenden sowj. Panzer wurden ohne einen eigenen Verlust abgeschossen.

Dies war noch nicht alles. Die Sowjetarmee warf mehrere weitere Panzerwellen in die Schlacht. Als überschwere Feindpanzer angriffen, wurde eine Tiger-Kp. gegen sie angesetzt. Bis auf 1.800 m heranrollend wurden vier der sowjetischen Kolosse abgeschossen, drei Panzer drehten und wurden von bereitstehenden Pz IV verfolgt. Die Pz IV rollten auf 1000 m ungesehen heran und schossen sie von rückwärts ab.

Noch einmal Gen. von Manteuffel:

"Bis 11.00 Uhr hatte das Panzerregiment im Stellungsraum des PGR ca. 250 Feindpanzer abgeschossen. Ich stellte ein Zögern des feindlichen Angriffs fest. - - -
Inzwischen waren seit 9.00 Uhr alarmierende Meldungen von dem im rechten Divisionsabschnitt stehenden PzFüsRgt. eingelaufen. 32 sowjetische Panzer waren sogar in das Dorf eingedrungen, in dem sich der RgtGefStand der Füsiliere befand. Im Nahkampf,an dem der Rgt. Kommandeur persönlich beteiligt war, wurden 24 Feindpanzer abgeschossen. Dennoch war das FüsRgt. an mehreren Stellen durchbrochen worden, hielt aber noch stand. Es war den Füsilieren gelungen, den Infanteriefeind von seinen Panzern abzuschneiden. Nun kämpften diese Rotarmisten auf sich gestellt (siehe auch Kollatz Karl: Generalmajor Horst Niemack).
Ich hatte meinem Freund, Oberst Niemack, Kdr. der Panzerfüsiliere, versprochen,um 12.00 Uhr mit den Panzern bei ihm einzugreifen. Die Situation war dort äußerst kritisch geworden.
Nach 11.00 Uhr setzten erneut starke Panzerangriffe ein. Ich befahl daher das Abbrechen des Kampfes der Panzer im Abschnitt westlich Targul Frumos und die Bereitstellung im Raume Targul Frumos, sowie die sofortige Aufmunitionierung und das Auftanken.
Während im linken Abschnitt beim PGR eine gemischte Abteilung Panzer V und VI unter dem Kommando des Führers der Tigerabteilung zurückgelassen wurde, fuhr ich zum PzFüsRgt. Eine PzKp. IV fuhr mit mir zur Erkundung der Lage und des Geländes vor. Das folgende PzRgt. setzte ich nun in Richtung des FüsRgts. an. Es erschien fünf Minuten vor 12.00 Uhr auf dem Gefechtsfeld und schoß dort in schnellen Rochaden etwa 30 Feindpanzer ab, die den Füsilieren arg zugesetzt hatten. Bis zum Abend war auch hier die Lage wieder voll hergestellt." (siehe Kollatz Karl: General der Panzertruppe Hasso von Manteuffel).

Neben diesen Verbänden wurden auch Kampfflieger eingesetzt. So Maj. Hans Ulrich Rudel mit seinen "Panzerknackern". Die PGD "GD" verlor etwa 10 Panzer, allerdings waren 43 beschädigt. Alle Schäden konnten jedoch repariert werden.

Die PGD "GD" hatte in schweren Gefechten den sowjetischen Durchbruch auf Ploesti verhindert. So lange diese Division im Abschnitt Targul Frumos stand, griff die Sowjetarmee hier nicht mehr an. Der sowj. Gesamtverlust wurde auf 350 abgeschossene, vernichtete, und etwa 200 beschädigte Feindpanzer angenommen.

In diesen Kämpfen zeichneten sich neben Oberst Niemack vor allem auch der Kommandeur des PR "GD", Oberst Langkeit,besonders aus. Sein Regiment schoß am 2. Mai allein 56 zum Teil überschwere Feindpanzer ab. Mit dem 41. Abschuß dieses Tages erzielte es seinen 1.000. Panzerabschuß seit seinem ersten Einsatz im März 1943.

Als Kdr. des PR 36 hatte Oberst Langkeit bereits am 7.12. 1943 das Eichenlaub zum RK erhalten.

Der Gegenangriff der Panzerfüsiliere am 7.5. mit den Sturmgeschützen und Panthern unter Mitwirkung von Panzer-Sturmpionieren richtete sich gegen die feindbesetzte Höhe 256, weil von dort aus jeder Feindangriff auf weiteste Distanz gesichtet werden konnte. Nach Eroberung des Dorfes Nicolne stieß der Verband zur Höhe empor. Der Abwehrkampf gegen die wieder und wieder zur Rückgewinnung der Höhe anstürmenden sowj. Regimenter der 3. Garde-Luftlande-Div. wurde erfolgreich geführt. Ab dem 11. Mai herrschte in diesem Frontabschnitt Ruhe, die bis Ende Mai andauerte. In dieser Zeit gelang von Manteuffel die Reorganisierung und Neuauffüllung der Division.

Am 31. Mai begann die Ablösung derDivision durch die 24. PD und die SS-PD "Totenkopf". Die PGD "GD" verlegte in den neuen Bereitstellungsraum nördlich Lectani. Am 2. Juni begann der deutsche Angriff auf die Höhen beiderseits Orsoaeia. Es gelang nicht, bis zur sowjetischen HKL vorzudringen. Der Kampf setzte sich bis zum 3. Juni fort, um am 4. und 5. Juni abzuflauen. Er war zur Verbesserung der Stellungen und Ausweitung der gewonnenen Gebiete geführt worden.

Oberst Niemack fehlte bei diesen Kämpfen. Ihm wurden für seine besonderen Leistungen am 2. Mai am 4. Juni 1944 im FHQ die 69. Schwerter zum RK mit Eichenlaub verliehen. Für ihn führte Major Krieg das Füsilierregiment.

Ein sowjetischer Gegenstoß, am 7. Juni nördlich Zahora angesetzt und von Schlachtfliegerkräften unterstützt, wurde von den einsatzbereiten Geschützen der StGeschAbt."GD" unter Oblt. Diddens und einer PzKGr. der PzAA GD unter Rittmeister Schroedter abgewehrt, die Ortschaft nach Kampf wiedergewonnen.

Oblt. Diddens und Rittmeister Schroedter fielen hier durch schwere Verwundung aus. Der Angriff wurde eingestellt, die erreichten Linien zur Abwehr besetzt. Auch während dieser Zeit wurden wieder 70 Feindpanzer, 45 Geschütze, 36 Pak und 19 Flugzeuge des Gegners vernichtet.

Nach dem Eintreffen rumänischer Verbände in diesem Raum wurde die Division "GD" abgelöst und in Bereitschaft gelegt.

Am 25. Juli schied die PGD "GD" aus dem Verband der 8. Armee aus. General Wöhler widmete ihr einen Abschieds-Tagesbefehl, in dem er zum Ausdruck brachte, daß diese Division "auch gegenüber stärkster Übermacht des Feindes ihren kühnen Angriffsgeist nie verloren und dem Namen, den sie trägt, alle Ehre gemacht" habe.

Ein Ereignis war eingetreten, das die Verlegung der Division bis an die deutsche Grenze notwendig machte. Vor der HGr. Mitte war der Feind am 22. Juni 1944 zu einer Großoffensive angetreten, welche die Sowjetarmee mit Riesenschritten bis zur Reichsgrenze voran brachte. Darüber jedoch später. Zunächst im Sinne des besseren Zusammenhanges der Einsatz der HGr. Südukraine bis zum Jahresende 1944.

* * *

DER VERLUST VON RUMÄNIEN - DIE KÄMPFE IN UNGARN JULI - DEZEMBER

Die Kommandoübernahme

Am Morgen des 4. Juli flog GenOberst Frießner, seit dem 1. Juli GenOberst, zum GefStand der HGr. Nord nach Seegewold ostwärts Riga,um dort die Lage bei der HGr. Nord zu erkunden, deren Führung ihm am 1. Juli übertragen worden war.

Am folgenden Tage unternahm er seine Frontbesuche zur 16. und 18. Armee,um sich ein Bild von der Lage zu machen. Gen.d.Art.. Hansen, OB der 16. Armee, schilderte ihm die schwierige Lage derselben.

Der auch bei Gen.d.Art. Loch, mit der Führung der 18. Armee beauftragt, erfolgte Besuch zeigte Frießner, daß der Feind bei Ostrow, Modan und Pleskau drei Schwerpunkte gebildet hatte, in der Absicht, über Pleskau auf Wero vorzustoßen und damit die 18. Armee von der nördlich des Peipussees stehenden Armeeabteilung Narwa zu trennen, womit Lettland und Estland voneinander abgeschnitten sein würden.

Genoberst Frießner sah es als seine Pflicht an, die genaue Lage zu erkunden und sie Hitler vorzutragen. Dies geschah in einem persönlichen Schreiben an Hitler vom 12. Juli. Der neue OB beantragte darin die Rückführung der HGr. Nord auf die Linie Kauen-Riga.

Diese dauernden "Querelen" veranlaßten Hitler, GenOberst Frießner zur HGr. Südukraine zu versetzen. Als OB der HGr. Nord setzte er Genoberst Schörner ein.

Am 24. Juli flog Genoberst Frießner noch einmal nach Ostpreußen. Er fand Hitler nach dem am 20. Juli gegen ihn erfolgten Attentat freundlich gestimmt. Hitler bat ihn sogar, den Kommandowechsel nicht als Mißtrauen aufzufassen und erklärte, daß er sich über die politische Lage in Rumänien keine Sorgen machen brauche.

Daß dies völlig an der Realität vorbeiging, ist an anderer Stelle dargelegt worden.

Die HGr. Südukraine verfügte zur Zeit der Kommandoübernahme durch Genoberst Frießner über zwei deutsche und zwei rumänische Armeen mit insgesamt 44 Divisionen in einer Gesamtstärke von 900.000 Mann, einschließlich der rückwärtigen Truppen.

Der I. Generalstabsoffizier der HGr. Südukraine, Oberst i.G. von Trotha, hielt dem neuen OB Vortrag. Es zeigte sich bei nüchterner Lagedarstellung, daß Rumänien und Deutschland nicht so einig waren, wie dies beim ersten Empfang des neuen OB von den politischen Stellen des Reiches in Bukarest dargestellt worden war.

Die HKL verlief zur Zeit der Kommandoübernahme wie folgt: Dnjestr-Mündung entlang des Flusses nach Norden über Tighina bis in den Raum ostwärts Kischinew. Von dort nach Westen über Cornesti-Jassy bis nach Kuty in den Karpaten. Die Gesamt-Frontlänge betrug 654 km, von ihr war ein Abschnitt von 267 km von rum. Truppen besetzt.

An der Bessarabienfront im Süden war die HKL durch den Dnjestr geschützt. Allerdings hatten die Russen einige Brückenköpfe über den Fluß hinübertreiben können. Diese waren günstige Ausgangspunkte für spätere Angriffe. Dies traf besonders für den Brückenkopf Tiraspol zu. An der

Moldaufront im Norden der HGr. war das wellige Gelände teilweise bewaldet, was günstige Verteidigungsmöglichkeiten bot. Hinter dieser Front war die "Trajan-Stellung" ausgebaut worden.

Der Schwerpunkt der Verteidigung lag an der Nordfront beiderseits Jassy. Im südlichen Abschnitt stand mit Front nach Osten vom Schwarzen Meer bis in den Raum ostwärts Jassy die Armeegruppe unter Gen Oberst Dumitrescu mit der rum. 3. und der 6. deutschen Armee.Es waren dies: 12 deutsche IDnen, eine PD, sowie vier rum. IDnen und eine KavDiv.

Im Nordabschnitt ostwärts Jassy wiederum führte die Armeegruppe Wöhler, unter dem OB der 8. Armee, Gen.d.Inf. Wöhler. Ihr unterstand die 8. deutsche Armee und die rum. 4. Armee mit sieben deutschen IDnen,einer deutschen PGD , 13 rum. IDnen, vier rum. GebBrigaden und einer rum. PD, welche die Bezeichnung "Großrumänien" trug.

Der laufend erfolgende Abtransport deutscher Panzer- und mot.-Divisionen mußte dem sowjetischen Großdurchbruch der HGr. Mitte entgegengeworfen werden. Die einzige Front,welche dies offenbar verkraften konnte, war die HGr. Südukraine. Das aber war für sie der Schlüssel zum Untergang in einer Zeit, da offenbar wurde, daß Rumänien nicht nur kriegsmüde war, sondem sich anschickte, zu den Sowjets überzugehen.

Auch Marschall Antonescu war besorgt über diese dauemde Schwächung, die sich verhängnisvoll auswirken mußte, sobald die Sowjetarmee hier zum Angriff antrat.

In seinem bereits zitierten Werk "Rumäniens Weg zum Satellitenstaat" (Heidelberg 1953) schrieb General Gheorge, daß dies gefährlich sei und es sich empfehle "die schlagkräftigen Panzerverbände an wichtigen Brennpunkten einzusetzen, zu denen auch Rumänien zählt".

Am 3. August schickte Genoberst Frießner seinen Ia, Oberst von Trotha und Oblt. Dr. Lehmann, Verbindungsoffizier des Auswärtigen Amtes, mit einem persönlich für Hitler bestimmten Brief ins FHQ. Darin gab Frießner das Ergebnis seiner Orientierungsbesuche bekannt. Es gipfelte in dem Satz, daß die Lage beängstigend sei, "was die Widerstandskraft der rumänischen Truppen betraf."

Der Zerfall der rum. Truppen unter seinem Kommando schien nur noch eine Frage der Zeit. Falls dies aber geschah, dann mußte sofort die Zurücknahme der Frontlinie hinter den Pruth erfolgen, um sodann auf die Linie Galatz-Focsani-Karpatenrand festgelegt zu werden.

Trotz der vielen Hinweise im FHQ und im Generalstab des Heeres (bei Genoberst Guderian) mußte Oberst von Trotha nach seiner Rückkehr melden, daß zwar Guderian dieser Forderung zugestimmt und sie Hitler vorgetragen habe. GFM Keitel hingegen habe zwar die Gründe eingesehen, die für den Antrag der HGr- Südukraine sprachen, aber doch Bedenken geäußert, daß die Rumänen sie nicht billigen würden. Hitler aber habe – nach dem zur gleichen Zeit stattfindenden Besuch von Marschall Antonescu (am 5. Aug. 1944) – die Lage in Rumänien zuversichtlich gesehen und geäußert, daß dieses Land "auf Gedeih und Verdarb mit uns verbunden" sei.

Geschehen würde also nichts. Hitlers Genehmigung zur Zurücknahme im Falle eines Falles wurde nicht gegeben.

Noch am 10.8. berichtete der deutsche Gesandte in Bukarest,von Killinger, an Reichsaußenminister von Ribbentrop: "Die Lage ist völlig sicher. König Michael ist der Garant des Bündnisses mit Deutschland." (siehe Frießner, Hans: Verratene Schlachten).

In den folgenden Tagen wurde der Kräftebestand der HGr. Südukraine weiter verringert. Bis zum 13. Aug. waren 11 Divisionen aus der HGr.-Front herausgezogen und an die HGr. Mitte und Nordukraine abgegeben worden.

Noch war die Sowjetarmee durch ihre Offensive bei der HGr. Mitte und deren Einsatz im Nordabschnitt der Ostfront gebunden. Im FHQ hoffte man, daß sie nicht die Kraft haben werde, *auch noch im Süden* zu einer Großoffensive anzutreten und, daß die Rumänen standfest bleiben würden.

Die vor der Front durch Späh- und Stoßtrupps ebenso wie durch die Luftaufklärung erkannten Feindbewegungen ließen darauf schließen, daß die Sowjetarmee auch hier demnächst zum Angriff antreten würde. Zwei Schwerpunkte waren durch das Feindbild zu erkennen: Der eine an der Dnjestr-Front im Raume Tiraspol, der andere westlich des Pruth im Raum Jassy. Die nördliche Feindgruppe bestand aus der 2. Ukrainischen Front; Armeegeneral Malinowski schickte sich offenbar an, zwischen Pruth und Sereth nach Süden durchzustoßen. Dies in der Absicht, die Armeegruppe Dumitrescu abzuschneiden, ihr den Rückzug nach Westen zu verlegen und sie einzukesseln.

Die 3. Ukrainische Front unter Armeegeneral Tolbuchin würde aller Wahrscheinlichkeit nach aus dem Großraum Tiraspol die untere Dnjestrfront durch Fesselungsangriffe so lange zu halten versuchen, bis die Nordgruppe alle Pruthübergänge gesperrt hatte, um sodann ebenfalls anzutreten.

Vor der Front der HGr. Südukraine wurden unmittelbar vor Beginn der Offensive 94 sowj. Schützendivisionen erkannt. Hinzu kamen 7 Panzerkorps und ein KavKorps. Dies war ein Beweis dafür, daß sich die Sowjetarmee auch hier zu einer weiträumigen Operation anschickte.

Der Angriff beginnt!

Am 19. Aug. 1944 um 14.50 Uhr griff die Sowjetarmee nach nur halbstündiger Feuervorbereitung an mehreren Stellen der deutschen HKL in Kompanie- bis Bataillonsstärke an, um eine weiche Stelle zu erkunden. Hierbei erzielten sowjet. Verbände, die rasch nachgeschoben wurden, bei der rum 21. ID im Raum Rascaeti einen Einbruch.

Auf dem linken Flügel bei der rum. 14. ID standen die deutsche 106. und 370. ID. Hier wurde der Feind abgewiesen.

Die Angriffe gegen die Front der Armeegruppe Wöhler wurden von starken Feindverbänden geführt. Alle Angriffe wurden abgewiesen, einige Einbrüche abgeriegelt und der Feind vernichtet.

Ein in Regimentsstärke gegen die 3. GebDiv. geführter Angriff wurde ebenfalls abgewiesen.

Genoberst Frießner versammelte am Abend dieses Tages alle Chefs der Generalstäbe der 6. Armee, der 8. Armee und der Luftflotte 4 in seinem HGrGefStand in Slanic. Allen war klar, daß die Offensive am nächsten Tage erfolgen werde.

Am Sonntag dem 20.8. wurde diese Großoffensive mit dem Feuer aus Zweitausend Rohren eröffnet. 90 Minuten später traten bei Jassy, 30 Minuten darauf an der Dnjestrfront die sowjetischen Verbände an. Die deutsche HKL wurde an mehreren Stellen durchbrochen. Der Großteil der Durchbrüche erfolgte bei den rumänischen Truppen.

Fünf sowj. SDnen, die auf der Naht zwischen der rum. 3. Armee und der deutschen 6. Armee mit 100 Panzern als Stoßkeil angriffen durchstießen die Front der rum. 4. GD auf mehreren Kilometern und brachten auch die daran anschließende rum. 21. ID ins Wanken. Nach der Einnahme von Rascaeti war auch diese Division vernichtet oder wie Spreu vor dem Wind zerstoben.

Damit hatten die 9. und 306. ID die Last des Abwehrkampfes allein zu tragen. Die 13. PD,die mit Teilen in Reserve gestanden hatte, wurde sofort auf diesen Einbruch angesetzt, ohne daß es ihr gelungen wäre, den Durchbruch weiterer 50 sowj. Panzer bei Plop Stiubei aufzuhalten. Die HKL mußte auf die Höhen südlich Popeasca zurückgenommen werden. Weitere Angriffe konnten in Gegenstößen bereinigt werden.

Gleichzeitig damit wurde auch die Armeegruppe Wöhler angegriffen. Die Sowjetarmee erzielte hier zwischen Rediu,Mitropoliei und Erbiceni zwei tiefe Einbrüche bei rum. Divisionen, die ihre Stellungen kampflos räumten, während die 76. und 79. ID sich nach allen Seiten verteidigten und ihre Stellungen auch ohne diese rum. 7. ID und die rum. 5. KavDiv. hielten.

Die Ortschaften Vultur und Rediu lui Tataru,die von den Rumänen aufgegeben worden waren, wurden vom Feind besetzt. Die Gruppe Mieth konnte im Gegenangriff eine Abwehrfront zum Schutz der in ihren Stellungen verbliebenen rum. 11. ID und der 79. ID aufbauen.

Die sowjetische Armee nutzte diesen Verrat der Rumänen. Sie holte nach Süden aus, um im Eindrehen am Nachmittag von Nordwesten nach Jassy eindringen und die wenigen deutschen Nachschubkräfte in der Stadt in heftigen Häuserkämpfen zu überwinden.

Teile der Feindkräfte, die weiter vordringend das Südufer des Bahluiu-Abschnittes erreichten, stießen hier auf die ersten Teile der herangezogenen 10. PGD.

Durch einen Gegenangriff der PGD "GD" konnte der Einbruchsraum eingeengt werden. Die 78. ID, die zwischen zwei rum. Divisionen stand, wurde infolge der dort erfolgten Durchbrüche beiderseits überflügelt.

Am Ende des Tages mußte der OB der HGr. Südukraine feststellen, daß der Feind zwei tiefe Einbrüche erzielt hatte, die ihm die erwünschten Ausgangspunkte zu großen Operationen boten.

Diese Pläne waren für die 2. Ukrainische Front: Sperrung der Pruth-Übergänge, Abschnürung der Armeegruppe Dumitrescu und Verhinderung des Rückweges über den Fluß für dieselbe.

Für die 3. Ukrainische Front: Den am 20. August erreichten Einbruchsraum nach Westen erweitern, nach Norden und Süden vorzustoßen und damit die Armeegruppe Dumitrescu aufzurollen und zu vernichten.

Allein bei der Armeegruppe Wöhler fielen vier bis fünf rum. Divisionen aus. Bei der Armeegruppe Dumitrescu waren es drei.

Die rumänische Katastrophe

Diese Ereignisse nahm GenOberst Frießner zum Anlaß, um am 21. und 22.8. mit Marschall Antonescu zu sprechen. Dieser zeigte sich völlig überrascht von der desolaten Haltung der rumänischen Truppen. Er war der Überzeugung, daß diese Divisionen hätten halten müssen, doch zweifellos "haben sie nicht richtig gekämpft."

Ein politisches Intrigenspiel, das GenOberst Frießner argwöhnte, wies der Marschall energisch zurück.
Am zweiten Tag seines Besuches erklärte der Marschall von Rumänien, daß es notwendig sei, Bessarabien und.Jassy zu halten. "Wenn diese Front zusammenbricht, dann steht der gesamte Balkan offen. Hier wird nicht über die Zukunft von Bessarabien, sondern über das Schicksal des ganzen rumänischen Volkes entschieden. Rumänien kämpft um sein Leben."

Abschließend ließ Marschall Antonescu durchblicken, daß das Nachbarland Bulgarien "zu der slawischen Masse" gehen werde.

Bulgarien war neutral, aber die Kenner der dortigen Situation waren darüber einig, daß es nur noch eines passenden Anlasses bedurfte, um das Land ins sowjetische Lager schwenken zu lassen. Dies hatte der rumänische Gesandte in Berlin, General Gheorghe, dem deutschen AA seit Monaten vorhergesagt, ohne daß daraufhin die geringste Reaktion erfolgt wäre.

GenOberst Frießner forderte Antonescu auf, allen Einfluß aufzubieten, damit die rum. Truppen und das rum. Volk unerschütterlich und im festen Willen den gemeinsamen Kampf durchstehen," dann sei noch nichts verloren. Die Antwort Antonescus, die der rum. Dolmetscher, Oberst Ivanescu dem GenObersten gab, lautete: "Das werden wir. Sie können sich darauf verlassen!"
"Wir sitzen hier gemeinsam in einem Boot auf stürmischer See", schloß GenOberst Frießner diese Unterredung. "Wer hier aussteigt, bringt nicht nur sich und seine Nation in Gefahr, sondern die gesamte europäische Welt!" (siehe Frießner, Hans: a.a.0.).

In den beiden nächsten Tagen nach dem ersten Schlag gegen die HGr. Südukraine, führte die sowjetische Armee sehr rasch starke Panzer- und mot.-Verbände heran, um mit ihnen bis zur Linie Pauleni-Frumusica-Veche Nicolaeni vorzudringen und sich der Pruthübergänge zu versichern.

Erst am Abend des 22.8. traf die Genehmigung des OKH ein, die Front der HGr. Südukraine zurückzuverlegen. Doch nun war es bereits zu spät. Die Lage hatte sich durch den Ausfall vieler rum. Verbände katastrophal entwickelt. Das IV. AK räumte Jassy. Die Gruppe Kirchner mußte auf das Westufer des Sereth zurückgenommen werden und die rum. 4. Armee schickte sich an, auf eigene Faust nach Süden zu entweichen. Zur Rede gestellt, sagte deren Oberbefehlshaber, er habe durch Marschall Antonescu den Rückzugsbefehl erhalten. GenOberst Frießner und der OB der rum. 4. Armee hatten eine scharfe Auseinandersetzung, bevor jener sich bequemte, diese Flucht rückgängig zu machen.

Als sowj. Panzerspitzen am 23.8. den Raum westl. Comrat erreichten, mit Teilen nach Süden abdrehten und Tatarasti und Furmanka nahmen, war das rum. III. AK eingeschlossen. Die 6. Armee mußte sich auf die Stefanstellung absetzen.

Auch westlich des Pruth kam die Sowjetarmee dank des Versagens rum. Großverbände rasch vorwärts und erschien bereits am Abend des 23.8. vor Barlad. Wenig später standen sie ostwärts Bacau. Die Gruppe Kirchner mußte auf das Westufer der Moldau zurückgenommen werden. Dadurch ging die Stadt Roman verloren.

Die 6. Armee stand unmittelbar vor ihrer Einkesselung. Mit Teilen noch ostw. des Pruth stehend, hielten sich Kampfgruppen gegen einen übermächtigen Panzerfeind. Die Brückenköpfe Cahul und Leova auf dem Westufer dieses Flusses wurden eingeschlossen. Husi fiel der Sowjetarmee zu. Damit war die 6. Armee eingeschlossen.

Diese Ereignisse setzten das Signal für die rumänische Regierung.

Rückeroberung Siebenbürgens durch die Sowjetarmee

Am 26. Aug. 1944 erhielt der GenStab der HGr. Südukraine die OKW-Weisung, in der Linie Galatz-Focsani-Karpatenrand eine neue Ahwehrfront zu bilden. Dazu sei "die Donaulinie zwischen der Mündung des Flusses und Galatz zurückzugewinnen."

Kampfgruppen sollten darüber hinaus mehrere feindbesetzte Teile und Städte dieses Großraumes freikämpfen. GenOberst Frießner aber mußte, um das Notwendigste zu retten, diese Linie aufgeben, nicht aber sie halten!

Am 8. Sept. erklärte Bulgarien Deutschland den Krieg. Bereits am 31. Aug. rückte die Sowjetarmee in Bukarest ein. Um das Erdölgebiet Ploesti wurde gekänpft und der sowtjetische Rundfunk verkündete haßerfüllt: "Wir werden den Rumänen nur noch die Augen zum Weinen lassen."

Die rumänische Regierung wurde verhaftet und teilweise nach Rußland deportiert. General Gheorge dazu: "Die am 23. August 1944 begonnene Tragödie rollte über ihre eigenen Regisseure hinweg und stürzte das rumänische Volk in den tiefsten Abgrund seiner Geschichte.

Die 3. Ukrainische Front kämpfte ostwärts des Pruth gegen die 6. Armee. Stoßkeilen der 2. Ukrainischen Front wiederum gelang es, die Front der Armeegruppe Wöhler zu durchbrechen und mehrere Pruthübergänge bis zu seinem Unterlauf zu gewinnen.

Rasch drangen sowjetische Kräftegruppen in dem Bestreben, die deutschen Kräfte abzuschneiden, vor; doch die unteren Übergänge der Ostkarpathen wurden gehalten. Die 8. Armee hielt zwei Wochen lang diese Stellungen, dank der Tapferkeit ihrer Divisionen, von denen sich die 3. GebDiv. und die 8. JägDiv. besonders auszeichneten.

Am 8. Sept. 1944 meldete der Wehrmachtbericht: "In Rumänien haben sich die Kampfgruppen des GenLt. von Scotti und des GenMaj. Winkler, hervorragend durch die Verbände der 15. FlakDiv. unter Oberst Simon unterstützt, besonders bewährt."

Die 13. PD unter GenMaj. Grade hatte das Ihrige zum Abwehrerfolg beigetragen, indem sie die Grenze nördlich Schäßburg sicherte.
Es galt nunmehr, die große Lücke zwischen der HGr. Südukraine und der HGr. F unter GFM von Weichs, die mit ihrem Nordflügel am Eisernen Tor stand, zu schließen.

Die Schlacht um Siebenbürgen

Die Front in diesem Großabschnitt, in die sich die ungarischen Verbände eingefügt hatten, erstreckte sich über etwa 1.000 km und verlief vom rumänischen Banat über Temeschburg und Arad nach Großwardein. Von dort weiter in ostwärtiger Richtung nach Klausenburg.

Hier begann am 5. Sept. 1944 die Abwehrschlacht. Es kam in den Räumen des Oitoz-Passes und Thorenburg zu erbitterten Gefechten. Erst als in überaus kritischer Lage die ersten Truppen des III. PzKorps unter Gen.d.PzTr. Breith herankamen, wurde die Lage stabilisiert. Am 25.9. 1944 brach die Sowjetarmee ihre Offensive ab. Sie verlor während dieser Zeit 144 Panzer und Sturmgeschütze, 247 Geschütze, 99 Granatwerfer und 1.220 Maschinenwaffen. Flakartillerie und Luftwaffe schossen weitere 91 Panzer, 69 Geschütze und 157 Flugzeuge ab und vernichteten über 1.4oo Fahrzeuge.

Aus sowjetischer Sicht:
Die 2. und 3. Ukrainische Front im Raume Rumänien

Absicht der sowjetischen Führung war es, die HGr. Südukraine zu zerschlagen. Die Koordinierung dieser Kampfhandlungen wurden dem Marschall der Sowtjetunion Timoschenko übertragen.

Dieser setzte die 2. Ukrainische Front, Armeegeneral Malinowski, mit der 27. und 52. Armee, der 4. Gardearmee, der 6. Panzerarmee und der 5. Luftarmee ein. Der Hauptschlag galt Targul Frumos und Jassy.

Ein Teil dieser Heeresgruppe hatte außerdem Auftrag, gemeinsam mit der 3. Ukrainischen Front, Armeegeneral Tolbuchin, die deutschen Kräfte im Raume Jassy-Kischinew einzuschließen und zu vernichten. Tolbuchin unterstanden die 57. und 37., sowie Teilkräfte der 6. Armee, sowie die 5. Stoßarmee. hinzu kam die "Operative Gruppe" unter General Bachtin, die die 3. rum. Armee einschließen und vernichten sollte.
Die 17. Luftarmee, Genoberst der Luftstreitkräfte Sudez, war der 3. Ukrainischen Front unterstellt worden.

Im Durchbruchsabschnitt starke Panzerkräfte einsetzend und gleichzeitig mit 230 Flugzeugen der Schwarzmeer-Luftflotte Konstanza und mit 48 weiteren Sulina angreifend, wurde am 20. Aug. der Offensivschlag eröffnet.

Bis zum 29.8. dauerten die Kämpfe der ersten Phase an. Nach sowjetischen Angaben wurden während dieser Zeit die deutschen Kräfte im Raume Jassy-Kischinew vernichtet. Es gelang der Sowjetarmee die deutsche Riegelstellung bei Birlad zu erstürmen und 50 km tief durch die deutsche Front durchzustoßen. Der Übergang über den Dnjestr-Liman wurde am 22.8. erzwungen und die Stadt Akkerman bis zum späten Abend in Besitz genommen.

Der Durchbruch wurde in den nächsten Tagen auf 250 km Tiefe ausgedehnt. Am 23.8. nahm die 7. Gardearmee der 2. Ukrainischen Front den Raum Targul-Frumos.

Am Morgen des 25. August war auch das Schicksal der 3. rum. Armee entschieden, die hier kämpfende 9. ID der Wehrmacht wurde aufgerieben.

Die weitere Verfolgung brachte beide russische Fronten bis zum 29. Aug. zur Überholung der deutschen Kräfte, ihrer Einschließung bei Jassy-Kischinew und ihrer Vernichtung, sowie den weiteren Angriff in Richtung Ismail und Bukarest.

Im Verlaufe von zehn Tagen hatte die Sowjetarmee die starken deutschen Verteidigungslinien in breiter Front durchbrochen und die weichenden Truppen überrannt. Bis zum 7. Sept. wurden die letzten Gruppierungen des Feindes vernichtet, lautete der Bericht des STAWKA vom 6.9. 1944.

Das Ungarn-Komplott

Bei seinem Besuch in Budapest führte GenOberst Frießner mit Reichsverweser Admiral Horty am 9.9. 1944 ein langes Telefongespräch, bei dem es um eine Frontverkürzung ging, um "die Bedrohung von ganz Ungarn zu beseitigen" (Generaloberst Frießner an den Autor).

GenOberst Frießner bemerkte zu diesem Besuch, bei dem er sich auch über den mangelnden Kampfwert einiger ungarischer Großverbände beschwerte, daß der Politiker Horty schon seine Fäden zu den Westalliierten gesponnen hatte. Auch zu den Sowjets hatte er Verbindungen aufnehmen lassen.

Als die ungarische Regierung an diesem Tage kategorisch die Entsendung von fünf (!) deutschen Panzerdivisionen zum ungarischen Kriegsschauplatz binnen 24 Stunden forderte, und einen Waffenstillstand mit den Russen androhte, wenn diese Forderung nicht erfüllt werde, erklärte Hitler am nächsten Tage, als sich Generaloberst Frießner zur Berichterstattung bei ihm gemeldet hatte, daß "die Lage in Ungarn untragbar sei". Er befahl, das III. PzK. sofort anzuhalten und es der HGr. Südukraine zuzuführen. Generaloberst Frießner erwirkte die Zustimmung zur notwendigen Frontverkürzung.

Hitler stimmte zu, allerdings unter Vorbehalten, denn hinter dieser Linie und hinter der Front der 8. Armee lag das wichtige Manganerzgebiet von Vatra-Dornei und dieses sollte geschützt und gehalten werden. Aber GenOberst Frießner konnte Hitler wenig später melden, daß diese Gruben geschlossen und die dort arbeitenden Männer der Organisition Todt bereits seit geraumer Zeit ins Reich zurückmarschiert waren. Nur das dort noch auf Halde liegende Erz galt es zurückzuschaffen. Als dies am 23.9. geschehen war, gab Hitler die Zustimmung zur Aufgabe des Brückenkopfes Vatra-Dornei.

Die Kämpfe in Ungarn

Als die HGr. Südukraine die eingehenden Meldungen analysierte, erkannte sie die Vorbereitungen der Sowjetarmee zum Durchbruchsversuch über Szegedin und Großwardein. Sie befahl der 6. Armee (nach dem Untergang in Stalingrad neu aufgestellt und in Rumänien eingesetzt) den Raum Großwardein zu decken.

Am frühen Morgen des 6. Okt. 1944 traten drei starke Feindgruppen der Sowjetarmee zwischen Arad und Großwardein zum Angriff an. Die 4. ungar. ID wurde überrannt und über die Schnelle Theiß zurückgeworfen. Als sich am Nordflügel ein feindlicher Durchbruch auf Budapest abzeichnete, und durch einen Stoß nach Norden die Masse der HGr. Süd abgeschnitten zu werden drohte, beantragte Gen.Oberst Frießner, die Ostfront seiner HGr. – die Armeegruppe Wöhler – hinter die Theiß zurückzunehmen.

Im Gefolge dieser Bewegungen kam es schließlich zur Panzerschlacht bei Debrecen, in der die sowjetische 1. und 13. PD vernichtend geschlagen wurde. In dieser Schlacht gelang es der 23. PD von 50 angreifenden Feindpanzern 26 abzuschießen.

Die Schlacht endete am 14. Oktober 1944. Der Feind mußte seinen Vorstoß nach Norden einstellen. Das Einkesseln und Vernichten der Armeegruppe Wöhler war mißlungen. Diese konnte sich mit drei Sprüngen, noch während der Schlacht beginnend, nach Westen absetzen.

Einer jener kleinen Verbände, die sich in dieser Schlacht besonders auszeichneten, war die Kampfgruppe Fischer, die II. Abteilung des PR 23, die mit Panzern V, Panthern, ausgestattet war.

Am 16. 0kt. trat diese KGr. an, von Hptm. Gerhard Fischer geführt. Eine zweite KGr. wurde unter Major Rebentisch, dem RgtFhr. des PR 23, geführt. Fischer selber und seine Männer schossen von 26 angreifenden Panzern 16 ab. Hptm. Fischer wurde wegen Tapferkeit vor dem Feind zum Major befördert. Ami 26. Okt. errang Fischer bei Nyiregyhaza einen weiteren Erfolg. Er schoß eine Reihe Pak ab, nahm diese Stadt im Handstreich, befreite 1.100 ungarische und deutsche Soldaten aus russicher Hand und zog sich anschließend befehlsgemäß zur Ausgangsstellung zurück.

Vom 23.9. bis zum 26.10. 1944 schoß die 23. PD in diesem Kampfraum 228 Panzer, fünf Spähwagen, 223 Pak und viele Geschütze und Granatwerfer ab.

Einsätze der 1. Panzerdivision

Als die Sowjets am 9. Okt. 1944 mit starken Panzerkräften und aufgesessener Infanterie, denen dichtauf Kavallerieverbände folgten, westlich Debrecen den rückwärtigen Divisionsbereich der 1. PD angriffen,kam es zu erbitterten Gefechten. Hptm. Huppert, Kdr. der PzAA 1 und Lt. Bach, Chef der 1. /PR 1, schossen eine Reihe Feindpanzer ab. Weitere kleine KGr. griffen in den Kampf ein.

Der Gegner verlor an diesem Tage bei und vor der Front der 1. PD 70 Panzer. Im Gegenstoß stießen Truppen unter Hptm. Huppert gemeinsam mit Teilen der 13. PD, GenMaj. Schmidhuber, dem Gegner nach und schnitten das IV. und VI. Garde-KavKorps der Sowjets nordwestlich Debrecen ab. Ein weiterer Feindangriff am 10. Okt. wurde abgewiesen, und im Häuserkampf Bihar Udvari gehalten.

Der Kampf gegen die eingeschlossenen russischen Verbände steigerte sich bis zum 12. Okt., an dem der größte Angriff erfolgte. Der Feind durchstieß die dünnen Verteidigungslinien der KGr. Huppert bei Nagy Bajom und drang bis zum KGr-GefStand von Hptm. Schriewer vor. Der Einbruch wurde abgeriegelt und am 13. Okt. weiter gehalten.

Im Duell mit feindlichen Panzern erlitt Ofw. Georg Schäfer den Tod im Kampf gegen einen T 34 (er trug seit dem 17.12. 1942 das RK).

Die Kämpfe setzten sich weiter fort und erst am 22. Okt. stießen schnelle sowj. Truppen nach Nyiregyhaza hinein. Diese Tage der Frist hatten genügt, die gesamte HGr. zu retten.

Oberst Thunert hatte die 1. PD hervorragend geführt.

Feindvorstoß auf Budapest

Die ungarischen Geheimverhandlungen mit der Sowjetunion hatten am 30. September begonnen und am 11. Okt., während deutsche und ungarische Truppen verbluteten, wurde das Vorabkommen mit de r Sowjetunion paraphiert.

Generaloberst Farkas, der die ungarische Delegation durch seine Stellungen geschleust hatte, und sie auch wieder aufnahm, wurde am 14. Okt. nach Budapest gerufen. Er sollte nach dem Willen von Admiral Horty mit der Bildung einer russenfreundlichen Regierung beauftragt werden. Es kam zu einer ungarischen Proklamation am 15. Okt., in der Deutschland die Bündnistreue aufgesagt und der Kampf auf russischer Seite angesagt wurde.

Die 2. ung. Armee lief in der Nacht zum 16. Okt. zum Feind über. Budapest, "dieses Verräternest" (Hitler) wurde am Morgen des 16. Okt. von deutschen Truppen besetzt. Die ungarischen Verbände fielen reihenweise ab. Lediglich die 3. ungar. Armee unter GenOberst Heszlenyi blieb beim Bündnis.

Diese schwere Krisenlage konnte überwunden werden.

Am 30. Okt. 1944 trat die Sowjetarmee zur "Schlacht um Budapest" an. Der Schwerpunkt lag bei Kekscemet. Hier kam es zu einer weiteren Panzerschlacht. Diesmal hatte die 24. PD die Hauptlast der Kämpfe zu tragen.

Die Armeegruppe Fretter-Pico – die deutsche 6. Armee und alle ungarischen noch kämpfenden Truppen, sowie die Gruppe "Budapest" unter SS-Obergruppenführer Pfeffer-Wildenbruch – sollte hier auf Hauen und Stechen halten. Es kam zu erbitterten Kämpfen, in denen der Gegner nicht nach Budapest hineinstoßen konnte, wie es seine Absicht war. Damit war die erste Phase der sowjetischen Offensive gegen Budapest zu Ende gegangen.

Am 4. Nov. trat die 7. sowj. Gardearmee gegen den linken Flügel der Armeegruppe an. Auch die Theiß-Front, von Teilen der Armeegruppe Wöhler gehalten, hielt zunächst stand, brach aber schließlich unter den Ansturm starker Feindverbände zusammen.

Zur Bereinigung des Westufers der Theiß trat die 24. PD am 26. Okt. von Abony über Kaszkarajenö nach Osten und Südosten an und stellte die alte HKL wieder her. Ostwärts von Kecskemet trat die 24 . PD am Morgen des 30. Okt. zum Vorstoß nach Süden an. Zu gleicher Zeit brachen südlich und im Südwesten von Kecskemet starke sowjetische Panzer- und Schützenverbände, von IL-2-Schlachtfliegern unterstützt, nach Nordwesten vor.

Es war die 46. Sowjetarmee mit ihren beiden mot.Korps und dem X. GardeschützenKorps. Dieser Vorstoß schnitt die 24. PD in drei Kampfgruppen. Sie hatte laut Führerbefehl das zum Festen Platz erhobene Kecskemet zu halten.

Die Kämpfe dauerten bis zum 3. Dezember. An diesem Tage mußte der Miscolk aufgegeben werden.

Bis zum Ende des Jahres führte Gen.d.Artl. Fretter-Pico mit seiner Armeegruppe die Verteidigungskämpfe im Großraum der Donaufront. Dazu wurde ihm auch die immer noch tapfer kämpfende 3. ungar. Armee unterstellt, sowie das LVII. Panzerkorps mit der 23. und 1. PD zugeführt. Der Durchbruch des Feindes auf Stuhlweißenburg wurde verhindert. Auch der Durchbruchsversuch der Sowjetarmee am 5. Dezember, der gleichzeitig von der 2. und 3. Ukrainischen Front geführt wurde und auf die 2. Panzerarmee traf, scheiterte. Dennoch gelangen dem Feind bei der Armeegruppe Fretter-Pico einige tiefe Einbrüche. Von hier aus wurde ein dritter Versuch unternommen, eine umfassende Offensive zur Eroberung von Budapest einzuleiten. Diesmal klappte es und der Gegner stieß beiderseits Stuhlweißenburg durch die Margaretenstellung durch. Hitler hatte auf einem neuen Angriff aller Panzerkräfte aus der Enge von Stuhlweißenburg bestanden. Aber der schlammige Boden ließ keine Panzerbewegungen zu.

An dem Tage, als Geroberst Frießner nach Zossen ins FHQ flog, um GenOberst Guderian vorzutragen (Hitler war abwesend), trat die Sowjetarmee am 18. Dez. erneut zum Angriff an. Es kam zu verzweifelten Abwehrkämpfen, bei denen die Stellungen gehalten werden konnten, wenn auch unter Opferung vieler Verbände. Am 22. Dez. hatte sich der sowjetische Angriff festgefahren und das STAWKA befahl, zur kleinen Lösung zu schreiten und die Einschließung von Budapest und deren Eroberung einzuleiten. Der große Plan, die gesamte HGr. Süd einzukesseln, wurde aufgegeben.

Am selben Tag erhielt GenOberst Frießner Hitlers Befehl "Im Raume Budapest darf kein Schrittbreit Boden aufgegeben werden." In der Nacht zum 23. Dez. 1944 mußte GenOberst Frießner sein Kommando an General Wöhler abgeben. Am 31. Dez. erklärte die ungarische Gegenregierung in Debrecen Deutschland den Krieg.

* * *

ZUSAMMENBRUCH DER HEERESGRUPPE MITTE

Das Vorspiel

Von der Tatsache ausgehend, daß es der Sowjetarmee gelungen war, die HGr. Mitte in einem etwa 1.100 km weiten Bogen von Polozk bis Kowel zu umfassen, gab Marschall Stalin der Sowjetarmee den Befehl, diesen deutschen Frontvorsprung der HGr. Mitte in Belorußland zu beseitigen.

Zu diesem Zweck empfing er, einen Monat vor Beginn der geplanten Sommeroffensive, im zweiten Stockwerk des STAWKA-Gebäudes im Kreml die Befehlshaber jener drei Heeresgruppen, die diese Offensive führen sollten.

Unter den Armeeführern der zweifache Held der Sowjetunion,Armeegeneral Rokossowskij. Hinzu kamen Marschall Wassilewskij, Generaloberst Tschernjachow und Marschall Schukow.

Als Vertreter des Hauptquartiers der Fliegerkräfte war Hauptmarschall der Flieger Nowikow und Marschall der Flieger Falalejew erschienen. Hinzu kam der Marschall der Fernfliegerkräfte Golowanow.

Der stellvertretende Chef des sowjetischen Generalstabes, Armeegeneral Antonow, erklärte, daß seine Gruppe den Operationsplan mit dem Codenamen "Bagration" (nach dem Fürsten und russischen General Pjotr Iwanowitsch Bagration benannt, der als Oberbefehlshaber der 2. russi-

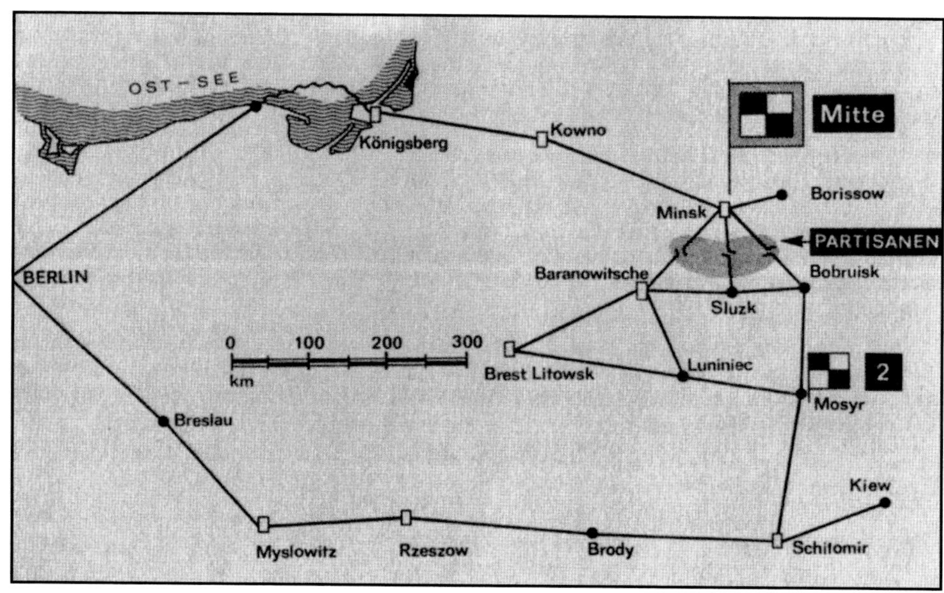

schen Westarmee am 12. Sept. 1812 an den Folgen seiner Verwundung in der Schlacht bei Borodino gegen Napoleon starb und vorher,1809 - 1810, den Oberbefehl im Türkenfeldzug geführt hatte), fertiggestellt sei. Ziel dieser Offensive sei es, den Frontvorsprung der Deutschen im Raume Witebsk-Bobruisk-Minsk zu beseitigen und die Linie Disna-Molodetschno-Stolpce-Starobin zu erreichen (siehe IML Moskau, Nr. 9492, S. 263-266.).

Neben den genannten und weiteren Militärs waren bei dieser Besprechung auch Außenminister Molotow und Stalins rechte Hand, Georgi Maksimilianowitsch Malenkow, seit 1938 persönlicher-Sekretär Stalins, von 1941 bis 1945 Mitglied des Obersten Verteidigungsrates, zugegen.

An die Oberbefehlshaber gewandt erklärte Stalin: "Sie haben die Aufgabe,die Befreiung Weißrußlands zu erkämpfen. Diese Befreiung wird am dritten Jahrestag des Überfalls der Deutschen auf unser Vaterland beginnen."

Generaloberst Rokossowskij, OB der 1. Weißrussischen Front, wurde befohlen, aus seinem Brückenkopf am Dnjepr in einem einzigen Angriffsstoß durchzubrechen. Dieser lehnte das Ansinnen ab, weil er andere Pläne entworfen hatte. Stalins Idee,mit allen Kräften aus diesem einen Brückenkopf loszuschlagen, konnte nach seiner Überzeugung nicht zum Erfolg führen.

Rokossowskij wurde zur Erläuterung seines Planes aufgefordert. Er führte aus, daß er mit einer Stoßgruppe nördlich Rogatschew und einer zweiten südostwärts von Paritschi antreten, die deutsche HKL also an zwei Stellen durchbrechen, Bobruisk einschließen und erobern, sowie im weiteren Vorstoß Puchowitschi und Sluzk angreifen und ebenfalls befreien wolle.

Dreimal wurde der OB der 1. Weißrussischen Front hinausgeschickt, um Stalins Vorschlag zu prüfen und für gut zu befinden. Dreimal kam er zurück um "njet" zu sagen. Dann wurde sein Plan akzeptiert.Dies sollte für die sowjetische Führung die richtige Entscheidung sein.

Als die Versammlung der obersten Führer der Sowjetarmee am 23. Mai nach dreißigstündiger Beratung auseinanderging, stand der endgültige Plan für "Bagration" fest.

An sechs verschiedenen Abschnitten sollte die Sowjetarmee zeitlich versetzt zu Großangriffen antreten. An sechs auseinander liegenden Stellen sollte die deutsche Verteidigung aufgespalten werden. Das würde einmal die Kräfte der HGr. Mitte zersplittern und zum anderen verhüten, daß sie aus weniger gefährdeten Gebieten Truppen in die betroffenen Abschnitte warf. Sie konnte also nicht alle in der HKL vorhandenen deutschen Verbände geschlossen zur Abwehr dieser Offensive einsetzen.

Neben den vier Fronten wurden auch die belorussischen Partisanen, die Fernfliegerkräfte und die Dnjeprflotte in den Angriffsplan einbezogen.

Am 31. Mai wurden die Direktiven der STAWKA herausgegeben, in denen sämtliche Fronten, Schwerpunkte, Aufgaben, Angriffszeiten und -ziele enthalten waren.

An Verstärkungen erhielten:
Die 1. Baltische Front das I. Panzerkorps.
Die 3. Weißrussische Front die 11. Gardearmee und das II. Gardepanzerkorps.
Die 2. Weißrussische Front wurde mit dem 81. Schützenkorps verstärkt und schließlich wurden der 3. Weißrussischen Front noch zusätzlich die Reserven des Oberkommandos in Gestalt der 5. Garde-Panzerarmee zugeführt.

Die 1. Weißrussische Front wurde mit dem Löwenanteil der gesamten Verstärkungen ausgestattet. Sie erhielt die 28. Armee, das IX. Panzerkorps, das I. Garde-Panzerkorps, das

I. mech. Korps und das IV. Garde-Kavalleriekorps allein für den rechten Flügel bei Rogatschew.

Zur Verstärkung der südlichen Stoßgruppe bei Paritschi wurden ihr noch die 8. Gardearmee, die 2. Panzerarmee und das II. Garde-Kavalleriekorps unterstellt.

Das war die stärkste Truppenmassierung, über die jemals eine der sowjetischen Heeresgruppen verfügte.

Als neue Reserve des Oberkommandos wurden die auf der Krim nicht mehr benötigte 2. Gardearmee und die 51. Armee in Richtung Weißrußland in Marsch gesetzt.

Das russische Oberkommando stattete sämtliche Fronten mit Panzern-, Selbstfahrlafetten-Regimentern und Brigaden aus. Dazu kamen Artillerie- ,Werfer- und Pioniertruppen.

Die Luftarmeen der Fronten wurden zusätzlich durch 11 Fliegerkorps und fünf Fliegerdivisionen verstärkt.

Die Marschälle Wassilewskij und Schukow, Hauptmarschall der Flieger Nowikow und Marschall der Flieger Falalejew wurden zu Koordinatoren der Kampfhandlungen und deren Stellvertreter an der Front ernannt.

Die deutsche Seite: Erkenntnisse und Mißverständnisse.

Im Abschnitt der Heeresgruppe Mitte hatte zu Ende des Jahres 1943 bis ins Jahr 1944 hinein die Sowjetarmee immer wieder versucht, die HKL der 3. Panzerarmee im Großraum Witebsk zu durchbrechen und auch hier die Front weiter nach Westen zu treiben.

Trotz sechsfacher Überlegenheit des Gegners gelang es der 3. PzArmee, den nördlichen Eckpfeiler der HGr. Mitte zu halten. Dieser Kampf war auch für die HGr. Nord von entscheidender Bedeutung, denn ohne den Besitz von Witebsk konnte die Sowjetarmee ihren Angriff gegen die untere Düna nicht fortsetzen.

Das Schicksal dieser 3. PzArmee aber hing von seiner eisenbahnmäßigen Versorgung ab.

Sowjetische Täuschungsoperationen

Die Sowjets griffen in diesem Frühjahr an mehreren Stellen der HGr. Mitte an. Doch in Wahrheit verfolgten sie eine große operative Linie, die das deutsche Ostheer über den wahren Ausgangspunkt und die Ziele der Sommeroffensive täuschen sollte.

Dazu fuhren die sowjetischen Transportzüge nicht so sehr in Richtung Hauptfront der HGr. Mitte, sondern täuschten überwiegend einen eisenbahnmäßigen Aufmarsch in die tiefe Südflanke der HGr. Mitte von Kiew über Sarny nach jenem Frontteil vor, von dem aus der Angriff tief in den Rücken der HGr. Mitte direkt nach Nordwesten auf Brest geführt werden konnte. Dies vermittelte den Eindruck, als wollte die Sowjetarmee bei der HGr. Nordukraine unter GFM Model angreifen.

Aus diesem Grunde ließ das Oberkommando des Heeres die Reservekräfte für die Front bei Brest stehen, denn der Stoß der Sowjetarmee in den Rücken der beiden Heeresgruppen Nordukraine und Mitte schien offensichtlich.

Den sowjetischen Partisanenverbänden wurde von ihrer Führung verboten, den deutschen Gegenaufmarsch nach Brest zu stören. Sie sollten nur bei der HGr. Nordukraine angreifen. So wurden denn die Anforderungen nach Panzer- und Panzergrenadierdivisionen der HGr. Nordukraine befolgt, weil dort der Feind angreifen werde, während die HGr. Mitte von fast allen Panzerverbänden entblößt wurde.

Daß die nach Südsüdwesten rollenden Züge der Sowjetarmee lediglich Leerzüge waren,wurde nicht rechtzeitig erkannt.

Die Partisanen schlagen los

In der Nacht zum 20. Juni 1944 krachten in allen Abschnitten der 700 km breiten Angriffsfront, dort also, wo vorher keinerlei Partisanentätigkeit bemerkt worden war, die Sprengladungen, mit denen die Partisanen die von langer Hand vorbereitete Unterbrechung aller Fernsprechverbindungen und Bahnlinien bewirken wollten.

240.000 weißrussische Partisanen hatten diese 10.500 Sprengladungen zwischen Dnjepr und Beresina gelegt. Bahnlinien wurden unterbrochen, Signalanlagen in die Luft gejagt, Funkstationen, Flugplätze und Brücken lahmgelegt. Der gesamte Führungsapaarat des bevollmächtigten Generals des Transportwesens war gelähmt. Oberst i.G. Teske flog am frühen Morgen des 21. Juni zu den zerstörten Verbindungswegen.

"Wenn die Russen *jetzt* zuschlugen, war das Chaos vorprogrammiert. Wie hätten wir die Verwundeten abtransportieren können, wie sollten Verpflegung und Munition und der bei einer Feindoffensive notwendige Truppenersatz nach vorn geschafft werden? Ich wußte es nicht." (siehe Teske, Hermann: Die silbernen Spiegel und: Notizen und Unterlagen an den Autor).

Unmittelbar nach diesem zehntausendfachen Donnerschlag war, gewissermaßen als Vorhut der Sowjetarmee die 104. sowj. Panzerbrigade angetreten, um eine schwache Stelle zu finden.

Hitler und sein Planungsstab glaubten am 20. Juni immer noch nicht an eine sowjetische Offensive vor der HGr. Mitte. In der Operationsabteilung des Heeres war man der felsenfesten Überzeugung, daß die Sowjets aus ihren Bereitstellungsräumen zwischen Kowel und Tarnopol gegen die deutsche HGr. Nordukraine antreten würden.

Das Feindbild nach Abschluß der Kämpfe im Raume südwestlich von Kowel im Winter und Frühjahr 1944 bis Ende April zeigte zwar eine besondere Schwerpunktbildung in diesem Abschnitt der HGr. Nordukraine, doch dies war die bereits erwähnte sowj. Finte. So waren denn auch aufgrund der Vorschläge und Bitten von GFM Model, OB der HGr. Nordukraine, die Lage vor allem im Raume Kowel durch einen Angriff zu bereinigen, starke Panzerverbände aus dem Bereich der HGr. Mitte herausgezogen und nach Süden verlegt worden.

Insgesamt acht Panzerdivisionen und zwei Panzergrenadierdivisionen sollten im Abschnitt der HGr. Nordukraine verhindern, daß der Gegner über Brest, Lemberg und Warschau nach Königsberg durchbrach. Damit wäre es ihm gelungen, beide Heeresgruppen von hinten zu umklammern, sie von ihren Nachschublinien abzuschneiden und in einer riesigen Falle zu vernichten. Nur daß die Sowjets sich eine solche gewaltige Operation überhaupt nicht zutrauten.

Aus dem KTB von Oberst Teske: Am 2. und 3. Juni 1944 fand in Angerburg eine Besprechung des Transportchefs, General Gercke, dem Chef des Feldtransportwesens, (Träger des Ritterkreuzes des Verdienstkreuzes) mit seinen sämtlichen Generalstabsoffizieren statt. Anstelle des Generals, der nur zu einigen Stippvisiten kam, hielt der "Bevollmächtigte General beim Chef des Transportwesens", Oberst i.G. Teske, die Lagebesprechung und gab eingangs einen kurzen Lagebericht. Die Abteilungsleiter meldeten die Frontlagen in ihren Abschnitten; die Betriebslage im Mai und in der ersten Hälfte des Juni war befriedigend. Störungen durch Bandenüberfälle und Fliegerangriffe hielten sich in Grenzen. Es wurde befohlen, mit allen verfügbaren Kräften die Rochadestrecken Cholm-Brest und Staru schki-Uretschje bis zum 15. Juni fertigzustellen.

Oberst Teske kam in Angerburg auf die Transportlage im Abschnitt der HGr. Mitte. zu sprechen:

"Seit Beziehen der Dnjeprstellung ist die dortige Transportlage gespannt und schwierig. Dies wird durch Bandeneinwirkung, bauliche Mängel und betriebliche Schwierigkeiten verursacht."

Sein Hinweis, daß sich bei operativen Bandengroßangriffen die Lage entscheidend verschlechtern könne, sollte wenige Wochen später eine grausige Bestätigung erfahren.

Der erste Angriff der Sowjetarmee

GFM Busch, OB der HGr. Mitte, hatte in der bereits geschilderten Lagemeldung erklärt, daß ihm die Möglichkeiten genommen seien, einer feindlichen Schwerpunktbildung vor seiner Front durch rechtzeitiges Verschieben seiner beweglichen Kräfte entgegenzuwirken. Dazu erwiderte der Chef des GenStabes des Heeres, GenOberst Zeitzler, daß es sich nur um eine vorübergehende Maßnahme handle. Die HGr.-Führung war mit dieser vorübergehenden Maßnahme einverstanden und akzeptierte den Abfluß starker Panzerkräfte da "sich ja zu dieser Zeit keine feindliche Schwerpunktbildung abzeichnet" (siehe Lagebesprechung vom 31. Mai 1944).

Allerdings ließ GFM Busch bereits in seiner Lagemeldung vom 4. Juni darauf hinweisen, "daß die örtliche Kräftemassierung vor der Ostfront durch die Verschiebung nahmhafter Feindreserven jederzeit vermehrt werden kann. Es *muß damit gerechnet* werden, daß der Feind sein im Winter praktiziertes Verfahren fortsetzt und an *mehreren* Stellen der Ostfront Angriffe mit wechselndem Schwerpunkt zum Zweck der Fesselung der deutschen Kräfte führen wird." (siehe: Gackenholz, Hermann: Zum Zusammenbruch der Heeresgruppe Mitte im Sommer 1944).

In ihrer Feindbeurteilung vom 19. Juni hob die HGr. hervor, daß der Feind starke Reserven vor die Front der 9. Armee heranführe,die durch die eigene Luftaufklärung erfaßt worden seien. Ferner waren im Bereich der Autobahn südostwärts von Witebsk Feindansammlungen erkannt worden. Die sowj. 8. Gardearmee wurde bei Rjassna lokalisiert, die 11. Gardearmee an der Autobahn , das V. Gardeschützenkorps an der Suchodrowkafront. Nachgemeldet wurde, daß die 5. Garde-Panzerarmee der Sowjets im Raume Smolensk stehe.

Dies alles deutete darauf hin, daß der Gegner vor der HGr. Mitte *keinen* Fesselungsangriff, sondern eine *Offensive* vorbereitete und "daß auch hier – *oder nur hier* – mit erheblich weiteren Operationsabsichten der sowjetischen Führung gerechnet werden mußte." (siehe: Gackenholz, Hermann: a.a.O.).

Hinzu kam, daß die sowj. Luftwaffe vor der HGr. Mitte schlagartig auf 4.500 Flugzeuge verstärkt worden war.

Alles dies ließ spätestens am 19. Juni den Schluß zu,daß die sowj. Sommeroffensive *nicht* bei der HGr. Nordukraine,sondern bei der Heeresgruppe *Mitte* beginnen würde. Die Abschnitte, an denen der Feind vorstoßen würde, waren ebenfalls bekannt: Es waren die Räume Bobruisk, Mogilew, Orscha und Witebsk. Von hier aus würde die Sowjetarmee ihr nunmehr augenfälliges

Ziel, die Vernichtung des weit nach Osten vorspringenden Frontbogen der Heeresgruppe Mitte, angehen.

Die tatsächliche Feindbeurteilung war also jener des OKH völlig entgegengesetzt. Noch bei der Besprechung des 14. Juni, als diese Erkenntnisse bereits sichtbar waren, waren die Heeresgruppen- und Armeechefs im OKH zu einem falschen Ergebnis gekommen. Es war der seinerzeitige Chef der Operationsabteilung des Heeres, seit dem 10. Juni bis zum 21. Juli 1944 stellvertretender Chef des Generalstabes des Heeres, der folgendes verkündete:

"Nach wie vor wird der feindliche Hauptangriff bei der Heeresgruppe Nordukraine erwartet. Dort steht zum ersten Male im Krieg gegen die Sowjetunion Schwerpunkt gegen Schwerpunkt. Die Vorstöße gegen die Heeresgruppen Südukraine und Mitte sind nichts als Nebenoperationen."

Das hieß, die Tatsachen vom Obersten Führungsgremium des Heeres auf den Kopf stellen. *Ob bewußt oder unbewußt* , diese "Erkenntnisse" haben eine Katastrophe *größten* Ausmaßes herbeigeführt und den Feind bis an die Grenze des Reiches gelangen lassen.

So stand denn die Heeresgruppe Mitte mit ganzen 38 Divisionen in einem weitgespannten, 1.100 km langen Bogen ihrer Front in dünner Aufstellung. Sechs Divisionen davon waren von Hitler in die ›Festen Plätze‹ befohlen worden:

Drei Divisionen in Witebsk. Eine Division in Orscha. Eine Division in Mogilew. Eine Division in Bobruisk. Dort waren sie von Anfang an zum Tode verurteilt.

Die Offensive beginnt

Der große Sturm der Sowjetarmee in Weißrußland - gegen die Heeresgruppe Mitte geführt - begann am 22. Juni 1944, dem dritten Jahrestag von "Barbarossa", mit einer Offensive weit überlegener sowjetischer Kräfte gegen den deutschen Frontbogen zwischen Bobruisk und Witebsk, im "blutigen Dreieck" zwischen Dnjepr und Beresina.

Hier wollte die Sowjetarmee die Entscheidung erzwingen, die Wehrmacht niederwerfen und ihr eine entscheidende Niederlage bereiten.

185 sowjetische Divisionen mit 2.500.000 Soldaten traten auf einem Frontabschnitt von 700 km Breite zum Angriff nach Westen an. Mit ihnen rollten 6.100 Panzer und Sturmgeschütze als stählerne Stoßkeile nach vorn.

45.000 Geschütze eröffneten die Offensive mit einem 14 Stunden andauernden Trommelfeuer.

7000 Flugzeuge, unter ihnen die gefürchteten Schlachtflugzeuge IL-2, Fernbomber, Nachtbomber, Jäger und Stukas, griffen vom ersten Antreten ununterbrochen in die Kämpfe ein. Noch niemals zuvor hatte der Ostkriegsschauplatz eine solche Massierung von Waffen und Menschen gesehen.

Diesem gewaltigen Aufgebot an Kräften zu Lande und in der Luft standen 500.000 deutsche Soldaten gegenüber, von denen sich etwa 380.000 in den Verteidigungsstellen befanden. In dieser *entscheidenden* Stunde standen der HGr. Mitte *keine Panzer und Sturmgeschütze* zur Verfügung. Diese befanden sich bei der HGr. Nordukraine. Es fehlte also vor allem an schweren Waffen, um diese gigantische Dampfwalze zum Stehen zu bringen.

Im Sumpfgebiet zwischen Dnjepr und Beresina sowie in den "Festen Plätzen" gingen ganze Divisionen in einem Todeswirbel ohnegleichen zu Grunde. Mit ihnen die Hilfswilligen und die Verwundeten in den Lazaretten.

Im Moor zwischen Beresina und Dnjepr verschwanden 350.000 deutsche Soldaten. Sie fielen im Feuer der Artillerie, unter Bombenhagel und Bordwaffenbeschuß der sowj. Luftgeschwader. Sie starben unter den Ketten der Tausende Panzer, im Todeswirbel der Salvengeschütze. Sie erstickten im Sumpf, wurden von den Partisanen umgebracht, oder gingen in den weiten undurchdringlichen Wäldern zu Grunde, in die sie sich, verwundet und zu Tode erschöpft, zu retten versuchten.

Die Beresina, bereits schon einmal einer westlichen Armee zur Todesfalle geworden, wurde in der blutigen Geschichte des Zweiten Weltkrieges aufs Neue zu einer unüberwindlichen Barriere, an der sich die Trecks der Todgeweihten stauten.

Der Zusammenbruch der HGr. Mitte begann am 22. Juni 1944 zwischen Bobruisk und Witebsk und endete zwei Wochen später in Minsk.

"Diese Katastrophe wog doppelt so schwer wie Stalingrad, ihre operativen Auswirkungen waren eine Katastrophe von nie vorher geahntem Ausmaß. Jetzt hatte die sowjetische Führung die Möglichkeit, die Mitte der deutschen Ostfront bis hin zur Weichsel aufzurollen und die ostpreußische Grenze zu erreichen. Damit waren gleichzeitig die im Baltikum stehenden Kräfte abgeschnitten. Im Süden öffnete diese Niederlage der Sowjetarmee den Weg auf den Balkan.

Daß dieses Desaster nicht ins Bewußtsein der deutschen Bevölkerung drang, daß Umfang und *Folgen* dieser Niederlage und des unerhörten Blutopfers weitgehend unbekannt blieben, ist den turbulenten Ereignissen im Westen – der Invasion in der Normandie – zuzuschreiben. Der 20. Juli 1944 deckte dann dieses militärische Desaster zur Gänze zu.

Die von Heinrich Himmler verbreitete Version, daß hieran "Verrat und Sabotage" schuld gewesen seien, "war aus der Luft gegriffen" (siehe Kurowski, Franz: Blutiges Dreieck – das vergessene Stalingrad zwischen Witebsk-Bobruisk-Minsk).

Es war kein Verrat im Spiel. Die zahlreichen Fehlbeurteilungen der Feindlage, die sich daraus ergebenden Fehlentscheidungen Hitlers und dessen fester Wille, den einmal gewonnenen Boden zu halten – sei es auch unter Verlust starker Kräfte – haben die Entscheidung zu Gunsten der weit überlegenen Sowjetarmee herbeigeführt. Rechtzeitiges Umgruppieren wurde von Hitler verboten. Die eingeleiteten Rückzugsoperationen durch ihn kategorisch vereitelt. Der Opfergang Hunderttausender deutscher Soldaten war die Folge davon.

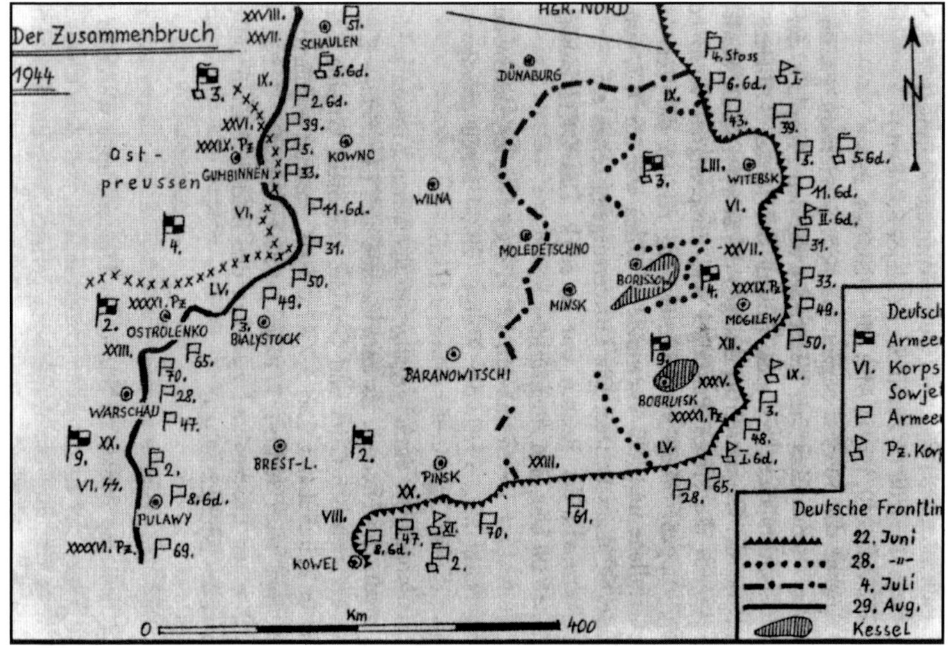

Die Phasen der sowjetischen Offensive

Der Angriff der Sowjetarmee im Morgengrauen des 22. Juni 1944 nordwestlich von Witebsk traf die dort auf einer Frontbreite von 64 Kilometern verteilten Truppen des IX. AK mit der Korpsabt. D und der 252. ID. Hier griffen acht Divisionen der sowjet. 43. Armee an. Wenig später schlossen sich noch die gepanzerten Verbände der 6. Gardearmee an. Armeegeneral Bagramjan, OB der hier kämpfenden 1. Baltischen Front, hatte GenLt. Beloborodow angewiesen, mit der 43. Armee die deutsche HKL südwestlich Gorodok auf einer Breite von 25 km zu durchbrechen. GenLt. Tschistjakow befahl er, dazu eine Division seiner 6. Gardearmee als Verstärkung zur Verfügung zu stellen.

Teilkräfte der 43. Armee erhielten den Auftrag, im Zusammenwirken mit der 39. Armee der 3. Weißrussischen Front die deutschen Kräfte beiderseits Witebsk und in der Stadt selbst zu vernichten und Witebsk in Besitz zu nehmen.

Die sowj. 3. Luftarmee, GenLt. Papiwin, unterstützte mit ihren Schlachtfliegerverbänden diesen Angriff, indem sie die deutschen Artilleriestellungen ausschaltete. Ihre "Schlächter" dröhnten über die deutsche HKL hinweg, griffen die Artilleriestellungen ebenso wie die Grabenstellungen an, bombten auf den Straßen zur Front rollende Versorgungsfahrzeuge.

Mit den Angriffsdivisionen der Sowjetarmee rollten zwei Panzerbrigaden im Schwerpunkt des befohlenen Durchbruchsraumes vor. Beide Stoßkeile trafen den rechten und mittleren Abschnitt der 252. ID. Die Sowjets eroberten die Stellungen dieser Division bei Ssirotino dreimal und mußten sie ebenso oft wieder räumen. Auf jedem Frontkilometer standen hier 103 (!) deutsche Soldaten.

Am Abend des ersten Angriffstages war die 252. ID dezimiert. Den Sowjets gelang der endgültige Einbruch in die Ortschaft. 30 Minuten später wurde die beiderseits des Obol stützpunktartig besetzte Front auf einer Breite von acht und in einer Tiefe von fünf km durchbrochen.

Als der Morgen des 23. Juni anbrach, stießen die Sowjets auf breiter Front über die Bahnlinie Polozk-Witebsk nach Süden und Südosten durch. Erneut begannen die mörderischen Angriffe der sowjetischen Luftstreitkräfte. Hunderte Jäger gesellten sich zu den IL-2.

Als gegen Mittag ein starkes Gewitter niederging, zogen sich die Überlebenden der durchbrochenen Stellungen auf die "Tigerstellung" in der Seenenge zurück. Die Feindverbände stießen nach. Trotz verbissener Gegenwehr gelang ihnen westlich von Schumilino ein neuer Durchbruch. Die hier in der "Tigerstellung" neben den Resten der 252. ID eingesetzte 24. ID wurde am Nachmittag um drei km zurückgeworfen.

Ein Sturm sowjetischer Panzer, Sturmgeschütze und Schützenpanzer ergoß sich nunmehr nach Süden, Südwesten und Südosten. Letzterer mit der Aufgabe betraut, Witebsk zu erobern.

Am späten Abend des 23. Juni mußte das in Beschenkowitschi liegende HQ der 3. Panzerarmee, die in diesem Abschnitt führte, hinter die Düna zurückgenommen werden und dort zur Verteidigung übergehen. In Botscheikowo richtete sich das PzAOK 3 am Morgen des 24. Juni vorübergehend ein. Am Abend dieses Tages mußte es erneut nach Westen ausweichen. Diesmal nach Borowka, wo vormals der Armee-Oberquartiermeister mit seinem Stabe lag. Hier erst konnten die abgerissenen Nachrichtenverbindungen zur HGr. Mitte wieder hergestellt werden.

Auf der einzigen noch befahrbaren Straße Beschenkowitschi-Botscheikowo-Lepel hetzten die Trosse in wilder Eile nach Westen. Dichte Verbände sowjetischer Jäger flogen im Tiefflug darüberhin und schossen aus allen Bordwaffen. Jabos beteiligten sich mit Bombenwürfen an dieser Treibjagd. Munitionsfahrzeuge explodierten, Spritwagen gingen in Flammen auf.

Am späten Nachmittag des 24. Juni trafen im Abschnitt des IX. AK GenOberst Reinhardt, OB der 3. PzArnee, und GFM Busch, der HGr. Oberbefehlshaber, zusammen. Ihre Unterredung steigerte sich zu einem heftigen Wortwechsel, als GenOberst Reinhardt von einer zu spät erfolgten Hilfeleistung durch die HGr. sprach. Reinhardts Antrag, Witebsk sofort zu räumen, um so wenigstens die dort eingeschlossenen Divisionen zu retten, wurde von GFM Busch abgelehnt.

Erst am späten Abend dieses Tages ging vom OKH die Genehmigung ein, das LIII. AK, das im ostwärtigen Frontbogen um Witebsk mit vier Divisionen – der 4. und 6. LwFeld-Div. und der 206. und 246. ID – stand und zur Einschließung im "Festen Platz" Witebsk bestimmt war, in die Ringverteidigung von Witebsk zurückzunehmen. Bis dahin hatte dieses Korps ostwärts von Witebsk gehalten. Es war kaum angegriffen worden. Noch während der Rücknahme erging ein Befehl an die 4. LwFeldDiv., sich aus der Front zu lösen und in den Raum südlich Witebsk zu verlegen.

Am Abend des 24. Juni war das Schicksal von Witebsk bereits entschieden. Die sowjetischen Armeen waren beiderseits an der Stadt vorbei in die Tiefe des Raumes vorgedrungen. Am Nachmittag hatten sowj. Panzer Boguschewskoje besetzt und waren sofort weiter nach Süden und Südwesten vorgeprellt. Die Tigerstellung bei Chodzy, wo Reste der 197. ID und Alarmeinheiten die Seenenge besetzt hielten, wurde vom Feind mit der Kraft einer unaufhaltsamen Lawine durchbrochen. Dieser Gegner stieß sofort weiter nach Westen und Südwesten vor.

Das LIII. AK im Großraum Witebsk war abgeschnitten und hatte die Verbindungen zum benachbarten VI. AK verloren. Zwischen diesem und dem IX. AK der 3. PzArmee klaffte eine 40 km breite Lücke, durch die sich ein unabsehbarer Strom von sowjetischen Panzern und Infanteristen ergoß.

Am Morgen dieses vorentscheidenden 24. Juni war GenOberst Zeitzler aus dem FHQ nach Minsk gekommen, um sich bei der HGr. Mitte über die Lage an der Front zu informieren. Anschließend flog er direkt zum Obersalzberg zurück, um Hitler über die katastrophale Lage Bericht zu erstatten. Um 15.20 Uhr fragte er noch einmal im Auftrage Hitlers vom Obersalzberg aus bei GenOberst Reinhardt an, ob er die Aufgabe von Witebsk noch immer als wünschenswert erachte.

GenOberst Reinhardt erwiderte: "Das LIII. AK ist bereits lose eingeschlossen. Die letzte Minute ist angebrochen, um noch einen erfolgreichen Ausbruch befehlen zu können. Mit jeder Vietelstunde zieht sich der Ring russischer Truppen westlich Witebsk enger um die Stadt." (siehe Heidkämper, Otto: "Witebsk").

GenOberst Zeitzler meldete Hitlers Bedenken, den Befehl zur Aufgabe von Witebsk zu geben, weil zuviel Munition und Proviant verlorengehen könne. Reinhardts Anwort lautete unmißverständlich: "Sofort ! Bei einer endgültigen Einschließung gehen nicht nur Munition und Verpflegung verloren, sondern das ganze LIII. Armeekorps mit seinen fünf Divisionen."

Nach mehreren weiteren Verlustmeldungen und Funksprüchen erklärte sich Hitler zur Zurücknahme des LIII. AK bereit. Er befahl:

"LIII. AK kämpft sich, unter Belassung einer Division als Besatzung in Witebsk, mit den übrigen Divisionen nach Westen zu den eigenen Linien durch. Der Name des Divisionskommandeurs ist zu melden."

Die 206. ID unter GenLt. Hitter hatte in Witebsk zu bleiben und die Stadt "bis zum letzten Atemzug" zu verteidigen (GenLt. Hitter hatte am 5.6. 1944 als 488. dt. Soldat das Eichenlaub zum RK erhalten). Es sollte aber noch bis zum frühen Morgen des 26. Juni dauern, bevor das LIII. AK den Ausbruch aus dem inzwischen fest eingeschlossenen Witebsk antreten konnte.

Der Kampf um Orscha dauerte vom 24. bis zum 25. Juni 1944 an.

Die sowj. 11. Gardearmee kam an diesen beiden Tagen nur 2.000 m weiter. Die sowj. 31. Armee, auch auf Orscha angesetzt, blieb ebenfalls erfolglos. Hier war es die 78. Sturmdivision, die als Reserve der 4. Armee nach vorn gebracht wurde und sich vorbildlich schlug.

General d.Inf. von Tippelskirch, stellvertretender OB der 4. Armee, beantragte am 24. Juni die Zurücknahme seiner Truppen auf die Dnjepr-Schutzlinie. Die Heeresgruppe lehnte diesen Antrag ab. Damit waren auch Orscha und die 78. Sturmdivision verloren. Die Stadt hielt immer noch, während die sowjetischen Panzerverbände 450 km weiter westlich die Rückzugswege der deutschen Truppen blockierten.

Rogatschew - Paritschi - Bobruisk

Die nördliche Angriffsgruppe der 1. Weißrussischen Front war mit der 3. Armee unter GenLt.-Gorbatow und der 48. Armee unter GenLt. Romanenko beiderseits Rogatschew angetreten. Nach dem Durchbruch sollten das IX. Panzerkorps und die 3. Armee unter GenMaj. Bacharow eingesetzt werden, um im zügigen Vorgehen den Raum Bobruisk zu erreichen und die deutschen Verbindungswege abzuschneiden.

Die südliche Stoßgruppe der "Front" mit der 65. Armee unter GenLt. Batow, und die 28. Armee, geführt von GenLt. Lutschinski, sollten auf Paritschi antreten, den Beresinaübergang erzwingen und mit ihren schnellen Verbänden weiter nach Westen vorstoßen. Deren Infanteriekräfte hatten im Rücken von Bobruisk auf die Stadt einzudrehen und den dort stehenden deutschen Verbänden den Rückzugsweg abzuschneiden.

Die 16. Luftarmee unter GenOberst Rudenko sollte insbesondere die nördliche Stoßgruppe unterstützen. Dazu wurden zwei Nachtbomber-Divisionen eingesetzt.

Am Abend des 23. Juni begann auch bei Paritschi der Angriff der Sowjetarmee mit einigen Vorgefechten. Am Morgen des 24. Juni griffen hier Feindpanzer bei der 36. ID (mot.) über einen 500 m breiten Sumpfgürtel hinweg an. Sie rollten auf Knüppeldämmen, die in den beiden vergangenen Nächten von sowjetischen Pionieren im Schutze künstlichen Nebels gelegt worden waren. In vierfacher Kolonne schoben sie sich über den schwankenden Untergrund vorwärts. Die beiden einzigen 7,5 cm-Pak, über welche das IR 87 verfügte, eröffneten das Feuer. Die Infanterie ließ sich überrollen und ging dann die stählernen Kolosse mit Sprengmitteln und Panzerfäusten an.

Dann kamen die Sowjets über den Sumpf. Sie liefen auf einer Art von Lappen-Schneeschuhen zielstrebig über die schwankende Fläche, zogen auf breitkufigen Schlitten ihre MG hinter sich her und hatten sehr rasch diese für unüberwindlich gehaltene Fläche überschritten.

Im Kampf gegen Feindpanzer erzielten die Infanteristen mit Panzerfäusten und Tellerminen mehrere Erfolge. Die Pak tat es ihnen nach, und während hier die roten Panzer zwar zerrupft, aber dennoch erfolgreich die deutschen Stellungen überkarrten, rollten sie auch über die übrigen Divisionen der 9. Armee im Süden der HGr. Mitte hinweg, überflügelten einzelne Verbände, schlossen sie ein und vernichteten sie.

Die deutschen Trosse rollten zur Brücke über die Beresina bei Paritschi. In vier Kolonnen stürmten sie zurück. Immer wieder jagten Tiefflieger unangefochten über sie hinweg. Jabos warfen ihre hochbrisanten 50-Kilo-Raketenbomben.

Ostwärts von Bobruisk, auf der Rollbahn nach Rogatschew, stauten sich ebenfalls die Kolonnen. Alle Fahrzeuge, die versuchten, vor den Fliegern in die Wälder zu entkommen, wurden von den dort lauernden Partisanen aufgehalten, die Soldaten niedergemetzelt. Auf der Straße von Rogatschew rollten die ersten T 34 nach Westen.

Diese Panzerlawine war auch an den noch haltenden Grenadieren der 36. ID (mot.) vorübergebraust. Die sowj. Infanterie hatte die Hauptstützpunkte ostwärts Paritschi ausgespart. Diese fielen ihnen später kampflos zu.

Die überrollten und umgangenen Soldaten dieser und anderer Divisionen versuchten, sich nach Bobruisk durchzuschlagen. Als sie die Brücke erreichten, lag diese bereits unter feindlichem Panzerbeschuß. Entlang des Bahndamms erreichten die Soldaten die Brücke, vor der einige Lokomotiven unter Dampf standen und nicht hinüberkamen. Zwei Achtacht-Flak zogen nach vorn. Sie schossen aus dem Panzerrudel, das die Brücke unter Feuer hielt, neun T 34 heraus und stoppten den Feindvorstoß. Nun stürmte alles über die Brücke.

Am Abend dieses 24. Juni wurden in Shlobin beim HVPl. der 6. ID die Verwundeten auf Panjewagen geladen. Die beiden Divisionsärzte und einige Schwestern trugen die Schwerverwundeten auf die mit Strohschütten bedeckten Pferdewagen. Es fehlte wie an fast allen Frontabschnitten an bereitstehenden Zügen. Dieses Fehl wurde durch den Ausfall des Eisenbahnpersonals, durch eingetretene Verluste *und* das Weglaufen aller einheimischen Eisenbahner verursacht.

40 Lokomotiven waren am ersten Tag in Verlust geraten. 2000 Wagen standen in Orscha, Mogilew und Witebsk und konnten nicht zum Abtransport der Verwundeten, der wertvollen Materiallager und sonstiger Einrichtungen genutzt werden.

Das Schlimmste aber was geschehen konnte, war ebenfalls eingetreten: Der Feind konnte auf den intakt gebliebenen Bahnanlagen seine Truppen *so schnell wie sonst nie vorher* nachführen. *Damit* war der Siegeszug der Sowjetarmee *weit* über die geplanten Geländegewinne hinaus zu erklären.

Nun stellte es sich zusätzlich heraus, daß die Zerstörungen der Partisanen weder auf den für die sowjetischer Armeen wichtigen Strecken noch den benötigten Objekten der Bahn – von einigen Ausnahmen abgesehen – erfolgt waren, *weil* die Sowjetarmee dieses alles zum Truppen-, Munitions- und Nachschubtransport benötigte.

Die 6. Infanteriedivision auf dem Rückzug

Mit dem Desaster von Witebsk und Paritschi im Rücken kämpfte die 6. ID – die noch 40 km ostwärts von Paritschi stand – im Raume Shlobin - Lebedewka - Kabanowka, während ihre Trosse zurückfuhren. Die beiden Grenadierregimenter 18 und 58 und das GR 37 verteidigten einen 50 km breiten Abschnitt, während die 296. ID bei Rogatschew Widerstand leistete und unter dem Druck zweier sowjetischer Armeen schrittweise zurückging. Nördlich und südlich der 6. ID hatte die Sowjetarmee die Stellungen der 9. Armee bereits am 23. Juni durchbrochen. Erst am 24. Juni griffen sie die Stellungen der 6. ID an. Deren Kdr., GenLt.. Heyne, verlegte das GR 58, unter dessen neuem RgtFhr., Major Stampe, aus seinem bisherigen Abschnitt in den Raum der 296. ID, während das PiBatl. 6 die Stellungen dieses Rgt. übernahm.

Am frühen Morgen des 25. Juni traf der RgtStab des GR 58 auf dem DivGefStand der 296. ID in Koschary ein. Major Stampe erhielt Weisung, auf dem Westufer der Dobriza eine Auffangstellung für die 296. ID zu besetzen, in welche diese zurückgehen konnte.

Als das Rgt. dort eintraf, war der Abschnitt bereits von Rotarmisten überflutet. Diese wurden bis zum Mittag geworfen. Es gelang jedoch nicht, zur links anschließenden 134. ID Verbindung aufzunehmen, da das Anschlußregiment bereits aufgerieben war.

Am Nachmittag des 25. Juni erschien GenLt. Frhr. von Lützow, der neue KommGen. des XXXV- AK, auf dem GefStand des GR 58. Er sagte: "Hier geht es nicht mehr um einen örtlichen Einbruch, Stampe. Für uns stellt sich jetzt die Frage, ob der von Süden kommende Stoß auf Bobruisk auf dem Westufer der Beresina aufgehalten werden kann. Gelingt uns dies nicht, ist das gesamte Armeekorps eingeschlossen."

Am späten Abend erhielt GenLt. Heyne Weisung, nach Legen einer Minensperre hinter die Dobyssna in Höhe von Krassnij Bereg zurückzugehen und sich dort zu weiterer Verteidigung einzurichten.

Ein PiBatl hatte wenige Tage vorher eine 24-Tonnen-Brücke über die Dobyssna errichtet. Als die Trosse sich über diese Brücke bewegten und die Grenadiere sich absetzten, stießen sowjetische Panzer darauf zu. Ofw. Möller vom PiBatl. 6 gelang es, die elektrische Zündung auszulösen. Die Brücke stürzte mitsamt den darauf rollenden Panzern in den Fluß (Hans Werner Möller hatte bereits als Uffz. und Zugführer in der 11./GR 58 am 6. Sept. 1942 das RK erhalten).

Der GefStand des GR 37 wurde am frühen Morgen des 27. Juni von sowjetischen Verbänden angegriffen, die von der sowj. Dnjepr-Flotte über den Fluß geschafft worden waren. Das GR 37 griff unter der Führung von Oberst Boje den Feind in der Ortschaft Kobanowka an. Der Oberst ging als erster vor. Im Nahkampf wurde Haus um Haus zurückgewonnen. Plötzlich peitschte der Schuß eines sowj. Scharfschützen. Oberst Boje stürzte durch Kopfschuß tödlich getroffen zu Boden (ihm war am 11. Jan. 1944 das Ritterkreuz verliehen worden).

Die Lage bei der 9. Armee

An der Nahtstelle der 9. Armee zur nach Norden anschließenden 4. Armee waren die Truppen der Sowjetarmee tief eingebrochen. Starke Kräfte hatten das Waldgebiet westlich des Drut erreicht und sich darin festgesetzt. Gegen diesen Einbruch setzte die Armee am 25. Juni eine PzKGruppe der 20. PD an.

Es war eine Abt. des PR 21 mit rund 100 Panzern IV unter Major Schulze, der mit den drei Spitzenkompanien die sowj. 48. Armee angriff. Es gelang Schulze unter Abschuß von 31 T 34 die gesamte 48. Armee zum Stehen zu bringen. Dennoch konnte er nicht verhindern, daß weiter nördlich, an der Nahtstelle zur 4. Armee, ein Panzerkorps der sowjet. 3. Armee durchbrach.

Aus eigenem Entschluß ließ Major Schulze, als die Meldung des feindlichen Panzerdurchbruches ihn erreichte, 20 Panzer zurück, die die Lage beherrschten und rollte mit dem übrigen, noch kampfstarken Verband in schneller Fahrt den durchgebrochenen, sowjetischen Panzerrudeln in die linke Flanke.

Als er eben zum Angriff ansetzte und die ersten Schüsse aus der 7,5 cm Panzerkanone der Panther hinauspeitschten, erhielt er von der 9. Armee den Befehl zum Einsatz südlich Bobruisk. Dort war das I. GardePanzerkorps der sowjet. 65. Armee vorgestoßen und hatte einen gefährlichen 20 km tiefen Einbruch erzielt.

Hinter diesem Einbruch schleuste Marschall Rokossowskij die Kavallerie-mech.-Gruppe unter GenLt. Plijew ein. Wenn der sowjetische Offensivstoß *hier* nicht gehalten wurde, würden die am 26. Juni den Pritsch erreichen und ihn überschreiten. Damit aber hätte das I. Garde-Panzerkorps Bobruisk bereits überflügelt.

Dennoch war das Herumwerfen der Gepanzerten Gruppe Schulze falsch! Nach der Lage der Dinge konnte sich diese starke, von einem überragenden Kommandeur befehligte Panzerkampfgruppe nun *weder im Norden noch im Süden* wirksam entfalten und die Entscheidung herbeiführen.

Major Paul Schulze, als Hauptmann am 15.1. 1944 bereits mit dem RK ausgezeichnet, wäre durch den Einsatz nur einer Kp. unter Oblt. Begemann in der Lage gewesen, eine Straßenkreuzung *und die* Brückenstelle ostwärts von Bobruisk offenzuhalten und die Angriffsversuche zu zerschlagen. Aber es gab nur diesen einen Panzerverband in dem Raum. Alle übrigen Panzertruppen waren Wochen vorher nach Süden zur HGr. Nordukraine verlegt worden.

Die *gesamte* HGr. Mitte verfügte nur noch über *zwei* weitere Panzerabteilungen und einige Sturmgeschütz-Brigaden, die sämtlich schwer angeschlagen waren.

General Hans Jordan, der am 20.4. 1944 als KommGen des VI. AK die 64. Schwerter erhalten hatte, wurde abgelöst. Die Führung der 9. Armee übernahm nunmehr Gen.d.PzTr. von Vormann. (Major Paul Schulze erhielt am 28. Juli 1944 als 538. deutscher Soldat das Eichenlaub zum RK als Kdr. der PzAbt. 21).

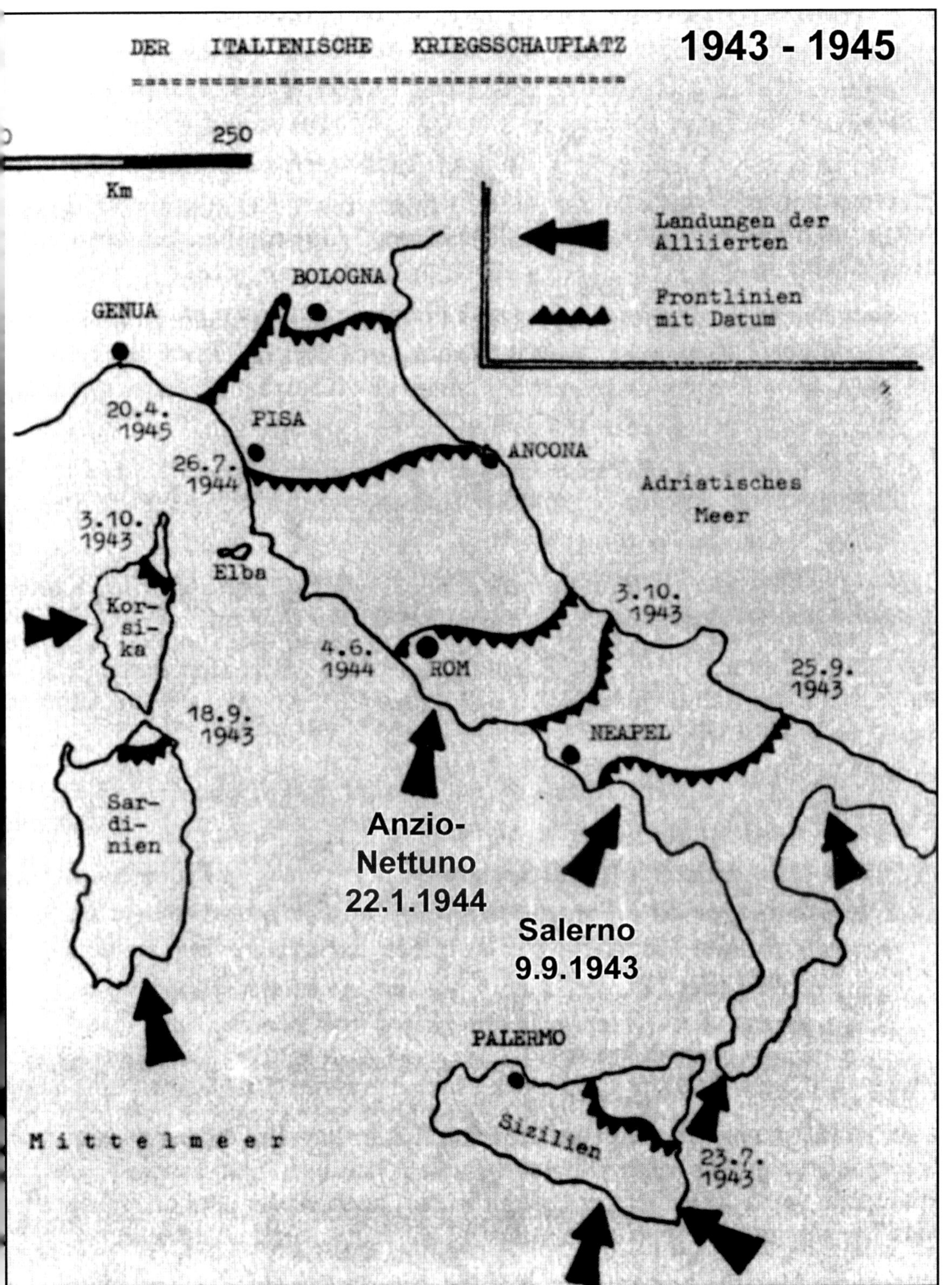

Diese Karte zeigt anschaulich, dass Italien von den Alliierten nur in Etappen erobert werden konnte.

Nur wenige Italiener kämpften auf deutscher Seite weiter.

Das weltberühmte Kloster Monte Cassino vor seiner dramatischen Zerstörung im Frühjahr 1944.

Britische Infanterie dringt in Annunziata ein.

Ein deutscher Fallschirmjäger mit seiner typischen Maschinenpistole MPi 40.

Eine 7,5 cm-Pak bekämpft anrollende Feindpanzer im Vorfeld von Cassino.

Ein amerikanischer Sherman-Panzer rollt zur Cassino Front vor. Obwohl das gebirgige italienische Festland nur eingeschränkt den Einsatz von Panzern zuließ, wurden auf diesem Kriegsschauplatz viele alliierte Panzer eingesetzt.

Fallschirmjäger mit Granatwerfern in den Ruinen von Cassino.

Ein Späher blickt zu den gegnerischen Linien hinüber. Wann wird der nächste Angriff erfolgen?

Eine Gruppe Fallschirmjäger in Bereitstellung. Aber auch Heereseinheiten aller Art waren an den schweren Abwehrkämpfen um Cassino beteiligt.

Der neuseeländische General Freyberg befahl die Bombardierung des Klosters Monte Cassino, obwohl sich dort keine deutschen Kräfte aufhielten.

Mit ungeheuerem Aufwand wurden Tausende Tonnen Bomben auf den Klosterberg abgeworfen. Schwerstes Artilleriefeuer folgte auf die Bombenangriffe aus der Luft.

Das Kloster Monte Cassino wurde restlos zerstört. Alle beweglichen Kunstgegenstände waren vorher mit deutscher Hilfe in Sicherheit gebracht worden. Erst jetzt richteten sich Fallschirmjäger in den Schuttbergen zur Verteidigung ein.

Verbissen kämpften die Fallschirmjäger und Heereseinheiten weiter, um den Alliierten den Zugang nach Rom zu versperren. Ein MG 42 schickt seine Garben in den anstürmenden Gegner.

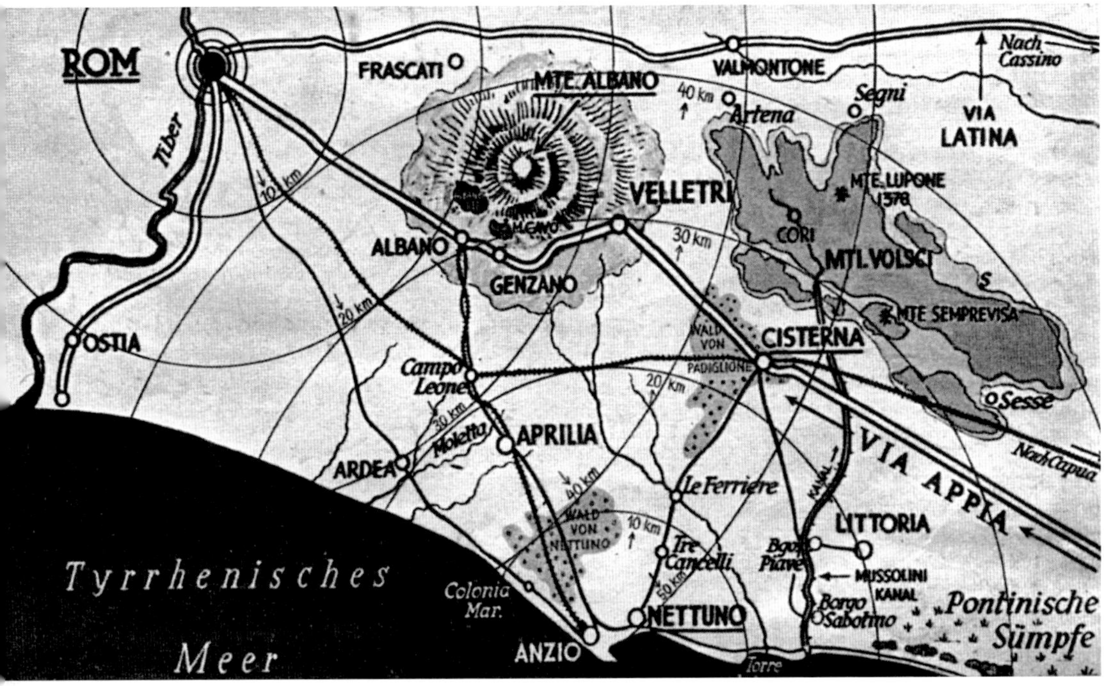

Um den Sperr-Riegel Cassino zu umgehen, landeten starke alliierte Kräfte im Januar 1944 bei Anzio-Nettuno. Durch einen starken Umklammerungsring der Deutschen konnten die Alliierten viele Wochen an der Ausweitung ihres Brückenkopfes gehindert werden.

Die deutsche Artillerie schießt auf die landenden Amerikaner im Brückenkopf von Anzio-Nettuno.

Nachschub stellte für die Alliierten kein Problem dar. Im Bild sind Lkws mit Munition und Verpflegung für die Nettuno-Front zu sehen. Die deutsche Luftwaffe griff den alliierten Brückenkopf immer wieder an.

Ein Panzervorstoß der Amerikaner bricht im deutschen Abwehrfeuer zusammen. Im Bild zwei abgeschossene Sherman-Panzer hinter der deutschen Hauptkampflinie.

Im Bild eine zerstörte deutsche 8,8 cm-Flak. Diese Waffe stellte für die amerikanischen Panzer ein große Gefahr dar, da ihre Granaten die Panzerung der alliierten Panzer zu zerstören vermochte.

Ein deutscher Sprengpanzer „Goliath" ist auf eine Mine gefahren, die ihm die Kette abgerissen hat. Der Panzer wurde Beute der Amerikaner.

Um der italienischen Bevölkerung zu zeigen, wie erfolgreich der deutsche Widerstand bei Cassino und Nettuno ist, wurden lange Reihen gefangener amerikanischer Soldaten durch Rom und am Kolosseum vorbeigeführt.

Amerikaner auf dem Weg in die Gefangenschaft. Ihr Wissen um ihre materielle Überlegenheit lässt sie zuversichtlich in die Zukunft blicken.

Mussolini bei einer anfeuernden Ansprache an seine Landsleute in Norditalien. Hinter ihm im Bild sind sein Marschall Graziani und Feldmarschall Keitel. Die Macht des Faschismus war jedoch gebrochen.

Auf dem Balkan wurde die Lage 1944 für die deutschen Besatzer sehr kritisch. Deutsche Soldaten standen im Kampf gegen eine Vielzahl von Partisanengruppen, die sich teilweise auch gegenseitig bekämpften.

Mit Unterstützung von einem leichten italienischen Beutepanzer gehen Schützen gegen Partisanen vor. Die schwachen deutschen Kräfte mussten sich aus Griechenland, Serbien und Kroatien zurückziehen.

In den Großraum Witebsk hatte die Sowjetarmee, aus der Tiefe des Raumes südostwärts der Stadt, die 5. Garde-Panzerarmee herangeführt. Diese stieß durch das bei Senno aufgerissene Loch und rollte über Senno hinaus nach Südwesten, in den Bereich der 4. Armee durch. Das VI. AK war von der 3. PzArmee abgeschnitten. Es schlug sich zur 4. Armee durch und wurde ihr unterstellt. Damit hatte die 3. PzArmee neben dem in Witebsk eingeschlossenen LIII. AK ein zweites Korps verloren.

Aus der Seenenge bei Chodzy drangen Divisionen der sowj. 39. Armee nach Westen und Nordwesten durch. Die Marderstellung wurde von der Sowjetarmee überrannt. Die im Raume Beschenkowitschi stehende Resttruppe mußten auf das Südufer der Düna zurückgenommen werden. Hier ermöglichten Soldaten des Panzerarmee-Sturmbataillons 3 das Übersetzen. Pioniere dieses Verbandes sprengten die "Major-Brücke" anschließend in die Luft.

Für die Kämpfer von Witebsk wurde der 25. Juni zum Schicksalstag. Um 13.12 Uhr meldete das LIII. AK: "Lage grundlegend verändert. Völlige Einkreisung, durchlaufende Verstärkungen des Feindes. 4. LwFeldDiv. in schwerem Kampf an mehreren Fronten. Verschiedene Einbrüche im Stadtbereich. Erbitterte Kämpfe."

35.000 Soldaten standen immer noch im Raume Witebsk im Abwehrkampf. Vergebens versuchte GenOberst Reinhardt die Genehmigung zu ihrem Ausbruch zu erlangen. Am frühen Morgen des 26. Juni brachen die überlebenden schließlich aus Witebsk aus. Von Haus zu Haus, von Baum zu Baum kämpften sich die Männer durch den Einschließungsring. Viele von ihnen fielen. Tausende blieben verwundet zurück. Auf den Straßen und in den Ortschaften etwa 10 km südwestlich von Witebsk wurden die Reste dieser Ausfallenden durch Aufklärer ein letztesmal gesehen. In der kommenden Nacht wurden von den Ausbrechenden noch einmal mehrere Feindstellungen durchstoßen. Sowjetische Fliegerverbände griffen sie im Tiefflug an.

Um 9.00 Uhr des 27. Juni 1944 ließ General der Infanterie Gollwitzer den letzten Funkspruch des LIII. AK tasten. Gegen Mittag ging in den Wäldern im Raume bis 20 km südwestlich Witebsk der Kampf dieses Armeekorps zu Ende. Über das letzte Ringen drangen keine Einzelheiten an die Öffentlichkeit.

Etwa 8000 Soldaten konnten entkommen, 20.000 fielen und 10.000 gingen in eine zehnjährige Gefangenschaft. Jene 8.000 Grenadiere aber, die den Durchbruch geschafft hatten, wurden 24 Stunden darauf abermals eingeschlossen und endgültig vernichtet.

Kämpfe der 2. Weißrussischen Front

Im sowjetischen Generalplan für "Bagration" war vorgesehen, daß die 2. Weißrussische Front unter GenOberst Sacharow gegen die 4. Armee antreten sollte. Dazu erhielt die sowjet. 49. Armee unter GenLt. Grischin den Auftrag, ihren Stoß in Richtung Mogilew zu führen. Sobald diese Stadt gewonnen war, war der dortige Übergang über den Dnjepr zu gewinnen. Über diesen hinweg sollte die Armee nach Westen stürmen, den Drut überschreiten und auf die Beresina vorstoßen.

Zwei weitere Sowjetarmeen dieser Front erhielten Weisung, die einmal besetzten Abschnitte zu halten und zu säubern. Es waren: Die 33. Armee unter GenLt. Krutschenkin, und die 50. Armee unter GenLt. Boldin. Dem OB der 50. Armee wurde außerdem befohlen, ein Schützenkorps in Reserve zu halten und mit diesem unter Ausnutzung des Erfolges der 49. Armee in Richtung über Tschaussy oder Blagowitschi anzugreifen.

Die 4. Luftarmee unter Generaloberst der Flieger Werschinin sollte die deutschen Stellungen ostwärts Mogilew sturmreif bomben und vor allem erkannte Artilleriestellungen vernichten.

Diese Heeresgruppe griff erst in der Nacht zum 23. Juni an. Nach einem Nachtbomberangriff und dem folgenden starken Feuerschlag stürmten hier die sowj. Schützenregimenter und rissen die deutsche HKL ostwärts des Dnjepr bis zum Abend auf einer Breite von 12 km auf, um fünf km tief durchzustoßen.

An diesem Abend erhielt GenMaj. von Steinkeller den Befehl des Armeeoberkommandos, seine Division – die 60. ID mot. – sofort nach Osten zu verschieben.

Der Generalmajor fuhr an der Spitze seiner Division nach Mogilew zum General der Artillerie Martinek, KommGen. des XXXIX. PzKorps. Als er sich auf dessen Gefechtsstand meldete, fragte ihn der Kommandierende General:

"Welches Loch wollen Sie stopfen, Steinkeller? Hier gibt es *nur* Löcher. Sie gehören mit ihrer Division an die Beresina. Dort müßte schnellstens eine Auffangstellung eingerichtet werden, damit wir einen Rückhalt haben, wenn am Dnjepr nicht mehr gehalten werden kann. Und das, fürchte ich, wird bald der Fall sein." (siehe Friedrich-Carl von Steinkeller: an den Autor).

Auf dem Wege zur Einsatzstelle wurde die 60. ID mot. mehrfach am 24. Juni von sowj. Fliegerkräften angegriffen. Panzerangriffe und Raketenwerfer-Überfälle lösten einander ab. Die 230. und 233. Schlachtflieger-Division flogen diese Angriffe. Dennoch hielt die Division dem starken Feinddruck stand. Das ArtRegt. schoß über 60 Panzer ab. Bis zum späten Abend des 25. Juni hielt die Division ihre Stellungen. Dann gab GenMaj. von Steinkeller den Befehl zum Rückzug über den Dnjepr.

"Mit mehr Glück als Verstand", berichtete er dem Autor, "kamen wir bei Mogilew über den Fluß."

Steinkeller ließ auf dem Westufer sammeln und fuhr mit den gepanzerten Einheiten den nordwestlich Mogilew vorstoßenden Feindpanzern entgegen. Es waren schnelle Vorausteile der 49. Armee, die dicht hinter der 60. ID mot. den Dnjepr überwunden hatten und in den Rücken der Divisionsteile hineinstießen. Von diesen wurden sie aufgehalten.

Am Mittag des 26. Juni griffen ein weiteresmal die Schlachtflieger der Divisionen 230 und 233 an. Dann stürmten die Sowjets auf die Brücke zu. Sie wurden von den Männern und den letzten Geschützen der StGeschBrig. 190 zum Stehen gebracht. Dabei schossen die Sturmgeschütze einschließlich einiger Erfolge am Vortage insgesamt 27 Feindpanzer ab.

Als die Sowjets am Nachmittag des 26. Juni ein weiteresmal angriffen, schossen die wenigen Wagen der 1. Batterie der Sturmgeschützbrigade 190 unter Hptm. Schwalb noch einmal im Vorrollen eine Reihe von Feindpanzern ab, konnten jedoch den Brückenkopf der Sowjets auf dem Westufer nicht mehr eindrücken. Hptm. Schwalb, der an den Abschüssen hervorragend beteiligt war, erhielt am 23. Aug. das Ritterkreuz.

Führerbefehl zum Untergang für Bobruisk

Am Morgen des 28. Juni traf im HQ der HGr. Mitte in Minsk ein Führerbefehl ein: "Die Beresinastellung ist unter allen Umständen zu halten."

Offenbar wußte im FHQ noch niemand, daß die Sowjetarmee bereits im Westen *hinter* Bobruisk stand, und daß große Teile der 9. Armee im Raume Bobruisk eingekesselt waren.

Im Zuge der Straße war die Sowjetarmee bereits am 27. Juni bis an die Bobruisker Beresinabrücke durchgebrochen. Auf dem Ostufer aber standen noch Teilverbände des XXXXI. und des XXXV. AK. Daß dieser 27. Juni für die HGr. Mitte ein Schicksalstag war, wurde offenbar im FHQ *trotz* aller eingehender Meldungen nicht zur Kenntnis genommen.

Die sowj. 11. Gardearmee und die sowj. 31. Armee hatten Orscha genommen. Das II. Gardepanzerkorps der Sowjets erreichte zur gleichen Zeit 15 km westlich Orscha die Minsker Fernverkehrsstraße, während die 5. Gardepanzerarmee in Tolotschino stand, also bereits 50 km westlich von Orscha, und die deutschen Rückzugswege sperrte.

Die im Raume westlich Bobruisk aufschließenden sowjetischen Verbände standen am Abend des 27. Juni bei Nowo Doragi. Ihre Nordgruppe stand bei Ossipowitschi. Nur eine ad hoc eingerichtete Sicherheitsfront bei Borissow gebot den stürmenden Rotarmisten vorläufig Halt. Als kleiner Hoffnungsfunke wirkte die schnell heranrollende 12. PD, die soeben in Marina Gorka ausgeladen wurde. Doch auch sie würde nicht im Stande sein, die Rote Lawine zu stoppen.

Der 3. PzArmee war an diesem Tage im Raume Lepel die 121. ID zugeführt worden. Aber die Entfernung zum LIII. AK hatte sich inzwischen auf 80 km vergrößert. Ein Herauskämpfen der fünf Divisionen war unter diesen Umständen nicht mehr möglich.

Die Weisung der HGr. Mitte vom Nachmittag des 27. Juni zur Fortsetzung des Kampfes lautete: Der abgeschlagene Flügel der 9. Armee ist der 2. Armee zu unterstellen, mit der Direktive, diesen Rest an den Oressa-Abschnitt zurückzuführen.

Für die 9. Armee gilt: Zurückkämpfen auf die Linie Stary Dorogi-Ossipowitschi. Eine Division bleibt im Festen Platz Bobruisk."

Die 4. Armee sollte sich abschnittsweise auf die Beresina absetzen, aber den Festen Platz Mogilew halten. Dies, obgleich auch Mogilew schon halb eingeschlossen war.

In der Nacht zum 28. Juni traf eine weitere Führerweisung bei der HGr. Mitte ein. Die Festen Plätze sollten wenigstens noch einige Tage gehalten werden. Bis dahin sei der Ausbau einer endgültigen Verteidigunsfront weiter rückwärts möglich.

Am Morgen des 28. Juni mußten sämtliche Führungsstäbe und die Heeresgruppe melden, daß auch im Raume Bobruisk die Katastrophe eingetreten und die Masse der 9. Armee eingekesselt sei. Diese Verbände würden – selbst wenn ihnen das Herauskämpfen gelang – keinen Kampfwert mehr haben.

Die Gruppe von Saucken, bestehend aus der 5. PD und Sicherheitstruppen, stand beiderseits Borissow und weiter nördlich der zerstörten Beresina-Übergänge im Abwehrkampf gegen den ständig stärker nachdrängenden Feind und konnte hier das Ende hinauszögern.

Der Chef des Stabes der HGr. Mitte faßte alle zu treffenden Maßnahmen zusammen, die zur Rettung wenigstens eines Teiles der Divisionen notwendig waren. In einem Ferngespräch mit dem OKH am 28. Juni sagte er:

"Die Bewegungsfreiheit des Feindes in den Räumen Bobruisk, und Lepel ist auch mit letztem Einsatz nicht mehr zu behindern. Sofortige Zuführung starker Kräfte auf Baranowicze (Baranowitschi) und westlich Lepel sind erforderlich.

Hauptaufgabe der Heeresgruppe ist es, die 4. Armee in den Raum Minsk zurückzuführen. Durch Angriff bei Baranowicze neu versammelte Gruppe frisch zugeführter Verbände muß das Zurückkämpfen der 4. Armee von Süden her unterstützt werden.

Durch bewegliche Kampfführung der 12. und möglichst auch der 4. PD soll der Raum südlich, durch die 5. PD der Raum nordostwärts Minsk für die Rückzugsbewegungen der 4. Armee offen gehalten werden. Die von der HGr. Nord zugeführten Infanteriedivisionen sind über Molodetschno auf Minsk heranzuziehen."

Am Abend des 28. Juni wurde GFM Busch durch GFM Model abgelöst. Der neue OB beantragte sofort (nachdem er vorher für seine Heeresgruppe Nordukraine alle möglichen Panzerdivisionen gefordert und erhalten hatte) die Zuführung von zwei Divisionen der HGr. Nord nach Minsk, ferner die 28. JägDiv. nach Sluzk und eine Beschleunigung des Antransportes der 4. PD zur HGr. Mitte. Diese Anträge wurden noch am selben Abend beim Führervortrag von Hitler genehmigt.

Die sowjetische Seite

Armeegeneral Rokossowskij hatte bereits am 27. Juni mit dem IX. Panzerkorps seiner 1. Weißrussischen Front bei Titowka das Ostufer der Beresina erreicht. Am selben Tage riegelte sie auch die Übersetzstelle nördlich von Bobruisk ab. Schützendivisionen der sowjet. 3. und 48. Armee schlossen von Nordosten her den Ring um Bobruisk. Das I. Garde-Panzerkorps schnitt im Westen die Rückzugswege der 9. Armee ab, während die sowjetischen Hauptkräfte den Angriffsstoß fortsetzten und in Richtung Ossipowitschi-Puchowitschi auf Sluzk vorgingen.

Am selben Tage befahl Armeegeneral Rokossowskij den Einsatz sämtlicher Luftstreitkräfte der Front. Seine Begründung für diese Anforderung: "Die Hitleristen könnten schon in der Nacht zum 28. Juni ausbrechen. *Das* muß verhindert werden!"

526 Maschinen starteten, darunter 400 Bomber. Diese Verbände warfen in der Frühe des 28. Juni in eineinhalb Stunden insgesamt 11.300 Bomben aller Kaliber, schossen 527 Raketen und 41.000 Granaten, neben der nicht gezählten MG-Munition.

Während also die Sowjetarmee Bobruisk bereits zu Dreivierteln eingeschlossen hatte, kämpfte auf dem Ostufer der Beresina immer noch das GR 232 der 102. ID unter Oberst Arthur Jüttner, der seit dem 14.12. 1941 das Ritterkreuz trug.

Die Armeeführung setzte dieses Rgt. bei Bobruisk zur Verteidigung der Eisenbahnbrücke über die Beresina ein. Hier trotzten Jüttners Grenadiere allen Angriffen des Gegners und machten die Rückführung einer Reihe von Verwundetenzügen mit Tausenden Verwundeten möglich. Selbst als es den Sowjets gelungen war, die daneben liegende große Straßenbrücke zu gewinnen und sie von drei Seiten auf den Brückenkopf der Bahnbrücke zustürmten, kamen sie hier nicht durch.

Als am Morgen des 29. Juni die Gruppe Hoffmeister, unter dem Kommando des KommGen. des XXXXI. PzKorps, Generalleutnant Hoffmeister, aus Bobruisk ausbrach, bildeten Jüttners Grenadiere die Nachhut.

Im Verlauf dieser Kämpfe wurde das Regiment eingeschlossen. Es hielt noch weitere 24 Stunden in Bobruisk stand. Am 30. Juni ließ Oberst Jüttner antreten. Mit allen Versprengten und den gehfähigen Verwundeten durchbrach diese entschlossene KGr. den sowjetischen Umklammerungsring und marschierte in Richtung Minsk zurück. Für diesen Einsatz und einige folgende erhielt Arthur Jüttner am 18. Okt. 1944 als 622. deutscher Soldat das Eichenlaub zum RK.

Im Bobruisker Lazarett, in dem die nicht Transportfähigen mit einigen freiwilligen Ärzten und Schwestern zurückblieben, spielten sich grauenhafte Dinge ab.

Bobruisk war ein Flammenmeer und immer noch griffen sowjetische Flugzeuge an und warfen ihre Bomben in die Flammen.

Generalmajor Conrady, Kommandeur der 36. Div., Träger des Eichenlaubs zum RK, blieb bei seinen Soldaten. Oberleutnant Vielwerth, einer der RK-Träger dieser Division, stürmte neben GenMaj. Conrady durch den sowjetischen Einschließungsring. Mitten in dem dichten Ring der Sowjets durchbrachen sie den ersten Riegel, blieben am zweiten liegen.

Dann kamen drei Sturmgeschütze heran. Dahinter dichte Trauben Infanterie, die sich, nach allen Seiten feuernd, einen Weg bahnten.

Wie in alten Zeiten stürmten sie: Der "Alte" vorneweg. Sie erreichten eine sowjetische Waldstellung, machten jeden Gegner nieder, der sich ihrem Verzweiflungsstoß entgegenstellte. Dann aber blieben sie völlig erschöpft liegen.

GenMaj. Conrady eilte zur mitgekommenen Funkstelle und erfuhr, daß von Westen ein Entsatzvorstoß geführt werden würde, und zwar von der 12. ID. Als diese nicht eintraf, gingen sie nach dreistündiger Rast weiter.

Von den insgesamt 100.000 Soldaten aus Bobruisk schafften es ganze 30.000, die schließlich die Auffangstellungen der 9. Armee erreichten. Siebzigtausend blieben zurück.

Der Wehrmachtbericht des 29. Juni meldete: "Im Mittelabschnitt der Ostfront gewannen die Sowjets im Verlauf der erbitterten Abwehrschlacht an einigen Stellen weiter Raum. Ostwärts der mittleren und oberen Beresina dauern die schweren Kämpfe mit vordringenden Sowjets weiter an."

Mogilew fiel am 28. Juni. Die 2. Weißrussische, die 1. Baltische, und die 1. Weißrussische Front gingen weiter vor. Der Befehl für die 2. Weißrussische Front vom 30.6. bis 1.7. 1944 lautete:

"Die 2. Weißrussische Front überwindet bis zum 30. Juni spätestens am Morgen des 1. Juli die Beresina, greift zügig in Richtung Minsk an, befreit im Zusammenwirken mit der 3. und 1. Weißrussischen Front Minsk und erreicht das Westufer des Swislotsch." (siehe: IMLMeldung Moskau, Nr. 9492, Blatt 312 und 313).

Noch war es der 4. Armee möglich, auf die Beresina zurückzugehen, denn auf ihrem Nordflügel hielt die KGr. von Saucken noch immer den Brückenkopf Borissow. Die 3. PzArmee, die nur noch eine schwache KGr. bildete – hier vor allem die 212. ID und die geschwächten Divisionen des IX. AK – wurden von starken Feindverbänden weiter nach Westen zurückgedrängt.

Durch die Lücke zum Südflügel der HGr. Nord erreichten die Sowjets die Bahnlinie Molodetschno-Polot. Aufgrund der sich hier zugespitzten Lage hielt das OKH die bereits zur HGr. Mitte abrollende 132. ID zurück.

Bei Borissow gingen die Panzergrenadiere der Division "Feldherrnhalle" auf die Beresina zurück. Hinter ihr ein ganzes sowj. Gardekorps. GenMaj. von Steinkeller setzte die 2. Battr. der StGeschBrig. 190 als Nachhut ein. Sie wurde von Oblt. Nävie geführt. Die 1. Battr. unter Hptm. Schwalb war bereits jenseits des Flusses im Einsatz gegen die Partisanen, die von allen Seiten nach Borissow hineinsickerten.

Es gelang Oblt. Nävie und seinen Männern, aus den Stellungen noch ostwärts des Flusses sich als letzte abzusetzen. Seine Geschütze wurden noch einmal gegen die nachdrängenden Sowjets eingesetzt, um diesen den Flußübergang und damit den Weg nach Borissow zu verwehren. Alle sieben Geschützkommandanten (es handelte sich um Greib, Dörfel, Schättler, Genz, Lensing, Bader und Windmöller) wollten mit drei Geschützen einen letzten Einsatz gegen die Russen fahren. Oblt. Nävie fuhr eines der Geschütze, das zweite und dritte wurde von Schättler und Uffz. Zamer geführt.

Die Geschütze rollten wenig später los. Sie stießen auf ein sowjetisches Panzerrudel, das in schneller Fahrt der Brücke entgegenrollte. Es gelang den Sturmgeschützen, 13 T 34 abzuschießen, ehe dieser Gegner abdrehte.

Der nächste Angriff eines sowj. Panzerrudels wurde bereits aus einer Distanz von 1.800 m beschossen. Die Langrohrkanonen der Sturmgeschütze zeigten sich auch auf diese lange Distanz als tödliche Waffe.

Als alle Geschütze am späten Abend des 2. Juli die Beresina wieder erreichten, atmete der Führer der zurückgebliebenen KGr., Stabswachtmeister Dörfel, auf. Es wurde aufgetankt und aufmunitioniert. Kurz nach Mitternacht zum 3. Juli rollten die Sturmgeschütze erneut los und fuhren über die Brücke, um den Feind ein weiteresmal abzuwehren und den zurückgehenden Kameraden den Weg in die Freiheit offen zu halten.

Als sie keine deutschen Kolonnen mehr sichteten, rollten sie zurück und gaben dem Hptm. der Pioniere ein Zeichen. Zwei Minuten später dröhnten sechs schwere Explosionen. Die Brücke stürzte in den Fluß.

Auch weiterhin deckte die PGD "Feldherrnhalle" das Abfließen der Trosse und Stäbe aus Borissow in Richtung Minsk. Zu ihrer Sicherung standen die Geschütze um Oblt. Nävie im opfervollen Abwehrkampf. Eines nach dem anderen wurde abgeschossen.

Im Hauptquartier der Heeresgruppe Mitte

Im HQ der HGr. Mitte in Minsk wurden am frühen Morgen des 2. Juli die letzten Geheimsachen verbrannt. Der zurückgebliebene Reststab setzte sich nach Westen ab.

Im letzten Telefongespräch aus Minsk hatte der Chef des Generalstabes der HGr. Mitte, GenLt. Krebs, mit dem Chef der Operationsabteilung im Generalstab des Heeres, General Heusinger, gesprochen und berichtet:

"Die Lage der im Raume Minsk kämpfenden Divisionen der 9. und 4. Armee hat sich kritisch entwickelt. Mit dem Stoß des Feindes auf Stolpce und Molodetschno sind unsere rückwärtigen Verbindungen bedroht. Alle Erwägungen, noch weitere Kräfte in den Raum Minsk hineinzuführen, sind hinfällig geworden." (siehe: KTB des OKW a.a.0.).

Der 2. Juli brachte schließlich den befürchteten Vorstoß der sowjetischen Verbände gegen die Bahnverbindung Baranowitschi-Minsk bei Stolpce, und Wilna-Minsk bei Molodetschno und Smorgon. Dies bestätigte, daß die Sowjetarmee bestrebt war, die beiden Engen südlich und nördlich des Waldgebietes von Malibocka zu schließen.

Das Offenhalten dieser Engen war jedoch für die Rückführung der noch ostwärts von Minsk kämpfenden Truppen der 9. und 4. Armee notwendig. Außerdem war dies zur Errichtung einer neuen Verteidigungsfront von entscheidender Bedeutung.

Um der drohenden Gefahr zu begegnen, ließ GFM Model ohne Rücksicht auf die Lage in Minsk, die wenigen eintreffenden Truppen und die im Kampfraum befindlichen noch einsatzbereiten Divisionen zum Gegenstoß einsetzen.

Durch diesen Gegenangriff südwestlich und nordwestlich von Minsk sollte der Feind aufgehalten und zurückgeworfen werden.

Während die 2. Armee ihre 4. PD zum Angriff auf Stolpce ansetzte, mußte die 9. Armee ihre 12. PD aus der Front südostwärts von Minsk herauslösen und damit ebenfalls nach Westen auf Stolpce angreifen.

Der 4. Armee wurde befohlen, die 5. PD im Raume nördlich Minsk zu versammeln und - mit ihr nach Nordwesten vorstoßend - die Bahnlinie Minsk-Molodetschno freizuschlagen. Hitler erklärte sich während des Lageberichtes mit diesen Maßnahmen einverstanden.

Nächstes Ziel: Minsk

Am selben 2. Juli befahl der OB der 3. Weißrussischen Front der 5. Garde-Panzerarmee unter Marschall Rotmistrow den Vorstoß nach Westen entlang der Rollbahn nach Minsk fortzusetzen und bis 24.00 Uhr Minsk zu befreien.

Die Panzerbataillone der sowj. Elitedivisionen stürmten vorwärts und legten an diesem Tage 60 km zurück. Gegen Abend erreichten sie den Raum Ostroschitzki-Gorodok. Hier prallten sie auf den deutschen Verteidigungsriegel vor Minsk. Die Armee umrollte diesen Riegel, und während im Norden dieser Stadt Fesselungsangriffe liefen, schnitten die Umgehungsgruppen am Mittag des 3. Juli die Straße Minsk-Molodetschno ab.

Gleichzeitig damit brach das II. Garde-Panzerkorps unter GenMaj. Burdeiny von Osten her nach Minsk ein.

Die Spitzenverbände der 11. Gardearmee und der 31. Armee erreichten ebenfalls Minsk.

Zur gleichen Stunde setzte die 1. Weißrussische Front ihre Angriffe fort und stürmte mit der 3. Armee, dem I. Gardepanzerkorps und den IX. Panzerkorps auf Minsk zu. Die 65. und 28. Armee, sowie die Kavalleriemech.-Gruppe unter General Plijew fuhr auf Baranowitschi zu.

Jene Verbände, die am 30. Juni Slutzk erreicht hatten, drangen zwei Tage darauf in Stolpce, Gorodeja und Neswish ein. Damit hatten sie nach Nordwesten eingedreht und auch die Rückzugsstraßen aus dem Raume Minsk nach Baranowitschi und Brest abgeschnitten.

Insgesamt griffen an diesem 2. Juli 1944 Teile von drei sowjetischen Heeresgruppen Minsk an: Die 3. und 1. Weißrussische Front sowie die 2. Weißrussische Front.

In der "Geschichte des Großen Vaterländischen Krieges" berichtete Marschall Telpuchowskij: "Unsere drei Fronten fesselten, zersplitterten und vernichteten feindliche Truppenteile und gaben ihnen keine Möglichkeit, sich von den angreifenden sowjetischen Truppen zu lösen und schnell nach Westen zurückzuweichen. Dadurch trug die 2. Belorussische (Weißrussische) Front zur Einschließung starker deutscher Kräfte ostwärts von Minsk bei.

In dem Wald- und Sumpfgelände mußten die zurückgehenden deutschen Truppen Straßen und Wege benutzen, die unter der Kontrolle der Partisanen standen. Das erschwerte ihren Rückzug noch mehr. Ungeordnet zogen sie sich auf Feldwegen und auf der Straße Mogilew-Minsk zurück.

Die Brücken wurden gesprengt und an vielen Stellen kam es zu Stauungen. Schlachtflieger der 4. Luftarmee und Bomber der 16. Luftarmee griffen die feindlichen Truppenkolonnen ununterbrochen an.

Allein auf der Straße Mogilew-Minsk wurden dadurch mindestens 3.000 Fahrzeuge mit Soldaten und technischen Kampfmitteln vernichtet.

Am 2. Juli war die belorussische Hauptstadt von den faschistischen Eroberern restlos gesäubert. Das Zentralkomitee der Kommunistischen Partei der Belorussischen sozialistischen Sowjetrepublik begab sich sofort von Gomel nach Minsk, obwohl die Stadt in Schutt und Asche lag."

Deutscherseits wurde zum Fall von Minsk folgende Verlautbarung erlassen: "Die große Schlacht von Weißrußland trat am 3. Juli 1944 mit dem Verlust von Minsk in ihr Endstadium. Der Feind durchbrach die südostwärts und ostwärts Minsk noch haltenden schwachen Sicherungen und drang von Süden und Osten her mit Panzern in Minsk ein.

Damit wurde der Ring um die noch beiderseits der Beresina sich zurückkämpfenden deutschen Truppen der 4. Armee geschlossen.

Durch den Einsatz der drei Panzerdivisionen, die der Heeresgruppe noch zur Verfügung standen, wurde bei Stolpce über den Njemen und im Zuge der von Minsk auf Molodetschno führenden Verkehrswege das Abfließen der im Raum um und südlich von Minsk stehenden Kräfte der 4. und 9. Armee sowie vieler Tausender von Versprengten ermöglicht.

Eine geschlossene Gruppe der in Bobruisk eingeschlossenen Verbände der 9. Armee unter der Führung von GenLt. Kessel, Kommandeur der 18. Panzerdivision, erreichte nordwestlich von Stolpce das Westufer des Niemen."

Die endgültige Einkesselung der 4. und 9. Armee war nur noch eine Frage weniger Tage.

Am 4. Juli 1944 wurde in Moskau zum ersten Male wieder Salut geschossen. Er galt der siegreichen Sowjetarmee, die Minsk erobert hatte.

Die Prawda berichtete in einer Sondermeldung:

"Die Befreiung von Minsk, welche die baldige Befreiung von ganz Belorußland ankündigt, ist ein großer strahlender Festtag des belorussischen Volkes.
Die Befreiung von Minsk ist ein freudiges Ereignis für die gesamte fortschrittliche Menschheit, denn es sind die Mauern einer weiteren Bastion gefallen, welche die Deutschen für die Verteidigung ihrer räuberischen Eroberungen aufgerichtet hatten."

Am 4. und 5. Juli setzten sich die schwachen deutschen Sicherungen, die noch am Feind standen, aus dem Großraum Minsk auf die Linie Baranowitschi-Molodetschno ab. Während dessen versuchten die zwischen Borissow und Minsk stehenden Verbände der 4. Armee, südlich an Minsk vorbei, den sowjetischen Einschließungsring nach Westen zu durchbrechen.

Südlich von Wolma kämpften um diese Zeit die Reserveverbände des XXVII. AK unter GendInf. Völkers. GenLt. Traut, Kdr. der 78. Sturmdivision, führte die Restgruppen. Er versuchte am 6. Juli einen letzten Durchbruch nach Dsershinsk.

Noch einmal stürmten die Männer dieser tapferen Division. Ihr Ziel erreichten sie nicht, sie wurden abgewiesen. Nur einige kleine Gruppen unternahmen in der Nacht zum 7. Juli den Übergang über den Putsch. Sie erreichten den Fluß bei Samochwalowitschi, stießen hier auf das 121. Schützenkorps der sowjetischen 50. Armee und gingen kämpfend zu Grunde.

Unter dem Kommando von GenMaj. Conrady hatte sich eine Kampfgruppe seiner 36. ID (mot.) mit einigen SPW durch den ersten Umklammerungsring geboxt. Unter ihnen neben dem Kdr. des GR 118 auch Oblt. Vielwerth vom GR 87. Dieser rollte mit einem SPW an der Spitze der Gruppe. Als sich ihnen Panzer entgegenstellten, ließ Vielwerth absitzen und diese mit Panzerfäusten angreifen. Er selber, von einer Verwundung (durchschossener Oberschenkel) behindert, dirigierte den SPW in Zickzackfahrt durch die Sperrlinie der Sowjets.

Als der SPW ausfiel, mußte Vielwerth trotz der schweren Verwundung den Weg zu Fuß fortsetzen. Er allein entging in einem dichten Ginstergebüsch der Gefangennahme durch die Sowjets.

In der kommenden Nacht hinkte Oblt. Vielwerth nach Westen, stieß auf einen Ofw. der Feldgendarmerie und drei Gefreite, denen er sich anschloß und deren Führung er bald übernahm.

Sie gelangten an die Rollbahn, gingen weiter und stießen schließlich auf einen deutschen Posten. Doch es war nicht die Front, sondern lediglich eine Kampfgruppe, die sich bis hierher in ein Wäldchen durchgeschlagen hatte. Sie war in Bataillonsstärke und wurde von einem DivKdr. geführt.

Vielwerth schloß sich ihnen nicht an, weil er ahnte, daß sie nicht ungesehen durchkommen konnten. Mit seinen vier Kameraden marschierte er, notdürftig verbunden und mit weiterem Verbandsmaterial versehen, zwei Nächte lang weiter. Dann stießen sie auf eine andere kleine Kampfgruppe in Stärke von 150 Mann. Auch hier hielt sich Vielwerth nicht lange auf. Nach einer kurzen Orientierung gingen die Fünf weiter, überquerten die Rollbahn Minsk-Marina Gorka und kamen wieder in Sumpfgebiet, wo sie auch am Tage marschieren konnten.

In der kommenden Nacht gingen sie weiter und in den folgenden Hochsommernächten wurden sie im Sumpf von Moskitos zerbissen. Dann wurden sie abermals gesehen und beschossen. Weiter ging die Flucht.

Als die kleine Gruppe dann etwas zur Ruhe kam, stellte Vielwerth fest, daß seine Leistendrüsen angeschwollen waren. Dort wo der Stiefelschaft endete, hatte sich ein ekliges, dickes Geschwür gebildet. Das verwundete Bein war dick angeschwollen. Aber er wollte nicht aufgeben. Seine Kameraden halfen ihm weiter.

Als sie fast am Ende waren, stießen sie auf eine alleinstehende Hütte am Rande eines Dorfes. Sie klopften, eine alte Frau öffnete ihnen.

Sie gab ihnen Brot und Milch, etwas Salz, ein paar Streichhölzer und ein Stückchen Reibfläche. Hier stießen sie auf einen jungen "Russen", der sich schließlich als Hamburger und Unteroffizier einer Artillerie-Batterie ostwärts Minsk zu erkennen gab. Sie nahmen ihn mit nach Westen (Erich Vielwerth erreichte Wochen später nach über 600 km Marsch hinter den sowjetischen Linien die eigene Front).

Der Generalbevollmächtigte des Transportwesens und seine Aktionen.

Auf dem Höhepunkt der Krise der HGr. Mitte am 3. Juli, als Minsk bereits verloren war, unternahm der bevollmächtigte General des Transportwesens Mitte, Oberst i.G. Hermann Teske, von Lida aus am 2. Juli einen Erkundungsflug über die Front.

Es war ihm gelungen, bis zum Abend des 1. Juli weiteren Transportraum bis dicht an Minsk heran vorzubringen. Mit diesem gelang es ihm, die in der Stadt liegenden 8.000 Verwundeten zurückzuschaffen.

Auf der Strecke von Minsk nach Westen in Richtung Molodetschno standen Zug an Zug auf dem Gleis hintereinander. Der Oberst zählte insgesamt 46 Züge. Zum überwiegenden Teil waren es Räumungs-Züge. Aber auch fünf Urlauberzüge und drei Lazarettzüge steckten noch mitten in diesem Durcheinander.

Sämtliche Loks standen unter Dampf. Selbst die Dächer der Wagen waren von Landsern, Nachrichtenhelferinnen, Zivilisten und OT-Männern besetzt. Der am weitesten nach Osten auf Minsk zu stehende Zug wurde soeben von sowjetischen Panzern beschossen. Hier Hermann Teske mit seinem Bericht:

"Der Weiterflug durch die Wälder westlich der bereits vom Feind halb eingeschlossenen Stadt Minsk bot ein niederschmetterndes Bild.Ungeordnete Haufen von Tausenden Soldaten, zum Teil Verwundete, deren weiße Verbände zu mir heraufleuchteten. Viele Fahrzeuge bewegten sich in hastiger Flucht nach Westen."

Daß es gelang, die angegeben 46 Züge noch nach Westen durchzubringen und die Menschen zu retten, ist ein vergessenes Ruhmesblatt in der Geschichte der Reichsbahn und ihrer Angestellten; nicht zuletzt aber ein Verdienst des bevollmächtigten Generals des Transportwesens, Oberst i.G. Teske, und seiner Männer.

Am frühen Morgen des 5. Juli 1944 verfügte die gesamte HGr. Mitte noch über fünf (!) einigermaßen intakte Divisionen.

Der endgültige Durchbruch

Das Ringen der Angreifer und der Verteidiger konzentrierte sich mehr und mehr auf den wichtigen Bahnknotenpunkt von Baranowitschi. Sowohl Marschall Schukow, als auch GFM Model wußten, welche entscheidende Bedeutung dieser Knotenpunkt hatte.

Marschall Schukow ließ den OB der sowjet. 65. Armee zu sich kommen und beschwor diesen: "Geben Sie *keine* Ruhe, Batow! Sie haben es bei Bobruisk geschafft. Sie müssen jetzt Baranowitschi nehmen!"

An der Spitze der sowjet. 65. Armee rollte nun die schnelle Division von GenMaj. Frolenko. Sie erreichte am 7. Juli den Ostrand dieser Stadt. In Wielka, einige km ostwärts davon, ließ Batow halten. Doch er hatte die Rechnung ohne seinen Befehlshaber gemacht. Wie aus heiterem Himmel stürmte Marschall Schukow in den GefStand Batows hinein.

"Was sehe ich, Batow? Sie waschen, rasieren und parfümieren sich? Und Baranowitschi ist immer noch nicht frei! Warum nicht? Warum lassen Sie halten?"

"Herr Marschall, darf ich die Situation erläutern", sprang der Kriegsrat des STAWKA der 65. Armee ein.

Eine Karte wurde gebracht und Kriegsrat Radeckij versuchte, dem Marschall ganz nüchtern die Leistungen der 65. Armee aufzuzeigen. Doch der Koordinator der 1. und 2. Weißrussischen Front wollte dies gar nicht wissen. Er wandte sich an Batow:

"Sie fahren jetzt sofort, mit allem was Sie hier haben, nach Baranowitschi und kommen nicht eher zurück, bis Sie mir melden können, daß die Stadt durch unsere siegreichen Truppen befreit ist."

General Batow befahl, Baranowitschi frontal anzugreifen. Sechs Stunden versuchten die Divisionen der sowjet. 65. Armee vergebens, den Verteidigungsring zu durchbrechen. Erst als die 16. Luftarmee eingriff und 500 Bomber des Luftmarschalls Rudenko in vier aufeinanderfolgenden Wellen angriffen, drang der Sturmangriff, angeführt von der 7. Division Frolenkos, in Baranowitschi ein. Sie hißten auf allen öffentlichen Gebäuden die Rote Fahne.

Von dem Zeitpunkt an rollte die sowj. Armee noch schneller weiter. Im Kessel Minsk-Tscherwen-Borissow waren die Reste von fünf Armeekorps der 4. und 9. Armee endgültig eingeschlossen.

Bei den Ausbruchsversuchen geriet GenMaj. von Trowitz, Kdr. der 57. ID, in sowjetische Gefangenschaft. In den Morgenstunden des 9. Juli teilte auch Generalmajor von Steinkeller mit den letzten Grenadieren, die sich um ihn geschart hatten, dieses Schicksal.

Bis zum 16. Juli war die Lage im Raum Baranowitschi bereinigt. Am nächsten Tage erfolgte in Moskau der große Paukenschlag, als 56.000 deutsche Gefangene in Zwanzigerreihen durch die Straßen der sowjetischen Hauptstadt marschierten. Es waren Landser, Offiziere und Generale, die in Weißrußland in Gefangenschaft geraten waren. In der Geschichte des Großen Vaterländischen Krieges der Sowjetunion wird darüber mit folgenden Worten berichtet:

"Etwa drei Stunden lang schritten gefangene Deutsche in Zwanzigerreihen an den schweigenden, zornigen Moskauern vorbei, die auf den Gehsteigen in dichten Reihen standen."

Nach dem 3. Juli 1944 verschwanden die Meldungen über die HGr. Mitte spurlos aus dem Wehrmachtbericht.

Der Kampf der HGr. Mitte war zu Ende. Aber die Sowjetarmee stürmte weiter. Ihr Sturmlauf endete erst rund 600 km weiter westlich, an der ostpreußischen Grenze. Unterwegs blieben sie liegen, jene 28 deutschen Divisionen, die 350.000 deutschen Soldaten.

Von den 47 Generalen, die als Kommandierende Generale oder Divisionskommandeure fielen, gefangen genommen oder vermißt wurden, blieben 31 tot oder gefangen auf dem Gefechtsfeld zurück. Zehn weitere waren vermißt, mit ihrem Tod mußte gerechnet werden.

Unter den Gefangenen befand sich auch GenLt. von Kurowski, Kommandeur der 110. Infanteriedivision. Der alte Stettiner General, Teilnehmer des Ersten Weltkrieges, blieb bis zum 6. Okt. 1955 in sowjetischer Gefangenschaft, ehe Bundeskanzler Dr. Adenauer ihn mit den letzten 10.000 Gefangenen in die Freiheit zurückführen konnte. Seine Worte zu diesem schrecklichen Ereignis:

"Der Zusammenbruch der Heeresgruppe Mitte war das Cannae des deutschen Heeres im Osten und bedeutete für 350.000 bis 400.000 deutscher Soldaten den endgültigen Schlußstrich unter eine tödliche Rechnung Hitlers. Die Fronten näherten sich Deutschland. Keine der verloren gegangenen 28 Divisionen konnte je wieder ersetzt werden. Den endgültigen Schlußstrich zog die Ardennen-Offensive, welche der Ostfront noch einmal entscheidend notwendige Panzerdivisionen entriß und damit der letzten großen Offensive der Sowjets an den Weichselbrückenköpfen zum Durchbruch verhalf.

Der Kampf der Heeresgruppe Mitte war ein Weg durch Hölle und Fegefeuer zugleich. Er war von Toten gesäumt und mit vielen Tränen benetzt. Ein Weg, dessen ganzes Grauen ungesagt bleiben muß (siehe Kurowski, Eberhard von: Persönliches Tagebuch und Notizen an den Autor).

Kurzüberblick über die weiteren Einsätze bis zum Jahresende

In einer verblüffenden Geschwindigkeit bewegte sich die Sowjetarmee nach ihren Siegen zwischen Bobruisk, Witebsk, Minsk und Baranowitschi weiter nach Westen. Die Widerstandslinie, die westlich von Minsk errichtet worden war, hielt nicht lange stand. Sie wurde am 1. Juli durchbrochen. Am nächsten Tage waren die Panzerverbände der Sowjetarmee bereits auf polnischem und litauischem Gebiet.

Der Feste Platz Wilna, der dem PzAOK 3 unterstellt worden war, bekam in GenMaj. Rainer Stahel einen Kampfkommandanten, der bereits in einigen weiteren Städten als Kampfkommandant gehalten hatte. Stahel stammte von der Flak. Ihm standen zwei Grenadier-Regimenter, ein SS-PzRgt. und das FJR 16 unter Oberstleutnant Schirmer zur Verfügung. Eine Grenadierbrigade mit zwei Bataillonen unter dem Kommando von Oberst Schubert, Artillerie, die PzJägAbt. 256 und die FlakAbt. 296 kamen hinzu.

Am 8. Juli griffen die Sowjets das erstemal Wilna an.

Sowj. Panzer und Schützenverbände stießen über den Narocz-See auf den Flugplatz vor. Dieser wurde von OberstLt. Schirmer und seinen Fallschirmjägern gehalten.

Etwa um 12.30 Uhr drangen die Truppen der Sowjetarmee in die Stadt ein. 500 Gefallene und 500 Verwundete wurden GenMaj. Stahel am nächsten Tage gemeldet. Wilna war an diesem 9. Juli von der Außenwelt abgeschnitten. Die Stadt mußte aus der Luft versorgt werden.

In der Nacht zum 13. Juli lösten sich die überlebenden Verteidiger vom Gegner, durchwateten die Wiliga und erreichten am anderen Morgen, noch 2.000 Mann stark, die eigenen Linien.

Der weitere Abwehrkampf sah die HGr. Mitte am Njemen zwischen Olita und Grodno. Grodno fiel am 16. Juli. Es gelang dem XXXIX. PzKorps, am selben Tage eine Auffang- und Abwehrlinie aufzubauen, in der von links die 7. PD, 170. ID, 50. ID, 5. PD, letztere einen Brückenkopf zwischen den beiden genannten Städten, auf dem Ostufer des Njemen, hielten.

Am 17. Juli geriet GenMaj. Stahel in sowj. Gefangenschaft. Er wurde in die UdSSR geschafft, wo er am 30. Nov. 1955 (Konrad Adenauer konnte ihn nicht freibekommen) im Kriegsgefangenenlager Wolkowo nach über elfjähriger Gefangenschaft verhungerte.

Am 18. Juli waren ihm als 79. deutschen Soldaten die Schwerter zum Ritterkreuz mit Eichenlaub verliehen worden und zwar in Anerkennung seiner Abwehrleistungen in und bei Wilna. Gleichzeitig damit wurde er zum Generalleutnant befördert.

Der Kampf gegen die 2. Armee setzte erst am 14. Juli ein. Aus dem Raum Tarnopol-Kowel trieb die Sowjetarmee einen starken Panzerkeil zwischen die 2. Armee und die HGr. Nordukraine. Bereits vier Tage später waren die Truppen der 2. Armee teilweise überflügelt und setzten sich nach Westen und Nordwesten ab.

Gleichzeitig mit den zurückgehenden deutschen Verbänden erreichte die Sowjetarmee den Bug und überschritten ihn im Raume Luboml und Wlodawa. Armeegeneral Rokossowskij, nach der Eroberung von Minsk zum Marschall der Sowjetarmee ernannt, befahl seiner 3. Weißrussischen Front das nächste Ziel. Es hieß Brest. Damit stürmte diese Heeresgruppe durch Ostpolen. Mit der 65. und 28. Armee überquerten sie den Bug.

Der Gegenangriff, von der 4. PD und der 5. SS-PzDivision "Wiking" geführt, schlug die 65. Armee aus ihrem gewonnenen Brückenkopf zurück.

Der sowj. 2. Panzerarmee, GenLt. Bogdanow, gelang es im Einvernehmen mit der polnischen 1. Armee unter GenLt. Berling, am 22. Juli Lublin zu gewinnen und von hier aus direkt zur Weichsel durchzustoßen.

Südlich davon erreichte die sowjet. 28. Armee den Raum von Brest-Litowsk. Gleichzeitig kam auch die sowjet. 61. Armee von Osten und die sowjet. 70. Armee von Süden an den Festungsbereich der Stadt heran, um die zu Beginn des Ostfeldzuges harte und verlustreiche Kämpfe geführt worden waren.

Am 28. Juli fiel Brest. Die Sowjetarmee hatte die alte Westgrenze Rußlands erreicht. Von hier aus hatte drei Jahre vorher der Angriff der Wehrmacht nach Osten begonnen. Die HGr. Mitte stand dort, wo sie bereits am 22. Juni 1941 gestanden hatte.

Ende Juli befahl GFM Model aus eigenem Entschluß den Rückzug der HGr. Mitte auf die polnische Grenze und die Aufgabe aller Festen Plätze und Stützpunkte. Im Raume Bialystok konnte eine neue HKL aufgebaut werden. Dies verhinderte die endgültige Vernichtung der HGr. Mitte, ließ aber die HGr. Nordukraine, die seit einiger Zeit HGr. A hieß, allein weit voraus, ohne Anschluß an die HGr. Mitte, stehen.

Armeegeneral Tschuikow, OB der sowjet. 8. Gardearmee, griff am 1. Aug. 1944 die HGr. Mitte an und erzwang bei Magnuszew einen 10 km breiten und bis zu 5 km tiefen Brückenkopf an der Weichsel.

Die sowjet. 69. Armee ging bei Pulawy über die Weichsel. Ab dem 10. Aug. begann an dieser Stelle ein gnadenloser Stellungskrieg, der bis Januar 1945 andauern sollte.

In diesem Raum zeichnete sich der "jüngste Hauptmann des Heeres", Heinz Remmert, Chef der 13./GR 464 der 253. ID., ein Bataillonsführer von 25 Jahren, besonders aus. Dazu sein Rapport:

"Wir erlebten zwischen Bug und Weichsel einen glutheißen Sommer 1944. Panzerdurchbrüche des Gegners schufen Situationen, in denen es um Sein oder Nichtsein ging. Unvorstellbare Marschleistungen wurden von den Grenadieren gefordert und – geleistet.

Als sich vor Lublin motorisierte und bespannte Kolonnen stauten und bestes Fliegerwetter die sowjetischen Schlachtflieger starten ließ, tauchten plötzlich auch vor uns 15 doppelrumpfige Schlachtflugzeuge auf. Sie warfen ihre Bomben, drehten, jagten im Tiefflug über die Kolonne hinweg und schossen aus allen Bordwaffen. Scheiben splitterten, Benzintanks explodierten, getroffene Pferde rasten mit umgestürzten Wagen querfeldein. Sanitäter hasteten durch das Inferno, um den schreienden Verwundeten erste Hilfe zu leisten.

In Lublin brannten die Häuser. Aus Hinterhalten knallten Schüsse; von drei Seiten hallte der Gefechtslärm der kämpfenden Infanterie und russische Panzerkanonen schmetterten den Kontrabaß dazu." (Remmert, Heinz: Bericht an den Autor).

Wieder war es das II./GR 464, das die Rückendeckung übernommen hatte. Sowjetische Panzer schoben sich dicht heran, bis sie von den eingegrabenen Grenadieren aus kurzer Distanz mit Panzerfäusten vernichtet wurden.

Auf dem Westufer der Weichsel gingen die Bataillone der 253. ID unter GenLt. Becker in Stellung. Dieser Oldenburger Kommandeur war einer der tapfersten Soldaten der Division. Als Oberst und Kommandeur erhielt er am 1.11. 1942 das Ritterkreuz. Die Auszeichnung mit dem Eichenlaub sollte ihn am 14. April 1945 erreichen. Davor lag am 18. Okt. 1941 die Auszeichnung als einer der ersten mit dem neu gestifteten Deutschen Kreuz in Gold und schließlich wurde er auch im Ehrenblatt des deutschen Heeres genannt. Er war auch dem 25-jährigen Hptm. Remmer Vorbild.

Als das Batl. Remmert über eine Behelfsbrücke (die Hauptbrücke war bereits gesperrt) das Westufer der Weichsel erreichte, erfuhr Remmert, daß er zum DivKdr. kommen sollte. Von GenLt. Becker erhielt er den Befehl, den feindlichen Brückenkopf zu beseitigen. Nachdem er alles was Beine besaß heranzudirigieren hatte, griffen sie an. Mit MG, MPi und Handgranaten fegten sie die russischen Stellungen tief in den Brückenkopf hinein frei. Dieser Angriff einer Handvoll Männer drang durch. Der sowjetische Brückenkopf wurde ausgeräumt. Zahlreiche Waffen und 42 Gefangene fielen den Grenadieren in die Hand.

In seinem Tagesbefehl vom 1. August 1944 würdigte GenLt. Becker die Leistung der KGr. Remmert, die eine dauernde Bedrohung der Division beendet hatte. Im gesamten Korpsbereich war von den vielen sowj. Brückenköpfen nur dieser *eine* eingedrückt worden.

Heinz Remmert erhielt am 10. Sept. 1944 für diese einmalige Leistung das Ritterkreuz. Bereits am 29. Okt. 1943 hatte er als Chef der 6./GR 464 das Deutsche Kreuz in Gold erhalten.

Nach dieser Einblendung zurück zur großen Lage.

Der Aufstand in Warschau
Vorausbetrachtung

Am 26. Juli 1944 erhielt die 9. Armee erste Hinweise des OKH, daß in Kürze in Warschau mit einem größeren Aufstand zu rechnen sei.

Dies war Anlaß für die Garnison Warschau, die seit dem 27.7. 1944 unter dem Kommando von SS-Obergruppenführer von dem Bach-Zelewski stand, einen Ausnahmezustand zu befehlen. Hier standen dem Sonderbeauftragten für den Bandenkrieg lediglich Teile von Divisionen und kein einziger homogener Divisionsverband zur Verfügung. Der größte Verband war das Wach- und Alarmregiment Warschau. Drei Landeschützen Bataillone und das Grenadierregiment 4 kamen noch hinzu. Pioniere, Feldgendarmerie und zwei GrenKpn. folgten nach. An "schweren" Waffen standen ihm die PzZerstörKp. 475 und die 2./PzJägAbt. 743 zur Verfügung.

12 Bataillone der Waffen-SS wurden herangeführt. Außerdem Polizeieinheiten. Alle Waffen-SS-Verbände unterstanden Gruppenführer Geibel.

Die Widerstandsbewegung in Warschau, war am 27. Sept. 1939 mit der Gründung der "Slubza Zwyciestwu Polski" – Dienst am Sieg Polens, SZP – unter General Karaszewicz-Tokarzewski, mit der ausdrücklichen Zustimmung des polnischen Oberbefehlshabers Rydz-Smigly, aus der Taufe gehoben worden. Die Gründungsversammlung fand im Keller der Warschauer Sparkasse statt. Anwesend war Polens Elite, angeführt von Sejm-Marschall Maciej-Rataj, Oberst Rowecki, Professor Roman Rybarski, dem Stadtpräsidenten (Oberbürgermeister) von Warschau, Sanski, und dem Abgeordneten Mieczyslaw Niedzialkowski.

Am 28. Juli 1944, die Rote Armee hatte sich mit ihren Spitzen bis auf etwa 35 km Warschau genähert, erhielt die "Armija Krajowa" aus London die Weisung der polnischen Exilregierung, alle für den Beginn des bald losbrechenden Aufstandes notwendigen Maßnahmen zu treffen.

Dazu sei hier aus dem Tagebuch von General Tadeusz Bor-Komorowski, dem Führer der im Untergrund kämpfenden polnischen Heimatarmee, zitiert:

"Die deutschen Verteidigungslinien waren am 28. Juli 1944 durchbrochen worden. Die Rote Armee hatte Otwock, Falencia, und Jozefow, Ortschaften der Warschauer Außenbezirke, erreicht.

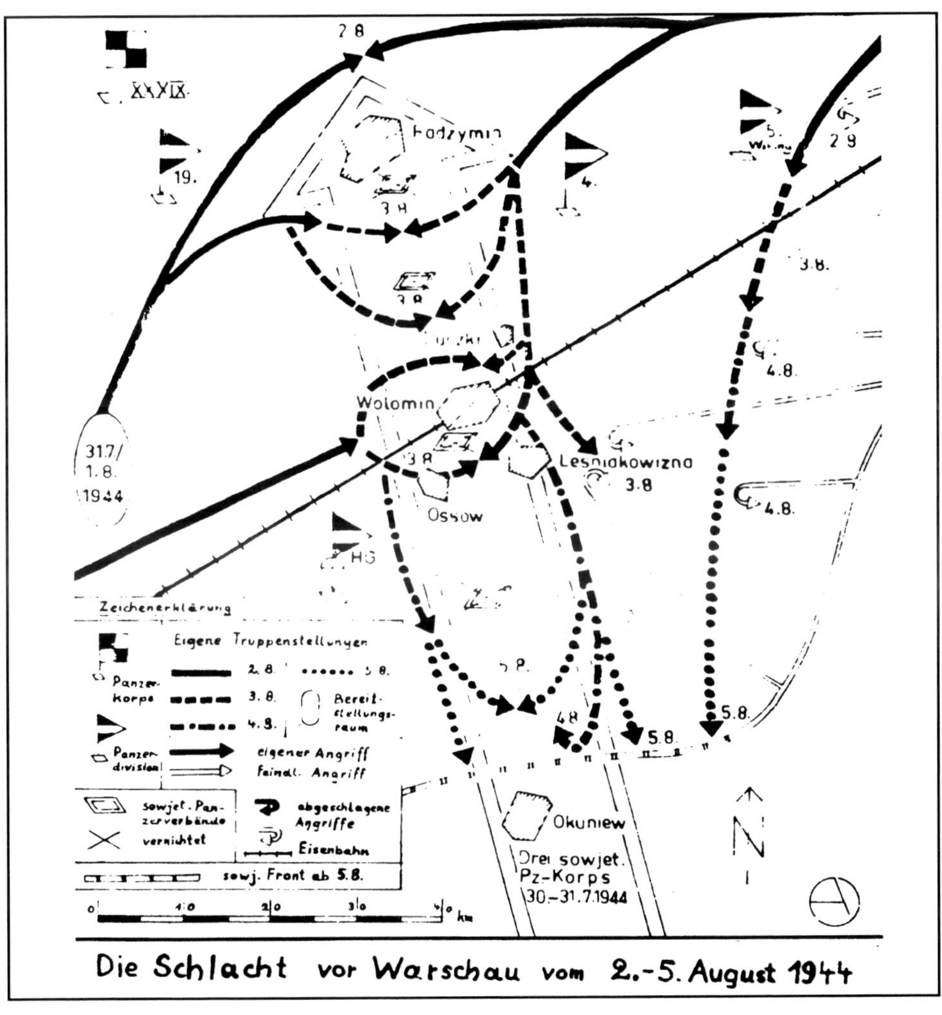

Die Schlacht vor Warschau vom 2.-5. August 1944

Am 30. Juli stieß mein Nachrichtenoffizier Radosc etwa zehn Meilen vor Warschau auf eine russische Panzerkolonne. Die Panzeroffiziere sagten ihm, daß sie Befehl hätten, Warschau am nächsten Tage zu erobern.

Am nächsten Tage drangen russische Spähtrupps nach Praga ein, einer Vorstadt von Warschau. Dies sagte mir, daß die Rote Armee mit Sicherheit binnen 48 Stunden hier sein würde. Es galt also, loszuschlagen. Am 31. Juli häuften sich die Meldungen russischer Annäherung." (siehe: Bor-Komorowski, Tadeusz : The secret army, London 1951).

Als Bestätigung dieser Ereignisse meldete der deutsche Wehrmachtbericht am Nachmittag des 31. Juli 1944: "Heute begannen die Russen einen Generalangriff auf Warschau aus Südosten."

In der Nacht zum 1. August zog sich die Sowjetarmee plötzlich bis zu 100 Kilometer von ihren bis dahin erreichten Linien *zurück*, obgleich sie die im Warschauer Brückenkopf fechtende 73. ID bereits zerschlagen und deren Kommandeur gefangen genommen hatten.

General Bor-Komorowski befahl Oberst Monter, Kommandeur in Warschau-Stadt, am nächsten Tage, um 17.00 Uhr, mit den Operationen zu beginnen.

Die Zwiazek Walki Zbrojnej – ZWZ – der Verband zum bewaffneten Kampf, war zu allem entschlossen. Als ihr Führer, Oberst Roweckil, im Juni verhaftet worden war, trat Oberst Graf Komorowski an seine Stelle, der sich während des Kampfes, und dann auch nachher mit der Vorsilbe "Bor-Wald" nannte und diese Bezeichnung später beibehielt.

Von England aus fanden vom 15. Februar 1940 an bis zum Ende September 1944 insgesamt 488 Versorgungsflüge für die Partisanen statt. Dabei wurden 64 Flugzeuge, darunter 24 mit polnischen Besatzungen, abgeschossen. Auf diesem Wege gelangten auch 355 Spezialisten nach Polen. Im Juni 1944 hatten die sogenannten Bauern-Bataillone eine Gesamtstärke von 157.000 Mann. In vier Offiziersschulen wurden 300 Offiziere für diese Armee ausgebildet. 6000 Frauen standen im Sanitätsdienst.

Der Kampf beginnt

"Der polnische Aufstand wurde erwartet. Das OKH rechnete sogar mit einem Entsatzvorstoß sowjetischer Truppen auf Warschau. Es erwartete sein Losbrechen zum 9. August, 16.30 Uhr."

Diese Agentenmeldung aus Londen fand einen Eintrag ins KTB der 9. Armee.

Am 1. August begann der Aufstand der polnischen Heimatarmee. Deren Stab ließ um 21.30 Uhr nach London funken:

"Wir haben den Kampf um Warschau begonnen. Angesichts dieser Tatsache verlangen wir, daß die Rote Armee uns sofort in Gestalt eines Angriffs von draußen zur Hilfe kommt."

Bereits zu dieser Zeit waren die ersten deutschen Stützpunkte in Warschau eingeschlossen. Der Generalgouverneur ersuchte die HGr. Mitte per Telefon, dessen Leitungen glücklicherweise erhalten geblieben waren, um sofortige Hilfe.

GFM Model antwortete dem Generalgouverneur:

"Jene, die durch Korruption und falsche Behandlung diesen Aufstand verursacht haben, sollen ihn auch bereinigen. Meine Soldaten sind mir zu schade."

In diesem Falle war GFM Model auf dem falschen Wege. Daß seine Vorwürfe stimmen, ist unzweifelhaft erwiesen, *aber* dieser Aufstand hätte *auf alle Fälle* stattgefunden. Er war seit Frühjahr 1940 vorbereitet worden. Nun war die große Chance in Gestalt der Sowjetarmee gekommen. Um nicht aus dem Rennen geworfen zu werden und den sowjetisch gelenkten polnischen kommunistischen Kräften unterlegen zu sein, die eine eigene Regierung unter sowjetischer Führung anstrebten, mußte in London gehandelt werden.

Bereits am 23. Juli 1943 hatte der OB der polnischen Landarmee nach Warschau telegrafiert: "Aktives antideutsches Auftreten ist *notwendig*, weil wir die politische Führung behalten *müssen*. Diese kann aber nur so erhalten bleiben - - -

Unsere Kampftätigkeit muß zeigen, daß wir nicht nur Schläge hinnehmen, sondern solche auch austeilen. Unsere bewaffneten Aktionen wirken auf die in Polen stehenden deutschen Truppen höchst deprimierend." (siehe Bor-Komorowski, Tadeusz: a.a.0.).

Die Verbände des Reichsführers SS übernahmen die Niederkämpfung der aufständischen Armee. Unter dem Kommando von Gruppenführer Reinefarth standen das Polizeiregiment Dirlewanger aus Lyk, und die SS-Brigade RONA unter Kaminski aus Tschenstochau sehr bald in einem, verlustreichen Kampf. Das OKH stellte zur Unterstützung ein Sicherungsregiment unter dem Kommando von Oberst Schmidt zur Verfügung.

Am 4. Aug. traf SS-Obergruppenführer von dem Bach-Zelewski in Warschau ein. Einen Tag darauf begann die Niederschlagung des polnischen Aufstandes. Der Kampf sollte volle zwei Monate dauern. Er zeigte auf, daß er *nicht* von Zivilisten ohne Waffen, sondern von einer wirklichen polnischen Armee geführt wurde.

Die Aufständischen kämpften mit einer bisher noch nie erlebten Zähigkeit und Verbissenheit. Die 9. Armee und auch das OKH mußten den deutschen Kämpfern mehr und mehr schwere Waffen zuführen. Eine Panzerabteilung und eine Sturmgeschützabteilung rollten in die Stadt. Stukaangriffe auf die Widerstandsnester im Süden ließen ganze Stadtviertel zusammenstürzen. Es ging in Warschau, dies kann nicht eindringlich genug gesagt werden, *nicht* um die gelegentliche Ermordung eines deutschen Soldaten, sondern hier tobte ein Kampf, den man so schnell wie möglich beenden mußte, da die Sowjetarmee ebenfalls vor den Toren von Warschau stand und jeden Augenblick einbrechen konnte.

Daß dies *nicht* stattfand, rettete die deutschen Truppen in Warschau und wurde für die Nationalpolen, die hier im Vertrauen auf sowjetische Hilfe den Kampf aufgenommen hatten, zum Untergang.

Erst als vor der Front der 9. Armee die Angriffsabsichten der Sowjetarmee erkennbar wurden, *mußte* das "Wespennest" im Rücken der Armee mit allen Mitteln vernichtet werden. Gen.d.PzTr. Freiherr von Lüttwitz, der neue OB der 9. Armee, mußte nun ebenfalls Maßnahmen ergreifen, um nicht zwischen zwei Feuer zu geraten.

Inzwischen hatten die SS-Verbände bereits 9.000 Mann Verluste erlitten, so daß Reichsführer SS nunmehr mit der Entsendung eines schlagkräftigen Heeresverbandes einverstanden war.

Es war die 19. PD unter GenLt. Hans Kaellner. Diese Division hatte nach ihrer Auffrischung in Holland südwestlich von Grodno ihren ersten Einsatz überstanden. Als die Sowjetarmee mit starken Panzerkräften und Schlachtfliegerunterstützung ostwärts der Weichsel gegen Warschau und dann an Warschau vorbei nach Norden vorstieß, war es die 19. PD, die als Kern einer Abwehrtruppe im konzentrischen Angriff von Westen und Osten die feindlichen Angriffsverbände zusammendrängte, nach Süden zurückwarf und große sowj. Truppenmassen, unter ihnen auch das sowj. III. PzKorps, vernichtete.

Danach marschierte die 19. PD weichselaufwärts nach Warka, wo der Feind die Weichsel überschritten und sich auf dem Westufer des Flusses festgesetzt hatte.

Am 2. und 3. August begann der Angriff gegen diese sowj. Schützendivisionen, die von Panzern unterstützt wurden. Der Gegner wurde über den Fluß zurückgeworfen. Der Erfolg wurde im Wehrmachtsbericht erwähnt.

Nunmehr rollte die 19. PD nach Warschau hinein. Mit Stukaunterstützung gelang es ihr binnen zweier Tage, den feindbesetzten Stadtteil Mokatow freizukämpfen.

Es war der Division darüber hinaus gelungen, jene Teile der 73. ID, die von den Sowjets überrollt worden waren, freizuschlagen.

Hier aus dem Erinnerungswerk der 19. PD jener Abschnitt, der die Augustkämpfe um Warka und Warschau kennzeichnet:

"Anfang August 1944 waren die Russen mit starken Panzerkräften zwischen Magnuszew und Warka über die Weichsel gegangen und hatten auf derem Westufer einen starken Brückenkopf gebildet. Dieser sollte von der Division beseitigt werden.

Am 5.8. marschierte die 19. PD von Rombertow nördlich um Warschau herum in den Raum Warka. Das SPW-Batl. war bereits am Vortage abmarschiert und hatte auf Befehl der Division durch das in hellem Aufruhr befindliche Warschau marschieren müssen. Dieser Marsch, der durch Barrikaden und Dachschützen großen Aufenthalt erlitt, kostete das Bataillon leider große Verluste, so daß es erst am 5.8. in Warka eintraf.

Das PGR 73 war bereits an diesem Tage zum Angriff auf Wyborow angesetzt. Oberst Kossmann war am 3.8. ausgefallen. Für ihn befehligte Hptm. Baxmann und ab dem 7.8. Major Nehring.

Der Angriff des PGR 74 gewann zunächst Gelände des Brückenkopfes zurück, ohne ihn beseitigen zu können. Am 12.8. führte das Rgt. im Verband der benachbarten FschPzDiv. "Hermann Göring" bei Grabow-Pilica einen verlustreichen und erfolglosen Angriff durch. - - -

Erst der 20. und 21. 8. brachte der Division einen großen Erfolg. Sie stieß in die Bereitstellung eines sowjetischen Panzerkorps. Brennpunkt des Kampfes war der Friedhof von Guraczow, der mehrfach den Besitzer wechselte. Die Russen hatten schwere Verluste. An Panzern verloren sie 40, darunter drei Josef Stalin. Ein Lt. des PR.27 schoß allein sechs Feindpanzer ab. Einen beträchtlichen Anteil an den Abschüssen hatte auch die KGr. Meier (I./PGR 74), die II./PzArtRgt. 19 und Teile des PR 27.. Hptm. Meier erhielt Mitte Okt. das RK. Am 23.8. wurde die 19. PD abermals im Wehrmachtbericht genannt."

Soweit die direkte Übersicht. Zurück zu Warschau. Bereits am 13. Aug. hatte sich in Moskau die TASS vom Warschauer Aufstand distanziert. Die Rote Armee leistete keinerlei Luftunterstützung, so oft diese auch erbeten wurde und so *leicht* sie hätte durchgeführt werden können.

Es ging Moskau um ein kommunistisches Polen. *Dies* war der Beginn der polnischen Tragödie. Während die Sowjets "Gewehr bei Fuß" standen, die Auständischen vernichtet wurden, flogen in den Nächten zum 14. und 15. August 30 und 26 Flugzeuge der RAF aus Italien nach Polen. Dazu mußte sich die RAF von der 8. und 9. US-Luftflotte Flugzeuge ausleihen. Als einige davon auf sowjetischbesetztem Gebiet landeten, ließ Wischinski, der stellvertretende sowj. Außenminister, im Auftrage der Sowjetregierung den US-Botschafter zu sich bestellen und erklärte:

"Meine Regierung ist entschieden *dagegen*, wenn amerikanische oder britische Flugzeuge im Gebiet von Warschau auf sowjetischem Gebiet landen, denn die Sowjetregierung will sich *weder direkt noch indirekt* mit den Abenteurern in Warschau identifiziert wissen."

Stalin telegrafierte gleichzeitig an Churchill: "Ich habe mich weiterhin mit der Warschau-Affaire etwas näher vertraut gemacht und bin überzeugt, daß die Warschau-Aktion ein leichtsinniges und schreckliches Abenteuer darstellt, das der Bevölkerung schwere Verluste verursacht. Das wäre nicht eingetreten, wenn das sowjetische Oberkommando *vor* dem Beginn der Warschau-Aktion unterrichtet worden wäre und die Polen mit ihm Verbindung gehalten hätten.

In der nun entstandenen Lage ist das sowjetische Oberkommando zu der Überzeugung gekommen, daß es sich von dem Warschauer Abenteuer *distanzieren* muß, weil es weder direkt noch indirekt die Verantwortung für die Warschau-Aktion übernehmen kann."

Dies veranlaßte Winston Churchill, sich am 18. August an den US-Präsidenten zu wenden. Er schlug vor, eine gemeinsame Botschaft an Stalin zu schicken. Am 20. August erhielt Marschall Stalin folgendes Telegramm:

> "Wenn die Antinazis in Warschau wirklich sich selber überlassen werden, denken wir an die Meinung der Welt. Wir glauben, daß wir alle drei das Äußerste tun sollten, um dort so viele Patrioten wie möglich zu retten.

Wir hoffen, daß Sie *sofort* Vorräte und Munition bei den Patrioten abwerfen. Oder sind Sie damit einverstanden, unseren Flugzeugen zu helfen, dies sehr schnell zu tun? Wir hoffen, Sie stimmen zu. Die Zeitfrage ist hierbei sehr wichtig."

Stalin antwortete am 22. August mit den Kernsätzen; "Früher oder später wird sich jedem die Wahrheit über die *Verbrechergruppe* herausstellen, die sich in das Warschau-Abenteuer eingelassen hat, um die Macht zu ergreifen. *Diese* Leute haben den guten Glauben der Einwohner Warschaus ausgenutzt. - - -

Es ist eine Situation entstanden, in der jeder neue Tag nicht den Polen die Befreiung von Warschau, sondern den Hitleristen zum Zusammenschießen der Einwohner Warschaus verhilft."

Die britischen "Sympathien waren bei diesen fast unbewaffneten Menschen." Als Churchill wenig später einen weiteren dringenden Appell an Stalin senden wollte und dazu Roosevelts Zustimmung erbat, antwortete der US-Präsident am 26. August:

> "Ich glaube, daß es sich im Hinblick auf die Kriegführung auf lange Sicht für mich *nicht* als vorteilhaft herausstellen würde, mich mit Ihnen an der vorgeschlagenen Botschaft an Stalin zu beteiligen. Ich habe nichts dagegen, daß Sie Ihrerseits eine solche Botschaft schicken, wenn Sie dies für richtig halten."

Für US-Präsident Roosevelt war damit die polnische Frage abgehakt.

Am 1. September 1944 erließ General Sosnowski, OB der polnischen Streitkräfte, den Tagesbefehl Nr. 9, in dem er ausführte: "Seit einem Monat verbluten sich die Helden der Heimatarmee zusammen mit dem Volk von Warschau allein. *Das Volk von Warschau wurde allein gelassen.* Das ist das tragische und ungeheuerliche Rätsel angesichts der technischen Stärke der Verbündeten und der Nähe der Roten Armee. - - -

Warschau wartet nicht auf leere Lobesworte, nicht auf Ausdrücke der Anerkennung, nicht auf Beileidskundgebungen. *Warschau wartet auf Waffen und Munition!"*

Am 2. Oktober kapitulierten die Aufständischen in Warschau. General Bor-Komorowski mußte aufgeben. 15.200 seiner Männer waren gefallen und vermißt. 7.000 Schwerverwundete waren zu beklagen. 11.000 polnische Soldaten marschierten in die Gefangenschaft.

Weitere Kämpfe der HGr. Mitte

Ende August kämpften im Weichselbrückenkopf ostwärts Warschau die 73. ID und Teile der 19. PD. Das JG 52 unter OberstLt. Hrabak griff immer wieder in die Erdkämpfe, vor allem zur Abwehr sowjetischer Schlachtflugzeuge, ein. Es schoß in diesem Kampfraum am 2. Sept. das 10.000. Flugzeug ab.

Am 10. Sept. traten sowjetische Sturmverbände zum Angriff auf diesen deutschen Brückenkopf an. In der Nacht zum 14. Sept. mußte der Brückenkopf aufgegeben werden. Als der letzte deutsche Verband die Brücke überquert hatte, wurde diese von einem Pionierkommando der 73.ID gesprengt.

Am 16. Sept. setzte die polnische 1. Armee unter GenLt. Berling zum Angriff über die Weichsel an. Sie wurde unter schweren Verlusten für sie abgewiesen. 2000 Tote brachte dieser erste Versuch. Marschall Rokossowskij befahl die Einstellung des Angriffs. Dadurch kehrte an dieser Stelle wieder Ruhe in der hektischen Front der 9. Armee ein.

Bei der 2. Armee

Mit Schwerpunkt bei Narwa war die sowj. Armee seit Anfang Sept. 1944 zum Angriff nach Nordwesten, auf Ostpreußen, angetreten. Hier stand die 2. Armee unter GenOberst. Weiß von der Mündung des Bug in den Narew bis nördlich Loecha. Am 4. Sept. wurde der rechte Flügel der 2. Armee angegriffen. Die 35. und 7. ID im Zentrum des Angriffs wurden von starken sowj. Panzerkräften überrollt. Nördlich Lomscha hatte die 2. Armee Anschluß an die 4. Armee, der die Verteidigung von Ostpreußen übertragen worden war.

Die 2. Armee stand mit vier Korps von Bug bis westlich Ostrow: mit dem XX. AK, westlich Ostrow bis ostwärts Rozan mit dem XXIII. AK, und im Raume südostwärts von Ostrolenka mit dem I. KavKorps, woran das wiederum im Raume südlich Lorrscha stehende LV. AK anschloß, in Verteidigungsbereitschaft. Das Armee-HQ befand sich in der Ortschaft Mockein südwestlich Rozan.

Verbände der 1. und 2. Weißrussischen Front traten hier mit fünf Armeen an. Der Narew wurde von der 65. Armee, GenLt. Batow, am 5. Sept. bei Karnewsk und Pultusk erreicht. Die dt. 5. JägDiv. wehrte den ersten Übergangsversuch über den Fluß ab. Der zweite Ansprung gelang. Hierzu der ausgezeichnete Report von Werner Haupt:

"Das befehlsführende XX AK.wies sofort die 5. JägDiv., die 252. und 524. ID an, zu Gegenstößen anzutreten. Der Brückenkopf konnte leider nicht mehr eingedrückt werden. Dafür schoben die Sowjets immer neue Truppen auf das Westufer. Bis zum 9.9. hatte der feindliche Brückenkopf eine Tiefe von 10 und eine Breite vcn 20 km.

Die 2. Armee mußte alles daransetzen, diese Beule in ihrer Front auszubügeln. Das OKH führte Reserven heran. Der deutsche Gegenangriff begann am 4. Oktober. Die 252. ID, die SS-PD "Wiking" und die 3. PD griffen nach Artillerievorbereitung die russischen Stellungen an. Die deutschen Panzer, darunter auch Tiger, fraßen sich am 4. und 5. Oktober durch die Front der sowj. 65. Armee und standen am Abend nur noch 3 km vor dem Fluß.

Am nächsten Morgen schlug der Gegner zurück. Sowjetische Schlachtflugzeuge und frisch eingeschobene Panzerbrigaden, die mit dem neuen überschweren "Stalin"-Panzer ausgestattet waren, rollten vor. Die deutschen Angreifer wurden in die Verteidigung gedrängt.

Die Rote Armee setzte nunmehr – wie immer in den beiden letzten Jahren – ihren Trumpf ein: ihre Übermacht! Die sowj. 48. Armee ging nach starker Artillerievorbereitung bei Rozan über den Narew. Damit war ein zweiter Brückenkopf entstanden.

Die 2. Armee mußte die Schlacht abbrechen. Die Panzer wurden herausgezogen, die Divisionen gingen auf ihre Ausgangsstellungen zurück. Die Sowjets folgten – noch nicht – nach." So weit der Bericht.

Während sich Mitte und rechter Flügel der HGr. Mitte stabilisierten, war der linke Flügel, die 3. Panzerarmee nicht mehr zur Ruhe gekommen. Die Lücke zur 16. Armee der HGr. Nord konnte trotz aller Anstrengungen der 3. Panzerarmee und der 16. Armee nicht mehr geschlossen werden. Die 3. Panzerarmee wurde bereits Anfang August auf die ostpreußische Grenze zurückgedrängt. Bei Raseinen gelang es dem IX. AK noch einmal, die Sowjets am Überschreiten der deutschen Grenze zu hindern.

Die 1. Baltische Front, Armeegeneral Bagramjan, stieß mit allen verfügbaren Panzerkräften bis nach Tukkum an die Ostsee vor. Damit wurde die HGr. Nord von der Front des gesamten Ostheeres abgeschnitten. Die 3. Panzerarmee erhielt Befehl, die Lücke endgültig in einer Großoperation mit der Codebezeichnung "Unternehmen Doppelkopf" zu schließen. Dazu standen ihr im XXXIX. PzKorps, Gend.PzTr. von Saucken, die 4., 5. und 12. PD und der Panzerverband Strachwitz, im XXXX. PzK, General der Panzertruppe von Knobelsdorff, die 1., 7. und 14. PD und die PGD "Großdeutschland" zur Verfügung. Während sich das erste PzKorps um Libau bereitstellte, versammelte sich letzteres im Raume Tauroggen.

An dieser Stelle sei der Bericht von General d.PzTr. von Manteuffel eingeblendet, der in diesem Abschnitt des Kampfes mit der PGD "Großdeutschland" entscheidenden Anteil hatte.

Panzergrenadierdivision "Großdeutschland" im Einsatz

Nachdem die Sowjetarmee nach Zusammenbruch der HGr. Mitte im Norden ihres Angriffsstreifens bereits am 21. Juli die Ortschaft Ponewitsch, etwa 150 km westlich Dünaburg, erreichte und acht Tage darauf bei Tukkum am Rigaer Meerbusen stand, war der lose Zusammenhang zwischen der HGr. Nord in Kurland und der HGr. Mitte endgültig abgeschnitten.

In dieser Lage wurde die PGD "GD" verladen und im Blitztransport nach Ostpreußen verlegt. Dazu von General von Manteuffel:

"Ich wurde ins FHQ befohlen. Dort sagte man mir, ich solle die Stärke der Division genau angeben und – wie hoch ich ihre Schlagkraft einschätzen würde. Ich trug vor, daß 'Großdeutschland' fest in der Hand ihrer Kommandeure und ihre Kampfkraft stärker denn je sei.

An Zwischentönen erkannte ich, daß meine Division – möglicherweise in Kampfgruppen aufgesplittert – in den Skat geworfen werden sollte, darum ließ ich mir die seinerzeit von GFM von Manstein gegebene schriftliche Weisung, daß die Division *nur geschlossen* eingesetzt werden dürfe, auch von Hitler geben.

Anschließend fuhr ich nach Trakehnen, wo die Division in der Versammlung begriffen war. Als ich zwei Stunden dort war, erschien der Armeeführer, GenOberst Reinhardt, auf meinem GefStand. Er wollte sich über den Zustand der Truppe und die frühestmögliche Gefechtsbereitschaft derselben orientieren.

'Wir sind in einigen Tagen voll einsatzbereit, sobald sämtliche Teile hier sind, Herr Generaloberst!' sagte ich ihm. Ich machte ihn auch darauf aufmerksam, daß die Division *nur* geschlossen eingesetzt werden dürfe.

'Ich glaube, das ist eine weise Entscheidung!' stimmte der Generaloberst zu.

Am 8. August erhielt ich nachmittags einen FT-Spruch aus dem FHQ: "Die Panzergrenadierdivision 'Großdeutschlard' hat sofort in Richtung Wilkowischken zum Angriff anzutreten und die dort angreifenden feindlichen Stoßgruppen zu vernichten."

Dieser Befehl war für General von Manteuffel ein Rätsel, denn es hatte nicht einmal eine erste Erkundung vorgenommen werden können. Dennoch trat die Division ohne vorbereitendes Artilleriefeuer bei Tagesanbruch des 9. August zum Angriff an. Die Panzerfüsiliere unter Oberst Niemack in der ersten Welle, gefolgt von den Panzergrenadieren unter dem bewährten Oberst Lorenz, griffen an. Das geschlossen eingesetzte Panzerregiment bestimmte, tief gestaffelt, das Tempo des Angriffs.

Nach einer halben Stunde fuhr die Division in massiertes Abwehrfeuer sowjetischer Pak, Panzer und Feldgeschütze hinein. Binnen einer Stunde gingen 80 Panzer und gepanzerte Fahrzeuge verloren. Elf von ihnen wurden völlig zerstört. Dennoch wurde bis zum Abend die Stadt Wilkowischken, 25 km hinter der feindlichen Front, erreicht und in Besitz genommen.

Ostwärts der Stadt sicherte die Division die gewonnenen Stellungen. Der Wehrmachtbericht meldete zu diesem 9. August drei Tage später: "Südwestlich Kowno wurde die Stadt Wilkowischken im Gegenangriff wieder gewonnen. In den letzten Tagen verlor der Feind hier 69 Panzer und Sturmgeschütze, sowie 61 Geschütze."

General von Manteuffel aber erhielt einen Funkspruch seines Chefs des Stabes, GenMaj. von Natzmer: "Sie haben sich morgen früh im FHQ in Rastenburg zu melden."

Dazu vôn Manteuffel: "Ich nahm mir ein paar Panzer und fuhr in der Nacht durch die russischen Linien zurück. Von Natzmer begrüßte mich; ich sagte ihm: 'Telefonieren Sie vor allem mit Rastenburg und versuchen Sie zu erwirken, daß ich auch von GenOberst Guderian empfangen werde.' Ich konnte mir denken, daß man dort schäumte, daß meine Division 82 Panzer verloren hatte."

General von Manteuffel stand wenig später Hitler gegenüber. Dieser schimpfte, ohne direkten Angriff gegen den Panzergeneral, daß die Division 82 Panzer verloren habe. Als Hitler endlich schwieg, sagte von Manteuffel:

> "Ich habe Ihnen, mein Führer, einen Führerbefehl mitgebracht." "Lesen Sie ihn vor", befahl Hitler. Manteuffel las vor, daß die Division, noch nicht voll eingetroffen, in einem nicht aufgeklärten Gelände, durch Hitler zum Angriff befohlen worden war.

Hitler war bestürzt, klingelte nach seinem Adjutanten und ließ GFM Keitel hereinholen. General von Manteuffel wurde aufgefordert, seine Meldung zu wiederholen. Als er damit fertig war, legte Hitler los, "wie ich ihn noch nie gehört hatte. Er beschimpfte in meiner Gegenwart den Feldmarschall wie einen Gefreiten.

Es wurde festgestellt, daß der angebliche Führerbefehl gar nicht von Hitler gekommen war. Man hatte Hitler in der Mittagslage gesagt, daß die Sowjets bei Wilkowischken durchgebrochen seien und damit Ostpreußen bedrohten. In Rede und Gegenrede hatte Hitler gemeint, daß dann ja die Division "Großdeutschland" dorthin gehen könne.

Als man ihm bestätigt hatte, daß die Division eigentlich bereits dort sein müsse, wo es jetzt brannte, hatte Hitler im Verlauf des Vortrages gesagt: 'Dann könnte doch die Division 'Großdeutschland' in Richtung Wilkowischken fahren, den Einbruch abriegeln und später bereinigen.'

Von einem *Befehl* war nicht die Rede. Hitlers Einwurf war nur eine Möglichkeit gewesen. Keitel war im Verlauf des weiteren Gesprächs hinausgegangen und hatte den 'Führerbefehl' formuliert und tasten lassen."

Als General von Manteuffel wieder bei der Division war, erhielt er den Befehl, mit dem nun vollständig versammelten Verband anzutreten und "die Verbindung zur Heeresgruppe Nord im Zusammenwirken mit anderen Divisionen wieder herzustellen. Die Division trat an.

Als die Meldung einging, daß die Sowjets im Raume Kursenai durchzubrechen versuchten und von dort schwere Abwehrkämpfe gemeldet wurden, traten die vordersten Divisionsteile aus dem Vormarsch heraus zum Angriff auf Schaulen an. Es galt zunächst, die Verita westlich Kursenai zu überschreiten und die auf deren Ostufer gelegene Stadt Kursenai zu nehmen.

Die Panzerfüsiliere unter Oberst Niemack fuhren voraus. Das I. SPW-Batl. der Füsiliere überschritt die Venta, nahm Kursenai im Kampf und ermöglichte das Herüberkommen der ganzen Division.

An der Spitze des Angriffskeils der Panzerfüsiliere stieß am nächsten Tag die 1./PzFüsRgt. "GD" unter Hptm. von Basse vor. Sieben Tage dauerte der Kampf. Es ging über Tauroggen, Kraziai, Luoke nach Telsche. Am Nachmittag des 19. Aug. erstürmten Niemacks Panzerfüsiliere den Bahnhof von Kuzai gemeinsam mit dem PGRgt.

Am Abend des 22. August erhielten die Füsiliere vom DivKdr. den Befehl, beiderseits des Lilaucesees in Richtung Schaulen anzugreifen.

Im Morgengrauen des 24. Aug. traten die Panzerfüsiliere – dem XVIII. AK unterstellt – mit dem I./PGR "GD" in schwerstem feindlichen Werferfeuer zum Angriff an. Ziel war der "Sanatoriumsberg", als wichtigste Voraussetzung zum Gewinn der Ortschaft Doblen.

An der Spitze des Regimentes führte Oberst Niemack diesen Angriff, der in schweres Stalinorgelfeuer geriet. Danach stießen sie auf eine Pakfront und schließlich rollte der Wagen von Oberst Niemack auf eine Mine. Sekunden darauf peitschte schräg rechts voraus der Abschuß einer Schweigepak aus einem Gebüsch. Einen zweiten Einschlag hörte Oberst Niemack noch, dann war plötzlich Nacht um ihn. Er wurde mit den anderen Kameraden aus dem SPW geborgen und zurückgeschafft.

Der Angriff wurde fortgesetzt. Südlich von Doblen kamen die Männer von "GD" bis auf etwa 20 km an die bei Tukkum stehenden Teile der HGr. Nord heran. Es ging immer noch weiter. Doch acht Kilometer vor dem endgültigen Ziel war der Angriff zu Ende. Lediglich die Spitzengruppe konnte noch durchstoßen und einige Stunden die Fühlung mit der HGr. Nord aufrechterhalten.

"Dort traf ich mich mit General Philipp Kleffel, KommGen. des XVI. AK, der aus dem Kurlandkessel kam und bezeugte, daß wir den Kessel aufgesprengt hatten. Ein PK-Mann, der mit mir fuhr, hielt dieses Ereignis im Film fest. Aber diese winzige Verbindung genügte nicht.

Wir wären vernichtet worden, wenn ich nicht den Befehl gegeben hätte, uns auf die Hauptgruppe zurückzuziehen." (Hasso von Manteuffel an den Autor. Ferner Schaulen, Joachim von: Hasso von Manteuffel - Panzerkampf im Zweiten Weltkrieg).

Am 1. Sept. 1944 mußte General von Manteuffel seine Division verlassen, die von Oberst Lorenz übernommen wurde. Er wurde mit der Führung der 5. Panzerarmee beauftragt, die wenige Wochen später im Westen in voller Aktion stand.

Bis Ende Dezember bei der Heeresgruppe Mitte

Am Mittag des 19. August war der Panzerverband von Strachwitz zum Stoß auf Tukkum angetreten. Der Verband, geführt von einem der tapfersten Panzerkommandeure der Wehrmacht, konnte den Feindwiderstand rasch brechen. Er erreichte bei Anbruch der Nacht Dzukste, das am nächsten Morgen genommen wurde.

Mit seinem Panzerverband umfuhr Oberst Graf Strachwitz, 11. Träger der höchsten deutschen Tapferkeitsauszeichnung, Tukkum und täuschte den Weitermarsch nach Osten vor. Als er auf Höhe der Stadt war, drehte er direkt darauf ein. Zehn Panzer waren bei ihm, als er mit etwa 50 T 34 und KW 85 ins Gefecht trat. Es gelang dem "Panzergrafen", den Großteil der Feindpanzer abzuschießen und Tukkum zurückzugewinnen. Fünf Panzer in der Stadt lassend, rollte er mit den übrigen fünf zu den einzelnen Gefechtsständen, um die Infanterie nach Tukkum zu bekommen, welche die Stadt halten konnte. Durch die damit verbundene Verbindung zur HGr. Nord entstand eine wenn auch schüttere, so doch durchgehende Front. Von der Nahtstelle, wo die PGD "GD" Anschluß an die 81. ID der HGr. Nord gewonnen hatte, verlief die HKL nach Süden bis Kursenai, bog dort nach Osten auf Schaulen ab und lief dann in südwestlicher Richtung weiter.

Diese Front wurde von Norden nach Süden, bzw. Südwesten von XXXIX. PzKorps mit "Großdeutschland", der 12., 4. und 5. PD, dem XXXX. PzK. mit der 201. SichDiv, der 551. ID und der 7. PD sowie dem XII. SS-Korps mit der 548., 96. und 69. ID gehalten.

Die feindliche Offensive, die am 14. Sept. 1944 begann und sich gegen die HGr. Nord und den linken Flügel der 3. PzArmee richtete, traf die Verbände schwer. Die 3. PzArmee wurde am 15. Sept. der HGr. Nord unter GenOberst Schörner unterstellt.

Die HGr. Mitte mit HQ in Ortelsburg lag am 1. Okt. 1944 in einer beinahe geraden von ostwärts Tilsit und ostwärts Warka nach Süden verlaufenden Front. Die 4. Armee mit HQ in Lötzen verteidigte die ostpreußische Grenze bis dicht nordostwärts Lomscha. Daran schloß sich die 2. Armee mit vier Korps an. Die 9. Armee mit HQ im Raume südwestlich von Warschau hatte die Front hart nördlich Warschau bis zum Anschluß an die HGr A zu halten.

Hier begann der sowjetische Großangriff zur endgültigen Abtrennung der HGr. Nord vom Reich und zur Besitznahme von Ostpreußen. Dazu traten am 5. Okt. 1944 von rechts nach links die sowj. 4. Stoßarmee, die 6. Gardearmee, die 43. Armee, die 5. Gardearmee, die 2. Gardearmee und die 39. Armee an.

Im Angriffsraum zwischen Kursenai und Raseinen entstand am ersten Angriffstag ein Einbruch von 75 km Breite und bis zu 17 km Tiefe. Damit war die Front der 3. PzArmee völlig aufgerissen. Bis zum 6. Okt. wurde die deutsche HKL niedergewalzt. Die Sowjetarmee überschritt mit ihrem XXIX. PzKorps unter GenMaj. Malchow am 9. Okt. bei Krottingen die deutsche Grenze.

Die Schlacht um Ostpreußen konnte beginnen. Das Gebiet um Memel wurde eingeschlossen.

Gen.d.Inf. Gollnick erhielt Auftrag, Memel mit seinem XXVIII. AK zu verteidigen. Das PzAOK 3 wurde – bis dahin der HGr. Nord unterstellt – am 10. Okt. wieder zur HGr. Mitte abgegeben.

Mit ihrem HQ in Heinrichswalde (Ostpr.) erhielt die 3. PzArmee den Befehl, die "Ostpreußenstellung, nordostwärts der Reichsgrenze gelegen, zurückzugewinnen. Dazu sei die FschPzDiv. "HG" und die 6. PD einzusetzen. Außerdem müsse Memel gehalten werden.

Der Hafen von Memel war ab dem 7. Okt. von der Kriegsmarine verlassen worden. Die 14. Sicherungsflottille und drei Minensuchboote machten den Anfang, gefolgt von der 24. U-Schul-Flottille. Das Zielschiff "Goya", 5230 BRT, und die Transportschiffe "Askari" und "Bolkoburg" verließen am 9. Okt. den Hafen. Einige Zerstörer der 6. Z.-Flot. unter Kpt.z.S. Kothe liefen noch am 10. Okt. wieder in den Hafen hinein, um die noch immer dort wartenden Marinesoldaten, das Landpersonal und die 210 Marinehelferinnen herauszuholen.

Das Flugsicherungsschiff "Hans Albrecht Wedel" ging als letzte Einheit am 12. Okt. ankerauf. An Bord das letzte Personal der Marinedienststellen und 80 Schwerverwundete. Der Weg der meisten Fahrzeuge führte von Memel zunächst nach Pillau. Einige von ihnen sollten im Winter 1944/45 noch durch Rückführungsaktionen im Unternehmen "Rettung" von sich reden machen.

Der Kampf um Memel war in vollem Gange. Hier war es wieder einmal die Tigerabteilung 502, die bravouröse Angriffe gegen die Sowjetarmee fuhr. Hier ein kurzer Bericht aus den Tagen vor der Einschließung.

Tiger im Brückenkopf Memel

Als die Sowjets am Morgen des 5. Okt. westlich von Schaulen mit drei Armeen ihren Großangriff gegen die 3. Panzerarmee eröffneten, rissen starke Panzerverbände und 29 Schützendivisionen eine Lücke von 90 km Breite auf. Am 6. und 7. Okt. schoben die Sowjets weitere Panzer- und Infanteriekräfte nach und bewegten sich mit ihrem Gros auf die Reichsgrenze zu.

Die 551. VGD ostwärts Tryskiai konnte durch Teile der 7. PD und der PGD "Großdeutschland" vor der Vernichtung bewahrt werden. Beide Panzerdivisionen stemmten sich der roten Sturmflut entgegen und vernichteten zahlreiche Panzer. Sie wurden eingeschlossen, durchbrachen die Umklammerung und zogen sich kämpfend auf Memel zurück.

Am 10. Okt. erreichte die Sowjetarmee bei Polangen und Prökuls, also nördlich und südlich von Memel, die Ostsee. Damit hatte sie die HGr. Nord eingeschlossen. In einem 7,5 km großen Frontbogen entstand der Brückenkopf Memel. Hitler erklärte die Stadt zur Festung.

In dieser Situation trafen die ersten Tiger der sPzAbt. 502 in Memel ein und rollten von den Waggons. Lt. Nienstedt, der die 1. Kp. führte, gelangte gerade noch vor der Einschließung in die Stadt hinein. Er rollte zum GefStand des XXVIII. AK und erbat einen Einsatzbefehl.

Bewegt umarmte ihn Gen.d.Inf. Gollnick. "Gott sei Dank, daß Hilfe kommt!" sagte er. "Fahren Sie mit Ihren Tigern in östlicher Richtung vor und halten Sie mir die russischen Panzer vom Leib. Genaue Einweisung in die Lage gibt Ihnen der Ia."

Ohne Rücksicht auf die eigene zurückgehende Infanterie rollte die kleine Stoßgruppe unter Lt. Nienstedt vor. Einen km südostwärts von Korallischken, und über die dortige Straßengabel hinaus, hatten sie erste Gefechtsberührung. Ein feindliches Panzerrudel, das sich zeigte, wurde mit dem ersten Feuerschlag der wenigen Tiger um fünf Panzer verringert. Eine deutsche 8.8 cm-Flak, die durch dieses Ereignis eines vorrollenden Pulks deutscher Panzer ermutigt wurde und mitgefahren war, schoß weitere fünf oder sechs Feindpanzer ab. Die übrigen drehten und rollten in ein Wäldchen hinein.

Ein Teil der Panzer der sPzAbt. 502 war mit den Versorgungsfahrzeugen bereits *vor* diesem Ereignis nach Tilsit gelangt. Von dort aus sollte es in den wohlverdienten Urlaub gehen.

Nun wurden sie wieder in die alte Richtung zurückgeschickt.

Dazu der AbtKdr., Hptm. von Foerster: "Der Transport kam in den späten Abendstunden auf einem acht bis zehn Meter hohen Bahndamm zum Stehen. Ursache war ein Lokdefekt, der entweder durch Pak- oder Panzerbeschuß entstanden war. - - -

Ich ließ den Zug am letzten Ssyms-Wagen trennen, unter den Puffern den Bau einer Rampe beginnen und das hintere Zugende mit Hilfe eines Balkens vom letzten Tiger so weit zurückdrücken, daß die Rampe aus Eisenbahnschwellen beendet werden konnte.

Über diese Notrampe wurde der gesamte Transport entladen. Es verlief alles glatt. Am Morgen mit Beginn des russischen Großangriffs auf Memel hörten wir das Artilleriefeuer der Russen wie ein einziges grollendes Gewitter. Das Feuer lag auf den vordersten Gräben am Stadtrand. Hier verteidigten der Memeler Volkssturm und die über See herangeführte 58. ID. Die 7. PD und die PGD "GD" verteidigten die Stadt und wehrten – selbst stark angeschlagen – die Feindangriffe ab.

Am 11. und 12. Okt. entbrannten erneut schwere Kämpfe. Zahlreiche Bomben fielen auf Hafen und Stadt. Plötzlich nahte Hilfe von der See her. Es war der schwere Kreuzer 'Lützow' und die 'Prinz Eugen', die mit ihren Waffen die hart bedrängten Landtruppen unterstützten und ihnen zum letzten Male eine Atempause verschafften.

Hier kämpfte auch Major Hans-Ulrich Rudel mit seinen Schlachtfliegern und raste im Tiefflug auf die Feindpanzer zu und vernichtete sie mit seinen Bordkanonen.

Das Gut Paugen bei Memel wechselte mehrmals seinen Besitzer. Die Russen forderten Memel zur Übergabe auf. Am 14. Okt. hämmerte die russische Artillerie abermals auf die Stadt ein. Es folgte ein schwerer Bombenangriff. Danach traten die Sturmtruppen der Roten Armee an. Die Verteidiger wehrten diesen Angriff ab.

Am 23. Okt. versuchten die Russen es ein weiteresmal. Auch diesmal drangen die Sturmtruppen der Sowjetarmee nicht durch.

Nun gab die Sowjetarmee an dieser Stelle ihre Angriffsabsichten auf und versuchte es an einer anderen Stelle."

Die sPzAbt. 502, an zwei Schwerpunkten des Brückenkopfes mit nur 13 Tigern eingesetzt, vernichtete hier binnen weniger Tage 35 T 34 und zahlreiche Pak.

Die Teile der sPzAbt. 502 blieben in diesem Raum. Als die 7. PD Memel über See verließ, um anderweitig eingesetzt zu werden, gab deren III./PR 25, die über Tiger verfügte, ihre Panzer an die sPzAbt. 502 ab, womit die inzwischen zwei Kampfkompanien derselben einen beträchtlichen Zuwachs erhielten. Hier in Memel erhielten bewährte Panzersoldaten, Fw. Kerscher sowie Uffz. Kramer für mehr als 50 vernichtete Feindpanzer das Ritterkreuz. Alfredo Carpaneto, Kommandant in der 2./sPzAbt. 502, der am 25. Jan. 1945 fiel, erhielt diese Auszeichnung posthum am 28. März 1945.

Die 7. Panzerdivision bei Memel

Am 5. Oktober 1944 wurde die 7. PD bei Juozapiske, 20 km nordostwärts von Luoke eingesetzt, um die vorstürmende Sowjetarmee aufzuhalten. Die Flutwelle der Sowjetarmee drückte die Division bis zum 7. Okt. über Upyna auf Luoke zurück. Ein Teil der nicht voll versammelten Division stand bei Sakalai im Gefecht und mußte am 9. Okt. über Krottingen in den Raum nördlich und nordostwärts Memel ausweichen.

Am Morgen des 11. Okt. durchfuhr die Division Deutsch-Gronau und erreichte am selben Nachmittag Memel. Der Feind drängte scharf nach und hatte die Ostpreußen-Schutzstellung bereits durchbrochen. Das PR 25 erreichte in der kommenden Nacht seine Stellungen südlich des Memelbogens. Glücklicherweise lagen einige Flakbatterien in der Nähe, die zur Abwehr feindlicher Bomberkräfte um Memel aufgebaut wurden, und mit erheblichem Erfolg die Feindfliegerkräfte dezimierten.

Das tiefgestaffelte Grabensystem von Memel war mit der 58. ID., dem FlakRgt. 6, der, MarFlakAbt 217 und 227, vier Sicherungsbataillonen, zwei Volkssturmkompanien, der 21. MarErs-Abt. und – wie dargestellt, der sPzAbt. 502 (vorerst mit einer Kp.) – besetzt. In der Stadt lebten noch - überwiegend in den Kellern der Häuser - etwa 30.000 Zivilisten, die nicht mehr nach Tilsit abtransportiert werden konnten.

Ein Ausbruch der Besatzung war von Hitler verboten worden und es verbot sich für jeden einzelnen Soldaten von selbst, so lange noch so viele Zivilisten in der Stadt lebten.

Als die 95. ID von der HGr. Nord nach Memel verlegt wurde, hatte die 58. ID entschlossene und alte Soldaten zur Seite bekommen, mit denen die Stadt gehalten werden konnte. Dennoch wäre es manchmal schief gelaufen, wenn nicht die Panzer, auch des PR 25,zur Stelle gewesen wären, die beispielsweise bei einem Einbruchsversuch der Sowjets mit Hptm. Brandes an der Spitze, zum Gegenangriff vorgerollt wären und die sowj. Panzerspitzen abgeschossen hätten. Mit seiner Beförderung zum Major erhielt der Kdr. der II./PR 25 am 28. Okt. dafür auch das Ritterkreuz.

Memel fiel nicht, aber dieser Angriff der Sowjetarmee wurde zum Auftakt der Schlacht um Ostpreußen. Es war die 4. Armee unter Gen.d.Inf. Hoßbach, die im Okt. 1944 einen 350 km langen Frontabschnitt zu verteidigen hatte. Dieser reichte von Nowgorod am Narew bis Memel. Auf dieser Frontlinie standen mit den fünf deutschen Armeekorps 13 Infanterie- und zwei Sicherungsdivisionen, zwei KavBrig. und das SS-PolRgt. "Hannibal".

Die Schlacht in Ostpreußen: Kurzübersicht

Es war die 3. Weißrussische Front, die sich zum Angriff nach Ostpreußen hinein anschickte.

Am 16. Okt. wurde die Offensive eröffnet. Armeegeneral Tschernjachowskij, OB der 1. Baltischen Front, schickte nach dem vorbereitenden Trommelfeuer auf einer Breite von 140 km die sowj. 39., 5., 26. und 31. Armee nach vorn. Diese wurden von der dahinter breitstehenden 11. Garde-Panzerarmee unterstützt.

Beim XXVI. AK unter GenLt. Matzky gelang den Russen ein tiefer Einbruch. Der Grenzbahnhof Wirballen fiel am 19. Okt. in ihre Hand, im Raume Eydtkuhnen, erreichte die Sowjetarmee ebenfalls deutschen Boden und drang mit schnellen Truppen in Richtung Rominter Heide vor. Wirballen,

Eydtkuhnen, Stallupönen, Rominten und Goldap erlebten den Einfall der Sowjets. Die PGD "GD" mußte ihre Truppen auf das linke Memelufer beiderseits Tilsit zurückziehen und verlor während der Übergangskämpfe etwa 2.000 Mann.

Am 20. Okt. ließ General Tschernjachowskij die Panzer der 11. Gardepanzerarmee antreten. Dieser Verband rollte quer über die Rominte nach Großwaltersdorf und stand am Abend des folgenden Tages nach einem Vorstoß von 20 km im Raume Nemmersdorf am Westufer der Angerapp.

Der Durchbruch schien gesichert. Doch die Truppen des XXVI., X und XXVII. AK hielten den starken Feindeinbrüchen stand. Es gelang General Hoßbach, aus den nicht angegriffenen Abschnitten einige Divisionen zu lösen und mit ihnen die entstandene Lücke zu schließen.

Das OKH hatte die 5. PD und die PD "HG" herandirigiert. Beide Divisionen griffen im Gegenstoß auf Gumbinnen an. Von Lötzen her rollte eine starke Panzerbrigade heran, und während das XXVI. AK bei Schloßberg trotz vielfacher Überlegenheit der Angreifer hielt, geriet die 11. Garde-Panzerarmee der 1. Baltischen Front in eine Zange. Sie wurde auf das rechte Ufer der Rominte zurückgeworfen.

Im Zuge dieser Operation wurde die Ortschaft Nemmersdorf zurückgewonnen. Hier stießen die deutschen Soldaten auf Verbrechen, die sie erschütterten und ihnen zeigten, daß sie aushalten *mußten*, um möglichst alle Menschen aus den Städten und Dörfern in Sicherheit zu bringen.

Die Spitzen der Sowjetarmee hatten Nemmersdorf am 20. Okt. 1944 erobert. Sie nagelten Frauen und Kinder an Scheunenwände und ermordeten einen Teil der Bevölkerung auf die grausamste Weise.

Als Hitler von diesen Massakern erfuhr, ließ er sofort eine Kommission dorthin reisen und die Sachverhalte klären. Es waren dies Kriegsgerichtsrat Groch, Stabsarzt Dr. Rose und ein Bildberichterstatter. Wenige Tage später traf auch eine Ärztekommission in Nemmersdorf ein.

Sie fanden in Nemmersdorf einen geschlossenen Flüchtlingstreck, der durch sowjetische Panzer völlig zerschossen worden war. Das Gepäck war geplündert, die Menschen erschlagen.

Beim Gasthaus "Weißer Krug" und den dahinter liegenden Gehöften stand ein Leiterwagen. Auf ihm vier nackte Frauen in gekreuzigter Stellung. Hinter dem "Weißen Krug" in Richtung Gumbinnen, auf einem freien Platz mit einem Denkmal des Unbekannten Soldaten, befand sich der "Rote Krug". Neben diesem Gasthaus stand eine Scheune. An beide Türen waren je eine Frau in gekreuzigter Stellung an den Händen angenagelt.

In den Wohnungen wurden 72 Frauen und Kinder, sowie ein alter Mann von 74 Jahren gefunden, alle bestialisch ermordet. Unter den Opfern Kinder im Windelalter, denen der Schädel zertrümmert war.

Eine internationale Ärztekommission ließ die Gräber noch einmal öffnen und stellte einstimmig fest, daß sämtliche Frauen, die hier bestattet worden waren, von einem Mädchen mit acht Jahren bis zu einer 84-jährigen Greisin vor ihrer Ermordung vergewaltigt worden waren (siehe: Dokumente der Vertreibung der Deutschen aus Ost-Mitteleuropa I, Die Vertreibung der deutschen Bevölkerung aus den Gebieten ostwärts der Oder-Neiße, Band 1).

Der sowjetische Durchbruch lief sich fest, denn nun kämpfte *jeder Einzelne* bis zum bitteren Ende um das Freihalten der Städte und Dörfer, um die Flucht der geschundenen Bevölkerung zu ermöglichen. Am 25. Okt. 1944 verkündete Armeegeneral Tschernjachowskij vor der sowjetischen Presse, man dürfe von seinen Truppen jetzt keine schnellen Fortschritte mehr erwarten.

Auch Goldap wurde von dt. Truppen zurückgewonnen. Am 29. Okt. drang eine starke sowj. Panzerkolonne abermals in die Stadt ein und zerschoß sie völlig.

In der Nacht zum 3. Nov. griff die 5. PD aus Norden und die 50. ID aus Süden an und warfen die 31. Sowjetarmee in der Rominter Heide so weit zurück, daß das Oberkommando am 5.11. seine Großoffensive in Ostpreußen als gescheitert ansehen mußte. Der Feind hatte insgesamt in einer Reihe verlustreicher Schlachten und Gefechte 1.000 Panzer und 300 Geschütze verloren. Am 5. Nov. wurde Goldap ein zweites Mal zurückgewonnen.

Die Angerapp-Linie hatte gehalten und die deutschen Panzereinheiten mit Tigern und Panthern und einigen wenigen Königstigern hatten die feindliche Panzerfront zusammengeschlagen.

Aus sowjetischer Sicht war dieser "achte Schlag" – wie die Kämpfe des Herbstes und Winters 1944 im Norden der Ostfront genannt wurden – jedoch erfolgreich verlaufen. Das offizielle Geschichtswerk der Sowjetunion "Die wichtigsten Operationen des Großen Vaterländischen Krieges 1941-1945 meldet darüber:

"Die Kampfhandlungen in den Operationen des 8. Schlages wurdem in schwierigem Wald- und Sumpfgelände durchgeführt. Trotzdem überwanden unsere Truppen die feindliche Verteidigung und griffen zügig an, wobei sie alle notwendingen Umgruppierungen schnell durchführten.

Die Aufsspaltung der Front des Gegners an der Nordgrenze von Ostpreußen wurde erreicht, weil die Hauptstoßrichtung auf Anweisung des Hauptquartiers des Oberkommandos rechtzeitig geändert und die Truppe schnell in die neue Richtung umgruppiert wurde. - - -

Die Zerschlagung der deutsch-faschistischen Truppen im Baltikum war eine der größten Niederlagen der Faschisten und brachte die Sowjetarmee dem endgültigen Sieg über das faschistische Deutschland näher." (siehe Shilin P.A. a.a.0.).

DIE LUFTWAFFE 1944 im OSTEN

Überblick und Ausblick

In einigen Detailschilderungen wurde bereits den Fliegerverbänden beider Seiten auf dem Ostkriegsschauplatz knapper Raum gewidmet. Um diese sporadischen Darstellungen wenigstens im Überblick zu ergänzen, sei hier eine Übersicht des Jahres 1944 mit einigen Schwerpunkten gegeben.

Zu Anfang des Jahres 1944 war die Initiative auch aus strategischer Sicht an die sowjetische Luftwaffe übergegangen. Nach zweieinhalb Jahren verlustreicher Kämpfe waren auch aus der Sicht des Luftkrieges im Osten die Würfel zu Gunsten der sowj. Luftwaffe gefallen.

Hinter dieser dramatischen Wendung stand einmal die russische Kriegsindustrie, die seit 1943 auf vollen Touren lief, zum anderen die Leistungen der westlichen Alliierten für ihren Verbündeten in Gestalt der Eismeergeleitzüge.

Die deutsche Luftwaffe verfügte im Osten zu Beginn des Jahres 1944 höchstens noch über 2.000 einsatzbereite Flugzeuge, das war bedeutend weniger, als ihr 1941-42 zur Verfügung gestanden hatten. Daß die deutsche Luftwaffe das Jahr 1943 überlebte, war der sowjetischen Luftdoktrin zu verdanken, die noch immer die Luftstreitkräfte als Teil des vereinigten Waffensystems der Sowjetarmee ansah.

Der Druck des Westens hatte die deutsche Luftwaffe, insbesondere die Jägerwaffe, gezwungen, starke Kräfte für die Reichsverteidigung abzustellen. 1944 kämpfte die Luftwaffe im Osten mit etwa der Hälfte der Kampfkraft des Kriegsjahres 1941 gegen einen Gegner, dessen Kampfstärke sich auf das *vierfache* gesteigert hatte, was die zahlenmäßige Bilanz anging.

Die deutsche Luftwaffe hatte *jeden* Versuch der Luftherrschaft oder auch nur der Luftüberlegenheit aufgeben müssen. Die sowj. Flugzeugproduktion des Jahres 1944 betrug 40.300 Maschinen. Diese konnten auch – was das Entscheidende war – mit Besatzungen kampfbereit gemacht werden.

Der OB der sowjetischen Fliegerkräfte, General Nowikow, konnte immer mehr neue Flugzeuge an die Front schicken, als von den deutschen Jagdgeschwadern abgeschossen wurden, während die deutschen Verluste nicht ersetzt werden konnten und der Einsatzstand ständig mehr absackte.

So konnten die sowjetischen Fliegerkräfte während der Kämpfe im Kessel von Tscherkassy zwischen dem 24. Jan. und dem 17. Febr. 1944 mit der 2. und 5. Luftarmee pausenlose Bombenangriffe gegen die deutschen Stellungen fliegen. Diese beiden Luftarmeen flogen mit ihren 997 Maschinen vom 29.1. bis zum 3.2. insgesamt 3.800 Einsätze.

Der deutsche Versuch zum Freischlagen eines Korridors zu den eingeschlossenen Verbänden bei Tscherkassy wurde von Verbänden der 2. sowj. Luftarmee bekämpft. General Krasowskij, Befehlshaber der 2. Luftarmee, setzte hier das 19. Jägerkorps unter General Rybkin ein, das sich den deutschen Transportmaschinen entgegenwarf und eine Reihe von ihnen abschossen.

Nach den Siegesmeldungen der Sowjetluftwaffe erzielte diese vom 31. Jan. bis zum 15. Febr. 257 Luftsiege. Im Gesamtzeitraum der Kämpfe bei Korsun wollen sie 457 deutsche Flugzeuge abgeschossen, oder auf ihren Plätzen vernichtet haben.

Nach Ende dieser Kämpfe um Korsun, an dem die Sowjetluftwaffe erfolgreichen Anteil hatte, wurde General Nowikow zum Marschall der Flieger ernannt.

Während der Schlammperiode des Frühjahrs 1944 flog die sowj. Luftwaffe mehr als 66.000 Einsätze zur Unterstützung der Sowjetarmee und meldete den Abschuß von 1.400 deutschen Flugzeugen, womit sie den Bestand der gesamten Ostfront ausgerottet haben wollte.

Auf der Halbinsel Krim stand das I. Fliegerkorps unter GenMaj. Deichmann mit einigen Stuka- und Jägergruppen. Die Einsätze dieser Verbände wurden im Abschnitt Krim behandelt, nicht so jene der Sowjetluftwaffe, von einigen sporadischen Berichten einmal abgesehen. Wenden wir uns nunmehr jenem Ereignis zu, das besonders nach dem Kriege für einigen Wirbel gesorgt hat.

Ploesti: Die Operation "Frantic Joe"

Am 5. Mai 1944 wurde die II./SG 2 "Immelmann" erstmals zur Bekämpfung jener viermot. Verbände eingesetzt, die das rumänische Erdölzentrum Ploesti-Mizil angriffen. Bei diesem Angriff der US-Bomberverbände wurden 25.000 Tonnen Treibstoff vernichtet. Die FW 190 der II./SG 2 schossen einige der Feindbomber ab.

Am 2. Juni begann die US-Aktion "Frantic Joe". Es handelte sich dabei um Pendelangriffe, bei denen in dem genannten Fall 130 B17-Bomber und 70 Begleitjäger des Typs P 51 Debrecen in Ungarn angriffen. Von dort aus flogen die leergeworfenen Bomber nach Poltawa weiter, wo die Sowjets einen großen Platz freigemacht hatten. Die Begleitjäger fielen auf den Horsten von Pirjatin und Mirgorod ein.

Von diesen Positionen aus erfolgte dann nach dem Auftanken und Aufmunitionieren am 6. Juni ein Angriff auf den deutschen Flugplatz Galatz. Am 11. Juni flogen die Maschinen von Poltawa aus nach Italien zu ihrem Standort zurück. Ihre Verluste waren mit zwei B17 und zwei P51 gering.

Der nächste Angriff richtete sich am 11. Juni gegen die deutschen Erdöllager bei Giurgiu und Konstanza. Auch er verlief erfolgreich. Dann kam es zum Massaker von Poltawa. Dieses begann mit einem Angriff von 2.500 Bombern und Jägern gegen Bahnlinien und verschiedene Ziele im Großraum Berlin. Nicht weniger als 2.000 Tonnen Bomben wurden geworfen. Flak und Jagdverbände schossen 44 Feindflugzeuge ab.

Nach diesen Bombenwürfen trennten sich 114 B17 und 70 P51, die noch nicht geworfen hatten, vom Hauptverband, drehten ein und griffen die Hydrierwerke Ruhland in Niederschlesien an. Von dort aus flogen sie nach Poltawa weiter. Am Abend fielen dort 73 B17 ein, während 41 B17 Mirgorod erreichten. Die Begleitjäger landeten in Pirjatin.

Eine deutsche Ju 88, die diesem Verband beharrlich folgte, war dem Kommandeur der Geleitjägerverbände, Brigadegeneral Kelsey nicht geheuer. Er befahl, diese Maschine abzuschießen. Dies gelang nicht.

Nach seiner Landung in Poltawa bat BrigGen. Kelsey den befehlsführenden sowjetischen Kommandeur, einige schnelle Jäger hinter dem deutschen Vogel herzuschicken und ihn abzuschießen. Der Kommandeur der sowjetischen Jägergruppe lehnte ab.

Bei Sonnenuntergang flog dann – durch diese eine Ju 88 verständigt – eine He 177 bis nach Poltawa und fotografierte die US-Bomber, die nun in Reih und Glied auf dem Flugfeld standen.

Nach seiner Rückkehr in Minsk übergab der Pilot der He 177 seinem Geschwaderkommodore, OberstLt. Antrup, die Meldung mit den Fotos. Der Kommodore des KG 55 ließ Alarm auslösen und das Geschwader gefechtsbereit machen. Er erbat von KommGen. des IV. Fliegerkorps, GenLt. Meister, weitere Bomber. Binnen kürzester Zeit waren 80 Ju 88 und He 111 startbereit. Sie starteten, sammelten in der Luft und erreichten gegen Mitternacht Poltawa.

Der Bombenangriff begann, die Bomben lagen mitten im Ziel. Wenige Sekunden nach den Treffern standen dutzende amerikanischer Bomber in Flammen. Treibstofftanks explodierten.

Brigadegeneral Kelsey bat den sowjetischen Kommandeur, seine Jäger zur Gegenaktion starten zu lassen. Dieser lehnte abermals ab. Die wenigen Flakbatterien waren bald ausgeschaltet. So konnten die Kampfflieger der KG 55, 3, 4 und 53 einen durchschlagenden Erfolg erzielen. 47 B17-Bomber wurden vernichtet, der Großteil der übrigen beschädigt, so daß sie nicht mehr starten konnten. Zudem waren 200.000 Gallonen hochoktanigen Treibstoffes vernichtet worden. Dazu Gen.d. Flieger Plocher:

"Nicht mehr seit Beginn von Barbarossa haben wir uns so gut geschlagen." (siehe Plocher, Hermann: Zusammenstellung über den Gesamteinsatz des V. Fliegerkorps im Ostfeldzug, Anhang 51, Buch 2: Der Feldzug im Osten 1941-1945, Karlsruher Document Center).

Die Pendelangriffe der Amerikaner wurden dennoch fortgesetzt. Am 28. Juni wurde von ihnen Bukarest und Ploesti angegriffen. In der folgenden Nacht flogen sie einen Angriff auf Giurgiu. Alle Angriffe erfolgten von Poltawa aus.

Am 15. Juli erfolgte der nächste Angriff gegen Ploesti und die dortigen Ölraffinerien. Der folgende wurde am 18. August geflogen. Am 24. Aug. wurde Bukarest angegriffen. Der letzte dieser US-Angriffe fand im September 1944 statt.

Sowjetische Fliegerkräfte während "Bagration"

Nach den Unterlagen von General Rudenko soll sich die Stärke der sowjetischen Fliegerkräfte bei "Bagration" ganz besonders manifestiert haben. Nicht weniger als 5.683 Flugzeuge aus fünf Luftarmeen, durch 1.000 Bomber von acht Bomberkorps anderer Verbände unterstützt, sollten die Offensive nicht nur ins Rollen bringen, sondern sie auch in Gang halten. 2.000 Schlachtflugzeuge wurden zur Unterstützung der Erdtruppen eingesetzt.

Deutscherseits stand die Luftflotte 6 diesem Aufgebot, wie es der Ostkriegsschauplatz niemals vorher erlebt hatte, mit 50 einsatzbereiten Jägern gegenüber, die zudem noch unter chronischem Treibstoffmangel litten.

Diese Streitmacht konnte nur zusammengeführt werden, weil die sowjetische Flugzeugindustrie in den ersten vier Monaten des Jahres 1944 6.000 Schlachtflugzeuge baute, die aus der STAWKA-Reserve bemannt und deren Besatzungen auch ausgebildet werden konnten.

Am 1. Juni 1944 verfügten die sowjetischen Luftstreitkräfte nach deren Quellen über 13.428 Flugzeuge! Die Gesamtproduktion belief sich auf 16.000 Flugzeuge in der ersten Jahreshälfte. Dies erlaubte es der Luftwaffenführung unter General Nowikow, alle Verbände hundertprozentig aufzufüllen.

Die sowjetischen Stellen gingen davon aus, daß die deutsche Luftflotte 6 nur noch über 1.342 Flugzeuge verfügte, die auf den Flugfeldern Minsk, Baranowitschi und Bobruisk eingesetzt waren.

Als die sowjetischen Verstärkungen auf den Flugfeldern hinter der Front eintrafen, flog Marschall Nowikow gemeinsam mit Fliegerverbindungsoffizieren des STAWKA, unter ihnen auch General Falalejew, zu den Hauptquartieren der verschiedenen Armee-Befehlshaber, um alle geplanten Luftoperationen mit diesen zu koordinieren.

Der sowjetische Luftmarschall inspizierte anschließend 70 neu angelegte Flugfelder, die notwendig wurden, um die Masse von Flugzeugen überhaupt aufzunehmen. Nicht weniger als zehn Fliegerkorps und acht Fliegerdivisionen wurden im Juni zur Belorussischen Front in Marsch gesetzt.

Marschall Schukow kam am 5. Juni zur Front. Gemeinsam mit Marschall Nowikow und anderen Befehlshabern der roten Luftstreitkräfte, so den Generalen Golowanow, Rudenko und Werschinin, führte er die Planungsarbeiten im Auftrage des STAWKA durch.

Während der letzten zehn Tage vor Beginn der Offensive griffen Bomberverbände der sowj. Luftwaffe die hinter dem Kampfgebiet liegenden deutschen Horste mit insgesamt 1.462 Maschinen an.

Das 46. Garde-Nachtbomberregiment unter Majorin Bershanskaja flog mit ihren Pilotinnen die schwierigsten Nachtangriffe. Ebenso wurde das 31. Garde-Bomberregiment von einer Frau geführt: Von Oberst Grizodubowa, Heldin der Sowjetunion. Auch Majorin Raskowa, die im Einsatz fiel und später an der Kremlmauer als verehrte Kriegsheldin beigesetzt wurde, gehörte dazu. Die Jagdfliegerin Lilya Litwiak im Verband des 7. Jägerregiments erzielte bis zu ihrem eigenen Abschuß 12 Luftsiege.

Insgesamt – es sei einmal an dieser Stelle dargelegt – erhielten 86 Frauen den höchsten sowjetischen Kriegsorden: Den goldenen Stern einer Heldin der Sowjetunion.

Zurück zu Bagration und zu den flankierenden und unterstützenden Fliegeraktivitäten der sowj. Luftwaffe.

Vom 29. Juni bis zum 3. Juli setzten die 4. und 16. Luftarmee ihre bereits zwei Wochen vorher begonnenen Einsätze mit verstärkter Wucht fort. Sie verlangsamten den Rückzug der deutschen Verbände mit dem Ziel, daß diese von sowj. schnellen Verbänden überflügelt und eingekesselt werden konnten.

2.096 Maschinen in General Rudenkos 16. Luftarmee unterstützten die Angriffe Rokossowskijs. Die 6. Luftarmee leistete unter Führung von General Poynin mit 178 Flugzeugen dieser Heeresgruppe ebenfalls Unterstützung. Bereits am 24. Juni, dem ersten Tage des Angriffs in diesem Abschnitt, wurden 3.200 Einsätze geflogen. Die Fliegerkräfte von General Golowanow, die wenig später als 18. Luftarmee firmierten, flogen Tag- und Nachtangriffe auf deutsche Ziele.

Die Jägerkräfte mit den neuen schnellen La-5-Jägern kehrten unter Oberst Lobow, Held der Sowjetunion, auf das Schlachtfeld zurück, das sie 1941 zerschlagen hatten räumen müssen. Über Witebsk und Orscha flogen sie ihre Angriffe und Geleitflüge für die Bomber.

"Bei freier Jagd hinter den deutschen Linien im Raume Orscha stieß Oberst (wenig später Generalmajor) Lobow auf vier FW 190. Er schoß zwei davon ab. Eine weitere wurde von seinem Rottenflieger abgeschossen." (siehe KTB des 71. Jägerregiments).

Während die deutsche Luftwaffe in diesem Zeitraum in der schwersten und vernichtendsten Schlacht ihres Einsatzes stand, verlor sie durch die Bombenexplosion in Hitlers Hauptquartier Wolfsschanze in Rastenburg ihren Chef des Generalstabes, GenOberst Günther Korten.

Nur wenige deutsche Jäger kamen im Mittelabschnitt zu Erfolgen, da die Flugfelder ständig zurückverlegt und viele Maschinen durch Bombardierungen am Boden zerstört wurden.

Anders war es im Nordabschnitt der Ostfront. Auch hier wurden die Offensivoperationen der 1., 2. und 3. Baltischen Front sowie der Leningrader Front durch die 3., 13. 14. und 15. Luftarmee unterstützt. Dennoch konnten deutsche Jäger Erfolge erringen. So beispielsweise in den Abwehrkämpfen an der Eismeerfront, wo Hptm. Dörr am 27. Juni 1944 an einem Tage 12 Gegner abschoß. Die gleiche Zahl der Abschüsse erzielte am selben Tage auch Lt. Jakob Norz. Während Hptm. Dörr Kommandeur der III./JG 5 war, stand Lt. Norz als Flugzeugführer in der 6./JG 5.

Ofw. Schuck von der 7./JG 5 kam am 27. Juni auf 11 Abschüsse. Am 28. Aug. erzielte Lt. Walter Schuck seinen 150. Luftsieg und erhielt am 30. Sept. 1944 das 616. Eichenlaub zum Ritterkreuz.

Als das Jahr 1944 zu Ende ging, hatten sich die Luftwaffenverbände im Osten aufgebraucht. Ein Teil der Geschwader war nach dem Westen verlegt worden, um "Deutschlands Dach zu flicken". Der Rest versuchte auf der unendlichen Breite der Front zu retten, was zu retten war. Dennoch konnte nicht geleugnet werden:

"Der Himmel über Rußland war frei von deutschen Flugzeugen!"

(GenMaj. Lobos in seinem Tagebuch).

Die Sowjetarmee und damit auch die sowjetische Luftwaffe rüsteten sich zum Sturm nach Deutschland und zum anschließenden Siegeslauf nach Berlin.

* * *

1944 BEI DER HEERESGRUPPE NORD

Rückzug vom Wolchow

Unmittelbar vor dem Losbrechen der sowjetischen Offensive Januar 1944 im Wolchowraum hatte die dortige deutsche Führung die 1. und 96. ID an andere Heeresgruppen abgeben müssen. Hinzu kam die 254. ID, die den Abmarschbefehl erhielt. Dies, obwohl die Führung der HGr. Nord sicher war, daß die Sowjetarmee auch hier etwa Mitte Januar 1944 angreifen werde. Bei der 18. Armee, die in diesem Raum führte, stand das XXXVIII. AK mit der 1. LwFeldDiv., 28. JägDiv. und 2. Lett.-SS-Div. im Großraum des Ilmensees.

Das XXVIII. AK mit der 13. LwFeldDiv., der 21. ID und der SS-PolDiv. hielt am mittleren Wolchow bis zur Tigoda und zum Pogostje-Kessel. Am Pogostjekessel selbst verteidigte die 12. LwFeldDiv. und die 121. ID, sowie das dort noch verfügbare Rgt. der Spanischen Legion. Das XXVI. AK hielt von Maluksa bis westlich Ssinjawino die Mga-Front mit der 212., 227. und 71. ID. Die Letztere wurde staffelweiweise ab dem 11. Jan. 1944 als Armeereserve nach Krasnogwardeisk verlegt.

Das LIV. AK stand abschließend mit seiner 225., 24. und 11. ID an der Newa, beiderseits der Ishora bis nach Puschkin.

Das L. AK hatte die HKL in der Leningradfront von Puschkin bis Urizk und Peterhof besetzt. Seine Truppen waren die 250., 170. und 126. ID.

Damit hatten in diesem riesigen Raum ganze 21 teilweise angeschlagene Divisionen ihren Abwehrauftrag gegenüber einem vielfach stärkeren Feind zu erfüllen.

Das STAWKA hatte nach intensiven Beratungen mit den Frontbefehlshabern den Plan entwikkelt, die 18. Armee zu zerschlagen und ihre Front zum Zusammenbruch zu bringen. Dies sollte geschehen, indem an den beiden äußeren Flügeln der Wolchow-Leningradfront gleichzeitig mit starken Kräften angegriffen wurde. Das angestrebte Ziel war die Einkesselung und Vernichtung aller in diesem Raum stehenden Truppen.

Der bei Nowgorod ansetzende Zangenarm war eine Paralleloperation zu den Truppen, welche die 16. Armee seit geraumer Zeit angriffen. Der zweite Zangenarm setzte aus dem Ostteil des Brückenkopfes von Oranienbaum und dem Westteil der Leningradfront bei Puschkin an.

An der weiteren Front am Wolchow und im Raume des Pogostjekessels würde die Sowjetarmee Fesselungsangriffe starten, um die dort stehenden deutschen Kräfte zu binden. Ebenso sollte sich ein weiterer Nebenangriff gegen Mga richten.

Diese Vorbereitungen der Sowjetarmee konnten der HGr. Nord nicht verborgen bleiben. Ihre Anträge auf Zurücknahme der Front wurden von Hitler abgelehnt. Da die HGr. fast ohne Panzerdivisionen war und nur kleine Panzereinheiten- und Verbände sowie einige Sturmgeschütz-Brigaden zur Verfügung hatte, war die große Sorge der HGr-Führung, *wie* die erwartete sowjetische Panzerlawine aufgehalten werden sollte.

Am 14. Jan. 1944 eröffnete die Sowjetarmee ihre Offensive mit den zeitlich vorgestaffelten Angriffen bei Nowgorod und am Ostteil des Oranienbaumer Brückenkopfes. Im Gefechtskalender

der HGr. Nord wird diese Schlacht als "Abwehrschlacht vor Nowgorod und Leningrad - Rückzugskämpfe auf Pleskau und Narwa" bezeichnet.

An beiden Stellen traf die Sowjetarmee – und dies gezielt – auf die nicht geschulten dt. Luftwaffen-Felddivisionen.

Bei der 1. LwFeldDiv. und dem Südflügel der 28. JägDiv. bei Nowgorod wurde mit Angriffsbeginn das GR 102 der 24. ID unter Oberst Apelt, das soeben aus der Leningrader Front herausgezogen worden war, im Marsch eingeschoben. Oberst Apelt kämpfte an der Spitze seiner Soldaten. Er erhielt am 8. Febr. 1944 für diese Leistung das Ritterkreuz.

Die Reiterbrigade unter dem Kommando von OberstLt. Prinz zu Salm-Horstmar kämpfte an der gleichen Stelle mit alter Bravour. Der Prinz führte in der alten Reitermanier; so wie er knapp zwei Jahre vorher als Rittmeister die AufklAbt. 123 geführt und mit ihr das RK errungen hatte.

Das GR 102 erlebte den Hauptstoß der Sowjets am 17. und 18. Jan. Am nächsten Tag erreichte der Gegner mit seinem nördlichen Flügel die Bahnlinie Nowgorod-Luga. Der südliche Flankenangriff stieß bis südlich der Straße nach Luga vor. Damit stand etwa acht km westlich Nowgorod der Einschließungsring vor seiner Schließung. Die Front war auf einer Breite von 20 km aufgerissen worden. Die schlesischen Jäger der 28. JägDiv. kämpften in dem dicht verschneiten Sumpfwald ostwärts von Samoschje mit letztem Einsatz.

Die KGr. Nowgorod erhielt in der Nacht zum 20. Jan. Befehl, den Umklammerungsring zu durchbrechen und sich nach Westen durchzuschlagen. In einer Reihe von Nahkämpfen konnte der Durchbruch geschafft werden. Alle Verwundeten wurden mitgenommen. Das war eine Ehrenpflicht für die Kameraden.

Die Nichttransportfähigen wurden zusammengetragen. Bei ihnen blieben Stabsarzt Dr. Theissen und SanOfw. Maurer freiwillig zurück. Nowgorod war befreit worden. Den nachdrängenden Sowjets schob Oberst Apelt beiderseits Waschkowo durch eine schnell und entschlossen errichtete Verteidigungslinie, in die der Oberst alle freigewordenen Truppen einordnete, einen Riegel vor. Befehlsführend war hier der Kdr. der 28. JägDiv.

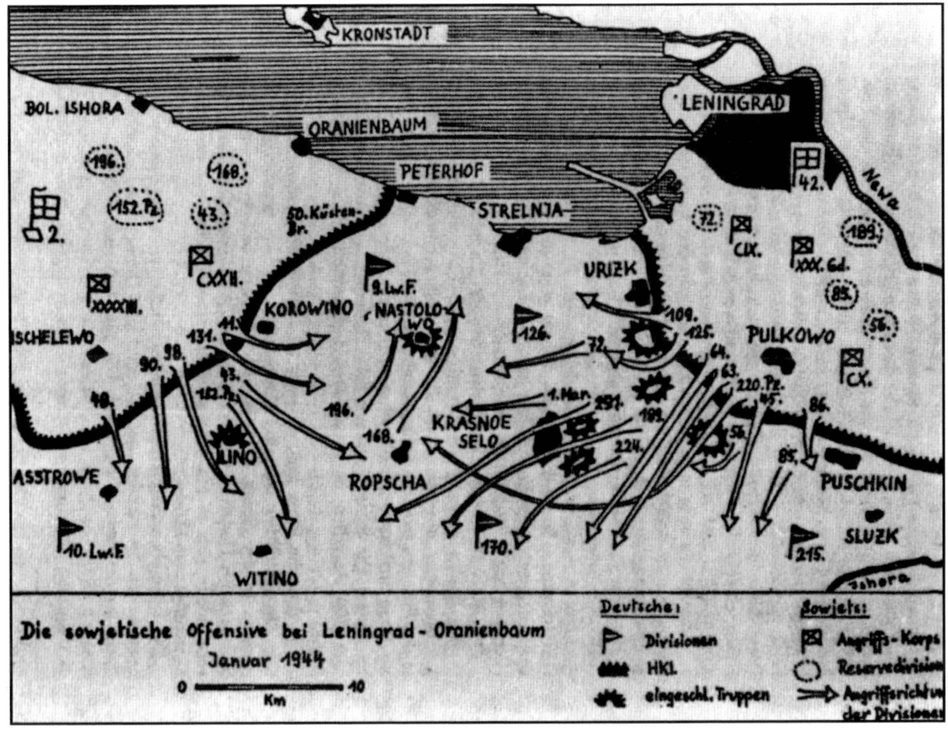

Entscheidungskampf vor Leningrad

Dieser Kampf wurde am Morgen des 15. Jan. durch die Artillerie der Sowjetarmee eröffnet. Eine Stunde darauf traten sowj. Schützenverbände, von starken Panzerkeilen unterstützt, an. In der deutschen Verteidigungslinie standen ab der Kronstädter Bucht von links nach rechts die 126., 170., 215. und 24. ID. Die 170. ID hatte den Hauptstoß aufzufangen. Dies konnte bei der Masse der eingesetzten Feindverbände nicht gelingen. Gegen Mittag klaffte hier eine Lücke von einigen Kilometern auf, durch die der Feind bis zu vier km tief durchgestoßen war. Das PGR 391, OberstLt. Arndt, stand im Ringen um das nackte Überleben. Hptm. Möller und Hptm. Meyer, BatlKdre dieses Rgts, fielen. Als der Feind bis in Höhe des RgtGefStandes durchgebrochen war, hielt immer noch die 9./GR 399 unter Oblt. Petersen weit vorn als Insel im Sturm.

Hier war es der Kdr. des GR 399, Oberst Griesbach, der als "Fels im Kampf und Seele im Widerstand" alles zur Verteidigung um sich versammelte und schließlich seine Soldaten kämpfend zur Narwa zurückführte. OberstLt. Johannes Arndt erhielt am 23. Febr. das RK.

Blenden wir an dieser Stelle den Gefechtsbericht von GenMaj. Griesbach ein, um die Wucht dieses Kampfes darzulegen:

"Die 170. ID kämpfte zu Jahresbeginn 1944 an der Leningradfront, die von Puschkin bis Urizk und Peterhof verlief. Hier führte das I. AK. Nachbarn der 170. ID waren die 126. und 215. ID.

Bereits am 14. Jan. wurde der Abschnitt der 170. ID unter Feuer genommen. Am nächsten Tage entlud sich ein gewaltiges Gewitter aus schweren Waffen über den Divisionsabschnitt. Mehrere Werferbrigaden mit schweren Werfern und Stalinorgeln, dann auch Schiffsartillerie, fielen in dieses Feuer ein. Gräben wurden eingeebnet, ganze Gruppen von Soldaten fielen durch Volltreffer."

Auf seinem GefStand erhielt Oberst Griesbach die Meldungen auch der anderen Regimenter seiner Division. Beim GR 391, jetzt von Oberst Arndt geführt, waren - wie schon erwähnt - die beiden Bataillonskommandeure, die Hauptleute Möller und Meyer, gefallen.

Als die sowjetische Feuerwalze um 8.20 Uhr weiter nach rückwärts verlegte, sah Fw. Stühmer, Zugführer in der 11./GR 399, die erste Welle der Rotarmisten auftauchen. Als sie in die eigene HKL eingedrungen waren, forderte Stühmer Feuer auf den eigenen Standort an. Nun schossen die Batterien der Korpsartillerie und ein Nebelwerfer-Regiment auf die HKL und unmittelbar davor, um dem Strom der Eindringenden Einhalt zu gebieten.

Die Hauptgruppe des Gegners brach etwa 20 m vor dem eigenen Graben zusammen. Eingesikkerte Gegner wurden niedergemacht.

Als Oberst Griesbach der Einbruch des Feindes in die HKL gemeldet wurde, befahl er das Zurückgehen hinter den Panzergraben. Hptm. Kleinschmidt führte die 11. Kp zurück. Sie wurde am Panzergraben aufgenommen und richtete sich in der Auffangstellung ein. Drei Stunden später kam der Rest der 9. Kp. beim RgtGefStand an. Oberst Griesbach trat ins freie und zählte die Männer. Es waren 27!

Den ganzen nächsten Tag über mußte sich die 170. ID schrittweise absetzen. Am 17. Jan. sammelten die Teile des GR 399 in dem Dorf Pelellja, das an der wichtigen Rollbahn "A" lag. Bei Oberst Griesbach meldeten sich einige Panzerjäger der PzJägAbt. 240. Selbstfahrlafetten und einige Sturmgeschütze kamen hinzu. Oberst Griesbach setzte sie zur Verteidigung ein. Damit konnte er unter Einbau seiner 13. und 14. Kp. einen Sperr-Riegel bilden, der sich bald zu bewähren hatte, denn wenig später meldeten die Vorposten "Panzeralarm!".

Gleichzeitig mit den heranrollenden Panzern legte die sowj. Artillerie dichtes Feuer auf das Dorf, da sie diese Sperrung der Rollbahn "A" ausschalten wollte.

Die Panzerjäger eröffneten das Feuer auf die heranrollenden T 34, die Selbstfahrlafetten fielen darin ein. Es wurden weit über 100 Panzer verschiedener Typen, darunter einige schwere Sturmgeschütze, erkannt.

Als die eigenen Sturmgeschütze in diesen Kampf eingriffen und dem Gegner in die Flanke rollten, kam es zu einer Reihe von Duellen, in denen die dt. Sturmgeschütze überwiegend Sieger blieben.

In diesem Ringen vernichtete die Pak der 14./GR 399 19 Feindpanzer. Die Panzerjäger brachten es auf 20 Abschüsse, aber was die Sturmgeschütze schafften, das grenzt an das Unglaubliche.

Immer wieder preschten sie nach vorn, zogen sie rochierend über das verschneite Gelände, um von ständig wechselnden Positionen aus dem Gegner den Kampf anzutragen. Sie brachten es auf insgesamt 26 Panzerabschüsse. Der Gegner rollte zurück.

Die Sowjetarmee gab nicht auf. Wieder setzte sie starke Artillerieverbände ein. Oberst Griesbach mußte dreimal aus seinem zerschossenen Gefechtsstand in einen anderen ausweichen. Das GR 399 hielt wie ein Fels in der Brandung.

In Duderhof-Nord drangen rote Sturmtruppen in den Feuerbereich der I./AR 240 ein. Als die Artilleristen weichen mußten, war Major Werner zur Stelle. Mit einigen beherzten Männern fing er die zurückgehenden Kameraden auf und trat mit ihnen zum Gegenstoß an. Sie eroberten ihre Stellungen zurück, vernichteten die eingedrungenen Sowjets und schossen mit den wieder besetzten Geschützen noch eine Reihe Feindpanzer ab.

Major Heinz Werner, Kdr. der I./AR 240, erhielt am 7. März 1944 dafür das Ritterkreuz. Er konnte diese hohe Auszeichnung nicht in Empfang nehmen, denn wenige Tage nach diesem Kampf fiel er am 26. Jan. 1944.

Am 18. Jan. gegen Morgen gelang es den Sowjets, die beherrschenden Höhen bei Duderhof zu besetzen; ein entscheidender Angelpunkt der Verteidiger war ihnen damit in die Hände gefallen. Er mußte zurückgewonnen werden.

Oberst Griesheim ließ sofort eine Alarmeinheit aufstellen. Der Adj. des III./GR 399, Lt. Kardel, übernahm diese Einheit und führte den Gegenstoß auf die Höhe.

Noch während der Vorbereitungen dazu sammelte Ofw. Stühmer die versprengten Männer der Höhenbesatzung. Sie gingen vor, erreichten den Höhenrand. Der Gegner versuchte, sie zu stoppen. Aber sie griffen von zwei Seiten in einer Manier an, wie sie ihnen ihr Regimentskommandeur oftmals vorgemacht hatte. Lt. Kardel stürmte an der Spitze auf die Höhe. Oberfeldwebel Stühmer tat ein gleiches mit der zweiten Stoßgruppe. In einem verbissenen Ringen gelang es diesen beiden Soldaten, ihre Kameraden mitzureißen und trotz schwerer eigener Verluste die Höhe zurückzugewinnen.

Lt. Kardel erhielt für diesen Einsatz, der eine Reihe vorangegangener Tapferkeitstaten krönte, am 25.2. 1944 das RK. Ofw. Stühmer, der bereits das Ritterkreuz trug, wurde zum Eichenlaub eingegeben, das ihm am 6. März 1944 posthum verliehen wurde.

Der Kampf ging weiter. Die sowjetischen Divisionen hatten die im Zentrum kämpfenden 170. und 215. ID zerschlagen. Aber um Oberst Griesbach, der in dieser Lage wieder zur Seele des Widerstandes wurde, sammelten sich die versprengten und abgesplitterten Teile der Division und vieler anderer Verbände, Er war es, der die Vernichtung seines Regiments und vieler Tausend Männer mehr verhinderte, indem er die "Kampfgruppe Griesbach" zusammenstellte. Ihr wurde ein Sturmbataillon der 18. Armee zugeführt, das noch die volle Kampfkraft hatte und eine bedeutende Verstärkung darstellte.

Neben Oberst Griesbach war es Oberst Hertz, der sein ArtRgt. immer wieder zur Unterstützung dieser KGr. einsetzte, auch wenn es dabei schwere Verluste erlitt.

Die Absetzbewegungen auf die Narwa begannen. Im Schwerpunkt der Abwehr- und Rückzugskämpfe stand die KGr. Griesbach. Als die Sowjets am 21. Jan. mit einem sibirischen Regiment in ein Dorf einbrachen und einige Soldaten gefangen nahmen, setzte Oberst Griesbach zum sofortigen Gegenstoß an, den er selbst mit 60 Grenadieren führte. Das Dorf wurde mit Hurra zurückgewonnen. Die nachdrängenden sowjetischen Feindpanzer wurden mit den wenigen Pak und Sturmgeschützen, überwiegend aber mit Panzerfäusten und T-Minen, zum Stehen gebracht.

Bei Gatschina führte Oberst Griesbach am 23. Jan. ebenfalls seine KGr. gegen einen dort eingebrochenen Feind. Noch einmal wurde hier mit "Hurra!" gestürmt, der Gegner geworfen und der weitere Rückzugsweg freigeschlagen.

Der 24. und 25. Jan. verlief glücklich für die KGr., aber am folgenden Tage entstand eine Krisenlage, weil die bei Phishma durchgesickerten Rotarmisten eine Rückzugsrollbahn gesperrt hatten.

Oblt. Simons trat mit den Kanonieren seiner Batterie an. Mit den letzten 13 Soldaten derselben und einer erbeuteten Kanone kämpfte er die Rollbahn frei. Oberst Griesbach reichte ihn zum RK ein, das Simons am 25. März erhielt (am 11. Aug. 1944 erhielt Oblt. Simons, nunmehr Hptm., als 547. deutscher Soldat das Eichenlaub zum RK nach seinen Erfolgen mit seiner Stabsbatterie am Peipussee).

Als die KGr. Griesbach am 29. Jan. 1944 Ostroff erreichte, meldete sich Griesbach bei seinem KommGen. Er gab GenOberst Lindemann den Lagebericht. Dazu waren auch einige Soldaten der KGr. in den ArmeeGefStand eingeladen worden. Zu ihnen allen sagte GenOberst Lindemann: "Sie haben mit ihrer Kampfgruppe in der Abwehrschlacht eine große Aufgabe übernommen, die für die gesamte Armee von entscheidender Bedeutung war. Dank Ihrer überragenden Führerpersönlichkeit haben Sie, lieber Griesbach, es verstanden, die Ihnen unterstellten Truppen zu einer festen Kampfgemeinschaft zu formieren, die *allein* einem mit so überlegenen Kräften angreifenden Gegner entgegentreten konnte. Sie haben mit Ihrer Kampfgruppe – ständig im Schwerpunkt des Abwehrkampfes stehend – dem nachdrängenden Feind *täglich* neue und schwere Verluste zugefügt.

Ihnen ist es mit zu verdanken, daß der von der sowjetischen Führung mit allen Mitteln angestrebte Durchbruch durch die deutsche Front südlich Leningrad verhindert wurde." (Siehe: Generaloberst Georg Lindemann an GenMaj. Griesbach und an den Autor).

Die KGr. Griesbach wurde über Pleskau zur 170. ID entlassen. Zurück zur großen Lage im Nordabschnitt der Ostfront.

Der geordnete Rückzug

Bis zum Abend des 22. Jan. hatte die 18. Armee einige Einbrüche des Feindes erlebt. Der Raum Winjagolowo - Ssinjawino - Mga - Otradnoje wurde während dieser Kämpfe aufgegeben, die 225. und 227. ID aus der Front herausgezogen und nach Westen, auf Krasnogwardeisk und westlich davon, zum neuen Einsatz gebracht. Dort war der Feind bis dicht an die wichtigen Stellen der Rollbahn *und* der Bahnlinie Krasnogwardeisk - Wolossowo herangekommen.

Im Raume nördlich Krasnogwardeisk war die ostpr. 11. ID zurückgegangen und versuchte Anschluß an die KGr. Griesbach zu gewinnen. Anschließend daran standen die 126. und die 61. ID im Abwehrkampf.

Bis zum 23. Jan. erreichte die Sowjetarmee in diesem Abschnitt die genannte Rollbahn und die Bahnlinie. Die Leningradfront war hier aufgerissen und das Ost-West-Straßennetz in der Hand der Sowjets.

Es galt für die einzelnen Divisionen, sich ohne zu große Verluste vom Feind zu lösen und Einbrüche der Sowjetarmee in Gegenstößen zu bereinigen, um den zum Überleben entscheidenden Zusammenhalt zu wahren. Die 24. ID war einer jener ununterbrochen angegriffenen Verbände, die bis zum Abend des 25. Jan. die Bahnlinie Stekolny-Nowo Lissino erreichte. GenLt. Versock, ihr Kdr., ließ hier eine Igelstellung beziehen und die Verbindung mit der rechts davon stehenden 212. ID herstellen. Dies gelang. Alle Versuche, auch an die links stehende 215. ID Anschluß zu gewinnen, blieben vergebens.

Diese Division unter dem Kommando von GenLt. Frankewitz durfte sich erst am 24. Jan. 1944 aus ihren Stellungen bei Puschkin lösen, als die Stadt bereits von russischer Artillerie und Fliegern in Brand geschossen worden war. Bis zum 26. Jan. erreichte die Division Wyritza. Ein sowjetischer Stoßtrupp drang hier in den KorpsGefStand des XXVI. AK ein und mußte unter Verlusten wieder hinausgeworfen werden.

Der Rückmarsch ging am 27. Jan. weiter. Der Druck des Feindes auf beiden Flügeln der 18. Armee wurde von Stunde zu Stunde stärker. Dementsprechend wurden Divisionen abgeschnitten und mußten sich wieder freikämpfen, wobei sie schwere Verluste erlitten. Die Lage am frühen Morgen des 27. Jan. 1944 sah das XXXVIII. AK beiderseits der Bahntrasse Nowgorod-Luga, 30 km westl. Nowgorod, mit den KGr. Pöhl, Speth und Bock im Abwehrkampf.

Das XXVIII. AK wiederum hielt mit Teilen der 28. JägDiv., die zur KGr. Schuldt zusammengefaßt waren, beiderseits von Nowaja Kerest mit Front nach Süden. Tschudowo wurde noch im weiten Bogen von Truppen der 21. ID, der 13. und 12. LwFeldDiv. zwischen Spaßkaja Polist-Grusino, und weiter bis ostwärts Ljuban, gesichert. Beiderseits Ljuban stand die 121. ID hart nördlich der Rollbahn im Abwehrkampf.

Das XXVI. AK hatte bis dahin Toßno und Ssablino aufgeben müssen, wodurch nach rechts eine Lücke zum XXVIII. AK klaffte.

In den Sumpfwäldern um Wyritza kämpfte das XXVIII. AK mit der 212., 24. und 215. ID. Das L. AK zog sich kämpfend beiderseits von Bahn und Straße Krasnogwardeisk-Luga nach Süden zurück. Als es mit der 11. und 126. ID Ssywerskaja erreichte, kam ihm vom Süden die 12. PD zur Hilfe.

Westlich von Ssywerkaja war der Zusammenhang der Armee verloren gegangen. Die Armee bestand jetzt aus der Hauptgruppe im ostwärtigen Abschnitt und der Westgruppe, die in einzelne KGr. aufgesplittert worden war und sich auf Narwa durchzuschlagen versuchte. Diese Westgruppe, deren Kern die KGr. Sponheimer unter Gen.d.Inf. Sponheimer war, die kurz darauf den Namen KGr. "Narwa" erhielt, hatte noch Reste der 61. ID zur Verfügung. Am Westrand des alten Oranienbaumer Brückenkopfes stand immer noch das III. SS-Korps mit den Divisionen "Nederland" und "Nordland" im Brückenkopf. Als im Verlaufe des 29.Jan. der Zusammenhang noch weiter auseinandergerissen wurde und zwischen der 16. und 18. Armee ein riesiges Loch entstand, das im Sumpfwaldgebiet eine Breite von 50 km erreichte, was dem ehemaligen Wolchow-Kessel bis nach Nowinka entsprach, stand die 24. ID auf einer Abschnittsbreite von 20 km mit Front nach Osten im Abwehrkampf.

In diesem vernichtenden Kampf gingen ganze Regimenter unter, wurden Divisionen völlig zerschlagen, verschwanden Bataillone im Sumpf. Alle Truppen kämpften mit letztem Einsatz. Die 215. ID wurde im Wehrmachtbericht genannt. Der Armee-GefStand in Sswerskaja mußte am 30. Jan. aufgegeben werden. Der Kampf um Luga, der von der Hauptgruppe geführt wurde, dauerte weiter an. Bei Narwa sammelte sich die KGr. Sponheimer als Westgruppe, die (da ihr mehr und mehr Splittergruppen verschiedener Divisionen unterstellt wurden) von der HGr zur "Armeegruppe Narwa" zusammengefaßt wurde.

Die 18. Armee hatte damit den gesamten Wolchowraum aufgegeben. Luga mußte in den nächsten Tagen verlassen werden. Der weitere Rückzug auf die südlich des Peipussees angelegte Pantherstellung wurde angetreten. Die 900 Tage des Kampfes um Leningrad waren zu Ende. Die härtest umkämpfte Stadt der Sowjetunion war nach unsäglichen Opfern wieder frei. Allerdings war der sowjetische Plan, die 18. Armee in den Sumpfgebieten zwischen Wolchow, Leningrad und Luga zu vernichten, nicht gelungen. Daß es nicht zu einer solchen Katastrophe kam, war allen Truppenführern, *und* ihren Soldaten zu danken, die sich unter unsäglichen Opfern durchkämpften und eingeschlossene Kameradengruppen befreiten. Damit traten sie von einem Schauplatz ab, der blutige Kämpfe und mörderische Angriffe erlebt hatte.

Partisanen-Einsätze und Lobsprüche

Während dieser Kämpfe waren die Partisanenbrigaden besonders am Kampf beteiligt. Etwa 40.000 Partsanen konnten allein im Jan. 1944 58.000 Schienenzerstörungen durchführen, 300 Brücken sprengen und 133 Züge zum Entgleisen bringen.

So wenigstens berichtete die sowjetische Führung. Daß unter diesen Umständen die 16. Armee dennoch über Staraja Russa und nördlich Newel zurückkam, und schrittweise, unter stehenlassen des rechten Flügels, nach Südwesten auf die "Pantherstellung" zurückgehen konnte, war ein Wunder.

Cholm war am 21. Febr. geräumt worden. Porch wurde am 26. Febr. nach Sprengung aller Bahnanlagen und Lager – wie in Cholm auch – verlassen. Als die "Pantherstellung" erreicht wurde, hatte der linke Flügel der 16. Armee eine Marschleistung von 300 km erbracht.

Die sowjetische Offensive wurde von der STAWKA angehalten. Die 2. Baltische Front war angeschlagen, ihr Nachschub klappte nicht mehr. Mitte Februar wurde das Kommando der Wolchowfront aufgelöst. Die sowj. Armee gruppierte vor der Pantherstellung um. In seinem Tagesbefehl vom 1. März 1944 erklärte GenOberst Lindemann u.a.:

"Kein Schritt zurück ist nunmehr unsere Losung! - - Wir stehen im Vorfeld der Heimat. Jeder Schritt zurück trüge den Krieg zur Luft und zur See nach Deutschland."

Die Schlacht um Narwa wurde eröffnet, als noch die Absetzbewegungen in die Pantherstellung liefen. Die sowj. 8. Armee unter GenMaj. Suchomlin stieß südwestlich Narwa bei Kriwasao über den Fluß. GenLt. Berlin warf sich diesen Verbänden mit seiner 227. ID entgegen. Hinzu kamen Teile der 170. ID, die nach dem Ausfall von GenMaj. Krause von Oberst Griesbach geführt wurde.

Einige sowjetische Stoßgruppen erreichten kurz darauf das unübersichtliche Waldgebiet von Metsküla. Sie stürmten zu jenem Bahndamm vor, der von Narwa aus zum Bahnhof Waiwara führte.

Die 170. ID hielt zusammen mit der Armeegruppe Narwa unter Gen.d.Inf. Sponheimer und den Waffen-SS-Verbänden "Nederland" und "Nordland" den Feind, der eingeschlossen und aufgerieben werden sollte.

Als die Sowjets vor den Stellungen des GR 399 auftauchten, wurden sie mit dem Feuer der MG 42 empfangen. Der Gegner blieb vor dem Abschnitt des III./GR 399 liegen. Rechts davon gelang es einer starken KGr, den Bahndamm zu überwinden.

Hier setzte Oberst Griesbach die RgtReserve ein. Der eingedrungene Gegner wurde vernichtet, dennoch gelang es den Sowjets zwei tiefe Schläuch in die HKL der Division zu bohren. An diesen beiden Stellen – dem "Westsack" und dem "Ostsack" – kam es in den folgenden Nächten zu tödlichen Zweikämpfen.

Hier versuchten die Sowjets durchzubrechen und die Front südwestlich von Narwa aus den Angeln zu heben.

Oberst Griesbach war stets vorn bei seinen Soldaten. Bei einem Angriff auf das II./GR 399 lag er hinter einem MG, dessen Schütze gefallen war. Am Morgen des 16. Febr. 1944 verließ Oberst Griesbach seinen GefStand in Waiwara, um nach vorn über den Bahndamm zu einer Erkundung der vordersten Stellungen zu gehen. Als er den Bahndamm erreichte, schloß sich ihm Ofw. Stühmer an. Ein Granatwerferüberfall auf die Kinderheimhöhe nördlich des Bahndamms zwang sie in volle Deckung. Danach arbeiteten sie sich sprungweise weiter vor. Plötzlich heulten Werfergranaten auf sie herunter. Sie gingen zu Boden. Ofw. Stühmer warf sich mit einem weiten Satz vor seinen Kommandeur. Eine Zehntelsekunde darauf schlug eine Werfergranate ein. Oberst Griesbach spürte einige harte Schläge, ehe er bewußtlos zusammenbrach. Nicht weniger als 26 Wersersplitter wurden bei ihm gezählt. Der DivFhr. war schwer verwundet. Wäre nicht Ofw. Stühmer gewesen, dann hätte diese Granate seinem Leben ein Ende gesetzt. Ofw. Stühmer fiel am 16. Febr. an der Narwa, weil er seinen Kommandeur retten wollte. Er erhielt am 6.3. 1944 posthum das 422. Eichenlaub.

Am 6. März 1944 wurden Oberst Griesbach für seine immerwährende Abwehrleistung und Gegenangriffe als 53. deutschen Soldaten die Schwerter zum RK mit Eichenlaub verliehen. Am 1. August erfolgte seine Beförderung zum Generalmajor wegen Tapferkeit vor dem Feind. (Siehe: Kollatz, Karl: Oberst Franz Griesbach. und: Kurowski Franz: Briefe, Gefechtsberichte und Skizzen an den Autor).

Oberst Hass übernahm auf dem Gefechtsfeld die Führung der Division. Er sollte in schneller Folge zum GenMaj. und GenLt. befördert werden. Am 27.3. 1945 erhielt er das RK.

Brückenkopf Narwa

Der Kampf um diesen Brückenkopf gestaltete sich nach diesen geschilderten Einsätzen mehr und mehr dramatisch.

Am 31. März meldete der Wehrmachtbericht: "Südwestlich Narwa wurden die Massen mehrerer Sowjetdivisionen eingeschlossen und vernichtet. Im Kampf verlor der Feind über 6.000 Tote, mehrere hundert Gefangene, 59 Geschütze sowie zahlreiche andere Waffen und Kriegsgerät aller Art."

Am "Ostsack" südwestlich von Narwa kämpften die 61. ID und der Panzerkampfverband Graf Strachwitz. Oberst Graf Strachwitz war von der HGr. zum Höheren Panzerführer ernannt worden. Nunmehr sollte der noch immer bestehende sowjetische Brückenkopf bei Narwa von der Armeeabteilung "Narwa" beseitigt werden. Dazu stellte sie eine KGr. zusammen, zu der auch die sPzAbt. 502 eingesetzt wurde.

Bei strömendem Regen griffen die Soldaten – aus Teilen verschiedener Divisionen zusammengestellt – am 19. April um 4.35 Uhr Uhr an. Sie erlitten schwerste Verluste. Eine derselben, aus Teilen des GR 401 der 170. ID zusammengestellt, kam bis an die vorderste Bunkerlinie des Gegners heran und nahm diese in Besitz. Doch bald darauf wurde sie wieder geworfen. Das I./GR 399 – Oberst Griesbachs altes Regiment – versuchte, den vorgedrungenen Kameraden zu folgen. Es wurde im zusammengefaßten Feindfeuer bis auf 69 Mann (!) aufgerieben.

Der Vorstoß der Div. "Feldherrnhalle" schien den Durchbruch auf einer trockenen Straße zu schaffen. Oberst Graf Strachwitz jagte seine Tiger hinterher. 800 m weit drangen die Tiger vor, ehe das zusammengefaßte sowjetische Artilleriefeuer auch sie aufhielt. Der Angriff kam zum Erliegen. Die lahmgeschossenen Tiger konnten nicht mehr alle abgeschleppt werden.

Am 20. April wollten es Heer und Luftwaffe "zum Führergeburtstag" noch einmal wissen. Das Schlachtgeschwader 3 unter Oberst Kuhlmey griff mit der I. Gruppe, Major Nordmann, und der II. Gruppe unter Hptm. von Bergen in den Kampf ein. Die Gruppen stürzten mit röhrenden Sirenen auf den Feind und zerschlugen dessen Bunker und Stellungen. Dann stürmten die Grenadiere vor, aber sie konnten den Sack nicht ausräumen.

Oberst Graf Strachwitz, als "Panzergraf" bekannt, griff mehrfach in den Kampf ein und schoß mit seinem Verband weit über 40 Panzer ab. Dennoch blieb der Brückenkopf Narwa bestehen. Am 1. April wurde Graf Strachwitz wegen Tapferkeit vor dem Feind zum Generalmajor befördert. 14 Tage darauf, am 15. April, erhielt er die Brillanten zum RK mit Eichenlaub und Schwertern.

Die Armeeabteilung Narwa richtete sich in der Ende April erreichten Front zur Verteidigung ein. Hier beruhigte sich die Front in den nächsten Monaten. Die Sowjetarmee war zur Verteidigung übergegangen.

GenOberst Model, der am 9. Jan. die HGr. Nord übernommen hatte, wurde nach Abschluß dieser Winterschlacht zum Generalfeldmarschall befördert. Er verließ nun den Nordabschnitt, um im Süden die HGr. Nordukraine zu übernehmen. GenOberst Lindemann wurde sein Nachfolger, während die 18. Armee von Gen.d.Art. Loch übernommen wurde.

Ein neuer Vorstoß zeichnet sich ab

Seit Anfang Mai 1944 zeichneten sich die sowjetischen Vorbereitungen zu einer neuen Offensive ab. Als die sowjetische Luftwaffe zu Anfang Juni mit den laufenden Aufklärungsflügen in die Tiefe des Raumes der HGr. Nord begann, war es nur noch eine Frage der Zeit, *wann* die Sommeroffensive beginnen würde.

Am 9. Juni 1944 schrieb Marschall Stalin an Winston Churchill, daß "am Morgen des 10. Juni die erste Phase der Sommeroffensive beginnen" werde.

Zwei sowjetische Heeresgruppen, die 1. Baltische und die 3. Weißrussische Front, stellten sich bereit. Marschall Wassilewskij erhielt von der STAWKA Weisung, die Operationen beider Gruppen zu koordinieren. Als Verstärkung der beiden Heeresgruppen wurden die 2. Gardearmee und die 51. Armee zugeführt.

Die 1. Baltische Front unter Armeegeneral Bagramjan, die vor dem rechten Flügel der HGr. Nord stand, hatte den Auftrag erhalten, westlich Gorodok anzutreten, die deutsche HKL auf einer Front von 25 km Breite zu durchbrechen, den Übergang über die Düna zu erzwingen und – im Zusammenwirken mit der 3. Weißrussischen Front – die noch bei Witebsk stehenden deutschen Truppen einzuschließen.

Die ihr dazu zur Verfügung gestellten Kräfte waren: Die 6. Gardearmee, GenLt. Tschistjakow, die 43. Armee, GenLt. Beloborodow, die 3. Luftarmee, GenLt. Papivin (auf Zusammenarbeit angewiesen). Das I. Panzerkorps wurde dem Armeegeneral als Stoßgruppe zur Verfügung gestellt.

Die rechts an die 1. Baltische Front anschließende 2. Baltische Front unter Armeegeneral Eremenko und die 3. Baltische Front unter Armeegeneral Masslenikow waren ebenfalls vorzüglich ausgerüstet worden. Alle drei Baltischen Fronten hatten insgesamt 2.000 Panzer und Sturmgeschütze zu ihrer Verfügung.

Als vierter Großverband kam die bis zur Ostseeküste anschließende Leningrader Front unter Armeegeneral Goworow hinzu. Am 18. Juni wurde Goworow zum Marschall der Sowjetunion ernannt.

Am 22. Juni begann auch hier – wie vor der HGr. Mitte – die Offensive mit einem bisher noch nicht erlebten Trommelfeuer aller Kaliber, in das Werfer und Salvengeschütze einfielen. Nach 90 Minuten ununterbrochenen Feuers rollte der erste Panzerkeil heran. Rotarmisten, teilweise aufgesessen, folgten nach.

Das deutsche I. AK wurde von der Feuerwalze schwer getroffen. Auf seinen Abschnitt der Front konzentrierte sich der Angriff der Sowjetarmee. Trotz härtester Gefechte gelang es dem Gegner nicht, hier einen Durchbruch zu erzielen. Zwei kleinere Einbrüche wurden in sofortigen Gegenstößen bereinigt.

Der gesamte rechte Flügel der HGr. Nord sollte im Verlaufe des Vormittags durch dichtes Feuer der Sowjets sturmreif geschossen werden. Im Oboler Waldgelände nordostwärts von Polozk war es die 205. ID, als Anschlußdivision zur HGr. Mitte, die vom Hauptstoß getroffen wurde. Die 252. ID, die als Flügeldivision der HGr. Mitte fungierte, wurde ebenso attackiert.

Das XXII. Gardekorps unter GenMaj. Rutschkin durchstieß die HKL und warf die Reste der 252. ID auf die Bahnlinie Polozk-Witebsk zurück.

GenLt. Melzer, ihr DivKdr., hat seiner Truppe in dem Werk "Geschichte der 252. Infanteriedivision 1939 - 1945" ein bleibendes Denkmal gesetzt.

Am Abend dieses entscheidenden Tages telefonierte GenOberst Lindemann mit dem OKH und bat um den Einsatz der in Reserve stehenden 24. ID an der Nahtstelle zur HGr. Mitte, um dort die Lücke wieder zu schließen. 30 Minuten nach dessen Anruf befahl das OKH, die 24. ID und die StGeschBrig. 909 per Bahn in den Raum Obol zu werfen und dort zum Einsatz zu bringen.

Unter ihrem Kdr., RK-Träger GenLt. Versock, griff die Division nach dem Ausladen in den Kampf ein. Die PzJägAbt. 24 rollte nach Obol und sicherte diese Ortschaft. Das PiBatl. 24 traf als erster Verband auf den Gegner, der bereits die Verbindungsstraße zwischen der 205. und der 252. ID überschritten hatte. Den Pionieren folgten die Füsiliere der 24. ID nach. Ihnen gelang es, das GR 472 der 252. ID zu entsetzen. Der gemeinsame Vorstoß zur HKL blieb vor Erreichen dieses Zieles liegen.

Das GR 31, das herangeführt werden sollte, um dort die Entscheidung zu erzwingen, mußte jedoch nach Süden über den Obol geworfen werden, um die feindlichen Panzerrudel am Übergang über den Fluß zu hindern. Hier traten die Sturmgeschütze der Brigade 909 in Aktion, unterstützt von den "Hornissen" der PzJägAbt. 519. Damit wurde die Front hart nördlich Obol geschlossen.

Die Sturmgeschützbrigade 909 wurde seit dem 12. Jan. 1944 von Hptm. Pohl geführt. Sie hatte sich im Winter und Frühjahr 1944 im Raume Paritschi hervorragend geschlagen. Dort hatte Hptm. Alfred Montag, Chef der 2. Battr., das RK errungen, als er, mit seiner Batterie der 110. ID unterstellt, eine Reihe Feindpanzer abgeschossen und seine Batterie immer wieder zu neuen Abwehrerfolgen mitgerissen hatte.

Aus der Auffrischung heraus erhielt sie am 1. Mai 1944 den Befehl: "Eine sowjetische Frontbeule 30 km ostwärts Polozk ist auszustechen." Der Angriff wurde trotz mangelhafter Artillerievorbereitung und ungünstiger Geländeverhältnisse durchgeführt. Drei Geschütze fielen durch Volltreffer aus. Führer des ersten dieser Geschütze war Lt. Gottschalk. Hptm. Pohl arbeitete daran, die Brigade wieder geschlossen zu bekommen und die alte Schlagkraft zurückzugewinnen.

Als die Sowjetarmee am 22. Juni 1944 ihre Offensive aus dem Raume Witebsk beiderseits der Düna begann, trat auch die Brigade 909 wieder an. Sie unterstützte das I. AK., Gen.d.Inf. Hilpert, während dreier Kampftage. Als auf dem Südufer der Düna, beim linken Flügel der HGr. Mitte, die Sowjets vorstürmten, mußte das I. AK, um nicht überflügelt zu werden, zurückgenommen werden.

Dazu erteilte das I. AK der Brigade 909 Befehl, in einer Nacht vom Nordufer zum Südufer und damit zur HGr. Mitte überzuwechseln. Lediglich die 1. Battr. erhielt Befehl, noch einen Tag länger beim I. AK zu halten, um das Abfließen zu sichern.

Am 23. Juni griff die 2. Baltische Front die Stellungen der 18. Armee an der Welikaja an und dehnte somit ihre Offensive bis in den Raum Pleskau aus. Dieser Angriff wurde mit starker Schlachtfliegerunterstützung geführt. Alle Stellungen wurden gehalten.

Auf dem rechten Flügel der HGr. Nord wuchs sich dieser Tag zu einer Katastrophe aus. GFM Busch, OB der HGr. Mitte, sprach am Abend des 23. Juni mit GenOberst Lindemann, OB der HGr. Nord. Beide kamen überein, daß es notwendig sei, die 290. ID in die Frontlücke bei Obol einzuschieben und die 212. ID in den Raum Polozk zu verlegen. Außerdem ließ GFM Busch in der Nacht zum 24.6. die 81. ID aus der Front herauslösen und zu weiterem "Feuerwehr-Einsatz" bereithalten.

Als am 24. Juni der linke Flügel der HGr. Mitte zerbrach, war die deutsche Front auf einer Breite von 90 km aufgerissen. Sowjetische Stoßgruppierungen standen mit starken Panzerverbänden westlich von Witebsk an der Düna. Die 1. Baltische und die 3. Weißrussische Front vereinigten sich.

Nun drohte auch über die HGr. Nord die gleiche Katastrophe wie jene der HGr. Mitte hereinzubrechen. GFM Busch erhielt am Morgen den Besuch von GenOberst Zeitzler und des Ia der HGr. Nord, Oberst i.G. v. Gersdorff. Letzterer mußte erklären, daß die HGr. Nord *keine* Abgaben an die HGr. Mitte leisten könne, weil sie selber in ärgster Bedrängnis stand.

Am 25. Juni rief GFM Busch um 17.00 Uhr das HQ der HGr. Nord an und bat um sofortige Hilfe, denn die sowjetische 6. Gardearmee marschierte bereits mit drei Schützendivisionen dicht vor Polozk.

GenOberst Lindemann, der Tatsache eingedenk, daß auch seine HGr. Nord mit in den Untergangsstrudel hineingezogen werden konnte, befahl der 16. Armee, ihre Verlegung hinter die Düna vorzubereiten. Nur die 81. ID sollte auf dem Südufer dieses Flusses stehenbleiben.

In dieser prekären Lage griff das OKH in die Befehlsführung der HGr. Nord ein und befahl ihr, die 12. PD, die 212. ID und die StGeschBrigaden 277 und 909 zur HGr. Mitte in Marsch zu setzen.

Polozk wurde zum "Festen Platz" erklärt, der zu halten sei.

Als GFM Model am 27. Juni die Führung der HGr. Mitte übernahm, kam es in der folgenden Woche zu einer guten Zusammenarbeit zwischen ihm und GenOberst Lindemann. Allerdings vermochten beide Oberbefehlshaber keine Wunder zu vollbringen, sodaß der Befehl des OKH vom Mittag des 27. Juni: "Heeresgruppe Nord greift Feind von Norden an!" nicht zu befolgen war. Dennoch wurde ein Kampfverband zusammengestellt, um der HGr. Mitte zu helfen. Unter dem Befehl von GenLt. Usinger traten Teile der 81. und 87. ID, die PzJägAbt. 181 und Teile der StGeschBrig. 909 am frühen Morgen des 28. Juni aus dem Raume der Ssuja-Seen südlich Polozk an. Sie stießen zunächst auf zurückgehende eigene Truppen. Dahinter tauchten gegen 4.00 Uhr Rotarmisten auf. Es war die 90. Gardeschützen-Div., die hier die deutsche Spitzengruppe, das

II./GR 161 unter Major Sulzer, aufhielt. Erst als die Masse der Sowjets angriff, ließ ein Lt. drei seiner 7,5 cm-Pak das Feuer eröffnen. Der Angriff blieb 100 m vor diesem Feuerriegel liegen.

Vier Sturmgeschütze der StGeschBattr. 1181 blieben im Feuer feindlicher Artillerie liegen. Die drei Pak wurden im direkten Beschuß vernichtet.

An diesem 28. Juni wurden die Männer dieses Verbandes dezimiert, bevor über Funk der Befehl zum Absetzen erfolgte.

Sowjetische Panzer und schnelle Truppen stießen rechts und links an diesen deutschen Einheiten vorbei.

GenOberst Lindemann fuhr nach Meldung dieses Desasters nach Polozk. Dort traf er mit Gen.d.Art. Hansen, OB der 16. Armee zusammen. Gen.d.Inf. Hilpert, KommGen. des I. AK, stieß hinzu. Sie hielten die Masse der ebenfalls zur KGr. Usinger befohlenen 81. ID an und befahlen, eine Abwehrstellung südlich Polozk einzurichten.

Im KTB der HGr. Nord sind die Ereignisse des 28. Juni folgendermaßen festgehalten: "Rechter Flügel der Heeresgruppe hängt in der Luft."

Im Abschnitt der Düna sollte GenMaj. Geiger, Führer des Sonderstabes (der Pioniere) beim OKH, eine Schutzstellung entlang der Düna errichten. Dort übernahm das II. AK die Führung, das im Raume westlich Newel ohne Truppen lag. Ihm wurden nacheinander die 132. ID, und die 1./PzJägAbt. 751 und schließlich noch die 290. ID zugeführt. Dann rollten auch die StGeschBrig. 226 und die 3./ HPzJägAbt. 666 heran.

Für Polozk bestand höchste Alarmstufe. Feindliche Panzer- und mot.-Verbände rollten bereits 27 km südlich der Stadt. Ihnen gegenüber verteidigte GenLt. Usinger an den Ssuja-Seen mit schwachen Kräften.

Am Abend um 22.35 Uhr erbat der OB der HGr. Nord vom OKH "Freiheit des Handelns für diesen Raum". Das OKH lehnte ab.

Am 29. Juni stürmte die Sowjetarmee weiter. Zwischen Polozk und Dünaburg stand nichts mehr und die HGr. Nord gab um 24.00 Uhr folgende Tagesmeldung:

"Die Entwicklung der Lage bei der HGr. Mitte hat auch die Lage der HGr. Nord entscheidend verändert. Der Feind hat sich südlich davon auf breiter Front die Operationsfreiheit erkämpft und stößt mit starken Kräften nach Westen vor. Eine Aussicht auf Wiederherherstellung des früheren Anschlusses zur HGr. Mitte ist *nicht* gegeben."

GFM Model schloß sich dieser Meldung an und beantragte aus eigenem Entschluß acht Stunden später ebenfalls die Zurücknahme der HGr. Nord. Hitler lehnte ab und befahl, entgegen aller Vernunft, einen Angriff der HGr. Nord nach Süden, um die "bolschewistischen Panzerspitzen abzuschneiden."

GenOberst Lindemann lehnte diesen Angriff persönlich ab und ließ am 30. Juni in sein KTB eintragen: "Mit diesem Angriffsbefehl schickt man die Soldaten in den sicheren Tod."

Der OB der 16. Armee, der diesen Angriff hätte ausführen sollen, beurteilte die Lage als aussichtslos. Wie um dies mit einem Paukenschlag zu bestätigen, gelang es sowjetischen Bombern in der Nacht zum 1. Juli, den Bahnhof von Polozk zu bombardieren und einen Munitionszug mit 900 Tonnen Munition zur Explosion zu bringen.

Ein persönliches Gespräch von GenOberst Lindemann mit Hitler brachte keine Änderung des Befehls zum "Flankenstoß südlich von Polozk." Um 3.00 Uhr des 1. Juli erhielt die 16. Armee den HGr.-Befehl, zum Angriff aus dem Raume von Polozk in Richtung Plissa anzutreten, um den auf Dissna vorstoßenden Feind abzuschneiden.

Bis zum Mittag des 2. Juli war dieser Angriff im Feuer der sowjetischen Artillerie untergegangen. Polozk stand in Flammen. Lt. Haupt schoß mit seinen 7,5 cm-Pak der 1./PzJägAbt. 181 vier KW I ab. Teile der 24. ID, unterstützt durch Sturmgeschütze, liefen sich in der Masse der Feinde fest. Gen.d.Inf. Hilpert mußte um 12.55 Uhr melden, daß der Angriff "glattes Menschenopfer" sei. GenOberst Lindemann befahl aus eigenen Stücken die Einstellung dieses Angriffs und die Räumung von Polozk. Um Mitternacht erteilte Hitler dazu nachträglich die Genehmigung. Am 4. Juli stand die HGr. Nord mit ihren 19 Divisionen auf einer 350 km breiten Front gegen 180 russische Divisionen im Abwehrkampf. Das II. AK erhielt Weisung, Dünaburg zu verteidigen. GenLt. Pflugbeil, Kdr. der FeldAusbDiv. Nord, wurde Festungskommandant.

Am frühen Morgen des 4. Juli meldete sich GenLt. Schmundt bei der HGr. Nord in Segewold und teilte GenOberst Lindemann in Hitlers Auftrag mit, daß er seines Postens enthoben sei. Gen.d.Inf. Frießner werde ihn ersetzen.

GenOberst Frießner mußte die Armeeabteilung Narwa an Gen.d.Inf. Grasser übergeben. Er traf am Nachmittag des 4. Juli in Segewold ein. In seinem ersten Tagesbefehl an die Truppe sagte er:

"Es geht jetzt um die Heeresgruppe Nord! Alle Mittel, auch behelfsmäßige Maßnahmen, müssen zusammengefaßt werden. Jeder greifbare Mann ist zu fassen, um die äußerste Not zu bannen."

Der neue Oberbefehlshaber ließ noch am ersten Tage, nach den Meldungen der Armeen und Korps, den Südflügel der HGr. zurücknehmen. Als er am 5. Juli den GefStand der 16. Armee besuchte und von dort aus zum gefährdeten II. AK weiterfuhr, sah er den größten Gefahrenherd im Raume Dünaburg. Von dort aus war es der Sowjetarmee möglich, der HGr. Nord in den Rücken zu fallen. Westlich des Dissna-Sees stehend, hatte das II. AK die 205., 225. und 263. ID zur Abwehr zur Verfügung. Mit dieser Truppe, ohne Panzer in ausreichender Zahl als Stoßkeil, sollte das Korps noch einmal einen Angriff in die rechte Flanke der weiter vorrollenden 6. Garde-Panzerarmee hinein antreten. Als Ziel stand die Verbindungsaufnahme mit der 3. PzArmee auf dem Programm.

Die sowj. Armee, zunächst von diesem Stoß überrascht, konnte durch schnelle Verschiebung gepanzerter Verbände diesen Stoßkeil bei Ignalino aufhalten. Die drei deutschen Divisionen zogen sich auf ihre Ausgangsposition zurück.

Am 9. Juli stellte sich diese 6. Garde-Panzerarmee nach der Einnahme von Polozk erneut bereit. Sie griff nach kurzem Feuerschlag der Artillerie das I. AK mit der 24., 81., 87. und 290. ID frontal an, die zurückgehen mußten. Dies veranlaßte GenOberst Frießner, den Südflügel der 16. Armee auf die nur provisorisch ausgebaute "Lettlandstellung" zurückzunehmen. Hitler verbot dies zwar, doch der rote Angriff mit einer Garde- und sieben Schützendivisionen stieß am 9. Juli nördlich der Düna nach Westen vor. Gleichzeitig damit rollten schnelle Verbände der 6. Gardearmee tief nach Lettland hinein.

Dies führte zur Ablösung des OB der 16. Armee durch Hitler, der Gen.d.Inf. Laux zum Armeeoberbefehlshaber machte.

Auch der Tagesbefehl von GenOberst Frießner vom 9. Juli, unter allen Umständen zu halten, änderte nichts an der Lage. Die Sowjetarmee wollte es anders und setzte ihre Auffassung durch.

Am 10. Juli meldete GenOberst Frießner Hitler persönlich, daß die Aufnahme der Verbindung zur 3. Panzerarmee nicht mehr möglich sei.

Die sowjetische Sommeroffensive, Teil II

Am 11. Juli eröffnete die sowj. Armee die zweite Phase ihrer Sommeroffensive mit der 2. Baltischen Front, Armeegeneral Eremenko, bei Nowosokolniki gegen den linken Flügel der 16. Armee. Das X. AK und das VI. SS-Korps leisteten hier tapferen Widerstand. Die 263. ID hielt den Anschluß an das I. AK. GenMaj. Sieckenius kämpfte mit ihr auf der Nahtstelle und hielt die Verbindung. Hier war es vor allem die StGeschBrig. 912. Sie wies als Nachhut zwischen Pleskau und Opotschka die nachdrängenden sowj. Verbände ab.

Als Hptm. Vogler, Chef der 1. Batterie, schwer verwundet wurde, übernahm Oblt. Engelmann die Batterie. Er schoß allein an einem Tage mit seinem Geschütz 17 Feindpanzer ab. Das war eine weitere Glanzleistung nach seinen Einsätzen bei der HGr. Mitte, wo er eine Reihe von Feindeinbrüchen aufgehalten und dafür am 23.2. 1944 das Deutsche Kreuz in Gold erhalten hatte. Am 5. August 1944 erhielt er das RK. Wenig vorher war ihm die Ehrenblattspange verliehen worden. Der Wehrmachtbericht des 8. August würdigte den Einsatz der Brigade 912 mit den Worten:

"Bei den Kämpfen in Lettland, an der Dünafront, vernichtete die Sturmgeschütz-Brigade 912 in den letzten Tagen 53 feindliche Panzer. Hiervon schoß Hptm. Engelmann, Chef der 1. Batterie, allein 17 ab."

In den nächsten Tagen gelang es Hptm. Engelmann, weitere 17 Panzer zu vernichten. Auch der Ladekanonier Engelmanns, Gefreiter Diehm, einer der tapfersten Sturmartilleristen, erhielt die Ehrenblattspange. Am 18. August – dies sei im Sinne des Zusammenhanges angefügt – verkündete der Wehrmachtbericht:

"In den schweren Abwehrkämpfen im Raume nördlich von Briesen wurde der mit starken Panzerverbänden angreifende Feind zurückgeschlagen. An der Vernichtung von 108 Panzern hat die Sturmgeschützbrigade 912 unter Führung von Hptm. Karsten hervorragenden Anteil."

Nachdem die 2. Baltische Front den Verkehrsknotenpunkt Idriza gewann, hatte sie die Verbindungslinie zwischen Pleskau und Düna unterbrochen. Danach verebbte ihr Angriffsschwung.

Die 3. Baltische Front unter Armeegeneral Masslenikow hingegen trat erst am 17. Juli zum Angriff an. Ihr Ziel war es, den rechten Flügel der 18. Armee zu durchstoßen und diese damit von der 16. Armee zu trennen. Angriffsziel war das L. AK unter Gen.d.Inf. Wegener. Seine Verbände kämpften, von dem Eichenlaubträger angespornt und durch sein Beispiel mitgerissen, in den Sumpfwäldern bei Ludsen. Das Korps mußte sich schrittweise vom Panzerfeind lösen und wurde von weiteren Panzerverbänden verfolgt. Im Kampf in vorderster Linie errang General d.Inf. Wegener schließlich als 97. Soldat der deutschen Wehrmacht die Schwerter zum RK mit Eichenlaub (er fiel am 23. Sept. im Kampf bei Wolmar an der Düna). Ostrow mußte am 21. Juli vom XXXVIII. AK geräumt werden. 15 feindliche Schützendivisionen und fünf Panzerbrigaden rissen zwischen Karsawa und Ostrow eine gewaltige Lücke auf der Nahtstelle der beiden Armeen der HGr. Nord.

Die Sowjetarmee hatte die Pantherstellung teilweise überwunden und war durchgebrochen. Das XXVIII. AK unter Gen.d.Inf. Gollnick mußte seine Stellungen südlich des Peipus-Sees aufgeben. Die Welikajabrücke konnte in letzter Sekunde vor nachdrängenden Feindverbänden gesprengt werden. Der Feinddurchbruch auf der Naht zwischen dem XXXVIII. und dem XXVIII. AK wurde von der 21. ID unter GenLt. Foertsch geschlossen. Dafür erhielt GenLt. Foertsch am 27. Aug. das RK.

Der Rückzug ins Baltikum war in vollem Gange; was nun folgte, war die Schlacht um das Baltikum. Neben den beiden genannten sowjetischen Heeresgruppen befand sich die 1. Baltische Front im freien Gelände und wurde von der STAWKA zu einem entscheidenden Durchstoß durch die 2. Gardearmee, GenLt. Tschantschibadse, und die 51. Armee unter GenLt. Krejser verstärkt. Die 2. Baltische Front schwenkte direkt zur Düna ein.

Auf deutscher Seite standen in der 18. und 16. Armee 24 Divisionen, von denen lediglich zwei in der 16. und fünf in der 18. Armee als voll kampffähig angesehen werden konnten.

Erneuter Führungswechsel

Als die Leningrader Front unter Marschall Goworow die Armeeabteilung Narwa angriff, stürmte gleichzeitig auch die 2. Baltische Front gegen Dünaburg. Am 19. Juli begann der Kampf um diese Stadt. Die sowj. Artillerie schoß aus weit über 500 Rohren nach Dünaburg hinein, Bombenwürfe vervollständigten das Chaos. Ganz Dünaburg stand in Flammen. Selbst die Zitadelle brannte lichterloh.

Im Vorfeld der Stadt standen die 81. ID unter Oberst von Bentivegni und die 132. ID unter GenLt. Wagner im Abwehrkampf. Dieser wurde von der StGeschBrig. 393 unter Hptm. Pelikan und die sPzAbt. 502 unter ihrem neuen Kdr., Major Schwaner, unterstützt. Die 1. und 3./502 unter Oblt. Carius und Oblt. Bölter schossen am ersten Tag von den hier erstmals eingesetzten Josef-Stalin-Panzern siebzehn ab. Hinzu kamen fünf T 34.

Tag und Nacht dauerten die Kämpfe um Dünaburg an. Am 25. Juli stand deren Einschließung unmittelbar bevor.

Die StGeschAbt. 393, die wegen Sprengung einer Eisenbahnbrücke im Juli 1944 nicht in den Raum Minsk, sondern nach Dünaburg umgeleitet worden war, kam dort unter dem Kommando von Hptm. Pelikan von der Entladerampe aus zum Einsatz. Die 3. Batterie unter Oblt. Junge fuhr zum ersten Nachteinsatz. Einen Angriff gegen die Flanke eines nach Ostpreußen vorstoßenden sowj. Panzer- und Schützenkeils fuhr die 3. Batterie. Hptm. Pelikan und sein OrdOffz., Lt. Wecker, schlossen sich diesem Angriff an. Eine Ortschaft wurde freigekämpft, der Feind geriet ins Laufen. Doch am nächsten Morgen wurden die wenigen Sturmgeschütze von nachdrängenden sowj. Schützenverbänden eingeschlossen. Sie stießen durch und zogen sich zur Brigade zurück. Im Kampf der nächsten Tage fiel Hptm. Pelikan, Träger des Deutschen Kreuzes in Gold. Für ihn übernahm Hptm. Hoffmann die Führung.

Im Verlauf der Kämpfe um Dorpat stand diese Abt. erneut im Einsatz. Hier konnte Oblt. Sauer, Chef der 1. Batterie, einen Angriff der sowj. Armee in Regimentsstärke abwehren und eine sich anbahnende Katastrophe verhindern. Dafür wurde er am 30. Sept. 1944 mit dem 603. Eichenlaub zum RK ausgezeichnet.

Am 24. Juli befahl Hitler auf dem GefStand der HGr. Nord in Segewold, zu halten und der 16. Armee, die Lücke zur HGr. Mitte zu schließen. Doch am 26. Juli gab die HGr. gegen Mittag den Befehl, Dünaburg zu räumen.

Unmittelbar danach erließ Hitler einen Führerbefehl und ernannte GenOberst Schörner zum neuen OB der HGr. Nord.

Dadurch veränderte sich nichts, denn es kamen keine frischen Truppen zur Front und GenOberst Schörner fand "drei zerschlagene, 14 bedingt kampffähige und sieben voll kampffähige Divisionen" vor.

Die Lage verschärfte sich drastisch. Als am 28. Juli das Oberkommando der 2. Baltischen Front den Befehl zum Angriff auf Riga erhielt, um die HGr. Nord von Ostpreußen zu trennen, hatte sich die Situation dramatisch verschlechtert.

Beiderseits Schaulen stießen sowj. Panzerkräfte vor. Mitau lag im Einzugsbereich der Sowjetarmee, sodaß GenOberst Schörner das Absetzen der 16. Armee befehlen mußte und auch dem rechten Flügel der 18. Armee Weisung gab, sich auf die "Marienburg-Stellung" zurückzuziehen. Als das OKH Einspruch erhob, meldete Schörners Chef des GenStabes, GenMaj. von Natzmer, lakonisch:

"Nicht mehr zu ändern. Truppe besetzt Stellung bereits." Die "Marienburg-Stellung", welche die Düna mit dem Peipussee verband, war in aller Eile ausgebaut worden. Sie verfügte über mehr als 3000 Kampfstände und rund 360 Panzerhindernisse, war darüber hinaus von einem Gewirr von Laufgräben durchzogen. Dennoch war das OKH mit diesem Befehl von GenOberst Schörner nicht einverstanden, weil es – wie auch im Bereich der HGr. Mitte – von einer *anderen* Hauptstoßrichtung der Sowjetarmee ausging.

Auch diesmal sollte sich das OKH getäuscht haben, denn wie von der HGr. Nord befürchtet, griff die 2. Baltische Front am frühen Morgen des 28. Juli mit einer starken Panzer- und mot.-Streitmacht aus dem Raum Mitau nach Nordosten an. Zielpunkt war Tukkum. Als GenOberst Schörner dies meldete und um Verstärkung bat, erhielt er die Antwort von GenOberst Guderian: "Ich kann im Augenblick nichts für die Heeresgruppe tun."

In seinem Tagesbefehl wies GenOberst Schörner darauf hin, daß seine Heeresgruppe das weitere Vorgehen des Feindes aus dem Raume Schaulen nach Norden verhindern müsse und dazu allen auf Mitau zurollenden Feindverbänden in die Ostflanke stoßen werde. Außerdem sollte der Versuch gemacht werden, die noch immer bestehende Lücke zwischen der 3. PzArmee und der HGr. Nord unter Mithilfe der 3. PzArmee zu schließen.

Der Wehrmachtsbefehlshaber Ostland sollte den Brückenkopf Riga halten und die 16. Armee noch am 28. Juli das weitere Vorgehen der Sowjets zwischen der Rollbahn und Bauske verhindern. GenOberst Schörners Schlußsatz lautete: "Die 18. Armee und die Armeeabteilung Narwa richten sich in der jetzt erreichten Linie zur Abwehr ein."

Die Ereignisse überholten jedoch teilweise diese Befehle und machten sie entweder sinnlos oder undurchführbar. GenOberst Schörner befahl außerdem den sofortigen Abtransport des weiblichen Wehrmachtsgefolges und der Wehrmachtsangestellten aus Riga über See. Damit konnten 1.500 Nachrichtenhelferinnen gerettet werden.

Das III. Garde-mech-Korps unter GenLt. Obuchow stieß am 30. Juli nach Mitau hinein, während die mech. Gardebrigade unter Oberst Kremer, die auf Tukkum angesetzt war, bei Klapkalnice die Ostsee erreichte.

Zum Glück für die HGr. Nord war die Leningrader Front mit der 2. Stoßarmee und der 6. Armee zunächst in ihren Stellungen stehengeblieben. Am frühen Morgen des 24. Juli trat auch sie nach starkem Trommelfeuer an. Sie trafen auf das südwestlich von Narwa stehende SS-PzKorps unter SS-Obergruppenführer Steiner.

Mit Panzern, Tieffliegern und Schützentruppen traf der Angriff zunächst die 11. ID unter GenLt. Reymann. Die 20. estnische SS-Division unter Brigadeführer Augsberger wurde mit in diesen Kampf hineingerissen. Beiderseits Auwere verteidigten sich diese beiden Divisionen. Hier stellten die Sowjets ihren Angriff ein und zogen sich zurück.

Die HGr. Nord befahl dem III. SS-Panzerkorps, seinen Brückenkopf und die Flußstellungen aufzugeben, dadurch die Front zu verkürzen und Reservekräfte zu bilden. Obergruppenführer Steiner mußte der Division Nordland, SS-Gruppenführer von Scholz, und "Nederland", SS-Brigadeführer Wagner, befehlen, die Stadt Narwa und den vorausliegenden Brückenkopf zu räumen. Das SS-PzGrenRegt. 48, das die Nachhut bildete, wurde vom Feind nördlich Auwere aufgerieben.

Nachstoßende Panzer erreichten den Raum Waiwara. Hier kam es zum Gefecht, in dem die Sturmbrigade "Langemarck", ein flämischer Verband, – soeben an der Front eingetroffen – in drei Tagen und Nächten kämpfend unterging. Das Rgt. "Danmark" wiederum stand im Raum der Blauberge im Kampf um das nackte Überleben. Dennoch: Das III. SS-Panzerkorps (ohne Panzer!) gab keinen Meter Boden preis. Es erlitt schwere Verluste. An der Spitze seiner Division fiel am 28. Juli SS-Gruppenführer von Scholz. Er hatte im März dieses Jahres das Eichenlaub erhalten und wurde am 8. August mit den 85. Schwertern ausgezeichnet. Sie konnten ihm nicht mehr verliehen werden. Mit ihm fielen in dieser dreitägigen Schlacht Standartenführer Graf zu Westphalen, SS-Obersturmbannführer Collani und SS-Sturmbannführer Stoffers. Obersturmbannführer Collani erhielt am 19. August das Ritterkreuz, das Sturmbannführer Stoffers seit dem 12.3. 1944 bereit trug. Am 28. Juli wiederholte der Gegner den am Vortage abgebrochenen Angriff. Aber auch diesmal hielt die Front.

Die HGr. Nord war seit Beginn des Monats August von der übrigen Ostfront getrennt. Ihr Nachschub mußte nach ihrer Einschließung über See erfolgen. Auch der Ersatz an Soldaten geschah auf dem gleichen Wege. Es waren nur einige wenige Transportschiffe, die diese Aufgabe meisterten.

Der noch einmal angesetzte Angriff der 16. Armee mit dem Ziel, aus den Räumen Bauske und ostwärts Mitau antretend, die Verbindung mit der 3. PzArmee herzustellen, blieb im starken Abwehrfeuer des Gegners liegen. Einem Teil der Angriffsverbände gelang der Vorstoß bis zum Stadtrand von Birsen. Hier wurden sie am nächsten Tag vom sowjetischen Gegenangriff abgewehrt und zerschlagen. GenOberst Schörner befahl die "endgültige Einstellung aller Unternehmungen dieser Art". Dieser Befehl wurde vom OKH und vom FHQ bestätigt.

Nunmehr ging es um den Erhalt von Riga und die Wiedergewinnung von Mitau. Diese Stadt wurde in einem großartigen Angriff der 93. ID unter Oberst Herrmann zurückgewonnen und ein Brückenkopf eingerichtet. Oberst Herrmann hatte bereits am 9. Juni als Kdr. des GR 273 das RK erhalten.

Die 16. Armee bildete zwei weitere KGr., um auch Tukkum und Doblen zurückzugewinnen. Bevor diese jedoch zum Angriff antreten konnten, griffen die 2. und 3. Baltische Front nach einer Umgruppierung am 5. August zwischen Peipus-See und Düna an.

Der Abwehrkampf war ein Ringen auf Leben und Tod. Die 83. ID stand im Brennpunkt dieser Kämpfe. Sein II./GR 257 bestand am Abend dieses Kampftages noch aus einem Uffz. und 30 Mann (!) Siehe dazu: (Thiemann, R.: Geschichte der 83. Infanterie-Division).

Das VI. SS-AK unter SS-OGrFühr. Krüger wurde aufgerieben. Nur einige Kampfgruppen konnten sich durchkämpfen. Als die Sowjetarmee zwischen dem VI. SS-AK und dem X. AK durchbrach und damit die 16. von der 18. Armee trennte, befahl GenOberst Schörner die Rücknahme der inneren Flügel beider Armeen auf die Linie Bauske-Melmele-Trentelburg.

Wieder war es die StGeschBrig. 912, die allein in dieser Schlacht 53 Feindpanzer abschoß. Unter der Führung von Hauptmann Karstens waren es die alten Recken der Brigade: ObWm. Fahlisch, ObWm. Störmer und Wm. Pobanz, die hier das Deutsche Kreuz in Gold erkämpften. Oblt. Kratzelt, Chef der 3. Batterie, errang die gleiche Auszeichnung. Der Wehrmachtbericht des 8. Aug. meldete:

"Bei den Kämpfen in Lettland, an der Dünafront, vernichtete die Sturmgeschützbrigade 912 in den letzten Tagen 53 Panzer. Hiervon schoß Hauptmann Engelmann, Chef der 1. Batterie, allein 17 Panzer ab."

Am 18. August meldete der Wehrmachtbericht noch einmal:

"In den schweren Abwehrkämpfen im Raume nördlich Briesen wurde der mit starken Panzerverbänden angreifende Feind zurückgeschlagen. An der Vernichtung von 108 Feindpanzern innerhalb von drei Tagen hat die Sturmgeschütz-Brigade 912 unter Führung von Hptm. Karstens hervorragenden Anteil."

In diesen Kämpfen fiel auch Uffz. Schwarzenbacher. Als Geschützführer schoß er innerhalb weniger Minuten sieben T 34 ab und vereitelte, auf sich allein gestellt, einen drohenden Feindeinbruch. Uffz. Schwarzenbacher erhielt am 5.Sept. 1944 das RK. Wenige Tage darauf fiel er im Kampf gegen ein feindliches Panzerrudel, nachdem er abermals eine Reihe Feindpanzer abgeschossen hatte. Hptm. Kleinschmidt, Chef der 2. Battr., wurde schwer verwundet.

Überblick aus der Sicht des OB der Heeresgruppe Mitte

"Mitte August entbrennen erbitterte Straßen- und Häuserkämpfe in Dorpat. Das Rastenburger GRi verteidigt das estnische Nationalmuseum nördlich der Stadt. Die Heeresgruppe wahrt trotz aller Rückschläge den Zusammenhang der Front zwischen Dorpat-Walk-Schwanenburg. Hier wird die mit 'Giganten' eingeflogene, gerade erst in der Heimat aufgestellte, 31. VGD eingesetzt. Dagegen ist der rechte Flügel schlimmer betroffen. Die 16. Armee führt mit ihren auseinandergerissenen Divisionen einen fast aussichtslosen Kampf. Die 215. ID hält um Bauske, wo die Heeres-Sturmgeschütz-Abteilung 202 unter Maj. Spielmann mit großem Erfolg angreift und Wachtmeister Scharf allein 13 Feindpanzer abschießt.

Die 2. Baltische Front stürmt mit mehr als 20 Schützen- und Panzerdivisionen von Osten her südwestlich an Riga vorbei.

Die Armee bildet die Korpsgruppe Wegener mit dem L., X. AK und dem VI. SS-AK. Doch die ausgebluteten Regimenter können nicht verhindern, daß die sowjetischen Panzer aus dem Raume Becaune in das waldreiche Hügelgebiet von Ergli vordringen. Das X. AK erobert im Gegenstoß das verlorengegangene Ergli zurück. Hierbei zeichnete sich die 32. ID besonders aus.

Die 3. PzArmee führt Mitte Aug. mit beiden Korps einen Angriffsschlag, um die entstandene Lücke zwischen der HGr. Mitte und Nord zu schließen.

Das XXXIX. PzKorps tritt mit der 4.,5. und 12. PD von Schagarren aus nach Osten an. Am 24. Aug. wurde Autz erobert. Bei Schaulen blieb der Angriff, in den auch die PGD "GD" eingegriffen hat, stecken. Wenig später konnte eine schmale Landverbindung erzielt werden (siehe auch den

Bericht darüber im Abschnitt über den Einsatz der HGr. Mitte; siehe ferner: Kern, Erich: GFM Schörner).

Die antretende Leningrader Front durchbrach schließlich die deutschen Stellungen bei Narwa. Die hier stehenden deutschen Verbände mußten sich ab dem 18. Sept. zurückziehen. Am 21. Sept. ging Riga verloren. Die letzten Verteidiger der Stadt wurden von vier Dampfern, einem Lazarettschiff und den Torpedobooten T 12, T 17, T 19 und T 20 über See nach Kurland gerettet.

Die letzten Seetransporte verließen den Hafen von Riga, als bereits sowjetische Panzer hineinschossen.

Bereits am 3. Sept. 1944 war Gen.d.Art. Laux bei einem mit einem Fieseler Storch durchgeführten Erkundungsflug von sowj. Jägern angegriffen und abgeschossen worden. Gen.d.Inf. Hilpert wurde sein Nachfolger. Der OB der 18. Armee, Gen.d.Art. Loch, wurde abgelöst. An seine Stelle trat Gen.d.Inf. Boege.

Die Septemberkämpfe

Der Angriff von 13 sowj. Schützendivisionen im Raume Walk, der am 13. Sept. begann, sah das XXVIII. AK im Abwehrkampf. Es galt, die anstürmenden Schützendivisionen aufzuhalten, die von einigen Panzerverbänden unterstützt wurden. Der durch die Wälder durchgesickerte Feind mußte hinausgeschossen werden. In diesen Kämpfen im undurchsichtlichen Dickicht erlitten die deutschen Bataillone schwere Verluste.

Alles ging hier schrittweise zurück. Die "Schwanenburgstellung" wurde aufgegeben, sodaß sich die Divisionen ab dem 18. Sept. aus dem Raume Walk-Pernau-Schwanenburg lösen konnten. Hier war es die 21. ID, die das Auseinanderklaffen der Anschlußstellen beider Armeen zueinander verhinderte. Am 23. Sept. fiel in diesen Rückzugskämpfen Gen.d.Inf. Wilhelm Wegener, der KommGen. des L. AK bei Wolmar an der Düpa. Er hatte wenige Tage zuvor, am 17. Sept. 1944 als 97. deutscher Soldat die Schwerter zum RK mit Eichenlaub erhalten.

Die "Wendenstellung" bei der Ortschaft Wenden nahm die zurückgehenden Soldaten auf. Am 25. Sept. standen zwischen Wenden und Nitaure 14 dt. Divisionen, alle im Kampf angeschlagen, aber zuversichtlich, den Feind aufhalten zu können. Neben den Soldaten aus allen deutschen Gauen waren es auch Dänen, Norweger und Letten, die hier der Roten Flut Einhalt geboten. Sie sollten so lange halten, bis die mit allen Kräften ausgebaute "Segewoldstellung" bezogen werden konnte.

Am 27. Sept. rückte die 18. Armee mit den ersten Verbänden in diese Stellung ein, die nördlich Riga begann, bis nach Segewold ostwärts führte und dann in nordwestlicher Richtung nach Mitau drehte.

Die Südfront der HGr. Mitte fand Anschluß an diese Stellung. Die Sowjetarmee eröffnete in diesen Tagen westl. Modohn ihre neue Offensive bei Walk mit 18 Schützendivisionen und 15 Panzerbrigaden. Das sowj. V. PzKorps rollte im ersten Schwung bis in die deutsche Artilleriestellung hinein. Mit 190 Panzern kämpfte sich die sowj. 117. PzBrigade durch die Front der 131. ID.

Der Gegenangriff der 12. PD mit fünf Tigern des sPzAbt. 505 konnte weder den Einbruch abriegeln noch die eingebrochenen Feindpanzer vernichten.

Die Kämpfe weiteten sich auf alle Frontabschnitte aus, und nach erbitterten Gefechten meldete die 18. Armee, daß sie seit Beginn der Abwehrschlacht, vom 14. Sept. an, gegen 70 sowjetische Schützendivisionen, zwei Panzerkorps und zahlreiche Panzerverbände gestanden hatte.

"In den Kämpfen wurden 622 Panzer vernichtet. Durch die schweren Verluste vor allem im Raume Modohn können 10 von 18 deutschen Divisionen nur noch als Kampfgruppen geführt werden." (KTB der 18. Armee, September 1944).

"Nach dem entscheidenden Angriff der Sowjetarmee vom 15. Sept. gegen beide Armeen und die Armeeabteilung Narwa der HGr. Nord, geriet die HGr-Front in Bewegung. Sie mußte hinter die Düna zurückgenommen werden, wenn sie nicht ebenso wie die HGr. Mitte keine drei Monate vorher zu Grunde gehen sollte. Entgegen den Führerbefehlen hatte GenOberst Schörner, seinem Gewissen und seiner eigenen verantwortlichen Einsicht folgend, für diesen Fall bereits vorausschauende Weisungen gegeben. Es kam hier n i c h t zu der drohenden Katastrophe. Dank des allgegenwärtigen und sich an jedem Krisenpunkt persönlich spürbar und helfend eingreifenden Oberbefehlshabers. Die HGr., einschließlich des letzten Mannes und des gesamten Materials, konnte von Schörner als voll kampffähig verbleibender Verband in den kurländischen Raum geführt werden." (Siehe Brückner, Otto Hermann: "Ein exerziermäßiger Rückzug". GenMaj. Brückner war letzter Kommandeur der 6. Volksgrenadierdivision und erhielt am 14.4. 1945 das RK).

GenOberst Schörner nahm im FHQ, wohin er zitiert worden war, kein Blatt vor den Mund. In Gegenwart von Reichsmarschall Göring, Großadmiral Dönitz, GenOberst Guderian und GenLt. Wenck trug GenOberst Schörner die Notwendigkeit der von ihm getroffenen Entscheidung vor und erhielt nachträglich die Genehmigung.

Die planmäßige Räumung von Riga erfolgte am 13. Okt. 1944. Hier griff, als die Kämpfe sich auf die Halbinsel Sworbe ausdehnten, die Kriegsmarine in den Kampf ein (darüber im Abschnitt DIE KRIEGSMARINE 1944 mehr).

Am 24. September mußte die HGr. Nord ihren Gefechtsstand von Segewold nach Schloß Pelci bei Goldingen in Kurland verlegen, Marschall Stalin schrieb am 29. Sept. 1944 an Winston Churchill:

"Gegenwärtig vernichten die sowjetischen Armeen die deutschbaltische Heeresgruppe, die unsere rechte Flanke bedroht. Ohne die Vernichtung dieser Gruppe ist es uns unmöglich, tief nach Ostdeutschland hineinzustoßen."

Einsätze im Oktober

Anfang Oktober stand die 18. Armee von links nach rechts mit dem II. AK, dem XXXVIII. AK, dem VI. SS-Korps und dem X. AK im Abwehrkampf. Alle rückwärtigen Einheiten und Verbände wurden Zug um Zug nach Kurland verlegt, die estnischen Verbände ins Reich geschafft, um sie vor der Rache der Sowjets zu schützen. 22.500 Kriegsgefangene und 3.440 Zivilisten wurden auf die Baltischen Inseln geschafft. Am 4. Okt. waren die Vorbereitungen der letzten Stellung vorwärts von Riga abgeschlossen. Im Unternehmen "Donner" erfolgten, am Abend des 5. Okt. beginnend, die Rückführungen.

Der linke Flügel der 16. und die 18. Armee wurden auf die Riga-Ost-Stellung zurückgeführt. Diese wurde am 13. Oktober erreicht. Die Riga-Ost-Stellung wiederum wurde von einer Division der 16. Armee und der gesamten 18. Armee besetzt. Die von beiden Armeen freigemachten

Generalkommandos und Divisionen flossen auf Befehl von GenOberst Schörner bereits ab dem 7. Okt. nach Westen ab. Teilweise noch in diese Vorbereitungen hinein eröffnete die sowj. Armee am 5. Okt. nach mehrstündigem Trommeln aller Waffen westlich von Schaulen mit drei Armeen den Angriff.

Die 43. Armee, GenLt. Tschistjakow, durchbrach nach dreistündigem Anrennen die Stellungen der 551. ID unter GenMaj. Vernheim. In diese Lücke stießen ein PzKorps, acht PzBrigaden und 29 Schützendivisionen hinein. Sie rissen die deutsche Front auf 90 km Breite auf und drangen mit ihren Spitzenverbänden 17 km tief ins Hinterland vor.

Das XXVIII. AK mußte sich nach allen Seiten verteidigen. Im Zuge dieses Angriffs gelangten starke sowjetische Kräfte bis zu sieben km hinter die HKL des XXXX. PzKorps.

In den nächsten Tagen wurden die Lücken breiter, die Vorstöße tiefer. Die 5. Gardearmee wurde in die Front eingeschoben. Hinzu kam als Stoßkeil das I. PzKorps. Der 6. Gardearmee wurde das XIX. sowj. PzKorps zugeführt. Diesen unerhört kampfstarken Verbänden vermochte die HGr. Nord nichts Gleichwertiges entgegenzusetzen.

Darüber hinaus führte das STAWKA am 7. Okt. die 4. Stoßarmee und die 51. Armee in diesen Frontabschnitt hinein. Während sich die 4. Stoßarmee bei Papile über die Windau vorkämpfte, rollte das Gros der 51. Armee mit Schwerpunkt zwischen der 6. Garde- und der 43. Armee hinein. Das XXIX. PzKorps unter GenMaj. Malachow fuhr in schneller Fahrt weiter vor. Es stand am Abend des 7. Okt. an der ostpreußischen Grenze.

GenOberst Schörner ließ umgruppieren. Während die 16. Armee das Kommando über alle ostwärts der Düna stehenden Truppen übernahm, mußte das AOK 18 das Vorgehen der 1. Baltischen Front nach Nordwesten und Westen zu verhindern versuchen.

Dafür standen Gen.d.Inf. Boege das X. AK unter General Foertsch mit der 11., 30. und 61. ID und das XXXIX. PzKorps unter Gend.PzTr. von Saucken mit der 4., 12. und 14. PD zur Verfügung.

Es war die 11. ID, die als erste, behelfsmäßig motorisiert, aus Riga hinaus nach Goldingen und Grobin, auf der Straße nach Memel Richtung Süden rollte und südostwärts von Libau einen Abwehrriegel bezog. Die Wege nach Libau wurden gesperrt.

Als die sowj. 51. Armee am 10. Okt. bei Polangen die Ostsee erreichte, war die HGr. Nord endgültig abgeschnitten. Um Memel wurde das XXVIII. AK dem AOK 18 unterstellt, mit der 58. ID, der PGD "GD" und der 7. PD eingeschlossen.

Die 3. PzArmee schied aus dem Unterstellungsverhältnis zur HGr. Nord aus und trat zur HGr. Mitte zurück.

Für die HGr. Nord kam es darauf an, daß mindestens die Häfen Windau und Libau gehalten wurden. Beide Städte wurden zu Festen Plätzen ernannt. Südlich Libau wurde aus verschiedensten Verbänden und Einheiten, darunter auch einiger Panzer, eine behelfsmäßige Sicherungslinie errichtet. Der Stab der 126. ID, GenLt. Fischer, sollte hier die Führung in der Abwehr übernehmen.

Das Schicksal Rigas war besiegelt. Transportdampfer, die Bahn, sowie 40 Fähren der Marine und der Heerespioniere, schafften die Truppenrückführung mit letzter Kraft. Garant dafür war vor allem auch die 6. Flak-Division unter GenLt. Anton, die diese Rückführungsfahrten sicherte.

Den abrückenden Verbänden setzte die Sowjetarmee mit einer Reihe schneller Verbände nach. Als letzte deutsche Division im Raum Riga stand die 227. ID unter GenMaj. Wengler auf dem Feindufer in zwei Brückenköpfen und deckte den Durchzug aller Verbände. Hier holte sich GenMaj.

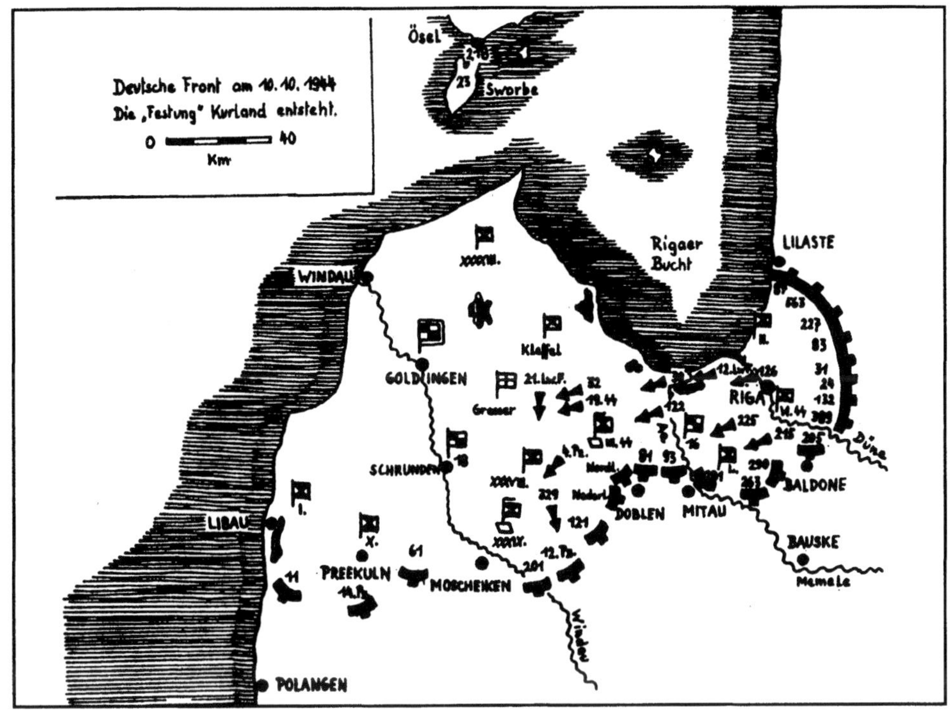

Maximilian Wengler die Schwerter zum RK mit Eichenlaub, die ihm am 21. Jan. 1945 verliehen wurden.

Die 16. Armee hatte Weisung erhalten, nach wie vor vorwärts der kurländischen Aa zu halten. Als die Bitte um Genehmigung der Rückführung nicht beantwortet wurde, flog GenOberst Schörner am 11. Okt. ins FHQ. Nach seinem Lagevortrag war Hitler mit der Rückverlegung einverstanden. Die 16. Armee zog sich in die Tukkum-Stellung zurück. Das in Memel eingeschlossene XXVIII. AK wurde der HGr. Mitte unterstellt.

Als die letzten deutschen Soldaten am 12. Okt. Riga verließen, drangen ihnen sowjetische Verbände dichtauf in die Stadt nach. Es war die StGeschBrig. 393 unter Hptm. Barths, der nach der Verwundung von Hptm. Hoffmann die Führung übernommen hatte, die als Nachhut über die letzte noch stehende Dünabrücke rollte, ehe sie keine zwei Stunden nach Mitternacht des 13. Okt. von den Pionieren der Brigade gesprengt wurde.

Die 245. SD unter GenMaj. Rodinow drang von Norden nach Riga ein. Von Osten rollte die 212. SD unter Oberst Kutschinew heran. Nun erst konnte auch die 83. ID unter GenLt. von Strachwitz – noch immer auf dem Feindufer stehend – abbauen und wurde auf Pionier- und Marinefähren über den Fluß gesetzt. Alle 5000 Mann der Division konnten mit allen Waffen, darunter die letzten drei Sturmgeschütze, übergesetzt werden.

Die Tukkum-Stellung wurde von der Korpsgruppe Kleffel unter Gen.d.Kav. Kleffel mit drei Divisionen besetzt. Von dort anschließend stand das VI. SS-Korps unter SS-Obergruppenführer Krüger mit zwei weiteren Divisionen abwehrbereit. Damit befand sich die HGr. Nord in Kurland.

Der Kampf um die Baltischen Inseln wird im Abschnitt über den Seekrieg behandelt werden.

Mitte Oktober stand die Sowjetarmee zwischen der Memelmündung und der Küste wenige km südlich von Libau an der Ostsee. Die Stadt Memel wurde nach wie vor vom XXVIII. AK verteidigt. Zwar gab das OKH den Befehl, den Brückenkopf Memel auf jeden Fall freizukämpfen und beauftragte die HGr. Nord mit der Vorbereitung des Unternehmens "Geier", Beginn am 17. Oktober.

Der Durchbruch auf Memel und weiter nach Ostpreußen hinein sollte vom XXXIX. PzKorps erzwungen werden. Dazu standen Gen.d.PzTr. von Saucken die 4., 12. und 14. PD sowie die 11. und 126. ID zur Verfügung. Die Einsatzbesprechung zu diesem Unternehmen wurde am 15.10. durchgeführt. Allerdings meldeten die zu dieser Besprechung befohlenen Kommandeure, daß sich die Sowjetarmee vor der Front der 18. Armee zu einer neuen Offensive bereitgestellt habe, deshalb müsse das eigene Antreten so schnell wie möglich erfolgen. Die drei Panzerdivisionen wurden in ihre Bereitstellungsräume nach Grobin (4.), Preekuln (14.) und Hasenpoth (12.) verlegt.

Einen Tag vor dem eigenen Angriff am 16. Okt. begann die 1. Baltische Front mit zwei Armeen ihre Offensive. Als Verstärkungen standen die 61. Armee und die 6. Garde-Panzerarmee zur Verfügung.

Die erste Kurlandschlacht

Diese Offensive der Sowjets, die als erste Kurlandschlacht in die Geschichte einging, begann also am 16. Okt. 1944. Zwischen dem Rigaer Meerbusen und der Windau traten die Feinddivisionen der sowj. 1. Stoßarmee unter GenLt. Sachwatajew gegen die Stellungen der 16. Armee an. Die Armeeabteilung Grasser unter GenLt. Grasser wurde ebenfalls von starken Feindkräften berannt. Den zweiten Schwerpunkt setzte die Sowjetarmee im Raume beiderseits Doblen. Mit diesem Stoß war ein Durchbruch zwischen Autz und Frauenburg beabsichtigt. Drei Tage rannten Rotarmisten des XII. und CXXII Korps mit 13 Divisionen gegen die 24., 93. und 122. ID an. Diese drei Divisionen hielten stand.

Am 19. Okt. griffen die Truppen der 1. Baltischen Front in das Kampfgeschehen ein. Zwischen Moscheiken und Skuodas stürmten ihre Divisionen vor. Das Ziel war Libau. Die 12. PD unter GenLt. Frhr. von Bodenhausen hielt bei Moscheiken allen Durchbruchsversuchen stand. Bei Vainode und Skoudas standen die 30. ID und die SS-Div. "Nordland". Auch bei ihnen fand der Feind keine Lücke. Als doch ein Loch aufbrach, rollten die Panzer der 4. PD heran. Die Armee verstärkte die Abwehrkräfte durch Zuführung der 14. PD und der 563. ID.

Der sowjetische Angriffsschwung kam zum Erliegen. Die HGr. Nord hatte die erste Kurlandschlacht überstanden, die am 20. Okt. zu Ende ging. Allerdings hatten die Truppen der HGr. Nord den Ausbruch aus Ostpreußen nicht erzielen können. Das geplante Unternehmen "Geier" wurde abgesetzt. Das GenKdo. XXXIX. PzKorps wurde mit der angeschlagenen 58. ID, der 61. ID und der 7. PD zur Auffrischung in die Heimat überführt.

Im Tagesbefehl des 21. Okt. brachte die HGr. Nord zum Ausdruck, daß Hitler das Halten von Kurland befohlen habe und daß die HGr. hier zur Verteidigung übergehen werde. In der Tiefe des Hauptkampffeldes sollte die Abwehr verstärkt werden, in der HKL sollte ebenfalls mit allen Mitteln an den Bunkern, Hinterhalten und Gräben geschanzt werden.

Ein begrenzter Angriff, den die 18. Armee zur Verbesserung der HKL befahl, wurde am 24. Okt. vom X. AK, Gen.d.Inf. Foertsch, mit der 51., 563. ID und der 14. PD geführt. Die Feindstellungen wurden auf einer Breite von etwa 10 km in 3 km Tiefe durchstoßen, bevor der Angriff im zusammengefaßten sowj. Art.-Feuer liegenblieb.

Die Front der Sowjets hatte sich durch weitere Truppenverbände verstärkt. Die 1. Baltische Front, auch dies eine Erkenntnis der Spähtrupps und der Funküberwachung, stellte sich zu einer neuen Operation bereit. Ein vorbereitender Luftangriff bestätigte dies, als sowj. Bomber am Nachmittag des 22. Okt. Libau angriffen. Ein Teil der Stadt ging in Flammen auf. Im Hafen wurden schwere Schäden an Anlagen und Booten angerichtet. T 23 wurde waidwund gebombt. Der Dampfer "Diedenhofen" mit 6.621 BRT sank, ein Schlepper und zwei MFP teilten sein Schicksal. Gegen Abend griff die sowjetische Luftwaffe ein zweitesmal an und bombte erneut Hafen und Stadt. In Erwartung dieses Angriffes vergingen fünf Tage. Am Morgen des 27. begann ein 90-minütiges Trommelfeuer auf die Stellungen der 18. Armee und die Armeeabteilung Grasser. Danach trat die sowj. Armee mit etwa 60 (!) Divisionen an. Zwischen der Küste und Windau, ebenso wie zwischen Autz und Doblen, kam es zu einem gnadenlosen Ringen. Die 5. Garde-Panzerarmee setzte zwischen Skuodas und Vainode etwa 400 Panzer ein. Diese stießen in mehreren Sturmspitzen in die deutschen Verteidigungslinien hinein und durchbrachen dieselben. Dahinter rollten weitere Panzerrudel gegen die noch haltende HKL.

Das III. SS-PzKorps und das X. AK standen im Zentrum dieser gigantischen Kriegsmaschinerie. Sie wurden in den Gräben eingewalzt und aus den Stützpunkten hinausgeschossen.

Die 215. ID, die seit dem 20. Sept. in einem ununterbrochenen Kampf mit weit überlegenen Feindgruppierungen stand, hatte mit den "Hetzern" der HePzJägAbt. 731 immer wieder starke Feindpanzerangriffe abgewiesen. In mehreren Gegenangriffen hatte die Division feindliche Einbrüche bereinigt. Hier war es vor allem das GR 435 unter Major Zeller, der seit dem 9. Juni das Eichenlaub trug, das sich mit äußerster Entschlossenheit dem vielfach überlegenen Gegner entgegenwarf. Der 11. Okt. sah einen weiteren Angriff, der abgewehrt wurde. Nach einigen Ruhetagen in Kemmern und Schlock an der Ostsee, wo das dezimierte GR 435 aufgelöst werden mußte, um mit seinen Resten als I./GR 435 weiter zu kämpfen, erhielt die 215. ID am Abend des 24. Okt. ihren neuen Einsatzbefehl, nördlich von Autz Teile der 121. ID abzulösen.

Am frühen Morgen des 25. Okt. wurden nur 200 m vor den eigenen Stellungen Bereitstellungen der Rotarmisten erkannt. Eigene Artillerie und Granatwerfer schossen auf diese Truppenansammlungen. Plötzlich setzte sowjetisches Trommelfeuer ein, darunter auch vom Feind erbeutete deutsche Do-Werfer. Nach zweistündigem Trommeln griffen die Sowjets an. Ihr erstes Ziel war die Höhe 94,1. Drei Panzer voraus versuchten sie, diese Höhe in Besitz zu bringen. Dies gelang ihnen. Im sofort angesetzten Gegenstoß wurden sie geworfen.

Dann griff der Gegner mit 20 Panzern bei der 1./GR 435 an. Eine Minute darauf erfolgte die Meldung des GR 380, daß bei der Höhe 94,1 der Gegner durchgebrochen sei und die eigenen Männer zurückwichen.

Das Regiment schickte den PiZug mit zwei Sturmgeschützen dorthin. Er kam 250 m weit voran, dann wurde er in einem Wäldchen beschossen. Gegen Mittag mußte Oblt. Zeller melden, daß der Gegner rechts und links an seinem GefStand vorbeigestoßen sei. Auch Oblt. Zeller, Bruder von Major Zeller, trug seit Febr. 1944 das RK.

Die Division verteidigte rund um die Regiments- und Batl.-GefStände. In Gegenstößen zeichnete sich Lt. Scharf mehrfach aus.

Der Kampf ging auch am folgenden Tag in voller Schärfe weiter. Eine StGeschBttr. rollte vor, gefolgt von einem Batl. der 121. ID, um die alte HKL zurückzugewinnen. Dies schlug fehl. Die eigenen Stellungen mußten in der Nacht um einen km zurückgenommen werden. Als dies eingeleitet war, klaffte plötzlich zwischen den Regimentern 380 und 390 eine breite Lücke.

Die Sturmgrenadier-Kp. unter Lt. Mozer (es war die 5./FeldErsBatl. 215 der Division) trat an. Sie ging durch den dichten Wald vor und stieß auf der Straße auf eine dichte Fahrzeugkolonne der Sowjets, mit Panzern, Pak und Infanterie, Lastwagen und Hunderten weiterer Fahrzeuge. Damit wollten die Sowjets durch diese Bresche stoßen und die 215. ID einsacken.

Lt. Mozer setzte aus eigenem Entschluß seine Kp. gegen den fünfmal stärkeren, mit Panzern und Pak ausgestatteten Feind ein. Mit den MPi schießend, mit "Hurra" stürmend, warfen sie den Gegner von seinen Fahrzeugen herunter. Lt. Mozer vernichtete einen Panzer mit Panzerfaust. Die Sturmgrenadiere schleuderten Handgranaten und drangen bis zum Waldrand vor. Diese eine Kp. hatte das Schicksal des gesamten Abschnittes entschieden. Lt. Werner Mozer erhielt am 11. Dez. 1944 das RK.

Der Kampf ging hier ebenso wie in den anderen Frontabschnitten weiter (siehe: Schelm Walter und Mehrle, Dr. Hans: Von den Kämpfen der 215. württembergisch-badischen Infanterie-Division- Ein Erinnerungsbuch; und Zeller, Konrad: Berichte an den Autor).

Auch im Abschnitt der 30. ID wurde die Sowjetarmee aufgehalten. Hier waren es die Soldaten des GR 6 unter OberstLt. Hoffmeister, der am 30. Sept. das RK erhalten hatte und nun als Turm in der Schlacht stand. Seine Männer vernichteten im Nahkampf mit Panzerfäusten und Tellerminen 21 Feindpanzer. Vier Tiger griffen in diesem Abschnitt in den Kampf ein. Sie gehörten zur sPzAbt. 510 und wurden von Oblt. Gerlach geführt. Sie schossen auf der Straße Auderi-Asite-Bruvelini in einem sechs Stunden dauernden Gefecht 14 Stalin-Panzer und T 34 ab und retteten die Lage.

Der 29. Okt. sah weitere Luftangriffe auf Libau und Autz. Die wenigen Jäger des JG 54 warfen sich der roten Bomberflut entgegen. An ihrer Spitze Major Rudorffer, Kdr. der III./JG 54. Sie schossen allein am 27. Okt. 57 Flugzeuge ab. Am 29. Okt. gelang es Major Rudorffer, elf Bomber zu vernichten und seine eigene Abschußliste auf 206 Maschinen zu erhöhen. Am 25. Jan. 1945 wurde er als 126. deutscher Soldat mit den Schwertern zum RK mit Eichenlaub ausgezeichnet.

Im Raume Preekuln und nördlich Skuodas standen die Divisionen der 18. Armee im Abwehrkampf. Im Zentrum die 30 und 31. ID und die SS-Div. "Nordland". Ihnen stand als einziger Panzerverband die 14. PD zur Seite. Unter dem Kommando von Oberst Munzel kämpften die Panzer dieser Division mit letztem Einsatz. Das PR 36, geführt von Major Molinari, stand zwischen Jagmani und Bruvelini. Hier der Bericht:

"Am Morgen des 9. Okt. entbrannte das feindliche Artilleriefeuer zu neuer Stärke. Bald traten auch seine Panzer, in mehreren Stoßgruppen zusammengefaßt, erneut an. Wieder lag der Schwerpunkt bei der 30. ID und auf dem rechten Flügel der 14. PD. Wieder kam es zu einigen, diesmal allerdings weniger ausgedehnten Einbrüchen, die durch das Eingreifen einiger Tiger und der Panther der Gruppe Molinari abgeriegelt und schließlich bereinigt werden konnten.

Zahlreiche überschwere Josef-Stalin-Panzer, die mit ihren 12,2 cm-Kanonen den Durchbruch erzwingen sollten, blieben im Vorgelände liegen.

Die sowjetische Infanterie, Teile mehrerer Gardebrigaden, war nicht so schnell zu vertreiben. Sie erhielt laufend Verstärkung und schob sich, unterstützt durch das Feuer der Salvengeschütze und ihrer Begleitpak, immer näher an die deutschen Stellungen heran.

Jede Bodenfalte, jedes Busch- und Waldstück, jede Lücke in der HKL nutzte sie zu neuen Einbruchsversuchen aus. Erst als Tiger und Grenadiere zu Gegenangriffen vorgingen und einen wesentlichen Teil der gegnerischen schweren Waffen vernichteten, wichen sie vorübergehend nach Süden aus.

Einige Vorstöße von T 34-Rudeln konnten glatt abgewiesen werden. Sie waren allerdings, wie sich bald herausstellte, nur zu dem Zweck unternommen worden, neue Schützeneinheiten und Munition schnell und ungefährdet in die vorderste Linie zu bringen.

Gegen Abend ließ der Feinddruck nach. Nur im Abschnitt Dinzdurbe wurde die Lage noch einmal kritisch, als unvermutet eine Gruppe "Josef-Stalin" unmittelbar vor den Stellungen der Flakabteilung auftauchte. Die Batterien schossen zwar mehrere Kampfwagen aus diesem Rudel heraus, mußten sich aber schließlich nach Norden zurückziehen.

Gegenstöße der Panzergrenadiere zersprengten die nachfolgenden Schützeneinheiten und stellten die alte HKL wieder her. Der Flakriegel, der zur gleichen Zeit bei Striki angegriffen wurde, woran Pioniere mit Flammenwerfern beteiligt waren, hielt." (siehe Grams, Rolf: Die 14. Panzer-Division 1940 bis 1945).

Die zweite Kurlandschlacht

Am 1. Nov. flaute der Kampf stark ab. Die Sowjetarmee gab auf. Plötzlich trat Ruhe an allen Frontabschnitten ein. Deutscherseits wurde intensiv an der Verstärkung der HKL gearbeitet. Vom 1. bis 31. Okt. hatte die Sowjetarmee in diesem Raum der 18. Armee 681, bei der 16. Armee 246 und vor der ArmeeAbt. Kleffel 216 Panzer verloren. Die deutschen Verluste an Menschen, Waffen und Material waren ebenfalls sehr hoch.

Doch dies bedeutete nicht das Ende der Winterkämpfe. Am 19. Nov. eröffnete die Sowjetarmee mit einem Trommelfeuer auf die Stellungen der 18. Armee zwischen Engelspuse und der Windau, also auf der Nahtstelle beider Armeen der HGr. Nord, den nächsten Angriff. In dieses Feuer mischte sich das Röhren vieler Salvengeschütze. Der erste Angriff wurde abgewiesen, doch zwischen Sepenisee und Engelspusi war eine Lücke in der deutschen HKL aufgerissen.

In einer Reihe von Gegenstößen konnten die Einbrüche bereinigt werden. Es war vor allem die 4. sowj. Stoßarmee unter GenLt. Malischew, die das Ufer der Venta anpeilte und die dort liegenden 83., 132. und 225. ID am linken Flügel der Armee angriff. In diesem Raum wurde der Höhere Artilleriekommandeur, GenLt. Thomaschki, mit Oberst i.G. Reinhardt als Chef des Stabes, mit der Führung aller Truppen beauftragt.

Neben der genannten sowjetischen Armee griff nun noch die 6. Gardearmee unter GenOberst Tschistjakow und die 5. Garde-Panzerarmee unter Marschall Rotmistrow zwischen Preekuln und der Windau an. 15 Schützendivisionen versuchten beim XXXVIII. AK den Durchbruch auf Frauenburg zu erzwingen. Es kam zu erbitterten Gefechten und Kämpfen Mann gegen Mann. Die HGr. Nord meldete vom 1. bis zum 30. Nov. insgesamt 33.181 Soldaten, die durch Tod, Verwundung oder als Vermißte ausgefallen waren.

Am 28. Nov. gaben die Sowjets auf. Neben den deutschen Abwehrschlägen wurden sie durch das Gelände, das sich durch die dauernden Regenfälle in einen Sumpf verwandelt hatte, zum Stillstand gezwungen. Um bessere Verteidigungsmöglichkeiten zu haben, zog sich die Sowjetarmee zwischen Vainode und Pikeliai zurück. Die zweite Kurlandschlacht war zu Ende.

In den Schlamm-, dann Schneelöchern der HKL lagen die Infanteristen. Ein Teil der Versorgungsfahrzeuge kam nicht durch. Ruhrkranke mußten versorgt werden. Aber die Infanterie wühlte sich in den schlammigen Bogen ein. Nachschub an Waffen und Munition kam nach vorn, dann auch Nachersatz für die dezimierten Divisionen.

Alles überflüssige Gut wurde abtransportiert. Insgesamt verließen 69.409 deutsche Soldaten den Bereich der Heeresgruppe, 68.562 Verwundete und 5.809 Männer der OT kamen hinzu.

In den folgenden Wochen waren es die wenigen Maschinen der Luftflotte 1, die immer wieder den sowjetischen Bomberstrom abzuwehren versuchten. Das hier eingesetzte JG 54 lag mit der I. Gruppe in Tukkum, später in Cirava, mit der II. und III. Gruppe auf Plätzen bei Libau.

Am 14. Dez. griffen 600 sowj. Bomber Libau an. Sieben Schiffe wurden durch Bombentreffer versenkt. Der zweite Angriff am Nachmittag beschädigte vier weitere Schiffe. Die Maschinen des JG 54 starteten zur Abwehr und schossen an diesem Tage 44 Feindflugzeuge ab.

Als die sowj. Luftwaffe diesen schweren Angriff am 15. Dez. mit 200 Bombern wiederholte und den Bahnhof ebenso wie die Flugplätze von Libau und Grobin bombten, stiegen alle einsatzbereiten Maschinen des JG 54 unter seinem Geschwaderkommodore, Oberstlt. Hrabak, auf und brachten 56 Feindflugzeuge zum Absturz. Elf eigene Maschinen gingen am Boden verloren.

Im Zeitraum vom 29. Okt. bis zum 7. Nov. schoß die 6. Flakdivision 110 sowjetische Flugzeuge ab.

Die dritte Kurlandschlacht

Als sich die Sowjetarmee am frühen Morgen des 21. Dez. 1944 auf einer Frontbreite von 35 km auf die deutsche HKL einschoß und diese mit 170.000 Granaten aller Kaliber allein in den Stellungsabschnitten des XXXVIII. und I. AK belegte, war das Startsignal zur 3. Kurlandschlacht gegeben.

Um 8.30 Uhr traten vier Sowjetarmeen zum Angriff an. Angriffsziele waren: Libau und Frauenburg. Der Schwerpunkt traf die 225. ID, deren Verbindung zu den Nachbardivisionen abbrach. Gegen die HKL der 329. ID brandete ein starker Panzerangriff an, der abgewehrt wurde. Die vorwärts Frauenburg stehende 205. ID wurde von zehnfach überlegenen ebenfalls mit Panzerunterstützung angreifenden Feinden auseinandergerissen.

Die HGr. mußte die 12. PD und die 227. ID in den bedrohten Raum werfen, um den Fall von Frauenburg zu verhindern. Keiner der Gegenstöße drang durch. Sehr bald war der Schwerpunkt dieses Angriffs im Raume Pampali südlich Frauenburg zu erkennen. Ziel desselben war offenbar die Durchtrennung der Bahnlinie Frauenburg-Libau. Damit waren auch beide deutsche Armeen voneinander getrennt.

Sowjetische Panzer stießen vier km weit durch. Es war die StGeschBrig. 912, die hier antrat. Sie wurde von Hptm. Brandner geführt, der die Brigade kurz vorher übernommen hatte. Die 1. Battr., geführt von Oblt. Schubert, schoß in den folgenden Tagen 37 Feindpanzer ab. Allerdings mußte sich die 132. ID vor der Masse der anrollenden Feindpanzer seitlich absetzen, wobei deren GR 438 unter Oberst Sierts auf Pampali zurückging. Die Geschichte dieser Division zeigt die schweren Opfer auf, die sie zu bringen hatte. Ihr gelang der Ausbruch aus einem dichten Umklammerungsring, wobei sie ihre Verwundeten, auf Schlitten gefahren oder in Zeltplanen getragen, mit zurücknahmen (siehe: Biedermann, G.H.: Krim-Kurland. Mit der 132. ID im Einsatz).

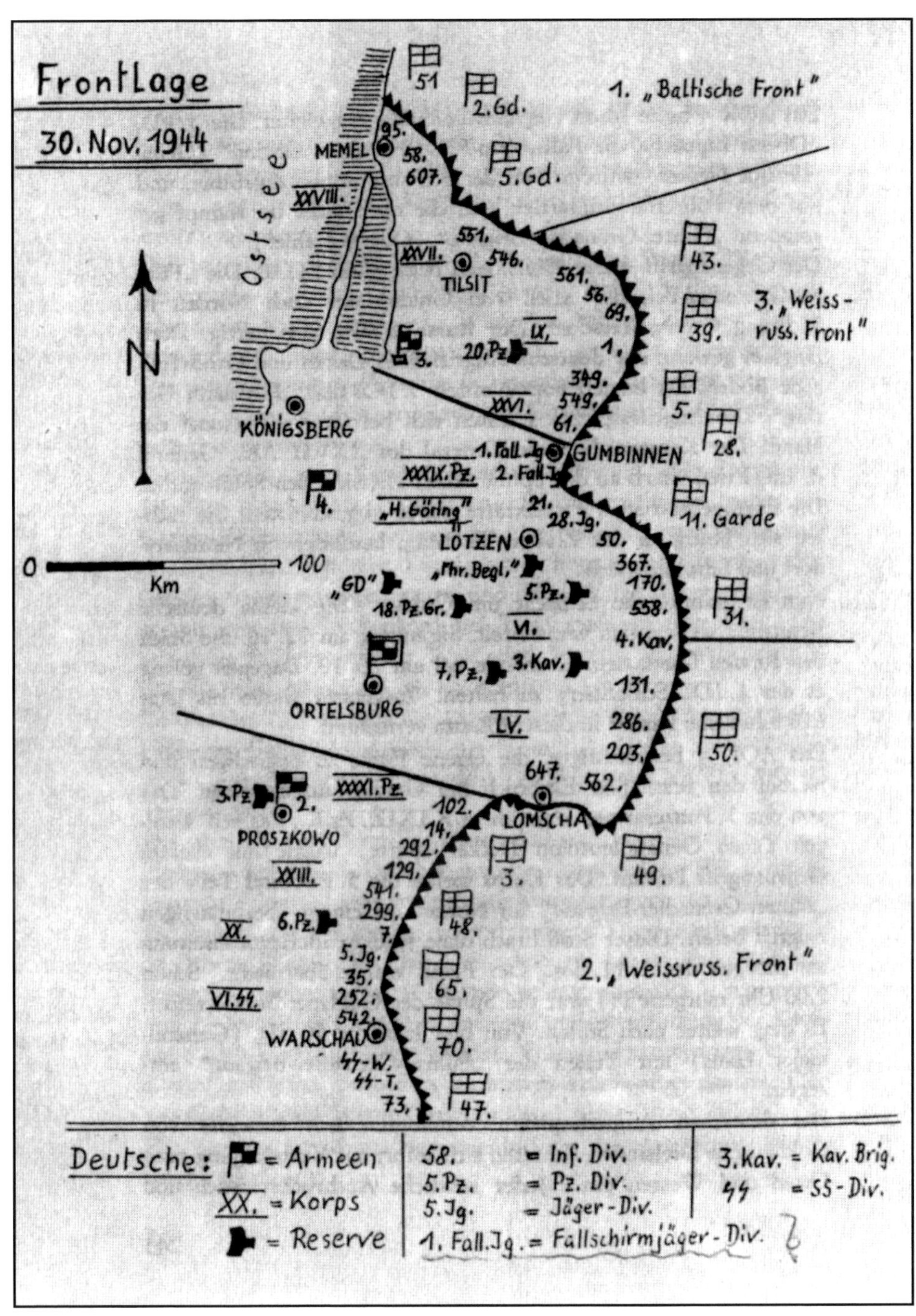

FrontLage
30. Nov. 1944
1. „Baltische Front"
3. „Weissruss. Front"
2. „Weissruss. Front"
Ostsee
MEMEL
TILSIT
KÖNIGSBERG
GUMBINNEN
LÖTZEN
ORTELSBURG
LOMSCHA
PROSZKOWO
WARSCHAU
XXVIII.
XXVII.
IX.
XXVI.
XXXIX. Pz.
„H. Göring"
„GD"
„Fhr. Begl."
18. Pz. Gr.
5. Pz.
VI.
7. Pz.
3. Kav.
LV.
XXXXI. Pz.
3. Pz
XXIII.
XX.
6. Pz.
VI. SS.
20. Pz.
1. Fall. Jg.
2. Fall. Jg.
0
100
Km
Deutsche:
= Armeen
XX. = Korps
= Reserve
58. = Inf. Div.
5. Pz. = Pz. Div.
5. Jg. = Jäger-Div.
1. Fall. Jg. = Fallschirmjäger-Div.
3. Kav. = Kav. Brig.
SS = SS-Div.

In den nächsten Tagen wurde fieberhaft versucht, die alte HKL zurückzugewinnen, vergebens. Sowjetische IL 2-Schlachtflugzeuge und Stukas stürzten sich auf die deutschen Gegenstoßgruppen.

Beiderseits von Pampali griff dann die 4. Stoßarmee mit neun Schützendivisionen den dünnen Abwehrschleier der 18. Armee an. Die 10. Gardearmee hatte ihren Durchbruch bei der 16. Armee angesetzt. Auch die 10. Gardearmee konnte über acht Schützendivisionen verfügen, während die 42. Sowjetarmee "nur" vier Schützendivisionen in den Kampf geschickt hatte.

Trotz dieses Feindaufgebotes konnte bis zum 23. Dez. die deutsche HKL wieder geschlossen werden, obgleich die Sowjetarmee zur weiteren Öffnung allein gegen die 205. ID unter GenLt. von Mellenthin drei Schützendivisionen ansetzte. Während die 290. ID 52 Feindangriffe abwehrte, gelang es der 11. ID, elf Panzerangriffc abzuweisen. Die Sowjets dachten aber nicht an eine Einstellung der 3. Kurlandschlacht. Sic warfen am 23. Dez. die 22. Armee unter GenLt. Juschkewitz nördlich Doblen gegen das VI. SS-Korps unter SS-ObGr.Fhr. Krüger ins Gefecht. Hart ostwärts Dzukste wurde dieser Angriff zum Stehen gebracht.

Am Heiligen Abend gegen 17.00 Uhr schwieg plötzlich das Feindfeuer. Es herrschte eine angespannte trügerische Ruhe, die erst am Morgen des 25. Dez. vom Feuer sowj. Artillerie zerrissen wurde.

Südlich von Tukkum trat die Sowjetarmee bei Dzukste an. Dann eröffnete sie auch an der entgegengesetzten Stelle der Front ihren Angriff. Die 6. Gardearmee nahm Libau zum Ziel und versuchte, die deutsche Front des II. AK, Gen.d.Inf. Hasse, mit der 126. ID, der 31. ID und der 14. PD zu durchstoßen. Die 6. Gardearmee blieb geschlagen liegen.

Bei Dzukste wiederum gelang es der Sowjetarmee, mit dem V. und XIX. PzKorps, voraus die bekannten Panzerbrigaden 101 und 202, die 19. SS-Division zu zerschmettern. Die 16. Armee warf sofort alle Reserven in diese Bresche. Diese verhinderten unter letztem Einsatz den Zusammenbruch. Es waren Teile der 93. ID, der 277. ID und das LuftwJägReg. 24 der 12. LwFeldDiv. Als am Abend Teile der 4. PD kerangekommen waren und mit dem MG-Batl. "Stettin" gleichzeitig angriffen, wurde aus den Gefechten eine mit letzten Kräften geführte Schlacht. Hier griffen die vordersten Teile der sowj. 22. Gardediv. *in deutschen Uniformen* an. Sie wurden rechtzeitig enttarnt und niedergeschossen. Die eigene Pak vernichtete 18 Feindpanzer, die der Infanterie dichtauf folgten.

Auch der 27. Dez. wurde bei Dzukste zu einem schweren Kampftag. Die Sowjetarmee warf nach und nach eine Panzerarmada in die Schlacht.

Bei *gleichzeitigem* Ansatz hätten diese die deutsche Front zermalmt. Es gelang diesen Panzergruppen, die Front lediglich an einer Stelle auf 2 km Tiefe aufzubrechen. Auf dem Gefechtsfeld hielten sich einzelne deutsche Stützpunkte. GenMaj. Wengler war mit seiner 227. ID Turm in der Schlacht. SS-Brigadeführer Bruno Streckenbach führte seine 19. (2. lettische)-Waffen-SS-Div. in dieser Abwehrschlacht und errang das 701. Eichenlaub, (Verleihung am 20. Jan. 1945), nachdem er wenige Monate zuvor, am 27.9. 1944, das RK erhalten hatte. Das Luftwaffen-JägRgt. 24 unter Oberst Kretzschmar kämpfte wie die besten im Kampf ergrauten Soldaten des Heeres. Oberst Kretzschmar, der am 30. Sept. das 600. Eichenlaub erhalten hatte, verdiente sich in dieser Schlacht, die 121. Schwerter. Im Kampf um Frauenburg fand er am 27. Dez. bei Dahnste-Vamsic den Tod. Er konnte diese hohe Auszeichnung am Verleihungstag, dem 12. Jan. 1945, nicht mehr in Empfang nehmen.

Als am Abend dieses 27. Dez. der Kampf abebbte war die 3. Kurlandschlacht beendet.

Generalfeldmarschall Erwin Rommel wurde Inspekteur des „Atlantikwalls“, der als Verteidigungslinie gegen eine alliierte Landung entlang der französischen Küste verlief. Er trieb den Ausbau der Verteidigungsstellungen voran und brachte neue Ideen wie z.B. den „Rommelspargel“ in den Ausbau der Stellungen ein.

Rommel bei einer Inspektion mit General Feuchtiger und Major Becker an der französischen Küste. Rommels Ziel war es, die alliierten Invasionstruppen bereits am Strand zu stoppen. Jeder wusste, die Invasion wird kommen – aber wann und wo sollte sie erfolgen?

Im Hinterland der französischen Küste entstanden Standorte, an denen deutsche Verbände aufgefrischt oder völlig neu aufgestellt wurden. Die in Ruhestellung liegenden Verbände dienten gleichzeitig als Besatzungstruppen und Eingreifreserve gegen die Invasion der Alliierten. Im Bild zu sehen sind Fallschirmjäger bei einer Übung im Mai 1944 in Frankreich.

Am Morgen des 6. Juni 1944 war es soweit. Die Invasion begann! Der Ort der Invasion war jedoch nicht die Kanalküste wie von deutscher Seite erwartet, sondern die Normandieküste. Am Horizont die Landungsflotte im Artilleriefeuer.

Den Alliierten gelang die Bildung eine Brückenkopfes. Deutsche Verwundete schleppen sich aus der Kampfzone zurück.

Abgeschirmt durch die überlegene eigene Luftwaffe aus der Luft, gelang es den Alliierten, einen künstlichen Hafen anzulegen und Truppenkontingente und Nachschub aller Art in großen Mengen heranzuschaffen.

Im Bild ein provisorisches Munitionsdepot der Amerikaner. Von einem Nachschub in diesen Mengen konnten die deutschen Verteidiger nur träumen.

Aber die Amerikaner, Engländer und Kanadier hatten einen hohen Blutzoll zu entrichten. Viele Tausend alliierter Soldaten sind in den ersten Tagen der Invasion gefallen.

Zahlreiche Tote lagen am Strand oder trieben in den Wellen zwischen den Landungsbooten.

Krisensitzung in Fontainebleau, dem Hauptquartier von Generalfeldmarschall von Rundstedt. Von links: General von Geyr, General von Blaskowitz, Generalfeldmarschall Sperrle, Generalfeldmarschall von Rundstedt, Generalfeldmarschall Rommel, Admiral Krancke.

Mit allen verfügbaren Mitteln wollte man die Invasionsflotte vernichten. Hier wird ein „Ein-Mann-Torpedo" ins Wasser gehievt. Die Invasionsflotte war jedoch zu mächtig.

Als die verspätet freigegebenen Panzerreserven, die durch die ständigen Luftangriffe der Alliierten stark dezimiert wurden, am Landungskopf eintrafen, war es zu spät. Die Alliierten waren schon zu stark geworden.

Verheerende Angriffe aus der Luft und die Granaten der schweren Schiffsartillerie ließen selbst Tiger-Panzer wie Spielzeug umkippen. Hier ein auf dem Kopf liegender Tiger I der schweren Panzerabteilung 503.

Im Bild ein abgeschossener englischer Panzer, der Opfer eines Gefechts mit Tiger-Panzern unter Michael Wittmann wurde. Michael Wittmann, einer der erfolgreichsten deutschen Panzerkommandanten, fiel nur kurze Zeit später.

Panther-Panzer werden zu einem Gegenangriff bereitgestellt. In den „Bocagen" der Normandie (tief eingeschnittene Hohlwege) war zwar Deckung vorhanden, jedoch konnte man den Gegner erst sehr spät erkennen.

Ein wachsamer Blick nach oben und gute Tarnung war überlebenswichtig. Der alliierten Luftherrschaft hatte die deutsche Luftwaffe nichts mehr entgegenzusetzten.

Ein Panzer IV der SS-Division „Hitlerjugend" auf dem Marsch zur Invasionsfront.

Großadmiral Dönitz, Oberbefehlshaber der Kriegsmarine, bespricht sich mit Offizieren.

Auch Sprengboote, „Linse" genannt, wurden gegen die Invasionsflotte eingesetzt.

Nach dem großen Rückzug aus Frankreich war die Front an den Reichsgrenzen angekommen, wo der Krieg im Westen 1940 begonnen hatte. Im Bild ein Tiger in der Nähe von Aachen.

Plakative Aufrufe an die deutsche Bevölkerung, Widerstand zu leisten, hatten wenig Erfolg. Zu viele Opfer waren in fünf Jahren Krieg erbracht worden.

Der amerikanische Generalleutnant Hodges führte die 1.US-Armee im Kampf um Aachen.

Nach wechselvollen harten Kämpfen wurde Aachen von den Amerikanern im Oktober/November 1944 erobert. Im Bild US-Parlamentäre auf dem Weg zu den deutschen Linien mit der Aufforderung zur Übergabe der Stadt.

Im belgisch-holländischen Grenzgebiet erstarrte die Front. Durch ein großes Luftlandeunternehmen sollten wichtige Brücken im Hinterland genommen und der Stoß ins Ruhrgebiet ermöglicht werden. Im Bild Dakotas vor dem Start.

Englische Fallschirmjäger, die „Roten Teufel", im Kampf um Oosterbeek.

Die Brücke von Arnheim und weitere wichtige Brücken am Rhein sollten durch ein großes Luftlandeunternehmen in alliierte Hände fallen. Unter dem Decknamen „Market Garden“ startete die alliierte Offensive, die in Arnheim am Widerstand der Verteidiger endete. Die Alliierten hatten hohe Verluste zu beklagen.

Der britische Fallschirmjägergeneral Urquhart führte die 1. Englische Luftlandedivision beim Sturm auf Arnheim. Im Bild General Urquhart vor dem Hotel Hartenstein.

Am 31. Dezember 1944 meldete der Wehrmachtbericht:

"Die Heeresgruppe Kurland hat 513 Panzer, 79 Geschütze und 267 MG der Roten Armee vernichtet, und 145 Flugzeuge abgeschossen."

Diese letzte Schlacht des Ostheeres des Jahres 1944 kostete allein die 16. Armee 15.237 Mann Verluste, während die 18. Armee den Verlust von 11.907 Soldaten aller Dienstgrade meldete.

* * *

DER KRIEG AUF DEM BALKAN 1944

Übersicht: Aktivitäten beider Seiten und Stärkemeldungen

Zu Beginn des Jahres 1944 war die Lage im Einsatzraum des Oberbefehlshabers Südost nicht mehr so brisant, wie sie nach dem Abfall Italiens vom Bündnis im letzten Herbst gewesen war.

Dennoch gab es verschiedene Möglichkeiten des Feindes, auf dem Balkan aktiv zu werden, die beachtet werden mußten.

Um gegenüber Angriffen verschiedener Art gewappnet zu sein, wurden die Truppen des OB Südost an den Schwerpunkten des Südostraumes eingesetzt.

Zur Verfügung standen: Die 22. ID (mot.), die 181., 254. und 297. ID. Hinzu kamen die Jägerdivisionen 100, 104, 117 und 118, die 1. GD, die 7. SS-GebDiv. "Prinz Eugen", und die 11. LwFeldDiv. Diese Verbände wurden verstärkt durch die SturmDiv. Rhodos, die allerdings nur halbe Divisionsstärke hatte, die Festungsbrigade Kreta, zwei Festungs-IDnen und vier verstärkte Regimenter, darunter die drei Regimenter der Division "Brandenburg" und das JägResRgt. 1.

Die 4. SS-PolGrenDiv. befand sich noch in derAufstellung. Ebenso die 367. ID und die Festungs-InfBrigaden 1001 bis 1012 sowie die 42. JägDiv.. Eine Reihe Verbände, die später genannt werden sollen, sobald sie im Einsatz stehen, kamen hinzu. Dies hört sich gewaltig an, doch diese genannten Divisionen und Verbände wiesen am 1. Jan. 1944 8.781 Fehlstellen aus. Die Waffen einiger Verbände waren ungenügend, Panzerkräfte standen nur in KpStärken zur Verfügung.

Gegen die Anlandung eines Gegners mit einigen hundert Panzern hatten diese Truppen kaum eine Chance.

Mit ihnen hatte der OB Südost drei Fronten zu sichern, die durch Feindangriffe bedroht zu sein schienen: Die Adriatische, die Jonische und die Ägäische Front. Die Adriatische Front schien am meisten gefährdet. Einmal durch den Aufstand im serbokroatischen Raum, zum anderen durch die Anglo-Amerikaner, die dieser jugolslawischen Küste gegenüber dabei waren, den Vorstoß anzutreten und die Gustavlinie berannten. Demzufolge mußte der OB Südost den Schwerpunkt aller Kräfte in diesen Raum legen.

Das Panzer-AOK 2, das in diesem Großraum bis hinunter nach Albaninen führte, hatte sein XV. GebKorps zum Küstenschutz eingesetzt. Dem KommGen standen dazu die 264. ID im Raume Drnis und die 114. JägDiv. im Raume Knin direkt an der Küste zur Verfügung.

Dahinter gestaffelt lagen die 773. kroatische ID in Bihac; die 392. kroat. ID sollte den Raum Karlstadt sichern und befand sich im Anmarsch, während die 367. ID ostwärts von Agram aufgestellt wurde. Bei Petrinja stand die 1. Kosakendivision ohne ihre 2. Brigade, die weiter südlich zur Bandenbekämpfung eingesetzt war.

Bei Brod stand die 42. JägDiv., die aus der 187. ResDiv. hervorgegangen war, in Raume Brod die 173. ResDiv., die ebenfalls zur Auflösung heranstand. Diese Divisionen unterstanden dem LXIX. AK.

An der Grenze des Korpsbereiches des XV. GebKorps aber standen die 1. GD und das GR 92 (mot.). Beide Verbände waren zu einem Sondereinsatz vorgesehen, dessen Codename "Waldrausch" war. Dabei galt es, die kommunistischen Banden im Bandengebiet westlich Travnik-Banja Luka-Livno zu bekämpfen. Zur Unterstützung dieser beiden Verbände wurde noch das PzLehrRgt. 901 hinzugezogen.

Außerdem unterstanden dem XV. GebKorps noch das 4. Regiment "Brandenburg".

Im bosnisch-montenegrinischen Raum standen das V. SS-GebKorps, dem zum Küstenschutz das im folgenden genannte Potential zur Verfügung stand: 118. JägDiv. im Raume südwestlich Mostar, 181. InfDiv. im Raume Cattaro. Eingreifreserve war die 7. SS-GebDiv. "Prinz Eugen". Eine KGr. der 369. kroat. ID sollte aus dem Raume Sarajewo hinzukommen. Diesem SS-Korps unterstanden ferner: Das 2. Rgt. "Brandenburg" in Plavlje und das JägResRgt. 1 bei Sarajewo.

Der gesamte serbische Raum wurde durch das bulgarische Okkupationskorps gesichert.

In Albanien standen lediglich an der Küste westlich von Berat die 100. Jäg.Div. und im Raume Crna die 297. ID, die dem XXI. GebKorps unterstanden.

Die HGr. E, die im Raume der griechischen Ägäis führte und dessen HQ sich in Saloniki befand, hatte die Sicherung der Jonischen Front durchzuführen. Da hier ein feindlicher Großangriff am wenigsten wahrscheinlich war, standen ihr nur schwache Kräfte zur Verfügung. Es galt, hier vor allem, den stark bandengefährdeten westgriechischen Raum zu sichern. Dazu wurde die 104. JägDiv. mit DivGefStand in Agrinion eingesetzt. Diese Division stand unter dem Kommando des XXII. GebKorps. Für den Peleponnes war die 117. JägDiv. vorgesehen, die noch im Raume Korinth in der Versammlung war.

Die besonders für Landungen feindlicher Kräfte geigneten Küstenstrände auf dem Peleponnes, der Landenge von Korinth und den Jonischen Inseln, wurden durch Festungstruppen geschützt, die seit dem Frühsommer des Jahres 1943 herangeschafft wurden. So standen auf Kephalonia das FestRgt. 966, in Amalis das FestRgt. 965. Die für eine Verwendung im Raume Afrika vorgesehene Division 999 (Wehrunwürdige, Strafgefangene, degradierte Männer, die sich bewähren sollten) wurde bataillonsweise in diesem Raume eingesetzt: auf Korfu ein Batl. der Div. 999 mit einem Batl. der 1. GD. Die 117. JägDiv. und die 11. LwFeldDiv. waren zur Küstenverteidigung im Großraum Piräus-Athen-Südattika eingesetzt. Hinzu kam das in Livadia stationierte 1. Rgt. "Brandenburg" und das SS-PolGebJägRgt. 18, das im Südosten Attikas stationiert wurde. Diese vier letzteren Verbände unterstanden dem LXVIII. AK in Athen.

Die Thrakische Küste sollte durch drei bulg. Divisionen gesichert werden, die von dem bulg. Generalkommando in Drama geführt wurden. Zur Verteidigung von Saloniki stand kein deutscher Verband zur Verfügung. Unter der dortigen Oberfeldkommandantur 395 befand sich lediglich die bei Larissa in Aufstellung begriffene 4. SS-PolPzGrenDiv., das FestInfRgt. 963 auf der Insel Lemnos und das InselRgt. 440, dessen III. Batl. auf Chios und Mitylene eingesetzt war.

An der Ägäischen Front war Kreta *das* Bollwerk, das bereits seit dem Jahre 1942 ausgebaut wurde. Die FestBrigade Kreta mit Sitz in Chania war zur FestID 133 aufgerüstet worden. Sie verfügte über die FestBatl. 621, 622 und 623. Im Westteil von Kreta stand die 22. ID.

Auf der Insel Rhodos war die inzwischen zur Sturmdivision "Rhodos" aufgestockte Sturmbrigade direkt der HGr. E unterstellt. Dieser Division wurden Zug um Zug die Festungsbataillone 1001 und 1002 unterstellt. Auf Karpathos, einer wichtigen Zwischeninsel zwischen Kreta und Rhodos, stand ein Batl. der Division 999. Die hinter dieser Sperrkette gelegenen Sporadeninseln wurden durch Festungsbataillone besetzt, um hier ein tiefgestaffeltes Inselkampffeld zu errichten. Hier wurde die Masse der Festungsbataillone der Div. 999 eingesetzt.

Die Kräfte für den vorgesehenen Fall "Gertrud", der Einbeziehung der Türkei in den Krieg, sollten spätestens 14 Tage nach der Feststellung einer Alarmierung oder sonstigen Zusammenziehung türkischer Kräfte in Marsch gesetzt werden. Daran wollten sich bulgarische Streitkräfte beteiligen.

Am 9. Jan. 1944 wurde der OB Südost auf die Möglichkeit eines bevorstehenden Angriffs auf Kreta oder die Ägäischen Inseln, vor allem gegen Rhodos, hingewiesen. Auch jene unter der türkischen Westküste gelegenen griechischen Inseln schienen Angriffsziele zu sein, doch die Schiffsbewegungen, die auf diese Gefahr hinwiesen, erwiesen sich als normaler Verkehr. Die Einheiten wurden durch den Suezkanal aus dem Mittelmeer hinausgeführt.

Die Haltung der Türkei jedoch war undurchsichtig. Dies erklärte GenLt. Warlimont, stellvertr. Chef des WFührStabes, in Sofia während einer deutsch-bulgarischen Aussprache. Es hätten sich Anzeichen ergeben, daß demnächst eine feindliche türkische Aktion in der Ägäis erfolgen könnte. Der Schwerpunkt der Abwehr müsse an die Thrakische Küste und an die bulgarisch-trakische Grenze verlegt werden.

Als Auswirkungen auf die alliierte Landung bei Anzio-Nettuno war der Fall "Marder" eingetreten, der die Gestellung von Reserven bei Großlandungen vorsah. Es zeigte sich, daß nunmehr mit m e h r als nur einer feindlichen Großlandung gerechnet werden mußte. Die Entwicklung in Italien ließ keine Neuzuführungen für "Marder" oder "Gertrud" mehr zu. Es galt nunmehr, vor allem dem Großraum Ägäis größte Bedeutung beizumessen.

Davon unabhängig war die weitere Bekämpfung und Vernichtung der Tito-Banden "mit allen Mitteln und ohne Unterbrechung", wie das KTB der Wehrmacht verzeichnete. Die Operation "Gertrud", die offensiv hätte gelöst werrden sollen, konnte nun nur noch defensiv behandelt, werden, was bedeutete, daß die Thrakische Front durch deutsche und bulgarische Truppen gesichert werden müsse. Am 29. Jan. 1944 wurde dem OB-Südost der neue Befehl für Kampfführung vorgelegt. Darin war verankert, daß der OB-Südost in Zukunft feindliche Angriffe mit eigenen Kräften zerschlagen müsse. Es stehe fest, daß die Alliierten ohne einen großen Erfolg in Italien *nicht* auf dem Balkan zum Angriff antreten werden.

Die Notwendigket der Bildung einer zentralen Reserve für den Südostraum wurde besonders stark betont. Es kam zur Herauslösung der 1. GD und deren Verlegung in den Raum südlich Skoplje. Weitere Verlegungen schlossen sich an.

Erst als zu Beginn des Februar Nachrichten der Agenten eintrafen, daß sich das türkisch-britische Verhältnis abgekühlt habe und Marschall Cakmak, der Vertreter der türkischen Neutralitätspolitik, der am 15. Jan. zurückgetreten war, wieder in den Vordergrund trat, schien sich die gespannte Lage zu entschärfen. Die Türkei verlange von den Alliierten in kategorischer Form die Offenlegung der alliierten Absichten.

Gleichzeitig sickerte durch, daß die türkische Regierung vor einem Präventivangriff gegen die thrakische Grenze gewarnt worden war und daß sie einen Großangriff der deutschen Lauftwaffe auf Konstantinopel zu gewärtigen habe, wenn sie sich auf die Seite Englands schlüge.

Dies waren Argumente, die es der Türkei geraten erscheinen ließ, sich nicht vorschnell an die Westalliierten zu binden.

Damit konnte eingangs März die Lagebeurteilung dahingehend präzisiert werden, daß der britische Versuch, die Türkei in einen Krieg zu ziehen, gescheitert war.

Es galt nunmehr, gegen die Banden verstärkt wirksam zu werden denn bereits im Januar 1944 hatten diese Banja Luka erobert, das dortige Gefängnis - das berüchtigte schwarze Haus - besetzt und 200 politische Häftlinge befreit, das Rathaus in Brand gesteckt und über 100 Gendarmen und Ustaschas umgebracht.

Eine andere Partisanenabteilung hatte die Bahnlinie Banja Luka-Prijedor auf einer Länge von sechs km gesprengt und darüber hinaus die Nebenlinie Prijedor-Novi unterbrochen. Im Gegenzug besetzten deutsch-kroatische Verbände, die im Raum Banja Luka gegen die Partisanen eingesetzt wurden, die Stadt Jajce. Am Mittwoch den 16. Febr. gab die britische Agentur Reuter bekannt, daß sich eine britische Militärmission auch in Albanien aufhalte, um "eng mit den dortigen Patrioten zusammenzuarbeiten". Wie Reuter weiter meldete, ist bei einem Gefecht "albanischer Patrioten mit den Deutschen und albanischen Kollaborateuren, der Chef der britischen Mission, General Davies, schwer verwundet worden und in Gefangenschaft" geraten.

Unter den jugoslawischen Truppen im Ausland brach um diese Zeit eine Art vesteckten Aufstandes aus, der sich vor allem gegen die königlich-jugoslawische Regierung *und* König Peter richtete. Der Grund dafür war die Weigerung des Königs, den Offizieren und Soldaten die Rückkehr und den Beitritt zu Titos Streitkräften zu genehmigen. Unter den aufständischen Truppen in London befanden sich auch 22 Soldaten der Leibwache König Peters. Diese sollten einen Anschlag auf das Leben des Königs geplant haben.

Am 4. März erhielt der OB-Südost den Befehl des OKH, zu einem großangelegten Säuberungsunternehmen gegen den Raum nördlich der Save anzutreten. Bis zum 15. März sollten alle dafür vorgesehenen Verbände ihre Bereitstellungsräume erreicht haben.

Marschall Tito hatte den nachlassenden deutschen Druck auf seine Streitkräfte zu einem neuen Angriff genutzt. Er stellte kampfstarke Divisionen bereit, um den bereits im Vorjahr versuchten, aber fehlgeschlagenen, Einbruch nach Serbien diesmal zum Erfolg zu führen.

Am 22. und 23. März durchbrachen die Partisanenverbände die bulgarischen Sicherungen und stießen nach Südosten vor. Am Abend des 30. März stießen sie auf die deutsche Sicherungslinie im Ibartal.

Partisanenkampf im Frühjahr 1944

Es gelang ihnen, diese zu durchbrechen. Dieser Stoß, der durch britische Versorgungslieferungen ermöglicht wurde, traf die deutsche Seite unvorbereitet, bzw. in einem ungünstigen Augenblick. Der Militärbefehlshaber Süddost, der mit der Abwehr dieses Angriffes betraut wurde, hatte zunächst nur landeseigene Truppen und einige bulgarische Verbände zur Abwehr zur Verfügung. Dazu eine KGr. der Div. "Brandenburg", die am 22. März von Süden her zum Gegenangriff antrat.

Es galt, das II. kommunistische Korps mit einer Gesamtstärke von 17.000 Mann, einigen hundert Geschützen, Granatwerfern und MG, aufzuhalten. Dieses Korps, mit der 2., 5. und Teilen der 27. ID, war seit dem 21. März aus dem Raum südlich Visegrad vorgestoßen, hatte die bulgarischen Stützpunkte durchbrochen und erreichte bis zum 28. März den Studenica- und Reka-Abschnitt. Erst im Ibartal, so der Militärbefehlshaber, sei ein Halten dieser Kräfte sinnvoll und ohne größere Opfer möglich. Im Raum um Raska wurde die gemischte KGr. Oberst von Schröder eingesetzt, während das I./2. Rgt. "Brandenburg" als Rückhalt und Reserve diente.

Während hier der Kampf einem Höhepunkt entgegentrieb, meldeten die Tito-Partisanen am 29. März aus Kairo (über United Press): Unsere Truppen haben die Insel Hvar südlich Split besetzt. Der Angriff wurde durch alliierte Landungseinheiten, Kriegsschiffe und Flugzeuge unterstützt. Rund 100 deutsche Gefangene wurden eingebracht.

Die Kämpfe gestalteten sich in den folgende Tagen für beide Seiten sehr verlustreich. Die zweite und fünfte Partisanendivision wurden auseinandergerissen und am 2. April gingen die deutschen Kräfte zum Angriff über. Der Gegner wich aus und erreichte den Raum Ivanjica, von wo aus er am 8. April erneut nach Osten vorstieß.

Die Kämpfe zogen sich bis in den Mai hinein. Der besondere Einsatz der Tito-Partisanen zur Gewinnung dieses Großraumes ist durch die Tatsache erklärt worden, daß England erst nach der geglückten Inbesitznahme Serbiens durch Titos Truppen diesen anerkennen wollten.

Mitte April mußte Tito die 16. und 17. komm. ID im Norden des Kampfraumes über die Drina angreifen lassen, mit dem Befehl, alle abgesprengten eigenen Kräfte wieder zu vereinigen und den Kampf um Serbien fortzusetzen. Gleichzeitig damit gab er dem II. Korps Befehl, einen Brückenkopf über den Lim zu bilden, um damit der 2. und 5. ID einen möglichen und notwendig werdenden Rückzug zu sichern.

Gleichzeitig stieß die 37. ID der Partisanenarmee aus Südost-Montenegro erneut vor.

Der Versuch, sich mit der Drinagruppe zu vereinigen, brachte die 5. Div. und die 2. ID zum Vorstoß nach Nordwesten. Um dies zu verhindern, ließ der OB-Südost eine Sicherungslinie errichten, in die neben ortsansässigen Truppen die 7. und 13. SS-Division einrückten.

Dieser Versuch der jugoslawischen Verbände wurde Anlaß für den OB-Südost, mit einem direkten Angriff in diese Vereinigungsregion hinein starke Feindkräfte zu vernichten. KGr. der 7. und 13. SS-Division sollten unter Führung des V. SS-Geb. AK zum Angriff auf den Raum Vlasenica übergehen, die Partisanenverbände aufhalten, sie zerschlagen und durch Jagdkommandos vernichten. Dieses Unternehmen begann am 27. April.

In den nächsten Tagen wurden Titos Kerndivisionen zerschlagen. Die 2. und 5. Div. verlor in diesen Tagen 1.500 Kämpfer. Die Reste wurden eingeschlossen, gewannen jedoch in kleinen Gruppen den Ausweg nach Westen ins Zlatargebirge, von wo aus sie zu diesem Angriff angetreten waren. Titos zweiter Versuch, sich Serbien einzuverleiben, war damit gescheitert.

Gen.d.Waffen-SS Phleps, KommGen. des V.SSGebKorps, war bereits am 3. April zur Berichterstattung in das FHQ befohlen worden. Er konnte das schiefe Bild beim WFührStab in Bezug auf die Erfolge des Korps richtigstellen. SS-Obergruppenführer Phleps kehrte unmitttelbar nach seinem Vortrag vor dem Führer zu seiner Truppe zurück.

Bliebe ein Ereignis nachzutragen, das den Kampf um die dalmatanischen Inseln eröffnete.

Titos Unterstützung durch England.
Lissa wird erobert

Die Insel Lissa bildete im engeren Rahmen des adriatisch-dalmatinischen Kriegsschauplatzes d a s Problem. England hatte die Wegnahme einer Reihe dalmatinischer Inseln durch deutsche Truppen tatenlos hingenommen. Dann aber schien man in London zu bemerken, wie wichtig Lissa als Ausgangspunkt, für einen Sprung an das dalmanische Festland *und* als Hafen für Hilfslieferungen an Tito und seine Truppen war.

Auf der Insel saßen bereits seit Monaten englische Agenten und Helfer der Partisanen. Nach Lissa fuhren die aus Italien auf den Weg gebrachten Schiffe mit Hilfsgütern für Titos Truppen. Der britische General MacLellan, ehemals britischer Botschafter in Moskau, erreichte Lissa erstmalig anfangs Januar 1944. Er erfuhr durch Titos Adjutanten, daß der »Marschall« diese Inseln zum Kernstück seiner Verteidigung auszubauen dachte und dazu bereits große Vorarbeiten geleistet hatte.

Zum Chef der britischen Militärmission in Titos HQ ernannt, organisierte er jene Hilfe für die Partisanen, die Churchill dann in seiner Unterhausrede vom 22. Febr. besonders herausstellte.

Der Funkverkehr zwischen britischen und Titokräften und die eigene Luftaufklärung zeigte der deutschen Führung, daß sich Lissa zum Umschlagplatz für Hilfslieferungen aufgeschwungen hatte. Vom 1. bis zum. 15. Febr. waren nach aufgefangenen Funkmeldungen in der ersten und zweiten Februarhälfte 49.000 Rucksäcke, 140 lMg, 21.000 Gewehre, 2.000 Mpi, 16. Geschütze und weitere 10.000 Gewehre von Lissa aus an Land geschafft und ins Landesinnere zu den Truppen Titos weitergeleitet worden.

Die aus einigen 1000 Mann bestehende Titobesatzung der Insel wurde eingangs März durch ein 500 Mann starkes englisches Kommando verstärkt, während bereits im Februar einige hundert Briten als Instrukteure und Ausbilder zu den dort stehenden drei kommunistischen Brigaden und der einen Abteilung mot. entsandt wurden.

Seit dieser Zeit wurde Lissa auch zum Luftstützpunkt ausgebaut. Dort konnten neben den Versorgungsflugzeugen, die ihre Versorgungsgüter aus der Luft abwarfen, nunmehr auch Spezialmaschinen landen und starten.

Anfang März übernahm schließlich Brigadegeneral Churchill, ein Neffe des britischen Kriegspremiers, den Oberbefehl auf Lissa, während General MacLellan die Unternehmungen gegen Mjljet und Korcula leitete. Ende März belief sich die Stärke der Inselbesatzung auf 10.000 Partisanen und etwa 800 Engländer. Einige Amerikaner waren hinzu gekommen. Ein Marinestab auf der Insel leitete die Schiffsbewegungen.

Deutscherseits hatte die Kriegsmarine bereits Anfang Januar 1944 auf die Wegnahme der Insel gedrängt. Ohne Ausschaltung dieses starken Bollwerks konnte sie ihre Aufgaben an der dalmatinischen Küste entlang nicht durchführen. Allerdings fehlten für eine Wegnahme die notwendigen Landungsfahrzeuge. Deshalb wurde vom OB Südost vorgeschlagen, zunächst die inneren Inseln Brac und Solta wegzunehmen, die keinen so großen Aufwand fordern würden.

Die Kriegsmarine schaltete sich noch einmal ein und betonte, wie wichtig Lissa auch für den Dienst als Einsatzhafen der Torpedoboote und U-Boote sei. Ferner sollte sie als Funkmeßstation, Luftstützpunkt und Signalstation dienen. Aus allen diesen Gründen müsse Lissa für dauernd besetzt bleiben und gegen jeden Angriff verteidigt werden. Das Unternehmen wurde nach mehreren erfolglosen Besprechungen unter dem Codenamen "Freischütz" ab Anfang März vorgesehen. Dazu sollten Teile der 118. JägDiv., ein PiLandungsBatl., eine Küstenjägerabteilung "Brandenburg" und das SS-FschBatl. eingesetzt werden. Zur Unterstützung wollte die Kriegsmarine Torpedoboote und Schnellboote bereitstellen. Siebelfähren und andere Kleinfahrzeuge würden hinzu kommen. Die Luftwaffe sagte die Teilnahme einer Jagdgruppe und einer Stukastaffel zu. Der Angriff selbst wurde um den 15. März vorgesehen.

Ab Januar 1944 waren auf den nicht deutsch besetzten Inseln vor Zara verstärkte Partisanenaktivitäten erkannt worden. Gegen diese richteten sich die deutschen Säuberungsunternehmen auf Uljan, Iz und anderen kleinen Inseln und danach auch auf die größere Insel Rab.

Im Gegenzug besetzten Partisanen, von britischen Kräften unterstützt, die Insel Hvar im Handstreich. Sie ließen sich aber nach Anbordnahme der eigenen Kräfte dort wieder einschiffen.

Als Ende März dann vermehrt Partisanenüberfälle gegen die Dalmatinischen Inseln einsetzten, deren Führung unter dem Kommando britischer Offiziere stand, schien die Zeit zum Schlag gegen Lissa gekommen. Vorher aber landete ein feindliches Batl. auf Hvar, wo inzwischen ein deutsches Batl. eingesetzt worden war. Das eigene Batl. wurde in zwei Teile aufgespalten und nach Osten zurückgeworfen.

Eine am Vortage erfolgte feindliche Landung auf Solta wurde durch ein von Brac dorhin transportiertes eigenes Batl. niedergekämpft. Diese Truppen zogen sich nach Lissa zurück. Die britischen Landungen auf Korkula und Mljet wurden auf Mljet erfolgreich abgewiesen. Auf Korkula erlitten die deutschen Truppen herbe Verluste.

Gleichzeitig mit dem Einsetzen dieser feindlichen Aktivitäten ab dem 21. März ergab sich in Bezug auf Lissa ebenfalls eine Änderung dahingehend, daß die Küste die HKL sei und die im Küstenvorfeld liegenden Inseln lediglich die Aufgabe vorgeschobener Stellungen hätten. Besetzt waren noch folgende Inseln: Brac, Solta, Drevenik, Ciovo, Zlarin, Pasman, Uljan, Pag und Rab.

Lissa trat zurück. Die Eroberung erschien zu verlustreich und außerdem galt es eine neue Aufgabe wahrzunehmen, die unter dem Codewort "Rösselsprung" geplant worden war.

Unternehmen "Rösselsprung"

Mit diesem Unternehmen wollte die deutsche Seite zum erstenmal seit langer Zeit wieder die Initiative übernehmen. Der gescheiterte Vorstoß Titos nach Serbien bot die günstigsten Voraussetzungen für eine erfolgreiche deutsche Alktion.

Unter dem Namen "Rösselsprung" verbarg sich eine weiträumige Operation, mit der die gesamten militärischen Kräfte Titos durch eine größräumige Umfassungsaktion zerschlagen, zumindest aber für lange Zeit lahmgelegt werden sollten. Vor allem sollten die Führungsorgane der Partisanenarmee – Tito an der Spitze – gefangen genommen werden. Falls es gelang, Titos habhaft zu werden, hatte Hitler die Anordnung getroffen, dies geheim zu halten, um England daran zu hindern, sich wieder Mihailovic zuzuwenden, den man hatte fallenlassen.

Am 6. Mai übermittelte der OB-Südost der Führung der 2. Pz-Armee die Weisung für "Rösselsprung". Die 2. PzArmee sollte danach möglichst noch im Mai einen Überraschungsangriff starten und mit starken Kräften in den Raum Bugojno-Jajce-Banja Luka-Prijedor-Bihac-Knin hineinstoßen und die Führungsorganisation Titos zerschlagen. Anschließend sollten in freier Jagd die aufgespaltenen Truppen bis zu ihrer völligen Erschöpfung gejagd und zerschlagen werden. Alle Flug- und Abwurfplätze sollten schnellstmöglich erobert und gesichert werden, um jeden Nachschub für die Partisanen zu verhindern.

Die dazu notwendigen Kräfte sollen aus dem V. SS-GebKorps und dem XV. Gebirgskorps genommen werden. Auch kroatische Verbände sollten, unter Wahrung der Geheimhaltung, eingesetzt werden. Daß der OB-Südost aus seiner Reserve die PzAbt. 202, das 4. Rgt. "Brandenburg" und das GR (mot.) 92 zur Verfügung stellte, zeigte die Wichtigkeit dieser Operation auf.

Dem OB-Südost wurden vom WFSt. am 13. Mai einige Grundsätze für die Durchführung dieses Unternehmens zugesandt. Vorbedingung sei die totale Überraschung des Gegners. Als erstes sollte das SS-FschBatl. unter starkem Einsatz der eigenen Luftwaffe unter Inkaufname *jeden* Risikos eingesetzt werden. Teile des Regiments 4 der Brandenburger waren bereits im Tarneinsatz unterwegs, um das feindliche Führungzentrum auszuschalten. Sobald dies geschehen war, würden schnelle eigene Kräfte auf den größeren Durchgangsstraßen konzentrisch in das Bandenzentrum eindringen, Waffen und Trosse der Partisanen und deren straßengebundene schwere Waffen vernichten und die unter Volltarnung eingesetzte eigene Truppe entsetzen.

Am frühen Morgen des 25. Mai begann das Unternehmen "Rösselsprung" mit 440 Einsätzen der deutschen Luftwaffe. Der Ort Drvar, das vermutete und wirkliche Standquartier Titos, wurde besetzt. Das gelandete FschJägBatl. konnte einen Teil des Stabes der Titopartisanen gefangen nehmen. Tito aber entkam. Am nächsten Tag bereits wurden die Fallschirmjäger entsetzt.

Der Feind leistete auf den umliegenden Höhen starken Widerstand, um den Abbau der wichtigen Stabsstellen und der Funkeinrichtungen sicherzustellen.

Ebenfalls unter Volltarnung war eine Sonderkampfgruppe der 7. SS-GebDiv. in den Raum zwischen Drvar und Jajce eingedrungen, um Tito zu verfolgen und zu stellen, der sich dorthin abgesetzt hatte.

Am 27. Mai erreichten auch die aus Süden angetretenen Kräfte Drvar. Damit war das gesamte Führungszentrum der Titoarmee besetzt. Der Feind zog sich nach Norden zurück; gedeckt von den bis zum eigenen Untergang kämpfenden Nachhuten erreichte er das Waldgebirge von Potoci.

Der OB-Südost ließ sofort weitere Kampfgruppen nachrücken, um die Teile der 7. SS-GebDiv. zu unterstützen, die diesen Raum bereits am 28. Mai erreicht hatten. Am 30. Mai wurde die Ortschaft Potoci genommen. Der Feind wich von hier aus nach Süden aus. Auch Tito hatte sein HQ in diese Richtung zurückgehen lassen.

Daß sich Tito trotz der hohen Verluste und des Ausfalles eines Teiles seines Führungsapparates zu helfen wußte, zeigt der von ihm befohlene Einsatz der 20., 10., 39. und 4. BandenDiv. im *Rücken* der deutschen Angriffsgruppen. Dieser Ansatz wurde jedoch nicht wirksam.

Am 4. Juni galt das Unternehmen "Rösselsprung" als abgeschlossen. Tito hatte sein HQ in Drvar verloren, die Zerstörung des Großteils seiner Nachrichtenmittel setzte seinen persönlichen Stab matt. Die Leibgarde Titos war dezimiert worden.

Unter den Gefallenen wurden auch etwa 20 englische und britische Soldaten und 3 Berichterstatter gezählt. Tom Churchill, der Neffe des brit. Premierministers, entkam.

Das SS-FschJägBatl. wurde nach Ende dieser Operation zur Verfügung des Reichsführers SS nach Laibach in Marsch gesetzt.

Dies sollte das letzte größere deutsche Unternehmen gegen die Partisanen in Jugoslawien gewesen sein.

Dennoch verfügte der OB der HGr. F, GFM Freiherr von Weichs, zu diesem Zeitpunkt über die größte je erreichte Truppenstärke.

Nicht weniger als vier Divisionen standen ihm selber als Reserve zur Verfügung.

Der 2. PzArmee unter GenOberst Rendulic untertanden allein folgende Korps:

LXIX. AK	- General der GebTruppe Ringel.
XV. GebKorps	- General der PzTr. Fehn.
XXI. GebKorps	- General der Inf. von Leyser.
V. SS-GebKorps	- SS-Obergruppenführer Krüger.

In diesen Korps waren insgesamt folgende Divisionen eingebunden.

98. ID	- Generalleutnant Reinhardt.
181. ID	- Generalleutnant Fischer.
297. ID	- Generalleutnant Baier.
264 ID (bodenSt.)	- Generalleutnant Gareis.
118. JägDiv.	- Generalleutnant Kübler.
7. SS-GebDiv.	- SS-Gruppenführer Phleps.
22. (ung.) KD	- SS-Obergruppenführer Zehender.
369. (kroat.) ID	- Generalleutnant Neidholdt.
373. (kroat.) ID	- Generalleutnant Aldrina.
392. (kroat.) ID	- Generalleutnant Mickl.
13. (kroat.) SS-GebDiv.	- SS-Obergruppenführer Hampel.
21. (alb.) SS-GebDiv.	- SS-Obergruppenführer Schmidhuber.

Einige weitere Regimentsverbände und 30.000 serbische und slowenische Soldaten kamen hinzu. Damit stellte sich das Gesamtkontingent der HGr. F auf insgesamt 700.000 Mann.

Diese Zahlenangabe, die von gegnerischer Seite kolportiert wurde, ist unrealistisch, denn dies würde bedeuten, daß jede der genannten 16 Divisionen über 40.000 Mann gehabt haben müßte, was reine Utopie ist, wahrscheinlich so hoch angesetzt, um die »großen Leistungen« der Partisanenarmee zu zementieren.

In seinem KTB berichtete GenOberst Dr. Rendulic über diese Zeit seines Kommandos auf dem Balkan:

"Der Kampf um die Inseln ging weiter. Die Armee erhielt inzwischen auch die Küstenjägerabteilung "Brandenburg", die im Inselkampf erfahren war und damit prädestiniert blieb, den Inselkampf systematischer zu führen.

Damit gelang es, bis anfang Juni 1944 alle Inseln zu besetzen, mit Ausnahme von Lissa, dem jugoslawischen Vis.

Mit der Wegnahme der übrigen Inseln war jedoch die Möglichkeit des Nachschubes für die Partisanen praktisch unterbunden." (siehe Rendulic, Dr. Lothar: a.a.0 und: Briefe an den Autor.)

Der Überfall auf Brac - Tito auf Lissa (Vis)

Durch diese Inselbesetzungen wurde der alliierte Versorgungstransport teilweise unterbrochen. Dies führte dazu, daß britische Kommandos zu immer neuen Unternehmungen gegen diese Inseln starteten, um die schwachen deutschen Besatzungstruppen zu vernichten. Der Nachtangriff gegen Solta südwestlich von Split wurde zu einem Erfolg für das britische Kommando. Die nächsten Unternehmungen sahen jedoch die deutschen Besatzungen auf der Hut.

Am Freitag, dem 2. Juni 1944, unternahm das 2. Kommando der Briten unter dem Sohn Churchills, Colonel Churchill, einen nächtlichen Handstreich auf Brac vor der süddalmatinischen Küste. In den harten Kämpfen erlitten die britischen Truppen schwere Verluste. Sie zogen sich im

Morgengrauen dezimiert auf die Landungsboote zurück. Ein Teil des 2. Kommando- und 1.300 Partisanen wurden gefangen genommen. Unter den Gefangenen auch Oberst Churchill.

Als Oberst Churchill ins Gefangenenlager transporiert wurde, schrieb er noch Hptm. Thorner, BatlKdr. in der 118. ID, der ihn gefangen genommen hatte, einen Dankesbrief für die faire Behandlung während seiner Gefangennahme und auch hinterher.

Am Samstag, dem 13. Juni, flog Marschall Tito mit einem Teil des jugoslavischen Nationalkomitees an Bord einer von Major Schornikow geflogenen Dakota-Maschine von einem Geheimflugplatz bei Kupres aus nach Bari. Hier führte er Verhandlungen mit den Amerikanern, um einige Tage darauf nach Lissa zu fahren. An Bord des britischen Zerstörers, der ihn aufgenommen hatte, kam er unangefochten dorthin. Auf einem Hügel in der Inselmitte richtete Tito sein HQ ein. Eine dicht unterhalb der Höhe liegende Felsenhöhle wurde zum Gefechtsstand ausgebaut. Er gab den Startschuß zur weiteren Befestigung der Insel und zur Verlängerung der Landefläche des kleinen Flugplatzes für Landung und Start von Maschinen der 15. USAAF, GenMaj. Twining. Damit war es auch schweren Bombern möglich, auf Lissa zu landen, die von Einsätzen zurückkehrten und aus welchen Gründen auch immer so schnell wie möglich landen mußten. Eine britische Flakeinheit wurde zum Schutz des HQs von Tito auf die Insel verlegt.

Von hier war es dem Bandenchef leichter möglich, einmal Kontakt zu den Westalliierten zu pflegen und zum anderen auch mit ganz Jugoslawien in Dauerverbindung zu sein.

Die Funkstelle unterstand dem VIII. Partisanenkops. Über sie waren 14 Tage nach Titos Ankunft auf Lissa alle Befehle Titos zu empfangen.

Präsident Roosevelts Vorschlag, statt der Aufteilung des Balkans in militärische Operationszonen eine beratende Organisation für den Balkan zu schaffen, erreichte Churchill am Abend des 14. Juni. Der britische Premier antwortete zwei Tage später und erklärte, daß er diesem Abkommen über den Balkan zustimme. Die Einflußbereiche, in die man den gesamten Balkan aufgeteilt hatte, sollten n u r die militärischen Operationen betreffen.

Am 16. Juni erreichte der Prenierminister der jugoslawischen Exilregierung Lissa. Dr. Dubasic war als Vertreter von König Peter gekommen, um den Entwurf einer Koalitionsregierung zu besprechen, in der Tito den Rang und das Ressort eines Ministers bekleiden sollte und der König als oberster Befehlshaber aller Streitkräfte fungieren würde. Damit wäre der kommunistische Antifaschistische Rat und das Nationalkomitee wieder in der Versenkung verschwunden. Tito stimmte nicht zu.

Er stimmte aber zu, daß erst nach Kriegsende über die Zukunft der Monarchie entschieden werden sollte. Damit wurde Titos Nationalkomitee in Jugoslawien als einzige staatliche Autorität anerkannt.

Britischerseits wurde »Marschall« Tito versichert, daß er nach wie vor über etwa 100 Tonnen Versorgungsgüter aller Art am Tage rechnen dürfe. Die sowjetische Hilfe betrug noch nicht einmal 10 Prozent davon.

Sommer im Südostraum

Der Juli sah im Süddostraum eine verstärkte Bandentätigkeit. Dies war vor allem im Raume Griechenland, über den anschließend berichtet werden soll.

Aber auch im jugoslawischen Raum gab es einige Kampfhandlungen, in deren Verlauf in Serbien eine Offensive bulgarischer Truppen von den Partisanen zusammengeschlagen worden war, wie United Press am 4. Juli aus Kairo meldete. Die Agentur Reuter feierte den »Marschall von Jugoslawien« mit den Worten des neuen jugoslawischen Ministerpräsidenten Subasic, der "Marschall Tito als den Führer im Kampf Jugoslawiens um seine Befreiung" feierte. Womit zum ersten Male seit dem Ende des Balkanfeldzuges ein Vertreter der jugoslawischen Exilregierung in einem Appell an das Mutterland »Marschall« Tito mit Namen nannte.

Die deutscherseits in den südalbanischen Bergen eingangs Juli durchgeführte Säuberungsaktion verlief erfolgreich. Bei Karlovac wurden mehrere starke Bandengruppen gestellt und durch kroatische Truppen vernichtet.

In Montenegro waren es deutsche Truppen, die in Bereitstellungen einer Partisanengruppe hineinstießen und damit den Übersetzversuch der Partisanen über den Limfluß verhinderten.

Hitler erwiderte auf die Meldung seines Stabes über die Feiern Titos aus britischer Sicht: "Es ist ganz richtig, wenn Tito als Marschall bezeichnet wird. Ein Mann, der mit Nichts eine ganze feindliche Kriegsmacht dauernd in Atem hält, verdient den Titel Marschall viel eher, als bei uns mancher den Titel Generaloberst oder Feldmarschall verdient hat." (siehe: Lagebesprechung im FHQ vom Montag, dem 31. Juli 1944).

Am 21. Juli 1944 stellte der OB-Südost der Heeresgruppe F die 1. GD zur Verfügung, um einen sich neu zeigenden Gefahrenherd an der serbischen Grenze auszumerzen. Als sich dann Ende Juli auch in Nordbosnien der Einbruch von Titotruppen nach Serbien abzeichnete, wurden besondere Späh- und Horchmaßnahmen getroffen, die das III. komm. Korps mit vier Divisionen zum Vorstoß bereit lokalisierten, während vom Westen und Nordwesten her die 6. und 11. komm. ID antraten.

Am 29. Juli übermittelte der OB Südost dem WFSt. eine Weisung an die 2. PzArmee für das Unternehmen »Rübezahl«, mit dem die kommunistische Aktion gegen Serbien zerschlagen werden sollte.

Dazu wurde der Armee nicht nur die 1. GD, sondern auch die StGeschBrig 201 und das FschJägBatl. "Brandenburg" zugeführt.

Zum ersten Male seit vielen Monaten wurde nun wieder eine schwerpunktmäßige Zusammenfassung aller im kroatisch-montenegrinischen Raum verfügbaren Kräfte und der operativen Reserven zu einer großangelegten Operation gegen die Partisanenarmee getroffen.

Der Beginn des Unternehmens verzögerte sich, da der Antransport der 1. GD unplanmäßig verlief. Dies war zum Teil darauf zurückzuführen, daß die Bahnlinie bei Mitrovica unterbrochen worden war. Die im Raume Pec eingetroffenen Verbände mußten sich dort erst den Bereitstellungsraum erkämpfen.

Die seit einigen Tagen vordrängenden Titokräfte überschritten am 4. August den Lim. Am folgenden Tage erreichten andere Gruppierungen das Ibartal.

Gleichzeitig mit dieser Bewegung drückten kommunistische Truppen mit dem XII. AK (das ehemalige III. AK) von Vlasenica aus nach Süden, um sich diesem Angriff anzuschließen, weil es für einen selbständigen Vorstoß nach Serbien zu schwach war.

Am 8. August drangen Teile dieses Korps über die Straße ostwärts Sarajewo vor und Überschritten einen Tag später die Braca.

Der Hauptstab Serbien in Südserbien eröffnete ebenfalls seinen Angriff nach Westen. Gegen diesen Stoßkeil wurde das SS-PolRgt. 5 eingesetzt. Dennoch kamen Teile dieser Gruppierung am

9. August bis auf etwa 40 km an Kraljevo heran, um den am weitesten nach Osten vorgestoßenen anderen Kräften die Hand zu reichen.

Drei jugosl. Divisionen gingen nun zwischen Ibar und Morawa vor. Damit nahm die Titooffensive gegen Südserbien einen beinahe planmäßigen Verlauf. Wenn diese Kräfte sich mit dem Hauptstab Serbien vereinigen konnten, wäre es ihnen möglich, sich beiderseits der Bahnlinie Stalac-Nisch-Grdilica festzusetzen, um solcherart die Hauptversorgungsader des Südostens zu unterbrechen und somit Südserbien zum kommunistischen Herrschaftsgebiet zu machen.

Das Unternehmen "Rübezahl" begann am 12. August. Der Gegner wurde aus Berane hinaus und über den Lim-Fluß zurückgeworfen, damit wurde der Einfall der Titotruppen gegen Serbien zwar verzögert, nicht jedoch vereitelt. Die Kämpfe des XII. Partisanenkorps gegen die 7. SS-GebDiv. gingen weiter. An der bosnisch-montenegrinischen Grenze gelang es den Kommunisten, mit schwachen Kräften die Drina zu überwinden. Wenig später konnten sich diee Verbände mit denen des I. Korps vereinen.

Als die 1. GD nach dem Abfall Rumäniens aus dem Kampfraum herausgelöst und im Raume Nisch bereitgestellt wurde, weil von der Struma bis zu den Karpaten eine neue Front im Entstehen war, an welche der OB Südost alle freien Kräfte hinführen mußte, hatten die weitergeführten Kämpfe gegen die Partisanen ihre alte Schlagkraft verloren. Am 30. August wurde das Unternehmen "Rübezahl" beendet.

Politische Ereignisse: Tito und Churchill im Gespräch

Die Agentur Reuter meldete am 14. August aus London, daß in den vorangegangenen zwei Tagen in Italien zwischen dem jugoslawischen Ministerpräsidenten und »Marschall« Tito mit Winston Churchill politische Gespräche geführt worden seien.

Zwischen »Marschall« Tito und der jugoslawischen Exilregierung in London hatte im Sommer eine Einigung stattgefunden. Um diese Einigung und ihre Vertiefung mit einer immer stärkeren Betonung des Führungsanspruches »Marschall« Titos ging es auch in diesem Gespräch, das eine Fortführung jenes Gespräches war, das Ministerpräsident Subasic Mitte Juni auf Lissa mit »Marschall« Tito und Major Churchill, Winston Churchills Sohn, geführt hatte.

Bereits am 22. Mai hatte »Marschall« Tito den ehemaligen Laibacher Professor Velebit mit militärichen Aufträgen nach London entsandt. Dort hatte der zum General ernannte Professor mit Winston Churchill vereinbart, daß er, Velebit, in Zukunft als militärischer Vertreter Titos in London bleiben werde.

In einer der nächsten Unterhausreden bezeichnete Churchill den General-Professor als "vollendeten Denker und Soldaten".

Professor Velebit fungierte darüber hinaus als Titos Vertreter zur Exilregierung.

Aber erst das Treffen Mitte Juli in Neapel zwischen Subasic und Tito sowie Randolph Churchill brachte jenen Durchbruch, der unaufhaltsam in die größte Machtposition Titos führte und die jugoslawische Exilregierung zur Seite stellte, wie dies in gleicher Weise mit der polnischen geschehen sollte.

Aufgrund dieser Besprechung erhielt Tito den Oberbefehl über *alle* jugoslawischen Streitkräfte.

Tito blieb weiterhin in Neapel, um seine während der "Rösselsprung"-Kämpfe erlittene Verwundung auszukurieren. Er erhielt im August den Besuch des britischen Kriegspremiers, der am 12. August das erstemal Tito persönlich gegenüberstand.

Dies war nun auch das äußere Zeichen, daß Mihailovic abgehalftert war und Tito dessen Stelle übernommen hatte.

In Rom hatte Churchill anschließend zwei weitere Gespräche mit dem griechischen Ministerpräsident Papandreu und Vertretern der italienischen Regierung Bonomi. Die Gesprächsthemen blieben geheim.

Daß sie sich vor allem mit Titos Stellung in einem neuen Jugoslawien befaßt hatten, zeigte eine am 12. September 1944 von König Peter gehaltene Rundfunkansprache, in der dieser nach der Meldung von Associated Press sich an "alle Serben, Kroaten, Slowenen sowie alle anderen Volksteile in Jugoslawien" gewandt hatte. Diese Jugoslawen forderte König Peter auf, sofort in die Volksbefreiungsarmee von »Marschall« Tito einzutreten. Der König selber würdigte die "Leistungen Titos für das gesamte Jugoslawische Vaterland" mit herzlichen Worten.

In London setzte man noch einen drauf, indem Titos Nationaler Befreiungsausschuß gemeinsam mit der britischen Regierung und der Londoner Exilregierung Jugoslawiens gleichzeitige Aufrufe erließen, die sich "gegen alle offen und versteckt mit dem Feind zusammenarbeitende Organisationen und gegen den Verräter Mihailovic" richteten.

Anläßlich von Churchills Besuch in Moskau stand auch die jugolslawische Frage auf dem Terminplan. Churchill berichtete am 27. Oktober vor dem britischen Unterhaus, daß er und Stalin eine gemeinsame Botschaft an Ministerpräsident Subasic und »Marschall« Tito gerichtet hätten.

Der Kampf bis zur Befreiung von Belgrad

Als die Sowjetarmee am 8. Septembrer meldete, daß sie auf serbischem Gebiet die Verbindung zu Tito-Verbänden aufgenommen habe, setzte der Vorstoß der Tito-Truppen nach Osten zur Vereinigung mit der Sowjetarmee ein. Das Zusammentreffen konnte also erst mit jugoslawischen Teilgruppen erfolgt sein.

Um diese Zeit begannen die anglo-amerikanischen Luftangriffe auf die Bahnlinie Griechenland-Belgrad, um die Verlegung deutscher Truppen aus Griechenland zu verhindern.

Ende November erreichte die Tito-Armee den Großraum von Belgrad. Am 2. Oktober beantragte der OB Südost die Zuführung der 13. SS-GebDiv. "Handschar". Am folgenden Tag bereits zeichnete sich die Einschließung von Belgrad ab. Daran beteiligt waren im Osten und Nordosten die Truppen des sowjetischen Generals Betschkereck.

Noch am 4. Oktober war das OKW davon überzeugt, mit der in Griechenland stehenden Heeresgruppe E, die am Vortag den Befehl erhalten hatte, ganz Griechenland zu räumen, in der "Blauen Linie" Skutari-Skoplje-Klisura mit der Armeeabteilung Serbien gemeinsam zu halten, jedoch stellte sich die Lage einige Tage darauf anders dar.

Der größte Teil Serbiens mußte nun als verloren angesehen werden. Deshalb erging am 10. Okt. der Befehl zum Rückzug hinter die Morawa. Das Vorstoßen bulgarischer Truppen in Richtung Nisch ließ auch hier den Rückzug geraten erscheinen.

In Belgrad wurden seit dem 6. Okt. die Räumungsmaßnahmen begonnen. Am frühen Morgen des 14. Okt. drangen sowjetische Panzer in die Stadt ein, doch die Kämpfe in der Stadt dauerten bis zum 18. Oktober an. Es war die Korpsgruppe Stettner mit dem Kern der 1. GD, die von Süden heranstürmte, um den geordneten Rückzug der deutschen Behörden sicherzustellen. Mit ihrer Hilfe gelang den letzten Truppen schließlich der Ausbruch aus der Stadt durch den westlichen Umklammerungsring sowie das Überschreiten der Save.

Die Masse der jugoslawischen Partisanenverbände blieb noch bis zum 23. Okt. im Großraum Belgrad stehen.

Die Räumung Ostsyrmiens durch deutsche Truppen begann am 23. Oktober. Die Partisanen stießen stark nach, ohne allerdings diesen Rückzug zersprengen oder auch nur behindern zu können.

Als dann die Sowjetarmee plötzlich mit ihrer Masse in den ungarischen Raum eindrehte, war offenbar geworden, daß ihr nicht so sehr an der Hilfe für Tito, denn an der Eroberung von ganz Ungarn gelegen war. Agram und die Adriaküste standen nicht auf ihrem Okkupationsplan.

Es wurde den Bulgaren überlassen, die deutschen Stellungen im kroatisch-montenegrinisch-nordalbanischen Raum zu zerschlagen und damit entsprechend der in Moskau zwischen den Alliierten vereinbarten Zonenaufteilung die Westhälfte der Halbinsel oberhalb der Linie Skutari-Veles unter sowjetische Kontrolle zu bringen.

Bei dem Besuch Churchills in Moskau vom 9. bis zum 10. Okt., zu dem von US-Seite der Botschafter Harriman als Beobachter geladen worden war, hatte man die Einflußzonen in Europa festgelegt. Danach wurde Griechenland britisches, Bulgarien und Rumänien sowjetisches Einflußgebiet. Jugoslawien und Ungarn solle jeweils zu 50 Prozent beider Seiten Einflußgebiet werden.

Als Churchill am 20. Oktober Marschall Tito zur Rückgewinnung von Belgrad beglückwünschte, hatte er damit zugleich auch das Ende der englischen Einwirkungen auf alle Fragen, die Jugoslawien betrafen, angedeutet. Tito hatte in dieser Zeit bereits enge Verbindungen mit Moskau geknüpft. Die Tito-Armee war mehr und mehr mit sowjetischen Verbindungsoffizieren durchsetzt worden. Die sowjetische Militärmission in Titos HQ schwoll gewaltig an.

Nach der Eroberung von Belgrad war die Zeit des auf sich selbst gestellten jugoslawischen Bandenkampfes zu Ende gegangen. Tito ging als militärischer und politischer Faktor in die große Entwicklung auf dem Balkan ein. Er wurde als Gründer des sozialistischen Staatskerns Jugoslawiens anerkannt und damit war für Tito die enge politische Zusammenarbeit mit England ebenso abgeschlossen wie mit der Exilregierung Jugoslawiens.

Bei seinem Aufenthalt in Moskau im November 1944 standen neben einigen kriegsgeschichtlichen Fragen auch politische Fragen auf der Tagesordnung. Zu denen wurde noch Ministerpräsident Subasic am 24. 11. nach Moskau gebeten. Am nächsten Tage traf er hier mit »Marschall« Tito zusammen. Die Sowjets hatten sich ein politisches Einspruchs- und Beratungsrecht in Jugoslawien gesichert, das während dieser Konferenzen von jugoslawischer Seite bestätigt wurde.

Der Großteil der juoslawischen Bevölkerung sah nunmehr in »Marschall« Tito einen Vorkämpfer der Befreiung des Landes u n d einen Vertrauten des Königs. Tito sah bei der inneren Organisation des neuen Jugoslawien von extrem-kommunistischen Eingriffen bewußt ab und verfolgte hier die Linie eines kleinbäuerlichen, gemäßigten Sozialismus. Er war sich mit Ministerpräsident Subasic dahin einig, daß alle grundsätzlichen Fragen der inneren Politik erst nach der völligen Befreiung durch eine Volksabstimmung über die Frage der Staatsform entschieden werden sollte.

Seine Ansprüche an den neuen jugoslawischen Bundesstaat hatte »Marschall« Tito bereits Mitte September anläßlich einer Ordensverleihung an eine dalmatinische Brigade formuliert. Darin hieß es, daß nicht nur die Bundesstaaten an sich, sondern auch Istrien, Triest, Fiume, Zara sowie Teile des Görzer Landes zu Jugoslawien gehören müßten. Wenig später steigerte er diese Forderungen noch mit dem Anspruch auf die slowenischen Gebiete in der Steiermark und in Kärnten.

"Alle von jugoslawischen Menschen bewohnten Gebiete müssen zum Bundesstaat zurückkehren!" Das war seine Parole.

Auf dem Gefechtsfeld gelang den Tito-Truppen die Eroberung von Valona, die am 24. Oktober gemeldet wurde. Die deutsche Balkanarmee war geschlossen auf dem Rückzug. Am 19. Dezember meldete die Agentur Reuter die Rückgewinnung von Podgorica, der größten Stadt Montenegros. Skople war bereits in der Nacht zum 12. November von deutschen Truppen geräumt worden.

Ende Dezember näherte sich der Rückzug der HGr. E, der über Sandschak und Südserbien, durch Bosnien und Montenegro geführt hatte, seinem Ende.

Die Truppen der HGr. E standen vor der Linie Narenta-Neretva-Mündung-Mostar-Sarajewo. Nach einem 1.500 km langen Marsch waren 340.000 deutsche Soldaten den sie verfolgenden britischen Kräften und den Partisanendivisionen entkommen. Das Erscheinen dieser 340.000 deutschen Soldaten aus Griechenland auf bosnischem Gebiet stabilisierte die Lage dort. Ende Dezember hatten die letzten deutschen Truppen die Drina überschritten.

Was aber war in Griechenland vor sich gegangen?

Der Kampf in Griechenland: Scharmützel im Bandenkrieg

Die Lage der Heeresgruppe E im Großraum Griechenland war zu Beginn des Jahres 1944 gefestigt. Der gesamte Raum mußte gehalten werden, so lange der Auftrag zur Verteidigung des Südostraumes bestand. Die griechischen Banden ließen alle deutschen Dienststellen mehr oder weniger in Ruhe. Sie hatten genug gegeneinander auszutragen. So war denn auch die ELAS der erklärte Feind der EDES. Schwergewicht und Überlegenheit in diesen Kämpfen lag bei der ELAS, die durch ihre politische Führung, der EAM, vertreten wurde, die engsten Kontakt mit der UdSSR hielt. Die EDES war eine durch und durch nationalistisch-royalistische Kampforganisation, die für die Rückkehr des Königs nach Griechenland plädierte. Die EDES, die von England Waffen und Munition erhielt, war besser ausgerüstet, während dem ELAS mehr Kämpfer zur Verfügung standen.

Am 22.2. 1944 gab Churchill seinem Mißfallen darüber Ausdruck, daß die von den alliierten Verbänden nach Griechenland gelieferten Waffen nicht gegen den Feind, Deutschland, gerichtet wurden, sondern gegeneinander. Die Zahl der bewaffneten ELAS-Kämpfer betrug 20.000 Mann, jene der EDES nur 8.000 Mann.

ELAS und EDES bekämpften einander bis aufs Messer und in seiner Rede vor dem Unterhaus am 2.5. 1944 bestätigte Churchill der ELAS "so abstoßende Ausschreitungen, daß dies einen Teil der griechischen Bevölkerung dahin gebracht hat, sich von den Deutschen in Sicherungsbataillonen zusammenfassen zu lassen und unter deutscher Führung gegen die ELAS zu kämpfen."

Dem EDES-Führer, Oberst (später General) Zervas, bescheinigte er sein uneingeschränktes Vertrauen.

Als im Casertaabkommen vom 5. Sept. 1944 beschlossen wurde, daß sich alle griechischen Widerstandsgruppen unter den Befehl einer neuen nationalen Regierung stellen sollten und damit n u r den Befehlen des britischen Kommandeurs, General Scobie zu folgen hätten, wurde dies von der ELAS abgelehnt und am 15.11. 1944 beschloß die Regierung Papandreu einstimmig, daß sich alle Wiederstandsbewegungen in den neuen Staat integrieren müßten.

Am 3. Dezember 1944 traten alle EAM-Minister aus dem griechischen Kabinett zurück. Es kam zu Straßenkämpfen und zum Ausbruch des griechischen Bürgerkrieges.

Die deutschen Rückzugsbewegungen aus Griechenland

Als britische Truppen am 30. Sept. 1944 drei zwischen Kreta und dem Peloponnes gelegene griechische Inseln besetzten und dort neue Truppen anlandeten, wurde der Hafen Patras von ihnen im Handstreich besetzt und die gesamte Halbinsel des Peloponnes besetzt.

Am 1. Okt. wurde Athen geräumt und am 3. Okt. die Stadt dem Bürgermeister übergeben. Die Flugplatzanlagen von Eleusis wurden am 6. Okt. gesprengt und der Rückzug nach Norden angetreten. Es ging zunächst in den Raum Larissa zurück.

Am 12. und 13. Sept. waren bereits die Jonischen Inseln geräumt worden. Die 22. ID wurde zur Abschirmung gegenüber Bulgarien, das ja Deutschland den Krieg erklärt hatte, nach Saloniki überflogen, um am Rupelpaß eine Riegelfront zu errichten.

Seit dem 15. Sept. flog die alliierte Luftwaffe Angriffe gegen den Raum Athen zur Vernichtung der dort gelegenen deutschen Flugplätze, und um damit den Flugverkehr zu und von den Inseln zur Evakuierung der dort stationierten Truppen zu unterbinden.

Auf dem griechischen Festland war der Rückzug ebenfalls schon in der 2. Septemberhälfte erfolgt. Die 114. JägDiv. zog sich zurück und räumte auch Korfu. Am 27. Sept. war ganz Westgriechenland bis hinauf zum Pindos geräumt.

Der allgemeine Rückzug aus Griechenland, Südalbanien und Südmazedonien wurde vom OB Südost am 3. Okt. erlassen. Allein auf Kreta, Rhodos und Leros sollten deutsche Besatzungstruppen verbleiben.

Die Räumung der Südspitze Attikas begann erst am 7. Oktober, an diesem Tage verließen die letzten Nachhuttruppen Athen, nach Sprengung der für den Feind wichtigen Hafenanlagen von Piräus.

Saloniki wurde am 31. Okt. aufgegeben. In der Nacht zum 2. Nov. 1944 überschritten die Nachhuten der HGr. E die griechisch-mazedonische Grenze. Die Räumung Griechenlands war zu Ende.

Bruderkrieg und Massenmord

Nachdem am 4. Nov. 1944 General Scobie aus seinem HQ verkünden ließ, daß ganz Griechenland befreit sei, sollte die Nationale Volksbefreiungsfront ELAS aufgelöst werden. Es kam hierbei zu schweren Unruhen, obwohl Ministerpräsident Papandreu die Entwaffnung aller militärischen Verbände verkündet hatte, wozu er aus Kairo Vollmacht erhielt.

Die griechische Regierung glitt in eine tiefe Krise hinein.

Der kommunistische Landwirtschaftsminister weigerte sich, das Dekret über die Entwaffnung der Widerstandsgruppen zu unterzeichnen.

Es kam zu offenen Straßenkämpfen, britische Panzer mußten eingesetzt werden, um die Regierungsgebäude zu schützen und am 5. Dez. schickte Winston Churchill Scobie einen Befehl, für Ruhe und Ordnung zu sorgen, und "alle ELAS-EAM-Banden an der Inbesitznahme von Athen zu hindern und sie notfalls zu vernichten". Aus den Freiheitskämpfern waren "Banden" geworden und sie zeichneten sich, was die ELAS anging, auch als solche aus.

Der britische Botschafter in Athen, Leeper, erklärte Papandreu: "Zögern Sie nicht, so zu handeln, als befänden Sie sich in einer eroberten Stadt, in der ein Aufstand ausgebrochen ist."

Churchill befahl, allen Banden mit Panzern und Flugzeugen eine Lektion zu erteilen.

Am Morgen das 6. Dez. traten britische Fallschirmjäger und Panzer zum Kampf gegen die "Banden" an. Sherman-Panzer walzten die Partisanen nieder und schossen sie aus den Gebäuden hinaus. Spitfires, als Jagdbomber ausgerüstet, griffen die Zentren der ELAS-Banden an und schlugen sie zusammen (siehe Reuter vom 6.12. 1944).

Bis zum 8. Dez. hatte General Scobie Verstärkungen nach Athen geschafft, die ab dem 10. Dez. zum Angriff gegen die ELAS antraten. Es kam zu erbitterten Gefechten. Bomberunterstützungen durch Wellingtons griffen ein. Die RAF gab bekannt: "Wir haben die Luftoffensive gegen die griechischen Banden eröffnet."

Aus Kirchen, Krankenhäusern und Privathäusern schossen die ELAS-Banden aus britischen Gewehren, MG und Granatwerfern gegen britische Truppen. 22.000 Mann hatten diese kommunistischen Banden um Athen postiert. Am 12. Dez. wurden erneut Jabos und Bomber eingesetzt. Es gab Hunderte Tote und Verwundete. Erst am 14. Dez. ließen die Kämpfe nach, wurden aber am 15. Dez. wieder begonnen. Ein drittesmal wurden Jabos und Bomber eingesetzt, die wichtige Bandenziele zerstörten. Am 20. Dez. wurde den Partisanen ein letztes Ultimatum gestellt. General Scobie forderte neue Truppen an. Als sie über die Luftbrücke aus Italien eingeflogen waren, verfügte er über 6.000 britische und 4.000 regierungstreue Soldaten sowie 2.000 bestgeschulter Rangers.

Am Dienstag, dem 26. Dez., kam es zu einer Verständigung und das griechische Parlament wählte den mehrmaligen Preisringer und 2-Meter-Riesen, Erzbischof Damaskinos, zum Regenten.

Am 31.12. 1944 stimmte Georg II. von Griechenland aus Kairo dieser Regelung zu und Damaskinos ernannte General Plastiras zum neuen Ministerpräsidenten.

Die ELAS-Banden hatten im Dezember 1944 alle Lager des Roten Kreuzes geplündert. Sie hatten etwa 10.000 Gefangene genommen und unter der Bevölkerung ein Massaker verursacht. Sie trieben am 6. Januar (General Plastiros hatte drei Tage vorher das Amt des Ministerpräsidenten iibernommen) 15.000 Griechen vor sich her, überwiegend Frauen, Kinder und Greise und ließen sie durch die Schneestürme des Winters nach Norden gehen. 4.000 fielen den Witterungsunbilden und den Schüssen der ELAS-Begleitkommandos zum Opfer. Die 11.000 Überlebenden wurden in Konzentrationslager geschafft, wo 8.752 Menschen als "Verräter und Kollaborateure" hingerichtet wurden.

In Athen wurden in Brunnen und Schächten viele hundert Tote gefunden. Sie waren von der ELAS ermordet worden. Sie wurden verscharrt und möglichst schnell vergessen, ohne diese eigene Schande des Brudermordes vergessen machen zu können.

* * *

DIE FRONT AM POLARKREIS 1944

Erste Einsätze des Jahres 1944

Als die Sowjet-Armee an allen drei Korpsfronten der 20. GebArmee die letzten Wochen vor der Schneeschmelze und die Zeit nach der Schlammperiode zu neuen Umfassungsoperationen ausnutzten, war höchster Alarm gegeben. Es galt, die frei stehenden Korpsflügel zu schützen, die in der Gefahr standen, überflügelt zu werden.

Die Erkenntnisse der Späh- und Stoßtrupps und die Luftaufklärung der 20. Gebirgsarmee zeigten Generaloberst Dietl, dem OB der Lapplandarmee, daß sich die Sowjetarmee verstärkte.

Von zwei Seiten wurden neue Kräfte herangeführt. Gleichzeitig tauchten verschiedene Truppen in kurzen Abständen an verschiedenen Punkten auf, was die Gewißheit brachte, daß vor der Front auch umgruppiert wurde.

Einzelne deutsche Stützpunkte der Sicherheitsfront wurden in nächtlichen Handstreichen überfallen und weggenommen.

Die Stoßtrupps, die durch das bisher unbesetzte Niemandsland nach vorn gingen, mußten die Feststellung machen, daß sich sowjetische Verbände auch in den Besitz verschiedener freier Räume gesetzt hatten, von denen aus sie wahrscheinlich weiter vorzustoßen beabsichtigten. Wege aus dem Rückraum, Versorgungsbasen hinter der Front und andere Indizien deuteten darauf hin, daß größere Feindaktionen geplant waren. Diese Erkenntnisse wurden durch die Ergebnisse der Spähtrupps vor den Nordflanken des XVIII. und XXXVI. Gebirgskorps ebenso erkannt, wie gegenüber der Stellung an der Liza. Aber auch vor der Sicherungsfront der 2. GebDiv. waren neue Bewegungen und herangeschaffte Verstärkungen erkannt worden. Die deuteten darauf hin, daß der Feind auch auf der tiefen Südflanke der eigentlichen Eismeerfront angreifen würde. Waren dort die Nickelgruben von Petsamo ihr Ziel?

In andauernden Gefechten versuchte die Sowjetarmee hier, im hohen Norden, Ausgangsstellungen zu vernichtenden Angriffsschlägen zu gewinnen. Dabei zeigte sich die schwierige Lage der Lappland-Armee mehr denn je.

Sie hatte eine *viel* zu weit gespannte Front zu verteidigen und mußte immer wieder neu umgruppieren, um den weiteren Gefährdungen durch diese sowjetischen Aktionen begegnen zu können.

In diese Zeit fiehl die Übernahme der Uhtufront, welche die 7. GD von den Finnen übernehmen mußte, womit eine neue Divisionsfront entstanden war.

Dies alles überdehnte die Kräfte der 20. Gebirgsarmee und machte die Front dünner und brüchiger.

Im Zuge dieser Ablösungsbewegung mußte die GebJägBrig. 139 auf Skiern vom Eismeer aus über Rovaniemi an die Kiestinki-Front laufen, um ein dort entstandenes Loch zu schließen. Dieses war durch den Stellungswechsel der 7. GD entstanden.

Dies bedeutete für die Gebirgsjäger einen Skimarsch von 900 (!) Kilometern, was mehr als viele Worte die Entfernungen klar macht, die es im Hohen Norden zu überwinden galt.

Dies alles besagt, daß sich die Kampftätigkeit des Frühjahrs 1944 überwiegend im Vorfeld zwischen den Spähtrupps und Jagdkommandos beider Seiten abspielte. Hinzu kamen Überfälle auf die Stützpunkte und die Scharfschützentätigkeit. Das GJR 218 verlor beispielsweise durch einen sowjetischen Scharfschützen mehr als 18 Mann, unter ihnen Feldwebel Siegfried Fuchs von der 12. Kp., der am 11. April diesem Scharfschützen zum Opfer fiel. Fuchs hatte durch eine Vielzahl von schneidigen Einsätzen das Ritterkreuz verdient, das ihm leider erst nach seinem Tod am 15. Mai 1944 posthum verliehen wurde. Auf deutscher Seite war es in diesem Abschnitt der Ofw. Schwarzensteiner von der 2./GJR 218 der 7. GD, der einer der Besten war.

Als die April-Tauperiode begann, flauten die Kämpfe mehr und mehr ab. Eine Reihe von Straßen und Wegen verwandelten sich in Schlammbäche, die unpassierbar wurden. Die Tage wurden wieder länger. Die Zeit war abzusehen, wann der sowjetische Angriff beginnen würde.

Politische Ereignisse des Frühjahrs

Da bei einem sowjetischen Großangriff die Stellungen der Divisionen auf dem rechten Flügel der Lapplandarmee gefährdet waren, schienen sie, bei einem in den Bereich der Möglichkeiten getretenen Abfall auch Finnlands vom Bündnis mit Deutschland, nicht mehr zu halten.

Allerdings war es der Lapplandarmee, gestützt auf die aus Norwegen kommenden Zufuhren möglich, in einer Riegelstellung von der Lizamündung über Ivola bis zur norwegischen Grenze über lange Zeit jedem Gegner standzuhalten.

Dazu mußten die günstigsten Geländeabschnitte erkundet werden. Zu diesem Zweck ging GenOberst Dietl sofort auf Erkundung und bereitete die Befehle für den Ausbau der erkundeten Riegelstellung vor, der sich eine Tiefengliederung bis nach Nordnorwegen anschloß.

Diese Pläne mußte GenOberst Dietl zum erstenmal in der Geschichte des Kampfess im hohen Norden vor dem Finnischen Oberkommando verheimlichen, denn es war durchgesickert, daß Finnland bereits mit der Sowjetunion Verhandlungen aufgenommen hatte. Im Februar dieses Jahres hatten finnische Politiker unter der Führung von Paasikivi, der 1941 den Staatsdienst verlassen hatte, als Finnland mit Deutschland gemeinsam den Kampf gegen die Sowjetunion aufnahm, erneut Friedensfühler ausgestreckt. In Stockholm führte er Gespräche mit der dortigen sowjetischen Botschafterin Kollantai. Die finnische Regierung, darauf angesprochen, verneinte zunächst ihre Beteiligung daran, mußte sich aber am 25. Februar zu dem Eingeständnis bequemen, daß Paasikivi auch in ihrem Namen Friedensfühler ausgestreckt habe.

Moskau nannte jedoch Bedingungen, unter denen ein Friedensvertrag geschlossen werden könne, die Finnland nicht akzeptieren konnte. Der finnische Reichstag lehnte sie am 16. März 1944 als unannehmbar ab.

Dennoch flog Paasikivi, nunmehr als Staatsrat, am 26. März in Begleitung des früheren finnischen Ministers Enckell von Helsinki über Stockholm nach Moskau. Als sie am 1. April von dort heimkehrten, hatten sie einen ganzen sowjetischen Forderungskatalog im Gepäck, den sie dem Reichstag vorlegten.

Am 4. April erklärte Marschall Mannerheim gegenüber den versammelten finnischen Generalen, daß diese "maßlosen Forderungen unerfüllbar sind. Das Volk soll wissen, warum es weitere Opfer bringen muß."

Am 2. April bereits gelang es General Erfurth, dem deutschen General im finnischen HQ, diese sowjetischen Bedingungen ins FHQ zu übermitteln.

Die finnische Führung ließ alle finnischen Organisationen wissen, daß die Sowjetunion nicht nur Wiedergutmachung in Höhe von 600 Millionen Dollar wollte, sondern darüber hinaus die Wiederherstellung des sowjetisch-finnischen Vertrages von 1940 und die "Rückgabe von Petsamo und Umgebung" verlangt hatte.

Am 11. April meldete GenOberst Dietl dem WFSt., daß nach Ansicht des deutschen Gesandten in Helsinki, Tanner, der finnische Reichstag die Ablehnung des gesamten finnischen Volkes dieser Bedingungen erhalten habe und dementsprechend votieren werde.

Am 12. April wurden denn auch diese sowjetischen Forderungen abgelehnt. GenOberst Dietl meldete, daß "Finnland zwar auf erträgliche Bedingungen eingehen wird, daß aber die Finnen nach wie vor die Sowjets als ihre Todfeinde ansehen (siehe: KTB des OKW).

Am 13. Mai erschien der Landespräsident von Lappland im HQ der 20. GebArmee und meldete GenOberst Dietl, dem er die Grüße des Feldmarschalls Mannerheim überbrachte, daß "keine neuen Verhandlungen mit der UdSSR im Gange sind." GenOberst Dietl meldete dies sofort ins FHQ.

Die Würfel waren gefallen und alle wußten, daß es nur eine Frage der Zeit war, wann die Sowjets den Finnen annehmbare Bedingungen stellen würden, um sie zur Aufgabe zu bringen. Dementsprechend mußte gehandelt werden.

Der befürchtete sowjetische Angriff gegen Lappland, der das ganze Frühjahr über gedroht hatte, fand nicht statt.

Die Sommerkämpfe im Überblick

Ende Mai griff die Sowjetunion an der Lizafront an. Dazu trommelte die sowjetische Artillerie zwei Stunden lang und schoß zum Schluß dichte Nebelschleier.

Danach griff eine Kompanie an, was eigentlich kein Angriff, sondern ein verstärktes Stoßtruppunternehmen war.

GenOberst Dietl meldete, daß ein Feindangriff zu dieser Zeit bei dem herrschenden Tauwetter frühestens in zehn Tagen erfolgen könne.

Vielleicht auch erst in drei Wochen. Die sowjetische Kompanie sei nur ein Fühler gewesen, um das Gelände zu erkunden und eine schwache deutsche Stelle zu entdecken.

Am 9. Juni begann die sowjetische Offensive mit dem Einsatz starker Luftstreitkräfte. Am ersten Tag gelang der Sowjetarmee bei der finnischen 10. Division ein Durchbruch in 12 km Tiefe.

Es war die sowjetische 21. Armee unter Generalleutnant Gusjew und die 23. Armee unter dem Kommando von GenLt. Tscherepanow, die auf der karelischen Landenge gegen das IV. finnische Korps angetreten waren. Die finnischen Verbände mußten ausweichen und gingen Schritt um Schritt zurück. Bis zum 20. Juni eroberte die sowjetische 21. Armee Wyborg.

Finnland hatte bereits am 13. Juni die Landwehr II einberufen müssen. Ernteurlauber wurden an die Front zurückbeordert. Aber der Feind griff weiter an.

Bei Wyborg mußte die Front halten, denn wenn es den Sowjets gelang, die dort nur 15 km breite Landenge zu sperren, gab es für den gesamten Norden keine Rückzugsstraße mehr.

Deutsche Torpedoboote brachten zur Bekämpfung der sowjetischen Panzerkräfte 9.000 Panzerfäuste heran, die an die Finnische Armee verteilt wurden.

Am 11. Juni erbat Genoberst Dietl die Rückführung seiner 15.000 Urlauber. Vier Tage später wiederholte er diese Bitte und meldete dem FHQ, daß jene vier finnischen Bataillone, die noch beim XVIII. GebKorps sicherten, nun abezogen würden.

Hitler befahl jedoch die Sperrung des Urlauberrückflusses und ließ die Aufstellung eines MG-SkiRgts beim AOK 20 befehlen, das diese Lücke füllen sollte.

Die Würfel im Hohen Norden waren gefallen und am 19. Juni meldete General Erfurth, "daß die weiteren militärischen wie auch politischen Aussichten unsicher" seien.

Generaloberst Dietl wurde zur Berichterstattung ins FHQ befohlen, wo er am 21. Juni eintraf. Er sagte Hitler, daß es immer noch eine sowohl politische als auch militärische Verständigung mit den Finnen geben müsse und werde.

Den gleichen Tenor hatte ein Schreiben von Marschall Mannerheim an Hitler. Darin bekundete der militärische Oberbefehlshaber in Finnland, daß er nach einer Besprechung mit Staatspräsident Ryti der Überzeugung sei, daß die Finnen bereit waren, sich fest an Deutschland anzuschließen.

Hitler entsandte sofort Reichsaußenminister von Ribbentrop nach Finnland.

Ein Armeeführer fällt an der Heimatfront

Am Morgen des 22. Juni war GenOberst Dietl auf dem Flugplatz Ainring bei Salzburg eingetroffen. Wenig später stand der Heerführer aus Lappland Hitler gegenüber und erstattete diesem Bericht über die Lage. Darüber hinaus beschwor er Hitler, alle jene Truppen, die an den Randschauplätzen lägen, zur Hauptfront nach Osten zu verlegen. Seine Worte waren:

"In Dänemark, Norwegen und Finnland stehen etwa 600.000 Soldaten!

15.000 junge Männer liegen auf Kreta, mehrere Tausend auf anderen griechischen Inseln fest, derweilen marschieren die Sowjets gegen Berlin."

Das war starker Tobak, doch Hitler entgegnete nur: "Dietl, Sie sind ein tapferer Soldat, aber von der Politik verstehen Sie nichts. Wir werden noch genügend Divisionen auf die Beine stellen, um den Endsieg zu erringen. Die Front im Norden aber darf unter *keinen* Umständen geschwächt werden, denn nur wenn wir dort fest stehen, wird Finnland auf unserer Seite bleiben.

Ich werde noch heute Reichsaußenminister von Ribbentrop nach Helsinki schicken. Sie werden ebenfalls dorthin fliegen und an den entscheidenden Besprechungen teilnehmen."

Dies bewies deutlich, daß Hitler sich des Wertes dieses Soldaten genau bewußt war. Er war sicher, daß GenOberst Dietl für die Finnen so etwas wie eine Garantie war.

Nach einigen weiteren Fragen über die Lapplandfront und einer nochmaligen Beteuerung Hitlers, daß Deutschland den Endsieg erringen werde und daß es dazu über neueste schwerste Waffen verfüge, die bald einsatzbereit seien, wurde Genoberst Dietl entlassen. Am 23. Juni erhielt er als 72. deutscher Soldat die Schwerter zum Ritterkreuz mit Eichenlaub.

Am Morgen dieses Tages kurz nach 7.00 Uhr erschien General der Gebirgstruppe Eglseer, KommGen. des XVIII. GebKorps, der GenOberst Dietl begleitet hatte, um an einem Kurzlehrgang in Sonthofen teilzunehmen, mit GenLt. Rossi, Kommandeur der Divisionsgruppe Rossi, der ebenfalls an diesem Lehrgang teilgenommen hatte, auf dem Flugplatz Thalerhof, wo GenOberst Dietls Maschine mit dem Edelweiß auf dem Bug zum Abflug nach Helsinki bereitstand. Die Ju 52 war eine Viertelstunde vorher durch den Piloten Kowollik getestet worden. Der Flugzeugführer hatte festgestellt, daß die Bremsluft nicht aufgefüllt worden war, was sofort nachgeholt wurde.

Generaloberst Dietl hatte diese beiden Kameraden eingeladen, mit ihm nach Finnland zurückzufliegen. Zusätzlich tauchte wenig später noch Gen.d.Inf. von Wickede, KommGen. des X. AK im Nordabschnitt der Ostfront, auf. Er war mit GenOberst Dietl befreundet und von Graz mit dem Auto hierher gekommen, um mit Dietl gemeinsam nach Königsberg zu fliegen, wo zwischengelandet werden sollte.

Um 7.10 Uhr erschien auch GenOberst Dietl mit seiner Gattin. Es wurden einige Abschiedsfotos gemacht und dann startete die Ju 52 zum Rückflug nach Lappland.

Sie sollte diesmal einen neuen Kurs fliegen, der südostwärts des Semmering über den Hochwechsel, einem Gebirgsstock von 1.800 m Höhe, hinwegführte.

Bei schwachem Wind und Sonnenschein entschwand die Maschine den Blicken der Zurückbleibenden. Um 7.45 Uhr zerschellte sie am Hochwechsel aus ungeklärter Ursache. Die einzige offizielle Erklärung des Absturzherganges wurde von dem Bordmechaniker Meier gegeben, der lebend geborgen werden konnte. Dieser berichtete Dietls Chef des Generalstabes, GenMaj. Hölter, folgendes: "Die Maschine flog bei ruhigen und sichtigem Wetter in etwa 1.500 m Höhe auf dem befohlenen Kurs durch das Tal. Motore und Instrumente waren in Ordnung. Gegen 7.30 Uhr tauchte vor uns ein Bergriegel auf, der eine beachtliche Höhe aufwies.

Oblt. Kowollik zog daraufhin das Höhenruder, ich selbst ging für einen Moment in die Kabine, um mir wegen der zunehmenden Kälte eine Pelzjacke anzuziehen, die im achteren Schrank hing.

Die Generale saßen in ihren Sesseln und unterhielten sich miteinander.

Als ich wieder nach vorn gehen wollte, bekam die Maschine plötzlich einen gewaltigen Schlag und fiel fast 150 m durch. Wir hatten uns inzwischen dem Hochwechsel genähert und waren in starke Fallwinde geraten. Der Flugzeugführer begriff wohl sofort die Gefahr, denn er gab Vollgas und Frühzündung auf alle drei Motore, die auch sofort aufheulten. Er bemühte sich, die Maschine mit allen fliegerischen Mitteln wieder hochzubringen.

Es gelang dem Flugzeugführer, die Ju 52 auf den wenigen Kilometern, die uns vom Hochwechsel trennten, so weit zu ziehen, daß ich Hoffnung hatte, wir würden den Sprung über den Riegel, der uns den Weg versperrte, noch schaffen.

Am Rande der Hochfläche erfaßte uns jedoch eine neue Frontalböe. Nunmehr versuchte Oblt. Kowollik gewissermaßen als letzte Rettung, doch noch abzudrehen und ins Tal zurückzufliegen.

Die Geschwindigkeit der Maschine, die stark überzogen war, hatte sich jedoch so weit verringert, daß sie in der Drehung über die Tragfläche abstürzte und auf dem Hang aufschlug. Die beiden Seitenmotore wurden herausgeschleudert, der Mittelmotor saß noch im Rumpf. Die in den Tragflächen befindlichen und in Graz voll aufgefüllten Tanks platzten. 2000 Liter Benzin ergossen sich über die glühenden Zylinder und Auspuffrohre des Mittelmotors. In Sekundenschnelle loderte eine gewaltige Feuersäule gen Himmel. Die Maschine war sofort in schwarzen Rauch eingehüllt.

Nach der ersten Betäubung sprang ich an die Tür, aber sie hatte sich hinter einem Baumstumpf verklemmt und blieb verschlossen. Ich trat dann blitzschnell eine Fensterscheibe ein und brüllte: 'Raus durch das Fenster!' Dann stürzte ich zu General Dietl, um ihn zuerst zu retten.

Der General hatte sich in der Sekunde der erkannten Gefahr angeschnallt und hing bewußtlos in den Gurten. Alle übrigen Generale bewegten sich nicht mehr.

Es war mir in den wenigen Sekunden unmöglich, auch nur einen der unbeweglichen Körper zum Fenster zu zerren. Wie ich hinausgekommen bin, weiß ich nicht mehr."

Dies war der Bericht. Über die verschiedenen anderen Versionen sei auf das Werk: "Generaloberst Dietl – Deutscher Heerführer am Polarkreis" von Franz Kurowski, verwiesen.

Am 1. Juli erfolgte die feierliche Heimholung von GenOberst Dietl nach Graz, der sich die Überführung zum Staatsakt nach Schloß Kleßheim bei Salzburg anschloß. Hitler hielt an der Bahre dieses Soldaten die Gedenkrede.

Der neue Oberbefehlshaber

In der Nacht zum 24. Juli wurde GenOberst Dr. Rendulic durch einen Telefonanruf aus dem FHQ auf dem Berghof aus dem Schlaf geweckt. Hitler war persönlich am Telefon und bat ihn, direkt zum Berghof zu kommen. Danach wurde er mit General der GebTr. Böhme verbunden, der ihm mitteilte, daß er für den tödlich verunglückten GenOberst Dietl die Führung der 20. GebArmee übernehmen solle.

GenOberst Rendulic, der bis dahin die 2. PzArmee in Jugoslawien geführt hatte, begab sich sofort auf den Berghof. Am Abend dieses Tages teilte Hitler ihm folgendes mit:

"Die Mine von Kolosjoki in Nordlappland ist das einzige Nickelvorkommen, über das wir verfügen. Deshalb haben Sie, lieber Rendulic, Lappland zu halten. Sie begeben sich auf den exponiertesten Posten des Krieges. Mit der 20. Gebirgsarmee übernehmen Sie die beste Armee, die ich vergeben kann. Sie werden dort oben viele Landsleute treffen."

GenOberst Rendulic wurde in Wiener-Neustadt geboren und war in der österreichischen Armee als Oberst Kommandeur einer motorisierten Brigade gewesen, bevor er in die Wehrmacht übernommen worden war.

Er wurde jetzt dem OKW direkt unterstellt, und nahm damit nur von Hitler Befehle entgegen. Am 28. Juni machte er als Nachfolger Dietls seinen Antrittsbesuch bei Marschall Mannerheim in dessen HQ in Mikkeli. Dann flog er zu seiner Armee weiter und besuchte anschließend sofort alle Korps, um sich einen ersten Lageüberblick zu verschaffen.

Ende Juli 1944 verhandelten Sowjets und Finnen um einen Sonderfrieden. Am 27. Juli war Narwa in sowjetische Hand gefallen. Damit war nach den Worten des finnischen Außenministers "eine neue Situation für Finnland entstanden."

Am 1. August trat Staatspräsident Ryti, am nächsten Tag die gesamte Regierung Finnlands zurück. Per Gesetz wurde Marschall Mannerheim zum Präsidenten der Finnischen Republik ernannt.

Ein letzter Besuch bei Marschall Mannerheim zeigte GenOberst Rendulic, daß er so schell wie möglich handeln mußte, denn Mannerheim ließ durchblicken, daß er die neuen Bedingungen der

UdSSR anerkennen werde und daß die Finnen gegebenenfalls *mit* den Sowjets *gegen* Deutschland kämpfen müßten.

GFM Keitel wurde noch einmal von Hitler nach Finnland geschickt. Am 17. August erfuhr er durch Mannerheim, daß sich die neue finnische Regierung nicht mehr an die Abmachungen Rytis gebunden fühle und damit wieder frei sei.

Am 30. August verdichteten sich die Gerüchte über erneute finnisch-sowjetische Verhandlungen und am nächsten Tage ließ der finnische Außenminister den deutschen Gesandten einbestellen und erklärte ihm, daß die Verhandlungen über einen Sonderfrieden mit der Sowjetunion vor dem Abschluß stünden.

Am nächsten Tage fuhr GenOberst Rendulic noch einmal nach Helsinki und traf am 2. September das letzte Mal mit Marschall Mannerheim zusammen. Doch Mannerheim hielt sich noch bedeckt. Erst auf der Rückfahrt zu seinem HQ erfuhr GenOberst Rendulic über den finnischen Rundfunk von der Kapitulation Finnlands. Eine der entscheidenden sowjetischen Bedingungen lautete: "Finnland muß bis zum 15. September von deutschen Truppen geräumt sein." Falls dies nicht der Fall war, mußten die finnischen Truppen in den Kampf gegen Deutschland eingreifen, die deutschen Truppen internieren und bei Widerstand mit der Waffe bekämpfen.

Die Operationen »Birke« und »Nordlicht«

Am 3. September 1944 gab das OKW die Durchführung der Operation "Birke" frei. Ziel dieser Operation war folgendes: "Unter Festhalten der Eismeerfront die deutschen Kräfte aus den Fronten vor Louhim und Kandalakscha vom Feind zu lösen, sie über den Raum Rovaniemi nach Norden zu führen und mit ihnen neue Fronten rittlings der Grenzstraße im Dreiländerzipfel mit einer nach Osten verlaufenden Sicherungsfront hart südlich Kautokeino und rittlings der Eismeerstraße südlich von Ivalo aufzubauen."

Dabei sollte die »Sturmbockstellung« im Dreiländerzipfel mit der ihr angeschlossenen Sicherungsfront Kautokeino verhindern, daß ein Feind durch Vorstoß auf den Lyngenfjord den weit nach Osten ragenden Frontbalken »Finnmarken« vom übrigen Norwegen abtrennen konnte.

Die Schutzwallstellung südlich Ivalo sollte die Eismeerfront und die Nickelgruben um Petsamo nach Süden abschirmen und den notwendigen Besitz der Straßengabel bei Ivalo und der Straße Ivalo-Lakselv selber garantieren.

Nur über *diese* Straße hatte das XIX. GebKorps eine wintersichere Landverbindung nach Nord- und Mittelnorwegen, weil die Reichsstraße 50 in ihrem nördlichien Teil, zwischen Lakselv und Kirkenes, nicht gegen winterliche Schneeverwehungen gesichert war (siehe: Hölter, Herrmann: Armee in der Arktis).

Diese Planungen waren von GenMaj. Hölter, dem Chef des Generalstabes der 20. Gebirgsarmee, mit seinen Mitarbeitern ausgearbeitet worden und boten eine Chance, beim Abfall der Finnen kampfbereit zu bleiben und nicht den Sowjets in die Hände zu fallen.

Die ad hoc gebildeten Kampfgruppen West und Ost übernahmen den Schutz des südlichen Eckpfeilers der 20. Gebirgsarmee im Abschnitt Uhtua, der von der 7. GD gehalten wurde. Ebenso jenen der offenen Südflanke im Zuge der Wasserlinie Oulujoki-Oulujärvi.

Zunächst nicht von den Finnen behindert, sondern sogar noch unterstützt, zogen sich das XVIII. und XXXVI. GebKorps aus dem Großraum Rovaniemi nach Norden zurück. Einer der treuesten Freunde und Berater war und blieb auch in dieser kritischen Zeit Oberst Willamo, der "Kaiser von Lappland", wie er bei der Gebirgstruppe genannt wurde.

Dem XVIII. GebKorps unter Gen.d.Inf. Hochbaum gelang der Rückzug zunächst reibungslos. Das von Gen.d.GebTr. Vogel geführte XXXVI. GebKorps zog mit seiner Masse aus der Murman-Front über Rovaniemi in Richtung Ivalo ab.

Da das XVIII. GebKorps zunächst in die nach Osten vorspringende und in ihrer Nordflanke bereits umfaßte Kiestinkifront zurückgenommen werden nußte, die 7. GebDiv. sich diesen Bewegungen aus der Kiestinkifront aber erst anschließen durfte, wenn das Korps die Bollwerkstellung an der Sohjana-Enge zwischen dem Top-See und den Pjä-See bezogen hatte, kam es zu kritischen Halten, denen sich auch die Kampfgruppen West und Ost anschließen mußten.

Nachdem alles wichtige Gut abgefahren worden war, begannen am späten Abend des 8. Sept. diese Bewegungen. Die 20. GebArmee ging zum ersten Male seit drei Jahren zurück. In der Nacht zum 10. Sept. konnte die Uhtuafront aufgegeben werden. Die 7. GebDiv. setzte sich ohne nachdrückenden Feind ab.

Die sowjetischen Truppen stießen *nicht* auf finnisches Gebiet nach.

Alle deutschen Verbände zogen sich in geschlossener Ordnung zurück. Es waren drei Gebirgskorps mit neun Divisionen. Sie seien an dieser Stelle genannt, denn sie hatten in den folgenden Wochen einen alle Beispiele übertreffenden Marsch abzuleisten, der von jedem einzelnen Soldaten vollste Disziplin und höchste Einsatzbereitschaft forderte:

20. Gebirgsarmee:	Oberbefehlshaber GenOberst Rendulic
XVIII. Gebirgskorps:	General der Infanterie Hochbaum
XIX. Gebirgskorps:	General der Artillerie Jodl
XXXVI. Gebirgskorps:	General der Gebirgstruppe Vogel
Die Divisionen:	
2. Gebirgsdivision:	Generalleutnant Degen
6. Gebirgsdivision:	Generalleutnant Pemsel
7. Gebirgsdivision:	Generalleutnant Krakau
Divisionsgruppe K:	Generalmajor Kräutler
163. Infanteriedivision:	Generalleutnant Rübel
169. Infanteriedivision:	Generalleutnant Radziey
Divisionsgruppe van der Hoop:	Generalmajor van der Hoop
210. Infanteriedivision:	Generalleutnant Ebeling
230. Infanteriedivision:	Generalmajor Pampel
Hinzu kam das IV. Waffen-SS-Gebirgskorps mit der	
6. SS-Gebirgs-Division:	Generalleutnant der Waffen-SS Brenner

Der Marsch durch die mehr und mehr winterlich veränderte Eiswüste wurde zu einer einzigen Strapaze. Es mußte marschiert und wieder marschiert werden. Auf dem Marsch lebte die Truppe aus den eigenen Vorräten. Der Großraum um Narvik war das ersehnte Ziel, dem man nach jedem Tagesmarsch um etwa 20 bis 30 Kilometer näher kam.

Es kam in den folgenden Wochen einige Male zu Kämpfen gegen sowjetische Kräfte ebenso wie gegen finnische Verbände. Dennoch setzten sich die Gebirgsjäger durch. Auf norwegischem Boden hörte der Kampf der Sowjetarmee völlig auf. Es war offenbar eine Vereinbarung zwischen den westlichen Alliierten und der Sowjetunion getroffen worden, daß Norwegen zur westlichen Interessensphäre gehören würde und daß dieses Land von Briten und Amerikanern besetzt werden sollte.

200.000 Soldaten zogen durch die Schneelandschaft. Keiner blieb zurück. An den vorher festgelegten Stellungen wurde so lange gehalten, bis die letzte Kompanie durch war, ehe der Weitermarsch angetreten wurde. Eines der meist gesungenen Lieder auf diesem Marsch war: "Weit ist der Weg zurück ins Heimatland!" Und im Singen wußte es jeder: Wir kommen durch, unser Rendulic läßt uns nicht hängen!

Deshalb gingen die dafür vorgesehenen Verbände auch in die Nachhut, weil sie wußten, daß sie den Kameraden den Weg freihalten mußten und daß der Weg auch ihnen freigehalten wurde. Die aus Süden nachdrängenden sowjetischen Verbände sahen sich einer festgefügten Kampfformation gegenüber. Keine Flucht, keine Panik, nur eiserne Entschlossenheit, das Unmögliche dennoch zu schaffen.

Schwimmende Verbände der Kriegsmarine halfen mit, die Marschbewegungen durch den Transport von Truppenteilen, die keine Winterausrüstung hatten, durchzuführen. Küstenbatterien der Kriegsmarine hielten auf den exponiertesten Posten aus und schossen die vordringenden Feindverbände zusammen.

In Norwegen richtete sich die Lapplandarmee erneut ein, um vom Lyngen- und Björnfjell bis nach Narvik ihre Stützpunkte zu errichten.

Damit waren die Operationen "Birke" und "Nordlicht" beendet. Die Kilpisjärvi-Stellung war jene Grenzbarriere, an welcher die 6. GD den Finnen ein endgültiges Halt gebot.

Das Oberkommando der 20. Gebirgsarmee übernahm am 18. Dezember, als diese Bewegungen überwiegend abgeschlossen waren, vom AOK Norwegen in Oslo die Aufgaben des Wehrmachtsbefehlshabers in Norwegen. Als HQ wurde Lillehammer gewählt.

Am Abend des 17. Januar 1945 stand Generaloberst Dr. Rendulic im FHQ Hitler gegenüber. Als er seine Meldung erstattet hatte sagte Hitler ihm:

"Generaloberst Rendulic, Sie haben Deutschlands beste Armee gerettet, ich danke Ihnen." (siehe Dr. Lothar Rendulic: Briefe an den Autor).

Nach diesen Worten überreichte er dem Generaloberst die ihm als 122. deutschen Soldaten verliehenen Schwerter zum Ritterkreuz mit Eichenlaub.

General der GebTruppe Böhme übernahm anstelle von GenOberst Rendulic Ende Januar 1945 den Befehl über ganz Norwegen. Er sollte ihn bis Kriegsschluß behalten.

GenOberst Rendulic aber erhielt ein neues, ähnliches Kommando, als er zum Oberbefehlshaber der Heeresgruppe Kurland ernannt wurde.

* * *

DER LUFTKRIEG ÜBER DEUTSCHLAND UND ENGLAND

Die britische Seite

In seiner Neujahrsbotschaft zum 1. Januar 1944 sagte der OB der US-Heeresluftstreitkräfte, General Arnold:

"Vernichten Sie die deutsche Luftwaffe, wo Sie können, wo immer Sie sie treffen: in der Luft, auf dem Boden und in den Fabriken."

In der Nacht zum 2. Jan. 1944 flogen 385 britische Bomber die Reichshauptstadt an und warfen 1.401 Tonnen Bomben ab. 28 Angreifer wurden abgeschossen.

Die deutsche Tag- und Nachtjagd erlebte in diesem ersten Monat des Jahres die schwersten Verluste seit langem. Der Preis, den sie für ihre Abwehrerfolge zahlten, belief sich auf 1.115 Jäger und Nachtjäger, deren Piloten, Beobachter und Bordfunker.

In der Nacht zum 3. Jan. war Berlin abermals Ziel von diesmal 311 Bombern, von denen 27 abgeschossen wurden. Stettin, Braunschweig, Magdeburg und noch viermal Berlin waren im Januar das Ziel des Bomber Commands.

Der Tagangriff der 8. USAF am 11. Jan. wurde mit 663 Bombern geflogen, zu denen eine große Anzahl von Begleitjägern kamen. Ihre Tagesziele waren Halberstadt, Braunschweig, Magdeburg und Oschersleben.

Dagegen wurden deutscherseits die 1. 2. und 3. Jagddivision mit 239 Jägern eingesetzt. Diese schossen 59 Bomber und 5 Jäger ab und verloren selbst 40 Flugzeuge.

Die deutsche Luftwaffe setzte bei diesen Angriffen zum ersten Male Jäger ein, die mit Raketengeschossen ausgesrüstet waren.

Das schlechte Wetter des Februar und eine Neuausrüstung des Bomber Command und der Fliegerdivisionen der USAF verschafften Deutschland eine Verschnaufpause.

Dennoch wurde am Abend des 14. Februar Berlin von 806 britischen Bombern angegriffen, die mit ihren 2.643 Tonnen Bomben Berlin in eine Hölle aus Feuer und Rauch verwandelten.

Ganz Charlottenburg stand in Flammen. Die Daimler-Benz-Werke in Marienfelde wurden getroffen. Schwerer getroffen wurden die Wohngebiete von Kreuzberg und im Raum des Landwehrkanals.

Leipzig erlebte die Fortsetzung des Bombardements. Hier warfen 730 britische Bomber 2.291 Tonnen Bomben. Im Kampf gegen die Nachtjäger verlor der Verband 78 Flugzeuge.

Die USAAF griff ihrerseits am Tage Braunschweig, Leipzig, Oschersleben, Tutow und Ziele in Posen an, während B17 der 1. Fliegerdivision dieser Luftflotte Hamburg angriffen. 7 Bomber und 13 Jäger wurden im Luftkampf abgeschossen, 85 Bomber von der Flak zum Teil schwer getroffen.

Stuttgart war am 21. Februar der Auftakt zu weiteren Großangriffen. Hier warfen 552 Bomber 1.990 Tonnen Bomben.

Die "Big Week" der 8. USAAF begann am 20. Febr. mit 3.300 Bombern der 8. USAAF und 500 der 15. USAAF. In dieser Woche verlor die US-Air Force 226 Bomber und 28 Jäger. Aber 16.500 Tonnen Bomben regneten auf Deutschland herunter.

Es würde den Rahmen dieses Reports über die Luftwaffeneinsätze beider Seiten sprengen, die Aufzählung der Bombenangriffe, der Abwurfmengen und der beiderseitigen Verluste fortzusetzen. Sie sind hier als Beispiel angefürt, um annähernd die Bedrohung der deutschen Zivilbevölkerung klar zu machen.

Tages- und Nachtangriffe über Berlin folgten einander in steter Abfolge. Friedrichshafen am Bodensee, Frankfurt am Main und wieder Berlin folgten einander in rascher Folge. Zwischen dem 18.11. 1943 und den 31.3. 1944 waren insgesamt 9.111 Bomber der Westalliierten über Berlin gewesen und hatten die Stadt mit über 16.000 Tonnen Bomben belegt. Über der Reichshauptstadt wurden 367 Lancaster, 111 Halifax abgeschossen und 745 Lancaster und 199 Halifax beschädigt, von denen 69 und 25 Totalausfall wurden.

Die deutsche Nachtjagd verlor in diesen Einsätzen 90 Maschinen. Die Reichshauptstadt wies danach 9,5 qkm zerstörter Fläche auf. Die Industrie war jedoch nicht nennenwert geschädigt.

Insgesamt waren in diesem Zeitraum über Deutschland 20.224 Einsätze geflogen worden (gemeint ist die Zahl der Maschinen). 1.047 Bomber waren nicht zurückgekehrt und 1.682 Bomber beschädigt worden. Die RAF erlitt 10.000 Mann Personalverluste. Das von Air Chief Marschall Harris, den OB der britischen Bomberwaffe, angepeilte Ziel, Deutschland bis zum 1. April 1944 friedensreif zu bomben, war nicht eingetreten.

Colonel Buck sagte gegenüber dem Autor: "Wir hatten eine Schlacht verloren!"

Im April wurde die Bomberoffensive vorläufig eingestellt. Die enormen Verluste und nicht die bevorstehende Invasion waren der Grund dafür. Die Serie von sechs weiteren Angriffsschwerpunkten gegen deutsche Großstädte wurde abgeblasen. Nunmehr sollte die 8. USAAF die Angriffsserie fortsetzen.

Dabei kam es bei deren Angriffen gegen Flugplätze in Deutschland im Raume Augsburg zwischen dem ZG 76 und den US-Bombern und Jägern zu einem Luftduell, bei dem von den 43 angreifenden Me110 26 im Luftkampf über Augsburg abgeschossen und 12 weitere schwer beschädigt wurden. Nur 5 Feindbomber wurden abgeschossen.

US-Luftoffensive gegen Treibstoffwerke

Am 8. Mai eröffnete die 8. USAAF ihre Luftoffensive gegen die Werke der synthetischen Treibstofferzeugung. Den Anfang machten die Leunawerke in Merseburg, die am 12. Mai angegriffen wurden. Zur gleichen Zeit wurden auch die Werke in Tröglitz und Böhlau und die Hydrierwerke von Brüx bei Prag von der US-Bomberflotte angegriffen. Die deutsche Jagdabwehr schoß 46 angreifende Bomber ab.

Alle Werke fielen wenigstens zeitweise aus. Brüx und Tröglitz hatten über einen längeren Zeitraum 100 Prozent Ausfall.

Das Eisenbahnnetz in Frankreich wurde am 21. Mai von insgesamt 5.000 Jägern und Jagdbombern angegriffen. Es wurden anläßlich der Geheimgespräche zwischen Churchill und Eisenhower 66.000 Tonnen Bomben genannt und, daß diese unter der Bevölkerung etwa 80.000 Menschen das

Leben kosten würden. Eisenhower war für die Bombardierung, weil sie "die Erfolgsaussichten in der entscheidenden Schlacht erhöhen."

Als Churchill dem US-Präsidenten Roosevolt telegrafierte, daß man von 80.000 Toten ausgehe, von denen mindestens 20.000 französische Frauen und Kinder sein würden, erwiderte der US-Präsident: "So bedauerlich die der Zivilbevölkerung erwachsenden Opfer sind, bin ich doch nicht willens, den Aktionen der veranwortlichen Befehlshaber Fesseln anzulegen, die geeignet sein könnten, den alliierten Invasionsstreitkräften größere Verluste zu verursachen."

So begannen die Bombenangriffe auf Ziele in Frankreich, später auch in Belgien und Holland, die Hunderttausenden, überwiegend Zivilisten, das Leben kosteten.

Während der Invasion, deren Verlauf an anderer Stelle dargelegt werden wird, kam es zu gewaltigen Massenaufgeboten an alliierten Flugzeugen. So wurden zur Unterstützung der Land- und Marinestreitkräfte 3.467 schwere, 1.645 mittlere und leichte Torpedobomber, 5.409 Jagdflugzeuge und 2.316 Transporter eingesetzt. Diese gigantische Luftstreitmacht flog am ersten Invasionstag 14.674 Einsätze und verlor dabei nur 133 Maschinen.

Die deutsche Luftflotte 3 unter GFM Sperrle flog ganze 319 Einsätze, von denen 59 bei Nacht geflogen wurden.

Erst am 12. Juni wurden die Angriffe auf die Hydrierwerke fortgesetzt. Zuerst kam Gelsenkirchen an die Reihe, es folgten am 20. Juni die Hydrierwerke in Fallersleben, Hamburg, Magdeburg und Miesburg, von Ostermoor und Pölitz, mit insgesamt 1.500 Bombern und 1.000 Begleitjägern. Flak und Jäger schossen 50 Bomber und fünf Jäger ab. 468 Bomber kehrten zum Teil schwer beschädigt zu ihren Einsatzhäfen zurück. 28 Jäger gingen an diesem Tage verloren.

Das ZG 26 konnte diesmal, geführt von Major Kowalewski, bei nur zwei eigenen Verlusten 13 Fliegende Festungen abschießen.

Vom 1. bis zum 31. Juli wurden wieder Ziele in Frankreich angegriffen. US-Flugzeuge warfen dabei erstmals am 17. Juli in Europa Napalmbomben ab.

Beim Angriff auf Caen-Colombelles am 18. Juli wurden von 2.000 Flugzeugen 7.700 Tonnen Bomben geworfen, die unter der französischen Zivilbevölkerung über 2.000 Tote und 1.520 Verletzte forderte.

Der erste Juliangriff, gegen Leipzig gerichtet, wurde von Maschinen des JG 300 »Wilde Sau« unter Major Dahl angegriffen. 94 B 24 und Begleitjäger wurden lt. englischen Berichten abgeschossen. Die IV./JG 3 konnte dabei 30 Fliegende Festungen abschießen.

Als Ende August das fünfte Kriegsjahr zu Ende ging, war der Krieg gegen Deutschland zwar noch nicht zu Ende, aber Bomber Harris hatte es geschafft, viele deutsche Städte im Bombensturm einzuäschern und den verbissenen Wiederstandswillen der überlebenden Bevölkerung nachhaltig zu stärken.

"Nun erst recht!" lautete die Parole, die alle bewegte. Berlin und ganz Deutschland hatte den Bombersturm überlebt. Das Bomber Command der RAF und die 8. USAAF waren in eine schwere Krise geraten.

Unmittelbar vor Beginn des sechsten Kriegsjahres, am 31.8. 1944, sagte Hitler in der Wolfsschanze:

"Im Moment schwerer militärischer Niederlagen auf einen günstigen Moment zu hoffen, um irgend etwas zu machen, ist kindlich und naiv. Solche Momente könenn sich ergeben, wenn man Erfolg hat.

Es *werden* Momente kommen, in denen die Spannungen der Verbündeten so groß werden, daß dann trotz allem der Bruch eintritt. Koalitionen sind in der Weltgeschichte noch immer einmal zu Bruch gegangen, nur muß man den Augenblick abwarten, auch wenn es noch schwerer werden sollte." (siehe Maser, Werner: Adolf Hitler, Legende, Mythos und Wirklichkeit).

Die deutschen Luftangriffe gegen England

Am Abend des 21. Januar 1944 starteten zum erstenmal nach langer Zeit wieder kampfstarke Kampffliegerverbände zum Angriff gegen England. Es waren 447 Flugzeuge des IX. Fliegerkorps unter Oberst Peltz, die in zwei Wellen gegen London flogen.

Dieser Angriff wurde in der Nacht zum 30. Jan. wiederholt. In beiden Angriffen wurden insgesamt 732 Kampfflugzeuge eingesetzt. Sie warfen 310 Tonnen Tonnen Sprengbomben und 715 Tonnen Brandbomben, die schwere Schäden und Großbrände verursachten. Von der britishen Flak und den gestarteten Nachtjägern wurden 57 deutsche Maschinen abeschossen. Dies war ein Aderlaß, der zu hoch war, als daß solche Angriffe mehrfach hätten wiederholt werden können. So wurden denn im Anschluß an diesen furiosen Auftakt nur noch kleinere Angriffe geflogen. Der nächste größere Angriff erfolgte am Abend des 18. Februar mit 187 Kampfflugzeugen gegen London. Von den deutschen Angreifern wurden 11 Maschinen abgeschossen.

Die deutschen Tag- und Nachtjäger wurden im Februar erneut stark gefordert. Oberstleutnant Mayer, Kommodore des JG 2, erzielte in diesem Monat seinen 100. Luftsieg. Am 24. Febr. konnte das von Oberstleutnant Priller geführte JG 26 seinen 2.000. Abschuß im Westen melden.

Nachdem der Januar mit einem Verlust von 1.100 Tag- und Nachtjägern zu Ende gegangen war, verlor die Luftwaffe im Februar 1944 1.217 Flugzeuge. Dies zeigt mehr als alle Einzelschilderungen die untragbare Belastung der deutschen Verbände.

Auch der März wurde ähnlich verlustreich. Erst am Abend des 24. März kam es wieder zu einem nennenswerten Angriff von 90 Kampfflugzeugen des IX. Fliegerkorps gegen London.

Die deutschen Jagdverbände traten 30. März 1944 ins Gefecht gegen einen Gegner, der mit 795 Maschinen gestartet war, mit 710 Bombern über Nürnberg auftauchte und Spreng- und Brandbomben von insgesamt 2.460 Tonnen abwarf.

Das dagegen angesetzte I. Jagdkorps mit der 1., 2. und 3. Jagddivision konnte bereits über Lüttich, Bonn und Koblenz die ersten Gegner abschießen. Der Feind verlor in diesem Nachtkampf, der sich zur Luftschlacht auswuchs, 101 Bomber durch Abschuß; sechs weitere wurden als wahrscheinlich abgeschossen gemeldet. Der britische Rundfunk gab den Verlust von 94 Bombern bekannt. Die eigenen Verluste betrugen fünf Maschinen. Fünf weitere wurden zu 50% beschädigt. Oblt. Becker schoß in dieser Nacht sieben britische Bomber ab, womit der Staffelkapitän im NJG 1 seinem Erfolgskonto zu einer weiteren Aufbesserung verhalf.

Es stellte sich später heraus, daß zu den genannten 94 Bombern noch 12 weitere durch Bruchlandung völlig zerstört und weitere 71 beschädigt gelandet waren.

Der April sah weitere verzweifelte Abwehrkämpfe der deutschen Jägerwaffe. In der Nacht zum 21. April war Hull das Ziel deutscher Luftangriffe, während zwei Nächte zuvor 125 deutsche Maschinen einen Großangriff auf London geflogen hatten. Es gab bei diesen beiden Angriffen kaum einen Verlust.

Bristol war in der Nacht zum 24. April Ziel deutscher Bomber. Zwei Nächte später griff das IX. Fliegerkorps in zwei Wellen Schiffsansammlungen vor Portsmouth an. Dieser Angriff blieb wegen des schlechten Wetters erfolglos.

In der kommenden Nacht wurde der Einsatz mit einem Direktangriff auf den Hafen Portsmouth wiederholt. Einige der im Hafen liegenden Schiffe wurden versenkt oder beschädigt.

In der Nacht zum 28. April waren erneut 60 Kampfflugzeuge mit einem Luftmineneinsatz über Porthmouth, in der folgenden Nacht wurde dieser Angriff mit 58 Maschinen wiederholt.

In der letzten Aprilnacht starteten 101 Kampfflugzeuge zum Angriff auf Hafenanlagen von Portsmouth. In Hallen und Schuppen brachen Brände aus. Damit waren die mit letzter Kraft geführten Kampffliegerangriffe zu Ende. Der »Little Blitz« war ein Fehlschlag.

In den Luftduellen des Mai 1944 kam es zu dramatischen Schlachten. Im Kampf gegen US-Lightnings fiel am 11.5. 1944 Oberst Oesau, Kommodore des JG 1. In der Nacht zum 25. Mai schoß Hptm Schnaufer, als »Nachtgespenst von St. Trond« bekannt geworden, binnen 14 Minuten aus einem anfliegenden Bomberverband fünf Lancaster heraus. Oberstleutnant Müller, Kommodore des JG 3, stürzte bei der Landung in Salzwedel am 29.5. tödlich ab.

91 Kampfflugzeuge flogen am 14. Mai nach Bristol. Durch starke Flakabwehr und britische Nachtjäger wurden 12 Maschinen abgeschossen. Eine 13. ging auf dem Rückflug aus unerklärter Ursache verloren.

Oberst Peltz, der "Angriffsführer England" und General der Kampfflieger, erhielt an 15.5. seine Beförderung zum Generalmajor.

Am Abend des 15. Mai starteten noch einmal 106 Kampfflugzeuge des IX. Fliegerkorps gegen Portsmouth. Sechs davon wurden über der Stadt abgeschossen. Stadt und Hafen wurden schwer getroffen. In der Nacht zum 23. Mai wurde diese Angriff wiederholt. Von 104 angreifenden Kampfflugzeugen wurden diesmal acht abgeschossen.

66 He 111 griffen in der Nacht zum 28.5. Weymouth an, und in der folgenden Nacht waren es 65 Flugzeuge, die einen Angriff auf Torquay durchführten.

Der letzte deutsche Angriff auf London wurde vom IX. Fliegerkorps in der Nacht zum 29. Mai geflogen. Falmouth war in der folgenden Nacht das Ziel von 51 Kampfflugzeugen.

Mit diesen Angriffen war der Monat Mai der einsatzreichste der beiden letzten Kriegsjahre gewesen, ohne daß diese Zahl und damit Wucht auch nur im entferntesten an die britischen Angriffe herangekommen wären. Die deutsche Bomberwaffe litt unter dem Fehlen kampfstarker Verbände mehr denn je. Was an He 111-Kampfflugzeugen verfügbar war, mußte in Rußland eingesetzt werden.

Die Nachtjäger waren auch im Juni erfolgreich. Oberstleutnant Lent erzielte in der Nacht zum 16.6. drei Lancaster-Abschüsse und erreichte als erster die Zahl von 100 Nachtjagdsiegen, Am 22.6. stieß Hptm. Wurmheller über der Invasionsfront mit seinem Rottenflieger zusammen und fand nach 102 Luftsiegen im Kampf gegen England den Tod.

Die Großangriffe mit 1000 Bombern, 1.500 Begleitjägern der USAAF und jenen folgenden im Luftraum über Deutschland mit 2.500 US-Flugzeugen konnte von den deutschen Jägerverbänden - wie dargestellt - erfolgreich gestaltet werden.

Der größte Schlag aber gelang, als am 22.6. aus der Riesenarmada von 2.500 Flugzeugen der 8. USAAF sich 114 B-17 Bomber und 70 P-51 Begleitjäger "Mustang" lösten, das Hydrierwerk Ruhland in Niederschlesien angriffen und von dort in Richtung Osten weiterflogen. Eine He 177 heftete sich an die "Fersen" dieses Verbandes, der schließlich in Poltawa und Mirograd landete, während die Begleitjger auf dem sowjetischen Flugplatz Pirjatin niedergingen.

Zum Horst zurückgekehrt, meldete der Flugzeugführer dieser He 177 seine Beobachtungen. Sein Kommodore verständigte das IV. Fliegerkorps darüber, daß auf dem Flugplatz von Poltawa 73 B 17 und in Mirograd 41 dieser Viermotorigen US-Bomber stünden.

Die Führung des IV. Fliegerkorps handelte sofort. Sie ließ sämtliche Verbände des Korps zusammenfassen. Die KG 3, 4, 53 und 54 starteten wenig später mit insgesamt 200 He111 und Ju88 zum Angriff auf Poltawa. Der Gegner wurde überrascht. Die niederrauschenden Bomben vernichteten 47 B 17 und ließen danach Hallen und Hangars sowie die Treibstoff-Depots von Poltawa in Flammen aufgehen. Eine Reihe weiterer Maschinen wurde so schwer beschädigt, daß sie nicht mehr eingesetzt werden konnten. Auch die dort lagernden Fliegerbomben gingen hoch. Der letzte Angriff war unmittelbar nach dem ersten erfolgt. Die von der 8. USAAF geübte "Weberschiffchentaktik" wurde nach diesem Desaster eingestellt.

Als am 23. Juli Genoberst Korten, Chef des Generalstabes der Luftwaffe, an den Folgen der bei dem Attentat auf Hitler erlittenen Verwundungen starb, war ein zuverlässiger Berater der Luftwaffenführung dahingegangen.

Auch Oberstleutnant Lent erzielte in der Nacht zum 25.7. seinen 100. Nachtjagdsieg. Hptm. Schnaufer erhielt am 30.7. die Schwerter zum Ritterkreuz mit Eichenlaub und am folgenden Tage wurde Oberstleutnant Helmut Lent als 15. deutscher Soldat, mit den Brillanten ausgezeichnet.

Das JG 300 unter seinem Kommodore Major Dahl wurde zur Bekäpfung der einfliegenden US-Tagesverbände eingesetzt, Geben wir hier Oberst a.D. Dahl das Wort zu einem Bericht über den 7.7. 1944, dem Tage der "Luftschlacht über Oschersleben. "

"Ich traute meinen Augen kaum. Etwa 600 viermotorge Bomber - Liberator B 24 - ein Strom bösartig brummender, feuerspeiender, fliegender Festungen kam auf uns zu.

Rings um diese Bomberarmada ein Gewimmel von Mustangs, Lightnings und Thunderbolts, ein Jagdschutz von etwa 400 US-Begleitjägern, die den Bomberverband vor uns schützen sollte. Ich befahl: 'Negus an alle kleinen Brüder: Wir greifen an!' Dann rief ich meine Männer noch einmal: 'Kameraden, dicht aufschließen zum Sturmangriff! Die Begleitgruppe auf Indianer aufpassen! Wir machen Pauke, Pauke! - - -
Nur Ruhe, Kameraden, alles mir nach!' Wir jagten dem Bomberverband entgegen, stießen hinein, eröffneten das Feuer."

Soweit der Bericht. Die Feindbomber mußten ihre Bomben im Notwurf loswerden.

Die einzelnen Gruppen des JG 300 unter Hptm. Moritz, Hptm. Stamp und Hptm. Peters erzielten die ersten Abschüsse. Dann erfolgte der zweite Angriff. Die beiden Teilverbände der Bomberarmada, die angegriffen wurde, platzte nach allen Richtungen auseinander. Brennende Bomber stürzten der Erde entgegen.

Hptm. Moritz hatte mit seiner Gruppe einen geschlossenen Verband von 30 Bombern abgeschossen. Alle übrigen Maschinen waren ebenfalls zum Schuß gekommen, mit dem letzten Tropfen Benzin landeten drei FW 190 des Geschwaders, darunter auch der Kommodore, in Quedlinburg.

Noch auf dem Rollfeld wurde Major Dahl zum Fernsprecher gerufen. Major Müller-Trimbusch, der Chef des Stabes des Generals der Jagdflieger, bat ihn, sofort zum Liegeplatz der IV. (Sturmgruppe) /JG 3 nach Illesheim zu kommen. Dort wartete General Galland auf Dahl. Dahl meldete dem General der Jagdflieger und bemerkte zum Schluß:

"Herr General, sofort zehn Sturmgruppen, und die Zivilbevölkerung ist gerettet." (siehe Dahl, Walther: Rammjäger).

Galland erklärte Dahl, daß bis zum Herbst dieses Jahres alles zu einem großen Schlag gegen die 8. USAAF vorbereitet sein werde.

Der Wehrmachtsbericht vom 8. Juli meldete unter anderem:

"Luftverteidigungskräfte vernichteten bei diesen Angriffen 92 feindliche Flugzeuge, darunter 71 viermotorige Bomber. Die unter persönlicher Führung von Major Dahl, ihrem Geschwaderkommodore, kämpfende IV. (Sturmgruppe)/JG 3 mit ihrem Kommandeur zeichnete sich durch Abschuß von 30 Bombern besonders aus."

Auch der August war von schweren Abwehrkämpfen gekennzeichnet, in denen die deutsche Tag- und Nachtjagd große Erfolge und ebenso große Verluste erlitt. In der Nacht zum 13. August erzielte Hptm. Schnaufer abermals vier Bomberabschüsse.

Allgemeine Lage: Planungen der Alliierten.

Am 2. September 1944 legte in den USA die amerikanische Dreierkommission Hull, Stimson, Morgenthau dem Präsidenten den Deutschlandplan vor, der die völlige Zerstörung der deutschen Industrie und die Rückwerfung Deutschlands auf die Stufe eines Agrarlandes vorsah.

Die zweite Konferenz von Quebec vom 11. bis 16.9. 1944 zwischen Roosevelt und Churchill endete mit der Unterzeichnung des ersten Zonenprotokolls, das eine Zonengrenze zwischen Ost- und Westdeutschland und die Bildung einer besonderen Verwaltung für Berlin vorsah.

Am 10. Oktober 1944 weilte Churchill in Moskau, um mit Stalin die Einflußzonen in Südosteuropa festzulegen. Am 28.10. wurde in Moskau der Waffenstillstand zwischen der UdSSR, Großbritannien und den USA einerseits und Bulgarien andererseits unterzeichnet. Bulgarien sollte danach mit seinen Trupen im Krieg gegen Deutschland an der Seite der sowjetischen Streitkräfte bleiben.

Am 14.11 1944 paraphierte die Europäische Beratende Kommission in London das zweite Zonenprotokoll, das die Abgrenzung der britischen zur US-Zone festlegte.

Als der polnische Ministerpräsident Mikolajczyk am 17.11. von Präsident Roosevelt eine Garantie für die polnischen Grenzen - zu deren Schutz England und Frankreich 1939 Deutschland den Krieg erklärt hatten - erbat, lehnte Roosevelt dies ab. Am 24.11. trat der polnische Ministerpräsident der Exilregierung zurück. Der Sozialist Arciszewski bildete das neue Kabinett. *Keine* der polnischen Regierungen aber billigte den Plan der Alliierten, nach welchem Polen im Osten riesige Gebietsverluste hinnehmen sollte. Diese Zustimmung konnte nur von einer völlig neuen, auf Moskau eingeschworenen Regierung zu erhalten sein. Das Lubliner Komitee war es, das Moskau jeden Wunsch erfüllen würde und dieses Komitee bildete schließlich die neue polnische Regierung im Moskauer Sold.

Am 5. Dezember 1944 erklärte Churchill im britischen Unterhaus, daß er sich in Moskau während der Verhandlungen mit Stalin für eine Entschädigung Polens durch deutsche Gebiete *und* für die Totalaustreibung der dort lebenden Deutschen eingesetzt habe.

Die Vertreibung war damit beschlossene Sache. Sie sollte kein Jahr später einsetzen, weit über 12 Millionen Deutscher ihrer angestammten Heimat berauben und zweieinhalb Millionen von ihnen den Tod bringen.

Am 18. Dez. gab US-Außenminister Stettinius bekannt, daß die USA die Grenzregelungen bis nach Kriegsende vertagen würden. Drei Tage darauf verkündete Frankreichs Außenminister Bidault, daß Frankreich mit der Abtrennung Ostpreußens, Pommerns und Schlesiens an Polen einverstanden sei.

Den Schlußpunkt unter diese Entwicklung setzte Moskau, indem es am 3. Januar 1945 die "Provisorische Regierung der Republik Polen" (es handelte sich um das moskautreue Lubliner Komitee), einsetzte.

Deutsche Planungen bis zum Jahresende

Daß die deutsche Flugzeugindustrie im Jahre 1944 trotz der vielen Bombenangriffe immer noch auf Hochtouren lief, zeigt die Zahl von 40.593 in diesem Jahr ausgelieferten Flugzeugen.

Seit dem 12./13. Juni flogen V 1 - rückstoßgetriebene, kreiselgesteuerte Flachbahn-Flügelbomben - mit einer Sprengladung von 800 kg in Richtung England. Das Flak-Rgt. 155 unter Oberst Wachtel hatte die Abschußrampen seit dem 12. Juni installiert und schoß nun in schneller Folge bis zum 1. September diese Projektile auf London. Es gelang der britischen Flak und den Jägern, eine Anzahl dieser "Flügelbomben" abzuschießen, weil sie nur 650 km/h schnell fliegen konnten.

Als dann das britische Verteidigungsministerium am 8. September meldete, daß die "Flügelbombenschlacht nun vorbei" sei, begann am selben Tage der Abschuß der ersten Fernraketen V 2 bei der es sich um eine Rakete handelte, die von der HeeresArtAbt. 485 aus dem Raume nordostwärts Den Haag abgeschossen wurde. Ihre Sprengkraft war um ein vielfaches stärker. Darüber hinaus flog sie mit einer Geschwindigkeit von rund 5000 Kilometern in der Stunde. Mit einem Startgewicht von 12.000 kg führte sie 1000 kg Sprengstoff mit sich. Eine Abwehr dieser Raketen war mit den damals bekannten Kampfmitteln nicht möglich.

Insgesamt, dies sei vorab gesagt, wurden bis zur Einstellung des Beschusses am 27.3. 1945 1.115 V 2-Raketen nach England geschossen. Durch diese Waffe verlor die britische Zivilbevölkerung 2.724 Tote und 6.467 Schwerverwundete.

Hitler erklärte am 31.8. 1944 in der Wolfsschanze in Rastenburg, daß er weiterkämpfen werde. Am 25. September unterzeichnete er den Erlaß, nach welchem alle waffenfähigen deutschen Männer zwischen dem 16. und 60. Lebensjahr zum Volkssturm aufgerufen wurden. Dieser Erlaß trat erst am 18.10. 1944 mit seiner Veröffentlichung in Kraft. Am 3. Oktober befahl Hitler die geplante Räumung Griechenlands Südalbaniens und Südmazedoniens.

Am 10. Dezember reiste er mit seinem Stab nach Ziegenberg, wo er in einem Gutshof das neue FHQ "Adlerhorst" bezog. Von hier aus wollte er die geplante Ardennenoffensive führen.

An allen Fronten war die Wehrmacht zum Rückzug gezwungen, wie der Gesamtbericht des Jahres 1944 dies ausweist. Hitler trug schließlich - auch dies sei vorgetragen - am 15. Januar 1945 diesen Rückzügen auch aus den Ardennen Rechnung, indem er sein HQ aus dem Adlerhorst in Ziegenberg nach Berlin in den Führerbunker der Reichskanzlei verlegte.

Die zum Jahresende durchgeführte Umgruppierung der Jägerwaffe, bei der die Luftflotte 3 in Luftwaffenkommando West umbenannt wurde, das über die Jagdgeschwader 2, 26, 27, und 53 verfügte, brachte keine Steigerung der Gefechtszahlen. Im Osten standen und blieben die Jagdgeschwader 5, 51, 52 und 54 im Einsatz, und zu den beiden Jagdgeschwadern 300 und 301 der Heimatverteidigung kam das JG 3 hinzu.

Für General der Jagdflieger GenLt. Galland kam es darauf an, neue Reserven zu schaffen, um für einen großen Schlag auf ein vordringliches Ziel bereitzustehen. Zu diesem Zweck ließ er die JG 1, 6, 11 und 77 auffrischen und die JG 4, 76 und 7 neu aufstellen. Damit wollte er eine Massierung der Jägerwaffe auf 2000 bis 3000 Jagdflugzeuge erreichen und diese in einem Großeinsatz zum Ansatz bringen, der den Gegner vom Himmel der Westfront hinwegfegte. Darüber hinaus sollte der erste wirkliche Großeinsatz britisch-amerikanischer Bomber damit massiert angegriffen und vernichtet werden.

Nach den Berechnungen von General Galland mußte es möglich sein, mit einer solchen Streitmacht von etwa 1000 angreifenden Feindbombern 400 bis 500 abzuschießen. Die eigenen Verluste wurden dabei mit 400 Jägern angenommen, von denen sich 250 Piloten mit dem Fallschirm würden retten können.

Eine solche Luftschlacht mit dem erhofften Ergebnis würde mit Sicherheit den Gegner zu einer Überprüfung seiner Pläne hinsichtlich der Bombardierung deutscher Städte, vielleicht sogar zur Aufgabe seines Vorhabens bringen.

General Gallands Vorschlag, der *sehr viel* für sich hatte – waren doch allein wegen der britisch-amerikanischen Verluste über Oschersleben und anderswo ernstliche Bedenken gegen so hohe Verluste an Besatzungen und Maschinen aufgetaucht – wurde von Göring in Karinhall verworfen.

Die Kampfflieger des aufgelösten IX. Fliegerkorps sollten nicht für immer zur Jagdwaffe versetzt werden, wie dies GenLt. Gallands Vorschlag war, sondern würden nur zeitweise auf den Jagdeinsatz umgeschult, um sie zu gegebener Zeit wieder erneut in neuen Kampfverbänden einzusetzen.

Der völlig unrealistische Gedanke, wieder zu einer offensiven Luftkriegführung zurückkehren zu können, war durch kein noch so fundiertes Argument zu erschüttern.

Reichsmarschall Göring spürte, daß ihm der Wind ins Gesicht blies und ließ eine Besprechung beim Stab der Luftflotte Reich ansetzen, an der die Führer aller Tag- und Nachtjagdverbände teilzunehmen hatten.

Auf dieser Besprechung erzielte RM Göring mit seiner ausfallenden Schärfe nicht die von ihm beabsichtigte anfeuernde Wirkung, sondern nur Erbitterung und Auflehnung.

Dazu GenLt. Galland: "In den Frontverbänden wurden unverhüllt bittere und abfällige Bemerkungen über den Reichsmarschall gemacht.

Wir Jagdflieger waren wohl bereit, zu kämpfen und zu sterben und glaubten, das oft genug bewiesen zu haben. Wir waren aber nicht bereit, uns beschimpfen und uns die Schuld an der katastrophalen Luftlage über dem Reich zuschieben zu lassen." (siehe Galland, Adolf: Die Ersten und die Letzten).

Am 7. Nov. erließ Reichsmarschall Göring folgenden Tagesbefehl, der den Jagdfliegern wie Hohn entgegensprang:

> "Seit Monaten liegt das Heer schwer ringend in Entscheidungsschlachten, deren Ausgang Sieg oder Untergang bedeuten. Die Luftwaffe konnte die ihr übertragene Aufgabe nicht erfüllen. In klarer Erkenntnis dieser Lage hat sich der Führer entschlossen, uns die Zeit zu geben, die erforderlich war, um unsere Waffe wieder aufzubauen und neu zu formieren. Kameraden, diese Zeit ist um!
> Nun gilt es wieder, anzutreten und zu beweisen, daß es gelungen ist, die deutsche Jagdwaffe neu zu schmieden – stärker, einsatzfreudiger, entschlossener denn je zuvor. Jetzt müssen wir beweisen, daß das deutsche Volk nicht umsonst gehofft, die deutschen Arbeiter nicht vergebens geschafft haben.
> Jagdflieger, es gilt!
> Der bevorstehende Großeinsatz der Jagdwaffe muß die Geburtsstunde einer neuen, starken, wieder siegesgewohnten Luftwaffe werden."

Am 11. Nov. 1944 meldete Gen. Galland die gesamte Jägerwaffe einsatzbereit. 18 Jagdgeschwader mit 3.700 Flugzeugen und Flugzeugführern. Dies war eine Streitmacht, wie sie die Luftwaffe noch zu *keiner* Zeit vorher hatte aufstellen können.

Mehr als 3000 Fluzeuge warteten auf den großen Schlag. Zwei Tage vorher hatte bei der Luftkriegsakademie in Berlin-Gatow der "Areopag", ein Treffen von 38 Offizieren der Luftwa£fe mit Reichsmarschall Göring, stattgefunden: Unter den Anwesenden waren die Hälfte Jagdflieger: Der General der Jagdflieger, General Galland an der Spitze, gefolgt vom Kommandierenden General des I. Jagdkorps, GenLt. Schmid, Oberst Lützow, Kdr. der 4. Jagddivision, Oberst Gollob vom Kommando der Erprobungsstelle "Jägerstab", die Inspekteure der Tag- und Nachtjagd, Oberst Trautloft und Oberstleutnant Streib, sowie die Geschwaderkommodore Oberst Rödel JG 27, Major Schenck JG 51, Maj. Schnaufer, NJG 4, Oberst Steinhoff JG 77, Oberst Herrmann, Kdr. der 30. Jagddivision, Oberstleutnant Dickfeld als Verbindungsoffizier des RLM und Oberst Nordmann als Jagdfliegerführer.

GenMaj. Peltz, General der Kampfflieger, erstattete dem Reichsmarschall Meldung und dieser eröffnete die Besprechung mit den Worten:

"Meine Herren, dies ist ein Areopag, aber beileibe kein Scherbengericht. Ich erwarte von Ihnen, die Sie meine Tapfersten und Erfolgreichsten sind, daß Sie kritisch zu allem Stellung nehmen, was in unserer Waffe - Ihrer Meinung nach - nicht in Ordnung ist und verbessert werden sollte.

Aber Ihre Kritik hat vor der Spitze der Luftwaffe – Ihrem Oberbefehlshaber – Halt zu machen.

Sie sollen mir helfen, den Ruf der Luftwaffe wiederherzustellen. Das deutsche Volk erwartet das, denn wir haben versagt, unglaublich versagt.

Die Waffe steht in ihrer schwersten Krise. Das Volk kann nicht verstehen, warum alliierte Bomber wie beim Parteitag über dem Reich spazieren fliegen können und die Jäger nicht starten, weil sie nicht einsatzbereit, weil sie indisponiert sind." (siehe Steinhoff, Johannes: In letzter Stunde).

Noch während dieser Besprechung teilte der Reichsmarschall Genmaj. Galland seine Beförderung zum Generalleutnant mit.

Nachdem alle Waffengenerale ihre Meinungen und Berichte vorgetragen hatten, wurde der Gedanke einer neuen Luftoffensive zur Diskussion gestellt.

Kurz vor Schuß dieser denkwürdigen Besprechung teilte GenLt. Galland Oberst Steinhoff mit, daß Hitler die Erlaubnis zur Aufstellung eines Turbinengeschwaders gegeben habe. Er fragte Steinhoff: "Wollen Sie es führen?"

Oberst Steinhoff schrieb auf einen Zettel, den er Galland anreichte: "Vielen Dank, ja!"

In Brandenburg-Briest ging Oberst Steinhoff an diese neue Aufgabe heran. Die eintreffenden Me 262 wurden unter Mithilfe von Messerschmitt-Ingenieuren zusammengebaut, ihre Waffen eingeschossen. Ende Novenber wurde der Flugbetrieb begonnen.

Der vorher bereits mit Me 262 aufgestellte Versuchsverband Nowotny wurde in diesen Vorband eingegliedert. (Major Walter Nowotny war am 8. November 1944 als Kommandeur dieser Erprobungsgruppe bei Achmer-Bramsche tödlich verunglückt).

Mitte Januar 1945 sollte dieser Verband endlich einsatzbereit sein.

* * *

DER SEEKRIEG IM JAHRE 1944

Kurzübersicht

Vom 1. bis zum 3. Januar 1944 befand sich Großadmiral Dönitz im FHQ. Dort führte er zahlreiche Gespräche mit führenden Persönlichkeiten und dem Führer unter vier Augen über Probleme des Krieges, die sich zu dieser Zeit auftürmten.

Das Gefecht der »Scharnhorst« im Hohen Norden und der Untergang des Schlachtkreuzers war Hauptgegenstand des ersten Gespräches mit Hitler, der die Gesamteinsatzidee seines Großadmirals anerkannte. Dies hatte auch der Chef des Wehrmachtsführungsstabes, GenOberst Jodl, getan. Für Hitler schmerzlich war die Tatsache, daß eine Frage offen geblieben war, was den Untergang der "Scharnhorst' anging" Und zwar jene, wie der schwerwiegende Irrtum des Befehlshabers der Kreuzer entstanden sein konnte (siehe dazu: DAS FÜNFTE KRIEGSJAHR).

Konteradmiral Bey, der BdK, hatte um 12.23 Uhr des 16. Dez. 1943 angenommen, daß schwere Streitkräfte seinem Verband gegenüberstünden, obwohl es sich bei diesem Gegner nur um Kreuzer gehandelt hatte.

Als wichtige Erkenntnis aus diesem Gefecht trug GrAdm. Dönitz Hitler vor, daß ohne brauchbare Funkmeßgeräte ein Kampf der Überwasserstreitkräfte unmöglich sei. Darüber hinaus trug er vor, daß der Einsatz von Schiffen für die Abwehr einer Feindlandung nicht günstig sei, weil der Gegner genügend Mittel habe und in der Lage sei, die deutschen Schiffe vorher auszuschalten, oder sie auf dem Anmarsch zu bekämpfen.

Der Kampf der Flotte im Osten gegen feindliche Geleitzüge sei deshalb viel erfolgversprechender. Aus strategischen Gründen sei aber die Erhaltung der Kräfte im Norden ebenso wichtig, weil sie britische Landungsabsichten beeinflussen würden *und* darüber hinaus nicht ohne Wirkung auf die Lage im pazifischen Ozean sei.

In Bezug auf die Ostsee meldete GrAdm. Dönitz dem Obersten Befehlshaber, daß diese das *einzige* Übungsgebiet für die neuen offensiven U-Boote sei.

Hitler betonte in dieser Hinsicht, daß es zunächst darauf ankomme, die sowjetische Offensive auf der südlichen Flanke der Ostfront abzufangen und die Krim zu halten. Falls dies gelinge, würden auch Kräfte für den Hohen Norden frei. Hitler stellte unzweifelhaft fest:

"Ich bin gewillt, keinen Schritt im Hohen Norden freiwillig aufzugeben. Trotzdem muß bedacht werden, daß unsere Kräfte im Norden so schwach sind, daß wir zurück *müssen*, wenn die Sowjetarmee angreift."

In der Besprechung mit Reichsmarschall Göring kam es zunächst zu einigen folgenschweren Mißverständnissen, die sich glücklicherweise durch das Eintreten von Reichsminister Speer beilegen ließen. Es handelte sich um die von GrAdm. Dönitz geforderte und von Albert Speer befürwortete und notwendige Konzentration der gesamten deutschen Arbeitsmöglichkeiten auf dem Gebiet der Hochfrequenztechnik mit den Schwerpunkten Funkmeßgeräte und der Lösung von Problemen der Ortung im Seekrieg.

Die notwendige Konzentration und die hierzu geeignete Form der Durchführung wurden schließlich vom Ob.d.M. ebenso wie vom Ob.d.L. gebilligt und Hitler darüber Vortrag gehalten.

Zum Schluß dieser Reihe von Besprechungen der Führungsspitze konnte Kpt.z.S. Assmann, Abteilungsleiter der Operationabteilung (M) im WFSt, in seiner Niederschrift festhalten: "Der Führer mißt dem Einsatz der U-Boote im Nordmeer gegen eine Norwegenlandung besondere Bedeutung bei. Die U-Boote müßten allerdings schon *vorher* dort sein, sonst sei es zu spät. Auch bei einer Landung in der Biskaya oder in Portugal müsse *alles* an U-Booten eingesetzt werden, was überhaupt einsatzfähig und heranzuführen sei." (siehe: Mil.A. III M 1017/7 Blätter 26-31)

Einsätze der Torpedoboote und Zerstörer

Nach dem Verlust der Torpedoboote T 25 und T 26 in der Biskaya 1943 wurden eingangs 1944 T 28 und T 29 von der 6. an die 4. T.-Flot. in den Westraum abgegeben. Auf dem Verlegungsmarsch wurden beide Boote im Kanal durch feindliche MTB angegriffen. T 28 erhielt einen Treffer von Maschinen der Coastal Command, der ein Leck in den Kesselraum riß. Dennoch kam T 28 durch.

Am 5. Febr. 1944 hatte T 29 gemeinsam mit M 156 und M 206 vor der britischen Küste ein Gefecht gegen vier britische Zerstörer zu bestehen. M 156 wurde beschädigt. T 29 erzielte Treffer auf einem der Zerstörer.

Während der Frühjahrsstürme forderten weitere Unternehmungen dieser Art den Einsatz aller Kräfte. Vorpostendienst wechselte mit Minenaufgaben und Geleitsicherung ab. Schließlich kam am 26. April jene Minenaufgabe, welche die drei einsatzbereiten Boote der 4. T.-Flot. im Einsatz sah.

Ein Angriff britischer leichter Seestreitkräfte auf die deutschen Boote, die sich mitten im Minenwerfen befanden, sah den britischen Kreuzer "Black Prince" und vier Zerstörer gegen die drei deutschen Boote zahlenmäßig und waffenmäßig in der Übermacht. Bei diesem ungleichen Feuergefecht erhielt T 27 einen schweren Treffer. KKpt. Kohlauf, der Flottillenchef, versuchte den Gegner durch Torpedoangriff abzuwehren. In diesem Augenblick erhielt T 29 schwere Treffer des Kreuzers. Flanmen schlugen aus dem Boot in die Höhe. Dann erklang eine Torpedodetonation. T 29 blieb getroffen liegen und sank schnell. Die beiden übrigen Boote kamen nach St. Malo zurück. Mit T 29 gingen die Besatzung, der Kommandant, KptLt. Grund, und der Flo-Chef, KKpt. Kohlauf, unter.

In der Nacht zum 28. April führten "Kondor", "Greif" und "Möwe" der 5. T.-Flot. eine Minenaufgabe durch, die ohne Feindberührung verlief.

In der nächsten Nacht aber traten bei dem Verlegungsmarsch von St. Malo nach Brest T 27 und T 24 vor St. Brieux mit den kanadischen Zerstörern "Athabascan" und "Haida" ins Gefecht. "Athabascan" wurde vom T 24 schwer getroffen und geriet in Brand. Dann wurde der Zerstörer von einem Torpedofächer ins Heck getroffen und sank.

Der zweite Zerstörer, der um den waidwunden Kameraden einen Rauchschleier ziehen wollte, wurde von T 27 aufgefaßt und beschossen. Er erhielt ebenso Treffer, wie die beiden deutschen Boote. T 27 mußte von seinem Kommandanten, Kptlt. Gotzmann, bei Morlaix auf Strand gesetzt werden. Die Bergung durch die 24. MS-Flot. mißlang. Wenige Tage darauf wurde T 27 von britischen S-Booten torpediert und sank.

Am frühen Morgen erhielt auch T 24 auf dem Rückmarsch einen Grundminentreffer, konnte aber mit eigener Kraft Brest erreichen.

Der Verlegungsmarsch aller Boote der 5. T.-Flot von Cherbourg nach Le Havre am späten Abend des 23. Mai verlief tragisch. Von britischen Jagdbombern in der Seinebucht gestellt, erhielt "Greif" so schwere Treffer, daß er am Morgen des 25. Mai verloren ging. Wenig später lief "Kondor" auf eine Mine, konnte aber Le Havre erreichen.

Damit hatten die überlebenden Boote den Ausgangspunkt erreicht, von dem aus sie den Kampf gegen die Invasionsflotte aufnehmen mußten. (siehe Abschnitt über die Invasion in der Seinebucht).

Die Ostsee und ihre Bedeutung 1944

Jm Frühjahr 1944 fanden auch wieder deutsche Zerstörer-Unternehmungen im Finnenbusen statt. KAdm. Böhmer konnte bereits am 14. Febr. die ersten Zerstörer in Reval willkommen heißen. Es waren die Boote der 6. Z.-Flot., die nunmehr wieder in der Ostsee zum Einsatz kommen sollten.

Die erste Aufgabe dieser Flottille bestand in der Beschießung der sowjetischen Stellungen bei Hungerburg von 11. bis zum 13. März 1944.

Wenig später mußte die alte Seeigel-Sperre erneuert werden. Dazu liefen am 13.3. die Zerstörer Z 25, Z 28, Z 35 und Z 39 aus. Sie schützten das Minenschiff "Linz" und deren Schwesterschiffe "Roland" und "Brummer" sowie einige kleinere Einheiten.

Von diesen Tagen an bis zum 26. Apri beteiligten sich die Zerstörer unter dem Kommando von Kpt.z.S. Kothe an acht solcher Unternehmungen. Diese Minenriegel hatten die Aufgabe, die Narwabucht nach Osten abzuschirmen. Die Sperren, die bei den Inseln Suursaari und Tytärsaari gelegt wurden, dienten dazu, den sowjetischen U-Booten den Ausbruch nach Westen in den Finnenbusen zu verwehren.

Am späten Abend des 16. Juni stießen Z 28, Z 39, Z 25 und Z 35 nördlich von Seiskaari auf einen Verband sowjetischer Wachfahrzeuge, denen sich wenig später noch ein Schnellbootverband zugesellte.

In einem turbulenten Gefecht gelang es den Zerstörern, den sowjetischen Torpedos durch schnelle Rudermanöver auszuweichen und neun sowjetische Schnellboote zu vernichten.

Damit waren vorerst die Zerstörerunternehmungen in diesem Raum beendet. Nicht so aber jene der 6. T.-Flot., die unter KKpt. Koppenhagen Ende 1943 neu aufgestellt worden war. Zu ihr gehörten: T 30 als Führerboot, T 28 und T 29. T 28 und T 29 mußten an die 4. T.-Flot. in der Biskaya abgegeben werden.

Die 6. T.-Flot. wiederum wurde durch die Indienststellung der Neubauten T 31, T 32 und T 33, sowie durch T 22 und T 23 nach deren Werftinstandsetzung, voll aufgefüllt.

Mit dieser Flottille konnte KKpt. Koppenhagen den Kampf in der Ostsee aufnehmen. Zwei seiner Boote verlegten am 17.6. 1944 nach Mussalo (Finnland), um von dort aus am Unternehmen »Drosselfang« in der Bucht von Wyborg teilzunehmen. Es sollten sowjetische Landungen auf zwei Inseln bekämpft werden. Die beiden T-Boote stießen unterwegs auf sowjetische MTB. Diese wurden im Gefecht abgewehrt. Nördlich Narvi kam es zu einem weiteren Gefecht. Diesmal waren es 15 sowj. MTB, die die beiden deutschen T-Boote angriffen. In dem folgenden Feuergefecht wurden mehrere sowj. MTB vernichtet. Dennoch kamen einige dieser schnellen Boote zum Torpedoschuß, wobei T 31 durch zwei Treffer so schwer beschädigt wurde, daß es am frühen Morgen des 26. Juni sank.

Als Sicherunsgruppe für eine deutsche KGr., die an diesem Tage gegen einen soeben auf Narvi landenden Feind aufgeboten wurde, konnten T 30, T 8 und T 10 einen Verband von Kleinkampfeinheiten der Kriegsmarine sichern. Sie kämpften eine sowjetische Artillerie-Batterie nieder, die das Feuer auf die Kleinkampfeinheiten eröffnet hatte. Acht Minuten nach Mitternacht des 28. Juni wurde der Rückmarsch angetreten.

Einige weitere Minenunternehmen führten immer wieder zur Kampfberührung. Bei der Minenaufgabe des 17. August 1944, zu der T 30, T 33, T 22 und T 23 um 18.37 Uhr ankerauf gingen, um die Seeigelsperre XB zu werfen, kam es während des Werfens kurz nach Mitternacht des 18. August auf T 30 zu zwei schweren Detonationen mittschiffs mit einer 50m hohen Wassersäule.

T 30 blieb mit starker Schlagseite liegen und brannte unter starker Qualmentwicklung mittschiffs. Dazu der Kdt. vom T 23, Kptlt. Weinlig:

"T 30 brennt stark und ich versuche alle Boote über UK zu erreichen, erhalte aber keine Verbindung. Ich gehe kurz auf 'stop!'. Die Motorjolle, seit Gotenhafen unklar, kann nicht ausgesetzt werden.

Durch FT melde ich um 0.25 Uhr: 'T 30 Minentreffer, sinkt!'

Unmittelbar nach Abgabe dieses Spruches erfolgt um 0.20 Uhr auch auf T 32 eine starke Doppeldetonation ohne Feuerschein und Rauchentwicklung.

Nun entschließe ich mich, alle noch vorhandenen Minen als ‚Stuhlstände' zu werfen, um das eigene Boot bei Treffern nicht noch zusätzlich zu gefährden. Dazu werden alle noch greifbaren Soldaten benötigt, denn die Flawaffen und Geschütze müssen ebenfalls klar bleiben.

Boot läuft 5 kn und um 0.30 Uhr meldet das S-Gerät, das von Backbord nach Steuerbord vorn sucht, in Schiffpeilung 30-65 Grad einwandfrei Minensperre. Entfernung 1.200 Meter.

Um 0.33 erfolgt auf T 30 eine neue starke Emplosion. Glühende Teile werden durch die Luft geworfen und prasseln um uns herum in die See. T 30 wird in zwei Teile gerissen, sein Heck sinkt schnell, während sich das Vorschiff noch einige Minuten steil im Wasser stehend hält. Kurz vorher detoniert eine Mine auf dem Wurfdeck im Feuer, 0.34 Uhr gebe ich ab: 'T 32 ebenfalls Minentreffer, sinkt! T 30 gesunken. – T 23.!'

Da T 22 sich überhaupt nicht meldete, frage ich optisch an: 'Was ist los?' Die Antwort lautet: 'bin klar, habe nichts!'

Neben uns liegt nun T 30 500m an Backbord. Die Back ist dem Kameradenboot abgerissen. Da unser Gerät die Sperre nun an Steuerbord ortet, entschließe ich mich, auf Westkurs zu gehen. T 32 liegt ebenfalls annähernd Westkurs. Auf meine Frage erhalte ich Antwort:

Wir haben zwei Minentreffer. Kommandant schwer verwundet!' Ich habe um 0.48 Uhr gestoppt, da sich T 32 als schwimmfähig gemeldet hatte und bat, mit dem Schleppen noch zu warten.

Nun dreht T 22, das bis dahin gestoppt lag, mit 5 bis 9 kn auf und steuert T 32 an. Ich lasse Morsespruch an T 22 absetzen: 'Vorsicht! Hinter mir liegen scharfe Minen.' Dieser Spruch wurde bestätigt. Dennoch geht T 22 in unmittelbare Nähe des Wracks, als wollte es längsseits gehen.

Um 1.05 Uhr erfolgen zwei neue Detonationen im Bereich der beiden Boote. Das Gruppenhorchgerät meldet plötzlich:

'Motorengeräusch in 142 Grad!' Wenige Minuten später erfolgtedie zweite Meldung: 'Torpedogeräusche in 190-210 Grad!'

Als T 22 gerade zu meinem Morsespruch 'verstanden!' zeigte, und ich ihm den Torpedoverdacht melden will, wird T22 plötzlich durch eine ungeheure Doppelexplosion in zwei Teile gerissen. Sekundenlang ist die Umgebung taghell erleuchtet.

Das Boot muß von mehreren Torpedos getroffen worden sein, anders ist das 'In-die-Luft-fliegen' nicht zu deuten. Diese Meinung vertrete ich heute noch." (In der Versenkungsliste der Torpedoboote wird der Untergang von T 22 auch heute noch als durch eigene Minen verursacht angegeben). Weiter mit den Bericht von Kptlt. Weinling:

"Ich bleibe zunächst gestoppt liegen, um ein klares Bild von der Lage zu bekommen und meine weiteren Schritte zu überlegen. Um uns herum liegen im Wasser die Wrackteile von drei Kameradenbooten, deren Besatzungen Anspruch auf unsere Hilfe haben.

Während meiner Überlegungen, die auch die Gefahr feindlicher Schnellboote oder Motortorpedoboote einschlossen, trifft die Meldung aus dem Horchraun ein: 'Motorgeräusche in 171 Grad!'. Gleichzeitig meldet das 3. Geschütz: 'Im Kielwasser kommt ein kleines sehr schnelles Boot auf.'

Der Russe hat also auch auf mich angesetzt. Ich muß ablaufen. Eine andere Entscheidung würde den Verlust des vierten Bootes und aller Männer - auch jener Schiffbrüchigen im Wasser treibenden Kameraden - gefährden.

Es ist 1.19 Uhr, als ich den Befehl zum Ablaufen auf Westkurs mit 27 kn Fahrt gebe. Eine Minute später lasse ich einen FT-Spruch absetzen: "T 22 nach Detonationen achteraus außer Sicht. T 32 schwimmt noch zur Hälfte, erbitte flache Boote zur Rettung Überlebender. Trete Rückmarch an. T 23.'

Um 1.30 Uhr geht der FT-Spruch der 9. Sicherungsdivision ein: 'An Chef 25. MS-Flot.: Sofort Hilfeleistung bei der 6. T.-Flot.' Auf dem Rückmarsch erhalte ich S-Boot-Verfolgung und laufe Bergholm an."

Nach letzten Meldungen verteidigte sich T 32, das noch in der Nacht schwamm und bis zum nächsten Morgen aushielt, gegen angreifende sowj. Flugzeuge. Dann wurde das Boot von der Besatzung gesprengt. Die 25. MS-Flot. barg am frühen Morgen des 18.8. 51 Schiffbrüchige. Ein Seenotflugzeug rettete in zwei sagenhaften Einsätzen weitere 83 Männer und konnte in einem dritten Einsatz noch einmal sieben Seeleute retten. Das war eine einmalige Leistung, denn die Maschine wurde mehrfach angegriffen und beschossen.

Die sowj. Marine meldete die Gefangennahme von 106 Soldaten. Der Rest blieb auf See. Dies war einer der schwersten Verluste, der die Torpedoboote traf, wenn auch einige weitere fast ebenso schwer waren.

Zerstörer und Torpedoboote in der Kampfgruppe Thiele.

In der östlichen Ostsee lag der Schwerpunkt im August 1944 bei Geleit- und Transportaufgaben. Bereits an 30. Juli war die KGr. 2 unter Führung von VAdm. Thiele aufgestellt worden. Sie bestand aus Einheiten der Ostsee-Ausbildungsverbände und einigen Zerstörern und Torpedobooten jener Flottillen, die in der Ostsee eingesetzt waren.

Haupteinheit der KGr. war "Prinz Eugen", dessen Waffenwirkung am größten war. Hinzu kamen Z 25, Z 28, Z 35, Z 36 und die T.-Boote T 23 und T 28.

Bereits am ersten Einsatztag beschossen diese Einheiten bei Riga Landziele. An 20. August wurde die KGr. abermals eingesetzt. Die Sowjetarmee war mit starken Kräften in Richtung Riga und Libau vorgestoßen. Das nördliche Baltikum war in Gefahr, abgeschnitten zu werden, Dünamünde war bereits von Spitzenverbänden der Sowjetarmee überrannt worden.

Aus Gotenhafon auslaufend, erreichte die KGr. den Einsatzraum Tukkum und eröffnete aus allen schweren Waffen das Feuer auf den Gegner. Dieser wurde von einem Granathagel überschüttet und wich zurück, sodaß es den schwachen deutschen Kräften gelang, die Landverbindung wieder herzustellen. Diese Kämpfe dauerten an und es sollten auch noch andere Einheiten hinzustoßen. Vorerst jedoch noch ein kurzer Überblick über die 6. Z.-Flot., die im Sommer in den Raum Reval und Baltischport verlegt worden war. Diese Flottille bestand 1. Sept. 1944 aus den Booten Z 28, Z 25, Z 35 und Z 36. Später kam noch Z 43 hinzu.

Zunächst galt es im September 1944, den Abtransport deutscher Soldaten und von Männern der Organisation Todt aus Finnland zu sichern. Finnland hatte am 2. Sept. 1944 seine diplomatischen Beziehungen zu Deutschland abgebrochen und mit den Sowjets einen Waffenstillstandsvertrag geschlossen. Es galt nun also, etwa 200.000 Soldaten und OT-Angehörige aus Finnland zurückzuschaffen. Wichtigste Aufgabe der Torpedoboote und Zerstörer war es, diese Soldaten, die Verwundeten, Fahrzeuge und Material zurückzubringen und sie nicht den Sowjets zu überlassen.

Der Kommandierende Admiral Östliche Ostsee hatte die Leitung der Überführungsfahrten erhalten. Ihm standen die fünf Boote der 6. Z.-Flot. und die Boote der neu aufgestellten 5. T.-Flot. zur Verfügung. Ferner stand die 3. T.-Flot. unter KKpt. Verlohr mit bis zu acht Booten zur Verfügung.

Vom 13. bis 17. Sept. führte KKpt. Verlohr einige Vorstöße in die Aalandsee durch. Hierbei wurde T 18 durch Feindbomber angegriffen. Zwei Raketenbomben trafen das Boot, das sofort sank.

Die Geleitfahrten wurden fortgesetzt, mehrere Luftangriffe abgewehrt, während die Minenschiffe "Brummer" und "Linz" Minen auf den Seewegen warfen, die nun nicht mehr benutzt wurden.

Reval mußte geräumt werden und fiel damit als Stützpunkt für die T-Boote aus. Ende Sept. lagen die Boote der 3. T.-Flot. in Libau als Sicherung für Geleite und Transporte bereit. In Gotenhafen lagen "Prinz Eugen" und "Lützow" mit den Booten der 6. Z.-Flot..

Die Sowjetarmee besetzte von 26. Sept. bis zum 2. Okt. die Inseln Moon und Dagö und griff am 5. Okt. auch Ösel an. Sworbe aber konnte und mußte gehalten werden, um den Transportweg nach Riga so lange wie möglich offen zu halten.

Deshalb befahl GA Dönitz den Einsatz schwerer Kriegsmarine-Einheiten, als es den Sowjets am 20. Okt. gelang, die deutschen Truppen zurückzudrängen.

In der Zeit von 6. bis 13. Okt. beschossen "Prinz Eugen" unter Kpt.z.S. Reinecke, "Lützow" unter Kpt.z.S. Knocke, sowie die 6. Z.-Flot. Kpt.z.S. Kothe außerdem die sowjetischen Bereitstellungen bei Memel. Die 3. T.-Flot. sicherte mit den Booten T 21, T 13, T 16 und T 20 die KGr. vor U-Boot-Angriffen und wehrte mehrere sowjetische Luftangriffe ab. Binnen fünf Tagen wurden nicht weniger als 27 wichtige Landziele unter Feuer genommen.

Am 22. Okt. fuhren T 23 und T 28 abermals dicht unter die Küste von Sworbe und beschossen die Feindstellungen. Am Abend des 23. Okt. griff auch die KGr 2 ein. Mit der "Lützow" als schwerer Einheit und den Booten Z 28, Z 35, T13, T 19, T 21, T 23 und T 28 wurden die sowjetischen Stellungen unter schweres Feuer genommen.

Angreifende sowjetische Bomber erlitten am Abend des 24. Okt. drei Verluste. Es gelang ihnen aber ,den dichten Feuervorhang zu durchstoßen und Z 28 mit einem Bombentreffer zu belegen. Das Boot erreichte aus eigener Kraft Gotenhafen.

Die Sowjetarmee stellte zunächst den Großangriff auf Sworbe ein. Erst am 18. Nov. griff sie erneut und diesmal den Leoriegel auf Sworbe an. Zur Abwehr lief alles was schwamm heran und verteidigte. T 23 und T 28 schossen zwei sowj. Minensucher der Fugasklasse in Brand und überstanden sechs Fliegerangriffe. Sie liefen in der Nacht zum 19. Nov. zur Ostseite und eröffneten auch hier das Feuer. Der Leoriegel aber ging dennoch verloren.

Am 20. Nov. griff von Westen her die KGr. 2 ein. "Prinz Eugen"; die Boote der 3. T.-Flot., T 21 als Führerboot, T 13, T 16 und T 19 begleiteten und sicherten den schweren Kreuzer.

Vom 22. bis 24. Nov. löste "Admiral Scheer" unter Kpt.z.S. Thienemann mit Z 25, Z 35 und der unter dem Kommando von KKpt. Paul stehendan 2. T,-Flot. mit T 3, T 12, T 59 T 9, T 13 und T 16 die KGr. 2 ab.

Die letzte große Aufgabe der Kriegsmarine im Dez. 1944 wurde ein offensives Minenunternehmen im Finnenbusen. Die alte Minensperre vor Reval sollte noch einmal verstärkt werden. Unter Kpt.z.S. Kothe liefen Torpedoboote und Zerstörer zu dieser Unternehmung aus.

In Pillau-Peise wurden die Minen übernommen und am 11. Dez. der Weg ins Operationsgebiet angetreten. Um 24.00 Uhr nahmen die Einheiten die Minenwurfformation ein. Der Wurfkurs SSW war ebenfalls eingenommen, als auf Z 35 an Backbord in Höhe des 4. Geschützes eine schwere Unterwasser-Detonation erfolgte. Die Backbordmaschine fiel aus. Wassereinbruch wurde gemeldet.

Sekunden darauf erscholl auch bei Z 36 eine schwere Minendetonation. Über dem Achtersteven des Bootes stand eine masthohe Flammensäule. Unmittelbar danach erfolgte eine Kesselexplosion und erneut nur wenige Sekunden darauf explodierte Munition. Über die UK-Verbindung kam die Meldung, daß Z 36 sinke. Das Boot sackte sehr schnell weg.

Während noch die Männer auf den übrigen Booten dorthin starrten, wo Z 36 gesunken war, erfolgte ein dritter Minentreffer. Es hatte Z 35 zum zweitemal getroffen. Diesmal in der Höhe der achteren Rohrgruppe. Auch hier kam es zu einer nachfolgenden Kesselexplosion. Der Zerstörer erhielt starke Backbord-Schlagseite und begann zu sinken.

"Alle Mann von Bord!" befahl Kpt.z.S. Kothe, als auch Flakmunition hochging. Flöße wurden außenbords geworfen. Wegen der Beschädigung der Davits konnten die Motorboote nicht ausgebracht werden. Nur wenige Minuten nach Z 36 sank nun auch Z 35 über den Achtersteven in die Tiefe. Mit ihm ging auch Kpt.z.S. Kothe unter.

Die übrigen Einheiten kehrten, ohne ihre Minen geworfen zu haben, in den Einsatzhafen zurück. Über 600 Seeleute schwammen im eiskalten Wasser.

Die Rettungsflöße waren teilweise überfüllt und andere wiederum waren nur schwach belegt. Sie wurden am Abend des 13. Dez. an die finnische Küste getrieben. Die schiffbrüchigen Soldaten wurden von finnischen Bauern geborgen. Es waren nur 67 Männer. Die übrigen 550 starben in der See oder gingen mit ihren beiden Booten unter.

Damit war das Jahr 1944 mit dem Verlust von zwei deutschen Zerstörern zu Ende gegangen.

Bericht über die 4. Zerstörerflottille im Hohen Norden

Die im Kaafjord in Nordnorwegen liegende 4. Z.-Flot. unter Kpt.z.S. Johannesson bestand am 1. September 1944 aus den Booten Z 29, Z 31, Z 33, Z 34 und Z 38. Diesen Booten fiel im Oktober 1944 die Aufgabe zu, die Räumung von Nordnorwegen zu sichern.

Zu diesen Zweck lief die Flottille am 19. Okt. aus. Sie ankerte am 21. Okt. vor Tana. Dieser neue Liegeplatz wurde von sowjetischen Aufklärungsflugzeugen erkannt und unter Beobachtung gehalten.

Aus diesem Grunde - ein sowjetischer Bomber Großangriff war nur noch eine Frage der Zeit - verlegte der Flottillenchef mit den Booten am 22. Okt. in den Hopsfjord. Von dort liefen am Abend dieses 22. Okt. alle Boote aus, um einen westgehenden Geleitzug mit Soldaten und Material zu sichern. Sowjetische MTB waren gemeldet. Doch die Zerstörer fanden nichts und kehrten in den Hopsfjord zurück.

Am 23. Okt. geleiteten die einsatzbereiten Boote der Flot. sechs Dampfer, die von 12 kleinen Sicherungsfahrzeugen und neun R-Booten geschützt nach Süden liefen. Die Aufklärung hatte acht in See stehende sowjetische MTB gemeldet. Doch wegen der groben See griffen diese kleinen schnellen Boote nicht an. Stattdessen erschienen Bombenflugzeuge. Dem massierten Abwehrfeuer der Sicherungsschiffe und Zerstörer gelang es, den Gegner am gezielten Bombenabwurf zu hindern und fünf Maschinen abzuschießen.

U-Bootangriffe wurden durch Wasserbombenwerfen verhindert. Der Geleitzug kam heil durch und die Zerstörer kehrten in ihren Stützpunkt zurück.

Am 25. Okt. erkannte der Funkaufklärungsdienst sowjetische Zerstörer in See stehend. Da sie in Reichweite liefen, ging Kpt.z.S. Johannesson ankerauf, um den Gegner zu stellen, der aber wieder abgelaufen war.

Bei der Räumung und Zerstörung der Batterie Kiberg, deren Besatzung durch R.-Boote zurückgebracht wurde, bildeten zwei Boote der 4. Z.-Flot. Geleitschutz. Die Räumung von Vardö am 30. Okt. sah wieder die Boote der 4. Z.-Flot. im Einsatz. 24 Stunden darauf liefen die Boote ein weiteres Mal aus. Z 33 legte 20 Minen vor Mackau.

Am 6. Nov. wurde Kpt.z.S. Johannesson zu neuer Verwendung abkommandiert. Für ihn übernahm Kpt.z.S. Frhr. von Wangenheim die Flottille.

Unter seiner Führung liefen die Boote weiterhin zum Schutz der deutschen Rückzugsoperationen aus. Dabei galt es, Luftangriffe und besonders feindliche MTB abzuwehren (die sowjetischen Großkampfschiffe stellten sich nicht zum Kampf). Ihr Einsatz sollte am 26.Jan. 1945 zu Ende gehen. Auf dem Rückmarsch lieferte die 4. Z.-Flot. noch am 28. Jan. 1945 vor der norwegischen Westküste überlegenen britischen Seestreitkräften einen erbitterten Kampf. Es ging gegen die britischen Kreuzer "Diadem", VAdm. Dalrymple-Hamilton und "Mauritius". Auf beiden Kreuzern wurden von den deutschen Zerstörern Treffer erzielt. Dann erhielt Z 31 so schwere Treffer, daß die drei Boote nach Bergen einliefen. Während dort Z 31 zurückblieb, liefen Z 34 und Z 38 am nächsten Abend erneut aus und kamen nach einem weiteren Zwischenaufenthalt in Stavanger am 1. Febr. 1945 in Kiel an.

Wenden wir uns nunmehr jenem Ereignis zu, das ganz Deutschland bewegte. Dem Schicksal der "Tirpitz".

Der Untergang der "Tirpitz"

Nach dem vergeblichen Angriff britischer Kleinst-U-Boote gegen die im Altafjord liegende "Tirpitz" am 23. Sept. 1943 war dieses letzte deutsche Schlachtschiff zwar nicht gesunken, hatte aber schwere Schäden erlitten, die sie ein halbes Jahr außer Gefecht setzten. Das Werkstattschiff "Neumark" kam mit 120 Arbeitern aus Deutschland, ebenso 1.200 weitere Werftarbeiter, die auf der "Monte-Rosa" in den Altafjord kamen. Ende März 1944 war "Tirpitz" wieder auslaufklar für 27 kn. Am 3. April wurde das deutsche Schlachtschiff von britischen Martlet-Torpedobombern angegriffen. 168 Männer der Besatzung fielen den Bomben zum Opfer. 32 weitere Seeleute erlagen ihren erlittenen schweren Verwundungen.

Die "Tirpitz" aber schwamm immer noch, obgleich sie von 15 500-Kilo-Bomben getroffen worden war. Die Gesamtausfälle mit allen Verwundeten und Toten betrugen 600 Mann. Darunter auch der neue Kommandant, Kpt.z.S. Junge. An seine Stelle trat Kpt.z.S Mayer.

Die Angriffe auf die "Tirpitz" wurden fortgesetzt. Am 17. Juli gelang es der "Tirpitz", sich unmittelbar vor dem Auftauchen der Royal Air Force einzunebeln, sodaß alle Bomben vorbeigeworfen wurden. Der Angriffsversuch des 22. August wurde ebenfalls abgewehrt. 48 Stunden darauf wurde ein weiterer Bomberverband gemeldet. Dieser trug, wie später bekannt wurde, Bomben von jeweils 750 Kilo Gewicht. Der Turm "Bruno" der "Tirpitz wurde getroffen, aber diese Bombe, die im Mutterrichtraum liegen blieb, war ein - Blindgänger.

Der nächste Angriff erfolgte am 28. August, auch er war vergeblich. Am 15. September griffen viermotorige Lancaster-Bomber an. Sie schleppten zum ersten Male im Zweiten Weltkrieg die sogenannten "Blockbrecher" mit sich: Bomben von jeweils 6 Tonnen Gewicht. Eine dieser Bomben durchschlug das überhängende Oberdeck der Back und explodierte auf dem Wasser. Das gesamte Vorschiff wurde von dieser gewaltigen Detonation gepackt und nach oben aufgerissen. Die "Tirpitz" schwamm noch, aber sie war erledigt, weil Hitler einer neuen Reparatur nicht mehr zustimmte. Der Bau neuer Elektro-U-Boote hatte absoluten Vorrang erhalten.

Die "Tirpitz" wurde nunmehr drei Meilen von Tromsö entfernt nahe der kleinen Insel Hakoya vor Anker gelegt. Sie sollte hier als "schwimmende Großkampfbatterie" liegen bleiben. Drei Flakabteilungen zogen nach und nach in den Hohen Norden, um den Schutz des Schlachtschiffes zu übernehmen.

Die "Einsame Königin des Nordens" wie die "Tirpitz" allgemein genannt wurde, hatte ihr "Totenbett" erreicht. Am 22. Oktober 1941 griffen 40 Lancaster-Bomber das Schiff an. Aus 20 km Distanz schoß die schwere Artillerie vier ab. Der Verband wurde von der Bordflak und den übrigen Flakverbänden auseinandergesprengt. Die im Notwurf geworfenen Bomben fielen weitab von der "Tirpitz" ins Wasser.

Am 12. November 1944 aber läutete die Totenglocke für die "Tirpitz". Es wurde rechtzeitig "Luftalarm" gegeben. Neuer Kommandant war Kpt.z.S. Weber. Ein erster Täuschungsangriff richtete sich gegen den Flugplatz Bardufoß. Ein Großteil aller Bomber aber flog "Tirpitz" direkt an.

Um 8.45 Uhr eröffnete die Schwere Artillerie des Schlachtschiffs das Feuer. Nebeltonnen stießen graue Wolkenschwaden aus. Da waren die Lancaster schon heran und sahen das Schiff auf der spiegelglatten Fläche des Wassers. Die Bomben heulten der "Tirpitz" entgegen. Mehrfach wurde das Schlachtschiff schwer getroffen. Es legte sich über, drehte sich in den folgenden Minuten weiter und weiter, bis sie schließlich mit 70 Grad Schlagseite liegen blieb. Ihre Aufbauten berührten den Grund und der rote Kiel stand mit einem schmalen Teil des Schiffsbodens aus den Wasser heraus. Die Sechs-Tonnen-Blockbrecher hatten das Schiff aufgerissen. Kurz vorher hatte Kpt.z.S. Weber den Befehl "Alle Mann aus dem Schiff!" gegeben. Aber für die Männer unter Deck bestand Verschlußzustand. Dies bedeutete, daß keiner herauskam. Im Bauch des 53.000-Tonnen-Riesen kletterten die Menschen um ihr Leben. Sie mußten nach unten gelangen, denn d a s war diesmal oben und bedeutete Rettung.

Dann war plötzlich das Wasser da, riß die Menschen fort und überflutete die Kammern. Einige schafften den Weg nach unten und gaben Klopfzeichen. So wurden 16 Seeleute aus der Ölzelle bei der Ölwerkstatt herausgeschweißt. Im E-Schaltraum standen 37 Männer. In einer leeren Trinkwasserzelle hatten sich vier Soldaten vorläufig in Sicherheit gebracht.

Draußen aber war es Nacht geworden. Die Bergungstrupps, die von den aufgeschnittenen Stellen ins Wrack eindrangen, spürten bereits das Gas, das sich überall bildete. Sie fanden den Raum mit 24 Eingeschlossenen, mußten aber erst den davorliegenden Raum, der voll Wasser gelaufen war, freipumpen. Sie hörten, wie die Überlebenden drinnen das Deutschlandlied sangen. Schließlich waren es nur noch zwei und dann verstummten auch diese.

Man hatte das menschenmögliche getan, aber menschenmögliches war in dieser Situation nicht genug. Dennoch wurden nach 30 Stunden im Wrack und im Wasser zwei Kameraden befreit. 48 Stunden arbeiteten selbst die Geretteten an der Rettungsarbeit mit. Sie fanden Tote, Toto, Tote. 82 Kameraden konnten aus dem Schiff geborgen werden. 1.204 Männer blieben in dem Stahlsarg, der einmal die "Einsame Königin des Nordens" gewesen war, zurück.

806 Männer war es gelungen, sich noch während des Kenterns in Sicherheit zu bringen, nachdem der Kommandant zum Verlassen des Schiffes aufgerufen hatte. Kommandant und gesamter Stab blieben im Schiff.

"Ensom Dronning - Einsame Königin" wurde die "Tirpitz" genannt. Wie eine Königin in alter Zeit ging sie mit ihrem gesamten Hofstaat unter.

Die großen Einsätze der Giganten der See wurden nun nur noch im Pazifik gefahren. Mit Ende dieses Krieges war ihre Zeit für immer vorüber.

* * *

Schnellbooteinsätze 1944
Eine Übersicht

Nach einem Jahr voller Einsätze und Verluste setzte die Schnellbootwaffe auch im Jahr 1944 ihren Kampf zur See gegen einen vielfach überlegenen Gegner fort.

Am 6. Januar 1944 waren es die Boote der 5. S.-Flot unter Kptlt. Müller, die vor der englischen Südwestküste den gemeldeten Konvoi WP 457 angriffen. Rottenweise griffen die Boote an, durchstießen die Sicherung und kamen alle zum Schuß. Die Frachter "Polperro", "Underwood" und "Solstad" wurden versenkt. Der Trawler "Allasea" ging ebenfalls nach Torpedotreffer auf Tiefe.

Die 8. S.-Flot. unter KKpt. Zymalkowski griff am Abend des 13.2. vor der Humbermündung in den Kampf um das englische Küstenvorfeld ein und versenkte den Trawler "Cap d'Antifer".

Davor war am 31. Jan. die 5. S.-Flot. noch einmal im Jan. zum Einsatz gekommen und griff vor Beachy Head den Konvoi CW 243 an. Der Konvoi verlor die Frachter "Emerald", "Caleb Sprague" und den Trawler "Pine".

Die Boote der 2. und 8. S.-Flot standen am späten Abend des 23. Febr. mit insgesamt 13 Booten vor Greath Yarmouth, als dort der Konvoi 1371 vorbeilief, der von starken Geleitkräften gesichert war. In einer Reihe schneller Angriffe schossen die S-Boote heran, versenkten einen Frachter von 2.086 BRT, beschädigten einen zweiten und wurden von zwei MTB und vier Zerstörern mit einem Granathagel eingedeckt.

Die in Zickzackfahrt ablaufenden Schnellboote kamen sich sehr nahe, S 94 und S 128 kollidierten miteinander. Beide Boote wurden so schwer beschädigt, daß sie aufgegeben werden mußten. Im Feuer der Gegner wurden die Besatzungen geborgen. Die Schnellbootwaffe hatte wieder einen Verlust erlitten, der nicht durch Neuzuführungen ausgeglichen werden konnte.

Am Abend des 15. März unternahmen die Boote der 5. und 9. S.-Flot., von Brest auslaufend, einen Vorstoß gegen den bei Landsend gemeldetem Schiffsverkehr. Der Einsatz erbrachte nichts.

Auf dem Rückmarsch wurden die Boote von britischen Zerstörern gestellt und beschossen. Mehrere Boote erhielten Treffer, auf S 43 fiel der Kommandant.

Bei Minenunternehmungen im Kanal operierten S-Boote mit Torpedobooten zusammen. Bei einem Einsatz der 4. und 5. T.-Flot. übernahmen die Boote der 5. und 9. S.-Flt., nördlich Cherbourg in See stehend, die Sicherung der Torpedoboote.

Der in der Nacht zum 26. März geführte Vorstoß der 2., 4. und 8. S.-Flot. unter ihren Chefs KKpt. Opdenhoff, KKpt. Fimmen und KKpt. Zymalkowski verlief ergebnislos.

Der Angriff von 358 Marauder-Bombern der 8. USAAF auf Ymuiden am 26. März führte zur Versenkung von S 93 und S 129.

Minenunternehmungen, Angriffe auf Küstengeleitzüge und Vorstöße vor die englische Südküste führten im April zu pausenlosem Einsatz der S-Boote bei geringen Erfolgen. Erst der Einsatz des 27. April mit neun Booten der 5. und 9. S.-Flot. gegen die Lymebucht brachte einen Erfolg, als zu dieser Zeit gerade ein aus acht US-LST bestehender Verband in die Bucht einlief. Alle Boote kamen zum Schuß. Die LST 507, 531 und 289 wurden torpediert und sanken. 197 Seeleute und 441 auf diesen Booten eingeschiffte Soldaten fielen.

Während der Invasion in der Seinebucht kamen die Schnellboote zu einer Reihe von Einsätzen, die an anderer Stelle gewürdigt werden.

Die 5. S.-Flot., die während dieser Einsätze fast alle Boote verlor, wurde im Juli 1944 neu aufgestellt und verlegte im August in den neuen Stützpunkt Helsinki, um im Finnischen Meerbusen zum Einsatz zu kommen.

Im Kampf gegen britische und US-Kräfte kämpften die im Raume Seinebucht und Kanal zurückbleibenden Boote mit nie erlahmendem Eifer. Zerstörergefechte, Kampf gegen britische MTB und Konvoiangriffe wechselten einander ab. 12 Boote, aus mehreren Flottillen zusammengezogen, griffen in der Nacht zum 28. Juli einen vor Beachy Head liegenden Konvoi an. Drei Schiffe mit zusammen 14.217 BRT wurden versenkt. Im Kampf gegen vier Feindzerstörer ging S 182 verloren.

Weitere Konvoioperationen führten in der Nacht zum 30. Juli zur Vernichtung eines Frachters von 7.219 BRT und vier weiterer mit ingesamt 28.699 BRT, die torpediert wurden. Diese konnten in den nächsten Hafen eingeschleppt werden, fielen aber für die gesamte Dauer des Krieges aus.

Der August brachte weitere Einsätze. So ein Gefecht gegen zwei Zerstörer vor Cap d'Antifer und einem weiteren Gefecht vor der Themsemündung gegen britische MTB und zwei Zerstörer. Weitere Zweikämpfe gegen britische Zerstörer brachten den deutschen S-Booten zwar Treffer bei, führten aber zu keinem Totalverlust.

Am 3. Sept. 1944 wurden alle deutschen Schnellboote aus dem Kanalbereich nach Rotterdam und Ymuiden verlegt, um von hier aus weiter gegen die englische Südküste zu operieren. Auf dem Verlegungsmarsch wurde S 184 durch bei Dover stehende Fernkampfartillerie zusammengeschossen.

In der Nacht zum 19. Sept. brachten Schnellboote Munition und Versorgungsgüter in das eingeschlossene Dünkirchen. Die Sicherungsboote wiesen den Angriff eines Feindverbandes ab. Nacheinander wurden in diesem Gefecht S 183, S 200 und S 702 von einer Fregatte und mehreren MTB des Gegners vernichtet. Die Versorgungsfahrzeuge aber kamen durch.

In der Nacht zum 2. Nov. wurde der britische Tanker "Rio Bravo" vor Ostende von deutschen S.-Booten versenkt. Minenaufgaben führten in der Nacht zum 23. Dez. zu einem Gefecht vor Dünkirchen mit britischen Seestreitkräften, bei dem S 185 durch Volltreffer versenkt wurde. Eine zweite Gruppe, die Minen vor Ostende legte, wurde eberfalls von überlegenen Feindstreitkräften angegriffen und verlor S 19 im Gefecht mit dem Zerstörer "Walpole".

Damit ging der Einsatz deutscher Schnellboote im Osten und Westen zu Ende. Der letzte Versuch der Boote, auf den britischen Konvoiwegen vor Antwerpen zum Erfolg zu gelangen, wurde durch die britischen Geleitzerstörer "Ekins" und "Thornborough" und die Fregatte "Caicos" sowie die Korvette "Shearwater" vereitelt.

* * *

DER U-BOOT-KRIEG 1944

Erste Übersicht

Bereits in den letzten Monaten des Jahres 1943 erwies es sich immer deutlicher, daß die U-Boote trotz verbesserter Waffen nicht in der Lage waren, die alte Rudeltaktik fortzusetzen.

Die Geleitzugkämpfe mit U-Boot-Rudeln mußte aufgegeben werden. Dazu GA Dönitz:

"Wir konnten nur hinhaltend und so haushaltend wie möglich weiterkämpfen, um die Kräfte des Gegners zu binden. Der Druck auf die alliierten Seeverbindungen durfte nicht nachlassen. Er mußte mit einer genügend hohen Zahl an Booten erzeugt werden, denn nur die Furcht vor einer jederzeit wieder möglichen Konzentrierung der U-Boote in Rudeln konnte den Gegner davon abhalten, die gegen die U-Boote eingesetzten Flugzeuge und Seestreitkräfte nicht zu vermindern, um sie für andere Aufgaben zu verwenden."

Die immer wieder angestrebten Gespräche und Überlegungen des Stabes der U-Bootführung, ob der U-Bootkrieg noch vertretbar sei, oder ob nicht doch ein anderer Weg eingeschlagen werden mußte, um den Gegner zur Beibehaltung seiner bisherigen Geleitzugsicherung zu zwingen, kamen zu folgendem Ergebnis:

"Der U-Bootkrieg ist mit allen vorhandenen Mitteln fortzusetzen. Verluste, die zu den augenblicklichen Erfolgen in keinem Verhältnis stehen, müssen in Kauf genommen werden, so bitter sie auch zu ertragen sind."

So liefen die »Grauen Wölfe« auch 1944 weiter aus, kämpften gegen eine vielfache Übermacht, wurden von Jägern zu Gejagten.

Mitte Januar 1944 entsandte der BdU wieder eine U-Bootgruppe in die Western Approaches. Doch es wurden dort nur drei Schiffe versenkt. In den immer schwerer werdenden Kämpfen gegen Geleitzüge und Einzelfahrer fuhren fünf U-Boote in den eigenen Untergang. Es waren:

U 757 am 8. Jan. 1944, durch eine britische Kampfgruppe.
U 231 am 13. Jan. durch einen Wellingtonbomber.
U 377 an 15. Jan. durch Geleitfahrzeuge der 4. Support Group.
U 305 am 17. Jan. durch den Zerstörer »Wanderer«.
U 544 am 19. Januar durch Flugzeuge der Hunter-Killer Group des US-Geleitträgers »Guadalcanar«.
U 571 und U 271 an 28. Jan. durch Geleitfahrzeuge des Konvois ONS 66/KMS 40.

Der Februar sollte sich noch verlustreicher gestalter. Zwei Dampfer, ein Zerstörer und ein Minensucher wurden versenkt, ein weiterer Dampfer torpediert. Dafür gingen wieder 13 Boote für immer auf Tiefe (siehe Versenkungsliste 1944 am Schluß dieses Beitrages).

Im Februar gab die U-Bootführung den Geleitzugkampf westlich von England auf. Die Verluste dort standen in keinen Verhältnis mehr zu den Erfolgen. Damit war der letzte Versuch, mit neuen Waffen und Funkmeßgeräten zu einem zweiten Aufschwung zu kommen, gescheitert.

GA Dönitz kam nach langen Beratungen mit dem Gesamtstab des BdU zu der Überzeugung, daß der Rudelkampf nicht mehr gewagt werden konnte. Sicher schien bei Weiterführung, daß Ende des Jahres 1944 die U-Boot-Waffe zerschlagen sein würde.

Im Frühjahr 1944 wurde das erste U-Boot mit einem Schnorchel ausgerüstet, der es ihm ermöglichte, unter Wasser zu fahren und auch unter Wasser die Batterien aufzuladen. Dies war ein weiterer Schritt zum totalen U-Boot. Dennoch ging dieses Boot – es handelte sich um U 264 – bereits am 19. Februar auf Feindfahrt verloren, was zu einer anfänglichen Ablehnung des Schnorchels bei den U-Boot-Fahrern führte.

U-Boote in fernen Gewässern

Bereits im Herbst-Winter 1943 hatte eine U-Bootgruppe von sich reden gemacht: die Gruppe »Monsun«, die zu weiteren ozeanischen Unternehmungen in den indischen Ozean und in den Golf von Suez gelaufen war und große Erfolge errungen hatte (siehe: Das fünfte Kriegsjahr).

Ende 1943 wurde die zweite Gruppe der »Monsunboote« mit insgesamt 16 Booten in Marsch gesetzt. Als erstes erreichte U 178 die indische Westküste und vernichtete dort ein Schiff.

Von Penang aus, wohin alle Boote zur Neuausrüstung liefen, ging es wieder in den indischen Ozean hinein. U 532, U 188, U 168, U 183 und U 510 operierten erfolgeich. Mit sieben versenkten Schiffen von insgesamt 42.549 BRT war U 188 unter Kptlt. Lüdden das erfolgreichste Boot. U 510 unter Kptlt. Eick brachte es auf 5 Schiffe mit 31.200 BRT.

Auch U 196 unter KKpt. Kentrat war nach seiner ersten längsten Fahrt der U-Boot-Geschichte wieder dabei. Im Arabischen Meer und vor Colombo stand Kentrat als erster mit seinem Boot in diesen Gewässern. Es wurde jedoch kein einziges Schiff gesichtet und U 196 lief schließlich nach abermals 150 Seetagen in Penang ein.

Die beiden deutschen Tanker, die alle U-Boote in diesem Seeraum versorgten, gingen schließlich verloren. So die »Charlotte Schliemann«, die sich in der Nacht zum 12. Februar 1944 selbst versenkte, als sie von dem Zerstörer »Relentless« gestellt worden war, und auch der Ölversorger »Brake«, der von einer Suchgruppe entdeckt wurde und sich selbst versenkte. Die »Brake«-Besatzung wurde von U 168 übernommen.

Das als Torpedotransporter eingesetzte Boot U 1062 übernahm am 10. April von U 532 Treibstoff und erreichte mit den wichtigen Torpedos Penang. U 178 und U 188 kehrten nach Ende ihrer Operationen mit Rohstoffen beladen in ihren Stützpunkt Bordeaux zurück. Die übrigen Boote liefen nach Penang ein.

U 852, Kptlt. Eck, versenke am 13. März im Südraum den Frachter "Peleus". Bei dem Versuch, die verräterischen Wrackteile zu versenken und die Anwesenheit eines deutschen U-Bootes geheim zu halten, wurden einige Seeleute, die sich auf diesen Schiffstrümmm befanden, getötet (dafür wurde Kptlt. Heinz-Wilhelm Eck nach Kriegsende vor Gericht gestellt und zum Tode verurteilt. Er wurde im November 1945 erschossen.).

U 852 versenkte am 1. April ein weiteres Schiff. Das Boot wurde 30. April von Wellington-Bombern beschädigt, setzte sich vor der Somaliküste auf Strand und wurde gesprengt.

Auch im April liefen neue Boote in den Indischen Ozean aus. U 488 unter Kptlt. Studt versorgte südwestlich der Azoren vier Boote. Nacheinander liefen U 843, U 196, U 181, U 537, U 198 und U 859 in den Indischen Ozean.

Gegen diese Bewegungen operierten mit einer Reihe von Kriegsschiffen britische Task Groups. Von einer derselben wurde U 66 nach einem Artilleriegefecht und beiderseitigem Rammversuch von der Korvette »Buckley« vernichtet. Diese gehörte zu den Schiffen der Task Group 21.11 unter Captain Hughes.

Unter KKpt. Dommes wurde der Stützpunkt Penang ausgebaut. Surabaja kam als zweiter Stützpunkt hinzu. Die Überholung und Neuausrüstung der nach Penang einlaufenden Boote mußte von der Besatzung des jeweils versorgenden Bootes selbst ausgeführt werden.

Im Nordatlantik wurden im März einige Boote in Einzeloperationen erfolgreich. U 744 versenkte ein Landungsschiff (LST 362) und wurde durch die Sicherung des Konvois HX 280 am 3.3. 1944 versenkt. U 255 wurde am Konvoi CU 16 von dem australischen Geleitzerstörer »Leopold« geortet und verfolgt. Oblt.z.S. Harms schoß einen T-5-Torpedo ab (Zerstörerknacker genannt) der die "Leopold" vernichtend traf. U 845 wurde am 10. März versenkt, U 625 ging nach Bombentreffer einer Sunderland verloren. U 575 .wurde von Geleitfahrzeugen vernichtet. U 653 folgte in einer kombinierten Luft-See-Verfolgung nach.

Von der zweiten Märzhälfte an standen zwischen Irland und Neufundland, teilweise nur als Wetterboote eingesetzt, 17 Boote. Fünf davon wurden in die Stützpunkte zurückbeordert, um die Gruppe "Landwirt" zu bilden.

Nach einigen Erfolgen Ende März gelang es U 302, Kptlt. Sickel, aus dem SC 156 den Motortanker "South America" mit 6.246 BRT herauszuschießen. Der Norweger "Ruth I" mit 3.531 BRT folgte nach. Die Fregatte "Swale" stellte dieses Boot und versenkte es mit Wasserbomben.

U 962 wurde am 8. April von Geleitzerstörern der 7th Escort Group versenkt.

Am 16. April konnte U 550, Oblt.z.S. Hänert, den US-Tanker "Pennsylvania" mit 11.017 BRT versenken. U 448 ging bei dem Versuch, den Geleitträger "Biter" zu versenken, am 14. April verloren. U 986 wurde am 17. April von den U-Jäger PC 619 vernichtet. Durch Luftangriffe gingen U 311 und U 342 verloren.

Der Mai sah dennoch einige Boote erfolgreich. Vier Schiffe, eine Korvette und ein Geleitzerstörer fielen den angreifenden U-Booten zum Opfer, die diese Erfolge mit dem Verlust von U 473 bezahlen mußten. U 765 wurde durch Flugzeuge versenkt.

Am 4. Juni wurde U 505, Oblt.z.S. Lange, von den Maschinen des Geleitzerstörers »Guadalcanar«, der die gemischte U-Jagdgruppe Task Force 22.3 leitete, so schwer gebombt, daß das Boot tauchunklar auf der Wasseroberfläche liegen blieb.

Nordwestlich von Dakar spielte sich dann eine "Enterszene" ab. Das Boot wurde übernommen, eingeschleppt und von der US-Navy als Versuchsboot »Nemo« in Dienst gestellt (dieses Boot steht seit 1954 als Museumsboot vor dem Chicagoer Museum für Wissenschaft und Industrie).

Nach diesen geringen Erfolgen war die Meldung von GA Dönitz vom 4. bis zum 6. Mai 1944 auf dem Berghof bei Hitler von entscheidender Bedeutung. Der OB.d.M. brachte Hitler gegenüber zum Ausdruck, daß nach den neuesten Unterlagen anstelle der 218 geplanten U-Boot-Neubauten nur deren 140 ausgeliefert würden. Dies infolge Arbeitermangel im Stahlbau. Hitler erklärte dem GA, daß "Speer unter allen Umständen die zugesagten Bootszahlen liefern müsse."

Der Juli sah erstmals einen größeren Erfolg seit langen Monaten. Die acht versenkten Schiffe hatten eine Tonnage von 28.572 BRT. Die fünf torpedierten brachten 38.023 BRT auf, denn sie waren zumeist große Schiffe.

Der U-Boot-Kampf gegen die Invasionsflotte ist im dortigen Abschnitt behandelt worden, sodaß er hier übergangen werden kann.

Der Kampf im Nordmeer 1944

Im Nordmeer kamen am 25. Jan. 1944 zehn Boote der neu aufgstellten U-Boot-Gruppe »Isegrim« bis auf ein Boot an den Konvoi JW 56A heran. Der F.d.U. Norwegen, Kpt.z.S. Peters, befahl den Angriff nach Einfall der Dunkelheit. Nacheinander schossen sieben Boote ihre T-5-Torpedos auf Geleitfahrzeuge.

Doch nur der Zerstörer "Obdurate" wurde von U 360, Kptlt. Becker, getroffen. Drei Boote griffen den Konvoi direkt an. U 278 versenkte die "Penelope Barker" mit 7.177 BRT, die zugleich Flaggschiff des Geleitkommodore war. Die "Fort Bellingham" mit 7.153 BRT wurde von U 360 torpediert und sechs Stunden später von U 957 mit Fangschuß versenkt. U 716 unter Oblt.z.S. Dunkelberg schoß einen Dreierfächer, dem die "Andrew G. Curtin", 7.200 BRT zum Opfer fiel.

Nach Abbruch dieser Operation stellte Kpt.z.S. Peters die neue Gruppe »Wehrwolf«, durch fünf weitere Boote verstärkt, in der Enge zwischen Spitzbergen und der Bäreninsel auf. Die Gruppe sichtete den JW 56B am 29. Januar. Mehrere Boote griffen diesen Konvoi an und schossen zuerst auf die Geleitfahrzeuge desselben. U 278, Oblt.z.S. Franze, versenkte den Zerstörer "Hardy". Beim zweiten Angriff wurde U 514 von zwei Zerstörern unter Wasser gedrückt und mit Jabos versenkt.

Es kam zu einer Reihe weiterer Kämpfe in der Wintersee. Oblt.z.S. Mohs versenkte mit U 956 den brit. Zerstörer »Mahratta«. U 472 wurde gebombt, von dem Zerstörer »Onslaught« beschossen und erlitt schwerste Beschädigungen, sodaß Oblt.z.S. Frhr. von Forstner sein Boot selbst versenken ließ.

Swordfish-Maschinen des Trägers »Chaser« versenkten U 366 und U 973, die wegen zu starker Vereisung ihre Flawaffen nicht einsetzen konnten.

Die deutschen U-Boot-Gruppen "Thor", "Blitz" und "Hammer" mit 12 Booten, zu denen im Verlauf der Gefechte fünf weitere hinzustießen, operierten an den Geleitzügen JW 59RA und JW 58, aber sie kamen zu keinem einzigen Erfolg, während das angreifende U 355 versenkt wurde.

Der Zerstörer »Keppel« schoß das tauchunklare Boot U 360 zusammen und U 288 wurde von den Flugzeugen des Trägers vernichtet. Von den angreifenden Swordfishes wurde eins abgeschossen.

Am 30.4. schoß Oblt.z.S. Lange mit U 711 den Transporter "William S. Thayer", 7.176 BRT aus dem RA 59 heraus. Mehrere folgende Angriffe verliefen ergebnislos, kosteten aber erhebliche Verluste. Von den Swordfishes des Trägers "Fencer" wurden U 277, U 959 und U 674 vernichtet. U 278 schoß eine angreifende "Martlet" ab und entkam den Bomben der übrigen Maschinen durch Schnelltauchen.

Die Boote der Gruppe Mitte liefen vom 8. bis 10. Juni zur Aufstellung vor die norwegische Küste. Hier bildeten 13 Boote einen Abwehrstreifen. Weitere Boote folgten als Ablösung, aber auch als Verstärkung nach. Von ihnen wurden ohne eigene Erfolge U 317, U 347, U 361, U 742 und U 980 versenkt.

Im Zweikampf gegen das britische U-Boot "Satyr" wurde U 978 tödlich getroffen und sank.

Im Hochsommer 1944 begann der Eisatz deutscher U-Boote auf den Sibirischen Seewegen. Hier kam es im August zu einigen erbitterten Kämpfen. Der Versuch, die großen Schiffe »Archangelsk« und »Dickson« mit den Eisbrecher »Stalin« abzufangen, ging fehl.

Der neue FdU Norwegen, FKpt. Suhren, setzte eingangs August einige weitere Boote zur Fernerkundung vor Port Dickson ein. U 711 unter Kptlt. Lange hatte die Funkbeobachtungsgruppe »Kenntmann« an Bord. Kptlt. Wedemeyer kam mit U 365 als erster auf diesen Seewegen zum Schuß. 60 sm westlich der Belyj-Inseln schoß er den Dampfer "Marina Raskova" mit 5.685 BRT aus einem kleinen Konvoi heraus und schoß einen T-5-Torpedo auf den Minensucher TSC 118, der ebenfalls sank.

Zwei weitere Minensucher, die diesen Geleitzug begleiteten, waren das Ziel des Angriffs von U 365, das inzwischen die leergeschossenen Rohre nachgeladen hatte. Der TSC 114 erhielt einen Volltreffer und sank sofort. Nach einem Fangschuß sank auch die noch immer schwimmende, aber von der Besatzung verlassene »Marina Raskova«.

Das Vermessungsschiff "Nord" der Sowjets wurde von dem weit ins Treibeis vordringenden U 957 in Brand geschossen. Die von Bord gehenden Wissenschaftler wurden gefangen genommen.

Bei einem Angriff auf einen Flottenverband gelang es U 354 unter Oblt.z.S. Stahmer, den Geleitträger "Nabob" mit einem Dreierfächer zu stoppen. Als er den Träger mit einem T-5 Torpedo endgültig versenkten wollte, lief der Aal vorbei und traf den Geleitzerstörer "Bickerton" tödlich.

Am 1. Sept. 1944 beschoß U 703 den US-Küstenwachkutter "Northland". Die "Northland" hatte Weisung, das deutsche Wetterbeobachtungsschiff "Kehdingen" an der ostgrönländischen Küste zu stellen. Die abgeschossenen Torpedos detonierten im Eis.

Minenlegeaufgaben vor dem Westeingang der Pecorasee und vor der Belucha-Bucht sowie am Ostausgang der Pecorabucht verliefen ohne Feindberührung. Im September suchte U 315 unter Oblt.z.S. Zoller einen Weg, um in die Kolabucht einzudringen, den Fjord aufwärts zu laufen und das dort liegende Schlachschiff "Archangelsk" zu vernichten. Das Boot konnte die Netzsperre nicht überwinden. Anschließend versuchte U 313 unter Kptlt. Schweiger dieses Husarenstück, ebenfalls ohne Erfolg.

Der Konvoi JW 60/RA wurde von der U-Boot-Gruppe »Grimm« mit sieben Booten angegriffen. Aber diese Gruppe wurde von den Schiffen umlaufen. Lediglich U 310 unter Oblt.z.S. Ley kam zum Schuß. Mit einem Viererfächer versenkte er die »Edward H. Crockett« und die »Samsuva« mit insgesamt 14.395 BRT.

U 921, Oblt.z.S. Werner, wurde durch Swordfishes des Trägers »Campania« versenkt. Ende September gestalteten sich die Kämpfe in der westsibirischen See dramatisch. U 739 schoß am 23. Sept. den ersten Fehlschuß. U 957 traf mit seinen letzten "Zaunkönig" den Minensucher »SKR 29«, der binnen zweier Minuten sank.

Um 9.00 Uhr des 24. Sept. torpedierte U 739, Oblt.z.S. Mangold, den Minensucher T 120, der aber erst zwei Stunden darauf mit Fangschuß unter Wasser geschickt werden konnte.

Der Oktober sah weitere Angriffe. Drei Kleinschiffe wurden von U 363 und U 997 versenkt oder torpediert. U 956 konnte die 7.176 BRT große "Tiblisi" torpedieren, die aber nach Kildin eingeschleppt werden konnte.

Damit gingen die Einsätze im Nordmeer zu Ende. Bei geringen Erfolgen wurden mehrere U-Boote versenkt. Der Gegner allerdings mußte alle weiteren Geleitzüge nach der UdSSR und von dort nach dem Westen so stark wie nie sichern, um nicht herbere Verluste zu erleiden.

Vier Monate Kampf im Atlantik

Nach der Räumung der Biskayahäfen infolge des Rückzuges der Heerestruppen aus Westfrankreich nach Osten im August und September 1944 war die Lage der deutschen U-Boote im Westen wieder auf den Stand vor der Erringung der Atlantikhäfen nach dem Sieg in Frankreich zurückgefallen.

Der einzige Unterschied dazu war, daß einige norwegische Stützpunkte eingerichtet worden waren, von denen aus die U-Boote nun auch in den Atlantik laufen mußten.

In seiner Besprechung mit Hitler in der Wolfsschanze am 16. Oktober gab GA Dönitz in einem Vieraugengespräch mit Hitler seiner Überzeugung Ausdruck, daß die in Bau befindlichen Elektroboote der Typen XXI und XXIII – den absoluten U-Booten – zum Januar 1945 einsatzbereit seien und daß dann der U-Boot-Einsatz wieder forciert werden würde. Allerdings wies er auch darauf hin, daß den U-Booten in den Häfen und auf den Werften aus der Luft tödliche Gefahr drohe, wenn sie keine bombensicheren Bunker erhielten.

Später sollte GA Dönitz vor Hitler die Erklärung abgeben, daß "das Wiederanlaufen des U-Boot-Krieges weniger eine Frage der Boote, als vielmehr eine solche der Werften sei. Der Gegner wird sich nach den ersten Erfolgen dieser neuen Unterwasserboote mit aller Energie gegen die Bau- und Instandsetzungswerften, sodann gegen die Stützpunkte der neuen Boote wenden."

Nur einige wenige Boote waren im Sept. 1944 im Einsatz vor der englischen Küste. Hier war es U 482 unter KptLt. Graf Matuschka, das im Nordkanal vor Irland eine gute Serie erzielte. Die Korvette »Hurst Castle« war das erste Opfer des Bootes, am 1. Sept. Am 3. Sept. folgte die 4.115 BRT große "Fjordheim" und an 8. Sept. schoß Graf Matuschka aus dem Konvoi HX 305 den kleinen Dampfer "Pinto" heraus und traf den Tanker "Empire Heritage", 15.702 BRT, so schwer, daß er brennend liegenblieb und mit einen Fangschuß versenkt werden konnte.

Anfang Okt. 1944 zog der Führer der U-Boote West, Kpt.z.S. Rösing, aus Berlin (wohin er von Brest aus verlegt hatte) nach Bergen in Norwegen, um von dort aus den Antlantikeinsatz der U-Boote zu leiten. Alle aus den Biskayahäfen zurückgezogenen Boote waren in der 11. U.-Flot. Bergen und der 13. U.-Flot. Drontheim zusammengefaßt worden. Zwei Boote konnten jeweils einen Zerstörer torpedieren, die beide eingeschleppt werden konnten.

Vor Halifax, Neuschottland, versenkte U 1232 unter Kpt.z.S. Dobratz aus zwei Geleitzügen vier Schiffe mit 23.431 BRT und torpedierte ein weiteres.

Von den in den Nordatlantik auslaufenden Schnorchelbooten wurden am 16. Okt. U 1006 unter Oblt.z.S. Voigt versenkt und am 26. Okt. U 246 so schwer beschädigt, daß es in den Stützpunkt zurückkehren mußte, wo es repariert wurde.

U 300 konnte in einem schweren Gefecht zum Schuß kommen, nachdem es drei Sicherungsboote ausmanövriert hatte. Er schoß einen Viererfächer. Drei Dampfer sanken, unter ihnen auch die 6.017 BRT große »Shirwan«, ein Tanker.

Die Kämpfe bis zum Jahresende sahen Erfolge von U 483, das den Zerstörer "Whitaker" torpedierte, von U 978, das ein Schiff von 7.176 BRT versenkte, und die »Empire Cutlass« mit 7.177 BRT torpedierte.

Im Dezember standen wieder einige kleine U-Bootrudel im Atlantikeinsatz. Nördlich von Schottland versenkte U 775 unter Oblt.z.S. Taschenmacher am 6. Dez. den Geleitzerstörer »Bullen«. Bereits am 25. Nov. war die kanadische Korvette »Shawinigan« von U 1228 unter Wasser geschickt worden.

Im Bristolkanal kam U 1202 unter Kptlt. Thomsen zum Schuß auf einen Konvoi. Ein Libertyschiff fiel dem Viererfächer des Bootes zum Opfer. Weitere Erfolge kamen hinzu. Besonders erfolgreich war U 486 unter Oblt.z.S. Meser, der am 18. Dez. die "Silverlaurel" mit 6.142 BRT versenkte, am 12. Dez. einen Zerstörer torpediert hatte und am Nachmittag des 24. Dez. den Truppentransporter "Leopoldville" mit 11.509 BRT tödlich traf. Mit diesem Schiff gingen 819 britische Soldaten unter.

Am 26. Dez. kam dieses Boot noch einmal an einen Konvoi heran. Es versenkte den Zerstörer »Capel« und torpedierte einen weiteren Zerstörer, der allerdings eingeschleppt werden konnte.

U 870 unter KKpt. Hechler vernichtete am 20. Dez. LST 359 und torpedierte den Zerstörer »Fogg«.

Insgesamt wurden im Dezember acht Schiffe versenkt, drei weitere torpediert und fünf Zerstörer torpediert oder versenkt.

Im Indischen Ozean

Anfang September 1944 standen dort nur die Boote U 859 und U 861 im Einsatz. Beide Boote erzielten einen Versenkungserfolg, bevor sie nach Djakarta einliefen. Damit waren bis Mitte Sept. 1944 der Großteil der im Indischen Ozean eingesetzten Boote in die Stützpunkte eingelaufen.

Von Djakarta liefen ab dem 4. Okt. 1944 einzelne Boote mit wichtigen Rohstoffen nach Deutschland aus, bzw. versuchten, die norwegischen Stützpunkte zu erreichen.

U 168 wurde dabei am 6.Okt. von dem niederländischen U-Boot »Swaartfisch« vernichtet. U 181 unter dem neuen Kommanten, KKpt. Freiwald, lief am 16. Okt. aus Djakarta aus. Am 2. Nov. versenkte es den US-Tanker "Fort Lee", mit 10.198 BRT ein dicker Brocken. Als sich das Boot bereits südlich Afrika befand, wurde ein Lagerschaden an der Schraubenwelle gemeldet, der nicht mehr mit Bordmitteln behoben werden konnte. U 181 kehrte um und erreichte am 5. Jan. 1945 Djakarta.

U 537 operierte in der südlichen Javasee, als es von dem US-U-Boot "Flounder" durch Torpedoschuß versenkt wurde.

Am 11. Nov. lief auch U 196 aus. Diesmal von Kentrats Nachfolger, Oblt.z.S. Striegler, geführt, setzte es noch einige Positionsmeldungen ab, ehe es für immer schwieg. Der Untergangsort des Bootes mußte die Sundastraße gewesen sein.

Am 28. Nov. lief U 843 in Richtung Atlantik. Kptlt. Herwartz versorgte das aus Frankreich kommende U 195 und erreichte dann den Atlantik.

Am 18. November verließ U 862 den Hafen Djakarta und lief auf Südostkurs, die Südflanke Australiens umrundend, bis zur Ostküste, wo es vor Sidney auf ein Libertyschiff von 7.180 BRT zum Schuß kam. Der Doppelschuß vernichtete dieses Schiff. Auf seiner Rückfahrt um Australien herum kam das Boot am 5.12. 1944 abermals zum Schuß und versenkte ein zweites Libertyschiff von 7.117 BT, ehe es am 15. Dez. nach Djakarta einlief.

Das waren die letzten Einsätze der Ostasienboote. Ihr Rückmarsch nach Deutschland, soweit sie nicht den Japanern überlassen wurden, begann am 6. Jan. 1945, doch darüber im 7. Kriegsjahr mehr.

U-Boote im Mittelmeereinsatz

Zu Beginn des Jahres 1944 war die Zahl der Mittelmeer-U-Boote auf 12 abgesunken. Die beiden Stützpunkte La Spezia und Pola verloren infolge der Partisaneneinsätze mehr und mehr an Bedeutung. Zu dieser Zeit war Toulon praktisch der einzige U-Bootsstützpunkt. Von dort liefen die Boote zu ihren Feindfahrten aus. Aber auch Salamis wurde noch zu kurzer Überholung und Verproviantierung angelaufen.

Im Januar 1944 kam U 453 unter Oblt.z.S. Lührs mit der Versenkung von vier Lastenseglern zum ersten Erfolg.

Ende Januar lief wieder eine Anzahl an Booten aus und wurde auf Schiffsansammlungen in der Bucht von Anzio-Nettuno angesetzt, wo bereits am 22. Januar 1944 die alliierte Operation »Shingle« – Landung des VI. US-Korps unter Generalmajor Lucas – stattgefunden hatte.

Hier kam U 223 unter Oblt.z.S. Gerlach als erster zum Schuß. Aber sein T-5 gegen eine Korvette lief vorbei, ebenso der Zaunkönig-Fächerschuß von U 230 auf eine Zerstörerrotte.

Eine Reihe von Fehlschüssen kennzeichnete diesen Monat.

Beim FdU in Toulon/Aix en Provence hatte ein Wachwechsel stattgefunden. KAdm. Kreisch, der die Geschicke der U-Boote im Mittelmeer ein Jahr und 363 Tage gelenkt hatte, verließ diesen Kampfraum. Für ihn kam am 20. Jan. 1944 Kpt.z.S. Hartmann als neuer FdU-Mittelmeer nach Aix en Provence. Dazu bemerkte GA Dönitz:

"Hartmann war ein Mann der alten U-Boot-Garde. Er hatte als U-Boot-Wachoffizier und Kommandant die Friedensausbildung durchlaufen und sich im Kriege als U-Boot-Kommandant ebenso wie in der Ausbildungs-Lehrdivision bei der Ausbildung junger Kommandanten in der Ostsee und schließlich als Kommandeur der Lehrdivision bewährt."

Der Einsatz in der Bucht von Anzio ging weiter. Aber auch U 371 unter Kptlt. Mehl kam auf keines der großen Kriegsschiffe oder Transporter zum Schuß oder seine Schüsse gingen vorbei.

Erst am 15. Febr. hatte U 410 Glück. Unter Oblt.z.S. Fenski, der seit dem 26. Nov. 1943 das RK trug, lief es in den Landungsraum und versenkte am 15. Febr. ein großes Libertyschiff. Es war die "Fort St. Nicolas" mit 17.151 BRT. Einen Tag später schickte U 230 den LST 418 unter Wasser. Am 17. Febr. war wieder Fenski an der Reihe, aber seine angpeilten Ziele, ein Zerstörer und ein Transporter, sanken nicht; auch diese Torpedos waren Fehlschüsse. 24 Stunden später aber griff er einen Kreuzer an, der von zwei Zerstörern gesichert wurde. Der Kreuzer blieb nach einem

Doppelschuß getroffen liegen. Trotz der sofort angreifenden Zerstörer lief U 410 unter Wasser um den Havaristen herum und versenkte ihn mit Fangschuß. Der Kreuzer »Penelope« war eines der »Stammschiffe« im Mittelmeer. Am 19. Febr. verfehlte Fenski knapp einen Zerstörer und am 20.2. versenkte er den LST 305.

Zum Stützpunkt zurückgekehrt, wurde U 410 am 11. März bei einem alliierten Fliegerangriff vernichtet. Auch U 380, das neue Boot von Kptlt. Brandi, fiel diesem Angriff zum Opfer.

Inzwischen waren wieder einige neue Boote ins Mittelmeer gelangt. Kpt.z.S. Hartmann verfügte im Febr. wieder über 16 Boote und erwartete sechs weitere.

Der März sah wieder einige Einsätze. So von U 371, Kptlt. Mehl, der am 17. März die 7.176 BRT große »William B. Woods« und dann noch die mit 17.024 BRT enorm große »Maiden Creek« unter Wasser schickte und ein drittes Schiff torpedierte. Einen Tag zuvor hatte U 952, Oblt.z.S. Curio, einen 7.000-Tonner versenkt. Am 30. März griff U 223, Oblt.z.S. Gerlach, den Zerstörer "Laforey" an und versenkte ihn mit einem T-5-Torpedo.

Mit drei Verlusten wurde die U-Flotte Mittelmeer schwer gebeutelt. Es begann mit U 343, das am 10. März mit Wabos vernichtet wurde. Am selben Tage sank U 450 durch den britischen Zerstörer »Exmoor«, während U 223 am 30. März nach einem letzten Erfolg über einen Zerstörer nördlich Palermo von vier weiteren Zerstörern angegriffen und zerbombt wurde. Bei einer Zuführung von vier Booten hatte also die Mittelmeerflotte fünf Boote verloren.

Der April war ebenfalls sehr verlustreich. U 455 sank beim Einlaufen in La Spezia nach Minentreffer. U 422 wurde in Toulon durch einen US-Luftangriff vernichtet.

Der Mai brachte eine Reihe Erfolge. U 371 torpedierte am 2. und 4. Mai jeweils einen Zerstörer. U 967, Kptlt. Brandi (das dritte Boot des erfolgreichen Kommandanten) griff am 5. und 8. Mai einen Dampfer und zwei Zerstörer an. Der Geleitzerstörer "Fechteler" sank.

U 616 unter Oblt.z.S. Koitschka torpedierte zwei große Frachter. U 453, Oblt.z.S. Lührs, brachte die 7.147 BRT große »Missanabie« unter Wasser. Zwei italienische Boote kamen ebenfalls zu Erfolgen. Ein drittes Boot, das ebenfalls unter deutscher Führung kämpfte, konnte den dritten Erfolg der Italiener für sich buchen.

Oblt.z.S. Fenski, inzwischen zum Kptlt. befördert, hatte im April U 471 von Kptlt. Mehl übernommen und lief mit ihm im Mai zur ersten Feindfahrt aus. Das Boot wurde am 3. Mai achteraus vom Konvoi GUS 38 geortet. Obgleich die Zerstörer alarmiert waren, gelang es Fenski, den Zerstörer »Menges« um 1.18 Uhr des 2. Mai mit einem T-5-Torpedo zu treffen. Der Zerstörer verlor Schraube und Ruder. Die achteren Räume wurden total zerstört. 31 Besatzungsmitglieder fielen, 25 weitere wurden verwundet. Die Zerstörer »Pride« und »J.E. Campbell« liefen zur Hilfeleistung heran. Sie warfen auf dem Wege zu dem havarierten Zerstörer Wabos, doch U 371 entkam.

Nunmehr nahm eine Jagdgruppe die Verfolgung des U-Bootes auf. Am Nachmittag des 3. Mai stießen die französischen Zerstörer »Senegalais« und »L' Alcyon« zur Suchgruppe und beteiligten sich an der Jagd auf U 371. Kurz nach Mitternacht des 4. Mai mußte U 371 auftauchen, um das Boot durchzulüften. Um 3.15 Uhr erhielt "Senegalais" einen Kontakt zu U 371. Sie schoß sofort Signalsterne, erkannte den Bootsumriß über Wasser und schoß auf das Boot. Andere Boote liefen mit AK nach Norden, in die mögliche Fluchtrichtung, wieder andere nach Westen, denn auch dorthin konnte das deutsche Boot ausweichen.

Fünf Minuten später stieg vom Heck der »Senegalais« die Feuersäule einer Torpedodetonation empor. Explodierende Wabos rissen den französischen Zerstörer in Stücke. U 371 hatte noch einmal zugeschlagen.

Um 4.30 Uhr wurde dann von den Ausgucks der "Sustain" ein im Wasser schwimmender Pulk deutscher Seeleute gesichtet. Der Minenleger lief darauf zu und fischte 41 Soldaten und sieben Offiziere aus dem Wasser. Unter ihnen auch der Kommandant, Kptlt. Fenski.

Die Besatzung hatte das schwer havarierte und aus den Batterien gasende Boot verlassen müssen. Seit 4.09 Uhr schwammen sie hier in der See. Fünf Besatzungsmitglieder waren bei der Wasserbombenverfolgung getötet worden und sind mit dem Boot untergegangen.

Am Morgen des 5. Mai befand sich der genannte Konvoi nahe der spanischen Insel Alboran, als hier der Zerstörer "Laning" um 3.15 Uhr einen Kontakt mit einem fremden Schiff hatte. Es war ein U-Boot, das 13 sm vom Konvoi entfernt stand und wenige Sekunden nach der Sichtung wegtauchte. Der Zerstörer "Fechteler", der um 3.45 Uhr zwischen dem U-Boot und dem Konvoi stand, drehte auf die offizielle Marschroute ein, als er einen Torpedotreffer erhielt. Ein Wassereinbruch erfolgte und wenige Minuten darauf brach der Zerstörer auseinander und sank. Er nahm weit über 100 Soldaten mit in die Tiefe. Lediglich 186 Mann der Besatzung konnten gerettet werden. Es war U 967 unter Kptlt. Brandi, das die »Fechteler« versenkte und einen Frachter torpedierte.

U 616 unte Oblt.z.S. Koitschka torpedierte am 14. Mai den US-Motortanker "G.S. Walden" mit 10.627 BRT und den britischen Dampfer "Fort Fidler" mit 7.127 BRT. Vier Tage lang wurde das Boot von einer U-Jagdgruppe verfolgt, und am 15. und 16. Mai zweimal vergeblich angegriffen. Am 16. Mai kam das Ende. Drei Zerstörer griffen das Boot an, vier weitere standen im Umkreis weniger Seemeilen bereit, sofort einzugreifen.

Um 7.10 Uhr tauchte U 616 am 16. Mai auf. Alle Zerstörer eröffneten das Feuer. Die Besazung ging auf Befehl des Kommandanten von Bord, das Boot sank.

Am 5. Juli wurde der Stützpunkt Toulon von 233 B-24-Bombern angegriffen. Die U-Boote U 586 und U 642 wurden zerstört, U 952 leicht beschädigt.

Einen Monat darauf, am 6. August war Toulon das zweitemal Ziel eines schweren Bombenangriffs. Diesmal wurden U 952, U 471 und U 969 vernichtet oder schwer beschädigt.

Am 11. August mußte dann nach Beginn der alliierten Invasion in Südfrankreich Toulon verlassen werden. Alle Anlagen der U-Bootwaffe wurden gesprengt. U 466 mußte ebenfalls gesprengt werden, da es nicht fahrbereit war. U 230, das am. 21. aus Toulon auslief, geriet auf der Reede bei den Hyeres-Inseln auf Grund und mußte gesprengt werden.

U 407, das drittletzte Boot des FdU im Mittelmeer, das noch zum Einsatz ausgelaufen war, wurde am 19. Sept. 1944 südlich Milos durch einen britischen Zerstörer vernichtet. Der Kommandant und 48 Mann der Besatzung gerieten in Gefangenschaft.

Am selben Tage wurde Salamis von US-Bombern angegriffen; das hier liegende U 565 wurde getroffen und mußte am 24. Sept. da nicht mehr einsatzbereit, gesprengt werden. Auch U 596 wurde am selben Tage in Salamis gesprengt. Die Besatzung ging mit dem Stab des Admiral Ägäis nach Saloniki.

Der Kampf der U-Boote im Mittelmeer war zu Ende.

Die letzten Schwarzmeereinsätze der deutschen U-Boote

Die im Januar 1944 auslaufenden U-Boote der Schwarzmeerflottille operierten vor der Kaukasusküste. Hier kamen U 19, U 20 und U 24 zum Schuß. U 18 und U 19 standen vor Batumi und Poti. U 20 torpedierte einen Tanker. U 23 meldete einen Dampfer und einen Tanker versenkt.

U 18 schoß einen Torpedo durch die offene Netzsperre des Hafens Batumi und traf einen an der Pier liegenden Dampfer, der auf Grund sackte.

Der März sah U 20 und U 24 auf dem Geleitweg von Poti nach Trapezunt, nachdem U 20 vor Poti eine Minensperre gelegt hatte.

Im April standen U 18 und U 23 erneut vor der Kaukasusküste, wo U 23 im Artillerieduell ein sowj. Räumboot in Brand schoß, das wenig später sank.

U 13 griff 22 sm südostwärts Gelendschik einen Schleppzug an und versenkte einen Schlepper und einen Leichter.

Der Mai brachte dann einen Höhepunkt der Schwarzmeereinsätze. Fünf deutsche Boote kamen zu Versenkungserfolgen. U 9 vernichtete einen Fischkutter und am 11. Mai den Minensucher T 411. Dieses Boot, torpedierte am 26. Mai einen Dampfer und einen Bewacher.

U 24 unter seinem neuen Kommandanten, Oblt.z.S. Landt-Hayen, versenkte am 12. Mai einen Bewacher und torpedierte am 22. Mai einen weiteren. Am 27. Mai schoß das Boot einen auf Strand gesetzten sowjetischen Bewacher mit seiner 2cm-FlaMW in Brand.

U 23 torpedierte einen Dampfer, versenkte einen Tanker, einen Fischkutter und ein Motorkanonenboot. U 19 unter Oblt.z.S. Ollenburg vernichtete einen Schlepper.

Im Juni und Juli setzten die Boote ihre Einsätze fort. U 18, das am 31. Mai bei Poti einen Schlepper versenkt hatte, griff am 1. Juni 14 sm nordwestlich von Tuapse ein Kanonenboot an und traf es mit einem Torpedo. U 20 versenkte am 19. Juni den 1.850 BRT großen Dampfer »Pestel« und schoß am 24. Juni nacheinander vier kleine Motorkutter mit seiner FlaMW in Brand. Aus einem Schleppgeleit versenkte U 19 einen Leichter.

Nach einer Überholung und Versorgung im Juli stand U 18 anfangs August vor Poti und versenkte einen 1.500 BRT großen Frachter. Ein Bewacher wurde von einem Torpedo getroffen, setzte seinen Weg aber fort. Am 11. August meldete das Boot einen weiteren Frachter als versenkt und am 13. August erzielte es einen Torpedotreffer auf ein Motorkanonenboot, das ebenfalls sank.

Mit dem 20. August nahte das Ende der Schwarzmeerflottille. Bei einem sowjetischen Luftangriff auf Konstanza wurde U 9 versenkt und U 18 sowie U 24 beschädigt.

Am 24. Aug. mußte der Hafen Konstanza geräumt werden. Die hier liegenden nicht mehr fahrbereiten Boote U 18 und U 24 wurden gesprengt. Die letzten drei noch einsatzbereiten Boote der Schwarzmeerflottille, U 19, U 20 und U 25 waren seit dem 25. Aug. noch von Konstanze aus im Einsatz. U 25 traf mit einem Fächerschuß im Hafen von Konstanza den Dampfer »Oituz«. Am 2. Sept. versenkte U 19, Oblt.z.S. Ollenburg, vor Konstanza den sowj. Minensucher T 410. Dies war der letzte Erfolg deutscher U-Boote im Schwarzen Meer. Die überlebenden Boote, U 19, U 20 und U 23 liefen zur türkischen Küste und wurden bei Erkeli von ihren Besatzungen gesprengt (über die deutschen Schnellboote im Mittelmeer und Schwarzen Meer wird in Band 7 berichtet werden).

* * *

KAMPFRAUM ITALIEN 1944

Vorbemerkungen

Nach der Ernennung von GFM Kesselring zum OB Südwest - HGr C - war auf dem italienischen Kriegsschauplatz eine einheitliche Führung eingesetzt worden. GFM Kesselring forderte unmißverständlich die Verteidigung Italiens in der Gustavlinie, die bislang allen feindlichen Durchbruchsversuchen getrotzt hatte. In diesem Abschnitt wurde die Straße aus Rom bei der Enge von Cassino von dem Monti Aurunci einerseits und dem Monte Cairo andererseits begrenzt. In der Mitte dieser Flankengebirgsstöcke lagen noch die Monti Miletto, Petroso und Malella. Letzterer 2.795 m hoch. Danach fiel das Gebirge steil zur Adria ab.

Die Landschaft in diesem Raum war im Januar 1944 von einer dichten Schneedecke eingehüllt. Weder die Flugplätze noch die Straßen waren befahrbar. Als der Schnee schmolz, begann der Regen, der hier bis zum März 1944 anhielt.

Die Westalliierten hatten einen gemeinsamen Angriffsentschluß gefaßt. Er wurde von General Alexander, dem OB der 15. Alliierten Armeegruppe, folgendermaßen zusammengefaßt:

"Die 5. Armee unternimmt noch vor dem geplanten Landungsunternehmen bei Anzio-Nettuno einen entscheidenden Vorstoß gegen Cassino und Frosinone. Dadurch werden feindliche Reserven in diesem Raum gebunden.

Im Zuge dieses Angriffs muß eine Bresche in die feinliche Stellung geschlagen werden, um eine schnelle Verbindung mit dem für unsere Landung bestimmten Küstenabschnitt zu gewinnen."

Dies bedeutete: Frontalangriff gegen Cassino und Landung von neuen Kampftruppen im Golf von Anzio.

Damit, so folgerte die alliierte Führung, würden die Bastionen südlich und südwestlich von Rom fallen und der Weg in die italienische Hauptstadt freigekämpft sein.

Der Angriff auf den deutschen Frontabschnitt am Garigliano und am Rapido begann mit einem Trommelfeuer der westallierten Batterien, zu denen in diesem Frontabschnitt auch französische und polnische Truppen zählten.

In der deutschen HKL waren von rechts nach links folgende Verbände eingesetzt: Das PGR 129, die AufklAbt. 115, das PGR 115, das PGR 104, die GR 211, 132, 134 und 131. Dahinter gestaffelt das PGR 200 und das PR 200 der 90. PGD unter Oberst Baade (seit dem 1.2.1944 GenMaj.). Oberst Baade hatte auch die Gesamtführung im Raume Cassino übernommen.

Der Angriff der 34. US-ID führte am 6. Jan. zur Wegnahme von San Vittore. Die 1. US-ID, eine Elite-Rangerformation, kämpfte um den Monte Maio. Truppen des französischen Expeditionskorps gelang am 15. Jan. die Gewinnung des Monte Croce, während die 1. US-ID den Monte Trocchio eroberte. Damit waren die Kämpfe zur Gewinnung einer Ausgangsposition für den Angriff gegen Monte Cassino gewonnen.

"Man mußte deutscherseits nunmehr damit rechnen, daß über kurz oder lang diesem blutigen Kampf durch eine überholende Anlandung ein Ende gemacht werden würde. Eine solche konnte bei Berücksichtigung der alliierten Angriffsmethodik nur im Großraum Rom erwartet werden.

Klar war weiterhin, daß eine Feindlandung irgendwie mit einer Offensive an der Südfront gekoppelt sein würde." (siehe Kesselring, Albert: Soldat bis zum letzten Tag).

Am 17. Jan. 1944 eröffnete das brit. X. Korps mit schwerem Artilleriefeuer die erste Cassinoschlacht. Der erste Angriff der brit. 5. und 56. ID richtete sich gegen die Stellungen der 96. ID.

General Juins Truppen wiederum gelang es, die Dörfer Valle Rotonda und Sant' Elia zu erobern und den Angriff auf den Monte Belvedere zu beginnen. Dort verteidigte die 5. GD unter Oberst Schrank.

Drei Tage darauf setzte General Clark seine 5. US-Armee zum Unterlauf des Rapido in Marsch. Spitze fuhr die 36. (Texas)-Division. Dahinter stand die 1. US-PD bereit, um – wie geplant – in Richtung Anzio-Nettuno vorzustoßen, wo am 22. Jan. ein alliiertes Korps zum Sturmangriff auf Rom landen sollte.

Der Angriff blieb liegen. Die 36. US-ID verblutete im Vorfeld des Monte Maio und an den Hängen des Monte Cassino, an denen sich die deutschen Verteidiger festgesetzt hatten.

Deutscherseits waren nach Erkennen der Angriffsabsichten die 29. PGD und letzte Teile der 90. PGD nach vorn geführt worden. GFM Kesselring hatte das Halten der Stellungen befohlen. Wenn nicht hier, dann würden die deutschen Truppen den Feind nirgendwo mehr aufhalten können.

Dem befehlsführenden XIV. PzKorps wurden alle Reserven zugeführt, die nur eben greifbar waren.

Am 20. Jan. bahnte sich eine Krisenlage an, als der Großangriff des II. US-Korps und der französichen Expeditionsstreitkräfte gegen den rechten Flügel der Abwehrfront anbrandete. Zur Unterstützung dieses Angriffs flog die 12. alliierte Luftflotte an diesem Tage 124 Einsätze gegen die deutsche HKL bei Cassino. Starke Artillerieverbände und zwei schwere Panzerjäger-Verbände leiteten den neuen Angriff ein.

Dieser richtete sich frontal gegen die Stellungen der 15. PGD unter GenMaj. Rodt (ab 1.3. 1944 Generalleutnant).

General Rodt, der bereits auf Sizilien mit dieser neu aufgestellten Division im Einsatz gestanden hatte, wies die 36. US-ID blutig ab. Anteil am Abwehrerfolg hatten Teile des Werfer-Regiments 71 und einiger Heeres-ArtAbt. Die Amerikaner erlitten hier einen schweren Verlust; als sich der Abend senkte hatten sie insgesamt an Toten, Verwundeten und Vermißten 1.681 Mann verloren.

Am anderen Tage warf das PGR 104 der 15. PGD die überlebenden Teile der beiden US-Regimenter 141 und 143 über den schmalen aber reißenden Fluß zurück. Nur 40 Soldaten des IR 141 der Amerikaner kam über den Rapido zurück. Die 36. US-ID stellte am 22. Jan. den Kampf ein. Bis dahin hatte sie 2.066 Mann verloren.

Das XI. FlKorps unter Gen.d.Flieger Schlemm traf zum Einsatz bei Cassino ein. Hinter dieser Bezeichnung verbarg sich das deutsche I. Fallschirmkorps. General Schlemm sollte mit seinem Generalkomando hier die Führung übernehmen. Ihm wurden zur weiteren Verteidigung dieser Stellung die 29. und 90. PGD ebenso wie die 94. ID unterstellt. Die 3. PGD wurde ihm in Eilmärschen zugeführt.

Panzergrenadiere mit Schützenpanzerwagen bereiten sich zum nächsten Einsatz vor.

Die große sowjetische Offensive im Juni 1944 im Frontabschnitt der Heeresgruppe Mitte, brachte die Front zum Einsturz. Im Bild: Infanteristen im Artilleriefeuer.

Ein mit Staub bedeckter deutscher Landser in einem Schützengraben betrachtet nachdenklich ein Futteral. Wann kann er sich wieder einmal richtig waschen und ausschlafen?

Ein deutscher Kradmelder fährt mit seinem Solo-Krad durch brennende Ruinen zum Gefechtsstand seiner Einheit.

Ein dicker Baumstamm dient als Deckung für die feuernden Infanteristen.

Ein Grenadier hat eine Panzerfaust 60 geschultert und geht nach vorne.

An der rumänischen Front wurde die neu aufgestellte 6. Armee im Spätsommer 1944 ein zweites Mal vernichtet. Im Bild: Rumänen beim Stellungsbau. Die Rumänen wechselten ab August 1944 die Seite und kämpften auf russischer Seite weiter.

Deutsche Grenadiere nach einem Gegenstoß. Der Soldat rechts im Bild hält eine russische Beutemaschinenpistole in seiner Hand.

Der Panzervernichtungstrupp war erfolgreich. Das „Ofenrohr“ war eine wirkungsvolle Raketenwaffe gegen feindliche Panzer. Die starke Rauchentwicklung dieser Waffe verriet jedoch oft die eigene Stellung.

Ostpreußen November 1944: Ein abgeschossener schwerer russischer Stalin-Panzer steht vor den deutschen Linien.

Ein Sturmgeschütz der Fallschirmpanzerdivision „Hermann Göring" hält bei einem abgeschossenen russischen T 34.

Im Herbst 1944 wurde die Heeresgruppe Nord aufgespalten und hielt den Brückenkopf Kurland bis Kriegsende gegen alle russischen Angriffe. Grenadiere im Brückenkopf Kurland warten auf den nächsten Angriff.

Ein Panther-Panzer im Kampf bei Schaulen, Litauen 1944.

Gebirgsjäger tragen ihren verwundeten Kameraden zum Hauptverbandsplatz.

Eine sMG-Gruppe der Gebirgsjäger ist in einem Hohlweg in Stellung gegangen.

Die lange Front im Norden musste nach dem Ausscheiden der Finnen aus dem Bündnis mit Deutschland geräumt werden. Generaloberst Dietl (rechts im Bild) berät sich mit seinen Kommandeuren.

Erfolgreiche Spähtruppführer einer Grenadierdivision wurden mit dem Eisernen Kreuz I. Klasse ausgezeichnet.

Dieser Grenadier lächelt in die Kamera. Auf der Schulter trägt er eine Panzerfaust.

Im Oktober 1944 wurde der „Volkssturm“ gebildet. Alle noch in der Heimat verbliebenen wehrfähigen Männer zwischen 16 und 60 Jahren mussten sich zum Einsatz melden.

Ein Panther-Panzer im ungarischen Herbstschlamm 1944.

Nach Verlust der rumänischen Ölfelder von Ploesti waren die wenigen ungarischen Ölquellen von größter Wichtigkeit. Hitler wollte um jeden Preis Ungarn halten. Im Bild ein Panther und seine Besatzung bei einer Marschpause.

Auch das Bündnis mit Ungarn stand auf wackeligen Füßen. Um einem Seitenwechsel vorzubeugen, wurden im Herbst 1944 starke deutsche Kräfte nach Ungarn entsandt. Im Bild ein Königstiger in Budapest.

Der Königstiger mit seiner überlangen 8,8 cm-Kampfwagenkanone war der Schrecken der russischen Panzer. Bei der großen Reichweite und Durchschlagskraft seiner Kanone konnte er den Gegner bereits auf große Entfernungen bekämpfen.

Im einem Kellerloch in Ostpreußen wird MG-Munition gegurtet. Um der Bevölkerung die Flucht vor der Roten Armee zu ermöglichen, kämpften die dort eingesetzten Einheiten unermüdlich.

Angehörige des Volkssturms werden von einem erfahrenen Heeresoffizier an der Panzerfaust ausgebildet. Dies entsprach jedoch nicht der Regel, denn der Volkssturm unterstand nicht der Wehrmacht.

Schnell sollte ein Ostpreußen- oder Ostwall ausgehoben werden, um die anstürmenden Russen an der Ostgrenze des Reiches aufzuhalten. Der Stellungsbau, von unerfahrenen dilletantischen Parteileuten angeordnet und geleitet, erfüllte jedoch seinen militärischen Zweck zu keinem Zeitpunkt.

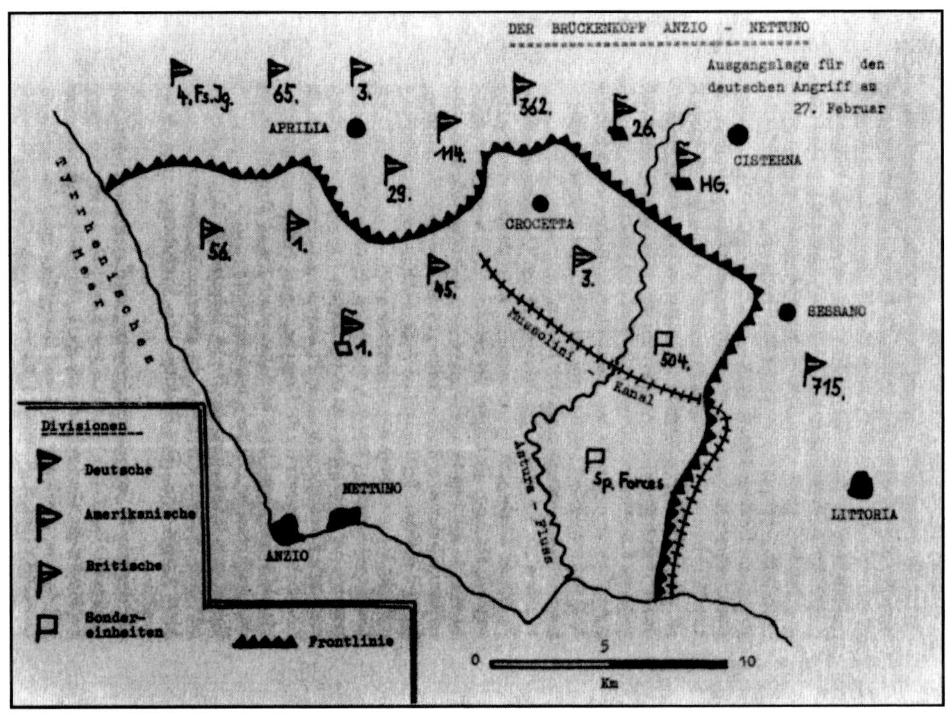

Anzio-Nettuno: Feindlandungen und ihre Abriegelung

Bereits anfangs Januar 1944 waren im Raume Perugia aus dem Fallschirmjäger-Sturmregiment und Teilen der FJR 2 und 6 die 4. FJD. aufgestellt worden. Ihr Kommandeur wurde Oberst i.G. Trettner (kurz darauf zum GenMaj. befördert), ein Fallschirmjäger der ersten Stunde. Major Gericke übernahm die Führung des FJR 11 als Kommandeur.

Am 18. Jan. wurden bei den Regimentern 10, 11 und 12 der 4. FJD Alarmbataillone aufgestellt, die für den Fall einer feindlichen Landung hinter der stark umkämpften Cassinofront als Eingreif-Reserven bereitstehen sollten.

Bereits am 8. Nov. 1942 hatte das Oberkommando der 5. US-Armee Befehl erhalten, eine Landung an der italienischen Küste zwischen Anzio und Nettuno zu planen. Der 14 Tage später vorgelegte Landungsplan wurde am 25. Nov. von General Alexander, dem OB der alliierten Expeditionskräfte, genehmigt und einen Tag später wurde die 3. US-ID aus der Front gezogen, um sich auf "Shingle" vorzubereiten.

Am 2. Jan. 1944 wurde von General Alexanders Stab die Landungsoperation befohlen: "Abschneiden des feindlichen Hauptnachschubweges in den Albaner Bergen. Bedrohung des rückwärtigen Gebietes des XIV. deutschen PzKorps."

Die 5. US-Armee wurde angewiesen, direkt nach der Landung starke Kräfte in die Albaner Berge zu entsenden und so den Totalangriff auf Cassino zu erleichtern. Das Hauptziel nach der Landung war die Stadt Anzio und deren Bucht. Die Stadt selbst lag auf einem Felsplateau, das ins Meer hineinragte. Am westlichen Ende der Bucht lag Nettuno.

Für die Landung wurde das VI. US-Korps unter GenLt. Lucas vorgesehen. Die Landungsflotte, die dieses Korps zur Ausladestelle bringen würde, stand unter dem Kommando von KAdm. Lowry. Diesem standen 10 Kreuzer und 20 Zerstörer als Geleitsicherung zur Verfügung. Sie hatten jene 234 Schiffe zu sichern, auf denen sich die 50.000 Soldaten des VI. AK mit ihren 5.000 Fahrzeugen eingeschifft hatten.

An Bord der Schiffe die bereits genannte 3. US ID unter GenMaj. Truscott. Hinzu kamen: Das Ranger-Batl. 615, das Luftlanderegiment 504 und die unter dem Kommando von GenMaj. Penney stehende brit. 2. Brigade. Einige Commandos kamen für Sonderaufgaben hinzu.

Als zweite Welle standen im Hafen von Neapel die 1. und 45. US-ID und drei Abteilungen der Korpsartillerie einsatzbereit. Sie sollten nach der gelungenen Landung nachfolgen.

Deutscherseits lag dieser Küstenabschnitt im Befehlsbereich des I. Fallschirmkorps unter Gen.d.Fl. Schlemm. Ihm unterstanden die 29. PGD und die noch in der Aufstellung stehende 4. FJD.

Die Tibermündung war vom I. Fallschirmkorps überschwemmt worden, so daß sie nicht mehr für eine Landung in Frage kam. Es war deutscherseits vermutet worden, daß der Gegner, der ja Rom ins Visier genommen hatte, von dort aus die besseren Chancen sah, rasch zum Ziel zu gelangen.

Der Raum zwischen Anzio und Nettuno wurde lediglich von der 8./PGR 71 gesichert. Einige Artillerie-Beobachtungsstellen hatten Weisung, auf herankommende Schiffsverbände zu achten und diese sofort zu melden.

Als die erste Welle der US-Landungstruppe um 00.23 die Bucht von Anzio erreichte und die ersten Landungsboote nach Erreichen der günstigsten Ausschiffungsdistanz um 1.50 Uhr ausgesetzt wurden, und mit großer Fahrt zur Küste liefen, eröffneten auch die Kreuzer das Feuer auf die deutschen Stellungen. Nach nur siebenminütiger Fahrt rutschten die Landungsboote auf den Strand und die US-Soldaten sprangen heraus.

Es war bis dahin noch kein Schuß aus deutschen Waffen gefallen. Während die 3. US-ID ostwärts von Anzio an Land ging, sprangen südlich davon die Rangers und Fallschirmjäger des LLRgt. 504 an Land, oder wateten an die Küste. Die britischen Verbände hatten ebenfalls unbeschossen ihr Ziel nordwestlich Anzio erreicht. Die Kreuzer "Brooklyn" und "Penelope" sowie ihre fünf Sicherungszerstörer, die bereitstanden, etwa erkennbares deutsches Abwehrfeuer zum Schweigen zu bringen, brauchten ebenfalls nicht in Aktion zu treten.

Es war eine Beobachtungsstelle des Geb.ArtRgt. 95 der 5. GD, die die Landung erkannte und Meldung machte. Der Abschnittskommandeur erhielt die Meldung um 4.30 Uhr und gab sie sofort an den OB Südwest weiter. Es war GenMaj. Westphal, der unmittelbar nach Erhalt dieser Meldung das Stichwort »Richard« ausgab, das die Großlandung bei Rom bedeutete. Die Abwehrmaßnahmen, wie sie von GenMaj. Westphal im Auftrage von GFM Kesselring ausgearbeitet worden waren, wurden getroffen. Der Stadtkommandant von Rom, GenMaj. Maelzer, wurde beauftragt, alle verfügbaren Kräfte, darunter auch die Leichtverwundeten, zu bewaffnen und die Stadtausgänge zu besetzen. Gen.d.Fl. Schlemm übernahm die Befehlsführung im gesamten Großraum.

Drei Stunden später befahl GFM Kesselring dem AOK 10, daß es alle am linken Flügel stehenden Kräfte aus der Front herauslösen und in den bedrohten Raum zu werfen habe.

Der Befehlshaber des Luftgaukommandos Rom, General der FlakArt. Ritter von Pohl, zugleich Kommandierender General der Luftwaffe in Mittelitalien, ließ alle im Raumm Rom stehenden Flakverbände südlich Rom in Stellung gehen, um dort einen Panzerriegel zu bilden.

Die 29. PGD und die 3. PGD wurden sofort in den bedrohten Raum in Marsch gesetzt. Die 26. PD und die 71. ID wurden zum Küstenschutz südlich des Tiber eingesetzt, weil man auch dort eine Landung erwartete.

Bis allerdings alle Verbände an den befohlenen Plätzen standen, mußten die nahe dem Landungsraum stehenden wenigen Kräfte den Gegner aufhalten.

Erste Einheiten am Landungsort waren fünf SPW der PzAA 29, die links der Straße Cisterna-Nettuno standen. Oberst Trettner hatte über Funk eine Sturmgeschütz-Bttr. seiner 4. FJD in den Kampfraum geschickt und rechts der Straße Ardea-Nettuno stand die 1./PzAA 29 und ein Zug der 5./PGR 71 und sicherten hier.

Um 7.15 Uhr wurden die ersten Salven gewechselt, als die PzSpähwagen der 1./PzAA 29 auf einen Spähtrupp des Gegners stießen. Eine deutsche 17 cm-Langrohrbatterie eröffnete das Feuer um 8.00 Uhr auf den Brückenkopf. Die einhauenden Granaten zeigten den Landenden, daß es doch wohl kein Spaziergang werden würde.

Unmittelbar darauf stießen sechs Me 109 auf den Brückenkopf herunter und warfen leichte Bomben oder schossen Raketen. Dennoch war es den Anglo-Amerikanern gelungen, bis 8.00 Uhr sowohl Anzio als auch Nettuno zu besetzen. Doch zum Glück für die deutschen Verteidiger verließen keine kampfstarken Kampfgruppen den Brückenkopf, obgleich diese freies Feld vorgefunden hätten. Die alliierten Soldaten gruben sich ein.

Am Morgen, unmittelbar nach der Landung, während die Nachlandungen noch in vollem Gange waren, wurden die drei aufgestellten Alarmbataillone der 4. FJD alarmiert und nach Aprilia in Marsch gesetzt, um den Landekopf in Zusammenarbeit mit anderen zusammengerafften Verbänden einzuengen und den Feind nicht zu weiterem Geländegewinn kommen zu lassen. Es galt vor allem, diesen Gegner nicht über die Albaner Berge kommen zu lassen, denn wenn sie erst mit ihren fünftausend Fahrzeugen die Via Casilina erreicht hatten, dann hätte ihnen der Weg nach Rom offen gestanden.

Ein Batl. der Fallschirmjäger rollte im Kfz-Marsch direkt nach Albano. Das Batl. Hauber war vier Stunden nach der Landung unterwegs. Major Gericke war zum Korpsstab gefahren, wo er ins Bild gesetzt wurde. Von dort aus fuhr er direkt zur Front und wartete nicht erst das Herankommen zugesagter Verstärkungen ab. Er ließ alle größeren Straßen und Wege vom Strand ins Landesinnere sperren.,

Als gegen 17.00 Uhr die letzte Gruppe, das Batl. von Major Kleye vom FJR 11, eintraf und kurz darauf auch GenLt. Graeser, Kdr. der 3. PGD, in Albano auf dem KGrGefStand erschien, konnte Major Gericke ihm melden, daß die Lage unter Kontrolle sei. GenLt. Graeser richtete hier ebenfalls seinen GefStand ein. Sein Stab begann wenige Minuten nach dem Eintreffen mit der Arbeit.

Das Bataillon Hauber stürmte nach Ardea und La Fossa und schlug den bis dorthin vorgedrungenen Gegner hinaus.

Am nächsten Morgen waren die ersten Verstärkungen zur Stelle.

GFM Kesselring hatte alles was, sich in Rom und Umgebung befand, an diese neue Front geworfen, die eine große Gefahr darstellte. Der Wachzug des Stadtkommandanten von Rom stand nun neben der ebenfalls eingetroffenen 14./PGR 200 und anderen Einheiten. Eine Batterie der FlaAbt. 307 wurde besonders begrüßt und als dann auch noch eine Kp. Tigerpanzer und Teile einer Sturmgeschütz-Brigade erschienen, wurden die Mienen der Soldaten heller.

Allerdings hatten die Angloamerikaner bis zum Abend 36.000 Mann mit 3.200 Fahrzeugen ausgeschifft. Nur einmal erfolgte ein Angriff einiger Schlachtflugzeuge auf die Schiffsansammlungen. Sie wurden vom zusammengefaßten Flakfeuer abgedrängt.

GFM Kesselring beauftragte nunmehr das AOK 14, das in Norditalien führte, mit dem Kommando über alle Truppen um den Brückenkopf. Der OB der 14. Armee, GenOberst von Mackensen, traf am 23. Jan. im HQ von GFM Kesselring auf dem Monte Soratte ein und wurde von diesem damit beauftragt, den Brückenkopf zum Einsturz zu bringen.

In der Nacht zum 24. Jan. gelang es den im Eiltransport herangeschafften deutschen Truppen, das Loch bei Cisterna zu stopfen. Hier waren es die Grenadiere der GR 1 und 2 der Panzerdivision "Hermann Göring", die in die Bresche sprangen.

Zu dieser Zeit hatte der Gegner bereits den Kampf verloren, da er die Schwächeperiode der Verteidiger nicht genutzt hatte.

Als die Nachricht von der alliierten Lanrdung bei Anzio-Nettuno am Morgen des ersten Tages den Wehrmachtführungsstab erreichte, war man "auf das Höchste konsterniert", denn noch einen Tag vorher hatte Admiral Canaris, der Chef der deutschen Abwehr, eine solche Maßnahme des Gegners als "völlig ausgeschlossen" dargestellt, was ein weiteres Schlaglicht über Wert oder Unwert einer solchen Dienststelle wirft.

Nun wurde der Abgabebefehl "Marder I" ausgegeben, der sowohl an den OB Südost, den Befehlshaber des Ersatzheeres und den OB West hinausging.

Der OB der Luftwaffe führte die Luftflotte 2 zu. Diese entsandte die I. und III./KG 1 mit Ju 88. Der Luftflotte 2 wurden darüber hinaus die I. und III./KG 26 (bestehend aus Lufttransportverbänden), das II./KG 100 (mit Do 217-Maschinen) und das II./KG 40 (mit He 177) unterstellt.

Am 23. Jan, griff die eigene Luftwaffe mit allen einsatzbereiten Jabos und Jägern an. Die undurchdringliche feindliche Jagdabwehr und das radargesteuerte dichte Flakfeuer verhinderten mehr als einige kleine Erfolge. Dennoch war die Krise am Abend des 23. Jan. bereits überwunden. Dies schloß jedoch nicht aus, daß der Gegner bei straff zusammengefaßten Kräften am 24. Jan. den Durchbruch nach Valmontone, oder auch nach Rom erzwingen konnte, zumal er ja die Luftherrschaft über dem Einsatzgebiet hatte.

Auch am 24. Jan. liefen die Anlandungen von Truppen, Waffen und vor allem an Panzern weiter. An diesem Tage gelang es der 24. brit. Gardebrigade, mit Panzern bis nach Aprilia vorzustoßen. Dort stand das III./PGR 29 einsatzbereit" und fing den Vorstoß auf. Vor einem dichten Artillerieschlag wurden die Panzergrenadiere aus dieser exponierten Stellung zurückgezogen.

Das Generalkommando des I. Fallschirmkorps hatte derweilen den Abschnitt in drei Verteidigungszonen eingeteilt. Die PD "HG" unter GenMaj. Schmalz führte im Ostabschnitt zwischen Terracina an der Küste bis nach Carano. Daran anschließend hielt die 3. PGD den Raum in der Mitte beiderseits der Straße nach Albano. Der 4. FJD unter Oberst Trettner oblag die Sicherung des Westteiles bis hinunter zur Tibermündung.

Der Gegner verhielt sich am 25. Jan. völlig ruhig bis auf das Schiffsgeschützfeuer, mit dem er den gesamten Raum zwischen Cisterna und Aprilia und dem Padiglione-Wald belegte. Bis zum

Abend des 24. Jan. hatte die 14. Armee etwa 26.000 Soldaten rund um den alliierten Landekopf geschafft.

Als General Clark am 25. Jan. den Landekopf besuchte und sich mit GenMaj. Lucas besprach, befahl er die sofortige Nachführung der 45. US-ID und die Zuführung der 1. Special-Service Force, einer starken kanadisch-amerikanischen Regimentsgruppe. Der erste Geleitzug mit der 1. US-PD war inzwischen herangekommen, wurde bis Mitternacht ausgeladen und diese Division als Korpsreserve in den Raum 7 km nördlich Anzio vorgeführt.

Als die 3. US-ID an diesem Tage mit zwei verstärkten Bataillonen angriff, um entlang der Ponte-Rotto-Straße und der parallel dazu verlaufenden Isolaballa-Straße nach Cisterna vorzustoßen, wurde dieser Angriff nach einem Geländegewinn von etwa 100 m abgewehrt.

Der zur gleichen Zeit geführte Ablenkungsangriff des FJR 504 über den Mussolini-Kanal auf Littoria, der durch Schiffsgeschützfeuer unterstützt wurde, konnte durch einen deutschen Gegenstoß mit einigen Panzern und Achtacht-Selbstfahrlafetten der Division "HG" zum Stehen gebracht werden. Die auf Borgo Piave angesetzte US-Kp. wurde abgeschnitten und konnte sich nur mit Resten zur eigenen Truppe zurückkämpfen. In der Nacht zogen sich alle Truppen des Angreifers hinter den Kanal zurück.

Der Angriff der 24. InfBrig. der Briten auf Aprilia gewann, von zwei ArtRgtern unterstützt, rasch an Schwung. Der Angreifer überwand das vor Aprilia gelegte deutsche Minenfeld und drang in die Ortschaft ein. Nach zähem Kampf mußten die deutschen Verteidiger, das III./PGR 29, am Nachmittag weichen. Das Batl. hatte herbe Verluste erlitten.

Der Gegenangriff auf Aprilia am 26. Jan., geführt von einem Batl. der 3. PGD und der PzAbt. 103, drang zwar bis zum Ortsrand vor, wurde aber hier abgewiesen.

Im Abschnitt der PD "HG" wurde der Gegner von den beiden Grenadier-Regimentern dieser Division abgewehrt.

Weitere Angriffe und Gegenstöße

Im einer Besprechung mit dem Wehrmachtsführungsstab, die am Abend des 27. Jan. stattfand, sprach sich dieser dafür aus, den Feind im Brückenkopf mit einem Schwerpunkt anzugreifen. Dieser Auffassung widersprach General Westphal, denn der Ansatz des Angriffs westlich der Albanostraße erschien ihm durch die feindliche Schiffsartillerie gefährdet. Stattdessen schien ihm der Angriff ostwärts der genannten Linie erfolgversprechend.

Hitler erklärte sich mit diesem Angriff ostwärts der Albanostraße einverstanden, da das Gelände günstiger erschien.

Bis zum 28. Jan. sollte die Masse der 26. PD, die 715. ID und die 71. ID sowie Teile der 114. JägDiv. herangekommen sein.

Dazu noch einige vom Ersatzheer zur Verfügung gestellte Verbände. Am 27. Jan. wurden die eingetroffenen Verbände der 65. ID westlich der Albanostraße zwischen der 4. FJD und der 3. PGD eingeschoben. Das FJR 11 wurde der 65. ID unterstellt. Die Teile der 26. PD, die ebenfalls herangekommen waren, wurden in die vorgesehenen Gebiete eingewiesen.

Die deutsche Luftwaffe griff zur Unterstützung in diese Vorbereitungen ein. Sie verlor bis zum 31. Jan. durch das dichte Flakfeuer 97 Maschinen, Es gelangen Ihr aber einige gute Erfolge.

So wurde der Kreuzer "Spartan", der Zerstörer "Janus", das Lazarettschiff "St. David" und der Transporter "Samuel Huntington" mit 7.181 BRT versenkt. Die Zerstörer "Jervis" und "Plunkett", der Mienensucher "US Prevail", drei Transporter, ein Landungsschiff und acht kleinere Fahrzeuge wurden getroffen. Auf den gelegten Minenfeldern sanken das LST (Tanklandungsschiff) 422, das LCI 32 und der US-Minensucher YMS 30. Der US-Zerstörer »Mayo« wurde durch Minentreffer beschädigt.

Die Mehrzahl der Vernichtungen erfolgten durch den Abwurf von Lufttorpedos und der Hs 293-Gleitbomben.

Dennoch gelang es den Westalliierten bis zum 29. Jan. 1944, 68.886 Mann, 508 Geschütze und 237 Panzer an Land zu bringen (über den Einsatz deutscher U-Boote vor der Bucht von Anzio wird im Abschnitt U-Bootkrieg berichtet werden).

Die 14. Armee stellte für den zum 28. Jan. geplanten Angriff gegen den Landekopf alles zur Verfügung, was greifbar war. So wurde das Generalkommando eines GebKorps zur Küstensicherung zwischen Cecina und dem Tiber eingesetzt.

Das I. Fallschirmkorps stellte von rechts zum Angriff die 65. ID, die KGr. Graeser mit der 3. PGD, die 715. ID und hinter der Kampfgruppe Graeser die 71. ID und die verstärkte 26. PD bereit. Die FschPzDiv. »HG« wurde als Reserve bereitgestellt.

Nach vorausgehendem Abtasten der Front des Brückenkopfes sollte der Hauptangriff gegen die erkannte schwache Stelle des Gegners mit der KGr. Graeser und der 71. ID erfolgen, denen die 25. PD seitwärts herausgestaffelt folgen würde, um die erkannten Einbrüche zu Durchbrüchen auszuweiten.

Der 28. Jan. sah nur schwache feindliche Aufklärungsstöße.

Hitler erließ einen Tagesbefehl an die Truppe:

"Die Landung bei Nettuno ist der Beginn der für 1944 geplanten Invasion Europas. Alle deutschen Streitkräfte müssen von dem fanatischen Willen beseelt sein, aus diesem Kampf siegreich hervorzugehen und nicht zu ruhen, bis der letzte Gegner vernichtet oder in die See zurückgeworfen ist."

Falls es deutscherseits gelingen sollte, diesen Landekopf zu zerschlagen, war – nach den Bekundungen führender Experten der Amerikaner wie der Engländer – die große Invasion an der französischen Atlantikküste nicht mehr so rasch zu erwarten, wenn sie nicht ganz aufgegeben werden würde.

Der deutsche Angriff kam nicht rechtzeitig in Gang, weil die 14. Armee Befehl gab, zunächst die Bevölkerung aus dem Raume südlich der Linie Cisterna-Lanuvio-Genzano-Ariccia-Albano zu evakuieren. Dies galt nicht für die genannten Ortschaften, weil diese vom deutschen Angriff ausgespart wurden. Dennoch nahm dieses Vorhaben so viel Zeit in Anspruch, daß der Angriffstermin 28. Jan. nicht gehalten werden konnte. Noch am 29. Jan. wurden die Evakuierungsmaßnahmen durchgeführt. Diese sollte am 31. Jan. um 24.00 Uhr beendet sein.

In der ersten Morgenstunde des 30. Januar 1944 aber stießen zwei Bataillone des US-Ranger-Rgts. in die deutschen Linien hinein, um Cisterna im Handstreich zu nehmen und so lange zu halten, bis der Hauptangriff, der um 2.00 Uhr erfolgen würde, zu ihnen durchgedrungen war.

Das Desaster der US-Fallschirmjäger

Die 3. US-ID trat am 30. Jan. um 2.00 Uhr zwischen dem Mussolini-Kanal und Fosse Garano auf einer Breite von 18 km zum Angriff an. Unterdessen waren die beiden Ranger-Bataillone unbemerkt von den Deutschen in deren HKL eingesickert, um jedoch etwa einen km vor Cisterna erkannt und von allen Seiten beschossen zu werden. Die Rangers blieben unter schweren Verlusten liegen. Bis 12.30 Uhr waren sie bis auf den letzten Mann ausgefallen, oder in Gefangenschaft geraten. Von 767 angetretenen Soldaten kamen sechs (!) in die eigenen Linien zurück.

Den drei Gruppen der 3. US-ID erging es ähnlich. Frontal gegen die deutschen Truppen anrennend, erlitten sie schwere Verluste. Trotz starker Artillerie- und Panzerunterstützung gelang ihnen kein Einbruch in die deutsche Kampflinie. Die Brücken über den Mussolini-Kanal, die sie zum Übergang über denselben zu nutzen versuchten, flogen vor ihnen in die Luft, die Panzer, die darüber hinweg das andere Ufer erreichen wollten, blieben liegen. Das Luftwaffen-JägBtl. 7 kämpfte das FJR 504 der Amerikaner nieder. Als der Abend des 30. Jan. einfiel, hatte dieser Angriff bis zu zwei km Raum gewonnen.

Im Hinblick auf die Fortsetzung dieses Angriffs verlegte die 14. Armee die 26. PD in den Raum Cisterna, um sie für den Gegenangriff am 31. Jan. bereitzustellen.

Diese Voraussicht sollte sich als klug erweisen, denn mit dem ersten Büchsenlicht dieses Tages griff die 3. US-ID erneut an. Diesmal ging es auf bedeutend geringerer Frontbreite zwischen Isolabella und Fosso Garano hinter einer sich vorwärtsbewegenden Feuersäule der Artillerie gut voran.

Im Kampf um die italienischen Bauerngehöfte kam es zu beiderseits schweren Verlusten. Das Art-Rgt. "HG" vorschoß bis 12.00 Uhr alle Munition. Nun mußte das I. FschKorps den Befehl zum Antreten der 26. PD geben, da der Gegner Cisterna fast erreicht hatte.

Mit zwei KGr. rollte die 26. PD vor. Sie stieß an der linken Flanke bei der Isolaballa-Straße auf einen gleichzeitig vorgehenden Feindangriff, der abgewehrt werden konnte, bevor der eigene Angriff fortgesetzt wurde. Die rechte KGr. im Angriffsstreifen entlang der Ponte-Rotto-Straße rollte nach Überschreiten eines Bahndammes in starkes feindliches Sperrfeuer hinein, das die Panzer von den Panzergrenadieren trennte.

Fosso le Mole, von schwachen Kräften der Gruppe Raapke verteidigt, erlebte den Angriff des US-IR 7, das durch Panzer unterstützt wurde. Die US-Kräfte stießen bis zu einer Anhöhe vor, ohne von hier aus ihren Erfolg zum Durchbruch auszuweiten. Sie zogen sich sogar nach Einfall der Dunkelheit etwa 250 m weit zurück.

Dies gab deutschen Einheiten in der Nacht zum 1. Febr. die Chance, dieses Loch zu stopfen. Am 1. Febr. kamen die Amerikaner keinen Meter weiter. "Es war die Luft raus!" monierte Captain Roger McLellan. Die 3. US-ID nahm die eingebrochenen Spitzen zurück und grub sich ein.

Damit war nunmehr die deutsche Seite am Zuge, ihren geplanten Angriff anzusetzen und ihn als Gegenangriff im Moment der Schwäche des Gegners vorzutragen.

Inzwischen hatte der OB Südwest erkannt, daß der Einschließungsring zu groß war, um alle Kräfte durch einen einzigen Korpsstab führen zu können. Aus diesem Grunde befahl er die Verlegung des Stabes des LXXVI. PzKorps von der Adriafront in den Landekopf Anzio-Nettuno. Diese Überführung war am 5.Febr. durchgeführt.

Zunächst befahl das AOK 14 dem I. FschKorps, zwischen Ardea-Albano den sogenannten "Campagna-Riegel" zu bauen und den Gegner durch Teilangriffe an verschiedenen Stellen zu schwächen.

Da die alliierten Bomberverbände nicht untätig blieben und das norditalienische Verkehrsnetz unterbanden bzw. störten, konnten geplante Gegenangriffe nicht vor Mitte Febr. erfolgen. Nunmehr sollte der britische Frontbogen nördlich Aprilia ausgebügelt und die Ortschaft zurückgewonnen werden. Dieser Auftrag wurde der KGr. Graeser übertragen und sollte in der Nacht zum 3. Febr. durchgeführt werden. Darüber hinaus sollte ein weiterer Angriff mit begrenztem Ziel gegen die verloren gegangene Brückenstelle bei Ponte Rotto südwestlich Cisterna geführt werden, um die Brücke zurückzugewinnen. Dieser Angriff wurde der 26. PD anvertraut und zeitlich hinter den Angriff auf Aprilia eingeordnet.

Am Morgen des 2. Febr. hatte das VI. US-Corps seine Divisionen orientiert, daß alle Angriffe einzustellen seien, weil einmal die Deutschen weit stärker als vermutet seien und sie zum Anderen einen Gegenangriff planten.

Der Angriff gegen Aprilia

Am 3. Febr. um 23.00 Uhr begann der deutsche Angriff, der durch einen massierten Artilleriefeuerschlag eröffnet wurde. Es gelang in der Nacht jedoch nicht, die britischen Truppen nördlich Aprilia abzuschneiden. Die hier eingesetzte 3. brit. InfBrig. wehrte sich tapfer und konnte bis zum Morgen einen schmalen Verbindungsschlauch offen halten. Gegenangriffe mit dem Ziel, die 3. Brigade freizuschlagen, verpufften. Der Gegner verlor hierbei bis zum Abend des 4. Febr. 500 Gefangene. In der Nacht zum 5. Febr. wurde der deutsche Angriff fortgesetzt. Das Angriffziel wurde bis zum Tagesanbruch erreicht und eine neue durchgehende HKL 1 km nördlich Aprilia geschaffen. Die Briten verloren hier in beiden Kampftagen 1.400 Mann.

Ab dem 5. Febr. übernahm das LXXVI. PzKorps die Führung im Ostabschnitt des Landekopfes. In einem Nachtangriff zum 6. Febr. trat die 26. PD zur Wiedergewinnung der Brückenstellung Ponte Rotto an. Mit dem Angriffssignal um 21.35 Uhr stießen die KGr. vor und nahmen am 6. Febr. 01.00 Uhr diese Brücke in Besitz.

Seit dem 5. Febr. hatte das LXXVI. PzKorps unter Gen.d.PzTr. Herr im Landekopf die Führung über alle vier Abschnitte übernommen. Ihm standen für den Abschnitt Terracina-Isolabella die FschPzDiv. "HG", für Isolaballa-Fosse Pane e Vino die 26. PD, für Fosse Pane e Vino-Fosse de Prefetti die 71. ID und für Fosse de Prefetti-Albanostraße die 715. ID zur Verfügung.

Daran anschließend führte das I. FschKorps von der Albanostraße - Tibermündung mit der unterstellten 65. ID links und der 4. FJD anschließend bis zur Küste.

Am 7. Febr. um 21.00 Uhr eröffnete das LXXVI. PzKorps den Angriff, dem ein anhaltender Jaboangriff gegen Anzio-Nettuno vorausging. Mit Tagesanbruch schossen die Schiffsgeschütze und die Feindartillerie in den Angriffsraum hinein. Die Kreuzer "Brooklyn", "Mauritius", "Orion" und "Phoebe" sowie mehrere Zerstörer schossen im Salventakt mit einem riesigen Munitionsverbrauch, um diesen deutschen Angriff abzuwehren. Der gegen Carroceto gerichtete Angriff der KGr. Graeser und jener der 65. ID kam zum Erliegen. Das GR 145 konnte sich allerdings bis an die Albanostraße vorarbeiten und diese Stellungen halten.

Um 12.05 Uhr traten die Alliierten zum Gegenangriff an. Mit Panzern stürmte die Infanterie gegen die beiden genannten deutschen Verbände, um deren Geländegewinn wieder wegzunehmen. Dies schlug fehl.

Deutscherseits wurde am Abend um 24.00 Uhr der Angriff erneuert. Die drei selbständigen Regimenter, die am Vorabend den Angriff geführt hatten, wurden nun, um die Befehlsgebung zu vereinfachen und aufgetretene Koordinierungsschwierigkeiten zu vermeiden, zur KGr. Schoenfeld, Oberst von Schoenfeld, Kdr. des GR 29, zusammengefaßt.

Diesmal gelang es, die gesteckten Ziele zu erreichen. Als das PGR 29 die Brückenstelle Guardapassi erreichte, wurde ihm die Pz.Abt. 103. zugeführt. Diese unterstützte den weiterführenden Angriff auf Aprilia. Das GR 725, das von Norden angriff, wurde kurzzeitig aufgehalten, drehte etwas nach Osten ein und kam so weiter voran. Als das erste Büchsenlicht leuchtete, drangen Panzer und Grenadiere nach Aprilia hinein, um "The Factory", wie der Gegner die Ortschaft nannte, im Häuserkampf zu erobern.

Das Hauptziel Aprilia war erreicht. Der Angriff der 65. ID gegen Carroceto jedoch blieb dicht vor dem Ziel im starken Feindfeuer liegen.

Da der Gegner von dort aus das Gelände dicht südlich Aprilia flankieren konnte, mußte Carroceto fallen. Der Angriff wurde von GenLt. Graeser der PzAA 26 und der 5./PR 26 übertragen. Diese stießen in der Nacht zum 10. Febr. in die Ortschaft hinein und trieben den Gegner bis hinter die Straße 148 zurück. Dies mit 5 Panzern IV und 100 Grenadieren.

Die Gegenangriffe des Gegners mit Panzern gegen Aprilia wurden unter Abschuß von 14 Kampfwagen abgewiesen. Vier schwere Pak wurden vernichtet. Bis zum 12. Febr. dauerten diese verlustreichen Angriffsversuche des Gegners an. Dann trat Ruhe ein. Es war die Ruhe vor dem Sturm.

"Der Abszeß südlich Rom muß herausgeschnitten werden!" befahl Hitler den Großangriff zur Beseitigung des Landekopfes. GenOberst von Mackensen, OB der 14. Armee, hatte Hitler bereits am 6. Febr. den diesbezüglichen Plan vorgelegt, der gebilligt worden war. Der Angriff war in zwei Wellen geplant. Dazwischen aber lag der Angriff der Fallschirmjäger zur Wegnahme von Carroceto.

Am 9. Febr. erschien Gen. Schlemm, der KommGen. des I. FschKorps, auf dem GefStand der KGr. Gericke, um den Angriff gegen die vom Feind stark verteidigte Höhe 80 und den Bahnhof Carroceto zu besprechen.

Major Gericke führte am Morgen des 10. Febr. das Batl. Kleye zum Angriff gegen die Höhe 80. Diese wurde unter schweren eigenen Verlusten genommen. Hier fand Major Kleye den Soldatentod. Die Panzergrenadiere der 3. PGD, die nach Carroceto eingedrungen waren, riefen plötzlich von dort um Hilfe. Oblt. Weiß, KpFhr. der 2. Kp. des Batl. Kleye, raffte 60 Fallschirmjäger zusammen und konnte Ortschaft und Bahnhof erstürmen. 180 Gegner streckten hier die Waffen.

Das Batl. Kleye hatte bei diesem Angriff vier Offiziere und 287 Mann verloren. So mußte der Angriff, trotz aller Erfolge, am 18. Februar aufgegeben werden.

Der Großangriff aber war inzwischen angelaufen. Um 6.30 Uhr des 16. Febr. eröffnete die Artillerie ihn mit einem geballten Feuerschlag. Unmittelbar nach Rückverlegung dieses Feuers traten die Sturmtruppen an. Sie wurden verstärkt durch Panzer, Sturmgeschütze und einige Fernlenkpanzer, die auf Widerstandsnester gesteuert wurden und durch ihre Explosion dieselben vernichteten. Leider blieben mehr als die Hälfte dieser "Goliaths" in dem unwegsamen Gelände hängen, sodaß noch eine Reihe besonders starker Feindstützpunkte das Feuer auf die angreifenden deutschen Verbände eröffnen konnten.

Der Angriff lief bereits 15 Minuten, als die ersten feindlichen Artillerieflieger über der Front erschienen und mit der Feuerleitung der Feindartillerie begannen. Das nun losbrechende Feindfeuer, mit insgesamt 65.000 Schuß bis zum Abend dieses Tages, war schwer für die Infanterie, die immer wieder in volle Deckung gezwungen wurde. Der Ablenkungsangriff, der von Teilen der FschPzDiv. "HG" mit dem unterstellten FschLehrBatl. vorgetragen wurde, brach schließlich in diesem Feuer zusammen.

Der zweite Ablenkungsangriff des III./FschJägRgt. 12 und Teilen des FschJägRgt. 10 im Abschnitt der 65. ID hingegen drang bis zum Mittag in die Stellungen der brit. 56. ID ein; hier blieb aber auch er stecken, sodaß der Gegner mit einem massierten Gegenangriff die alte Lage wieder herstellen konnte.

Im Schwerpunkt des deutschen Angriffs kämpften sich die 3. PGD und die 715. ID mühsam vorwärts. Als sich zwei Stunden nach Angriffsbeginn die ersten Sturmgeschütze und Panzer verschossen hatten und zum Aufmunitionieren zurückfahren mußten, stockte auch hier der Infanterieangriff. Das InfLehrRgt.9, kampfunerfahren und geländeunkundig, erlitt unter dem dichten feindlichen Trommelfeuer hohe Verluste und mußte auf die Ausgangsstellungen zurückgenommen werden.

Am Mittag griffen auch feindliche Jäger und Jagdbomber in den Kampf eine Die deutschen Reserven sollten in den Kampf geworfen werden, dies war jedoch erst nach Einfall der Dunkelheit möglich. Aus diesem Grunde wurde von Gen.d.PzTr. Herr, der am Nachmittag zum GefStand der 3. PGD kam, befohlen, den Kampf erst um Mitternacht wieder aufzunehmen.

Mit Stoßtruppunternehmungen wurde kurz vor Mitternacht der Kampf wieder aufgenommen. Durch Panzer verstärkt konnten diese Stoßtrupps den Carroceto-Bach überschreiten und eine Lücke in der Front des Gegners aufreißen, auf die sich nun der deutsche Angriffsverband zu bewegte. Um 7.40 Uhr flogen 30 deutsche Jäger, als Jagdbomber ausgestattet, einen Angriff auf die vorderste Feindlinie, um den Einbruchsraum freizuschlagen. Der Infanterieangriff, von Panzern unterstützt, setzte unmittelbar nach dem Abdrehen der deutschen Jäger ein. 75 Minuten später hatte der Angriff, der von kampfstarken Gruppen geführt wurde, einen drei km breiten und 1,5 km tiefen Einbruch erzielt. Der Gegner hielt sich nur noch auf dem Höhengelände Buon Riposo, vor dem die 65. ID zunächst liegengeblieben war, und danach die Höhe umgangen hatte.

Ein zweiter Jaboangriff um 10.40 Uhr riß die Kampfgruppen wieder nach vorn. Der Geländegewinn wurde um einige hundert Meter vergrößert. Dann aber setzte das Abwehrfeuer des Gegners mit aller Kraft ein. Eine Stunde darauf griffen Panzer der 1. US-PD an, um die eingeschlossenen Teile der 45. US-ID zu befreien, sie wurden unter Abschuß einiger Wagen abgewiesen.

Damit war für den Landekopf am 17. Febr. 1944 die Krise angebrochen. Das VI. US-Korps mußte um die Aufspaltung des Brückenkopfes fürchten und setzte zur Verhinderung dieses Desasters die 1. brit. ID rittlings in Höhe der Straße 82 ein, während die 45. US-ID Weisung erhielt, mit allen verfügbaren Reserven einen Gegenangriff zu beginnen. Darüber hinaus plante der Komm.Gen des VI. US-Korps einen Gegenangriff mit allem, was er hatte. Die 1. US-ID, das IR 30 der 3. US-ID und die 169. brit. Brigade, die am 18. Febr. ausgeladen wurde, sollten am 19. Febr. angreifen und den eingedrungenen Gegner werfen.

Zur gleichen Zeit befahl das dt. LXXVI Pzkorps und das I.FschJägKorps am Abend des 17. Febr., den stoßtruppweisen Angriff in der kommenden Nacht zu wiederholen und damit zeitgleich die beiden Divisionen der zweiten Welle nach vorn zu schleusen und sie am frühen Morgen des 18. Febr. bis zur Kampflinie und darüber hinweg zum Angriff zu bringen. Damit erhielten die 29. PGD und die 26. PD der zweiten Welle den Befehl, über die 715. ID und die 3. PGD hinweg anzutreten.

Die Bereitstellung verlief nicht wie geplant, das feindliche Artilleriefeuer hatte eine fünf km breite Schneise unter Dauerfeuer genommen. Damit begannen zum Angriff um 4.00 Uhr nur Spähtruppeinsätze zum Finden einer Lücke in der feindlichen HKL. Der Hauptangriff begann zwei Stunden später. Die 29. PGD erreichte die Straße 82, konnte aber mit ihrem PGR 67 die noch immer vom Gegner gehaltene Buon Riposo-Höhe nicht nehmen. Die deutschen Panzer, darunter einige Tiger, wurden durch die schwere 9 cm-US-Flak abgewiesen.

Der letzte Sturm brachte nur noch einen schmalen Einbruchskeil bis zur feindlichen Verteidigungslinie. Der Gegner konnte nicht aufgespalten werden. Die 65. und 715. ID waren stark angeschlagen. Die 114. JägDiv. hatte ebenfalls schwere Verluste hinnehmen müssen. Die Pz.Abt. 103 verfügte noch über drei (!) Sturmgeschütze. Die StGeschAbt. 301 und die Haubitzen-Abt. 216 hatten 50 Prozent ihres Bestandes verloren.

Am 18. Febr. wurde die 362. ID unter GenLt. Greiner in der Front bei Anzio-Nettuno zur Ablösung der FschPzDiv. "HG" eingesetzt. Die gesamte Division war bis zum 21. Febr. an dieser Front eingetroffen.

Am folgenden Tage hatte Hitler die vorläufige Einstellung des Angriffs genehmigt. Nunmehr sollte zuerst die Flankenbedrohung durch den Feind vom Buon Riposo ausgeschaltet werden. Am 20. Febr. griffen die 29. PGD und die 114. JägDiv. in Richtung Padiglione an. Der Angriff blieb liegen. Die Wiederholung am 21. Febr. führte trotz des Einsatzes von Schlachtfliegern und Panzern ebenfalls nicht zum Erfolg. Der Angriff der 65. ID auf den Buon Riposo blieb ebenfalls liegen. Hier wurde das PGR 9 der 26. PD nachgeführt, dem es am 22. Febr. gelang, den Höhenzug in Besitz zu nehmen. Hierbei verlor das Regiment fast das gesamte I. Bataillon. Damit waren bis zum Abend des 22. Febr. alle am Einsatz um Aprilia teilnehmenden Verbände angeschlagen.

Der Angriff des 29. Februar 1944

Nach dem "Beinahedesaster" des VI. US-Korps wurde GenMaj. Lucas in die Heimat zurückversetzt. An seine Stelle trat der Kommandeur der 3. US-ID, General Truscott jun., der in seiner ersten Lagedarstellung meinte, daß die Deutschen "zunächst wohl keinen neuen Angriff auf die Mitte der Front versuchen" würden.

Er sah sich aber außerstande, den Geländeverlust durch einen sofortigen Gegenangriff zu beseitigen. Er forderte Ersatz an Waffen und Menschen an.

Deutscherseits wurde der neue Angriff weiter nach Osten in den Frontabschnitt Isolabella-Garano verlegt. Die Neugliederung der Verbände lief am 22. Febr. an und war am 27. Febr. beendet.

General Herr hatte mit seinem LXXVI. PzKorps auch diesen Angriff zu führen. Dazu unterstanden ihm - von der Küste aus gesehen - die 715. ID, die FschPzDiv- "HG", die aus der Front herausgelöst worden war, um ganz für diesen Angriff zur Verfügung zu stehen. Für den Angriff wurde dieser Division die sPzAbt. 508 (Tiger), eine Sturmhaubitzen-Battr. der Abt. 216, eine Kp. mit "Ferdinand-Tigern" und eine Kp. ferngesteuerter "B IV-Goliath" zugeführt. Nach Westen anschließend folgte die 26. PD, verstärkt durch die I./ PR 4, eine Kp. "B IV", eine Batterie der Sturmhaubitzen-Abt. 216 und die 362. ID, der eine Kp. des PR 4, eine Kp. "Goliaths" und eine Kp.

des PiBatl. 60 unterstellt wurden. Auf dem rechten Korpsflügel stand die 114. JägDiv., die ebenfalls durch einige kampfstarke Einheiten verstärkt worden war.

Unter dem Kommando des I. FschJäg-Korps stand die 3. PGD, die 65. ID und daran anschließend bis zum Meer die 4. FJD.

Die 29. PGD wurde als Armeereserve am 27. Febr. aus ihrem Stellungsabschnitt südlich Aprilia herausgezogen und bei Velletri bereitgestellt.

Es wurden drei Angriffsschwerpunkte befohlen, die erobert werden sollten. Als es am 25. Febr. stark zu regnen begann und das Angriffsgelände sumpfartig verschlammte, wurde der Angriff auf den 29. Febr. verschoben.

Mit dem Feuerschlag, der am 29. Februar um 4.45 die Schlacht eröffnete, stürmten die drei Kampfgruppen vorwärts. Isolabella konnte von den Männern der Division "HG" nicht genommen werden. Der Fosse Femina wurde nur von der 8./PR 26 bei einer Furt durchfahren. Danach war die Furtstelle so ausgefahren, daß nichts mehr hinüber kam. Hier versanken die Panzer auch auf den Wegen im Schlamm und wurden von der feindlichen Panzerabwehr abgeschossen. Die Infanterie kam nur einige hundert Meter weit nach vorn. Hier der Angriff der 362. ID, wie er von GenLt. Greiner dem Autor übermittelt, und durch sein Werk untermauert wurde.

Die 362. ID im ersten Einsatz

Am 28. Februar 1944 war GFM Kesselring auf dem GefStand der 362. ID erschienen. Hier erfuhr er, daß die von den Panzerkommandeuren geäußerten Bedenken bezüglich der Befahrbarkeit der Straßen nach dem Regen geteilt wurden.

Dennoch erhielt die Division um 20.00 Uhr den Einsatzbefehl für den kommenden Morgen 4.30 Uhr.

GenLt. Greiner verlegte seinen DivGefStand nach vorn in einen Weinkeller 4 km nordwestlich Cisterna. Hier wurde der Stab durch einen schweren feindlichen Feuerüberfall getroffen und verlor alle Verbindungen nach oben wie zur Truppe.

Der Angriff der 362. ID wurde durch ein 10-minütiges Trommelfeuer auf die erkannten Feindstützpunkte eingeleitet. Dann griff sie an. Das GR 955 konnte sehr schnell die Feindstellungen am Fosse Formal del Bovo und westlich des Colle Posso (Höhe 75) mit dem I. Batl. nehmen. Das II. Batl. jedoch blieb im deckungslosen Gelände, das zudem dicht vermint war, liegen. Die Mehrzahl seiner Offiziere fielen. Der BatlStab wurde durch einen Volltreffer getroffen. Der BatlFhr., Hptm. Spadt, und sein Adj., Lt. Vogl, fielen.

Das GR 956 unter Oberst Witte erhielt starkes Feuer von dem feindlichen Stützpunkt auf der Höhe 17 und wurde zu Boden gezwungen.

Der Angriff auf das feindbesetzte Wäldchen bei Rubia blieb ebenfalls liegen. Auf die Angriffspitzen der Division gingen Artillerie- und Schiffsartilleriefeuer nieder.

Das I./GR 955 aber drang als einziges weiter vor. Maj. Dr. Schmeller führte es mit Elan im Fosse del Bovo weiter nach Süden. Sie nahmen die Straße bei Pote della Crosette unter Feuer.

Hier sollten die unterstellten Panzer auf das Batl. stoßen und es weiter vorbringen. Doch die Panzer – es war die 8./PR 4 – kamen auf den verschlammten Wegen nicht durch und wurden größtenteils abgeschossen.

Erst am Nachmittag des 29. Febr. gelang es dem GR 956, die vom Gegner hart verteidigte Hügelkette mit den Höhen 75 und 76 und den Rubia-Wald zu erobern. Damit war eine gute Ausgangsposition zur Fortsetzung des Angriffs erreicht. Doch dazu sollte es nicht mehr kommen. Der Gegner eröffnete seinen Gegenangriff noch am Abend des 29. Febr. und übernahm auch am 1. März die Initiative. Der starke Regen, der in der Nacht zum 1. März einsetzte, überschwemmte förmlich die eingegrabenen Grenadiere der 362. ID. 50 Soldaten ertranken in den zu reißenden Flüssen gewordenen Fossi (Wassergräben).

Am Nachmittag des 1. März besuchte GFM Kesselring abermals den GefStand der 362. ID. Noch am Nachmittag stellte er den aussichtslos gewordenen Kampf ein und befahl den Übergang zur Verteidigung. Am 2. März war das, was von der 362. ID übrig geblieben war, wieder in der alten HKL (siehe dazu: Greiner Heinz: Kampf um Rom – Inferno am Po! und: Briefe an den Autor).

Hitler ließ zur Lageberichterstattung eine Abordnung der Truppenkommandeure in die Wolfsschanze nach Rastenburg kommen. Dazu stellte die 362. ID den Kdr. des I./GR 955, Major Dr. Schmeller ab.

Dazu abschließend Gen.d.FschTr. Schlemm: "Der Kernpunkt der Tragödie am Nettuno-Landekopf war die Führungskrise. Hitler wollte von Ostpreußen aus persönlich die Divisionen, ja Regimenter und Bataillone führen. Dies in einem Gelände und unter Bedingungen, die er nicht kannte. Die alte bewährte »Auftragsführung« wurde aus Mißtrauen und Besserwisserei zu Grabe getragen. Ohne ausdrückliche Genehmigung durch Hitler durfte keine Kommandostelle seine Pläne abändern und so führen, wie es die Lage erforderte." (siehe Schlemm, Alfred: Unterlagen an den Autor).

Am Landekopf Anzio-Nettuno trat Stille ein. Der Gegner verstärkte sich hier auf über 100.000 Mann, dem 10.000 Fahrzeuge zur Verfügung standen, was Winston Churchill zu der Bemerkung veranlaßte: "Wir haben keine Armee an Land geschickt, sondern ein Heer von Kraftfahrern."

Die Schlacht um Monte Cassino

Am 6. Februar 1944 gelang es der im Vorfeld von Cassino kämpfenden 34. US-ID, die vorher vergebens gegen Cassino-Stadt angerannt war, die Höhe 593 - den berüchtigten Calvarienberg, zu erobern. Der Besitz dieser Höhe war der Ausgangspunkt für die endgültige Inbesitznahme von Monte Cassino.

Um diesen Berg entbrannten in den folgenden Tagen heftige Kämpfe. Die Höhe wechselte mehrfach ihren Besitzer. Erst am 10. Febr. gelang es dem II./FJ-R 3, den Calvarienberg zurückzuerobern.

Nunmehr trat an dieser Stelle die KGr. Schulz auf den Plan. Oberst Schulz, seit 1. Jan. 1944 Oberst, hatte mit seinem FJR 1 von Tarent aus den Gegner auf den Fersen gehabt. Schrittweise zog sich sein Regiment vor einer vielfachen Übermacht zurück. In Carignola hatte es dem Feind eine mehrstündige Straßenschlacht geliefert. Dann wurde es von der Ostseite Italiens auf die Westseite geworfen, um bei Anzio-Nettuno im Einsatz zu stehen. Südlich von Anzio, am Flügel des Umklammerungsringes stehend, erhielt Oberst Schulz am 1. Febr. den Ablösungsbefehl.

Legende zu nebenstehendem Bild

1 Cassino-Stadt
2 Der Burgberg mit Klosterruine
3 Klosterberg mit Kloster
4 Cassino-Bahnhof
5 Der Rapido-Fluß
6 Bahnlinie nach Neapel
7 Straße Rom Neapel
8 Angriff gegen den Nordteil Cassino
9 Deutscher Gegenangriff
10 Angriff gegen den Burgberg
11 Vorstoß gegen Cassino-Ost
12 Deutsche Gegenangriffe
13 Umgehungsversuch Anfang Mai
14 Deutsche Nachhutgefechte
15 Feuerglocke der Alliierten auf dem Burgberg

Das IR 168 der 34. US-ID hatte Cairo-Dorf nördlich von Cassino am 30. Jan. 1944 erobert. Am 1. Febr. trat diese Division dann zum Angriff auf Monte Cassino an. Nach dreitägigem Kampf stand sie nördlich der direkt nach Rom führenden Via Casilina.

Die KGr. Schulz, bestehend aus dem FJR 1, dem FschMGBatl. 1 unter Major Schmidt, und dem III./FJR 3 unter Hptm. Kratzert traf in letzter Stunde als "Feuerwehr" hier ein. Oberst Schulz brachte das MG-Batl. an den Hängen des Monte Cassino in Stellung. Der Calvarienberg wurde von Hptm. Kratzert zurückgewonnen.

Auf den Hängen vor und über der Via Casilina verteidigten sich die Fallschirmjäger des Rgt. 1. Als der Feind Flugblätter abwarf, in denen die Fallschirmjäger beschuldigt wurden, den Klostergrund und das Kloster selber betreten und sich darin eingenistet zu haben, ließ Oberst Schulz im Klartext zurückfunken, daß dies eine Propagandalüge sei. Gleichzeitig verständigte er seinen DivKdr., GenLt. Heidrich, der dies noch einmal übermitteln ließ.

Dennoch wurde Monte Cassino aufgrund einer kategorischen Forderung des neuseeländischen Generals Freyberg am 15. Febr. 1944 zum Ziel von 142 Fliegenden Festungen, die gegen 10.00 Uhr 353 Tonnen Sprengbomben auf das Kloster warfen. Es folgten 47 B-25 und 40 B-26 nach, die weitere 100 Tonnen Bomben abluden. Das Kloster Monte Cassino war ein einziger Trümmerhaufen geworden. Hätten nicht deutsche Offiziere geraume Zeit vorher dafür gesorgt, daß alle wichtigen Klosterschätze, einschließlich der verschiedenen Bibliotheken desselben, in 700 Kisten nach Rom geschafft und dort dem Vatikan übergeben wurden, dann wären alle jenen unbezahlbaren Schätze dieses Klosters, vor allem seine großartigen Handschriften, für immer ein Raub dieses Bombenwurfes geworden.

Mit seinen Männern erlebte Oberst Schulz dieses grausige und völlig sinnlose Bombardement, das die Fallschirmjäger keinen einzigen Mann an Verlusten kostete, weil sie sich weder im Kloster noch auf dem gesamten Klostergelände befunden hatten.

"Am 17, Februar brachten wir den Abt des Klosters, Gregorio Diamare, und die Klosterbrüder, die dieses Bombardement überlebt hatten, in Sicherheit." (siehe Schulz, Karl-Lothar: Unterlagen und Dokumente an den Autor, und: Kollatz, Karl: Generalmajor Karl-Lothar Schulz).

Danach setzten sich die Fallschirmjäger in den Trümmern fest, die ihnen nicht nur eine ausgezeichnete Deckung, sondern auch besseres Schußfeld und günstigere Verteidigungsstellungen boten.

Nacheinander traten am 18. Febr. sämtliche Bataillone der indischen 7. Brigade und schließlich die gesamte indische 4. ID zum Angriff auf den "Monte" an.

Oberst Schulz, der die Verteidigung organisiert hatte, wies diesen Angriff ab. Als der Gegner am Abend dieses Tages seine zweite Cassinoschlacht abbrach, hatte die KGr. Schulz den Feinddurchbruch durch die Gustavstellung vereitelt.

Am 20. April erhielt Oberst Karl-Lothar Schulz dafür das das 459. Eichenlaub zum RK.

Dem Maori-Batl. der neuseel. 2. ID gelang es am 18. Febr., den Bahnhof von Cassino-Stadt zu erreichen und in Besitz zu nehmen. Ein Gegenangriff des GR 211 eroberte ihn zurück.

Die dritte Cassinoschlacht sah die gesamte 1. FJD im Abwehrkampf. GFM Kesselring hatte sich zu diesem Schritt entschlossen, weil die bis dahin dort mit verteidigende 71. ID und die 90. PGD ausgelaugt und abgekämpft waren. Am 26. Febr. übernahm GenLt. Heidrich die Führung im gesamten Cassinoabschnitt. Für diese Cassinoschlacht stellte der Gegner 600 Bomber und 750

Geschütze bereit. Neben der neuseel. 2. ID wurde noch die indische 4. ID angesetzt. Sie sollten den Monte Cassino direkt erstürmen.

Das FJR 3 stand diesmal im Zentrum des Abwehrkampfes. Dessen II. Batl. hielt Cassino-Stadt, während das I. Batl.auf dem "Monte" stand. In Richtung auf das Gebirge zu schlossen sich die Fallschirmjäger-Regimenter 1 und 4 an.

Diesmal bombten die Alliierten den Ort Cassino. Dieser sank am 15. März wie ein Aschenhaufen in sich zusammen.

Die westalliierte Führung sah sich dieses Schauspiel vom nahe gelegenen Monte Trocchio aus an.

Dem Luftangriff folgte eine gewaltige Feuerwalze der Artillerie. Hptm. Foltins, II./FJR 3 in Cassino-Stadt, erlitt schwere Verluste. Von seinen 300 Fallschirmjägern wurden 220 getötet oder verwundet. Nur die 6. Kp. (die in Reserve lag) überlebte fast ungeschoren diesen Feuersturm weiter rückwärts in einer Höhle am Stadtrand.

Von 400 Panzern unterstützt, stürmten die vorsorglich aus dem Bereich dieses Todesorkans zurückgezogenen Neuseeländer auf die Stadt zu. Wider Erwarten erhielten sie heftiges Feuer der überlebenden Verteidiger.

Die Panzer waren nicht in der Lage, die von der Luftwaffe und der Artillerie geschaffenen Trümmergebirge zu überwinden und kehrten um.

Im Kampf Mann gegen Mann gelang es den an Zahl mehrfach überlegenen Neuseeländern schließlich, den Bahnhof von Cassino in Besitz zu nehmen. Aber am Morgen des 19. März führte das I./FJR 4 einen Gegenangriff gegen Rocca Janule und zersprengte die 4. brit. Brigade, die soeben im Begriff stand, die Höhe 435 zu erreichen und gemeinsam mit den Gurkhas das Kloster Monte Cassino zu erobern.

Alle weiteren Versuche, Cassino-Stadt oder den Monte Cassino zu erobern, scheiterten an der zähen Abwehr der Fallschirmjäger.

Am 22. März befahl der alliierte Oberbefehlshaber, General Alexander, den Angriff einzustellen. Die Gurkhas mußten die eroberte Höhe 435 wieder räumen. Die Neuseeländer zogen sich aus dem Bahnhofsgelände von Cassino-Stadt zurück.

Sechs nicht einmal vollzählige Fallschirmjäger-Bataillone hatten dem Angriff zweier Elitedivisionen die Stirn geboten.

Ende März konnte die 1. FJD, da inzwischen die Front zur Ruhe gekommen war, für eine Woche in die Reservestellung zurückgeführt werden.

Bereits am 2. April wurde die 1. FJD alarmiert. Diesmal hatte das FJR 4 die Verteidigung des Klosterberges und der Stadt Cassino übernommen. Das FschMGBatl. wurde ihm unterstellt.

Das FJR 3 übernahm die Verteidigung des Calvarienberges, des Colle S. Angelo und des Monte Cassino. Das FJR 1 stand als Divisionsreserve hinter den Verteidigungsstellungen bereit, jederzeit in den Kampf einzugreifen.

Alle Regimenter der 1. FJD hatten ihr jeweiliges II.Batl. zur Aufstellung der 5. FJD abgeben müssen, während sich die Alliierten auf insgesamt 16 Divisionen verstärkt hatten. Unter ihnen das polnische II. Korps und das französische Expeditionskorps.

Ihnen standen außer der 1. FJD vier weitere ausgeblutete Infanteriedivisionen gegenüber. Es waren die Verteidiger der Zweiten Cassinoschlacht und sie standen in einem weiten Bogen um Cassino herum, vom Rapido über den Garigliano bis ans Meer in folgender Aufstellung:

5. Gebirgsdivision und 44. ID nördlich und westlich des Monte Cairo, 1. FJD westlich Cassino, daran nach Süden anschließend die 71. ID, die 94. ID und einige selbständige Verbände. Von Norden nach Süden standen diesen insgesamt fünf deutschen Divisionen das brit. X. Korps, das poln. II. Korps, das brit. XIII. Korps, das französische Expeditionskorps und das II. US-Korps gegenüber.

GFM Kesselering hatte das XIV. PzKorps unter Gen.d.PzTr. von Senger und Etterlin im Küstenabschnitt, das LI. GebKorps unter Gen.d.GebTr. Feurstein im Gebirge eingesetzt.

General Alexander erließ am 5. Mai seinen Operationsbefehl:

"Der rechte Flügel der 10. Armee ist zu vernichten. Die Reste der 10. und 14. Armee werden in den Raum Rom zurückgetrieben und der fliehende Feind bis zur Linie Pisa-Rimini verfolgt."

Allerdings war dies das reinste Wunschdenken, wie die folgenden Wochen beweisen sollten.

Am 11. Mai 1944 um 23.00 Uhr wurde die vierte Cassinoschlacht mit einem Trommelfeuer aus etwa 1.700 Geschützen eröffnet. 174.000 Granaten gingen auf die deutschen Stellungen nieder, 45 Minuten dauerte dieser Feuerschlag an. Mit dem ersten Büchsenlicht griffen alliierte Jabos, Schlachtflieger und Bomber mit insgesamt 2.991 Einsätzen an. Danach eröffneten die Sturmregimenter den Infanteriekampf.

Im Raume Cassino lag die 1. FJD im Schwerpunkt der Schlacht. An ihrer Seite kämpften die StGeschAbt. 242, die HePzJägAbt. 525, die PzJägAbt. 144 und eine Reihe von Heeres-Artillerieabteilungen die vom ArtRgtStab 553 unter Oberst Denzinger befehligt wurden. Hinzu kam das Werfer-Rgt. 71.

Cassino-Stadt wurde vom FschMGBatl. 1 verteidigt. Der Calvarienberg sah sich den mehrfachen Angriffen polnischer Jäger ausgesetzt. Am 12. Mai wurde dieser Berg für Deutsche und Polen zum Schicksalsberg. Es war hier Ofw. Schmidt vom FschMGBatl 1 der mit seinem Stoßtrupp am Abend des 12. Mai den Berg zurückeroberte und mit seinen wenigen Männern hielt.

Der Angriff des poln. II, Korps und des brit. XIII. Korps brach vor der Front der Fallschirmjäger zusammen. Am 3. Tage dieser Schlacht betrug die Zahl der Kämpfer der 1. FJD nur noch 700 Mann.

Im Süden von Cassino gelang den Franzosen ein Durchbruch, auch wenn die 71. ID unter GenLt. Raapke noch immer ihre HKL hielt. Erst als die Division umgangen war und die Franzosen den Monte Faito erstürmt, die Marokkanische Division am Nachmittag den von der 71. ID aufgegebenen Monte Majo erklettert und dort die Trikolore gehißt hatten, mußte die 94. ID unter GenLt. Steinmetz ebenfalls ausweichen.

General Juin, der KommGen. des französischen Korps, setzte in Ausnutzung dieses Erfolges 12.000 Soldaten seiner marokkanischen Gebirgsdivision mit 400 Tragtieren zum Stoß durch das Gebirge an. Am 14. Mai nahmen diese Soldaten Ausoniat, wo das II./GR 191 eingeschlossen wurde und sich bis zur letzten Patrone hielt.

Die 15. PGD unter GenLt. Rodt, die aus dem Reserveraum nach vorn geworfen worden war, stemmte sich diesem Ansturm der Franzosen entgegen. Sie wurde – in kleine KGr. aufgesplittert – geschlagen. Das französische Korps stürmte ins Lirital hinein. Am 16. Mai zerschlugen sie die

Reste des GR 191. Damit war der Cassinoriegel aufgesprengt. Nach wie vor stand nur noch die 1. FJD wie ein Fels in der Brandung und hielt alle Angriffe eines weit überlegenen Feindes auf.

Erst nachdem GFM Albert Kesselring am Abend des 17. Mai den Rückzugsbefehl gegeben hatte, um seiner Truppe eine Niederlage von Stalingrader Stärke zu ersparen, lösten sich die Fallschirmjäger in der kommenden Nacht vom Feind und räumten Kloster und Stadt Cassino. Am nächsten Morgen drangen Soldaten der polnischen 3. ID kamflos in das Kloster ein.

Der Kampf um Rom

Als sich die angloamerikanischen Truppen Ende April mit ihrer zwanzigfachen Artillerieüberlegenheit im Landekopf Anzio-Nettuno auf die deutschen Stellungen einschossen, war deren Absicht klar: Sie wollten den Ausbruch und Durchbruch aus dem Landekopf nach Rom antreten. Das Feuer zerstörte die Bauernhöfe der Italienischen Familien und traf auch die GefStände im Raume Cisterna.

Die 362. ID stand in einer schütteren breiten Verteidigungsstellung abwehrbereit. Hinter ihr die Eingreifreserven der 14. Armee mit der 26. PD und der 29. PGD sowie anderen Verbänden. Rechterhand dieser Division stand in einem bedeutend schmaleren Abschnitt die 3. PGD, daran schloß sich die 715. ID an. Daß der Gegner seinen Angriff mit dem bei Cassino gelungenen Durchbruch durch die Gustavlinie kombinieren würde, war klar. Die 10. Armee sollte vernichtet, Rom erobert und die geschlagenen deutschen Truppen nach Norden verfolgt werden, mit dem Ziel ihrer Vernichtung.

Die Führung der 14. Armee legte im Raume Aprilia in schmalen Abwehrlinien die 4. FJD, die 65. ID und die 3. PGD fest. Die 362. ID und die 715. ID hatten hingegen weit überdehnte Abschnitte zu verteidigen, ohne daß ihnen genügende Panzerabwehrwaffen zur Verfügung gestanden hätten.

Die Eingreifdivisionen in Gestalt der 26. PD, der 29. und 90. PGD und die FschPzDiv. HG waren in der Lage, einen feindlichen Großangriff aufzuhalten und die Entscheidung zu erzwingen. Doch sie wurden aus dem Landekopf abgezogen und an die Südfront verlegt, um bei der 10. Armee auszuhelfen und den Feind zum Stehen zu bringen. Dies gelang ihnen nicht, wie schon hier dargelegt werden soll. Aber sie fehlten am Landekopf, was GenLt. Greiner als einen "fundamentalen Fehler" bezeichnete.

GenLt. Greiner gegenüber dem Autor:

"Wie weit der Chef der deutschen Abwehr mit seiner Nachrichtenübermittlung *wieder* versagt hatte, mag dahin gestellt bleiben. Der Verfasser kann sich eines unguten Gefühls nicht erwehren, daß auch diesmal fehlende oder gar *falsche* Nachrichten zur Abziehung der Reserven geführt hatten (siehe Greiner, Heinz: a.a.0. und an den Autor).

Der alliierte Großangriff begann im Süden, wie dargestellt am 11. Mai und führte am 18. Mai zur Aufgabe von Cassino.

Anfang April 1944 hatte GFM Kesselring südlich von Rom den Campagna-Riegel einrichten lassen. Dazu waren 10.000 deutsche und italienische Baupioniere, OT-Männer und Bauarbeiter herangezogen worden. Diese C-Stellung verlief aus dem Raum südwestlich Valmontone am Tyrrhenischen Meer bis nach Pescara an der Adria. Bevor sich die deutschen Truppen auf diese Linie zurückgezogen hatten, waren ihre Verfolger bereits dicht aufgeschlossen und hatten sie teilweise bereits überrannt. Es gelang US-Verbänden, durch eine Frontlücke bei Valmontone durchzustoßen, womit für sie der Weg nach Rom offen lag.

Das XIV. PzKorps erhielt am 1. Juni Befehl, sich nördlich Frosinone vom Gegner zu lösen und den Schutz der rechten Armeeflanke zu übernehmen. Damit war Rom preisgegeben worden, was durchaus den Intentionen von GFM. Kesselring entsprach, der bereits im Februar bei Hitler den Befehl vom 8. 2. erwirkte, daß "Rom von allen Kriegshandlungen verschont bleiben" müsse.

In seinem Befehl vom März 1944 bestätigte GFM Kesselring diesen Führerbefehl und ergänzte ihn dahingehend, daß kein deutscher Soldat ohne besonderen Ausweis Rom betreten dürfe. Auch die Vatikanstadt, einschließlich der Peterskirche, wurde für jeden Besuch deutscher Soldaten verboten.

Südlich von Rom stand am 1. Juni das I. FschKorps unter General Schlemm. Von der Küste bis Valmontone stand die 4. FJD unter GenMaj. Trettner. Daran schlossen sich die 65. ID (GenLt. Pfeiffer), die 362. ID, GenLt. Greiner, und die FschPzDiv. »HG« unter GenMaj. Schmalz an.

Hier griff das II. US-Korps am 1. Juni mit den Divisionen 85 und 88 an. Gleichzeitig damit sicherte die 3. US-ID die Flanke dieses Angriffskeils nach Nordosten in Richtung Lirital.

Die FschPzDiv. »HG« wurde überrannt und auf das Gebirge zurückgeworfen. Valmontone geriet in den Besitz der Angreifer.

Nach dieser Initialzündung schloß sich die 5. US-Armee unter General Clark der Offensive an. Zwei US-Divisionen, unter ihnen die 1. PD, und zwei britische Divisionen traten zum Vormarsch auf Rom an.

Am 2. Juni erbat GFM Kesselring vom OKW die Räumung der Stadt. Am Mittag dieses Tages wurden die Funktürme des Senders an der Straße Pomezia-Albano von dt. Pionieren gesprengt.

Der Vatikan appellierte am 3. Juni an die Alliierten, Rom als offene Stadt anzuerkennen, zumal doch kein einziger Soldat in der Heiligen Stadt stehe. Die Alliierten antworteten nicht einmal darauf.

Das II. US-Korps erreichte mit drei Divisionen am Abend des 3. Juni Finocchio, sechs km nördlich Frascati. Am anderen Morgen um 4.00 Uhr standen US-Panzer am Sapienzator, in den Außenbezirken von Rom. Die deutschen Soldaten hatten sich in der Nacht weiter abgesetzt und auch alle Lazarette geräumt. Kampfgruppen der 362 ID, der 3. PGD und der 4. FJD marschierten durch die südwestlichen Stadtteile und gingen hinter den Tiber zurück.

Am Morgen des 4. Juni stießen US-Truppen zur Stadtmitte vor, die sie um 14.15 Uhr erreichten. Da auch die Brücken vom Zerstörungsverbot Hitlers betroffen waren, gelang es den Alliierten, den Tiber rasch zu überschreiten und in die deutschen Rückzugsbewegungen hineinzustoßen. Es waren Kampfgruppen der 1. US-PD, die den deutschen Nachhuten einige Gefechte lieferten.

Am Nachmittag übergab General Bencivento Rom an die Amerikaner.

Der Ausbruch der Alliierten aus Anzio-Nettuno

Mit einem gewaltigen Artilleriefeuerschlag eröffneten die Truppen aus diesem Brückenkopf am 23. Mai ihren Angriff. Dichte Rudel US-Panzer rollten nach 45 Minuten gegen die deutsche Front. Cisterna war durch Artilleriefeuer und Bombenabwürfe dem Erdboden gleich gemacht worden. Insgesamt hatten 722 Einsätze (jede Maschine wird als Einsatz gezählt) gegen Cisterna stattgefunden. An diesem Tage verlor die 362. ID etwa 50 Prozent ihres Bestandes. Am Mittag des 24. Mai griff der Gegner weiter an. Die 715. ID war bereits total vernichtet, bzw. zerschlagen. Vom I. FschKorps wurde der allein stehenden 362. ID Hilfe geschickt. Es waren das FJR 12 unter Major Timm, das I./GR 145 der 65. ID, Teile der sPzAbt. 508 und andere Unterstellungen.

Damit konnte GenLt. Greiner am frühen Morgen des 25. Mai den Abwehrkampf aufnehmen.

Der Feind stürmte in Richtung Velletri, wurde aber auseinandergerissen, erzielte im zweiten Anlauf 7 km westlich der Straße Velletri-Cisterna einen tiefen Einbruch, der durch das soeben eintreffende I./GR 145 eingedämmt werden konnte.

50 Feindpanzern war es gelungen, sich in den Raum nordwestlich Cisterna vorzuboxen und den Ostflügel der 362. ID umfassend anzugreifen. Die dort stehende Flak schoß zwar einige der Panzer ab, wurde aber überrollt. Dieser feindliche Flankenstoß zwang die 362. ID, ihre HKL beiderseits Ponte Ulica bis zum Fosse Civitana zurückzunehmen.

Cisterna wurde immer noch von der KGr. des GR 955 gehalten. Der RgtKdr., Oberst Annacker, konnte noch melden, daß sein GefStand von weit überlegenem Feind genommen wurde.

In den Kämpfen der folgenden Tage wurde Velletri am 31. Mai vom Feind erstürmt und bis zum Morgen des 1. Juni genommen.

Die 362. ID setzte sich schrittweise kämpfend ab. In diese Absetzkämpfe reihten sich auch die 3. PGD, die FschPzDiv. »HG« und einige selbständige Verbände ein. Bei Frascati wurde noch einmal verteidigt, bevor am 4. Juni die Nachhutkämpfe, südlich und ostwärts von Rom begannen und sich die 65. ID und die 3. PG südlich um Rom herum, die 362. ID durch die Stadt und die Div. "HG" und die 4. FJD nach Norden und Nordwesten, um Rom herum gehend, vom Feind lösten. In schnellen Etappen ging es über Sutri, Viterbo und Montefiascone bis zum 10. Juni in die "D-Linie" ostwärts des Bolsenasees zurück.

Aus dem KTB von General der Kavallerie Westphal konnte der Autor folgende Stärkemeldung der HGr. C vom 4. Juni 1944 entnehmen:

Oberbefehlshaber:	Generalfeldmarschall Kesselring.
Chef des Generalstabes:	Generalleutnant Westphal.
Erster Generalstabsoffizier:	Oberst i.G. Beelitz.

Die 10. Armee,.

Oberbefehlshaber:	Generaloberst von Vietinghoff.
Chef des Generalstabes:	Generalmajor Wentzell.
Erster Generalstabsoffz.	Oberst i.G. Berlin.

In der 10. Armee standen das XIV. Panzerkorps, und das LI. Gebirgskorps mit folgenden Großverbänden: 44., 71., 94., 278. und 305. ID, 29. und 90. Panzergrenadierdivision, 5. Gebirgsdivision, 114. Jägerdivision und 1. Fallschirmjägerdivision.

Die 14. Armee:

Oberbefehlshaber:	General der Panzertruppe Lemelsen.
Chef des Generalstabes:	Oberst i.G. Hauser.
Erster Generalstabsoffz.:	Oberstleutnant i.G. Boehnke.

In der 14. Armee standen das I. Fallschirmkorps, das LXXVI. Panzerkorps mit den Divisionen: 65., 92., 334. und 362. ID (später kam die 356. ID hinzu), die 3. und 15. PGD, die 4. FschJägDiv. und die FschPzDiv. "HG".

Bei Orvieto stand die 26. PD als HGr.-Reserve und hinter dem rechten Flügel der 14. Armee die 20. LwFeldDiv.

Am 9. Juni wurde das XIV. PzKorps mit der 26. PD, der 29. und 90. PGD der 14. Armee unterstellt. Damit sollte die 14. Armee in die Lage versetzt werden, dem Angriff der 5. US-Armee standhalten zu können.

Als am 19. Juni auch die Insel Elba geräumt wurde, bestand die Gefahr einer Feindlandung von der Insel aus auf das Festland. Um dieser Gefahr gegenüber gewappnet zu sein, ließ GFM Kesselring das LXXV. AK, Gend.Inf. Dostler, bei Livorno in Stellung gehen. Diesem Generalkommando unterstanden die 16. SS-PGD, die soeben in Italien angekommen war, die nördlich Livorno stehende 65. ID und einige Unterstellungen.

Die weiteren Rückzugskämpfe brachten die HGr. C an die Trasimenischen Seen. Massa ging am 24. Juni verloren und im Vorfeld von Siena wurde noch einmal hart gekämpft. Es galt, hier zu halten, um die zur Lazarettstadt erklärte Stadt von deutschen Soldaten freizumachen und ihre Vernichtung zu verhindern. Zum Glück gelang dies, noch bevor die Alliierten ihre Bomberverbände darauf ansetzten.

Am 19. Juni mußte Livorno geräumt werden. Unmittelbar danach wurde auch Pisa Frontgebiet und am 27. Juni beschoß die US-Artillerie auch Pisa. Der schiefe Turm wurde – zum Glück nur leicht – getroffen. Granaten schlugen auf dem Domplatz ein. Am 2. August zogen sich die deutschen Truppen aus Pisa zurück. Bis zur Gotenlinie war es nun nicht mehr weit. Diese 270 km lange Verteidigungslinie war seit Beginn des Jahres 1944 in Angriff genommen worden. Zwischen Viareggio am Tyrrhenischen Meer bis Pesaro an der Adriaküste sollte sie dem weiteren Vorstoß der Alliierten ein Halt entgegensetzen.

Diese Stellungen waren überwiegend Feldbefestigungen. Es gab jedoch auch einige festungsartig ausgebaute Stützpunkte. Die Feldstellungen waren dicht verdrahtet, das Vorgelände mit 72.517 Tellerminen bestückt. Insgesamt gab es auf der Linie 479 Pakstellungen und 2.375 MG-Stände.

Um nicht den für Standfestigkeit und Tapferkeit stehenden Namen "Goten"-Linie bei einer eventuellen Durchbrechung derselben zu schädigen, nannte Hitler sie am 15. Juni in "Grün"-Linie um.

Kämpfe an der Adria

Die 10. Armee, die den östlichen Teil der Italienfront zu verteidigen hatte, übertrug am 2. Febr. 1944 die Adriafront dem LI. GebKorp., Gen.d.GebTr. Feurstein. Ihm unterstanden die 1. FJD, die 315. und 334. ID, sowie einige Unterstellungen.

Zum Küstenschutz bis hinauf nach Venedig wurde zusätzlich zu den Truppen der vordersten Front der Kommandierende General Adriatische Küste, Gen.d.GebTr. Kübler eingesetzt. Ihm unter stand die 278. ID unter GenLt. Hoppe, dem Eroberer von Schlüsselburg, die turkmenische 162. ID unter GenLt. Ritter von Niedermayr und die 88. Res-ID unter GenLt. von Hösslin. Letztere wurde zur Partisanenbekämpfung eingesetzt.

Bis zum Sommer, nach dem Durchbruch der Alliierten auf Rom, war die Front dieser Verbände nicht angegriffen worden. Als die 362. ID nach Nettuno verlegt wurde, übernahm die 278. ID deren Frontabschnitt bei Ortona.

Nach der Gewinnung Roms durch die Alliierten setzte sich die 10. Armee an der Adria sprungweise nach Norden ab, um den Zusammenhang mit der 14. Armee nicht zu verlieren.

Mit Beginn des allierten Großangriffs am 18. Juli 1944, zu dem britische Verbände mit 200 Panzern die 278. ID unter GenLt. Hoppe angriffen, erlitt diese Division schwere Verluste. Es war das polnische II. Korps, das diesen Angriff bis zum Südrand von Ancona durchzog. Am Abend mußte diese Stadt aufgegeben werden. Der Gegner, an Panzertruppen um das 15-fache und an Luftwaffe um das 200-fache überlegen, brauchte dennoch zur Überwindung jener 30 Kilometer zwischen Ensino- und Metaurofluß 26 Tage.

Auf der anderen Seite gelang es der 5. US-Armee am 23. Juli, den Arno zu überschreiten. In dieser Lage trat plötzlich eine Stagnation der alliierten Kräfte ein, weil am 15. August in Südfrankreich ein neues alliiertes Landungsunternehmen begann, das den Codenamen Operation "Draagon" trug (darüber im Abschnitt "Kampf im Westen" mehr).

General Alexander, der gehofft hatte, die HGr. C in einem Zuge aus dem Raume Rom bis zum Apennin zu jagen und unterwegs aufzureiben, sah sich getäuscht. Dennoch wollte er den Kampf in Italien unter allen Umständen noch in diesem Jahr siegreich beenden. Deshalb setzte er zwei Großoperationen gleichzeitig an. Einmal den Angriff an der Adria, zum anderen jenen im Gebirge auf Bologna.

Alexander, seit dem 4. Juni Feldmarschall, hatte das französische Expeditionskorps und weitere Divisionen seiner 15. Heeresgruppe – insgesamt neun kampfstarke Divisionen – nach dem Westen abgeben müssen. Damit schien Italien für die Westalliierten zum Nebenkriegsschauplatz zu werden. Dennoch versuchte Feldmarschall Alexander, so rasch wie möglich durch Italien nach Norden zu gelangen, um dann durch die Laibacher Senke nach Österreich einzumarschieren und dort den Sowjets zuvorzukommen. Darin sah er sich mit General Wilson, dem Oberbefehlshaber des gesamten Mittelmeer-Kriegsschauplatzes einig, der einen durchschlagenden Erfolg in Italien wünschte, um danach durch einen Vorstoß in Richtung Villach-Klagenfurt-Laibach weiterzustürmen und lange vor der Sowjetarmee Wien zu erreichen.

Die Amerikaner waren dagegen! General Marshall, der US-Generalstabschef, unterrichtete General Eisenhower bereits am 28. Juni dahingehend, daß Präsident Roosevelt formell und *endgültig* den vorgeschlagenen Plan Wilsons abgelehnt, und, daß er auch Churchill diese Ablehnung mitgeteilt habe.

Damit gaben die Amerikaner einen großen Sieg aus der Hand und halfen GFM Kesselring, sich bis zum Mai 1945 in Italien zu halten.

Mit genügenden Mitteln unterstützt wäre die 15. HGr. sehr wahrscheinlich in *dem* Augenblick an der Save bei Laibach erschienen und ebenso an der Donau bei Wien, in dem die Sowjetarmee den Durchbruch durch die Eiserne Pforte bei Orsova erzwang.

Dadurch wäre der Zusammenbruch Deutschlands wahrscheinlich *acht Monate* früher erfolgt, *und* die Sowjetarmee wäre noch nicht nach Deutschland und Österreich eingedrungen gewesen. *Diese* Chance hatten die Westalliierten verpaßt und damit den Ost-West-Konflikt heraufbeschworen und 40 Jahre eines brutalen Kalten Krieges mit einer Hochrüstung ohnegleichen angekurbelt.

Der Entschluß von GFM Albert Kesselring, alle Kräfte zur Verteidigung weit vorwärts des Reiches einzusetzen, war vor allem durch die alliierte Konferenz zu Teheran bestimmt worden, auf welcher die Allierten endgültig beschlossen, die Teilung Deutschlands nach dessen bedingungsloser Kapitulation zu vollziehen (siehe: Das fünfte Kriegsjahr).

Präsident Roosevelt hatte mit seinem "brain trust" alle Schritte der US-Streitkräfte festgelegt und diese im Sinne seines Freundes "Joe" (Stalin) forciert. Dazu General Juin:

> "Die Geschichte wird urteilen, und sie wird dies nicht ohne Ironie tun, indem sie beklagt, daß der gesunde Menschenverstand sich im alliierten Rat *kein* Gehör verschaffen konnte." (siehe: Bauer, Prof. Eddy.- Der Panzerkrieg).
>
> Zurück zur Italienfront.

Kurzer Überblick bis Dezember 1944

Ende August hatten beide alliierte Armeen umgruppiert und eröffneten die Offensiven auf Bologna und an der Adria. Die 8. Armee eröffnete die Offensive Ende August und dehnte sie auf breiter Front aus. Der Ostflügel der 10. Armee hatte den ersten Ansprung zu bestehen. Sie zog sich kämpfend hinter den Foglio zurück. Die HGr. C führte der 10. Armee eine Reihe Verstärkungen zu, sodaß schließlich auf deren Ostflügel sechs Divisionen standen. Diesen gelang es, die Offensive noch südlich Rimini und des Marecchio-Abschnittes aufzuhalten.

Am 10. Sept. eröffnete die 5. US-Armee, der ein brit. Korps unterstellt worden war, den Angriff gegen die inneren Flügel beider deutschen Armeen. Hier hatte die HGr. C die Front entblößt, um der Adriafront zu helfen. Deshalb mußten wiederum von dort Kräfte nach Westen gezogen werden, um Bologna, das Ziel des Gegners, halten zu können.

Die 5. US-Armee näherte sich schrittweise Bologna und erreichte bis zum 2. Okt. den Raum 25 km südlich der Stadt. Feldmarschall Alexander rief die italienischen Partisanenkräfte zum Widerstand auf, was den Partisanen, die diesem Aufruf folgten, nicht gut bekam, denn die Alliierten Truppen, die sie angeblich befreien würden, kamen nicht durch. Die deutschen Truppen an den Gebirgshängen vor Bologna wiesen jeden Feindangriff ab.

Der 48 Stunden dauernde Angriff des II. US-Korps blieb vor den Stellungen der 1. FJD, die nunmehr von GenMaj. Schulz geführt wurde, liegen. Am 27. Oktober gaben die Alliierten diesen Angriff kurz vor dem Ziel auf.

An der Adria hatte die 8. Armee der Briten ihren Angriff am 10. September wieder aufgenommen. Die nun entbrennenden Kämpfe reichten an die dramatischsten Ereignisse in der UdSSR heran. Rimini wurde deutscherseits aufgegeben und schrittweise auf die nächste Flußlinie zurückgegangen. Das an der Ostflanke eingesetzte LXXVI. PzKorps setzte dem Feind entscheidenden Widerstand entgegen und unterbrach dessen Vorwärtsdrang immer wieder. Als das Korps am 20. Oktober über den Savio zurückgehen und diese Stellung aufgeben mußte, wurde am Rabbi wieder Halt gemacht und das gleiche Spiel begann aufs Neue. Am 9. Nov. wurde Forli geräumt. Hier stellten sich die Bewohner der Stadt offen auf die deutsche Seite und beschossen die einrückenden Briten.

Das LXXVI. PzKorps ging auf Montone zurück.

Der Versuch der britischen 8. Armee, am 21. November mit fünf Divisionen beiderseits der Via Emilia nach Faenza durchzubrechen, führte zu einem fünftägigen erbitterten Ringen. Es gelang den Angreifern nicht, den Widerstand jener drei deutschen Divisionen zu brechen, die ihnen gegenüberlagen. Die RAF flog eine Reihe Bombenangriffe, während 50 britische Batterien aller Kaliber auf die deutschen Stellungen trommelten.

Hier war es vor allem die 26. PD unter GenMaj. Crasemann, einem alten Kampfgefährten Rommels in Afrika, die den Gegner abwehrte. Die 5./PGR 9 dieser Division lag auf dem Monte Fortino und verteidigte, bis der letzte Grenadier gefallen war. Die Division war am 25. Nov. auf 850 Mann zusammengeschmolzen.

Die 278. ID wiederum, die den ganzen Kampf entlang der Küste nach Norden unter ständigem schwerstem Druck ge4führt hatte und die 356. ID unter Oberst Kühl, hielten die Front. Am 25. Nov. stellte die 8. Armee diesen Kampf ein. Auch sie hatte schwerste Verluste hinnehmen müssen.

Neben der Via Emilia – das Gebirge war hier nach Nordwesten zurückgebogen – versuchte die 8. Armee nun Ravenna zu gewinnen. Sie wurde durch schnell in Einbruchslücken geworfene Grenadiere, Sturmgeschütze und Panzerjäger aufgehalten und geworfen. Unter General der Panzertruppe Lemelsen hatte die 10. Armee einen großen Abwehrerfolg errungen. Die 14. Armee unter Gen.d.Art. Ziegler und bis zum 13. Dez. unter Gen.d.PzTr. Herr, danach unter Gen.d.Inf. von Tippelskirch, hatte es ihr gleichgetan.

Drei Divisionen hatte die 10. Armee im Verlauf des letzten Vierteljahres abgeben müssen, dennoch konnte dieser Abwehrerfolg errungen werden. Die 8. Armee verlor in diesen genannten Kämpfen 700 Panzer. Zu diesem Abwehrerfolg die Stimme eines kompetenten Beurteilers des Geschehens:

"Statt die Apenninen und die lombardische Ebene aufzugeben, nahmen Kesselrings Männer, obgleich hinter ihnen bereits das Reich in Flammen stand, einen Kampf auf, so erbittert wie nur einen in der deutschen Geschichte."

Zwar hatte FM Alexander anfang September einen tiefen Keil in die Gotenkopfstellung getrieben und Rimini genommen, aber als seine Truppen einem grimmig verteidigten Gebirgszug nach dem anderen gegenüberstanden, sah er sich am 26. September gezwungen, an CIGS zu schreiben:

> "Der Jammer ist, daß meine Kräfte im Verhältnis zu den feindlichen zu schwach sind, einen Durchbruch zu erzwingen.
>
> Wir fügen dem Feind sehr schwere Verluste zu und kommen langsam, doch beständig vorwärts. Aber auch unsere Verluste sind schwer, und wir kämpfen in einem Gelände, wo nach allgemeiner Ansicht zu erfolgreichen Offensivoperationen mindestens eine Überlegenheit von eins zu drei erforderlich ist. Es wäre daher kein Wunder, wenn wir, so lange die uns gegenüberstehenden Kräfte den unseren gleichkommen, keinen wirklich entscheidenden Erfolg errängen." (siehe: Bryant, Arthur und Brief Feldmarschalls Alexander an den CIGS vom 26.9. 1944).

Daß die alliierten Streitkräfte den Deutschen weit überlegen waren, wird in diesem Zitat nicht erwähnt.

Die Gesamtverluste der HGr C vom 1. Mai bis zum 31. Oktober 1944 betrugen:
18.302 Gefallene. 63.000 Verwundete und 62.677 Vermißte.

* * *

IM WESTEN 1944

Allgemeine Übersicht

Bereits am 3.11. 1943 hatte Adolf Hitler die Führerweisung Nr. 51 herausgegeben. Sie schuf die Grundlage für die Kampfführung im gesamten Westen und sollte auch für die Folgezeit gültig bleiben. In ihr wurde die Feststellung getroffen, daß im Gegensatz zum Osten die Folgen eines Einbruchs im Westen in Kürze unabsehbar sein würden und daß nunmehr spätestens ab Frühjahr 1944, mit dem Angriff im Westen zu rechnen sei." (siehe: KTB des OKW).

In der Weisung wurde der Ausbau der Küstenverteidigung mit allen Kräften befohlen, mit der Forderung, die Abwehr schwerpunktmäßig zusammenzufassen. Gegen einen gelandeten Feind sei sofort zum Gegenangriff anzutreten. Alle Eingreifreserven sollten für einen solchen Fall in kampfkräftigsten Zustand versetzt werden. Dies machte eine Reihe neuer Befehle und Weisungen notwendig.

Bereits am 5. Nov. hatte Hitler Befehle erteilt, daß aus der HGr. B in Italien unter GFM Rommel eine HGr. z.b.V. gebildet werde, die ihm, Hitler, direkt unterstellt würde. Sie erhielt den Auftrag, die Verteidigungsbereitschaft der besetzten Küsten Dänemarks, des Artois, derHalbinsel Cotentin, der Niederlande und der Bretagne zu prüfen, Verbesserungsvorschläge zu machen und Studien für Angriffsoperationen gegen einen gelandeten Feind zu erarbeiten und Hitler vorzulegen.

Am 31. Dez. wurde der Antrag des OB West, GFM von Rundstedt, genehmigt und ihm die HGr. B, ferner der Wermachtbefehlshaber Niederlande sowie die 15. und 7. Armee unterstellt, womit die Unterstellung unter Hitler aufgehoben wurde.

Am 15. Jan. 1944 waren die Vorbereitungen zum Aufmarsch an der Kanalküste angelaufen. Deutscherseits wurde damit gerechnet, daß der seit geraumer Zeit erkannte westalliierte Aufmarsch in England bis Mitte Februar abgeschlossen sein werde. Dies zwang dazu, den Termin auf den 1.1. 1944 vorzuverlegen.

Eine vehemente Kräfteverschiebung sollte eingeleitet werden. Es galt zu prüfen, welche Kräfte ab dem 1.1. 1944 aus der Küstenfront beim AOK 7, AOK 1 und AOK 19 herausgelöst und ab dem 1. Febr. beim AOK 15 bereitgestellt werden sollten. Es sollte auch geprüft werden, ob nicht einige schnelle Divisionen, insbesondere die 21. PD, näher an die gefährdeten Küstenabschnitte herangezogen werden könnten (diese Planung gelangte leider nicht zur Durchführung, sodaß zu Beginn der alliierten Invasion drei starke Panzerverbände sehr weit vom Einsatzraum entfernt standen und nicht im Stande waren, die Chance zu nutzen, dem Feind im Augenblick der Schwäche – also der Anlandung – direkt entgegenzurollen und ihn ins Meer zurückzuwerfen).

Um an Ort und Stelle ein Bild von der Lage zu gewinnen, schickte Hitler den Chef des WFStabes in den Westen. Dieser sollte den Umfang der angelaufenen Aufmarschpläne im Bereich des AOK 15 prüfen und die gesamte Ausführung der Weisung 51 überwachen.

Von der Feindseite her wurde seit Anfang Januar 1944 in geschickter Weise über alle möglichen Kanäle "Tatarenmeldungen" ausgestreut. In der zweiten Januarhälfte waren so gut wie alle Landungspunkte zwischen Norwegen und der Biskaya im Gespräch. Allerdings bezweifelte Hitler bei der Erörterung der feindlichen Ziele die Ernsthaftigkeit der diversen feindlichen Absichten.

Die Lagebeurteilung des OB West vom 10. Jan. 1944 stellte heraus, daß der Feind die Vorbereitungen zur Invasion mit Hochdruck betreibe. Er sah einige Ablenkungsangriffe vor der eigentlichen Invasion voraus, ohne daß der Hauptangriff einer anderen Front als der Atlantikküste gelte. Der OB West rechnete mit einem Angriff, sobald das Wetter dem Feind den gleichzeitigen Einsatz *aller* Kampfmittel erlaube. Der Schwerpunkt werde zwischen Schelde und Normandie liegen. Es sei nicht ausgeschlossen, daß der Angriff auf einen Teil der Niederlande und die Bretagne übergreifen werde. "An der Südküste ist lediglich mit Luftangriffen und Kommando-Unternehmen zu rechnen." (siehe WFStab Ic vom 11.1. 1944).

Auch in der Lagebeurteilung des OB West vom 7. März war noch kein Schwerpunkt erkennbar. Die Schiffs- und Truppenzusammenziehungen an der Schottischen Küste wurden als "Invasionsreserve" und nicht als "Angriffskräfte gegen Norwegen" gewertet.

Die Rede von General Montgomery vom 11. März gab den bevorstehenden Einsatz der Truppen zur Invasion bekannt, wurde aber zwei Stunden später in ihrer wesentlichen Aussage gekürzt, worüber die Deutsche Allgemeine Zeitung mit der Schlagzeile "Der Gaukler Montgomery" am 13.3. 1944 berichtete.

Allerdings wurde am 20. März gemeldet, daß außer dem AOK 1 der Amerikaner auch noch AOK 9 in England eingetroffen sei. Auch die Ankunft von General Patton in England deutete auf einen baldigen Angriff hin. Churchill aber hatte die Aufgabe übernommen, sein sowjetisches Gegenüber zu beschwichtigen und darauf hinzuweisen, daß ein Angriff über Wasser hinweg sehr viel schwieriger sei, als beispielsweise ein sowjetischer Angriff auf einer weiträumigen Ebene, wie er sich in seiner Rede am 26. März ausließ. Er teilte Marschall Stalin mit, daß in der nächsten Zeit eine Reihe von falschen Alarmen erfolgen werde, um den endgültigen Termin zu tarnen und den Überraschungsfaktor zu nutzen.

Bis Ende März waren bereits die brit. 51. ID und die brit. 7. PD, sowie die 1. US-PD aus dem Mittelmerraum nach England überführt worden. In kurzen Abständen kamen die 2. US-PD, eine US-Luftlandedivision und eine Brigade hinzu.

Luftangriffe gegen Spezialziele

Um die deutschen Großtransporte nach Frankreich und an die französische Atlantikküste zu unterbrechen, zumindest aber zu stören, wurden von den Westalliierten starke Luftangriffe gegen Bahnanlagen und – mit Bordwaffen – gegen fahrende Züge gerichtet.

Da französische Eisenbahner diese von starken Luftangriffen bedrohten Strecken fürchteten und demzufolge ihre eigenen Lokomotiven durch Sabotage unbrauchbar machten, mußten zu den 12.000 deutschen Eisenbahnern weitere 8.000 in Frankreich eingesetzt werden.

Im Verlauf des Febr. wurden Lokomotivdepots und Verschiebebahnhöfe angegriffen. Im Zentrum dieser Angriffe lag Le Mans. Hier entstanden Sach- und Personenschäden unter der Zivilbevölkerung (über die Lufttätigkeit siehe Abschnitt: Der Luftkrieg 1944).

Besonders aber waren ab Februar 1944 die Armée Secrète und die French Section des Intelligence Service wieder tätig geworden, die bereits als zerschlagen galten. Am 8. März wurde erstmalig wieder ein Terrorüberfall mitten in einer Stadt ausgeführt, als eine Infanterie-Kp. die in Clermont-Ferrand ins Kino gehen wollte, überfallen wurde. Es gab über 20 Tote.

Hitler, der nicht glaubte, daß der Feind eine Landung am Kanal an sehr vielen Stellen durchführen würde, da dazu die zusammengefaßten Kräfte nicht ausreichten, sah am 4. März vor allem die Normandie und die Bretagne als bedroht an. Er gab am 13.3. zu überlegen, ob es nicht richtiger sei, die Infanterieverbände, die doch nur beschränkt beweglich seien, schon jetzt in die Küstenverteidigung einzugliedern und als Eingreifverbände nur schnelle Divisionen bereitzustellen. Der Chef des WFStabes erklärte, daß bereits alle Infanterieverbände, mit Ausnahme der noch in der Aufstellung befindlichen 77., 84. und 85. ID, bereits in der Küstenverteidigung stünden und zwar im Zwischengelände zwischen der Küste und der 2. Stellung. Es sei gefährlich, alle Kräfte vorne einzufügen, da sie dann vom Gegner durch Flächen-Bombardements zerschlagen werden könnten.

Daraufhin wurde die 352. ID ostwärts der Halbinsel Cotentin eingesetzt.

Die Besprechung Hitlers mit allen Befehlshabern des Westheeres vom 20. März 1944 erbrachte als wichtigstes Ergebnis die Weisung, daß die Reserven geschwächt werden sollten, um die Verteidigung selber durchlaufend zu verstärken. Dies war auch die Forderung von GFM Rommel, der aufgrund seiner Küstenbesichtigungen den Grundsatz vertrat, daß man den Feind bereits bei seiner Landung direkt an der Küste angreifen und schlagen müsse. Da sich einige Leerräume gebildet hatten, befahl Hitler, die neu aufgestellten Verbände dorthin zu verlegen.

Truppen, Reserven, Aufgaben.

Als OKW-Reserve waren im Osten des Bereichs des OB West aus den Panzerlehrtruppen des Befehlshabers des Ersatzheeres bis zum 1.3. 1944 die Panzer-Lehr-Division aufgestellt worden. Hinzu kam die 91. ID, die zur Luftlandedivision ausgebaut werden sollte, sowie die 3. Fallschirmjäger- Division, von der 5000 Soldaten bereits nach Reims verlegt hatten, während etwa 7000 Mann noch auf den Springerschulen des Heimatkriegsgebietes ausgebildet wurden. Die vorgesehene Verlegung der Fallschirm-Panzerdivision "Hermann Göring" aus Italien nach dem Westen konnte nicht erfolgen, da sie in Italien gebunden war.

Hitler hatte bereits am 16. Febr. angeregt, die noch in der Aufstellung befindlichen Fallschirmjägerdivisionen 5 und 6 in den Bereich der 7. Armee zu verlegen. Er entschied am 27. Febr., daß nicht die 11. PD aus dem Osten nach Frankreich verlegt werde, sondern die 1. SS-PD "Adolf Hitler", die in den Raum Brüssel verlegt werden sollte. Die 9. SS-PD sollte dann bei der 19. Armee verbleiben. Diese Absicht konnte nicht durchgeführt werden, da die Lage an der Ostfront die Herauslösung der SS-PD "AH" nicht zuließ. Die PLD wiederum mußte in den Raum um Wien verlegt werden, um von dort am Unternehmen "Margarethe" teilzunehmen. Um diese Ausfälle für den Westen auszugleichen, wurde Mitte März die Umgliederung der drei Panzer-Reservedivisionen in Panzerdivisionen befohlen. Ende März war die bedrohliche Entwicklung im Süden der Ostfront Ursache zum Abtransport von fünf Sturmgeschützabteilungen der fünf Eingreifdivisionen im Westen zu den rumänischen Verbänden an der Südfront nach der UdSSR. Hinzu kam eine Division der 21. Welle. Für diese Division wurde dann eine auf dem Truppenübungsplatz Wahn in der Aufstellung begriffene Division in den Westen verlegt.

Als dann in der Nacht zum 24. März Befehl erging, auch die 249. ID der 21. Welle sofort für den Abtransport nach dem Osten bereitzustellen und deren Sturmgeschütz-Abteilung sofort losrollte, schien die Schmerzgrenze der Abtransporte erreicht. Doch am 26. März mußte auch das II. SS-Panzerkorps mit der 9. und 10. SS-PD an den Osten abgegeben werden.

Für diese Divisionen verlegten die 179. Reserve-Panzerdivision in den Raum nordwestlich Paris und die 155. Reserve-PD in den Raum Carcassonne. Die aus dem Osten zuzuführenden Teile der 16. PGD wurde ebenfalls in den Raum nordwestlich Paris verlegt.

Bis zum 1. bzw. 15. Mai sollte die Verwendungsbereitschaft dieser Divisionen und der 10. PGD erreicht sein. Damit wurde eine zeitweise Schwächung der Front im Westen bewußt in Kauf genommen, um die drohende Gefahr des Zusammenbruchs des Südteiles der Ostfront zu verhindern.

Es standen nunmehr zur Verfügung:

AOK 1: Kampfgruppe der 17. SS-PGD
2. SS-Panzerdivision
273. Reserve-Panzerdivision.
276. Infanteriedivision.
277. Infanteriedivision (beim AOK 19).

In Innerfrankreich standen:
Die Panzer-Lehr-Division.
Die 189. Resergedivision.
Die KGr. 157. Reservedivision.
271. Infanteriedivision.
272. Infanteriedivision.
3. Fallschirmjägerdivision.

Die Angriffe der feindlichen Luftstreitkräfte richteten sich ab April 1944 überwiegend gegen Verkehrsanlagen und Fabriken in den Städten Frankreichs. Der am 24.4. gegen Rouen geführte Luftangriff forderte unter der französischen Zivilbevölkerung 400 Tote und 700 Verletzte. An dem Trauergottesdienst für die Opfer nahm auch Marschall Petain teil.

Ab dem 27. April griff der Feind planmäßig die deutschen Küstenbefestigungen im Raume Calais und ostwärts an. Diese Angriffe setzten sich mit steigender Intensität fort (siehe Abschnitt: Luftwaffeneinsätze 1944).

Zwischen Cherbourg und Calais wurden vom 15. bis 21. Mai 53 deutsche Stützpunkte angegriffen. Die Feindflugzeuge flogen aus Foggia und (mit den zwei- und ein-mot-Flugzeugen) aus Korsika an. Vom 20. bis 26. Mai wurden 500 Lokomotiven getroffen. Der Angriff auf die Seinebrücken, der in der zweiten Maiwoche einsetzte, schaltete bis Ende des Monats alle Seineübergänge von der Mündung bis nach Paris aus. Allein am 27. Mai wurden 7000 (!) Ein- und Durchflüge registriert. Gegen Nordfrankreich kam es zu 2.000 Einflügen.

Deutsche Kampfflugzeuge gegen die Einschiffungshäfen

Um den Zusammenhang zu wahren, sei an dieser Stelle auch der Einsatz deutscher Kampfflugzeuge gegen die britischen Einschiffungshäfen umrissen.

Bereits in der Nacht zum 25. März wurde London von 90 Kampfflugzeugen des IX. Fliegerkorps, Oberst Peltz, angegriffen.

Dieser Angriff wurde am 19. April wiederholt. Diesmal standen 125 Maschinen des IX. FlK zur Verfügung, darunter 60 Ju 88.

Hull wurde in der Nacht zum 21. April angegriffen. Drei Nächte darauf lag Bristol im Fadenkreuz der 117 angreifenden Kampfflugzeuge des IX. FlK.

193 Kampfflugzeuge griffen in der Nacht zum 26. April in zwei Wellen Schiffsansammlungen vor Portsmouth an. Sie erzielten wegen des schlechten Wetters keine Erfolge.

In der folgenden Nacht wurde dieser Angriff von 78 Kampfflugzeugen wiederholt, die Luftminen und schwere Bomben warfen. Von 58 Flugzeugen wurde der Angriff gegen Portsmouth am 29. April fortgesetzt.

In der Nacht zum 30. April wurden wieder 101 deutsche Kampfflugzeuge "zusammengekratzt", um die Hafenanlagen von Plymouth zu bomben. Diesmal wurden größere Schäden an den Hafenanlagen und Schiffen verursacht. Dennoch konnten sich diese Angriffe nicht mit den westalliierten Bomberangriffe messen, die mit um ein Vielfaches stärkeren Verbänden geführt wurden.

Der Mai sah weitere deutsche Angriffe gegen die Schiffszusammenziehungen in den südenglischen Häfen. Eine Reihe jener Schiffe, die an der Invasion beteiligt werden sollten, wurden getroffen.

Nach einer Kampfpause von 14 Tagen und der Neuausrüstung der Kampfgeschwader des IX. Fliegerkorps fand der nächste Angriff gegen Bristol in der Nacht zum 15. Mai statt. Es starteten 91 Maschinen, von denen 13 abgeschossen wurden.

In der folgenden Nacht starteten 106 Kampfflugzeuge des Angriffsführers England Oberst Peltz, nach Portsmouth, einem der Haupthäfen der Invasionsstreitmacht. Diesmal blieb es bei "nur" sechs Verlusten, aber auch sie wogen schwer.

Die Nacht zum 23. Mai sah 104 Flugzeuge im Einsatz. Acht von ihnen gingen im dichten Flakfeuer um Portsmouth unter. Es waren vor allem die Verbände der KG 6 und 30, sowie der I./KG 66. Letztere wurden als "Zielfinder" eingesetzt. Teile des KG 77 kamen hinzu.

Trotz aller Verluste und der Bombardierungen ihrer Plätze starteten am Abend des 27. Mai 66 Flugzeuge erneut gegen England. Ihr Ziel war Weymouth. Die Hafenanlagen der Stadt erhielten schwere Treffer.

Die Nacht zum 29. Mai sah Torquay im Fadenkreuz der Bombenschützen von 65 Kampfflugzeugen. Am 29. Mai erfolgte der letzte Angriff auf London. Auch er wurde vom IX. FlK geflogen, das in der Nacht zum 30. Mai mit 51 Maschinen Kurs auf den britischen Hafen Falmouth nahm und nur zwei Verluste hinnehmen mußte.

Dies war der letzte Angriff auf einen Hafen der Invasionskräfte der Westalliierten. In den letzten sechs Tagen vor der Invasion wurden keine Angriffe geflogen, obgleich *sie* die größte Chance zur Vernichtung von Schiffen und der eingeschifften Truppen geboten hätten.

Der abschließende Überblick über die Einsatzstärken der Luftwaffe an der Invasionsfront dient der Erklärung, warum nicht *alles*, was der Luftwaffe zur Verfügung stand, *hier* zum Einsatz gebracht wurde.
Der Bestand an Flugzeugen an allen Fronten betrug im April 1944 3.222 Flugzeuge, von denen etwa 40% einsatzbereit waren. Von den Geschwadern waren listenmäßig jene der Luftflotte 3 unter GFM Sperrle in Frankreich stationiert. In der gesamten Luftflotte 3 gab es jedoch nur zwei Jagdgeschwader in Frankreich: Das JG 2 unter Major Bühligen und das JG 26 unter Oberstleutnant Priller.

Die Masse der deutschen Jagdkräfte des im Westen stationierten II. Jagdkorps wurden für die Reichsverteidigung benötigt. Diese von GenMaj. Junck geführten Jagdkräfte hatten also keine Kräfte zur Invasionsbekämpfung frei. Sie sollten erst nach Beginn der Invasion nach Frankreich verlegt werden.

Dem II. Fliegerkorps unter Gen.d.Fl. Bülowius unterstanden alle Nahkampfverbände der Luftwaffe. Allerdings verfügte das Korps nur über ganze 119 einsatzbereite Flugzeuge.

Das I. Flakkorps in Holland, Belgien und Nordfrankreich und das III. Flakkorps in Westfrankreich verfügten Ende Mai 1944 über 349 schwere, 407 leichte und mittlere Batterien. Hinzu kamen 36 Scheinwerfer- und 12 Luftsperr-Batterien. Entlang der Küste waren Funkmeß- und Radaranlagen der Luftwaffe errichtet worden.

Zur Stärke am 6. Juni 1944 erklärte der General der Jagdflieger, General Galland, "konnten dem Gegner nicht mehr als 319 Flugzeuge entgegengestellt werden. Dies entsprach einem Kräfteverhältnis von 1 zu 20" (siehe Galland, Adolf: Die Ersten und die Letzten).

* * *

DIE INVASION LÄUFT

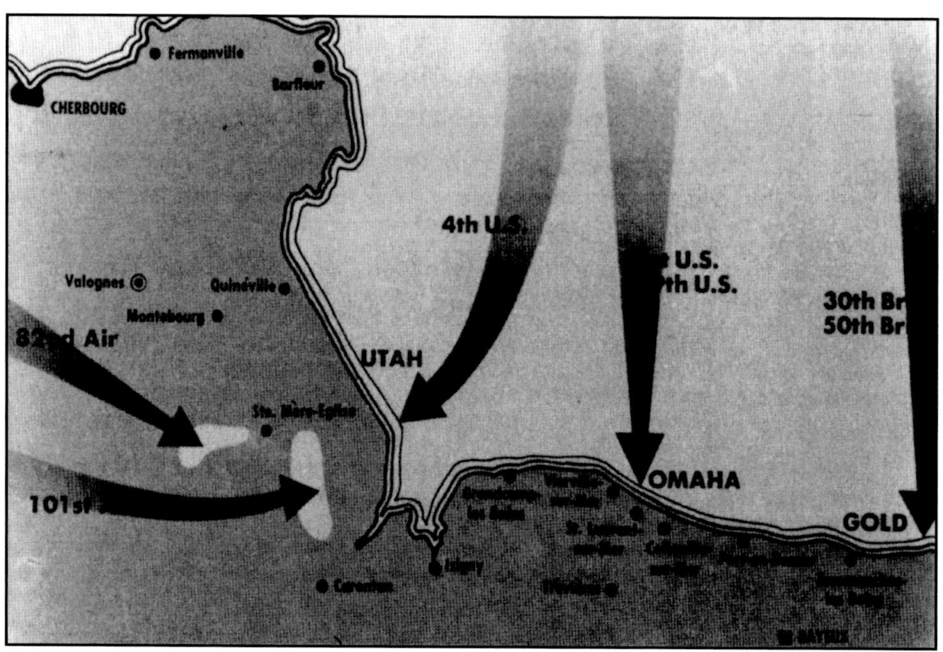

Die Feind-Seite am D-Tag

Die größte Armada aller Zeiten

Zum Unternehmen Overlord brachen aus den britischen Häfen insgesamt auf, oder kamen in den nächsten 48 Stunden hinzu:

Sieben Schlachtschiffe, zwei Monitore, 24 Kreuzer, drei Kanonenboote, 123 Zerstörer und 1.073 kleinere und kleinste Kriegsfahrzeuge. Die Zahl der Landungsfahrzeuge belief sich auf 1.700 für die Western Naval Task Force und 2.426 auf die Eastern Task Force.

Insgesamt galt es, 5.358 Schiffe von 26 verschiedenen Bautypen nach Frankreich zu bringen. Alle Einheiten mußten die berüchtigte Zone "Z" passieren, von den Soldaten wegen ihrer Verkehrsdichte "Picadilly Circus" genannt.

Dieser Dreh- und Richtungspunkt lag 18 km südostwärts der Insel Wight. Er hatte einen Durchmesser von nur 10 sm. Ein reibungsloses Durchschleusen wurde durch die sogenannten Mickey Mouse Diagrams ermöglicht.

Am "Picadilly Circus" begann der "Spouth", jene fünf Fahrstraßen für die fünf Gruppen, die man von deutschen Minen geräumt hatte. Von hier aus liefen diese Gruppen ihre Landezonen an, die von West nach Ost verlaufend die Bezeichnungen "Utah", "Omaha", "Gold", "Juno" und "Sword" trugen.

Die alliierten Luftwaffenverbände wurden von Luftmarschall Sir Trafford Leigh-Mallory befehligt. Ihm stand die sagenhafte Zahl von 13.000 Flugzeugen aller Art zur Verfügung, von denen 11.590 einsatzbereit waren. Davon stellte die RAF 5.510 und die 8. USAAF 6.080 Flugzeuge. Von ihnen waren allein 3.440 schwere Bomber. Die Jägerwaffe bestand aus 4.190 Jägern und Jagdbombern. Die alliierte Lufttransportflotte bestand aus 1.360 Flugzeugen und 3.500 Lastenseglern und Gleitern. 1.500 Maschinen dienten als Aufklärer, Artilleriebeobachter und Küstenschutz-Patrouillen.

Die Landungen im Abschnitt "Utah" begannen um 4.30 Uhr. Dabei liefen ein Landungsboot für Panzer – LCT – auf eine Mine und ein Leitungsboot erlitt das gleiche Schicksal.

Die Boote liefen 50 m vor dem Strand wegen Niedrigwassers auf, und die Soldaten mußten durch das Niedrigwasser zum Strand laufen. Von den Dünen schlug ihnen das Feuer der Verteidiger entgegen. Als aber die verspätet anlandenden 28 Panzer (von insgesamt 32) eintrafen, konnten diese die deutschen MG-Stände ausschalten. Die Sturmgruppen drangen in breiter Front 2 km weit landeinwärts durch und hatten damit die Strandhindernisse überwunden.

Welle um Welle folgte nach, und als GenMaj. Barton, Kdr. der 4. US-ID, am Nachmittag um 14.00 Uhr eintraf, war die Lage auf Utah-Strand unter Kontrolle. Bis zum Abend waren hier 21.328 Soldaten gelandet. Etwa 32.000 sollten noch folgen.

Anders verliefen die Operationen am Strandabschnitt "Omaha". Hier beherrschten zwei bis zu 30 m hohe Klippen die beiden Flanken des Landeabschnitts. Auf dem Vorstrand befanden sich Hindernisse in drei tiefgestaffelten Reihen. Die abschließende Kieselbank hinter dem 300 m breiten Vorstrand war vermint.

Hier gab es auf dem Landeabschnitt 16 Bunkerstützpunkte und Unterstände, leichte Artillerie, Pak, Werfer und MG-Nester.

Die hier in vier Wellen landenden Infanteristen konnten auf eine Reihe von Amphibienpanzern nicht zurückgreifen, da diese sanken. Als die Sturmgruppen die Teilabschnitte "Dog", "Easy" und "Fox" erreichten, erhielten sie schweres MG- und Werferfeuer. Darüber Samuel Morison, der US-Seekriegshistoriker:

> "Entlang des gesamten Omaha-Strandes sah man eine auseinandergerissene, teilweise führerlos gewordene Masse an Infanterie, die sich ohne seitlichen Zusammenhalt und ohne Artillerie-Unterstützung an den Deich kauerte, um sich vor dem vernichtenden deutschen Feuer zu schützen. An langen Strecken des Strandes (überwiegend des Westteiles) war überhaupt niemand an Land gegangen. Nur zwei von den acht Kompanien der ersten Welle befanden sich dort, wo sie auch landen sollten." (siehe: Morison, Samuel: United States Naval Operations in World War II).

Die zweite Welle landete um 7.00 Uhr. Bis dahin war das Feuer der Verteidiger noch nicht abgeflaut, schoß der Gegner noch aus allen Kampfständen. Bis 8.00 Uhr war im gesamten Westsektor noch kein einziger Mann über den Strand hinaus vorgedrungen. MG-Salven nagelten sie hinter der spärlichen Deckung der Dünen fest.

Über Funk wurden die Zerstörer herangerufen. Diese Einheiten liefen bis auf 800 m an die Küste heran und eröffneten das Feuer aus allen Waffen auf die deutschen Geschütz- und MG-Stellungen. Erst jetzt gelang es, Kampfstand nach Kampfstand der Deutschen zum Schweigen zu bringen.

Die Gruppe Omaha-2 landete bis 10.30 Uhr. Damit befanden sich zwar sämtliche Sturmgruppen an Land, aber ihre Lage war verzweifelt. Das I./IR 116, welches den Unterabschnitt Dog-Green zum Ziel erhalten hatte, wurde bereits bei der Landung dezimiert. Sechs Landungsfahrzeuge wurden schwer getroffen, dennoch erreichten vier davon den Ausschiffungspunkt. Aber die gelandeten Infanteristen, noch immer bis zur Brust im Wasser, wurden vom deutschen MG-Kreuzfeuer dezimiert. Mit der steigenden Flut mußten die Überlebenden weiter vorgehen, um nicht zu ertrinken. Sie kamen schließlich auf den Strand. Die 1. Kp dieses Bataillons war vernichtet. Die beiden anderen Kpn. erlitten ebenfalls schwere Verluste.

Auch die übrigen Verbände im Abschnitt Omaha und den Unterabschnitten Easy Red und Dog-Green, wurden stark gebeutelt. Der Gefechtsbericht des V. US-Korps klang dementsprechend. Er lautete:

> "Sturmeinheiten in Auflösung, schwere Ausfälle, Verlust wichtiger Ausrüstung." (siehe Bradley, Omar N.: A soldiers Story).

An allen vier Strandausgängen des Omaha-Abschnittes kam es zu einer ernsten Krise für die folgenden Truppen der zweiten Landungswelle. Es galt immerhin weitere 25.000 Mann und 4.500 Fahrzeuge nachzulanden.

General Bradley wurde von GenMaj. Gerow darüber informiert, daß das erschwerte Durchkommen bei Omaha-Strand darin bestehe, "daß anstelle der Landesschützen und anderer »Lumpentruppen« hier, auf Rommels Befehl hin, eine Frontdivision – die 352. ID – eingesetzt wurde."

Um 13.30 Uhr erhielt General Bradley einen zweiten FT-Spruch vom V. Korps: "Weiterhin im Abschnitt Easy Red und Easy Green an den Stränden niedergehalten. Fox Green erreichte die Höhen hinter dem Strand."

Gegen die deutsche Batterie Pointe du Hoc hatte General Bradley die Provisional Ranger Force unter Lieutenant-Colonel Rudder angesetzt. Diese schwere Batterie, nur knapp sechs km westlich von Dog Strand gelegen, sollte von Rudder mit 200 Rangers erstürmt und zerstört werden, um ihr Feuer auszuschalten. Der Angriff fand genau so statt, wie Rudder ihn geplant und geübt hatte. Zunächst nahm das Schlachtschiff "Texas" die Batterie mit vollen Breitseiten unter Feuer, während Rudders Männer in DUKW-Schwimmwagen an die hohen Klippen heranfuhren. Als die Rangers an den Klippen emporkletterten, schossen die Zerstörer "Satterlee" und "Tallybond" über ihre Köpfe hinweg auf die Feindstellungen.

Die Rangers eroberten diese "Batterie", die sich schließlich als Scheinstellung herausstellte. Anstelle der Geschützrohre hatten Telegraphenmasten in den Lafetten die Aufklärer düpiert.

Die Rangers drangen bis zur Straße Vierville-Grandcamp vor, wo sie sich in provisorischen Verteidigungsstellungen einrichteten.

Die Verluste auf dem Strandabschnitt Omaha wurden von GenMaj. Huebner, dem Kdr. der 1. US-ID, mit 4.000 Mann angegeben. Wie aber sah es auf den britischen Strandabschnitten aus?

Kampf um Golden-Beach

Auf der 40 km langen Küstenstrecke zwischen Port en Bessin und der Ornemündung lagen die drei britisch-canadischen Strände. Der westlichste, der Omaha-Beach zunächst lag, nannte sich "Gold". Er war in die Unterabschnitte How, Item, Jig und King eingeteilt. Ein Sonderkommando hatte Befehl erhalten, Port en Bessin selbst zu erstürmen. Die britische 2. Armee hatte von Churchill Weisung erhalten, "an der französischen Atlantikküste zu landen und Frankreich zu befreien", weil "ich dies dem französischen Volk in meiner Rundfunkansprache vom 2. Oktober 1940 versprochen habe."

Das I. Korps mit der brit. 3., der can. 3. und der 49. ID, ferner diverse Commandos, hatten diesen Befehl ebenso auszuführen, wie das XXX. Korps mit der berühmten 7. PD, den "Wüstenratten" des Afrikafeldzuges, sowie der 50. und 51. ID.

General Dempseys Befehle lauteten: "Decken der 1. US-Army zu deren Einnahme der bretonischen Häfen und der Halbinsel Cherbourg. Inbesitznahme des Landegebietes zwischen Bayeux und Caen, Sperrung der Hauptstraße zwischen diesen beiden Städten und dem Fallschirmjäger-Landekopf der brit. 6. LL-Division. Vorstoß mit Panzerverbänden am D-Tag auf die Hochebene bei Villers Bocage und Evrécy. Inbesitznahme von Caen am D-Tag plus 1."

Nach dem Feuer der Schiffsgeschütze auf die deutschen Stellungen im Küstenbereich, das alle deutschen Geschütze zum Schweigen bringen sollte, begann die Landung. Nun zeigte es sich, daß einige deutsche Batterien noch kampfbereit waren. So die 15 cm-Batterie von Longues, die den How-Abschnitt unter Feuer halten konnte. Hinter dem Item-Abschnitt befand sich eine weitere feuerbereite Stellung mit drei Geschützen, darunter eine Achtacht-Flak. In starken Bunkern gegenüber King-Strand lag eine 12,2-cm-Batterie. Hier dauerte der Feuerkampf 90 Minuten, ehe die Geschütze – bis auf die Batterie von Longues, die sich in festen Betonkasematten befand – ebenfalls zum Schweigen gebracht waren. Die Batterie Longues eröffnete das Feuer um 5.57 Uhr auf das Führungsschiff "Bulolo". Die "Ajax" des britischen Verbandes brachte auch die letzte Batterie dieses Abschnittes nach 20-minütigem Feuerkampf zum Schweigen.

Die gegen den "Jig-Abschnitt" gerichteten deutschen Geschütze konnten erst am Nachmittag zum Schweigen gebracht werden.

Nur 150 m ostwärts des Landeabschnitts King lag die deutsche Batterie La Riviare. Sie feuerte auf die Landenden. Erst als diese mit den nachgelandeten Panzern in das Dorf La Riviare eindrangen, konnten diese Verteidigungsstellungen überwunden werden.

Nach der Landung des Zweiten Treffens mit der 56. und 151. Brigade erreichte der Kampf seinen Höhepunkt. Le Hamel wurde vom Gegner erobert und bis zum Abend des D-Tages erreichten Männer des Hampshire-Bataillons, teilweise auf Panzern aufgesessen, Arromanches.

Die übrigen Truppen drangen ebenfalls einige km landeinwärts vor, und als die Nacht einfiel, hatte sich der Landekopf der 50. brit. ID auf 9,5 x 9,5 km ausgeweitet.

Das XXX. Korps, das an der Ostflanke die Verbindung mit dem rechten Flügel des I. Korps – der can. 3. ID – aufnehmen sollte, stellte die Verbindung zu dieser Division her.

Die can. 3. ID unter GenMaj. Rennie hatte Auftrag, Caen bis zum Abend des 7. Juni zu erobern und den 18 km von der Küste entfernt gelegenen Flugplatz Carpiquet in Besitz zu nehmen. Es kam darauf an, noch vor der im Großraum Falaise liegenden 21. PD Caen zu erreichen. Was der alliierte Generalstab nicht wußte, war die Tatsache, daß Teile der 21. PD bereits in Caen lagen. Die brit. 8. Brigade, mit Amphibienpanzern und Landungsbooten, konnte direkt nach ihrer Landung um 7.30 Uhr in Queen White die Dünenbefestigungen gewinnen und für die Panzer drei Ausgänge schaffen. Hermanville wurde von ihr um 9.00 Uhr erreicht. Voraus kamen die Höhen von Périers in Sicht. Dort aber hatte eine PakAbt. der 21. PD mit ihren 24 Achtachtkanonen Stellung bezogen.

Als die Feindpanzer in den Feuerbereich dieser Waffen hineinrollten, wurden sie mit wohlgezielten Schüssen aufgehalten und machten kehrt. Ein Teil dieser Panzer aber blieb zerschossen liegen. Die 8. Brigade erlitt herbe Verluste, auch an Infanterie.

Der weitere Verlauf der Geschehnisse kann nur in knappen Sätzen umrissen werden, weil er sonst den Rahmen dieses Übersichtswerkes bei weitem sprengen würde. Nur so viel sei noch zum ersten Tag auf der Gegnerseite gesagt: Caen fiel nicht am 7. Juni, sondern hielt sich noch wochenlang. Die Luftlandeeinsätze in der Nacht zum 6. Juni endeten für den Gegner ebenfalls mit schweren Verlusten (siehe dazu: Saunders, Hrowe H. Der Verratene Sieg).

Auf Juno-Strand, der nach Osten an Gold-Strand anschloß, verteidigten die Männer der 716. ID, unter ihnen Soldaten polnischer und russischer Abstammung. Dennoch war die Verteidigung erbittert und forderte unter den Landenden hohe Opfer. So verlor das hier eingesetzte Commando 48 über die Hälfte seiner Männer. Auch hier wurde nur geringer Fortschritt erzielt.

Auf Sword-Strand, dem östlichsten Landeabschnitt der Alliierten, der 9,5 km ostwärts St. Aubin begann und sich bis zum Mündungsgebiet der Orne hinzog, an deren Westseite der Caen-Kanal verlief, sollte in den Sektoren Peter, Queen, Oboe und Roger die Landung vollzogen werden, obwohl die Landung zunächst allein im Queen-Abschnitt erfolgte. Hier hatten die Alliierten bereits am Vortage mit der Küstenbombardierung begonnen.

Dem normalen Küstenbeschießungsverband gesellten sich noch die Schlachtschiffe "Warspite" und "Ramillies", die Kreuzer "Arethusa", "Danae" und "Frobisher", der Monitor "Roberts", der polnische Leichte Kreuzer "Dragon" und 13 Zerstörer hinzu.

Die Commandos 41, 45 und 46 der Royal Marines, die den Truppen der brit. 6. LL-Division unter GenMaj. Gale zur Hilfe kommen sollten, die in der Nacht gesprungen waren, stieß auf nur geringen Widerstand. Die letzte Gruppe der Angriffsbrigade Queen erreichte um 9.43 Uhr den Strand. Dreschflegelpanzer jagten die Minen hoch. Als der Tag zu Ende ging, war hier die Landung und das Festsetzen auf und hinter dem Strand gelungen. Dennoch wurden hier 304 Landungsfahrzeuge zerstört.

Im britischen Sektor der Invasionsfront konnten am ersten Tag 70.472 Mann gelandet werden.

Was aber war mit den deutschen Truppen? Wo waren jene drei Panzerdivisionen, die als OKW-Reserve in Bereitschaft stehen sollten, um den Feind ins Meer zu werfen?

Der D-Tag auf deutscher Seite

Als General Marcks in seinem GefStand in St. Lô Meldungen über feindliche Luftlandungen erhielt, befahl er alle freien Truppen in den Landeraum bei Carentan zu werfen. Gleichzeitig damit gab GenOberst Dollmann Befehl, die im Raume St. Mére Eglise aus der Luft gelandeten Feindtruppen in einer zusammengefaßten Unternehmung zu vernichten.

Von seinem HQ in St. Germain aus befahl GFM von Rundstedt, die Panzer-Lehr-Division und die 12. SS. PD "HJ" zu alarmieren und schnellstens in Richtung Caen in Marsch zu setzen. Last bat not least befahl GenLt. Speidel, Rommels Stellvertreter, im Namen des in der Heimat weilenden Feldmarschalls, die 21. PD, die als Reserve der HGr. B im Raume Falaise stand, gegen das rechte Orneufer anzusetzen.

Alle diese Befehle drangen nicht durch, dies aus den verschiedensten Gründen. Der Hauptgrund aber war, daß sich das OKW den Einsatz der drei Panzerdivisionen, die es als eigene Reserve zurückhielt, zunächst widersetzte.

Von der 21. PD stand das Gros unter GenMaj. Feuchtinger einsatzbereit. Der Kdr. ihres PR., Oberst von Oppeln-Bronikowski, wartete auf den Befehl zu fahren. Stunde um Stunde verfloß, dann gab GenMaj. Feuchtinger eigenständig den Befehl zum Angriff. Dies war um 6.40 Uhr, vier Stunden zu spät.

Und auch jetzt konnten die 98 Panzer, die Oberst von Oppeln-Bronikowski zur Verfügung standen, noch nicht starten, denn die 21. PD war der 7. Armee unterstellt worden und sollte von dort ihren Einsatzbefehl erhalten.

Um 8.00 Uhr rollten die Panzer los. Der RgtKdr. fuhr an der Spitze der I./PR 22 auf Caen zu. Durch eine Brückenzerstörung bei Rouville war das PR 22 erst um 14.30 Uhr einsatzbereit.

Gen.d.Art. Marcks traf hier beim PR 22 ein. Er sagte dem Kommandeur: "Wenn es Ihnen, Oppeln, nicht gelingt, die Engländer ins Meer zu werfen, dann haben wir den Krieg verloren."

"Aber nichts", so von Oppeln später zum Autor, "konnte den Zeitverlust von 12 Stunden jemals wieder wett machen."

Um 14.33 Uhr gab von Oppeln-Bronikowski den Angriffsbefehl. Der Stoß des Rgts. zielte genau in die Lücke der beiden Strandabschnitte "Juno" und "Sword". Es gelang dem mitstürmenden I./GR 192 der Division in den Landekopf hineinzukommen, bis zum Abend die Küste zu erreichen und sich in den Stützpunkten der 716. ID einzunisten. Die Panzer aber kamen nicht nach, die dem gelandeten Gegner den Garaus hätten machen können. Feindpak schoß die Panzerspitzen zusammen. Ein Durchbruch war nicht mehr zu schaffen. Es fehlten die anderen Verbände, die eigens dazu auserkoren waren, die Invasionsstreitkräfte wieder ins Meer zu werfen. So die PLD unter GenMaj. Bayerlein. Die überlebenden Panzer mußten sich eingraben. Sie stoppten den Gegner, aber sie hatten ihren wirklichen Zweck verfehlt.

Kurzbericht über die 12. SS-PD "HJ"

Die 12. SS PD "HJ" war unmittelbar vor Invasionsbeginn mit ihrer Ausbildung fertig geworden. Sie bezog im Raume Lisieux, nur 30 km von der Küste entfernt Quartiere, aus denen sie plötzlich weitere 50 km (!) zurückverlegt wurde. Damit konnte sie ihre Bestimmung, den Feind direkt bei der Anlandung ins Meer zu werfen, nicht mehr erfüllen.

Um 3.00 Uhr wurde die Division alarmiert. General Witt, der Kommandeur, erhielt um 7.00 Uhr von Oberstgruppenführer Dietrich, KommGen. des I. SS-PzKorps, Befehl, sich im Raume Lisieux zu versammeln, wo sie *vorher* gelegen hatte.

Die Division hätte, nach Brigadeführer Witt, "*direkt* in den Landeraum rollen müssen, um die 21. PD zu verstärken und den Feind ins Meer zu werfen. Als die Division in Richtung Lisieux rollte, erhielt sie über das I. SS-PzKorps Weisung, als Versammlungsraum in den Raum westlich Caen zu fahren. Die Unterstellungsverhältnisse wechselten zum LXXXIV. AK und wieder zurück zum I. SS-PzKorps.

Auf dem Marsch zur Front, volle 16 Stunden (!) nach dem Alarm, erhielten die einzelnen Kampfgruppen, die Befehl hatten, auch bei Tage zu fahren, schwere Verluste durch Bomber und Jagdbomber des Gegners, der die volle Luftherrschaft über der Normandie hatte.

Das I. SS-PzKorps erhielt am 7. Juni um 12.00 Uhr links neben der 21. PD Befehl, zum Angriff nach Norden anzutreten und den gelandeten Feind ins Meer zu werfen. Dieser Befehl erfolgte volle 30 (!) Stunden zu spät.

Die Panzer-Lehr-Division wartet

Im Großraum Nogent-Il-Retrou zwischen Le Mans und Chartres lag die PLD unter GenMaj. Bayerlein. Sie war die bestausgestattete Panzerdivision der Wehrmacht und vorfügte derzeit über 260 Panzer und 800 armierte Ketten- und Halbkettenfahrzeuge. GenOberst Guderian hatte ihrem Kommandeur gesagt: "Bei einer Invasion ist Ihr Ziel die Küste und das Meer!"

Dementsprechend hätte sie einmal entsprechend bereitgestellt und, zum anderen auch *sofort* eingesetzt werden müssen.

Sie wurde um 2.30 Uhr alarmiert (kurz vorher hatte das OKW noch die schwere Abteilung des PR 130 nach Polen dirigiert, was völliger Schwachsinn war). Die Freigabe zum Marsch zur Front erging nach über neunstündiger Wartezeit gegen 16.00 Uhr. Nun sollte die PLD bei hellstem Tageslicht unter dem dichten alliierten Bomber und Jagdbomberschirm fahren, was für die Division einem Todesurteil gleichkam.

Die PLD hatte bis zum Ort des Ereignisses 150 km (!) zurückzulegen. Und in einem Funkspruch wies der OB West auf Wunsch des OKW darauf hin, daß die PLD noch am Abend des 6.6. den Gegner im Brückenkopf an der Küste vernichten müsse.

Daß die 150 km von einer Division nicht zwischen 16.00 Uhr und Mitternacht zurückgelegt werden konnte, war einem Rekruten klar. Dem OKW aber offenbar nicht.

GenOberst Dollmann schwächte denn auch dahingehend ab, daß die PLD im Morgengrauen des 7. Juni am Ort der Kampfhandlungen sein müsse. Um 17.00 Uhr marschierte die PLD ab, Auf fünf Marschstraßen bewegte sie sich in Richtung Küste. Bei Sées wurde sie schwer gebombt. Das war um 23.00 Uhr des 7.6.. Als sie zwei Stunden nach Mitternacht Argentan durchrollte wurde diese Stadt gerade von feindlichen Bomberkräften in Schutt und Asche gelegt. Um 3.00 Uhr gelang es, über die von Pionieren der Division wieder befahrbar gemachte Ornebrücke in Richtung Flers auszubrechen.

Um 5.00 Uhr wurde Condé-sur-Noireau erreicht, aber nur von der Spitzengruppe mit GenMaj. Bayerlein. Vom Gros der Division war weit und breit nichts zu sehen.

Caen brannte lichterloh, als GenMaj. Bayerlein diese Stadt mit seinem Stab erreichte.

Das II. Fallschirmkorps in der Normandie

Am 7. Mai 1944 wurde dieses Korps unter GenLt. Meindl der 7. Armee taktisch unterstellt. GefStand war ein Dorf 120 (!) km ostwärts von Brest. Von der 7. Armee erhielt GenLt. Meindl am 6.6. Befehl, sofort mit seinem Stab und der 3. FJD in den Raum St. Lô zu verlegen. Die noch nicht voll aufgestellte 5. FJD sollte zunächst in der Bretagne verbleiben und dorthin sollte auch die aus Deutschland nachgeführte 2. FJD verlegt werden.

Einzig das FJR 6 unter Major. von der Heydte lag am Abend des 5. Juli 1944 bereits im Raume Carentan.

Als wenige Stunden darauf in diesem Raum feindliche Fallschirmjäger des Rgt. 501 der 101. US-LL-Div. niedergingen, wurden sie von den Männern von der Heydtes überwunden. Major von der Heydte versuchte, in entschlossenem Sprung nach vorn die Küste bei La Madeleine zu erreichen. Aber noch vor St. Mère Eglise wurden die Fallschirmjäger seines Rgts. von starkem Feindfeuer gestoppt. Major Mager drehte mit seinem I. Batl. darauf ein. Der Angriff scheiterte.

Am 7.6. richteten sich die Bataillone des FJR 6 zur Verteidigung ein und bildeten einen Sicherheitsriegel an der "Haustür zur Halbinsel Cotentin."

Der RgtGefStand wurde von US-Panzerkräften umrollt. Der Sperr-Riegel wurde von den Fallschirmjägern durchbrochen, sie wichen bis zum Abend des 8. Juni auf den Ost- und Nordrand von Carentan aus. An der Nationalstraße No 13 wurde ein neuer Abwehrriegel errichtet.

Carentan wurde hart umkämpft. In tagelangen Luftbombardements und Schiffsgeschützfeuer versuchte der Gegner, die Fallschirmjäger zu vernichten. Die 101. US-LL-Division wurde hier im Kampf Mann gegen Mann zerschlagen. Doch auch das FJR 6 war am Ende, Am 10. 6. kämpften sich die letzten 25 der 700 Soldaten des Bataillons Mayer zum RgtGefStand durch und meldeten die Vernichtung des eingeschlossenen Bataillons. Am 11. Juni wurde Major von der Heydte und sein Rgt. im Wehrmachtbericht genannt. Am 11. Juni wurde der RgtGefstand vom Gegner gestürmt. Major von der Heydte ließ Carentan räumen und zurückgehen.

* * *

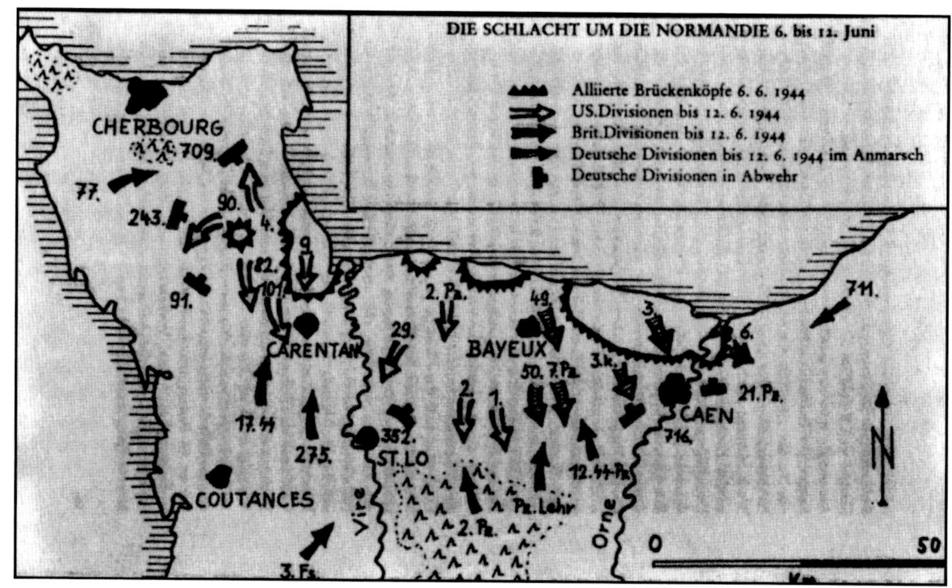

DIE KÄMPFE IM INVASIONSRAUM

Die PLD in den Tagen von 7. bis zum 10. Juni
Die 12. SS-PD »HJ« in Angriff und Verteidigung

Von Condé-sur-Noireau, das GenMaj. Bayerlein mit seinem Stab am Morgen des 7.6. 1944 um 5.50 Uhr erreichte, waren es immer noch 50 Kilometer zur Küste. Die Division erhielt Weisung von GenOberst Dollmann, direkt zur Küste weiterzufahren. Das neue Ziel war Caen.

Auf diesem Wege wurde die Division mehrfach von starken Bomber- und Jagdbomberverbänden angegriffen. Sie verlor in diesem "Gemetzel" fünf Panzer, 40 gepanzerte Benzinwagen voller Treibstoff, 84 Halbkettenfahrzeuge und Geschütze auf Selbstfahrlafette, sowie 90 Kraftwagen. Über ein Zehntel des gesamten Bestandes war den feindlichen Fliegern an diesem 7. 6. 1944 zum Opfer gefallen.

Am Morgen des 8. Juni befahl der OB der HGr. B dem I. SS-PzKorps, mit allen drei Divisionen zwischen Bayeux und Caen anzugreifen. Bis dahin sei die ihr unterstellte PLD ebenfalls herangekommen. Der entscheidende Stoß zur Küste sollte endlich, volle 48 Stunden nach den ersten Landungen, erfolgen.

Der Angriff lief erst am Nachmittag an. Die Panzer und Panzergrenadiere rollten durch Rots in Richtung Bretteville. Hier erlitten sie schwere Verluste und die Grenadiere unter Stardartenführer Meyer mußten auf die Höhen ostwärts Rots zurückgenommen werden.

Die Lage bei der PLD sah das PGR 901 unter Oberst Scholze bei Norrey in Bereitstellungen. Die Marschgruppe des PGR 902 unter Oberst Gutmann erreichte erst nach Kampf den Raum Brouay, wo sie mit den Panzerspitzen der 3. can. PD ins Gefecht trat.

Am Abend des 8. 6. erschien GFM Rommel auf dem GefStand der PLD in Les Mesnil-Patry. Bayerlein erfuhr von seinem alten Befehlshaber in Afrika, daß der Angriff auch am 8. 6. nicht beginnen könne. Die PLD mußte noch in der Nacht umgruppieren.

Während dieser Umgruppierung fuhren bereits Feindpanzer auf der Straße Bayeux-Tilly vor, sodaß der Angriff westlich dieser Straße angesetzt wurde. Die PzAA 130 Hptm. von Born-Fallois, stieß weit vor, mit ihr der DivKdr., Ellon wurde gegen Mittag erreicht. Die Ortschaft war feindbesetzt und wurde umfahren. Als diese KGr. Arganchy erreichte, stand sie nur noch 5 km vor Bayeux.

Hier geriet die KGr. in dichtes Schiffsgeschützfeuer. Dennoch ging es Ellon entgegen und unter dem Abwehrfeuer der 49. brit. ID konnten auch Feindpanzer ausgeschaltet werden. Ellon fiel, die Häuser wurden vom Feind geräumt.

Der Ausgangspunkt zum Angriff auf Bayeux war erreicht, als das SS-Korps meldete: "Angriff ist eingestellt. Die PLD geht auf Tilly zurück."

Starke canadische Kräfte waren an der Nahtstelle zwischen der 12. SS-PD »HJ« und den PGR 130 der PLD hineingestoßen und bis nach Tilly-Audrieu-Cristot vorgedrungen.

"Die PLD", so wurde GenMaj. Beyerlein vom I. SS-Korps befohlen, "hat in und um Tilly zur Verteidigung überzugehen."

Im Raume Tilly kam es in den nächsten Tagen zu erbitterten und verlustreichen Gefechten der PLD mit dem Gegner, DivGef.Stand war Sermentot. Am Morgen des 10. Juni begann das Vorbereitungsfeuer der Briten zum Angriff gegen Tilly, dem sich schwere alliierte Luftangriffe anschlossen. Der Gegner wurde abgeschmiert. Es waren die 51. brit. ID und die 4. brit. PzBrig. Die 50. ID (Northumbrian Infantry) des brit. XXX. Korps griff ebenfalls am 10. Juni an und die brit. 7. PD, die "Wüstenratten" des Afrikafeldzuges, versuchte vergebens, die Front der PLD zu durchbrechen.

In dem Raum ostwärts Tilly bis nach Villers hinein hielten die Panzergrenadiere der PLD den Feind mit panzerbrechenden Waffen auf. General Bucknall versuchte nun, eine schwache Stelle oder Lücke zu entdecken, durch die er seine 7. PD durchschleusen konnte. Er wollte die 7. PD – die westliche Flanke der PLD umgehend – nach Villers Bocage bringen, damit würde sie im Rücken von Caen stehen.

Der Angriff begann noch am 10. Juni. Die 7. PD rollte über die 50. ID. hinweg vor. Die PLD hatte sich mit den Panzergrenadieren des PGR 901 bei Chateau Fontenay festgesetzt. Nördlich Tilly standen die PzGren. des PGR 902 im Abwehrkampf.

Es kam zu schweren Angriffen, die abgewiesen wurden. General Dempsey, OB der brit. 2. Armee, schärfte dem KommGen. des brit. I. AK, GenLt. Crocker, ein:

"Dieses Stück Erde ist das Herz des britischen Empire!
Ziehen Sie niemals Ihre Panzer von dort ab."

Die 49. und 50. brit. ID und die 7. PD versuchten, die PLD hinauszuwerfen. Aber dies gelang Ihnen nur zum Teil. Westlich von Tilly konnten Teile der 50. brit. ID., von Panzern der 7. PD unterstützt, durchstoßen, Verrieres gewinnen und im raschen Weiterstoß Lingèvres erreichen. Das PGR 902 war damit eingeschlossen.

General Bayerlein setzte nun die 6. und 7./PR 130, die er zurückgehalten hatte, dagegen ein. Den zwei Kompanien gelang es, den britischen Durchbruchversuch in letzter Minute zu vereiteln.

Auch am 12. Juni rannten die Briten gegen Tilly an, diesmal frontal. Damit banden sie die PLD, während die 7. PD in einem weiten Bogen um sie herumrollte und auf Villers Bocage eindrehte. Dort aber standen – ein einmaliger Glücksfall – einige Tigerpanzer der schweren SS-PzAbt. 101 (später umbenannt in sSSPzAbt. 501) unter SS-Obersturmführer Wittmann. Seine wenigen Panzer stellten sich am Abend dieses 12.6. in einem Wäldchen ostnordostwärts Villers Bocage bereit.

Michael Wittmann – Ein Panzer stoppt den Vorstoß der Briten bei Villers Bocage

Am Morgen des 13. Juni 1944 fuhr Obersturmführer Wittmann, Träger des Eichenlaubes zum RK des Eisernen Kreuzes, mit seinem Tiger Aufklärung in Richtung Villers Bocage. Von einer Anhöhe, von der er die Straße nach Villers Bocage in Sicht hatte, erforschte er das Gelände und entdeckte auf der Straße zu der genannten Ortschaft und auf dem Weg zur Höhe 213 einen feindlichen Panzerverband. Er ließ einen FT-Spruch an seine Kp. absetzen:

"Mit allen fahrbereitem Wagen Richtung Höhe 213 fahren. Von dort über Panzerfunk melden."

Er selbst ließ seinen Panzer wenden und rollte zu einem schmalen Wäldchen hinüber, von deren Nordwestrand er das Herannahen der Feindpanzer abwartete.

Es war die brit. 21. PzBrigade, die nach ihrem "Horizontschleicher" hier auftauchte und auf einen (!) Tiger stieß.

Als das Spitzenfahrzeug bis auf 100 m herangekommen war, befahl Wittmann Feuereröffnung. In mächtigen Feuerschlägen seiner Kampfwagenkanone und den Gebelfer des Bord-MG schoß er Panzer, Spähwagen, Selbstfahrlafetten, Kettenfahrzeuge und Treibstoff-Wagen zusammen.

Es war eine Flammenhölle, die sich zwei Minuten nach Angriffsbeginn hier ausbreitete. Nach insgesamt 10 Minuten war die gesamte Kolonne ein einziger Trümmerhaufen.

Als sich die übrigen Panzer seiner Kp. meldeten und vor der Höhe 213 standen, befahl Wittmann den Angriff. Mit vier Wagen ballerten sie 3 weitere Panzer und SPW zusammen.

Als dieses entscheidende Gefecht des 13. Juni 1944 zu Ende war, standen 25 Feindpanzer und gepanzerte Fahrzeuge, 70 Lastwagen, Kräder und Spezialfahrzeuge vernichtet auf der Plaine.

Hauptsturmführer Möbius traf wenig später mit der 1. Kp. der Abteilung ein. Alle rollten nach Villers Bocage, hier wurden die Wagen von OSchafü. Krieg und Michael Wittmann von Bazookaschützen abgeschossen. Sie booteten aus und schlugen sich zu Fuß durch, um später mit einer Entsatztruppe aus Teilen der PLD unter deren Ia, Major i.G. Kaufmann, zurückzukommen und die Tiger zu bergen.

Damit war diese Operation, die den Kodenamen »Perch« trug, gescheitert.

Dennoch: General Dempseys 2. Armee band vier Panzerdivisionen, und entriß ihnen das Gesetz des Handelns. Dies wurde von Rommels Meldung an das OKW bekräftigt:

"Die Heeresgruppe B muß sich zunächst damit begnügen, mit nur langsam herankommenden Kräften eine zusammenhängende Front zwischen der Orne und Vire zu bilden und den Gegner auflaufen zu lassen. Dabei könnten die restlichen Panzerverbände nachrücken."

Damit war die Absicht, den Gegner in seiner Schwächephase bei der Anlandung anzugreifen und ins Meer zurückzuwerfen, begraben worden.

Kurzer Überblick über den Einsatz der Kriegsmarine gegen "Overlord"

Am frühen Morgen des 6. Juni 1944 wurde der 5. Torpedoboot-Flottille ein Funkspruch zugeleitet, "An alle! - Feindlandungen in der Seinebucht" zwischen Cabourg und St. Marcouf.

Zwei Minuten darauf lief die T.-Flottille unter KKpt. Hoffmann mit den in Alarmbereitschaft liegenden Booten T 28, »Jaguar«, »Möwe« und »Falke« zum Einsatz aus. Als der Verband um 5.06 Uhr von feindlichen Luftstreitkräften gesichtet wurde, konnte der Angriff mit allen Flawaffen abgewiesen werden. Um 5.12 Uhr wurden "große Schatten an Steuerbord" gemeldet. KKpt. Hoffmann ließ darauf zuhalten, um wenig später abermals von Bombern angegriffen zu werden. Einer der Angreifer drehte getroffen ab.

Unmittelbar darauf wurde ein Schiffsverband gesichtet und mit dem FT-Spruch "Vor Ouistreham Schlachtschiffe und Kreuzer", gemeldet. Seinen Booten befahl Hoffmann: "Torpedoangriff!" Vier Boote schossen ihre Sechserfächer. Beim Gegner wurden mehrere schwere Detonationen gehorcht. Die T-Boote mußten im wilden Feuer dieser Gegner hakenschlagend ablaufen und wurden um 5.15 Uhr von einem Jaboangriff überrascht. Zwei der Angreifer wurden getroffen. Von den abgeschossenen Torpedos traf einer den norwegischen Zerstörer "Svenner", der nach zwei Minuten sank.

Deutsche U-Boote im Untergangswirbel

Die 36 U-Boote, die im Verlauf des 6.6. 1944 aus ihren Stützpunkten Brest, St. Nazaire, La Pallice und Lorient ausliefen, traten ihren Opfergang an. Ebenso die soeben von ihren Einsätzen im Atlantik zurückkehrenden Boote U 955 und U 970. Beide Boote wurden entdeckt, am 7.6. von Feindflugzeugen gebombt und versenkt. Es entstand Totalverlust, kein Mann der Besatzung kam mit dem Leben davon.

Eine Reihe weiterer Boote wurden am 8.6. und an den folgenden Tagen versenkt. Es waren U 629, U 740, U 821, U 767, U 441, U 971, U 269, U 988 und U 989.

Die vor der Normandieküste eingesetzten Boote konnten lediglich fünf Sicherungsfahrzeuge versenken. 12 Schiffe kamen hinzu, die als Transporter in der Mahalla gelaufen waren. Sie hatten insgesamt 56.845 BRT. Sechs weitere Schiffe wurden beschädigt. Das war gegen diese Flotte nur ein Wespenstich.

Am Abend des 6.6. war die 5. T.-Flottille abermals zum Torpedoeinsatz ausgelaufen. Sie sichteten um 3.35 Uhr vier Feindzerstörer und schossen sechs Torpedos. Zwei Zerstörer wurden getroffen. Der Verband trat den Rückmarsch an.

Am 8. Juni lief die 5. T.Flottille morgens aus, wurde von einem Jabogeschwader gesichtet und angegriffen. Um 2.28 Uhr wurden sie von feindlichen Schnellbooten beschossen und KKpt. Hoffmann ließ direkt auf diesen Gegner zuhalten und das Feuer eröffnen. Neun Torpedos wurden geschossen, einige Detonationen gehorcht. In der kommenden Nacht trugen die einsatzbereiten Boote der Flottille jeweils 20 Minen. Sechs R-Boote bildeten das Grundminengeleit. Am Absprungort hatten die Boote sofort Gefechtsberührung. Es gab Tote auf den R- und T-Booten. Der Einsatz wurde abgebrochen.

Um 0.30 Uhr des 10. Juni erfolgte der nächste Einsatz der T.-Boote. Die Funkmeßstelle von Cap de la Hague hatte mehrere Feindziele geortet. Es waren vier Zerstörer, auf welche die T.-Boote zuliefen. 15 Torpedos wurden im folgenden Torpedoangriff geschossen. In dem folgenden Gefecht nebelten die deutschen Boote und liefen ab.

Um die drohende Gefahr, die aus Le Havre kam, zu beenden, griffen in der Nacht zum 15. Juni 325 Lancaster-Bomber der RAF den Hafen an. T 28 eröffnete das Feuer, in das alle Boote einfielen. Sieben Bomber wurden abgeschossen. Die übrigen warfen ihre Bomben. 75 Minuten regnete ein Inferno auf den Hafen herunter. »Falke« erhielt fünf, »Jaguar« vier schwere Bombentreffer. Beide Boote kenterten. »Möwe« erhielt eine Reihe Spreng- und Brandbombentreffer.

Noch während der Rettungsaktionen flog eine zweite Bomberwelle um 0.45 Uhr den Hafen an und 15 Minuten später wurde auch "Möwe" versenkt, die nach Steuerbord umschlug und im Wasser verschwand.

Es gab noch viele weitere Verluste. Zwei Geleitboote und 10 Schnellboote waren ebenso darunter, wie das Räumboot RA 9. Die in Le Havre liegenden Minensuchboote hatten fünf Boote verloren und die Vorpostenboot-Flottille deren acht.

In der Nacht zum 16. Juni wurden abermals 300 Lancasterbomber angesetzt. Diese griffen Boulogne an. Hier sanken sieben R-Boote, ihr Geleitschiff »Brommy«, zwei M-Boote und zwei Vorpostenboote. Drei Schlepper und fünf Hafenschutzboote kamen hinzu. Die Zahl der "nur" beschädigten Boote war sehr hoch.

Dies war ein schwerer Schlag für die Kriegsmarine.

Die 8. Zerstörerflottille im Einsatz

Die Boote dieser Flottille unter Kpt.z.S. Freiherr von Mauchenheim, genannt Bechtolsheim, liefen am späten Abend des 8. Juni das erstemal gegen die Invasionsflotte aus. Es waren:

Z 32 unter KKpt. von Berger
ZH 1 unter KKpt Barckow
Z 24 unter KKpt. Birnbacher und
T 24 unter Kptlt. Meentzen.

Ziel der Boote war die feindliche Invasionsflotte. Die Flottille stieß um 1.23 Uhr des 9.6. auf einen aus acht Zerstörern bestehenden Verband der 10. Z.-Flottille, Captain Jones.

Nordostwärts der Insel Ouessant, am Westausgang des Kanals, kam es zum Gefecht. ZH 1 wurde von einem Torpedo des Zerstörers »Ashanti« getroffen. Das Boot wurde so schwer getroffen, daß Barckow es sprengen ließ. Barckow ging mit seinem Boot unter.

Z 32 wurde von "Haida" und "Huron" schwer getroffen und blieb manövrierunfähig auf See liegen. KKpt. von Berger mußte sein Boot bei der Isle de Bas auf Sand setzen.

Z 24 und T 24 kehrten ebenfalls beschädigt, mit vielen Opfern an Toten und Verwundeten an Bord, nach Brest zurück.

Nur der Zerstörer »Tartar« war von den deutschen Booten getroffen worden.

Damit war auch dieser Versuch, einen großen Schlag gegen die Invasionsflotte zu führen, bereits im Vorfeld abgewiesen worden. Die beiden der 8. Z.-Flottille verbliebenen Boote - dies bliebe nachzutragen - sanken am 24. August 1944 auf Le Verdon-Reede.

Endkampf der Schnellboote im Invasionsraum

Vom ersten Invasionstage an standen deutsche Schnellboote im opfervollen Einsatz. Die 5. S.-Flottille, KKpt. Klug, griff am Abend des 6.6. von Cherbourg aus die Invasionsflotte an. Dabei ging S 139 durch Minentreffer verloren.

Am Abend des 7.6. war es die 4. S-Flottille, KKpt. Fimmen, die sich an den Feind heranpirschte und die US-Landungsboote LST 376 und LST 314 versenkte.

Die 9. S-Flottille, KKpt. v. Mirbach, lief in dieser Nacht in den Raum Fecamp und stieß dort auf einen Verband britischer Landungsboote. Daraus wurden LCI 105 und LCT 875 versenkt.

Am späten Abend des 9.6. kam es zwischen alliierten Zerstörern und den S.-Flottillen 3 und 9 zu einem Schlagabtausch, der ergebnislos verlief. In der selben Nacht aber kamen die 2. und 4. S.-Flottille in der nördlichen und mittleren Seinebucht an eine feindliche Schiffsansammlung heran. Die 2. S.-Flottille versenkte daraus zwei Schiffe, und die Boote S 188, S 172 und S 187 der 4. S.-Flottille konnten jeweils einen Versenkungserfolg erzielen.

Der Sicherungsriegel der Feindzerstörer bei Barfleur wurde am Abend des 10. 6. von Booten der 5. und 9. S.-Flottille durchbrochen. Die Boote kamen zum Schuß und versenkten den Schlepper »Hartridge« und schossen dem Zerstörer »Halsted« den Bug weg. Das britische Landungsboot LST 538 wurde versenkt.

Bei einem anschließenden Gefecht mit drei Zerstörern und einer Korvette wurden S 136 und S 137 schwer getroffen und sanken.

Minenlegeaufgaben aller S.-Flottillen erzielten ebenfalls Versenkungserfolge. Alles dies jedoch war gemessen an der Anzahl der in der Seinebucht und vor der Invasionsküste liegenden Schiffe nur ein Minimalerfolg und trug nichts dazu bei, die Invasion zu verlangsamen, von Stoppen konnte nie die Rede sein, das hätten nur die drei dazu vorgesehenen Panzerdivisionen in den ersten 24 Stunden der Landungen geschafft.

In der Nacht zum 12.6. wurden die Boote der 2. S.-Flottille von den britischen Staffeln 143 und 236 einer Beaufighter Wing gestellt. In mehreren Anflügen versenkten diese die Boote S 178, S 179 und S 189.

Dies war der größte Verlust des Inseestehens der Schnellboote binnen einer Nacht.

Die zur Hilfeleistung und Rettung der Schiffbrüchigen auslaufenden R-Boote und M-Boote verloren R 97, M 402 wurde schwer beschädigt, konnte aber einen rettenden Hafen erreichen.

Luftangriffe der Alliierten auf Le Havre und Boulogne führten zur Versenkung von insgesamt zehn Booten. In der Nacht des 23. Juni ging dann noch S 190 im Gefecht mit britischen MGB verloren. S 175 konnte schwer beschädigt einlaufen.

Der Einsatz der Schnellboote im Kanal forderte immer größere Opfer.,In einem Gefecht gegen einen Konvoi konnte die 6. S.-Flottille unter Kptl. Matzen sieben feindliche Handelsschiffe herausschießen. Das war ein großer Erfolg.

In der Nacht zum 28. 6. liefen 12 deutsche S.-Boote vor Beachy Head und kamen an einen Geleitzug heran. Im Gefecht mit den Geleitzerstörern wurde S 182 lahmgeschossen und dann im zusammengefaßten Feuerhagel vernichtet. Die britischen MTB 430 und 412 kollidierten in diesem Gefecht miteinander und sanken.

Die deutschen Boote hatten auch diesmal wieder Erfolg, sie schossen fünf große Schiffe aus dem Konvoi heraus. Drei davon mit 14.217 BRT sanken, die beiden anderen konnten noch eingeschleppt werden.

Den letzten großen Schlag führten die Schnellboote in einem gemeinsamen Angriff gegen einen britischen Konvoi, der von zwei Zerstörern und einigen MTB gesichert wurde. Rottenweise griffen die S-Boote an. Ein Munitionsschiff wurde torpediert und flog in die Luft. Es hatte eine Tonnage von 7.218 BRT. Vier weitere Frachter mit 26.699 BRT wurden torpediert, konnten aber noch eingeschleppt werden.

Die U-Boote im Kanal und in der Seinebucht

Die im Juli 1944 im Kanal operierenden U-Boote, die nunmehr mit Schnorchel ausgerüstet waren, konnten einige Erfolge erzielen. Die angestrebte Versenkung eines Kreuzers oder gar Schlachtschiffes gelang jedoch nicht.

U 763, KptLt. Cordes griff am 5.7. den Convoy ETC 26 an und versenkte daraus den Frachter »Ringen«. U 953 unter Oblt.z.S. Marbach konnte am selben Tage mit einem LUT-Fächerschuß und einem T-5-Schuß die "Glendinning" versenken und einen zweiten Treffer auf einem anderen Schiff erzielen.

Am 11.7. kam U 953 abermals zum Schuß auf einen 9000-Tonner. Der Aal war jedoch Endstreckendetonierer.

U 390, Oblt.z.S. Geißler, hatte bereits am 5.7. den britischen Trawler "Ganilly" versenkt und den US-Dampfer "Porpoise" torpediert, als das Boot von der Fregatte "Tavy" und dem Zerstörer »Wanderer« gestellt und mit Wasserbomben versenkt wurde. Am 6. Juli wurde U 678, Oblt.z.S. Hyronimus, vor Beachy Head beim Angriff auf einen Geleitzug durch die can. Zerstörer "Ottawa" und "Kootenay" versenkt.

Zwei Tage später fiel das aus Norwegen ausgelaufene Boot U 243 den Bombenwürfen einer Küsten-Luftpatrouille zum Opfer und am 11. Juli erlitt das aus dem Seeraum Neufundland heimkehrende U 122 das gleiche Schicksal.

U 415 wurde am 14. Juli beim Auslaufen durch Minentreffer versenkt. U 672 erhielt durch den Geleitzerstörer "Balfour" so schwere Treffer, daß es durch die eigene Besatzung versenkt werden mußte. U 212 wurde durch die Zerstörer "Curzon" und "Eskin" vernichtet.

Mit U 621 gelang es Oblt.z.S. Struckmann am 23. Juli, das brit. Landungsschiff "Prince Leopold" mit 2.938 BRT zu versenken. Ein weiteres Landungsboot" wurde torpediert und am Morgen des 30. Juli kam das Boot zum Schuß auf den 10.048 BRT großen Truppentransporter "Ascanius". Der Transporter erhielt einen schweren Treffer, konnte aber mit starker Schlagseite eingeschleppt werden. Die aus den Häfen der Bretagne im Zuge der Räumung der Stützpunkte auslaufenden Boote wurden von Ende Juli bis Mitte August schwer zur Ader gelassen. Es waren U 214, U 333, U 736, U 608, U 385, U 981, U 270, U 618, U 445 und U 107, die sanken.

U 667, Oblt.z.S. Lange, erzielte im August gegen die Invasionsflotte und verschiedene Geleitzüge unter der englischen Südküste Erfolge. Der US-Frachter "Ezra Weston" sank als erster. Der Geleitzerstörer "Regina" aus dem Konvoi EBC 66 folgte, und am 14. August sanken die beiden Landungsschiffe LST 921 und LCI (L) 99. Das Boot sank am 25. August vor La Rochelle durch Minentreffer.

U 741. Oblt.z.S. Palmgreen, wurde am 15. August beim Angriff auf einen Geleitzug von der brit. Korvette "Orchis" vernichtet. U 984 unter Oblt.z.S. Sieder fand durch Zerstörer der 11. Support-Group bei einer Wasserbombenverfolgung den Untergang.

Von U 413 wurde am Abend des 19. August der brit. Dampfer "Saint Enogat" gestellt. Drei Geleitzerstörer kreisten das Boot ein und versenkten es mit Wasserbomben. U 764 wurde am 20. und 25. August ein letzter Erfolg beschert. U 480 versenkte die canadische Korvette "Alberni". Am Nachmittag des folgenden Tages kam das Boot auf den Minensucher "Loyalty" zum Schuß, der mittschiffs getroffen wurde und sank. Als das Boot dann noch am 25. August den 5.712 BRT großen britischen Dampfer "Orminster" unter Wasser schickte, hatte es eine der herausragenden Feindfahrten in diesen Gewässern gefahren, denn Oblt.z.S. Förster, der Kommandant, hatte bereits am 23. August den Dampfer "Fort Yale" aus dem Geleitzug ETC 72 herausgeschossen, der allerdings eingeschleppt werden konnte. Oblt.z.S. Förster erhielt an 18. Oktober 1944 das RK.

Auch U 983 versenkte am 20. August ein Schiff und torpedierte ein zweites. U 218 gelang am selben Tage das Legen einer Minensperre bei Start Point. Diese eingeblendeten Einsätze konnten nur unter Anspannung aller Kräfte gelingen, die Erfolge in diesen vom Gegner wimmelnden Gewässern mußten allesamt teuer erkauft werden.

* * *

Kurzübersicht über die weiteren Einsätze während der Kämpfe um Tilly und Cherbourg

Am 17. Juni schlug der OB West folgende neue Befehlsgliederung bei der 7. Armee vor:

"Ausscheiden der Panzergruppe West zur Übernahme ihrer alten Aufgaben. Führung des I. SS-PzKorps, des XXXXVII. PzKorps und des LXXXIV AK (mit dem II. Fallschirmkorps), wieder durch die 7. Armee."

Für die Führung im Norden der Halbinsel wollte der OB das GenKdo LXXXVI. AK; in der Bretagne, wo das GenKdo XXV. AK für die Ablösung des XXXXVII. PzKorps herausgelöst werden sollte, das GenKdo LXIV. ResKorps zuführen.

Als Endziel war die Einsetzung des GenKdos LXXXIV. AK als Armee-Abt. zur Führung an der gesamten Angriffsfront beabsichtigt.

In einer Beurteilung zur Lage gab der OB West einen Rückblick auf die bisherige Entwicklung des Kampfes. Er stellte fest, daß der Gegner zeitlich und räumlich sein Ziel nicht erreicht, aber die deutschen Kräften in die Verteidigung gedrängt habe. Jetzt sei vor allem Cherbourg zu schützen. Gerechnet werden müsse mit einer zweiten Landung, für die der Gegner noch 20-30 große [???] und vier Luftlandeverbände zur Verfügung habe.

Nicht voraussagen ließe sich, ob diese im Somme-Gebiet oder in Belgien erfolgen werde. An der südfranzösischen Front habe sich die Spannung erheblich verschärft. Am 24. Mai seien 70 Transporter in Nordafrika gemeldet worden.

Im Innern Frankreichs sei die Sabotage – wie befürchtet – angestiegen, aber nicht in *dem* Ausmaß, mit dem gerechnet wurde.

Im altbesetzten Frankreich, sowie in Belgien und Holland sei keine wesentliche Ruhestörung eingetreten. Um Limoges und bei Tulle und Cantal habe die Bandenbildung zugenommen. Dies sei auch westlich der Rhône, bei Bourg und in den Basses Alpes der Fall. Dagegen seien eigene Kräfte angesetzt. Der Bevölkerung sei bekanntgegeben worden, daß alle diese Feindkräfte als Freischärler angesehen und entsprechend behandelt würden.

In einer Kurzbeurteilung dieser Meldung machte der WFStab Bedenken gegen die Führung im Westen geltend. Er schlug vor, unter Inkaufnahme des Risikos an den übrigen Küsten vor allem die Front an der Normandieküste zu verstärken, zum Teil auch durch Abzüge vom OB Südwest.

Zwischenspiel: V 1 gegen London

Der erste Start der V 1, wie die neue Flügelbombe auf Raketenbasis genannt wurde, sollte bereits am 6. Juni erfolgen. Dieser Termin mußte jedoch auf den 12. Juni verschoben werden, weil die Abschußrampen, die gebombt worden waren, noch nicht wieder hergestellt werden konnten.

Oberst Wachtel, Kdr. des Flak-Rgts. 135, war mit der Führung der V1-Vergeltungsschläge beauftragt worden. Sein Vorgesetzter, Gen.d.Art. z.V. Heinemann, Träger des Ritterkreuzes zum Kriegsverdienstkreuz, derzeit Komm.General des LXV. AK, gab ihm den Befehl, mit allen zur Verfügung stehenden Pionieren die Abschußrampen so rasch wie möglich wiederherzustellen und in der Nacht zum 13. Juni die Beschießung Londons zu beginnen. Es wurde 3.30 Uhr, als am 13. Juni die ersten zehn V 1 abgeschossen wurden (diese Flügelbombe war im offiziellen Sprachgebrauch unter der Bezeichnung »Fieseler Fi 103i-Kirschkern« konstruiert worden). Diese unbemannte Feststoffrakete mit einer Länge von 7,35 m, die 1000 kg Sprengstoff zum Gegner trug, entwickelte eine Geschwindigkeit von 640km/h. Von den ersten zehn abgeschossenen Raketen explodierte etwa die Hälfte direkt nach dem Start. Etwa fünf Raketen erreichten London. Eine von ihnen schlug im Londoner Stadtbezirk Bethnal Green ein und tötete sechs Menschen.

General Heinemann stoppte den weiteren Abschuß der Raketen, bis alle technischen Defekte ausgeräumt waren. Danach waren 55 Abschußrampen einsatzbereit.

Am frühen Morgen des 15. Juni wurde das Bombardement erneut begonnen. Bis zum Hellwerden waren 73 V 1 in Südengland niedergegangen. Sie hatten erheblichen Sachschaden angerichtet und viele Tote und Verluste gefordert.

Mit Tagesanbruch stiegen Spitfire-Jäger auf, deren maximale Geschwindigkeit an jene der V 1 heranreichte. Sie versuchten, die englischerseits als "unbemannte Flugzeuge" angesprochenen Raketen abzuschießen, was auch in einigen Fällen gelang.

Als einer der Piloten zu dicht herankam und mit seinen Bordwaffen genau den Gefechtskopf der V 1 traf, wurde seine Maschine im Detonationswirbel der 1000 kg Sprengstoff zerrissen. Die Führungsspitze des Generalstabes der Alliierten, die sich in Bushy Park im Londoner Vorort Streatham eingerichtet hatten, waren bestürzt. General Arnold, OB der US-Luftstreitkräfte, notierte nach Besichtigung einer nicht völlig zerlegten Rakete, daß ihre Herstellung sehr billig sei und sich ihre Zahl vervielfachen werde. Er notierte in sein KTB:

"Dies bedeutet Unruhe und Bestürzung und kann schließlich sogar zum Zusammenbruch des gesamten normalen Lebens in England führen."

Auch General Eisenhower zeigte sich in der Morgenbesprechung besorgt. Der alliierte Oberbefehlshaber aller westallierten Streitkräfte in Europa bemerkte dazu, daß dies *die* Chance für Hitler sein könne, die Initiative zurückzugewinnen. Er beauftragte seinen Stabschef, GenMaj. Bedell Smith, zu prüfen, ob man nicht die Zelte in Bushy Park abbrechen und nach Portsmouth verlegen könne, um vor der V 1 sicher zu sein. Aber Portsmuth verfügte nicht über die notwendigen Kommunikationseinrichtungen.

Am 16. Juni gingen wieder eine größere Anzahl V 1 in Südengland herunter und am Mittag dieses Tages wurden an der Kanalküste abermals 244 V1 gestartet, von denen 144 auf englischem Boden detonierten. Nicht weniger als 73 von ihnen rissen im Raume Groß-London Häuser ein und töteten Menschen. Ganze Häuser verschwanden in den flachen Trichtern, die diese Bomben rissen.

Die V 1 – von Insidern des Gegners als großer Bluff angesprochen – waren Wirklichkeit geworden. Demzufolge würde auch die angekündigte V 2 nicht mehr lange auf sich warten lassen.

Am Morgen des 18. Juni schlug eine V 1 direkt in die Guards Chapel am Rande von St. James Park ein. 200 Soldaten und Offiziere fanden dabei den Tod in der Kirche. Unter ihnen auch ein Oberst aus General Pattons Stab.

In einem Geheimbefehl an seinen Stab erließ Eisenhower die strikte Weisung, *kein* einziges Wort über diese Monsterbomben nach Hause zu berichten.

Tag für Tag gingen die Flügelbomben auf England nieder und am 26. Juni schrieb GenLt. Hughes, Eisenhowers Stellvertreter, in sein Tagebuch:

"Zu viele Bomben! Gestern 122 Stück!."

Diese Bombardierungen sollten verstärkt weitergehen, hatte die Deutsche Führung verlautbart.

Eine bange Frage im allierten HQ war jene, was geschehen werde, wenn die Deutschen, anstatt London zu bombardieren, ihre Flügelbomben gegen die US-Landungsflotte, gegen die künstlichen Häfen - die Mulberrys - und die Küstenbeschießungsverbände der Flotte richten würde. Mit dem Verlust von 50 Prozent der Flotte sei dann zu rechnen und dies werde unheilvolle Folgen haben, *wenn* die US-Flotte anteilig an den Verlusten beteiligt sein werde.

Wieso Hitler *diesen* Befehl nicht gab und die dicht bei dicht vor dem Strand liegende Flotte und die künstlichen Häfen *nicht* angreifen ließ, war einfach unverständlich.

Sowohl GFM Rommel, als auch andere deutsche Armeeführer hatten Hitler "händeringend darum gebeten" *diesen* Schritt zu tun. Der Haß Hitlers auf die Engländer, die seinen Friedensvorstoß abrupt abgelehnt hatten, die Wut auf diesen Gegner, der sich offen zu den Luftterror-Angriffen bekannte und die deutschen Städte dem Erdboden gleich machen wollte, war stärker als alle Vernunft. Statt der Vernichtung jenes Potentials, welches die Invasion in Gang hielt, sann Hitler mit der V 1 und der V 2 auf Rache an Enland wegen der Bombardierung der deutschen Zivilbevölkerung. *Diese* Rache machte ihn blind für die riesige Chance, die sich bei der Bombardierung der Feindhäfen vor der Küste und deren Schiffsansammlungen ergeben mußte.

Die Vertreibung der Beschießungsgeschwader, beispielsweise vor Cherbourg, vor Tilly und Caen, hätte damit gelingen können. Wenigstens so lange, bis die noch immer "Gewehr bei Fuß" stehende 15. Armee in den Kampf geworfen werden konnte.

Beides geschah nicht!

Es ist wohl das größte Geheimnis des Zweiten Weltkrieges, *was* Hitler veranlaßt haben konnte, dieses Vorgehen zu unterlassen, das ihm auch von General Heinemann, *dem* Experten, geraten wurde. Wider besseres Wissen wollte er England zur Kapitulation reifbomben. Selbst die ebenfalls vorgeschlagene Bombardierung der südenglischen Häfen hätte eine bessere Chance geboten. Hitler ließ weiter auf London schießen. Wie hatte Hitler noch vor Beginn der Invasion verlautbart:

"Einen Verlust von fünf bis sechs Schlachtschiffen können die Alliierten nicht verwinden."

Die *einzige* Chance aber, dieses Ziel zu erreichen, war der "Kirschkern" und sein Abschuß gegen die Alliierten Schiffsverbände. Durch die Beschießung von London konnte nicht ein einziges Schlachtschiff versenkt werden.

Hitlers Flucht vor der V 1

Hitler hatte sich am 16. Juni zur Invasionsfront auf den Weg gemacht, wo er am Vormittag des 17. Juni 1944 eintraf. In Margival bei Soissons war der vorgeschobene Führergefechtsstand eingerichtet worden. Von hier aus hatte Hitler 1940 im Herbst persönlich das Unternehmen "Seelöwe" leiten wollen. Hierher war er viele Jahre später zurückgekehrt, um die Wende in der Normandie persönlich herbeizuzwingen.

Zur gleichen Zeit hatte der Gegner die Ausgangspositionen zum Sturm über die Halbinsel Cotentin und danach zur Wegnehme von Cherbourg gewonnen.

Die Fallschirmjäger der 82. US-LL-Division gewannen Saint Sauveur. Rechts davon drangen die Regimenter der 9. US-ID vor, setzten bei Néhou über die Douve und konnten am frühen Morgen des 17. Juni eine schnelle KGr. in Richtung Carteret vorschieben. Diese KGr. erreichte bei Barneville sur Mer die Westküste der Halbinsel Cotentin. Cherbourg war damit weiträumig abgeschnitten und konnte nun weder über Land noch von See her versorgt werden.

Rommel hatte bereite einige Tage vorher die Räumung der Halbinsel Cotentin bei Hitler vorgeschlagen und sich eine Abfuhr geholt. Dadurch aber wurde das LXXXIV. AK von dem genannten Gegner in zwei Teile geschnitten. Während die KGr. Hellmich mit Teilen der 91. und 243. ID den unteren Teil der Halbinsel Cotentin verteidigte, erhielt GenLt. von Schlieben die Weisung, mit seiner KGr. aus der 709. ID und Teilen der 71. ID die Nordspitze der Halbinsel zu verteidigen.

Damit befanden sich die hier verteidigenden vier deutschen Divisionen in einer aussichtslosen Lage. Spätestes mit dem Fall von Cherbourg waren auch sie dem Gegner ausgeliefert.

Dies war übrigens der äußere Anlaß, der Hitler bewog, an die Westfront zu fahren.

In Margival ließ sich Hitler von den Marschällen einen Lagebericht geben, wozu die Chefs der Generalstäbe sowohl des OB West als auch der HGr. B, Blumentritt und Speidel, die notwendigen Unterlagen und Karten vorzulegen hatten.

GFM von Rundstedt wies darauf hin, daß infolge der absoluten Luftherrschaft des Gegners *und* der feindlichen Schiffsartillerie-Massierungen eine Offensive, wie sie auch diesmal von Hitler gefordert wurde, keine Aussicht auf Erfolg habe.

GFM Rommel bestätigte dies und ergänzte dazu, daß die Wehrmacht angesichts der inzwischen eingetretenen Erschöpfungszustände bei der Truppe nicht mehr im Stande sei, den Landekopf einzudämmen. Die Luftwaffe müsse die rückwärtigen Verbindungen besser schützen und ihm selber freie Hand schaffen, damit er den Kampf in seiner Weise führen könne.

Hitler befahl Rommel, *seine* Vorstellungen von der Fortführung des Kampfes vorzutragen. Rommel erklärte Hitler seine Kriegslist, die er hier anzusetzen gedachte:

"Die britische Front im Ornetal muß von den Infanterieverbänden gehalten werden. Auf beiden Flanken aber müssen starke Panzerkräfte zusammengezogen werden. Durch schrittweises Zurückweichen der in der Mitte stehenden Infanteriekräfte muß der Gegner in die Mitte dieser großen Falle gelockt werden. Wenn er sich darin befand, mußten die beiden Panzerflügel hinter ihm dicht machen. Damit seien diese Truppen von ihrer Versorgung abgeschnitten und könnten vernichtet werden. Diese Operation, welcher ich den Namen 'Mausefalle' geben möchte, muß so weit von der Küste entfernt durchgeführt werden, daß die feindliche Schiffsartillerie unmöglich mitspielen kann. " (siehe KTB HGr. B, Juni 1944).

Hitler schien dieser Plan zu gefallen, zumal Rommel erklärte, daß das Gelände dafür besonders gut geeignet sei. Hitler war nicht dagegen, *ohne* sich jedoch ausdrücklich dafür zu bekennen. "Er traf keine Entscheidung" wie General Blumentritt im KTB des OB West vermerkte.

Als Hitler erklärte, daß der deutsche Soldat im Westen nicht sein Bestes gegeben habe, war es Rommel, der zu deren Ehrenrettung als einziger aufstand und erklärte, daß sich die Truppe zu *keiner* Zeit besser geschlagen habe. Hitler tat nun so, als sei das viel zu spät erfolgte Vorgehen der drei Panzerdivisionen der OKW-Reserve alleinige Schuld der Führer an der Front, obgleich er *selber* zugestimmt hatte, daß sie als OKW-Reserve zurückgehalten worden waren.

Als Rommel erklärte, daß *dies* die richtige und einzige Invasion sei, war Hitler immer noch nicht überzeugt. Seine Berater und Marionetten hatten es ihm anders gesagt. Er wies darauf hin, daß in England noch immer 80 Divisionen stünden, die die zweite Landung durchführen würden.

Diese Schätzung der Gruppe Fremde Heere West war nicht allein durch die englischen Täuschungsmanöver zu Stande gekommen. Auch hier waren Kräfte im Spiel, die diese Fiktion aufrecht erhielten, zum Schaden der deutschen Wehrmacht.

Als Hitler erklärte, daß "England durch unsere Vergeltungswaffen zermürbt um Frieden betteln" werde, warf wieder Rommel ein, daß der Einsatz der V 1 gegen die Alliierte Schiffsarmada erfolgen müsse. Hitler aber wollte einfach nicht einsehen, daß dies so war. Er lehnte den "zweckentfremdeten Einsatz der Vergeltungswaffen" ab. "Wir müssen die Nerven behalten," beschwor er die Oberbefehlshaber. "Wenn wir die Invasion abwehren, dann macht England unter dem Druck der V-Waffen Frieden." (siehe: Saunders Hrowe H.: Der verratene Sieg).

Die Invasion aber konnte nur noch mit dem konzentrierten Einsatz der V 1 auf die Mulberrys und Schiffsziele abgewehrt werden. Andere durchschlagskräftige Waffen standen nicht mehr zur Verfügung. Dies einzusehen blieb Hitler versagt. Versagt blieb der deutschen Führung deshalb auch ein Abwehrsieg in der Normandie.

Als plötzlich in Margival die Alarmglocken schrillten, mußte Hitler sich mit seiner engsten Begleitung in den Schutzraum dieses großen Gefechtsstandes flüchten. Hier versuchte GFM Rommel, Hitler noch einmal dazu zu bringen, die Bevölkerung Frankreichs vor den Maßnahmen des SD in Schutz zu nehmen und dem Wirken des Reichskommissars Saukel und seiner Beamten ein Ende zu setzen. Hitler schnitt ihm abrupt die Rede ab und sagte, Rommel möge sich um die Invasionsfront kümmern und um nichts sonst.

Rommel und von Rundstedt brachen um 16.00 Uhr mit ihren Stäben auf. Sie hatten Hitlers Zusage, am nächsten Morgen nach La Roche Guyon zu kommen und sich von Frontoffizieren einen ungeschminkten Bericht von der Invasionsfront geben zu lassen.

Doch auch dieses Versprechen hielt Hitler nicht. Er reiste noch in der Nacht zum 18. Juni wieder nach Deutschland zurück. Der Grund für diese überstürzte Abreise:
Eine V 1 war etwa drei Kilometer von dem vorgeschobenen FHQ entfernt niedergegangen. Hitler hatte ein Attentat geargwöhnt und, da er "den Verbrechern keine Gelegenheit geben wollte, Deutschland den Dolchstoß zu versetzen", das Weite gesucht (siehe: Cartier, Raymond: Der Zweite Weltkrieg, und Saunders, Hrowe, H.: a.a.O.).

Kampf um die Halbinsel Cotentin und um Cherbourg

Als General Collins die neue US-Offensive aus dem Brückenkopf am Südostende von Cotentin in Richtung Cherbourg ansetzte, war das erste seiner Ziele die Durchtrennung der deutschen Kräfte auf der Halbinsel in zwei Teile und der Durchbruch in Richtung St. Sauveur le Vicomte.

Die 90. US-ID, die die Spitze übernommen hatte, schaffte trotz viermaligen Vorstoßes den Durchbruch nicht. Ihr Kdr., BrigGen. McKelvie, wurde abgesetzt und durch Gen. Landrum ersetzt, der bisher als Collins Stellvertreter gewirkt hatte.

Dazu General Bradley: "Landrum versprach, mir raschest einen Salzwasser-Cocktail von der anderen Seite der Halbinsel zu schicken."

Doch auch unter seiner Führung blieb die 90. US-ID ein einziger »Sauhaufen«. Mehrere Kpn. liefen zu den Deutschen über, ein ganzes Bataillon verließ seine Stellungen. Auch General Landrum mußte abdanken. Die Division wurde zurückgezogen und durch die 9. ID ersetzt. Dazu gab General Collins der 82. LL-Div. Befehl, dieser kampferprobten Division zur Seite zu stehen. Sie sollten beide nach Westen durchstoßen und Cherbourg und sein Umland vom Süden der Halbinsel abschneiden.

Am 14. Juni trat die 9. US-ID an, während Ridgways 82. LL-Div. im Süden hinter der Douve sicherte. Gen-Maj. Eddy, Kdr der 9. ID, strebte unter Panzerbegleitung den Sieg an und am späten Abend des 19. Juni meldele er dem OB der US-Truppen, daß die Halbinsel abgeschlossen sei. Generaloberst Dollmann dazu:

"Die Lage gleicht einem bis zum Zerreißen gespannten Bogen."

Teile der 77. ID unter GenLt. Hellmich versuchten in der Nacht zum 18. Juni, den Vormarschweg der US-Truppen zur Westküste zu durchbrechen. Hier erlitt die nur 600 Mann starke Teilgruppe herbe Verluste. Insgesamt gelangten nur 1.400 Mann der gesamten KGr. Helmich nach Süden aus dem Kessel heraus, ehe die 9. US-ID am 19. Juni nach Barneville an der Westküste hineinrollte und die Halbinsel von ihrer Basis abschnitt.

Von hier aus ließ General Collins nach einer raschen Umgruppierung am 19. Juni die 4. ID unter GenMaj. Barton, die 79. ID und Teile der 9. ID zum Vorstoß nach Norden antreten. Ihr Ziel war - Cherbourg.

In die untere Basis der Halbinsel schob General Bradley das VIII. US-Korps unter GenLt. Middleton ein.

Die Offensive begann mit einem Überraschungsangriff auf Montebourg. Die Stadt wurde eingeschlossen, Valognes wurde bis zum Abend erreicht. Am Abend des 20. Juni hatte Collins' Korps die äußere Verteidigungslinie – die "Hitlerlinie" – erreicht. Eine Aufforderung zur Übergabe wurde von General von Schlieben nicht beantwortet.

Am 17. Juni bereits hatte ein Führerbefehl das HQ der 7. Armee erreicht: "Festung Cherbourg ist unter allen Umständen zu halten!" Hitler untersagte alle Absetzbewegungen und legte am Abend dieses Tages fest, daß sich die KGr. von Schlieben nur bis zur Linie St. Vaat de la Hogue-Le Thiel-Vauville, südlich von Cherbourg zurückziehen dürfe. Dort aber müsse gehalten werden.

Als General Farmbacher, OB der Armeegruppe Normandie, dies nicht tun wollte, wurde er abgesetzt. Der OB West erließ nunmehr die Weisung, um die Halbinsel Cotentin mit aller Kraft zu kämpfen, um Zeitgewinne zu erzielen *und* das Herankommen des Feindes nach Cherbourg zu verzögern. Dieser Befehl schloß mit den Worten: "Im Bereich der Festung ist ein Ausweichen im Vorfeld auf die Küstenverteidigung abzustimmen."

Die 77. ID, oder das, was noch von ihr übriggeblieben war, brach, geführt von ihrem Kommandeur, GenMaj. Stegmann, in der Nacht zum 19. Juni aus. Vorn fahrend wurde der Wagen des DivKdr. von einem einzelnen Jabo angegriffen. GenMaj. Stegmann war auf der Stelle tot (er wurde nachträglich zum GenLt. befördert).

24 Stunden vorher, dies ist nachzutragen, wurde auch der Wagen von GenLt. Hellmich beschossen und der General getötet. Soviel über die Wirksamkeit von Jaboangriffen.

Oberst Bacherer, Kdr. des IR 1049, übernahm die Führung der 77. ID. Als die KGr. Bacherer am 20. Juni auf eine US-Riegelstellung stieß, die an der Orlande angelegt worden war, wurde noch einmal mit Hurra angegriffen. Die Amerikaner wichen fluchtartig aus.

Mit 250 Gefangenen und einem Dutzend erbeuteter Jeeps meldete sich Oberst Bacherer beim Kdr. der 243. ID, der ihm Sturmgeschütze zum Freischießen eines Durchbruchskeiles entgegengeschickt hatte.

Am 11. August erhielt Oberst Bacherer das Eichenlaub zum RK.

Endkampf um Cherbourg

Der US-Überraschungsangriff auf Montebourg und die katastrophale Versorgungslage zeigten auf, daß es mit der deutschen Behauptung der Halbinsel Cherbourg zu Ende ging. Am Morgen des 20. Juni ging es GFM von Rundstedt vor allem darum, Zeit zu gewinnen, um die Verteidigung von Cherbourg neu aufbauen zu können.

Bis zum 22. Juni stellten sich die drei Divisionen des Korps Collins zum Angriff auf Cherbourg bereit. Der wenig später beginnende Angriff brachte einige Einbrüche in die Landfront. So bei der KGr. Köhn in der Mitte, bei der KGr. Rohrbach im Osten und im Südabschnitt bei der KGr. Keil.

Die Fortsetzung des Angriffs am 23. Juni brachte den US-Vorstoß bis kurz vor den deutschen GefStand von Octeville. Im äußersten Osten hielt sich die Batterie "Hamburg" und die kleine Batterie "Seeadler" ebenso wie das "Osteck".

Hitlers Weisung, einen Gegenangriff aus dem Raume Coutances nach Norden entlang der Westküste in den Rücken der vor Cherbourg stehenden US-Truppen zu führen, war nicht möglich.

Am 22. Juni griffen zehn Staffeln Mustangs und raketenbestückter Typhoon-Maschinen um 12.30 Uhr Cherbourg an und begannen 80 Minuten vor dem Angriff der Infanterieverbände das "Sättigungsbomben", wie General Bradley dies nannte. Diesen zehn Staffeln folgten nämlich noch 562 US-Kampfbomber und 387 mittlere Bomber des IX. US-Bomber Command.

Teile der Stadt wurden in Trümmer gelegt und anstelle der deutschen Stellungen oftmals die eigenen Stellungen gebombt.

Es folgte eine Salve aus 480 Geschützen in die deutschen Verteidigungsstellungen. Dennoch blieb der Angriff liegen.

Am 23. und 24. Juni waren die Angreifer erfolgreicher. General Eisenhower besuchte am 24. Juni das US-HQ, um mit General Bradley die Pläne des VII. Korps zum endgültigen Durchbruch nach Cherbourg zu besprechen.

Am 24. Juni hatte die 4. US-ID drei Meilen ostwärts von Cherbourg die Küste der Halbinsel erreicht. Ihr Versuch, Cherbourg im Handstreich zu nehmen, mißlang.

Am 25. Juli gingen die Kämpfe weiter. An diesem Tage griff auch die US-Flotte in die Beschießung der Forts von Cherbourg ein. Dem Bombenangriff wurde mit dem Abschuß von etwa 80 Feindflugzeugen begegnet. Wenig später aber fiel Fort Roule. Um 19.00 Uhr mußte der Seebahnhof gesprengt werden. Anschließend folgte die Sprengung der Kaianlagen und des Hafenturms.

GenLt. von Schlieben ließ die Geheimsachen vernichten und um 19.32 Uhr den letzten Funkspruch absetzen: "Letzter Kampf entbrannt. General kämpft bei der Truppe."

Die 7. Armee ließ zurückfunken: "Wir sind bei Ihnen!"

Am Morgen des 26. Juni mußte kapituliert werden. In den unterirdischen Bunkeranlagen, in denen über 2.000 Verwundete lagen, war die Belüftung ausgefallen. Um 14.02 Uhr ließ GenLt. von Schlieben seinen Parlamentär ins Freie gehen. Die Waffen schwiegen. GenLt. von Schlieben und KAdm. Hennecke wurden von US-Offizieren am Stollenausgang empfangen und zu GenMaj. Eddy geführt. Mit diesem fuhren die beiden Offziere dann zum Gef-Stand von General Collins, 30 km südlich Cherbourg.

Teile anderer Truppen, die nicht zu GenLt. von Schliebens KGr. gehörten, kämpften weiter. Noch am 27. Juni meldete sich Kpt.z.S. Witt aus dem Westfort von Cherbourg. Der Hafenkommmandant der Stadt war mit seinen Getreuen auf einigen Ruderbooten zum Westfort gelangt. Er verteidigte hier; ebenso verteidigte Major Küppers das Ostfort mit der Batterie "Hamburg".

Erst nach zweimaligem Panzerangriff mußte auch Major Küppers am 28. Juni kapitulieren.

"Cherbourg war gefallen, weil es unbekannten Kräften im HQ der Deutschen gelungen war, jede Zuführung starker Kräfte der 15. Armee auf die Halbinsel zu unterbinden. Zwei der untätig bei der 15. Armee herumstehenden Divisionen rechtzeitig in Marsch gesetzt, hätte die Lage des Gegners auf Cotentin in das Gegenteil verkehren können." (siehe Saunders, Hrowe, H.: a.a.0.).

Endkampf um Caen

Die bei Tilly verteidigende PLD hatte sich Mitte Juni gegen die brit. 50. und 49. ID zu behaupten. Auch die 12. SS-PD "HJ" stand hier im Feuer der britischen Angreifer.

Am 22. Juni traten die britischen Verbände nach heftigem Trommelfeuer zum Angriff über den Odon an. Ziel waren die Orne und die Höhenzüge mit dem taktisch wichtigen Punkt 112.

Die 49. ID, welche die PLD angriff, erzielte Geländegewinne. Ebenso kam der Feindangriff gegen Fontenay im Abschnitt der 12. SS-PD »HJ« gut voran. Hier rollten die Stoßkeile der brit. 11. PD vor.

Mit seinen Panzergrenadieren stand Standartenführer Meyer vorn. Die ersten Feindpanzer wurden abgeschossen. Doch der drohende Durchbruch auf Caen erschien unvermeidlich.

Plötzlich waren von weiter rückwärts die dröhnenden, rumpelnden Geräusche der vorrollenden Panzer zu vernehmen. Es war nur eine Kp., die anrollte und den Gegner das Fürchten lehrte. Die wenigen Tiger schossen die feindliche Panzerspitze zusammen. Als der Panzer des KpChefs, OStuf. Ruckdeschell, abgeschossen wurde, gelang es dem Chef trotz eines abgeschossenen Armes noch aus dem Wagen herauszukommen.

Der Feindangriff wurde abgewiesen.

Als am selben Tag ein Feindeinbruch bei der PLD erfolgte, befahl GenOberst Dietrich den Einsatz einer PzAbt. der 12. SS-PD zur Beseitigung dieses Einbruchs. Aufgesessen fuhren Soldaten der AA 12 der 1. SS-PD den Angriff mit. Doch dieser drang nicht mehr bis zur alten HKL durch.

Zur gleichen Zeit prallte ein brit. Stoßverband gegen die Front der 21. PD an der Straße Douvres-Caen. Dieser Gruppe gelang es, die Panzerhindernisse zu beseitigen und der Truppe den direkten Weg nach Caen zu öffnen.

Oberst von Oppeln ließ Major Vierzig verständigen, der von seinem GefStand im Schloß de la Conde mit der Stabs-Kp. unter Oblt. Meyer zum Gegenstoß antrat und den Gegner warf.

Als Feindkräfte die dünnen Sicherungslinien des PGR 902 aufrissen, schickte Major Vierzig diesem Feind in den frühen Morgenstunden des nächsten Tages eine kleine KGr. unter seinem OrdOffz., Lt. Lotze, entgegen. Mit zehn Grenadieren überwältigte dieser eine feindliche Kp., die 1./des South Lancashire Rgt. der 3. brit. ID.

Doch dies alles waren nur "Geplänkel". Der brit. Großangriff hatte noch nicht eingesetzt. Um ihm zu begegnen, wurden die Pz-Divisionen des II./SS-PzKorps unter Oberstgruppenführer Hausser nach vorn geworfen. Hausser meldete sich am 23. Juni bei GenOberst Dollmann, dem OB der 7. Armee. Er mußte melden, daß seine Spitzenverbände erst am 25. Juni eintreffen konnten. Sie hatten von ihrem Bereitstellungsraum in Lothringen bis zum Einsatzraum 640(!) km zurückzulegen.

Die 2. SS-PD hatte, aus Südfrankreich anrollend, mit ihren Spitzeneinheiten den Raum St. Lô erreicht. Die 1. SS-PD "AH" wiederum war auf dem Marsch zur Front inzwischen durch Paris gerollt.

Der britische Großangriff begann am 25. Juni mit dem VIII. Korps unter GenLt. O'Connor zwischen Tilly und Caen. Diese Stadt sollte von der 13. ID und der 11. PD umfassend angegriffen werden. Währenddessen sollte das brit. I. Korps den Flugplatz Carpiquet in Besitz nehmen. Zur Vorbereitung dieses Angriffs sollte die 49. ID des brit. XXX. AK tags zuvor die Höhe bei Rouray in Besitz nehmen und damit die Sicherung der rechten Flanke der 15. ID wahrnehmen. Dieser Angriff wurde durch dichten Bobennebel behindert. Die 49. ID hatte bis zum Abend des 25. Juni erst den Nahraum von Rouray erreicht.

Am Morgen des 26. Juni setzte das Trommelfeuer ein. Am Ende dieses Großkampftages waren die deutschen Verbände angeschlagen. Oberstgruppenführer Hausser mußte der 7. Armee melden, daß ein Durchbruch beiderseits Cheux nicht mehr verhindert werden könne, *wenn* nicht *sofort* Verstärkungen zugeführt würden.

Rommel mußte dies ablehnen, weil sich das von Hausser angeforderte I. Waffen-SS-Korps bereits zur gleichen Zeit zum Großangriff in Richtung Bayeux in Marsch gesetzt und den Bereitstellungsraum Caumont erreicht hatte.

Die PLD hatte nach den vorangegangenen Kämpfen bis zum 20. Juli 160 Offiziere und 5.400 Soldaten durch Tod oder Verwundung verloren, ihre Stellungen aber gehalten.

Die Höhe 112 ging nach harten Gefechten verloren.

Am 29. Juni hielten GFM von Rundstedt urd GFM Rommel im FHQ Hitler Vortrag. Zur gleichen Zeit hatte an der Invasionsfront Oberstgruppenführer Hausser die Führung übernommen. Als sie geendet hatten, erklärte Hitler,.

"Die Führung im Westen und die dortigen Armeen haben den Zeitpunkt ungenutzt gelassen, in welchem es noch möglich war, den Feind ins Meer zu werfen. *Nun* muß der Gegner in seinem Brückenkopf gefesselt werden. Wir müssen den Alliierten im Westen unbedingt den Zugang zu den offenen Ebenen Frankreichs verwehren. In der Zwischenzeit werden V 1 und V 2 dem Gegner den Garaus machen".

Übersicht über die Kämpfe im Westen

Am 2.7. 1944 wurde GFM von Rundstedt von seinem Posten als OB West abgelöst. Sein Nachfolger war GFM von Kluge.

Im Raume Caen ging der Kampf weiter. Als der Feind westlich der Vire zum Großangriff antrat, zog der neue OB West die PLD und die 2. SS-PD als Rückhalt in den Abschnitt des LXXXIV. AK.

Am 8.7. gelang den Alliierten die Einnahme der Höhe 64 nördl. Caen. Am folgenden Tage standen sie vor der Stadt und im 10.7. mußte die deutsche Verteidigung an den Südrand von Caen verlegt werden.

Zum 11.7. war ein Großangriff aller Teile der PLD befohlen. GenLt. Bayerlein wollte mit zwei Argriffsspitzen die gegnerische Front durchstoßen. Dieser Doppelangriff führte das I./PGR 901, Hptm. Philipps, bis dicht vor den Vire-Taute-Kanal. Wenn er ihn erreichte, war das Ziel erreicht, und der Gegner, die gesamte 9. US-PD, saß in der Falle. Hier aber fiel neben Hptm. Philipps im Kampf gegen den zäh verteidigenden Gegner, Lt. Stör von der 8./PR 130, einer Unterstellung unter Philipps Bataillon, um dessen Durchschlagskraft zu erhöhen.

Am Mittag des 11.7. griffen feindliche Jabos an. Binnen einer Stunde fielen im Bereich der KGr. Philipps 18 Kampfwagen durch Treffer aus. Es standen nur noch 12 zur Verfügung. 500 Männer der KGr. Philipps fielen oder wurden verwundet. Hptm. Philipps und die letzten Überlebenden dieser Kämpfe gerieten in Gefangenschaft.

Der Angriff war gescheitert. Allerdings war auch der Ausbruch der US-Truppen aus dem Landekopf vereitelt worden.

Am 18.7. erreichten die US-Truppen die Straße St. Lô-Periers. Im Häuserkampf um letztere Stadt fiel Oberstlt. Frhr. von Aufseß, Kdr. der schnellen Brigade 30, im Häuserkampf an der Spitze seiner Soldaten.

Generalfeldmarschall Rommel wird ausgeschaltet

Am Nachmittag des 17.7. 1944 war GFM Rommel zum GefStand des I. SS-PzKorps gefahren. Er führte mit Oberstgruppenführer Dietrich ein Lagegespräch, zu dem Standartenführer Meyer – der "Panzermeier" – die Lage bei der von ihm soeben übernommenen 12. SS-PD »HJ« darlegte.

Rommels letzte Worte lauteten: "Der Krieg im Westen muß beendet werden. Aber *was* passiert im Osten?"

Um 16.00 verließ Rommel den GefStand, um in sein FQ nach La Roche Guyon zurückzukehren. Auf der Fahrt dorthin geriet sein Wagen, der von seinem alten Fahrer Daniels gefahren wurde, in dem sich außerdem noch Hptm. Lang, Major Niehaus und Fw. Holke befanden, in einen britischen Jaboangriff.

Fahrer Daniels wurde in die Schulter getroffen, der Wagen brach aus, knallte am Straßenrand gegen einen Baumstumpf, wurde nach links herumgeschleudert. Rommel prallte mit den Kopf hart gegen die Windschutzscheibe und wurde dann aus dem Fahrzeug geschleudert. Er stürzte auf die Straße und erlitt dabei noch einen schweren Schädelbruch und einige andere Verletzungen. Er sollte nicht mehr auf den westlichen Kriegsschauplatz zurückkehren. Die HGr. B wurde von diesem Tage an von GFM von Kluge geführt.

Immer noch standen im Nordosten der Normandie zwei deutsche Armeen Gewehr bei Fuß, die im Kampfraum unzweifelhaft in der Lage gewesen wären, das Blatt noch zu wenden. Dies ist das große Geheimnis der Westfront, warum sie nicht sofort in den Kampf geworfen wurden. Eine mögliche Landung an anderer Stelle der französischen Atlantikküste war ja spätestens seit dem 8. Juni nicht mehr im Gespräch.

Operation "Gut Holz"

Am 18.7. 1944 eröffneten die Allierten auf der gesamten Front in der Normandie das Feuer aus 750 Geschützen. Die 2. US-Armee, General Dempsey, trat zum Großangriff an. Wenig später flogen 1.700 Bomber der RAF und der USAAF über die deutsche Front hinweg und warfen den größten Bombenteppich aller Zeiten. 7.000 Tonnen Bomben regneten auf die deutschen Truppen, aber auch auf die französischen Städte herunter, die im Bannkreis dieser Würfe lagen. Die französische Zivilbevölkerung hatte 2.119 Tote und 1.300 Schwerverletzte zu beklagen.

Es kam zu einem Durchrollen feindlicher Panzer bis über die Bahnlinie Caen-Vimontals hinweg. Jenseit der Bahnlinie stand noch eine (!) deutsche Achtacht, flankiert von einigen Tigern. Diese kleine Gruppe schoß 18 Feindpanzer ab. Ein Entsatzverband rollte vor Bourgebous auf eine deutsche Schweigepak-Gruppe, die aus kürzester Distanz das Feuer eröffnete und mindestens 30 Panzer abschossen. Die 11. US-PD war vernichtet.

Die 21. PD schoß an der Straße Cagny-Vimont ebenfalls eine Reihe weiterer Angreifer ab. Hier griff die sPzAbt. 503 in den Kampf ein. Sie verfügte neben den Tigern noch über 12 Königstiger. Sie schossen unter Hptm. Scherf neun Panzer ab und vernichteten fünf Pak. Colombelles wurde zurückgewonnen.

Hptm. Fromme, der AbtKdr. der sPzAbt. 503, bezwang im Verein mit einigen Kompanien Panzern der 21. PD bei Cagny den Feind. Sie schossen nicht weniger als 40 Feindpanzer ab.

Am Abwehrkampf beteiligt war auch die Panther-Abteilung des SS-PR 1 unter Obersturmbannführer Peiper. Seine Panther schossen eine Reihe US-Panzer ab und hielten ihre Stellungen.

Insgesamt verlor die brit. 11. PD in diesem Kampf 126 Panzer. In den nächsten beiden Tagen regnete es in Strömen, der Angriff versackte im wahren Wortsinne.

Die Operation "Gut Holz" war gescheitert.

* * *

"Cobra" beißt zu!

Am frühen Morgen des 25.7. 1944 standen zu diesem US-Unternehmen vier Panzerdivisionen und 11 Infanteriedivisionen angriffsbereit.

Der vorausgehende Bomberangriff wurde von der 8. und 9. USAAF geflogen. Nicht weniger als 3.400 Tonnen Bomben regneten auf die deutschen Stellungen herunter.

Dieser Bombenteppich aber traf weniger die deutschen, als die Spitzenverbände der 9. und 30. US-ID, speziell das IR 120 und das Feldartillerieregiment 12. Unter den vielen Hunderten Toten befand sich auch der Inspekteur der US-Landstreitkräfte in Europa Genlt. McNair.

Im Zentrum dieses Vernichtungsschlages aber lag die PLD in der Virebiegung nordwestlich St. Lô. GenLt. Beyerlein erlebte diesen Angriff vorn mit. Die Flakabteilung 311 der PLD schoß sechs Bomber ab. Aber nach dem "Vortrupp" folgten 2.000 weitere Bomber, die ihre Bomben genau in die Stellungen der PLD warfen.

Von den 5000 Soldaten der PLD blieben nach diesem Angriff noch 2500 kämpfende Soldaten übrig.

Nach Le Mesnil Amey vorfahrend sah GenLt. Bayerlein den anstürmenden Gegner. Sie waren noch weit entfernt, als 400 Jabos erneut zum Bombenwurf ansetzten. 30 Minuten später folgte noch ein Verband mittelschwerer Bomber. Die 40 nach vorn gezogenen Panzer der PLD wurden bis auf einige wenige vernichtet oder beschädigt.

Bis zum Abend des Angriffstages gelang es den Alliierten, 3,2 km Bodengewinn zu erzielen. Sie wurden durch die von den eigenen Bombern angerichteten Zerstörungen am Weiterkommen gehindert.

Oberst von Hauser mußte GenLt. Beyerlein die Vernichtung seines PGR 901 melden. Als ein Feindangriff den DivGefStand erreichte und ihn von drei Seiten einschloß, wurde der Gegner durch entschlossene Stabsschreiber und anderes Personal mit Tellerminen und Panzerfäusten gestoppt. GenLt. Bayerlein und sein Stab zogen sich nach Dangy zurück. In der folgenden Nacht wurde der neue GefStand in Quibou eingerichtet.

Hier begann am folgenden Tage der Infanterieangriff und bis zum Abend dieses Tages war die Straße von Coutances-St. Lô in der Hand der Angreifer. Dennoch gelang es einem Oberstleutnant aus dem Stab des OB West, einen Befehl von GFM von Kluge zu überbringen, die Linie St. Lô-Periers zu halten. Keiner der Männer der PLD dürfe seine Stellungen verlassen.

"Wenn wir hier bleiben, dann wird auch niemand diese Stellungen verlassen, denn dann sind wir binnen der nächsten 24 Stunden tot. – Melden Sie dem Herrn Feldmarschall, daß die PLD vernichtet ist. Vorn können nur noch die Toten halten." (siehe Fritz Bayerlein a.a.O.).

GFM von Kluge hatte der PLD durch den Oberstleutnant die baldige Ankunft von 40 Panzern avisieren lassen. Es kamen ganze fünf(!). Bei Canisy sammelnd, erhielt die PLD noch einmal 14 Panzer aus den Werkstätten.

Der US-Angriff des 27.7. schlug durch. Das, was von der PLD übrig geblieben war, wurde auf dem Rückzug bis Percy immer wieder angegriffen. Aber die starken Parzerverbände der Alliierten wurden noch einmal zum Stehen gebracht.

Es kam zu turbulenten Kämpfen, in die die 2. und 17. SS-PD ebenso eingriffen wie die 453. ID, Gen.Lt. Kreiß, und Teile des II. Fallschirmkorps unter GenLt. Meindl. Die 2. PD, GenLt. von Lüttwitz und die 116. PD, GenLt. Graf Schwerin, wurden von Oberstgruppenführer Hausser, OB der 7. Armee, zu einem Angriff aus der bedrohten Flanke des II. Fallschirmkorps heraus gegen die linke Flanke der Angreifer angesetzt. Beide Divisionen trafen nicht rechtzeitig im Kampfraum ein. Der Aufmarsch des LXXXIV. AK wurde ebenfalls vom Angriff der Feindverbände überrascht, es mußte sich, in zwei Teile aufgespalten nach Südosten zurückziehen. Durch die entstandenen Lükken stürmten die US-Panzerverbände nach Süden. Sie erstürmten St. Lô. Der Aus- und Durchbruch nach Süden rollte.

Die britischen Unterstützungsangriffe für diese Operation "Cobra" der US-Truppen begann am 30. Juli. Bis zum 31. nahmen britische Panzerverbände St. Martin und gewannen westlich von La Beny Bocage eine Brücke über die Souleuvre.

Die 11. brit. PD – nunmehr wieder mit Panzern aufgefüllt – stieß am Morgen des 1.8. nach Beny Bocage hinein. Damit hatten die Briten einen tiefen Keil zwischen die 7. Armee und die 5. PzArmee getrieben.

Der Vorstoß der Briten ging weiter, in der deutschen Front vor Vire klaffte eine 10 km breite Lücke. Am 2.8. wurde Vire von den Engländern erobert. Es gelang den deutschen Führungsstäben in letzter Minute, die halb überflügelten Truppen aus der Linie Tessy-Percy-Villedieu herauszuziehen.

Dennoch war die 7. Armee nunmehr im Rücken von der 2. brit. Armee bedroht. Sie wich nach Mortain aus. Der Korridor zwischen den deutschen Truppen wurde breiter, und durch ihn stießen die US-Truppen unter General Patton unaufhaltsam weiter. Es war hier die 3. US-Armee, die nach Süden preschte und am Drehpunkt in die Bretagne einschwenkte.

Am 1.8. war im US-Sektor eine Änderung der Befehlsstruktur in Kraft getreten. Die 12. Heeresgruppe wurde gebildet. Ihr OB wurde General Bradley. Die Führung seiner 1. Armee übernahm GenLt. Hodges, der Stellvertreter Eisenhowers gewesen war.

Diese Änderung war notwendig geworden, weil die 1. US-Armee auf insgesamt 21 Divisionen angewachsen war.

Das Ende in der Normandie – Der Weg nach Paris

Die deutsche Neugliederung der Kräfte sah die Übernahme der Befehlsgewalt an der Südfront in Frankreich durch Gen.d.PzTr. Eberbach. Sein Nachfolger im Raume Caen wurde SS-Oberstgruppenführer Dietrich, dem auch die Führung der 5. PzArmee übertragen wurde. Die 7. Armee blieb linker Nachbar der 5. PzArmee; unter ihrer Führung hielt das II. Fallschirmkorps die "Nahtstelle Vire". Daran schloß sich das LXXXIV. AK an, das nunmehr von GenLt. Elverfeldt geführt wurde.

Am 2. August erhielt GFM von Kluge durch General Warlimont Hitlers Befehl zum Angriff in Gestalt eines Gegenstoßes im Raume Mortain in Richtung Avranches und von dort zur Küste.

Diese Operation war nur ein Wunschtraum Hitlers, weil alle daran beteiligten Divisionen ausgeblutet waren und einen Teil ihrer schweren Waffen, vor allem Panzer, verloren hatten.

Immerhin betrugen die Verlustzahlen seit Beginn der Invasion 14 deutsche Generale, 201 Regimentskommandeure und sonstige Kommandeure. Die Gesamtverluste betrugen bis zum 15. August 1944 3.630 Offiziere und 151.487 Mann.

Das Westheer hatte bis zu diesem Zeitpunkt 3.370 Feindpanzer und 475 Flugzeuge abgeschossen. Diese konnten jedoch vom Gegner sehr schnell wieder ersetzt werden.

Deutscherseits aber entstanden neben den genannten Verlusten an Menschen noch solche von 1.347 Panzern und 337 Sturmgeschützen. Nennenswerter Ersatz an Menschen und Waffen aber konnte nicht mehr nach dem Westen geschickt werden.

Am 1. August betrug der Bestand an deutschen Panzern noch 588, der an Sturmgeschützen war auf 145 zusammengeschmolzen.

Viele der vom FHQ genannten und zum Angriff »Lüttich« angesetzten Panzerdivisionen standen nur noch auf dem Papier.

Die Alliierten aber hatten bis zum 1. August 1,5 Millionen Mann nach Frankreich geschafft. Ihre Panzerdivisionen waren voll aufgefüllt.

Die 3. US-Armee unter General Patton war mit ihren 100.000 Mann und über 10.000 Fahrzeugen aller Art durch Avranches nach Pontaubault vorgestoßen. Es ging binnen 72 Stunden über die dortige Brücke. Die letzten Teile der 77. ID unter Oberst Bacherer verbluteten hier.

Rennes fiel der 3. US-Armee zu. Ihre 4. PD erreichte Vennes. Aber das Ziel der 3. Armee war *nicht* Südfrankreich, sondern Brest an der Atlantikküste.

Zweites Ziel war das Schließen des Kessels von Falaise bei Argentan. Die 4. und 6. US-PD stießen darauf zu.

Die 6. US-PD erreichte am 7.8. 1944 die Peripherie von Brest.

Dort aber stellte sich ihnen die 2. Fallschirmjägerdivision unter GenLt. Ramcke entgegen.

Die 2. Fallschirmjägerdivision im Kampf um Brest.

Am Nachmittag des 16.6. 1944 traf General Ramcke in Landivisiau ein, nachdem er vorher, auf dem Gefechtsstand des XXV. AK von GenLt. von Choltitz in Portivy, erfahren hatte, daß seine Division Brest schützen solle.

Ramckes Truppen hielten von den Höhen der Commana die US-Panzer auf. Drei Tage lang versuchten die US-Truppen, die Monts d'Arrée zu gewinnen. Sie verloren hier 32 Panzer, die von Oberst Pietzonkas FJR 7 abgeschossen wurden.

Am 7.8. erhielt Ramcke Weisung, in die Festung Brest einzurücken.

Von diesem Tage an bis zum 19. September wurde die Festung gegen alle Angriffsversuche des VIII. US-Korps unter General Middleton gehalten. In Brest wuchsen deutsche Fallschirmjäger noch einmal im Erdkampf über sich hinaus. An ihrer Spitze »Papa« Ramcke, der das Gesamtkommando über die Festung übernommen hatte, während Oberst Kroh die 2. FJD führte.

Viele Soldaten der Division zeichneten sich hier aus. Ihnen wurden das RK und höhere Stufen dieser Auszeichnung verliehen.

Letzter Verteidigungspunkt war der "Quellenriegel". Hierher hatte sich Ramcke mit seinen letzten Truppen zurückgezogen. Die KGr. unter Major Mehler in Stärke von 170 Mann schlug sich hier bis zum 20. September 1944. Dann hatten US-Panzer auch diese letzte Verteidigungsstellung umstellt. Ein US-Brigadegeneral kam mit einer weißen Fahne zum Gefechtsbunker Ramckes und bat ihn, den für ihn tödlichen Kampf aufzugeben. Dies geschah am Abend des 20. Septembers 1944 um 22.00 Uhr.

Nur einige Minuten vorher war ein Funkspruch Hitlers eingegangen, in dem Ramcke zum General der Fallschirmtruppen befördert und mit den Schwertern *und* Brillanten zum RK gleichzeitig ausgezeichnet wurde.

* * *

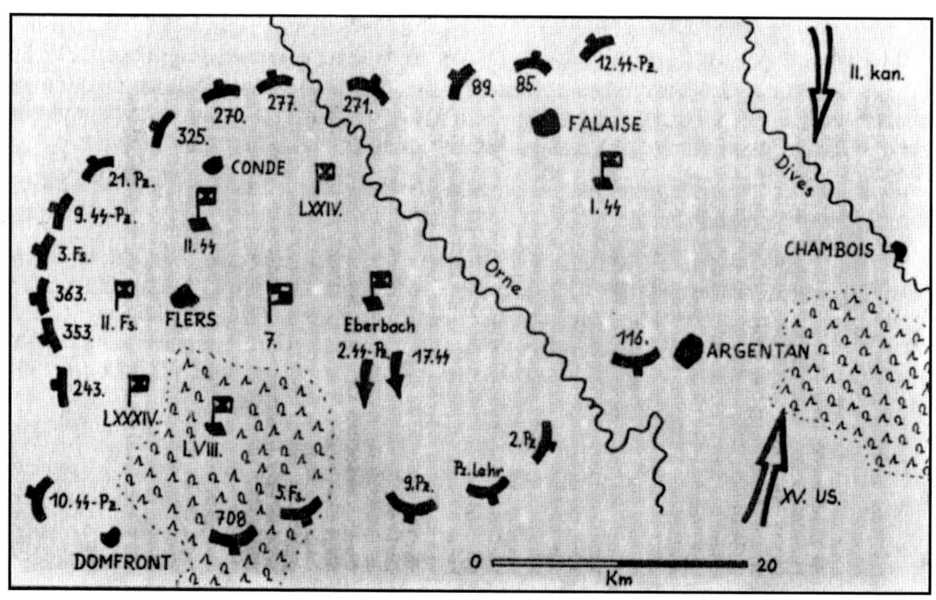

Im Kessel von Falaise
Das II. Fallschirmkorps im Abwehrkampf

Der Rückzug des II. FschKorps ging über Torigny sur Vire, bei Tage kämpfend und bei Nacht weiter zurückverlegend, bis zum 20. August bis nach Falaise zurück. Es befand sich damit ebenfalls im Kessel von Falaise. Der Ausbruch aus dem Kessel, der bereits am 19.8. befohlen worden war, bot die letzte Chance, dem Gegner zu entkommen, er wurde von SS-Oberstgruppenführer Hausser befohlen.

An der Spitze seiner Verbände, die den Kessel öffnen sollten, stand die 3. FJD unter GenMaj. Schimpf. Dieser wurde beim Ausbruch schwer verwundet. GenLt. Meindl führte ebenso einen letzten Durchbruchskeil. 15.000 Männer seines Korps wälzten sich um 6.00 Uhr des 20. August durch die SS-Sicherungen nach Osten. Sie schafften den Ausbruch, an den keiner mehr geglaubt hatte.

Als gegen 14.00 Uhr Oberst Liebach, Oberstleutnant Blausteiner und Oberst Mahrle eintrafen, um von hier aus den letzten Sprung zu wagen, war die Freude groß. Acht Wochen lang hatte die 3. FJD jeden Durchbruch des Feindes vereitelt. Nun brach sie selber mit Elan durch. Hier die Worte von Gen.d.FschTr. Meindl:
"Am 21. August waren wir froh, wenigstens mit diesen Wunden davongekommen zu sein. Für mich war es ein doppelter Freudentag, weil ich erstens meine Jungen wieder hatte, und wir dann gemeinsam durchkamen."

Am 28. August setzte General Meindl durch, daß alle Fallschirmjäger des II. Korps herausgezogen wurden. Allerdings wurden Teile der 3. FJD noch am 2. und 3. Sept. 1944 als Nachhuten für die 5. PzArmee und die 7. Armee eingesetzt, am 4. September im Raume Mons von starken Panzerverbänden der Amerikaner überholt, eingeschlossen und in einem blutigen Gefecht völlig aufgerieben. Das II. FschKorps zog sich nach Nancy zurück, wo es aufgefrischt werden sollte.

Am 28. August erhielt GenLt. Meindl als 564. deutscher Soldat das Eichenlaub zum RK. Neben Major Stephani erhielt noch Oberstleutnant Blausteiner das RK; er hatte als Chef des Stabes des Korps einen der Ausbruchskeile geführt.

Zurück zu den Kämpfen an den übrigen Frontabschnitten des Westens.

Rückzug auf die Seine

Am Morgen des 3. August erklärte GFM von Kluge dem auf seinem GefStand weilenden General Warlimont, daß angesichts der Wegnahme von Mortain durch US-Truppen und des Umstandes, daß das II. SS-PzKorps durch britische Steitkräfte gefesselt werde, der Rückzug auf die Seine die einzige Alternative sei. Wenn die Bewegungen sofort begonnen würden, sei dieser Rückzug noch möglich. Der britische Durchbruchsversuch bei Caumont sei durch die 5. PzArmee gehalten worden. Auf dem Mont Ricon stünden noch deutsche Truppen. Eine schnelle Gruppe müsse gebildet und die Amerikaner damit gehalten werden, damit sich das Gros geschlossen und in voller Ordnung auf die Seine zurückbewegen könne.

Hitler aber war auch von diesem realistischen Vorschlag nicht zu überzeugen. Er hielt an der fixen Idee eines Generalangriffs fest. Auf seinen Lagekarten standen immer noch Panzerdivisionen, wo in Wahrheit nur kärgliche Reste sich zu behaupten versuchten.

Am 6. August ging Vire verloren. US-Truppen standen vor Le Mans und erreichten am 8. August die Loire. Dies verlangte gebieterisch den Einsatz der 9. SS-PD gegen diesen nach Osten gerichteten Angriff.

Anstelle der acht Panzerdivisionen, die GFM von Kluge zu diesem Gegenangriff ansetzen sollte, standen ihm nur vier zur Verfügung, denn von den fünf PDnen an der britischen Front konnte nur die 1. SS-PD herausgezogen werden. Alles in allem aber verfügten die vier angesetzten Panzerdivisionen nur noch über 185 Panzer, also der Ausstattung *einer* PD.

Die alliierte Luftüberwachung hatte bereits die eingeleiteten Verschiebungen erkannt. General Bradley baute eine breite Abwehrfront dagegen auf, in die er fünf IDnen und zwei PDnen einschob. Westlich Mortain ließ er drei Divisionen der 3. US-Armee anhalten und gegen diesen deutschen Angriff bereitstellen.

Am 6. August ordnete das FHQ an, daß General Eberbach diesen Angriff mit dem XXXXVII. PzKorps führen sollte. Am Mittag des 7. August tauchte General Buhle, Chef des Heeresstabes, im HQ von GFM von Kluge auf.

Er brachte Hitlers Weisungen mit, die befohlene Aktion "Lüttich" durchzuziehen. Das XXXXVII. PzK. wurde nunmehr von Gen.d.PzTr. Frhr von Funck geführt, da General Eberbach als Armeeführer unentbehrlich war. Buhle meldete Hitler am Morgen des 8. August, daß alle Soldaten und Offiziere in "Richtung des Führerwillens eingestellt seien".

Das Unternehmen "Lüttich" rollte. Die 1. SS-PD rollte durch Tinchebray, aber der Angriff kam nicht in Schwung, da die 2. SS-PD ihre neuen Panzer noch nicht erhalten hatte *und* die 116. PD nicht herangekommen war.

Der Angriff begann um 24.00 Uhr des 7. August zwischen Mortain und Surdeval. Bis zum Morgen stieß die 2. PD bis 12 Uhr in Richtung Avranches vor. Dann wurde sie durch Kampfkommandos der 3. US-PD zum Halten gebracht. Dennoch konnte Mortain von deutschen Panzerverbänden zurückgewonnen werden. Westlich und nordwestlich aber wurde der Vorstoß der 2. PD abgewiesen. Im Verlaufe des 7. August wurde dann die 2. PD durch feindliche Jabos zum Stehen gezwungen. Auch die 1. SS-PD und die 116. PD kamen nicht weiter. General von Funck meldete der 7. Armee:
"Der Angriff ist seit 13.00 Uhr wegen der großen Zahl der feindlichen Jagdbombereinsätze versiegt und wegen des Fehlens eigener Luftstreitkräfte liegengeblieben."

GFM von Kluge stellte den Angriff ein, denn die Zuversicht, hinter Pattons 3. Armee dessen Verbindung zu seinen Nachschublinien abzuschneiden, schwand mehr und mehr dahin.

Jene 300 Jäger, die General der Flieger Bülowius als Abschirmung versprochen hatte, waren zwar von ihren Horsten im Großraum Paris gestartet, aber sofort von dichten Schwärmen feindlicher Jäger abgefangen, in Luftkämpfe verwickelt und teilweise abgeschossen.

Das eroberte Gelände wurde unter Aufbietung aller Kräfte gehalten. Die neue HKL verlief am Abend des 7. August über Vire-Champ du Boult-St. Sévere-Calvados-St. Pois und durch das Tal der Sée bis Les Menil-Guilbert.

General Buhle meldete, ins FHQ zurückgekehrt, daß der Angriff durch die feindliche Luftwaffe niedergeschlagen worden sei.

Hitler ließ dem OB West am 9. August um 20.35 Uhr mitteilen, daß dieser Angriff einmal zu früh, (Hitler hatte den 10. August vorgesehen) daher zu schwach und zum anderen zu einem für die Feindluftwaffe günstigen Wetter angesetzt worden sei." (siehe Schramm, Percy, E.: a.a.O.).

Der Befehl an GFM von Kluge, einen neuen Angriff vorzubereiten, wurde dann durch die Operation "Totalize" zerschlagen, mit der die 7. Armee vernichtet und Falaise eingeschlossen werden sollte (diesen Angriff haben wir aus der Teilansicht des II. FschKorps bereits geschildert).

Als Ergänzung dazu die Tatsache, daß sich am Morgen des 8. August eine riesige Panzerlawine in Bewegung setzte, der in der zweiten Phase 500 Kampfbomber und in der dritten Phase weitere 700 schwere Bomber zugewiesen wurden. Die Abwehrkämpfe wurden von der 12. SS-PD »HJ« geführt und dieser die Korps-Tiger-Abt. 501 unterstellt. Der Kampf sah HptStFhr. Wittmanns Tiger im vollen Einsatz. 50 Panzer, der Großteil Tiger der 12. SS-PD »HJ«, rollten gegen eine riesige Panzerarmada an. Die can. 4. PzBrig. wurde geschlagen. Die polnische 1. PD von den Panthern der Division aufgerieben. Der Abend zog herauf, die Canadier konnten diesem Angriff nicht standhalten. Dennoch mußte sich die 12. SS-PD am Abend des 8. August auf den Laison-Abschnitt absetzen, da der Gegner neue Verbände in den Kampf warf.

HptStFhr. Wittmann wurde am Morgen des 9. August vermißt.

Die Nachforschungen nach ihm und seinen Kameraden ergaben, daß er – wie immer vorausfahrend – zunächst zwei Shermanpanzer abgeschossen hatte, den Angriffschwung can 4. Brigade brach und dann von mehreren Feindpanzern umringt worden war. Ein Kameradentiger sah, wie Wittmans Wagen von mehreren Panzergranaten getroffen wurde. Er selber konnte nicht in den Kampf eingreifen, da seine Kanone zerschossen war. So sah der Kommandant nur noch, wie eine

Der Luftkrieg sollte 1944 eine weitere Steigerung erfahren. Jetzt wurden deutsche Städte auch bei Tag gebombt. Die deutsche Luftwaffe hatte den alliierten Bomberströmen fast nichts mehr entgegenzusetzen. Ein Luftbild von der zerstörten Innenstadt von Hamm.

Ein Lancaster-Bomber, der meist verwendete Nachtbomber der Briten.

Die wenigen Nachtjägereinheiten flogen ohne Unterlass gegen die anfliegenden Bomberströme. Im Bild: Ein Nachtjäger berichtet von seinem letzten Einsatz.

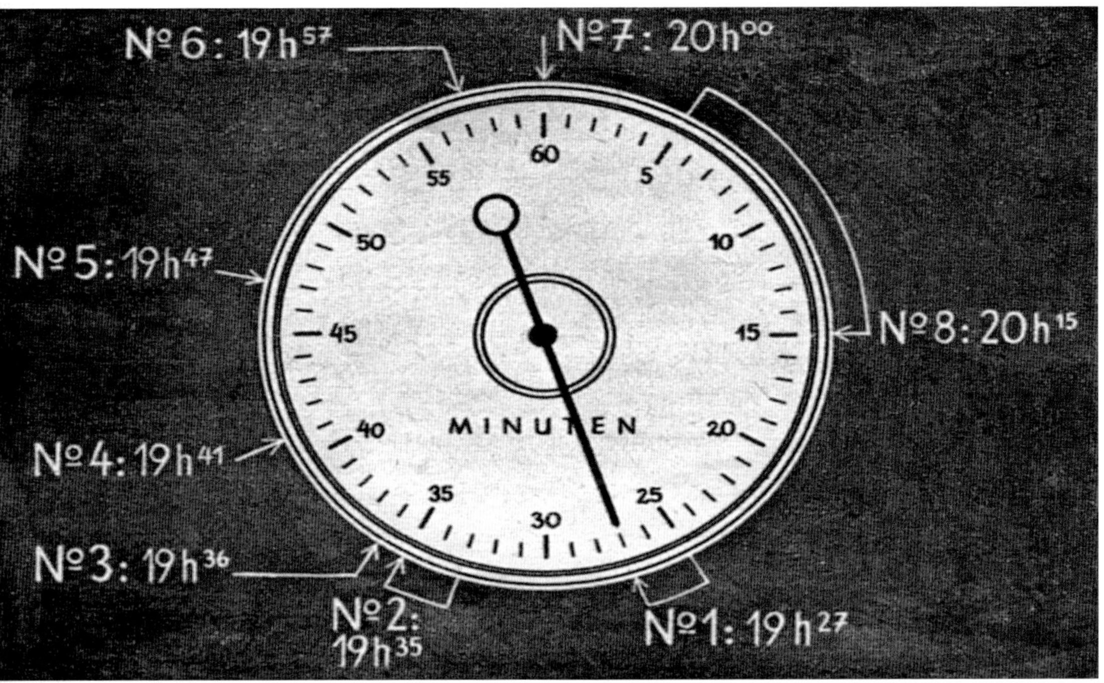

Die Borduhr des Nachtjägers Major Herget zeigt innerhalb einer Stunde 8 Bomber-Abschüsse!

Ausbildung von Luftwaffenhelferinnen. Mit Hilfe eines Bombermodells wird den Luftwaffenhelferinnen gezeigt, wie sie die Bomberpiloten mit Scheinwerferkegeln blenden können.

Unzählige Bomben wurden über Deutschland abgeworfen. Eine ganze Anzahl von den abgeworfenen Bomben detonierte nicht und musste von Feuerwerkern entschärft werden.

Die NS-Prominenz zeigte sich ab und zu in den zerbombten Städten und versuchte Mut und Zuversicht in der Bevölkerung zu verbreiten. Hier der Propagandaminister Joseph Goebbels.

Ein leistungsfähiges Nachtjagdflugzeug war die neu entwickelte Heinkel He-219. Jedoch in zu kleinen Stückzahlen gebaut, konnte sie das Blatt nicht mehr wenden.

Ab 1944 wurden die amerikanischen Bomberflotten von großen Schwärmen Begleitjägern abgeschirmt, sodass es den deutschen Jägern immer schwerer wurde, an die Bomber heranzukommen. Im Bild eine Mustang.

Eine Boing B-17 „Fliegende Festung" beim Bombenwurf. Sie hatte eine starke Abwehrbewaffnung und war nur sehr schwer abzuschießen.

Diese B-17 wurde an einem der Motoren getroffen und zieht eine Rauchfahne hinter sich her.

Sogenannte V-Waffen (V steht für Vergeltung) sollten die Kriegswende zugunsten Deutschlands bringen. Ein V1-Flugkörper wird zur Startbahn geschoben.

Die V1- und V2-Raketen flogen 1944/45 bis nach London und richteten dort Schaden an. Die Schäden standen jedoch in keinem Verhältnis zu den verheerenden Bombenangriffen der Angloamerikaner.

Die Mutter aller heutigen Raketen war die V2. Sie flog hinauf bis in die Stratospähre und konnte nicht abgewehrt werden. Jedoch brachte auch die V2 nicht die gewünschte Wirkung.

Durch nutzlose Einsprüche, auch Hitlers, wurde die Serienproduktion der Me 262, ein Flugzeug mit Düsenantrieb, bis Herbst 1944 herausgezögert. Dann war es zu spät.

Auch die Me 163 sollte als Raketenjäger das Blatt wenden. Technisch jedoch noch nicht ausgereift und störanfällig, spielte sie im 2. Weltkrieg keine Rolle.

Aus Treibstoffmangel wurden Bomber und Jäger gekoppelt als sogenannte „Mistelgespanne“ eingesetzt. Im Bild eine Ju 88, auf der eine FW 190 montiert ist. Um Treibstoff zu sparen sollte die Ju 88 die FW 190 mit in die Luft nehmen. In der Luft wurde sie dann ausgekoppelt.

Trotz vielerlei revolutionärer Flugzeugentwicklungen in Deutschland mussten die normalen kolbengetriebenen Jagdflugzeuge (hier die Me 109) die Hauptlast des Abwehrkampfes in der Luft tragen.

Generalfeldmarschall Rommel, in der Normandie schwer verwundet, war in der Heimat zur Genesung. Als Mitwisser von Putschplänen gegen Hitler wurde er im Oktober 1944 zum Freitod gezwungen.

Hitler ordnete ein Staatsbegräbnis für Erwin Rommel an, um die Bevölkerung zu täuschen. Rommels Witwe Lucie mit Sohn Manfred Rommel bei der Entgegennahme von Beileidsbekundungen.

Aus allen Richtungen rückten die gegnerischen Armeen auf Deutschlands Grenzen vor. Überall war die Bevölkerung aufgerufen, Verteidigungsanlagen zu bauen.

Ein älterer Mann vom Volkssturm sieht ernsten Zeiten entgegen. Diese schlecht ausgebildeten und unzureichend bewaffneten Volkssturmeinheiten konnten den Feind auch nicht mehr aufhalten.

Durch rigorose Maßnahmen wurde 1944 die deutsche Rüstung trotz schwerster Bombardements der Alliierten noch mal zu Höchstleistungen gebracht. Auch Verwundete, die nicht mehr fronttauglich waren, mussten in der Rüstungsindustrie arbeiten.

Am 20. Juli 1944 versuchten Offiziere, Hitler durch eine Bombe zu beseitigen. Der Anschlag schlug fehl, Hitler wurde nur leicht verletzt. Hier zeigt Hitler seinem Freund Mussolini den zerstörten Besprechungsraum in der Wolfsschanze in Ostpreußen.

Akteure und Mitwisser des 20. Juli 1944 wurden im Volksgerichtshof zum Tode verurteilt und hingerichtet. Tausende landeten in Konzentrationslagern und viele starben noch vor Kriegsende.

Frauen mussten in den zerbombten Städten Luftschutzgräben und Bunker in den Kleingärten ausheben, weil die öffentlichen Schutzräume oft nicht ausreichten.

Auch Deutschlands Städte im Osten wurden ab 1944 mehr und mehr bombardiert. Eine Frau schleppt was sie noch retten konnte aus der zerstörten Stadt.

Flammensäule über dem Panzer gen Himmel stob. Michael Wittmann war tot. Am 22. Juni hatte er noch als 71. deutscher Soldat die Schwerter zum RK mit Eichenlaub erhalten.

Im Umkreis um die Höhe 195, viel umkämpft und mehrfach den Besitzer wechselnd, hielten sich die Truppen der 12. SS-PD "HJ" bis zum 11. August, ehe sie von Teilen der 85. ID abgelöst wurden.

Zwar hatte das im Zentrum angreifende can. Korps unter GenLt. Simonds eine schwere Niederlage erlitten, doch die 12. SS-PD war in diesen Kämpfen völlig ausgebrannt.

Alencon wurde von Truppen des XV. US-Korps erobert. Dieses Korps erreichte bis zum Abend des 13. August westlich und ostwärts Argentan beinahe Falaise. Erst nach langem Zögern genehmigte Hitler den Vorschlag von GFM von Kluge, die 7. Armee aus dem Westteil des Kessels von Flers zu verschieben, um dieses US-Korps aufzuhalten.

Am 14. August begann auch die can. 1. Armee den Angriff auf Falaise. Auf den Höhen vor der Stadt wurde dieser Großverband noch einmal abgewehrt. Es waren hier die Reste der 12. SS-PD, die mit 15 Panzern, 500 Panzergrenadieren und einigen Achtacht-Flak standhielten. Am 16. August drang schließlich die can. 2. ID von Westen nach Falaise hinein.

Nach Mitternacht des 18. August konnte die 6. can. Brig. die letzten 60 deutschen Soldaten in der Ecole Supérieure überwinden. Der Kampf um Falaise war zu Ende und der um die Normandie entschieden. Von den Resten der 15 deutschen Divisionen, die mit über 100.000 Mann in diesem Kessel steckten, blieben 10.000 Tote und etwa 50.000 Gefangene zurück. Die Übrigen konnten sich nach teilweise abenteuerlicher Flucht der Gefangennahme entziehen. Gen.d.PzTr. Eberbach, der am 16. August die Führung der 7. Armee übernommen hatte, geriet im Kampfraum Amiens, bei der Truppe fechtend, in Gefangenschaft.

Am 1. September 1944 wurde General Montgomery, der große Sieger in der Normandie, zum Feldmarschall ernannt. Er sowohl als auch General Bradley gruppierten die Truppe um.

Der Kampf in der Normandie war zu Ende. Das nächste Ziel der Westalliierten, die Seine und Paris, war trotz des Einsatzes von GFM Model, der die Führung übernommen hatte, nachdem GFM von Kluge am 18. August durch Selbstmord aus dem Leben geschieden war, rasch erreicht.

Am 24. August marschierte das V. US-Korps unter General Gerow in Paris ein. An der Spitze die 4. US-ID und die franz. 2. PD.

Bis zum 26. August war ganz Paris in feindlicher Hand, erlosch der Widerstand und Hitlers Befehl, Paris in Flammen aufgehen zu lassen, war vom letzten Stadtkommandanten, General von Choltitz, nicht ausgeführt worden.

General de Gaulle, der bereits am Vortage aus London herbeigeflogen war, marschierte am 26. August über die Champs Elisées in die Stadt ein. Er ließ sich diesen billigen Triumph nicht nehmen, als Sieger dort zu marschieren, und später so zu tun, als habe Leclerc mit seiner 2. PD Paris zurückgewonnen.

Am 1. Sept. übernahm General Eisenhower in seinem HQ in Granville den Oberbefehl über alle alliierten Streitkräfte in Westeuropa. Damit unterstanden seinem Befehl:

Die 6. Heeresgruppe unter GenLt. Devers.
Die 12. Heeresgruppe unter General Bradley.
Die 21. Heeresgruppe unter Feldmarschall Montgomery.

Nunmehr konnte der Sturmlauf zum Westwall beginnen.

Die Operation "Anvil/Dragoon"

Die Operation Anvil/Dragoon an der südfranzösischen Küste zwischen Cannes im Norden und etwa Toulon im Südwesten begann am Morgen des 14. August. Die deutsche Luftaufklärung meldete um 18.15 Uhr das Auslaufen von zwei Geleitzügen mit über 100 Schiffseinheiten aus der Bucht von Ajáccio mit Nordwestkurs.

Diese Armada würde in den frühen Morgenstunden des 15. August vor der Rivieraküste und etwa um 5.30 Uhr vor Marseille eintreffen.

Um 22.30 Uhr erfolgte ein alliierter Luftangriff auf den Stadtkern von Marseille. Unmittelbar darauf ging beim AOK 19 die Meldung ein, daß Fallschirmjäger auf die U-Bootbunker und die Südteile der Stadt abgesprungen seien. Damit hielt die 19. Armee den Angriff auf Toulon für unmittelbar bevorstehend. Doch dieser FschJägAbsprung war nur ein Täuschungsmanöver.

Um 14.55 Uhr meldete das LXII. Reservekorps "starke Fliegerverbände über eigenem Raum". Der Gegner führte im Raum Draguignan-Le Muy eine starke Luftlandung aus und landete zwischen St. Raphael und den Iles d'Hyères. Nach der Zahl der georteten Schiffe bildeten der Golf von Fréjus und der Küstenabschnitt zwischen Vacalaire und der Bucht von St. Tropez die Landungspunkte.

Nach der Zahl der Schiffe handelte es sich um etwa vier Divisionen.

Hier die Stärken der beiden Kontrahenten:
Vom Gegner wurden von links nach rechts folgende Truppen angelandet und eingesetzt:

Die 3. US-ID, GenMaj. O'Daniels, in der ersten Welle gegen Alpha-Strand zwischen Cavalaire-Pampoleonne.

Die 45. US-ID, General Eagles, ebenfalls in der ersten Welle gegen Delta-Strand zwischen Baie de Bougnone-La Nartelle.

Die 36. US-ID, GenMaj. Dahlquist, in der 1. Welle gegen Camel-Strand im Raume St. Raphael-Fréjus.

An den beiden Flügeln der Landungsunternehmen operierten jeweils ein französisches Kommando. Sie hatten den Auftrag, die Küstenstraße zu blockieren und flankierende deutsche Artilleriestellungen zu vernichten.

Gegen die Inselgruppe Port Cros am linken Flügel war die US-Special Service Force (SSF) angesetzt. Ihre Aufgabe lautete: "Vernichtung der hier in Stellung gemeldeten deutschen 16,4 cm-Batterie zur Ausschaltung einer möglichen Feuerflankierung der 3. US-ID."

Die Fallschirm- und Luftlandedivision unter dem Kommando von GenLt. Frederick setzte sich aus der 2. brit. FschJägBrig., dem US-FJRtern 517 und 551, dem US-FschJägBatl. 509, dem LLBatl. 550, den FschArtAbt. 460 und 463, der LLHaubitzAbt. 602 und einer Anzahl Versorgungseinheiten zusammen.

Ihr Auftrag: "Vier Stunden vor den allgemeinen Landungen Absprung im Raume Draguignan-Le Muy und Wegnehme von St. Raphael-Fréjus von der Landseite her. Dies in Zusammenarbeit mit der zwei Stunden später anlandenden 36. US-ID.

Am 1. August 1944 gliederte sich die 19. Armee, die in Südfrankreich stand, von der italienischen Grenze bis nach Toulon, von Toulon bis Montpellier und von dort zur spanischen Grenze wie folgt:

LXII. Reservekorps mit der 148. Res-ID und der 242. ID von der ital. Grenze bis Toulon.

Das LXXXV. AK (Gruppe Knieß) stand von Toulon (ausschließlich) bis Montpellier und verfügte über die 244. ID in Marseille und die 338. ID.

Das Luftwaffenfeldkorps stand von Montpellier bis zur spanischen Grenze mit der 189. Res-ID, der 198. ID und Teilen der 716. ID.

Die Kopfstärken der drei Korps beliefen sich auf insgesamt 60.000 Mann. Mit 21.000 Mann war die erste Gruppe die zahlenmäßig stärkste.

Diese Zahlen waren für einen gefährdeten Küstenabschnitt von etwa 500 km Länge völlig unzureichend, zumal berücksichtigt werden muß, daß in Marseille und Toulon, die zu Festungen erklärt worden waren, eineinhalb Infanteriedivisionen fest gebunden waren.

Nach den bereits in der Normandie gemachten Erfahrungen war es klar, daß der sogenannte "Südwall" einer ernsten Landungsoperation keinen Widerstand über mehr als wenige Tage würde leisten können. Keiner der eingesetzten Verbände verfügte über Großkampferfahrung. Sechs Bataillone bestanden aus Soldaten der besetzten Ostgebiete. Die Artillerie war zu schwach, und zwischen den einzelnen Stellungen bestanden große Feuerlücken. Dies galt vor allem für den Raum ostwärts Toulon bis zur ital. Grenze.

Hinzu kam, daß der 19. Armee seit Beginn der Invasion in der Normandie folgende Verbände entzogen und dorthin geworfen worden waren:

Die 277., 272. und 271. ID, StGeschBrig. 341, vier HArtAbt. (mot), vier Marsch-Batl., ein Marsch-Batl. "G" und die sArtAbt. 989. Hinzu kam der Abzug an operativen, im Bereich der 19. Armee verwendbaren Reserven in Gestalt des GenKdos LVIII. PzKorps mit der 2. SS-PD "Das Reich" und der 9. SS-PD.

Die zugesagte StGeschAbt. 394 traf ebenfalls nicht ein. Eine derartige Schwächung ließ keine langandauernde Verteidigung an den Küstenabschnitten zu.

Der Landung der 7. US-Armee unter GenLt. Patch mit dem VI. US-Korps, GenMaj. Truscott, und dem II. franz. Korps, General de Lattre de Tassigny, war nichts gleichwertiges entgegenzusetzen. Die zur Sicherung der Transporte und der Landungen eingesetzten fünf Schlachtschiffe, neun Geleitträger, 28 Kreuzer und zahlreiche kleinere Kriegsschiffe blieb völlig unangefochten.

Bis zum Abend des 17. August waren 86.575 Soldaten, 12.250 Fahrzeuge und 46.140 Tonnen Material angelandet.

Die totale Luftherrschaft der Alliierten erleichterte ihnen diese gigantische Leistung binnen weniger Tage. Deutscherseits waren um diese Zeit im gesamten Mittelmeerraum etwa 185 Flugzeuge vorhanden.

Am Abend des 17. Aug. erteilte das VI. US-Korps der Task Force »Butler«, die im Raum Le Muy einsatzbereit stand, den Befehl, am 18. Aug. um 6.00 Uhr zur Sperrung der Rhônestraße in

Höhe von Montélimar anzutreten. Gelang diese Operation, dann waren alle deutschen Kräfte auf dem Ostufer der Rhône eingekesselt, was zu ihrer Vernichtung führen mußte.

Bis zu diesem Zeitpunkt hatte die 19. Armee versucht, den luftgelandeten Gegner zu zerschlagen. Der Angriff der "Gruppe Schwerin" am frühen Morgen des 16. Aug. gewann zunächst an Boden, um aber noch am Vormittag durch starke Fliegerverbände angehalten zu werden. Weitere alliierte Luftlandeverbände gingen hinter dieser Gruppe nieder, so daß diese zum Teil abgeschnitten wurde. Am Abend war dem AOK 19 klar geworden, daß eine Abwehr dieser Invasion nicht mehr möglich war. Gen.d.Inf. Wiese, OB der 19. Armee, erklärte dem versammelten Stab, daß er sich nunmehr um die Rückzugsmöglichkeiten kümmern müsse.

Am 17. August wurde gegen den von See nachgelandeten und dem aus der Luft abgesetzten Feind gekämpft. Am Morgen des 18. August ging der Befehl des OKW ein, daß die Armeegruppe "G" den Rückzug anzutreten habe, um nicht durch den Feind abgeschnitten zu werden. Der Rückzug der Armeegruppe "G" mit der 19. und 1. Armee von der Atlantikküste und der spanischen Grenze in Richtung auf die obere Marne, die Saone und die Schweizer Grenze begann. Die Festungen Marseille und Toulon aber sollten weiter gehalten werden.

Die Sicherung der Rückzugsbewegungen wurden überwiegend der 11. PD unter GenLt. von Wietersheim übertragen.

Auf beiden Seiten der Rhône marschierte die 19. Armee nach Norden. GenLt. Baeßler hatte mit seinem Stab der 338. ID die Aufgabe erhalten, als verantwortlicher Straßenkommandant die Nordbewegung sicher zu führen. Von Fliegerangriffen bedroht, arbeitete sie sich weiter vor. Als Gefahr bestand, daß der Feind aus Osten kommend, die Kolonne abschneiden konnte, erhielt GenLt. von Wietersheim Befehl, am Nachmittag des 21. Aug. unter Belassung einer gepanzerten KGr. beim LXXXV. AK, sofort mit vier weiteren Kampfgruppen die aus dem Osten kommenden Straßen zwischen Carpentras im Süden und Valence im Norden zu sperren.

Die 11. PD führte diesen Auftrag durch und am Vormittag des 22. Aug. erhielten Spähtrupps der PzAA 61 Feindberührung bei Nyons, nachdem es bereits am Vortage bei Montélimar zu einem Feuergefecht gekommen war. Um 17.00 Uhr meldete die PzAA 61: "Bei Puy St. Martin Gefangene der 36. US-ID gemacht."

Zur gleichen Zeit befahl die Armee der 11. PD: "Über Montélimar nach Norden auf Loriol angreifen, den auf dem dortigen Höhengelände sitzenden Feind werfen, und die Rhône-Straße für den Rückmarsch der Armee freihalten."

Es gelang der 11. PD, die Verbindung zu den bei Livron-Loriol stehenden eigenen Sicherungen herzustellen. Den Weg freizukämpfen gelang nicht mehr, da die schmale Ortsdurchfahrt durch Loriol blockiert war und der Gegner mit 15 cm-Geschützen auf die Brückenstelle von Livron feuerte.

Am 24. Aug. war jede Bewegung auf der Hauptstraße unmöglich geworden.

Als um 10.30 Uhr dieses Tages die Meldung bei der Armee eintraf, daß "Grenoble seit dem 22. Aug. in der Hand des Feindes sei und US-Panzer bis 40 km südostwärts Lyon vorgestoßen" wären, sowie die FFI-Verbände sich zum Angriff auf Lyon bereitstellten, setzte zwei Stunden später die HGr. "G" einen FT-Spruch an die 19. Armee ab:

"Feind südostwärts Paris mit Südflügel von Sens im Vorstoß auf Troyes. Größte Beschleunigung der Absetzbewegungen erforderlich. 11. PD soll als Nachhut am Feind bleiben. Jedes Bataillon, welches der Armee voraus nach Dijon kommt, ist von höchstem Wert, um hier und nördlich eine

Flankensicherung für die Armee herstellen zu können. Oberkommando verlegt am 24.8. nach Dijon, um dort den Aufbau einer Flankensicherung zu organisieren. - gez. Blaskowitz."

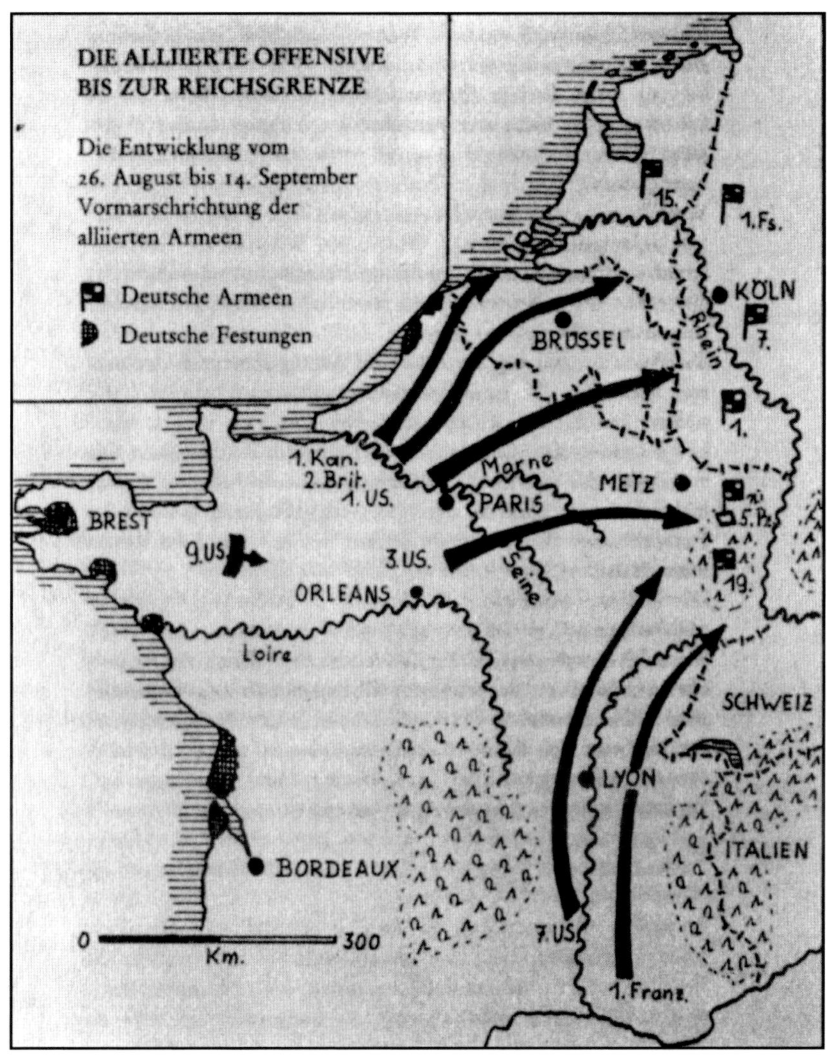

Der Rückzug – Nachhutkämpfe

Die 19. Armee bildete die Korpsgruppe von Wietersheim mit der 11. PD als Kern, der 198. ID, dem Artilleriekommandeur 2 und dem Flakregiment 18.

Sie sollte den weiteren Vorstoß, vor allem der 36. US-ID, zum Halten bringen.

Die 11. PD trat zum Freikämpfen der Verbindung Montélimar-Valence an. Die Straße konnte nicht freigekämpft werden. Dann aber gelang es der 11. PD, den Gegner doch noch an der Straße Montèliriar-Marsanne bis vor Laupie zurückzudrücken. Die 198. ID konnte ihren Angriff bis nach La Bégude-Bonlieu vorschieben.

Die Straße war wieder frei, aber als die Straßenbrücke bei Livrin durch Feindartillerie zerstört wurde, mußten die zurückgehenden Armeeteile den Weg über zwei Furten westlich von Livron durchführen. Der Angriff des US-IR 143 auf Valence wurde von der 11. PD abgewiesen, sodaß die Gefahr einer neuen Straßensperrung bei Valence gebannt war.

Danach erhielt die 11. PD ohne die 198. ID die Aufgabe, den bei La Coucourde eingebrochenen Gegner unter allen Umständen zu überwinden und die Straße wieder freizukämufen, die Brücke über die Isère bei Pt.de l'Isère sowie jene bei Romance offen zu halten und dem Gegner beim Eindringen nach Loriol und Livron zu hindern.

Der 11. PD gelang es, im Kampf gegen feindliche Sherman-Rudel die Straße bei La Coucourde freizukämpfen und den Gegner bis auf die Höhe 262 ostwärts dieser Stadt zurückzuwerfen. Die Marschbewegungen, die ins Stocken geraten waren, liefen nun wieder an. Die Armee befahl das "Abfließen aus dem Kessel". Sie hoffte nunmehr, bis zum 1. Sept. den kritischen Punkt überwunden und den Kessel verlassen zu haben.

Der Kampf um den letzten Durchbruch gestaltete sich dramatisch. Am 29. Aug. konnte die 11. PD mit Einsatz der letzten Reserven die bisher gehaltenen Stellungen nur noch höchstens einen Tag halten. Dazu die Meldung des DivKdrs.:
"Die von Livron über Romans bis einschließlich Lyon eingesetzte 11. Panzerdivision igelt sich an Ort und Stelle bis zur restlosen Vernichtung der einzelnen Teile ein. Das die Lage, wie ich sie nach bestem Wissen und Gewissen und *endgültig* dem AOK 19 melde." (siehe Staiger Jörg: Rückzug durchs Rhônetal, und: Wietersheim Wend von: Unterlagen und Gefechtsberichte an den Autor, sowie: Alman Karl: Generalleutnant Wend von Wietersheim).

Dem Gegner gelang es nicht, am 29. August den Kessel um die 19. Armee zu schließen. Verbissen wehrte die 338. ID mit den verbliebenen Teilen der 11. PD alle Angriffe des Gegners ab.

Dieser Einsatz mit letzter Kraft ermöglichte es den Teilen der 108. ID, die Drôme nach Norden zu überschreiten. Von dieser Division entkamen etwa 1.600 Mann. Von der 338. ID konnten sich 1.100 Mann durchschlagen. Die 11. PD büßte 12 Panzer, sieben Sturmgeschütze, 14 sPak sowie den gesamten Troß von zwei ArtAbt. ein. Die PzJägAbt. 61 der Division hatte zu bestehen aufgehört.

Von Montélimar aus trat das VI. US-Korps am 30. Aug. zum weiteren Vorstoß an. Sein IR 157 erreichte Grenoble und nahm hier Verbindung mit der 45. US-ID auf, die sich 35 km ostwärts von Lyon der Rhône näherte. Die 3. US-ID hatte vom Korps Weisung erhalten, nach Bereinigung des Gefechtsfeldes von Montélimar-Loriol nach Norden auf Voiron vorzugehen.

Die 11. PD sicherte an diesem Tage den Rückmarsch der Armee auf Lyon. Bis zum 31. Aug. erreichte sie den Raum Bourg-en-Bresse - Mirigel, um den weiteren Rückmarsch der Armee zu sichern.

Die in Lyon befindlichen französischen Widerstandskämpfer planten einen Aufstand in der Stadt. Als diese Kräfte bei der 7. US-Armee anfragten, lehnte diese den Vorschlag ab, denn die 36.

US-ID hatte am Morgen des 31. August bereits die ostwärtigen Vororte von Lyon erreicht, während das franz. II. Korps auf dem Westufer der Rhône dicht vor der Stadt stand.

Am 1. Sept. verlegte die 19. Armee ihr HQ nach Chalons s.S. Jeder Mann des Stabes war eingespannt. GenOberst Blaskowitz unterrichtete am Morgen dieses Tages General Wiese über die Lage im Westen. Danach befahl er diesem, daß die 19. Armee an drei Widerstandslinien das Vordringen des Feindes zu verhindern habe. Einmal in der Linie Mâcon - Bourg-en-Bresse, sodann auf der Linie Tournus - Lons-le-Saunier und zuletzt in der Dôle-Stellung.

Am Abend des 3. Sept. stand die 11. PD noch im Raum Bourg-en-Bresse. Sie hatte an diesem Tage mehrere Feindangriffe abgewiesen. Nunmehr sollte sie über Louhans - Navilly - Dole in den Versammlungsraum nordwestlich Besancon marschieren und die AA 61 als Nachhut einsetzen. Das PR 15 verfügte am 3. Sept. nur noch über 12 einsatzbereite Panzer des Typs Panther und vier Pz. IV. Eine Krisenlage löste die andere ab. Der Versuch des Gegners, die 19. Armee bei Besancon ein zweitesmal einzukesseln, konnte verhindert werden.

Damit war die Absicht des Gegners, die HGr. G hier zu vernichten, zum Scheitern verurteilt, wenn auch die 19. Armee in diesen Rückzugskämpfen schwere Verluste erlitt.

Die V 2 im Einsatz

Am 8. Sept. 1944 erfolgte der erste Abschuß der deutschen Fernrakete V 2, des Typs A 4, gegen England. Mit der Führung des Kampfes dieser zweiten Vergeltungswaffe hatte das FHQ die ArtlAbt. 485 beauftragt, die im Raume nordostwärts von Den Haag stand.

Bei dieser Waffe handelte es sich um eine Flüssigkeitsrakete. Der erste Start einer solchen V4-Rakete war am 3. Okt. 1942 gelungen. Hierbei legte das Geschoß eine Entfernung von 192 km zurück. Die Reichweite dieser Waffe konnte später auf 350 und schließlich auf bis zu 400 km gesteigert werden. Die Geschwindigkeit betrug 5.470 Stundenkilometer, sodaß sie von keinem Flugzeug gestellt und vernichtet werden konnte, was bei der V 1 ja der Fall war.

Das volle Fluggewicht des 14 m langen Geschosses betrug 12,9 Tonnen, von denen 69% auf die Treibladung entfiel. Die im Kopf der Rakete untergebrachte Sprengladung betrug 975 kg.

Eine bedeutende Verbesserung war die Lenkung. Diese erfolgte bis zum Brennschluß auf einem elektrischen Leitstrahl und war so genau, daß die Abweichung bei einer Fluglänge von 350 km lediglich bis zu vier km betrug.

Die gesamte Flugzeit dieser Rakete nach London dauerte 320 Sekunden.

Nach diesem ersten Schuß auf London am 8. September 1944 wurden weitere 1150 (laut anderen Berichten 1.359) dieser Waffe nach England geschossen. über 2.100 weitere gingen auf die Versorgungshäfen Antwerpen und die Nachschubbasen Lüttich und Brüssel nieder.

Die V 2 schoß – dies sei hier vorgetragen – bis zum 27. März 1945 fast ohne Unterbrechung weiter. In England wurden durch diese Rakete 2.724 Menschen getötet und 6.467 schwer verletzt. Auch für diese Waffe gilt: Hitler wollte sie zur Vergeltung gegen britische Luftbombardements deutscher Städte einsetzen, während sie beim Einsatz gegen die Invasionshäfen und die feindlichen Truppenmassierungen eine große Gefahr für die Alliierten bedeutet hätte.

* * *

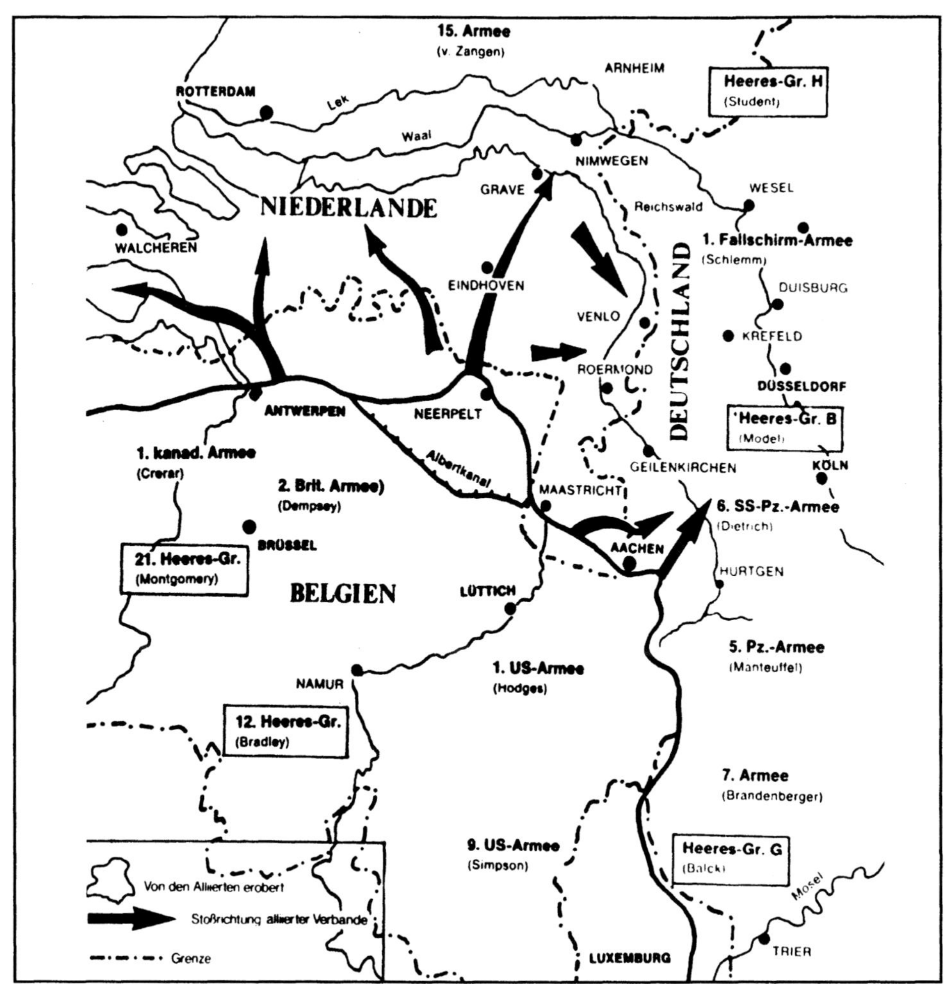

SCHLACHT UM ARNHEIM

Vorausüberlegungen der Alliierten

Montgomerys Idee, mit seiner 21. Heeresgruppe im Norden des Angriffsstreifens an der Westfront bis nach Berlin durchzubrechen, vorher das Ruhrgebiet – die Waffenschmiede des Reiches – einzusacken und mit einem Schlag den Sieg zu beenden, bescherte den deutschen Verteidigern den letzten großen Sieg im Westen und den Briten "the gallant defeat – die bravouröse Niederlage der 1. Luftlandedivision bei Arnheim."

Diese "Operation Berlin" begann am Sonntag, dem 17. September, und endete am Dienstag, dem 26. September. Die britische Airborne Army – von den Engländern "Kavallerie der Luft" genannt – wurde dem Ehrgeiz Montgomerys geopfert.

Am Sonntag, dem 17. Sept. 1944, flogen etwa 1000 Transportmaschinen der Alliierten mit 500 angehängten Gleitern in der größten Luftlandeoperation des Zweiten Weltkrieges in Richtung Holland. An Bord dieser Luftarmada drei Divisionen britischer Spezialtruppen, die den Auftrag erhalten hatten, die Straßenbrücken über die Maas, den Waal und den Niederrhein sowie über fünf weitere kleinere Wasserläufe zu nehmen und diese *so lange* zu halten, bis die britischen Panzerverbände durch diesen freigeschlagenen und offen gehaltenen Korridor durchgestoßen waren, um Holland und damit die dort stehenden deutschen Truppen in zwei Teile zu spalten.

Dieser zu bildende Korridor würde eine Länge von 80 km haben und in der Tiefe dieses Raumes sollten folgende Verbände gelandet werden:

Die brit. 1. LL-Division, GenMaj. Urquhart.
Die 82. US-LL-Division, GenMaj. Gavin und
die 101. Luftlande-Division, GenMaj. Taylor.

Die 1. und 82, LL-Division waren zum I. Luftlandekorps zusammengezogen worden, das von GenLt. Browning kommandiert wurde. Die Landegebiete:

Westlich Arnheim: die brit. 1. LL-Division.
Südlich Nimwegen: die 82. LL-Division (zwischen Maas und Waal).
Nördlich Eindhoven: die 101. LL-Division (zwischen Veghel und Zon).

Nachzuführen war: die 52. Lowland-ID, sobald ein entsprechend großer Flugplatz freigekämpft war.

Um alle drei Divisionen wie geplant gleichzeitig zum Ansatz zu bringen, reichten die Transportflugzeuge nicht aus. Dies bedeutete, daß beispielsweise die 82. und 101. LL-Division zwar ihre drei Fallschirm-Regimenter und die 1. LL-Div. ihre Fallschirmjägerbrigade und die Masse der Luftlandebrigade heranführen konnten, daß aber beispielsweise die Artillerie erst am X-Tag plus 1 und noch einen Tag später erst die Reste der drei Divisionen landen konnten.

Dies bedeutete einen großen Unsicherheitsfaktor. Dieser lag aber auch darin, daß die Erdtruppen, die durch diesen Korridor durchstoßen sollten, *vorher* von den deutschen Verteidigern aufgehalten wurden, und es *dann* den Deutschen gelingen könnte, die luftgelandeten Truppen zu vernichten.

Bei den genannten Erdtruppen, die sich zum Korridor und durch diesen hindurch vorwärtsboxen sollten, handelte es sich um die brit. 2. Armee, die allerdings drei Korps am Maas-Schelde-Kanal stehen hatte, Doch das VIII. Korps der Armee war noch nicht voll einsatzbereit und das XII. Korps stand auf dem linken Flügel in sumpfigem Gelände, das nicht so leicht durchschritten oder durchfahren werden konnte.

General Horrocks, KommGen. des XXX. Korps, war allein in der Lage, diesen Durchstoß führen zu können. Das aber erschien allen Beteiligten zu wenig, denn von seinen drei Divisionen war nur eine als Panzerdivision ausgestattet. Diese Garde-Panzerdivision konnte jedoch aus dem Brückenkopf des AK an der Schelde *nur* auf einer Straße nach Norden gelangen. Falls es den Deutschen gelang, diese Straße zu sperren *und* die vielen Brücken zu vernichten, dann sah es trübe aus.

Allerdings war man auf Seiten der Westalliierten im Spätsommer 1944 der Überzeugung: "Organisierter Widerstand der Deutschen kann über den 1. Dezember hinaus nicht mehr erwartet werden und endet möglicherweise schon früher." (siehe KTB des Combined Allied Intelligence

Committee).

Anfangs September 1944 hatte es im KTB des Supreme Headquarters Allied Expeditionary Forces – SHAEF – geheißen:

"Die deutsche Armee ist keine zusammenhängende Streitmacht mehr, sondern besteht nur noch aus versprengten, desorganisierten und sogar demoralisierten Truppen, denen es an Waffen und Gerät fehlt."

Der Chef der Operationsabteilung im War Office, General Kennedy, setzte sogar noch einen darauf, als er am 6. 9. 1944 schrieb:

"Wenn wir im gleichen Tempo weitermachen wie in jüngster Zeit, müßten wir am 28. September in Berlin sein."

Dies war das "Klima", unter dessen Einfluß Montgomery seinen Plan entwickelt hatte, wie er den Deutschen den Gnadenstoß versetzen könne. Er wollte mit seinen Panzern nach Holland hineinstoßen, bei Arnheim über den Rhein setzen, von Norden her ins Ruhrgebiet stoßen, *und* unter seiner Führung würden die Briten als Sieger in Berlin einmarschieren.

In seinem Operationsbefehl vom 14. Sept. setzte er die Ziele fest, die zu erreichen waren. Unter Punkt 5 dieses Befehls Nr. M 525 heißt es:

"Die Absicht bei den jetzigen Operationen ist es, alle feindlichen Streitkräfte westlich der Linie Zwolle-Deventer-Kleve-Venlo-Maastricht zu vernichten, dann ostwärts vorzustoßen und das Ruhrgebiet einzuschließen."

In seinem HQ in Laeken bei Brüssel wurde ihm für diesen Plan offener Beifall gezollt und auch Montgomery erklärte, daß er spätestens Weihnachten in Berlin sein werde.

Dem Angriffskeil der Briten gegenüber lagen nach Meldung der Nachrichtenabteilung der 2. Armee nur sechs deutsche Bataillone, denen 20 Panzer, 25 Geschütze und etwa ein Dutzend Achtacht-Flak zur Verfügung stünden. Dahinter aber stehe nichts mehr an nennenswerten Reserven.

Der Angriff. Erste Gegenmaßnahmen

Die bereits genannten etwa 1000 Transportflugzeuge und deren angehängte 500 Gleiter wurden von 1.240 britischen Jägern begleitet. Vorher waren 1000 Bomber der 8. USAAF gestartet und hatten deutsche militärische Anlagen in Mittel- und Südholland, vor allem deutsche Flakstellungen angegriffen. Auch die wenigen deutschen Jägerhorste waren angegriffen und gebombt worden.

Die britische Luftarmada wurde von keinem einzigen deutschen Jäger angegriffen. Allerdings erlitten die Transportgruppen schwerere Verluste durch Flakfeuer. 35 Transportmaschinen und 13 Gleiter wurden von der Flak abgeschossen. Dennoch verloren die Anglo-Amerikaner, die an diesem Tage insgesamt etwa 4.600 Flugzeuge einsetzten, nur 73 Maschinen.

Mit Teilen seiner 1. Fallschirm-Armee, die sich im Westen in der Wiederauffrischung befand, befand sich auch Generaloberst Student im Westraum.

Bis zum 4. September waren alle Fallschirmjägerverbände, soweit sie nicht in Italien im Einsatz standen (wie die 1. und 4. FJD) alarmiert und bis zum 7. September im Blitztransport zum Albertkanal verlegt worden.

Am 5. September besuchte Student den OB der HGr. B, GFM Model, dem auch die 1. FschArmee unterstellt worden war. Student mußte Model melden, daß seine Armee lediglich über 20.000 Soldaten (also die Stärke einer voll aufgefüllten Division) verfügte und er damit *nicht* den Frontabschnitt von der Nordsee bis nach Maastricht besetzen und sichern könne.

Ihm wurde das LXXXVIII. AK, Gen.d.Inf. Reinhardt, als Verstärkung zur Verfügung gestellt, das allerdings auch nur aus der 176. ID (einem Krankenverband) und der 719. ID bestand.

Am 6. Sept. hatten britische Verbände den Albertkanal bei Beeringen über eine nicht mehr gesprengte Brücke überschritten. GenOberst Student befahl der dort haltenden 85. ID, GenLt. Chill, die Lage zu bereinigen und stellte ihm dazu das FJR 6 unter Oberstleutnant von der Heydte zur Verfügung.

Die 7. FJD, unter GenLt. Erdmann neu aufgestellt, wurde in Eilmärschen in die Schlacht geworfen und schlug Teile der weit vorgeprellten brit. 2. PD zurück.

Der brit. 50. ID gelang es allerdings bei Gheel, den Albertkanal ebenfalls zu überschreiten. Genoberst Student nahm seine Fallschirmjäger hinter den Maas-Schelde-Kanal zurück.

Die 15. Armee hatte sich inzwischen aus dem Raume beiderseits Calais gelöst, nach Osten durchgekämpft und wurde in die Verteidigungsstellungen der 1. Fallschirmjägerarmee eingegliedert.

Damit waren die Vorbereitungen zum britischen Luftlandeeinsatz bereits im Ansatz gestört.

Am 15. Sept. verlegte GenOberst Student seinen GefStand in den Raum südlich von Vught, bei s'Hertogenbosch. Am Mittag des 17. Sept., der OB der 1. FschArmee arbeitete bei geöffnetem Fenster, vernahm er plötzlich ein mehr und mehr anschwellendes Brausen und Dröhnen in der Luft. GenOberst Student berichtete später dem Autor darüber:

"Ich trat auf den Balkon hinaus. Überall, wohin ich auch blickte, sah ich Flugzeuge, Truppentransporter und Schleppzüge mit Lastenseglern, die in lockeren Verbänden und einzeln, ganz niedrig am Hause vorbeizogen.

Zusammen mit meinem Chef, Oberst i.G Reinhard, ging ich auf das flache Dach des Hauses hinauf, um zu sehen, wohin sich der Feindverband wandte. Immer noch zog ein unübersehbarer Strom vorüber.

Nun flackerte überall am Boden Gewehrfeuer auf. Deutsche Jäger waren leider nicht zur Stelle. Über uns hinweg flogen zwei der drei eingesetzten Airborne-Divisionen des Gegners." (siehe: Alman, Karl: Sprung in die Hölle und: Bericht von Generaloberst Student an den Autor).

In einem Waco-Segler wurde sehr bald ein kompletter Angriffsplan dieser Verbände gefunden. Der Segler war bei Vught abgeschossen worden. Zwei Stunden darauf lag dieser Plan übersetzt GenOberst Student vor.

Dieser dazu:

"Nun waren wir über die Absichten des Gegners im klaren. Ein Endziel war die Inbesitznahme der wichtigen Brücken über den Niederrhein. In den Korridor dieser Luftlandetruppen sollten die Verbände der Armee mit großer Geschwindigkeit vorstoßen und die Luftlandekräfte entsetzen und sodann mit diesen nach Osten vorstürmen." (siehe Alman, Karl: a.a.0.).

GFM Model, der mit seinem Stab bei Oosterbeek, westlich Arnheim lag, wich nach Terborg aus und leitete in den ersten kritischen Tagen die Kämpfe um Arnheim und Nimwegen persönlich.

Die Bekämpfung der 101. LL-Division wurde von GenOberst Student geführt.

Am Luftlandetag um 14,35 Uhr trat das brit. XXX. Korps unter General Horrocks vom Maas-Schelde-Kanal aus an. Die ersten deutschen Sperren 500 m nördlich der holländischen Grenze wurden überrollt. Dann aber kämpften die deutschen Fallschirmjäger und die Waffen-SS-Verbände mit letztem Einsatz. Mit Panzerfäusten wurde eine große Anzahl Feindpanzer abgeschossen. Dennoch stießen Teile der Garde-Panzerdivision der Briten noch am ersten Tage weit vor und vereinigten sich am Nachmittag des 18. Sept. mit den Männern der 101. LL-Division in Eindhoven. Der Angriff auf Nimwegen sollte nach Wiederherstellung der zerstörten Brücke von Zon fortgesetzt werden.

Der Kampf geriet in Arnheim zu einem erbitterten Nahkampf. Hier wurden die Feindverbände aufgehalten und zerschlagen.

Sie konnten nicht mehr zur Brücke durchstoßen, an deren Nordende Oberstleutnant Frost mit etwa 600 Fallschirmjägern niedergegangen war und diesen Punkt verteidigte. Aber noch am Nachmittag des 18. Sept. mußte sich Frost mit seinen Männern wieder über die Brücke zurückziehen. Der Entsatz für Frosts Fallschirmjäger war nicht eingetroffen.

Die Nimweger Brücke aber wurde vom Gegner gehalten, während über die Arnheimer Brücke deutsche Panzerverbände nach Süden vorstießen und dem Angriff des XXX. Korps in die Flanke fielen. Horrochs Truppen blieben liegen.

Der Luftlandeangriff wurde ein großes Fiasko, denn die 9. SS-PD "Hohenstaufen", die an und für sich bereits ins Reich hätte abtransportiert sein sollen, war durch britische Jaboangriffe in ihrem alten Einsatzraum im Großraum Arnheim an der Veluwe liegen geblieben, zumal auch holländische Widerstandsgruppen Gleisanlagen gesprengt hatten.

Damit trugen sie entscheidend dazu bei, daß die Division rechtzeitig in den Kampf eingreifen konnte.

GFM Model, der an diesem Tage im Parkhotel Hartenstein war, erhielt am frühen Morgen dieses 17. Sept. bereits ein Fernschreiben, in dem er auf eine mögliche feindliche Luft- und Seeoperation hingewiesen wurde. Wenige Stunden später, während einer Stabsbesprechung, krachten hier die Einschläge schwerer Bomben. Model und seine Stabsoffiziere gingen in volle Deckung. Dann kam der Ia der HGr. B, Oberst von Tempelhoff, in den Besprechungsraum und meldete dem OB:

"Eine ganz große Schweinerei, Herr Feldmarschall. Über uns sind eine bis zwei Divisionen Alliierter Fallschirmjäger"

"Alles raus! war Models Antwort. "Treffpunkt Terborg."

Es war jedoch nicht GFM Model, sondern Obergruppenführer Bittrich, KommGen. das II. SS-Panzerkorps, der den Alarm auslöste und die Sicherung der Straßenbrücke bei Arnheim befahl.

Er hatte damit auch die Divisionsgruppe 9. SS-PD alarmiert, die von SS-Obersturmbannführer Harzer geführt wurde. Dieser hatte bereits eine gute halbe Stunde vorher vom GefStand der SS-PzAA 9 aus, wo er sich gerade befand, die Division alarmieren lassen und war in seinen GefStand Beekbergen zurückgekehrt. Sein Ic (Nachrichtenoffizier) meldete ihm, daß der Schwerpunkt der Feindlandungen im Raume Arnheim und westlich davon lägen. Die DivKGr. Harzer sammelte im Raume Velp und als erste Einheiten konnte SS-Sturmbannführer Krafft seine Männer des ResBatl. der Panzergrenadiere in den Kampf führen, die praktisch in und an der Landezone lagen.

Darüber hinaus waren zwei Stunden nach dem Alarm die 40 Panzer und SPW der PzAA 9 unter SS-HstFhr. Gräbner unterwegs und rollten von der Hoenderloo-Kaserne nördlich Arnheim nach Nimwegen, um aufzuklären, welche Feindkräfte zwischen diesen beiden Städten standen. Die Abteilung durchfuhr das beinahe menschenleere Arnheim, rollte gegen 19.10 Uhr über die große Straßenbrücke und stieß bis nach Ninwegen vor, ohne Feindberührung zu erhalten.

Der Divisionskommandeur hatte es unterlassen, den Männern Gräbners die Sicherung der Straßenbrücke bei Arnheim zu befehlen.

So konnte die KGr. Frost, sie war allein mit einem Bataillon nach Arnheim unterwegs, eine halbe Stunde nach Gräbner dort eintreffen, besetzte die Brücke und wartete auf die beiden anderen Bataillone der 1. Airborne-Division. Diese waren am Rande von Oosterbeek von einer Waffen-SS-Einheit aufgehalten worden. Die Eisenbahnbrücke wurde unmittelbar vor Frosts Eintreffen von deutschen Pionieren gesprengt. Als Frost die Straßenbrücke erreichte, hatten SS-Panzergrenadiere die Brücke bereits auf beiden Seiten gesichert.

Frosts A-Kompanie, die beiden anderen waren zu Nebenaufgaben abgezogen worden, erreichte um 19.45 Uhr die Brücke von Arnheim von Norden her.

Die deutschen Sicherungstrupps zogen sich zurück und Frost bezog mit den Männerm die Brücke, *ohne* beide Seitenauffarten zu gewinnen.

Sie erhielten aus den Bunkern am Nordzugang Feuer von einer Flak und vom Südzugang solches aus dem MG eines Halbkettenfahrzeuges, das sich dort postiert hatte.

Frost saß nun mit seinem Männern am Nordteil der Brücke fest. Es waren die Männer von Sturmbannführer Krafft, die sein Überwechseln zum anderen Brückenende vereitelt hatten.

Allenthalben entbrannte nun der Kampf. Der Wehrmachtbericht des 19. September meldete:

"In Mittelholland verstärkte der Gegner seine im rückwärtigen Frontgebiet abgesetzten Kräfte durch neue Luftlandungen. Eigene Angriffe gegen die Absetzstellen gewinnen gegen zähen Feindwiderstand langsam an Boden.

Aus dem Brückenkopf von Neerpelt griff der Feind mit starken Panzerkräften nach Norden an und drang in Eindhoven ein. In erbitterten Nahkämpfen wurden 43 Panzer vernichtet."

Aus dem Alliierten HQ wurde am selben Tag gemeldet:

"Britische Panzer stoßen zu den Luftlandetruppen. Massive Verstärkungen werden nach Holland gebracht. Die 2. Armee nähert sich Eindhoven. - - -

Die 1. Luftlandearmee hat ihre ersten Ziele erreicht und Gefangene gemacht.

Die Panzerspitzen der britischen 2. Armee, die von der belgischen Grenze aus nach Norden rollen, haben mit den Luftlandetruppen Verbindung aufgenommen. Sie haben Eindhoven umgangen und in 24 Stunden 15 Meilen zurückgelegt."

Nachdem sich Frosts Männer, die keinen Entsatz erhielten, von der Nordseite der Arnheimer Brücke zurückgezogen hatten, rollten die ersten deutschen Panzer hinüber nach Süden. Sie griffen Horrocks Truppen an und brachten diese in erbitterten Gefechten zum Stehen.

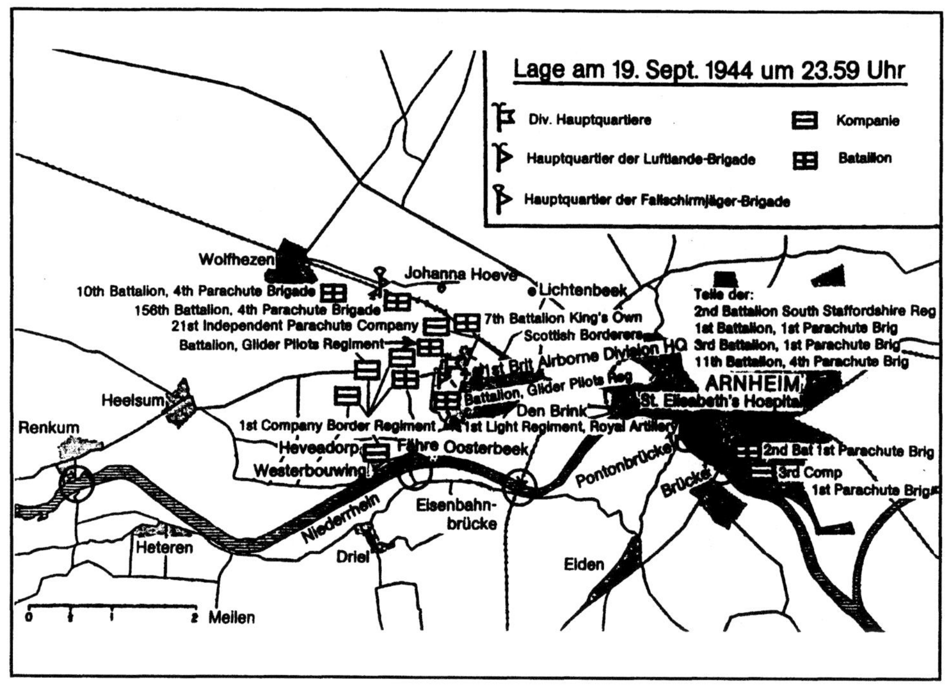

Market-Garden - Teil II

Am 19. September kam es zum Kampf der neu eingetroffenen 4. Fallschirmjägerbrigade unter Brigadier Hackett um die Höhen nördlich von Oosterbeek. Hier verloren zwei seiner Bataillone gegen die deutschen Verteidiger die Hälfte ihrer Kampfstärke. Die in Arnheim sitzenden Fallschirmjäger der Briten sollten ebenfalls durch weitere Kräfte entsetzt werden. Doch auch diese verloren einen Großteil der Kampfkraft.

Die verschiedenen Angriffe auf die Arnheimer Brücke schlugen nicht durch. Als schließlich den Briten die Pakmunition ausging, wurden sie Straße für Straße durch Oosterbeek nach Hartenstein zurückgetrieben. Dort bildete General Urquhart einen festen Abwehrriegel, in dem er bis zum Eintreffen des Korps verteidigen wollte.

Nun sollte die dritte Welle von »Market-Garden« starten, um endlich Entsatz, Munition und Verpflegung nachzubringen.

655 Truppentransporter und 431 Lastensegler starteten. Die Piloten der Segler konnten nicht einmal die schleppenden Maschinen erkennen, so dicht war bald der Nebel. Ein Teil klinkte noch über dem Inselgebiet aus und kehrte zu ihren Horsten zurück, oder unternahmen Notlandungen. Nur die Hälfte dieses Verbandes kam durch.

Der ebenfalls am 19. September geplante Überflug der polnischen Fallschirmjägerbrigade, mit der General Urquhart fest gerechnet hatte, mußte auf den 20. September verschoben werden. 163 Transportmaschinen mit dem Nachschub sollten an jenen kleinen Plätzen dicht am Hotel Hartenstein eingewiesen werden. Sie entluden aber ihre Container im Tiefflug über den falschen Abwurfzonen. Nur 12 der 87 Tonnen Munition und Versorgungsgüter erreichten die Truppe, alles andere ging auf deutschbesetztem Gebiet nieder.

Von dieser dritten Welle gingen 112 Gleiter und 40 Transportmaschinen verloren.

Damit war die letzte Aussicht auf Entsatz für die in Arnheim sitzenden britischen Fallschirmjäger geschwunden. Am Abend des 19. September hatten Urquharts Männer ein Dutzend Häuser und eine Schule besetzt. Alles lag unter dichtem Werfer- und MG-Feuer, einige der Häuser brannten. Oberstleutnant Frost erfuhr schließlich über eine Arnheimer Telefonzentrale – seine Funkverbindung zur Division war bereits am ersten Tag ausgefallen – daß er nicht auf Entsatz hoffen konnte.

Die noch in England festgehaltenen Fallschirm- und Luftlandesoldaten konnten nicht als Zünglein an der Waage eingesetzt werden. Die US-Luftlandeeinheiten hatten zwar am Nachmittag des 20. September die große Straßenbrücke bei Nimwegen mit Unterstützung der ersten durchgekommenen Panzer des brit. XXX. AK nehmen können und standen nur noch 17 km vor Arnheim, wo der Verband Urquhart eingeschlossen war, doch Major Trotter, Kdr. dieses Panzerverbandes, erklärte, daß er dazu *keinen* Befehl erhalten habe.

Der am 21. 9. über Nimwegen nach Norden angreifende Gegner wurde nördlich Nimwegen abgefangen. Die Meldung von General Urquhart, daß er noch immer die Brücke von Nimwegen halte, veranlaßte General Horrocks, mit einer Garde-PzDiv. auf die Drieler Fähre anzutreten. Eine polnische FschJägBrigade sollte gleichzeitig bei Driel springen und den südlichen Zugang zur Fähre sichern.

In Arnheim begann am 21. 9. das Ende des Kampfes und während die polnische Brigade mit nur einer Hälfte der Fallschirmjäger bei Driel sprang und schwere Verluste erlitt, aber die Fähre nicht fand, wurden die Briten aus Arnheim abgezogen. Nur 2000 Männer kehrten von dort zurück. 1.200 verwundete Soldaten mußten dort zurückgelassen werden.

Die deutsche Nachrichtenagentur meldete am 27.9. 1944. "Gefangene 6.450 Männer, einschließlich 1.700 Verwundete. Tote Briten insgesamt weit über 1.500. 250 Jeeps, 30 Panzer und 250 Lastensegler erbeutet. Außerdem sind 719 Lastensegler zerstört worden."

Im Gefolge dieses Desasters mußte General Montgomery an seinen OB, General Eisenhower melden, daß er nunmehr die für bald geplante Offensive gegen das Rheinland verschieben müsse.

Dieser wirkungslos verpuffte Großangriff der Alliierten bestätigte Hitler in der Annahme, daß der Feind nicht *so* stark sein könne, einem Angriff mit geballten Kräften im Westen standzuhalten.

Das II. Fallschirmkorps bei »Market Garden« und nachher

Am 18.9. hatte Generaloberst Student Befehl der HGr. B erhalten, mit dem II. Fallschirmkorps in den Raum Cleve zu marschieren, um zwischen Maas und Rhein den luftgelandeten Gegner zu vernichten.

Für den Gegenangriff standen GenLt. Meindl nur 3.500 Mann zur Verfügung. Es gab nur sechs Panzer, drei Spähwagen, 24 Granatwerfer und einige Achtacht-Flak.

Am Morgen des 20.9. nahmen die Panzerspitzen des brit. XXX. Korps unter General Horrocks mit den Amerikanern in Grave Verbindung auf. Zur gleichen Zeit griff das II. FschKorps an. Wyler wurde trotz starken feindlichen ArtFeuers erreicht, aber der dort gelegene »Teufelsberg« blieb in amerikanischer Hand.

Die KGr. Herrmann mußte ebenso wie die KGr. Greschick ausweichen, wenngleich Major Greschick mit seinen Männern noch bis nach Groesbeek vorstieß, um dort endgültig nach zähem Häuserkampf in dieser Ortschaft liegen zu bleiben.

Der Angriff des II. FschKorps auf Nimwegen war damit zusamnengebrochen.

Am 24. 9. ging im HQ der 1. Fallschirm-Armee ein Führerbefehl ein, daß der Feind "im Raume Arnheim, Nimwegen, Moolz und Groesbeelz zu vernichten und die Frontlücke nördlich Arnheim zu schließen" sei.

Der Angriff dazu fand am 28.9. statt. Die US-Kräfte wichen etwa 500 m zurück, um sich dann zu setzen. Herangeführte Ersatzkräfte ermöglichten den US-Truppen die Zurückgewinnung ihrer alten HKL im Morgengrauen des 29.9. 1944.

Bis zum Morgen des 2. Oktober wurde in diesem Raum noch erbittert gekämpft. Dann mußte GenOberst Student der HGr. B melden:

"Beim II. Fallschirmjägerkorps ist das Angriffsunternehmen gescheitert. Starke feindliche Luftüberlegenheit am Tage. Für den Nachtkampf zu schlechte Ausbildung der Truppe."

Die Front erstarrte auf der Linie Erlekom-Wyler-Den Heuvel-Riethorst-Middelaar. Die Truppen Meindls gingen in dieser erreichten Linie zur Verteidigung über.

* * *

AN DEN TOREN DES REICHES

Aachen im Granatenhagel

Noch bevor die Westalliierten die letzte entscheidende Phase des Endkampfes um Deutschland einleiteten, lag die alte Reichs- und Kaiserstadt Aachen im Feuer der feindlichen Geschütze.

Im September lag diese Stadt immer noch ungeschützt. In Aachen selbst befand sich das Ersatz- und Ausbildungs-Batl. 453 unter Oberst Osteroth und das FestMGBatl. 34 sowie eine PzJägAbt.

Mehrfach hatte Aachen bereits Bekanntschaft mit Alliierten Bomberverbänden gemacht. So am 12. April, als die Stadt mit 4.000 Sprengbomben, 34.000 Brand- und 8.600 Phosphorbrandbomben belegt worden war. Dabei kamen 1.353 Bürger in den Flammenhöllen um, über 1.000 wurden schwer verletzt.

Am 11. Sept. 1944 trat das VII. US-Korps unter GenLt. Collins auf einer Frontbreite von 50 km aus dem Raum 70 km westlich Aachen zum Sturm nach Osten an, um diese Stadt, die ein Prestigeobjekt war, im Handstreich zu erobern.

Man nahm an, daß der "Stolberger Korridor" von deutschen Truppen entblößt sei. GenLt. Collins setzte hier die 1. US-ID, GenMaj. Huebner, und die 3. PD, GenMaj. Rose, ein. Die Panzer der 3. US-PD sollten nach der Gewinnung der Stadt Aachen bis nach Düren weiterfahren und auch diese Stadt im Handstreich nehmen.

GenLt. Hodges, OB der 1. US-Armee, hatte die Kommandeure seiner drei Korps, Corlett, Gerow und Collins gewarnt: "Gehen Sie nicht *zu* rasch vor. Lassen Sie den Nachschub stets nachfolgen, ehe Sie entscheidende Schritte nach vorn unternehmen."

Generalleutnant Collins erhob gegen diese Direktive Protest: "Wenn Truppen vorwärts gehen, dürfen wir sie nicht stoppen!"

Und er hatte den Satz nach einer Pause ergänzt: "Lassen Sie uns erst Aachen schnappen. Dann können wir eine Rast einlegen und den Nachschub folgen lassen."

Die erste Schlacht um Aachen führte die US-Truppen beinahe in einem Anlauf bis zum Südostrand von Aachen. Der große Bunker 113 der Befestigung in diesem Abschritt wurde von der 1. US-ID gestürmt. Durch diese Lücke durchstoßend war die erste Bunkerlinie bald in feindlicher Hand. Die zweite Bunkerlinie im Südosten der Stadt, mit dem Hauptbunker 161, ging aber erst 48 Stunden darauf verloren.

Am Mittwoch, dem 13. Sept., übernahm GenLt. Graf von Schwerin die Führung in Aachen. Er richtete einen Gefechtsstand im Laurensberger Schloß ein, den zweiten im Berliner Hof auf der Bahnhofstraße.

Die 116. PD – die »Windhunddivision« – rückte nach Aachen ein und besetzte die Verteidigungsstellungen, auf die es ankam.

Am Morgen dieses Tages starteten die Amerikaner das Unternehmen "Leander". Oberstleutnant Leander Doan, Kdr. der KGr X der 3. US-PD, hatte Befehl erhalten, die Verteidigungskraft der Aachener Verteidiger festzustellen. Er griff mit Panzern, denen Infanterie nachfolgte, die deutschen MG-Stände bei Oberforstbach an. Seine KG., insgesamt 1.800 Mann mit schweren Waffen und

Panzern, durchstieß diese deutsche Vorpostenstellung und drang nach Sprengung einiger "Drachenzähne" des Westwalls durch diese Panzersperren hindurch. Seine Sherman-Panzer rollten weiter. Sie wurden wenig später von einigen deutschen Flak 8,8 cm beschossen und blieben liegen. Dennoch ging der Vorstoß dieser KGr. weiter. Die bereits überrollten deutschen Bunker feuerten in ihrem Rücken weiter und wurden von Sprengtrupps angegangen und vernichtet.

Gegen Mittag wurde es Oberstleutnant Doan klar, daß der Durchstoß bis in die Stadt hinein nicht möglich sein würde. Dennoch wäre der Durchbruch gelungen, wenn nicht die eigenen Dreschflegelpanzer, welche die Minensperren auslösen sollten, sich an dem Durchlaß durch die Höckerlinie festgefahren und den Weg für die nachfolgenden Panzer gesperrt hätten.

Das IR 16 der 1. US-ID, das aus Westen in die Stadt einzudringen versuchte, wurde mehrfach abgewehrt. Dennoch gelang dem I. Bataillon der Einbruch in den Stadtwald. Die vorrollenden Infanteriefahrzeuge kamen bis zum Pelzerturm.

Die Meldung vom Eindringen dieser Truppe erreichte GenLt. Graf von Schwerin Minuten später über das LXXXI. AK. Dessen KommGen., GenLt. Schack, befahl der 116. PD, den in den Wald eingedrungenen Feind aufzuhalten und zu vernichten.

Die zu diesem Zeitpunkt auf dem Aachener Hauptbahnhof eintreffenden ersten Einheiten der StGeschBrigade 394 rollten von der Entladerampe in den Einsatz und unterstützten die Panzergrenadiere. Es gelang ihnen, den Feind aus dem Wald zu werfen, woran die Sturmgeschütze großen Anteil hatten, weil sie die haltenden KGr. des Gegners zerschossen.

Als der zweite Angriff begann, gelang es US-Pionieren, den "Scorpionpanzer" wieder flott zu machen und aus der Lücke hinauszubringen. Durch diese Lücke rollten nun 20 Shermans. Sie kassierten die Panzerdeckungslöcher und wurden von Panzerfaustschützen angegriffen. Die ersten Shermanpanzer blieben zerschossen und qualmend liegen. Der feindliche Panzervorstoß kam zum Erliegen.

Inzwischen hatten alle Sturmgeschütze unter dem Kommando von Hptm. Schmock den Kampfraum der KGr. X unter Oberstleutnant Doan erreicht. In schnellen Rochaden vorwärtsrollend und immer wieder Schießhalt machend, wurden im Nachtgefecht sieben Panzer dieser KGr. vernichtet. Der Rest drehte ab und rollte zurück.

Die 1. Schlacht um Aachen, die als Handstreich angelegt war, brachte den Angreifern keinen Erfolg. Die Truppen der 1. US-Armee erhielten vom OB der 12. US-Armeegruppe, General Bradley, Befehl, in den erreichten Stellungen stehenzubleiben und das Nachkommen des Nachschubs abzuwarten.

Der US-Aufmarsch gegen die deutsche Verteidigung

Aus dem Raume nordwestlich Luxemburg in einem weiten Bogen nach Norden und Nordwesten verlaufend standen - von Norden beginnend - folgende angloamerikanische Großverbände:

Die 9. US-Armee,	PzGeneral Simpson.
Die 1. US-Armee,	General Hodges.
Die kan. 1. Armee,	General Crerar.
Die brit. 2. Armee,	General Dempsey.

Während die US-Armeen zur 12. Armeegruppe gehörten, unterstanden die brit. und kan. Armee der 21. Armeegruppe, Feldmarschall Montgomery.

Ihnen gegenüber lagen von Süddosten nach Nordwesten folgende deutsche Großverbände:

Die 7. Armee,	General Brandenberger.
Die 5. Panzerarmee,	General von Manteuffel.
Die 6. SS-Panzerarmee,	GeneralOberst der Waffen-SS Dietrich.
Die 1. FallschirmArmee,	GeneralOberst Student (Gen. Schlemm).
Die 15. Armee,	General von Zangen.

Die letztere stand in den Niederlanden.

Die deutsche HGr. B mit HQ in Düsseldorf und die HGr. H unter Genoberst Student nördlich von Wesel (die Führung der 1. FschArmee hatte General Schlemm übernommen) unterstanden dem OB West, GFM von Rundstedt.

Bereits am 11. Sept. waren außer dem Angriff auf Aachen noch einige weitere Vorstöße unternommen worden. Die brit. 2. Armee war von Belgien nach Holland vorgestoßen. Nördlich von Trier hatten am selben Tage um 18.55 Uhr ein US-Spähtrupp der 1. US-Armee bei Stolzenbourg in Luxemburg unbemerkt die deutsche Reichsgrenze überschritten. *Dies* waren die ersten alliierten Soldaten auf deutschem Boden im Westen des Reiches.

Doch zurück nach Aachen. Vor der Stadt standen nunmehr von Süden nach Norden die 275. ID, GenLt. Schmidt, die 49. ID, GenLt. Macholz und die 116. PD, GenLt. Graf von Schwerin.

Letzterer wurde die PzBrig. 165 zugeführt. Die 12. VGD eilte in Eilmärschen heran.

Direkt bei Aachen führte unter der 7. Armee GenLt. Schack das LXXXI. AK. Der zweite Großverband, über den General Brandenberger verfügen konnte, war das LXXXI. AK unter Gen.d.Inf. Straube.

Die zweite Schlacht um Aachen

Als die Soldaten der bei Aachen eingesetzten alliierten Truppen, vor allem die Amerikaner, ihre Frontzeitung "Stars and Stripes" lasen, glaubten sie, ihren eigenen Augen nicht trauen zu können. Dort wurden die deutschen Truppen als eine "Bande von Krüppeln mit Holzbeinen und Glasaugen, von Magenkranken, Großvätern und sonstigem Kroppzeug" vorgestellt.

GenMaj. Rose erwiderte der Zeitschrift: "Mir ist es egal, ob ein Kerl hinter einem deutschen MG 20 oder 100 Jahre alt ist, so lange er noch so flink den Finger am Abzug krümmen kann, wie die Deutschen."

Am Morgen des 15. Sept. befahl GenMaj. Rose Oberstleutnant Lovelady: "Bill, Sie brechen im Stolberg-Korridor durch."

Eine halbe Stunde später gab Oberstleutnant Lovelady den Befehl zum Anrollen. Die Sherman-Panzer überschritten südlich von Stolberg den Bichtbach und standen zwei Stunden später vor der deutschen HKL. Doch die hier liegenden Bunker und Kampfstände erwiesen sich als leer. Auf der Straße Mausbach-Gressenich fuhren sie weiter, um etwa auf der Mitte zwischen diesen beiden Ortschaften auf sechs deutsche Panzer zu stoßen, die soeben aus einer Senke herausrollten. Diese Panzer, es handelte sich um Tiger, rollten einige Meter nach vorn, machten Schießhalt und schossen die zwei Spitzen-Shermans ab. Eine Granate fetzte mitten in das zum Glück noch leere Ambulanzfahrzeug hinein, das mitten im Panzerpulk mitfuhr. Drei, vier weitere Feindpanzer wurden auf diese Weise ausgeschaltet, bevor Oberstleutnant Lovelady den Befehl zum Rückzug gab. Hinter den Häusern von Mausbach blieben sie stehen. Lovelady machte seinem Divisionskommandeur Meldung und dieser befahl ihm, die Ortschaft zu halten und mit dem neuen Angriff bis zum Eintreffen der Reservetruppe zu warten.

Am Morgen dieses Tages war der 9. PD unter GenMaj. v. Elverfeldt Befehl gegeben worden, die 3. US-PD anzugreifen. GenLt. Schacks Weisung lautete: "Freikämpfen von Mausbach, Werfen dieses Gegners und Angriff auf die dahinter stehende 3. PD."

Noch bevor die 9. PD Mausbach erreichte, eröffnete US-Artillerie schwerstes Feuer. Dreimal griffen die aufgesessenen PzGren der 9. PD Mausbach an. Gleichfalls stürmten sie gegen die US-Linien bei Zweifall. Dreimal wurden sie nach Durchfahren dieses Trommelfeuers abgewiesen. Die Division mußte sich auf ihre Ausgangsstellungen zurückziehen.

Am Morgen des 10. Sept. setzten die Panzer der 3. US-PD den Angriff gegen die Aachener Bunkerlinien fort. Diesmal waren sie besetzt. Aus allen Bunkern schlug den Angreifern dichtes Abwehrfeuer entgegen. Dennoch gelang es den Angreifern, die Bunkerkette an einigen Stellen zu durchbrechen, um wenig später endgültig zum Stehen zu kommen.

Damit war der Vorstoß des VII. US-Korps zum Erliegen gekommen. Eine Woche hatten die Kämpfe angedauert. Inzwischen war die 12. VGD (ehemals 12. ID) herangekommen und hatte sich rechts neben die 9. PD geschoben. Damit war die Front geschlossen.

Am 17. Sept. gruppierten die US-Truppen um. Das VII. Korps griff am nächsten Tage mit seiner 3. PD sowie der 1. und 9. ID erneut an. Stoßrichtung war Stolberg. Hier aber standen die Panzergrenadiere der 12. VGD und lieferten dem eingedrungenen Gegner Straßenschlachten von unvorstellbarer Härte. Bis zum 21. Sept. wurde Stolberg gehalten.

Am 17. Sept. erhielt Gen.d.Inf. Köchling, Nachfolger von GenLt. Schack als KommGen. des LXXXI. AK, vom OKW Weisung:

"Der Westwall ist zu verteidigen und Aachen als erste vom Gegner angegriffene deutsche Stadt zu halten."

Die 116. PD, nach ihrem Rückzug aus Frankreich noch nicht wieder aufgefrischt, kämpfte mit letztem Einsatz. Sie blutete mehr und mehr aus und wurde schließlich am 18. Sept. von der neu im Aachener Raum eingetroffenen 246. ID abgelöst. Ihr Kommandeur, Oberst Wilck, wurde von der 7. Armee zum Kampfkommandanten der Stadt ernannt.

Nunmehr wurde durch Armeebefehl der 12. VGD die Aufgabe gestellt, die erste Bunkerlinie zurückzuerobern.

Die alliierten Luftlandungen bei Arnheim und Nimwegen waren nach den Worten von GenLt. Collins "das Zeichen für mein Korps, den Angriff auf Aachen wieder aufzunehmen." Er befahl GenLt. Rose, erneut mit der 3. PD anzutreten.

Am Morgen des 18. Sept. begann dieser Angriff. Ziele waren: Weißenberg und Donnersberg. Bis zum Abend des 19. waren diese Stellungen in US-Besitz. 36 Stunden darauf griff die 12. VGD beide Höhen gleichzeitig an und erkämpfte sie im Nahkampf zurück. Hier wurde unter den Kommando von Oberst Engels noch einmal mit »Hurra!« gestürmt. Damit war Collins am Ende.

Bis zum 23. Sept. hielten die Kämpfe der 2. Schlacht um Aachen an. Hierbei verloren die 9. PD und die 12. VGD die Hälfte ihrer Bestände.

Nunmehr befahl GenLt. Hodges, OB der 1. US-Armee, die 30. ID nach vorn. Geführt von GenMaj. Hobbs traten "die Sieger von Mortain" an. Vorher aber versuchten alliierte Bomberverbände die Stadt reifzubomben.

Am frühen Morgen des 2. Okt. stand die 30. US-ID angriffsbereit. Dem Angriff ging ein mehrstündiges Luftbombardement voraus, das allerdings bis zu 45 km (!) vom Ziel entfernt noch zu Bombenabwürfen auf die belgische Stadt Genk führte, wo 34 Belgier getötet und 45 verwundet wurden. Über die Köpfe der vorgehenden Infanterie hinweg hämmerte die US-Artillerie auf einen Geländestreifen von 2.000 m Breite ein. Auch dieses Feuer lag schlecht.

Die US-Infanterie erhielt bereits im westlichen Wurmtal Abwehrfeuer. Als die deutschen Werfer in dieses Feuer einfielen, wurde eine Kp. der US-ID voll getroffen. Sie verlor von ihren 120 Soldaten 93 Mann an Toten und Verwundeten.

Mit 20 Panzern und 1.000 Mann versuchten sie dennoch die deutschen Bunker zu überwinden. Unter ihnen Flammenwerfergruppen, die die Bunkerbesatzungen "braten" sollten. Mit brennender Kleidung verließen einige Überlebende die ersten Bunker.

In dieser Situation tauchten von rechts und links aus Scheinstellungen dort bereitgestellte deutsche Stoßtrupps auf, welche die Flammenwerfertrupps niedermachten. Bazookaschützen kämpften gegen Panzerfaustschützen. Um 12.30 Uhr blieb die 30. US-ID südlich von Palenberg liegen. Sie kam keinen Schritt mehr weiter.

Dies hier war keine »Verfolgungsparty« wie den Soldaten vorgegaukelt wurde, dies war harter, verbissener Kampf gegen deutsche Truppen, die sich bis zum Letzten verteidigten. Ganze neun Bunker waren erobert worden. Von einem Durchbruch konnte nicht die Rede sein.

Die Teile der 46. ID, die bereitstanden und die selbständige StGeschBatt. 1183 taten das Ihrige, den Gegner zum Stehen zu bringen.

Der US-Angriff auf Schloß Rimburg, den Stammsitz der Familie des GFM von Brauchitsch, wurde abgewiesen. Die Besatzung hielt sich gegen alle Angriffe.

Der weitere US-Angriff brachte weitere vier Bunker in ihre Hand. Der erneute Angriff von Roosevelts »Schlächtern« – wie die 30. US-ID genannt wurde – kam etwa 1.000 m über die Wurm hinaus. Erst am späten Abend gelang es ihnen, im Verein mit anderen angreifenden Truppen, von Süden und Südwesten in die Ortschaft Übach einzudringen und die Straße Aachen-Geilenkirchen zu sperren.

GenMaj. Lange, Kdr. der 564. VGD, erhielt den Befehl von General Köchling, mit seinen verfügbaren Truppen und Unterstellungen u.a. Einheiten der StGeschBrigade 902, der Abt. 341 und der selbständigen Batterie 1183, im Gegenangriff auf Palenberg anzutreten, den dortigen US-Einbruch abzuriegeln und den Feind auf seine Ausgangstellungen zurückzuwerfen. Dazu wurden ihm noch zwei Bataillone der 246. VGD und einige Einheiten der 49. ID zugeführt.

Übach wurde dem Feind im ersten Angriffsschwung entrissen. Der Durchbruch bis zur Wurm blieb den Männern um GenMaj. Lang versagt.

Am frühen Morgen des 4. Okt. ging der Kampf weiter. Die Amerikaner warfen alles, was sie an Flugzeugen hatten, in den Kampf. Der Angriff der 30. US-ID auf Herbach wurde abgewiesen. Allerdings hatte die 30. ID nunmehr einen Durchbruch nördlich von Aachen durch den Westwall geschafft.

Am frühen Morgen des 8. Okt. eröffneten die US-Truppen mit heftigem Trommelfeuer den nächsten Großangriff. Bis zum Mittag erreichten 46 US-Panzer den Nordrand von Alsdorf und sperrten hier die Reichsstraße 57 Aachen-Erkelenz-München-Gladbach. US-Jagdbomber griffen ununterbrochen in diese Kämpfe ein. GenLt. Vorlett, KommGen. des hier eingesetzten XIX. US-Korps, meldete der Armee: "Wir haben es geschafft und ein riesiges Loch in die Front gerissen. Hier kann die Armee zwei Divisionen durchschleusen." Es war die 1. US-ID und die 3. PD, die nunmehr dieses Loch zum Durchstoß ausnutzen sollten. Sie gewannen am Morgen des 10. Okt. Haaren im Sturm. Die im Norden mit angetretene 30. ID wurde aufgehalten. Der SS-Kampfgruppe Bucher gelang der Stoß in die Flanke dieser Division zwischen Würselen und Bardenberg und brachte sie zum Stehen.

Am Vormittag dieses kampfdurchtosten 10. Okt. hatte GenMaj. Huebner die Verteidiger von Aachen durch Flugblätter zur Übergabe aufgefordert. Die Aufforderung wurde abgelehnt. Bis zum Mittag kamen die US-Truppen bis auf 3.000 Meter an Aachen heran.

Die Kämpfe um Aachen konzentrierten sich in den nächsten drei Tagen um den Quellenhof. Hier war es die SS-KGr. Rink, die am Abend des 14. Okt. durch die US-Umklammerungsgruppe durchgestoßen war und den Quellenhof mit Stumgeschützen und Panzem erreichte. Die Sturmgeschütze schossen die US-Panzer zusammen. Im Raume des Quellenhofes bildete diese KGr. nunmehr das Rückgrat der Verteidigung.

Der 15. Okt. sah weitere US-Angriffe in die Stadt hinein. Westlich von Aachen reichten sich am Montag, dem 16. Okt. die zur Umklammerung angesetzten 30. US-ID und die 1. US-ID die Hand. Damit war Aachen von der Umwelt und von allem Nachschub abgeriegelt.

Der Angriff aus Osten zum Durchstoßen dieser Abschnürungsfront wurde am 16. Okt. von SS-Gruppenführer Priess mit Teilen des I. SS-PzKorps geführt. Kerntruppe desselben war die 1 SS-PD "Leibstandarte Adolf Hitler". Der Angriff der KGr. unter HStuf. Diefenthal mit Teilen des SS-PGR 2 schlug durch. Jener der KGr. Wegelein wurde aufgehalten. Diese KGr. wurde zu anderer Verwendung in Richtung Hürtgenwald herumgeworfen. Der Gegenangriff trat dadurch auf der Stelle und mußte am 19. Okt. eingestellt werden.

Inzwischen waren die US-Truppen von drei Seiten nach Aachen eingedrungen. Sie stießen bis zum Stadtzentrum vor. Am 20. Okt. ließ Oberst Wilck den letzten Funkspruch tasten und meldete:

"Verteidiger, auf engstem Raum zusammengedrängt, stehen im Endkampf."

Einen Tag vorher hatte der Kampfkommandant von der 7. Armee noch folgenden Funkspruch erhalten:

"Aachen wird bis zum bitteren Ende gehalten. Es ist die erste Festung auf deutschem Boden, und sie ergibt sich nicht!"

Am 21. Okt. meldete Oberst Wilck: "Wir Verteidiger der deutschen Kaiserstadt stehen im Endkampf um den Gefechtsstand." Acht Minuten darauf kam der letzte aus vier Worten bestehende Funkspruch aus Aachen: "Aachen meldet sich ab!"

Die Schlacht um Aachen war beendet. Das alliierte Oberkommando hatte inzwischen bereits die Weichen für die Fortsetzung des Angriffs nach Osten gestellt. Die deutschen Truppen sollten nach der einhelligen Meinung der beiden Oberkommandierenden Eisenhower und Montgomery in einer großangelegten Zangenoperation eingekesselt und niedergerungen werden. Diese Operation konnte nicht zum vorgesehenen Zeitpunkt beginnen, weil Aachen noch nicht gefallen war.

Auf dem Weg zum Rhein: Die Hölle im Hürtgenwald

Am 18.9. 1944 trafen sich die Befehlshaber Eisenhower und Bradley mit Fieldmarshal Montgomery in Brüssel. Hier sollten die Operationen der nächsten Monate besprochen werden.

Man war einhellig der Meinung, daß noch vor Einsetzen des Winters der Rhein erreicht und auf dem Ostufer des Flusses ein starker Brückenkopf errichtet werden müsse.

Nach Sammlung aller Kräfte in diesem Brückenkopf sollte darin zur entscheidenden Großoffensive nach Deutschland hinein angetreten werden.

Der gemeinsame Plan lautete:

"Der Stoß zum Rhein wird von der 1. und 9. US-Armee über Aachen geführt, das in den nächsten Tagen fallen wird.

Die hinter der Roer liegenden Truppen der 1. US-Armee werden nach Überschreiten des Flusses in ostwärtiger Richtung auf Köln und Bonn vorstoßen. Die 9. Armee wird nach Nordosten antreten. Ihr Ziel ist Krefeld."

Diese Operationen sollten durch die brit. 2.Armee gestützt werden. Diese erhielt Befehl, am 10. Nov. aus ihrem Nordabschnitt bei Nimwegen zum Angriff auf den Reichswald anzutreten und zwischen Maas und Rhein nach Süden vorzustoßen. Durch diese Offensive sollte zwischen Arnheim und Bonn auf einer Breite von insgesamt 160 km der Rhein erreicht werden.

Vor allem aber wurde in Brüssel die Unterstützung der Bodentruppen durch die alliierten Luftwaffenverbände besprochen.

Die angloamerikanischen Luftstreitkräfte verfügten am 15. Okt. 1944 über 4.700 Jäger, 6.000 leichte und schwere Bomber und etwa 4.000 Aufklärer, Kurier- und Transportflugzeuge.

In Ausführung dieses Befehls warfen die Verbände der RAF und der USAAF vom 15. Okt. bis zum 15. Nov. doppelt so viele Bomben auf deutsche Städte wie in dem stärksten Monatseinsatz des Krieges vorher (siehe Luftkrieg über Deutschland 1944).

Die Schlacht um den Hürtgenwald

Von den Amerikanern "Huertgen forest - Valley of the crosses" benannt, begann die Schlacht um den Hürtgenwald bereits am 10. Sept. 1944. Die 9. US-ID griff aus dem Raum Lammersdorf-Zweifell nach Osten an, schwenkte dann nach Südosten ein, um die rechte Flanke des VII. US-Korps zu decken. In drei Kampfgruppen versuchten sie, die Paustenbacher Höhe zu erreichen. Dort verteidigte das deutsche GR 399, verstärkt durch das PiBatl. 15. Die Angreifer erlitten schwere Verluste. Sechsmal griffen sie hier an. Die Truppen der 89. ID wehrten diese Angriffe ab. Die Höhe fiel erst am 29. Sept.. Der Angriff auf die Kali-Talsperre führte erst in den ersten Oktobertagen zum Ziel. Der Kampf versteifte sich, denn "der Hürtgenwald soll eine einzige große Festung werden, an welcher die Kraft aller Gegner zerschellt." (siehe Hitlers Ausspruch im FHQ).

Im Todtenbruch verteidigte das ResGR 253 unter Oberst Feind. hier erlebte der Angreifer die erste "Hölle", derer noch mindestens 25 weitere folgen sollten.

Die Bunker 363, 364 und 365 am Obersen Weiße Wehe-Tal wurden zu unüberwindlichen Festungen. Als hier erneut angegriffen werden sollte, verweigerten die dafür bestimmten US-Truppen den Befehl (siehe: McDonald, Charles B.: The Battle of the Huertgen Forest).

Als dieser Angriff am 29. Sept. eingestellt wurde, hatten die US-Truppen keines der hier gesetzten Ziele erreicht. Dies war nach den Worten von Charles McDonald: "The gloom and mistery of the nienth Division."

Es sollte noch bis zum 28. November dauern, bevor die US-Truppen hier die gesteckten Ziele erreichten. "Den Kampf um den Huertgen Forest überlebten nur eine Handvoll alter Männer." (siehe McDonald, Charles, B.: a.a.0.).

Im Hürtgenwald lagen sich die Kämpfer oftmals nur auf Handgranaten-Wurfweite gegenüber. Sie bekämpften einander mit List und Tücke. Bei Hürtgen und Schmidt waren es die "Windhunde" der 116. PD, die alle Angriffe abwiesen. Als das US-IR 112 auf Vossenack angesetzt wurde, erzielten sie unter fürchterlichen Verlusten einige Dutzend Meter Bodengewinn, um in der kommenden Nacht wieder geworfen zu werden.

In den nächsten sieben Tagen erzielten die Angreifer genau 70 Meter Bodengewinn und bezahlten diesen "Erfolg" mit 167 Gefallenen, 719 Verwundeten und 663 Vermißten und Gefangenen.

Hinzu kamen 544 Kranke, von denen die Mehrzahl Erfrierungen erlitten hatte. Damit war das gesamte Regiment ausgefallen.

Die 28. US-ID beispielsweise stieß am 16. Nov. auf deutsche Verteidigungsriegel, auf Gruppen, die sich in den "Foxholes" eingenistet hatten und hinter den Angreifern auftauchten, um mit ihren MG 42 - von den Amerikanern »Hitlersägen« genannt, alles niederzumachen.

Auch diese Division wurde aufgerieben und am Abend des 19. Nov. mußte ihr Kdr. dem KommGen. melden, daß sie 6.184 Mann, 31 Panzer und 16 Pak verloren habe.

Auf deutscher Seite lag die 246. ID mitten in der Hölle und wurde während dieser Zeit nicht weniger stark angeschlagen. Allein das GR 404 im Zentrum der Abwehr verlor das Gros seiner Kämpfer und verfügte am 19. Nov. noch über 100 (!) Mann.

Im Hürtgenwald, diesem Dschungel des Todes, wurde gestorben. Schleiden, eine Ortschaft südostwärts von Vossenack und Schmidt, wurde am 19. Nov. von den US-Truppen erobert. Neben dem GR 404 hatten auch dessen Schwester-Regimenter 352 und 689 schwerste Verluste erlitten. Damit war die 246. ID nur noch ein Trümmerhaufen.

Bei den Kämpfen um Merzhausen und der Zurückeroberung dieser Ortschaft hatte die sPzAbt. 506, die seit September 1944 in diesem Großraum eingesetzt war, den Ansturm feindlicher Panzerverbände abgewehrt. Hier wurde StFeldwebel Kurt Kannenberg nach dem Abschuß von neun Feindpanzern allein am 17. Nov., mit dem RK ausgezeichnet; er konnte es nicht mehr persönlich in Empfang nehmen, weil er bei diesem Panzerkampf fiel.

Die 9. PD unter GenMaj. von Elverfeldt schoß vom 17. bis zum 22. Nov. 134 Feindpanzer ab.

Trotz dieses unvorstellbaren Einsatzes gelang es den US-Truppen, dank ihrer immer wieder nach vorn gebrachten Reserven, am 28. Nov. südlich Düren bis zum Westufer der Ruhr vorzustoßen.

Danit war die grüne Hölle Hürtgenwald von den US-Truppen überwunden. Die 9. US-Armee erreichte bis zum 3. Dez. gegenüber der 3. PD und der 12. VGD zwischen Linnich und Gereonsweiler die Rur. Die 29. US-ID überschritt vom 6. bis zum 8. Dez. die Rur und griff gemeinsam mit der 30. ID und der 2. PD Jülich an.

Hier stießen die Angreifer auf die im Eiltransport herangebrachte 3. FJD unter Genlt. Schimpf, die die Verteidigung der Stadt übernahm.

Der Kampf im Hürtgenwald hatte alle Beteiligten 68.000 Soldaten gekostet. Hier fand man nach dem Kriege die Überreste von 23.000 deutschen und 40.000 amerikanischen Soldaten. Die Ausfälle allein der 1. US-Armee betrugen 21.000 Mann.

Eine Zeit der Ruhe und Regenerierung trat ein. Beide Seiten waren am Ende ihrer Kraft. Die weitgespannten Erwartungen der Alliierten waren nach den Schlägen von Aachen, im Hürtgenwald und vor allem bei der Luftlandandeoperation bei Arnheim zunichte gemacht worden.

Hier die Auflistung der Verluste der deutschen und der alliierten Seite während der Invasion bis zu diesem Zeitpunkt.

Das deutsche Heer verlor 54.754 Gefallene und 338.933 Verwundete, Gefangene und Vermißte.

Die Alliierten hatten die Verluste von 65.000 Gefallenen, 177.000 Verwundeten, 22.000 Gefangenen und 6.000 Vermißten *allein* auf amerikanischer Seite zu beklagen. Die britischen Truppen hatten ungleich niedrigere Verluste. Aber diese waren ebenfalls enorm.

Die Kampfkraft beider Seiten wies Ende November folgende Zahlen auf:

Auf deutscher Seite 416.713 Mann.

Auf britisch-amerikanischer Seite 2.699.647 Mann.

Dennoch hatte Hitler in der zuvor geschilderten kritischen Lage der ersten Kämpfe um die Festungen des Reiches einen neuen Plan ausgearbeitet, der auf der Tatsache beruhte, daß es dem westlichen Gegner in den Krisenmonaten August und September an keiner Stelle gelungen war, den Rhein zu erreichen. Sobald der Winter eintraf, würde den Alliierten die schärfste Waffe, ihre Luftstreitkräfte, aus der Hand gewunden werden. Dann mußten sie unter der Wucht eines alles entscheidenden deutschen Großangriffs, einer völlig überraschend kommenden Großoffensive, zusammenbrechen.

Hitler gab die Richtlinien aus und Genoberst Jodl legte ihm einen ersten Plan vor, den er mit dem 0KW und dem WFSt. unter Totaler Geheimhaltung und ohne Hinzuziehung der Oberbefehlshaber und Befehlshaber im Westen erstellt hatte. Die Überschrift zu diesem Operationsplan lautete:

"WACHT AM RHEIN"

Dies war die Codebezeichnung für eine letzte deutsche Offensive im Westen. Sie sollte in den Ardennen begonnen werden und den Gegner im gesamten Raum nördlich derselben einkesseln und vernichten (die Ardennenoffensive wird im 7. Band des Gesamtwerkes dargeboten, weil sie – am 16. Dezember 1944 beginnend – weit in das Jahr 1945 hinein geführt wurde u n d in ihrer Fortsetzung zum Übergang über den Rhein und zum Ruhrkessel führte).

* * *

DER KRIEG IM PAZIFIK

Kampf um die Marshall-Inseln

Die Marshall-Inseln setzen sich aus 52 Inselgruppen mit 867 Riffen und Korallen-Atollen zusammen, die auf einem Gebiet von mehr als 400.000 Quadratmeilen verstreut liegen. Sie waren zu Anfang 1944 das nächstgesteckte Ziel amerikanischer Angriffe.

Die vier Trägergruppen der Task Force 58 begannen am 29. Jan. 1944 mit den Zerstörungsangriffen. Von japanischer Seite erfuhren diese Trägerflugzeuge kaum eine Beeinträchtigung, denn die Japaner hatten auf diesen Inseln im Zentralpazifik nur 100 Flugzeuge zur Verfügung. Bei der Ausdehnung der Inseln und Inselgruppen war es für die US-Truppen der Navy ein Leichtes, diese wenigen Gegner zu zersplittern und einzeln niederzuringen.

Die Verbände der Task Force 58 bestanden aus folgenden Groups:

Task Group 58.1 - KAdm. Reeves, mit drei Trägern, drei Schlachtschiffen, einem Kreuzer und neun Zerstörern.

Task Group 58.2 - KAdm. Montgomery, mit drei Trägern, drei Schlachtschiffen, einem Kreuzer und zehn Zerstörern.

Task Group 58.3 - KAdm. Sherman, mit drei Trägern, zwei Schlachtschiffen, einem Kreuzer und neun Zerstörern.

Task Group 58.4 - KAdm. Ginder, mit drei Trägern, drei Kreuzern und acht Zerstörern.

Eine Reihe von U-Booten waren zur Deckung dieses Unternehmens angesetzt.

Die Gesamzahl der Flugzeuge der 12 Träger belief sich auf etwa 700 Maschinen. Von diesen wurden insgesamt 6.232 Einsätze geflogen. Dabei wurden 22 US-Flugzeuge abgeschossen. 27 weitere gingen durch Unfälle verloren.

Das Flugfeld auf Roi, auf dem die 100 japanischen Flugzeuge stationiert waren, wurde von der Task Group 58.2 zerbombt. Am Abend des 30. Januar, dem zweiten Einsatztag, waren von den 100 japanischen Maschinen nur noch 17 einsatzbereit.

Die drei übrigen Gruppen flogen direkte Unterstützungseinsätze für die US-Invasionsflotte.

Die Japaner verfügten auf dem zentralen Stützpunkt der Marshall-Inseln, Kwajalein, über 8.500 Soldaten, davon allerdings nur 2.200 Mann kämpfende Truppe.

Das Landungsunternehmen der 5. Flotte, VAdm. Spruance, gegen Kwajalein wurde von KAdm. Turner (Befehlshaber der Landungsflotte) und GenMaj. Smith (Landungstruppen) geführt. Die Truppen selber waren: Die 7. US-ID.

Auf Roi und Namur landeten Truppen der 4. MarInfDiv. am Morgen des 31. Januar 1944. Die Beschießungen dauerten auch während der Landungsoperationen an. Binnen 72 Stunden fanden 8.675 japanische Soldaten den Tod. Nur 265 Mann ergaben sich.

Vizeadmiral Mitcher führte die Task Force 58 in der Seeschlacht bei den Marianen im Juni 1944.

Das Jahr 1944 brachte für die Amerikaner im Pazifik eine ganze Reihe von Siegen über die Japaner. Hier landen amerikanische Marineinfanteristen auf einer der vielen Pazifikinseln.

Im Hagel der Artillerieeinschläge suchen diese Amerikaner Deckung hinter einer Sanddüne.

Amerikanische Infanterie marschiert zur Bereitstellung für den nächsten Angriff.

Die USS „Yorktown“ wird von japanischen Torpedobombern angegriffen.

Eine amerikanische Geschützstellung in den Tropen des Pazifiks.

Am Strand von Tenaru liegen nach den Kämpfen viele Gefallene beider Seiten.

Der amerikanische Flugzeugträger „Hornet“ wurde versenkt, ein schwerer Schlag für die US-Flotte.

Eine „Hellcat" zerschellt beim Aufsetzten auf dem Flugdeck eines Trägers.

US-Landungsboote fahren im Schutz von Schlachtschiffen vor.

Amerikanische Schlachtschiffe in einer Linie bei einem Vorkriegsmanöver.

Flugzeugträger waren für beide Seiten die wichtigsten strategischen Kampfmittel im Pazifik. Im Bild ein Flugzeugträger, der noch mit Doppeldeckern ausgerüstet ist. Ab 1941 kamen moderne Trägerflugzeuge zum Einsatz.

Von den schweren Verlusten 1943 und 1944 konnte sich die deutsche U-Boot-Waffe nicht mehr erholen. Ein Maschinist prüft den riesigen Diesel-Motor eines U-Bootes.

Trotz der großen Übermacht feindlicher Bewacher in den Geleitzügen, kämpften die U-Boot-Fahrer verbissen weiter. Immer wieder gelang die Versenkung gegnerischer Frachter.

Durch die Ausstattung der Geleitzugbewacher mit Radar konnten die U-Boote frühzeitig geortet und bekämpft werden. Viele U-Boote gingen im Geleitzugkampf verloren.

Im Westen hoffte man im Jahr 1944 noch, der alte Westwall von 1940 könnte die Angloamerikaner aufhalten. Jedoch waren die meisten Bunker ohne Bewaffnung, lagen teilweise unter Wasser oder waren unbrauchbar geworden. Im Bild eine Panzersperre am Westwall.

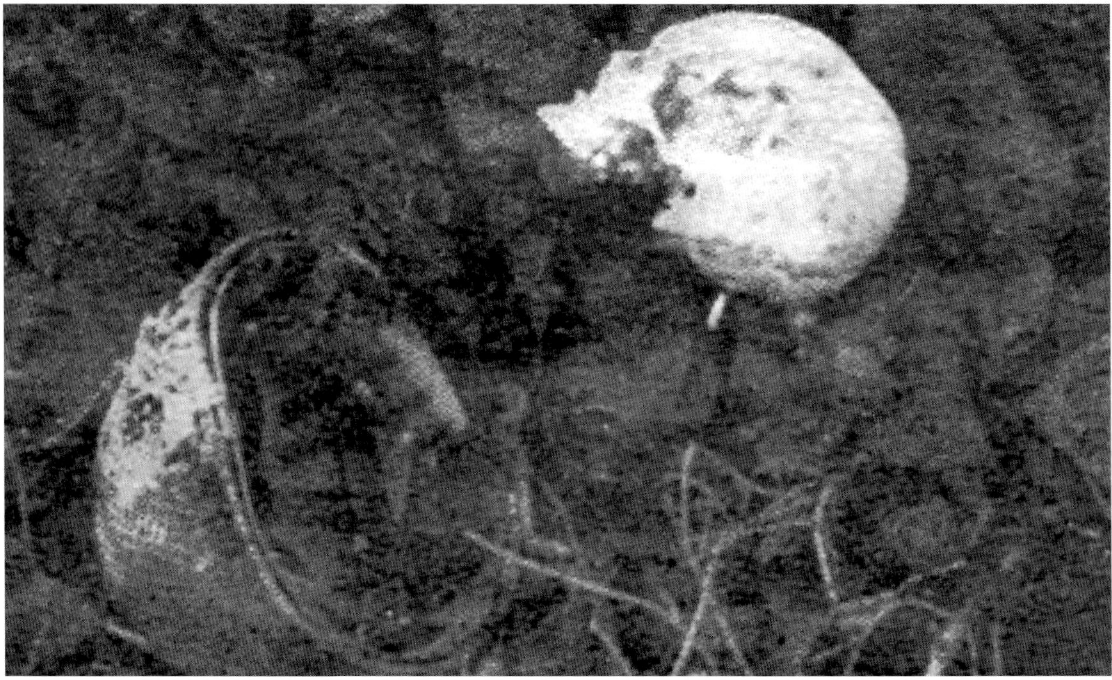

Im Hürtgenwald lieferten sich deutsche und amerikanische Einheiten erbitterte Kämpfe. Es gab hohe Verluste auf beiden Seiten. Noch viele Jahre später fand man im Walddickicht Zeugnisse der Schlacht.

Auf Basis des Königstigers wurde noch der Jagdtiger mit seiner mächtigen 12,8 cm-Kanone gebaut. Er kam, nur in geringer Stückzahl gebaut, hauptsächlich im Westen zum Einsatz.

Die Ardennenoffensive sollte Ende 1944 das Blatt an der Westfront wenden. Viele Panzerverbände wurden aus allen Fronten dafür zusammengezogen. Im Bild stehen Panther im verschneiten Winterwald.

Die amerikanischen Verbände wurden von der Ardennenoffensive überrascht. Bedingt durch das schlechte Wetter konnten sie ihre Luftüberlegenheit gegen die Angreifer nicht nutzen.

Als jedoch das Wetter aufklarte, stürzten sich Schwärme von angloamerikanischen Bombern und Jägern auf die deutschen Angriffstruppen. Die Front musste auf die Ausgangsstellungen zurückgenommen werden. Ein 2 cm-Flakvierling auf Wacht im Westen Ende 1944.

Generalfeldmarschall Gerd von Rundstedt wurde nach dem Scheitern der „Ardennenoffensive" 1944/45 abgelöst und bekam keine weitere Führungsposition mehr. Er wurde noch am 12. Februar 1945 mit den Schwertern ausgezeichnet.

General der Panzertruppe Hans Hube, zuletzt Oberbefehlshaber der 1. Panzerarmee, kam beim Absturz seines Flugzeuges am 21. April 1944 ums Leben. Er war auf dem Weg zu einem Empfang in Berchtesgaden anlässlich seiner Brillanten-Verleihung am 20. April 1944.

Nach Hans Hube ereilte auch den beliebten Generaloberst Eduard Dietl das Schicksal, als er am 23. Juni 1944 bei Waldbach am Semmering beim Absturz seines Flugzeuges ums Leben kam. Er führte bis zu seinem Tod die 20. Gebirgsarmee in Karelien, noch bevor Finnland im August 1944 vom Bündnis mit Deutschland abfiel.

Tiefe Betroffenheit herrschte in ganz Deutschland nach der Bekanntgabe vom Tod von Generalfeldmarschall Erwin Rommel. Einst von Hitler gefördert, vom Schlachtenglück verwöhnt, ein brillanter Stratege und in der ganzen Welt bekannt, wurde ihm seine Mitwisserschaft beim Attentat auf Adolf Hitler am 20. Juli 1944 zum Verhängnis.

Die US-Truppen, insgesamt 41.446 Mann, verloren nur 372 Mann an Gefallenen und Vermißten. Die Zahl der Verwundeten aber war bedeutend höher. Sie belief sich auf 1.882 Mann. Am 7. Febr. 1944 war der letzte Widerstand auf Kwajalein erloschen.

Am 31. Jan. 1944 war als Nebenoperation ein Batl. der 7. US-ID auf das nicht besetzte Atoll Majuro übergesetzt. Es machte sich mit den hilfswilligen Koreanern an den Aufbau eines US-Flottenstützpunktes.

Damit hatte sich die Idee der amerikanischen Truppenführung, das »Inselspringen«, in der Praxis bewährt. Es sollte fortgesetzt werden.

Am 12. Febr. 1944 gingen die Träger-Kampfgruppen 58.1 bis 58.3 ankerauf. Ihr Ziel war Truk. Auf den neun Trägern, darunter fünf große, hatten 275 Hellcat-Jäger, 167 Stukas und 127 Torpedobomber diesen Marsch mitgemacht. Zudem gab es auf vier Trägern jeweils einen Schwarm der neuen mit Radar ausgestatteten F4U-2 und F6F-3N- Nachtjäger. Das erstemal verfügte also ein Träger-Verband über Radar-Nachtjäger.

Am 17. Febr. erfolgte der erste Angriff auf Truk, 72 Hellcats eröffneten den Reigen. Sie wurden von den japanischen Radarstationen entdeckt. Die Japaner schickten den Angreifern 45 Zeke-Jäger und Rufe-Schwimmerjäger entgegen. Die angreifenden US-Flugzeuge verloren in dem beginnenden Luftkampf nur vier Maschinen, während die Japaner den Verlust von 30 Flugzeugen hinnehmen mußten.

Insgesamt wurden am 17. Februar 50 japanische Maschinen über Truk abgeschossen und etwa 110 am Boden zerstört. Die US-Maschinen hatten damit die absolute Luftherrschaft über Truk errungen.

Die folgenden Torpedoflieger und Stukas vernichteten im Angriff auf Hafen und Reede von Truk 26 Transportfahrzeuge und vier Kriegsschiffe.

Im Nachtkampf gelangten 12 japanische Torpedobomber in Wurfentfernung zur "Intrepid". Der Träger wurde schwer getroffen, konnte aber im Geleit von "Cabot" mit zwei Kreuzern und vier Zerstörern sicher nach Majuro eingebracht werden.

Die sieben übrigen Träger setzten ihre Angriffe am Morgen des 18. Febr. fort. Sie versenkten den jap. Kreuzer »Naka«, die Zerstörer »Fumitsuki« und »Oite«, zwei Hilfskreuzer, die U-Boot-Tender »Rio de Janeiro Maru« und »Heian Maru«, sechs Tanker und 17 Transporter.

Insgesamt wurden 250 jap. Flugzeuge ausgeschaltet. Die Operation »Hailstone« - der Marsch der Task Group 58.9 rund um Truk herum - endete mit einem Kampf gegen japanische Kriegsschiffe, von denen Schulkreuzer »Katori« und die Zerstörer »Maikaze« und »Tachikaze« versenkt und Zerstörer »Nowake« beschädigt wurden.

Am 20. Febr. wurden die US-Angriffe auf Jaluit, Rota und Tinian, sowie auf Saipan fortgesetzt. Der an diesem Tage laufende japanische Gegenschlag wurde abgewiesen. 20 Jäger und 37 Stukas der Japaner gingen bei nur fünf US-Verlusten verloren.

In den ersten beiden Monaten des Jahres 1944 verloren die Japaner die Träger »Hiyo« und »Junyo« der 2. Träger-Division. Die 1. Träger-Division war bereits vor Rabaul außer Gefecht gesetzt worden.

Nunmehr kam es darauf an, die japanische Träger-Flotte wieder kampfbereit zu machen.

Die japanische Trägerflotte im Neuaufbau

Ab März 1944 kam es auf den japanischen Werften zu einer hektischen Tätigkeit mit den Ziel, die zerschlagene Trägerflotte neu aufzubauen. In dieser Zeit wurde der gepanzerte Flugzeuträger "Tahio" fertig. Die umgebauten Träger "Ryuho" und "Chitose", kurz darauf auch die "Chiyoda", waren ebenfalls einsatzbereit gemacht worden, sodaß die Japaner wieder drei Träger-Divisionen mit jeweils zwei bis drei Trägern neu zusammenstellen konnten.

Für diese Trägergruppen wurden neue Flugzeuge bereitgestellt. So die Träger-Flugzeuggruppen 601, 653 und 652 für die 1. bis 3. Träger-Division. In diesen Flugzeuggruppen befanden sich auch die neu zur Front gekommenen Zeke 52-Jäger und Judy-Torpedobomber. Die neuen Jill-Torpedobomber waren für einige der Träger zu schwer. Nur der Flugzeugträger »Zuiho« konnte bei der 3. Träger-Division mit diesen neuen Torpedobombern ausgestattet werden. Alle anderen Träger mußten auf die alten, bedeutend langsameren "Kate"-Torpedobomber zurückgreifen.

Was die japanische Führung besonders bedrückte, war die Tatsache, daß man unmöglich jene Piloten heranschaffen konnte, die man benötigte. So passierte es, daß die meisten Piloten direkt von den Kriegsschulen und Fliegerschulen zur Front kamen, ohne große Einzelausbildung und, was noch schwerer wog, ohne jeden getätigten Verbandsflug. Es gab viele neue Staffeln, in denen lediglich die Staffelkapitäne erfahrene Flieger waren. Dieses Manko wurde denn auch durch die hohen Verlustraten erhärtet.

Dennoch war das Kaiserliche Hauptquartier in Tokio zuversichtlich, den neuen Waffengang erfolgreich bestehen zu können.

Dies wurde allerdings nicht durch die nächsten Einsätze bestätigt.

Vom Bismarck-Archipel bis nach Bougainville. Landungen auf Hollandia

Am 20. März 1944 landeten Teile der 4. US-MarineInfDiv. auf Emirau im Bismarck-Archipel. Gleichzeitig damit begann die jap. 6. ID unter GenLt. Hyakutake mit 12.000 Mann den Angriff gegen den US-Brückerkopf bei Kap Torokina.

Die japanischen Streitkräfte stießen hier auf die verstärkte 37. US-ID mit 27.000 Mann. Die japanischen Angriffe wurden abgewiesen.

Unter dem Kommando von VAdm. Spruance erfolgte die Operation »Desecrate«.

Die Task Force 58 unter VAdm Mitcher führte diese Operationen, die den Inseln Palau, Yap und Woleai galten, durch. Sieben Träger, einige Schlachtschiffe und mehrere Zerstörer-Kampfgruppen standen hier im Einsatz. Die japanische Flotte verließ, in Erwartung dieses US-Trägerangriffes Palau, das kampflos in Besitz genommen wurde. Ebenso kamen die Inseln Yap und Woleai in US-Besitz.

Die Landungen auf Hollandia wiederum sahen diesmal 12 Träger im Einsatz. Die 58. Task Force bombte und beschoß diese Insel vom 13. April bis zum 4. Mai 1944. Die Angriffe gegen Wake und Sarmi liefen glatt. Die Landungen in der Tanahmera-Bucht auf Neuguinea vom 22. bis 24. April wurden plannäßig durchgeführt.

Von hier aus sollte der Angriff gegen Truk geführt werden. Dieser begann am 29. April und wurde am 30. April fortgesetzt. Die Inselgruppe Satawan, südostwärts Truk, wurde ebenfalls von einer Kreuzer-Zerstörer-KGr. unter KAdm. Oldendorf besetzt.

Die Landungen in der Tanahmera-Bucht wurden vom V. US-Korps durchgeführt, die von der Task Force 77 auf See gesichert und unterstützt wurde. Die Führung dieser Operation lag in den Händen von General MacArthur. Die Landungen wurden am 28. April abgeschlossen.

Es folgten verschiedene kleinere Operationen, so eine Landung auf Wake; auf der Insel Biak kam es zu einem Desaster für die landenden Truppen der VIII. Amphibious Force unter KAdm. Fechteler. Einige japanische Versuche, ihre Garnison auf Biak zu unterstützen, schlugen fehl.

Kampf um die Marianeninseln

Anfangs Juni 1944 war die US-Flotte im Pazifik auf das neue Ziel fixiert, das den Namen »Forager« erhielt. Dieses Unternehmen sollte durch einige kleinere Landungsoparationen unterstützt werden.

Es würde den Rahmen dieser Übersicht sprengen, wenn hier alle Einzelheiten dargelegt werden sollten (Leser, die diese und andere Teile der US-Kämpfe im Pazifik interessieren, werden auf das Werk Hrowe H. Saunders: »Duell im Pazifik – Von Pearl Harbor bis Hiroshima« verwiesen).

Es war wieder die Task Force 58, die diese Unterstützungsangriffe durchführte. Die Vereinigte japanische Flotte hielt mit allen verfügbaren Großkampfschiffen und Trägern dagegen.

Auf Angriffsentfernung zu den Marianen-Inseln gelangt, eröffneten die Trägerflugzeuge der Task Force 58 am 11. Juni den Angriff auf Saipan, Tinian und Guam. Der 12. und 13. Juni sah alle Gruppen der Task Force 58 im Einsatz. Am 15. Juni wurde Iwo Jima und Chichi Jima angegriffen.

Die Task Forces 51 und 52 waren während dieser Kampfhandlungen ebenfalls in Richtung auf die Marianen-Inseln unterwegs. Beide Task Forces führten starke Kampfverbände, das V. Amphibian Korps und, aus Hawaii, die 2. und 4. MarInfDiv. sowie die 7. US-ID in den Einsatz.

Die Gesamtzahl aller Einheiten umd Verbände belief sich auf 127.531 Mann, die auf 77 Transportern, 34 Frachtern und 44 LST eingeschifft waren. Diese wurden von 14 Geleitflugzeugträgern, sieben älteren Schlachtschiffen, 12 Kreuzern, 122 Zerstörern(!) und einer Vielzahl kleinerer Kriegsschiffe gedeckt und geleitet.

Auf den Marianen-Inseln, die in mehreren Einzelangriffen unmittelbar nach Pearl Harbor genommen worden waren, hatte die oberste japanische Führung die 31. Armee, GenLt. Obata eingesetzt. Ihre Gesamtstärke belief sich auf 31.649 Mann.

Auf Guam waren 18.500, auf Tinian 8.000 japanische Soldaten eingesetzt.

Die Landungsoperationen begannen am Morgen des 15. Juni. In der über vier Meter hohen Brandung kamen die Marines durcheinander, einige Verbände wurden versetzt an Land gebracht.

Amphibienfahrzeuge blieben vor den japanischen Drahthindernissen liegen. Bis zum Abend dieses Tages hatten die Angreifer nur etwa die Hälfte ihrer Truppen an Land gebracht.

Es kam zu dramatischen Kämpfen. Aber die "Ledernacken" drangen weiter und weiter vor und hatten Saipan bis zum 18. Juni in zwei Hälften gespalten. Der Flugplatz Aslito wurde am 17. Juni in Besitz genommen. Am 18. war die "Bucht der Zauberinnen" erreicht. In den nächsten 24 Stunden wurde der Südteil der Insel gesäubert.

Der unerbittliche Kampf tobte um Death Valley, einer berüchtigten Senke am Fuße des Tapotchau-Berges. Die Höhe dieses Berges wurde von US-Sturmgruppen ebenso wie die Ortschaft Grapan erobert. Die in den Höhlen sitzenden Japaner wurden mit Flammenwerfern "ausgeräuchert".

Bis zum 7. Juli ging der Kampf weiter. General Saito befahl einen letzten Angriff für die Nacht zum 8. Juli, ehe er sich mit einem Säbel die Pulsadern aufschnitt. Sein Ordonnanzoffizier gab ihm den Gnadenschuß.

Der japanische Angriff wurde, nachdem dieser die US-Infanterielienien durchbrochen hatte, von US-Panzern und der Artillerie zusammengeschossen. 4.000 Japaner fielen.

Der Kampf auf Saipan war entschieden. Die US-Streitkräfte hatten hier 14.111 Mann Verluste an Toten, Verwundeten und Vermißten.

Die Schlacht in der Philippinensee

Am 13. Juli 1944 ging die japanische Flotte von Tawi-Tawi aus in See. Sie wurde noch am selben Tage von einem US-U-Boot gesichtet und gemeldet.

Die Japaner hatten folgende Verbände aufgeboten:
1. Einsatzverband Vorhut, VAdm. Kurita mit drei Leichten Trägern, vier Schlachtschiffen, sieben Schweren Kreuzern, einem Leichten Kreuzer mit sieben Zerstörern.
2. A-Verband (Trägergruppe), VAdm. Ozawa mit drei Schweren Trägern, zwei Schweren Kreuzern, einem Leichten Kreuzer mit sieben Zerstörern.
3. B-Verband (Trägergruppe), KAdm. Joshima mit drei Leichten Trägern, einem Schlachtschiff, einem Schweren Kreuzer mit acht Zerstörern, drei Tanker (durch drei Zerstörer gesichert) und 24 U-Booten.

Diesem japanischen Flotterverband stand die 5. US-Flotte unter VAdm. Spruance gegenüber, mit den Task Groups 58.1 - 4. Darin eingeschlossen folgende Schiffstypen:

1. Fünf Schwere Träger und sieben Leichte Träger.
2. Vier Schwere und 12 Leichte Kreuzer.
3. 45 Zerstörer.

Die Schlachtlinie: (Task Force 58.7) unter VAdm. Lee konnte auf sieben Schlachtschiffe, vier Kreuzer und weitere 14 Zerstörer zurückgreifen.

Zwei Tage nach dem Inseegehen der japanischen Flotte ließ Admiral Toyoda jenen von Admiral Togo vor der Seeschlacht bei Tsushima geprägten Funkspruch an die Flotille absetzen:

"Das Schicksal des Reiches steht in dieser Schlacht auf dem Spiel. Es wird erwartet, daß jeder Mann das äußerste tun wird."

Am Abend des 17. Juli erhielt Admiral Ozawa aus Tokio die Nachricht, daß eine feindliche Trägergruppe Guam angreife.

Acht Minuten nach Mitternacht des 18. Juli ließ er an alle Einheiten seiner Flotte funken:

"Ich melde ergebenst die vom Tenno durch den Chef des Kaiserlichen Hauptquartiers übermittelte Weisung des Marinehauptquartiers: 'Diese Operation hat entscheidende Bedeutung für das Schicksal des Reiches. Es ist zu hoffen, daß die Streitkräfte ihr Letztes geben werden, um ein noch herrlicheres Ergebnis zu erzielen, als es in der Schlacht von Tsushima erzielt wurde.'"

Japans Flotte und seine Luftstreitkräfte waren in dieser Schlacht hoffnungslos unterlegen. Die sich entwickelnde See-Luftschlacht begann am 19. Juli. Von den gestarteten 33 Bordaufklärern wurden im Verlaufe dieses Tages 23 abgeschossen. Von den aus Guam gestarteten Aufklärern etwa 12.

Die folgende erste Angriffswelle der Japaner wurde fast vollständig vernichtet. Es gelang ihnen die "South Dakota" mit einer Bombe zu treffen. Die zweite japanische Angriffswelle erlitt ebenfalls schwere Verluste. Ein Torpedobomber stürzte sich nach Abwurf seines Torpedos auf das Schlachtschiff »Indiana« und prallte auf die Gürtel-Panzerung auf. Der Träger »Wasp« wurde leicht beschädigt, »Bunker Hill« erhielt einen Nahtreffer und geriet in Brand, der aber gelöscht werden konnte.

Die dritte japanische Angriffsgruppe wurde fehlgeleitet, von der Funkortung der "Hornet" erfaßt und von 17 Hellcats dieses Trägers abgefangen.

Am 20. Juni ließ Admiral Ozawa aus den mitlaufenden Tankern beölen. 216 US-Flugzeuge griffen in dieser Phase an. Es befanden sich nur 35 japanische Jäger als Sicherung in der Luft. Die US-Angreifer kamen an den Träger »Hiyo« heran und versenkten ihn. Zwei Tanker sanken brennend, die beiden Zerstörer »Zuikaku« und »Chioda«, das Schlachtschiff »Haruna« und der Kreuzer »Maya« wurden beschädigt.

Der Träger "Tahio" aus der Gruppe A der Japaner wurde durch das US-U-Boot "Albacore", Commander Blanchard, versenkt.

Das U-Boot "Cavalla" versenkte den Träger "Shokaku" mit drei Torpedos. Mit beiden Trägern sanken auch 22 japanische Trägerflugzeuge.

Die japanischen Flugzeuge hatten mit ihren ungeübten Piloten zwei Flugzeugträger und zwei Schlachtschiffe getroffen. Das war zu wenig um auch nur für ein Remis gut zu sein.

Der Raid gegen Iwo Jima und Chichi Jima begann bereits am 4. Juli. Am 21. dieses Monats begannen die Landungen. Der hier entbrennende Kampf war für die US-Truppen sehr verlustreich. Sie verloren 1.290 Tote, 145 Vermißte und 5.648 Verwundete. Das war prozentual der schlimmste Verlust einer Landungsoperation. Japanischerseits fielen 10.693 Mann. Nur 98 Gefangene wurden gemacht.

Am 10. August war Guam fest in amerikanischer Hand.

Tinian wurde bis zum 1. August erobert.

Ende August wurden noch einmal Palau und Morotai von der Task Force 58 mit 12 Trägern angegriffen. Iwo Jima und Chichi Jima, Wake und die Flugfelder auf Mindanao folgten.

Nach allen diesen Vorbereitungsoperationen erfolgte am 16. Sept. 1944 die Landung des VIII. Amphibischen Korps, KAdm. Barbey, auf Morotai. Die japanische Gegenwehr war hier nur gering.

Die Operation "Stalemate II" – die Eroberung von Palau – begann am 17. Sept. und dauerte bis zum 23. Oktober an.

Die letzte dort landende KGr. unter KAdm. Blandy mit dem 323. Rgt. der 81. US-ID, Oberst Watson, auf dem Ulithi-Atoll war nur noch eine Übung, denn die Japaner hatten dieses Atoll bereits geräumt. Hier wurde binnen kürzester Zeit eine US-Flottenbasis errichtet.

Im Zentralpazifik: Formosa und Luzon

Im Oktolier 1944 lief die 3. US-Flotte, Admiral Halsey, mit dem schnellen Trägergeschwader (Task Force 38) aus Ulithi aus. VAdm. Mitcher standen neun Große und sieben Leichte Träger zur Verfügung, als ihm Admiral Halsey diese Flotte übergab. Auf dem Träger "Independence" standen diesmal 29 mit Radar ausgerüstete Tag- und Nachtjäger einsatzbereit.

Luftangriffe gegen Amani-Oshima, Okinawa, Sakishima und Gunto brachten gegenüber der japanischen 2. Luftflotte, VAdm. Fukudome, Erfolge.

Der Angriff des 11. Okt. aus dem Raum Luzon mit 61 Einsätzen gegen den Flugplatz Aparri führte zur Vernichtung von 15 jap. Flugzeugen am Boden.

Die Beölung der US-Flotte erfolgte am 11. Oktober auf See aus 34 Tankern, die von 14 Zerstörern und 26 Geleitzerstörern gesichert wurden.

Die US-Verbände wollten zunächst Formosa als Stützpunkt und Versorgungsbasis der Japaner ausschalten. Ihr Hauptziel jedoch war Leyte.

Diese Absichten der Amerikaner wurden japanischerseits erkannt. Als Gegenmaßnahme verlegte die japanische Führung ihre Fliegenden Verbände nach Formosa.

Am 12. Okt. setzten aus einer Entfernung von 100 Seemeilen die US-Angriffe gegen Formosa ein. Die Operation wurde am nächsten Tage fortgesetzt. Der Kampf der Torpedojäger nach Einfall der Dunkelheit des 12. Okt. wurde von den Radar-Nachtjägern abgefangen, die fünf Torpedobomber abfingen, die die Träger einzeln anflogen.

Vier "Betty"-Torpedobomber der Japaner kamen bei der Task Group 58.4 durch. Sie verfehlten den Träger "Franklin" nur knapp. Einer der Bomber stürzte sich auf die "Franklin". Er rutschte über das Deck und fiel ins Wasser, ohne größere Schäden anzurichten, weil sein Aufprallwinkel zu flach war.

Die Task Group 38.1 erlitt durch die Torpedierung des Kreuzers "Canberra" einen Verlust, der jedoch nicht zum Sinken des Kreuzers führte.

Die Luftangriffe beider Seiten in den folgenden Tagen führten zu Luftkämpfen über Aparri und Formosa. Die jap. 2. Luftflotte startete am 14. Okt. von Formosa, Okinawa und Kyushu 419 Angriffe. Davon mußten 224 wieder umkehren, weil sie die Ziele nicht finden konnten. Am Abend des 14. Okt. wurde der Schwere Kreuzer "Houston" torpediert und mußte von der "Boston" auf den Haken genommen werden.

Die "Houston" erlitt am 15. Oktober einen weiteren Treffer. Die japanischen Flieger meldeten bei 781 Einsätzen und 331 eigenen Flugzeugverlusten die Vernichtung von elf Flugzeugträgern, zwei Schlachtschiffen, einem Kreuzer und 13 anderen Schiffer. Auch diese "Erfolgsmeldungen" zeigen die völlige Unerfahrenheit der japanischen jungen Piloten in der Trefferbeurteilung.

Bis zum 17. Okt. dauerten die Einsätze der US-Trägerverbände. Dann begann die Leyte-Operation.

Bereits am 16. Okt. begannen die Luftangriffe gegen Leyte. Teile der 5. USAAF unter GenLt. Kennedy und B-24-Bomber der 13. USAAF führten neben Trägerflugzeugen der Geleitträger der Task Group 77.4, KAdm. Sprague, diese Angriffe durch. 48 Stunden lang waren Leyte, Cebu und Nord-Mindanao die Ziele.

Am 18. Oktober hatte ein Konvoi von 420 Transport- und 157 Kriegsschiffen den Leyte-Golf erreicht. Kurz vor Sonnenaufgang liefen die Sicherungsgruppen in den Golf ein. Es waren dies Einheiten der Task Forces T.U. 1, T.U. 2 und T.U. 3. Ihnen standen 18 Geleitträger und 23 Geleitzerstörer zur Verfügung. Die Deckungsgruppe verfügte über weitere vier Kreuzer und sieben Zerstörer.

Als diese Meldungen in Tokio eintrafen, wurde im Kaiserlichen Hauptquartier der Befehl "Sho 1" ausgegeben und damit die japanischen Flottenbewegungen in Gang gesetzt, die von der 5. Japanischen Flotte geführt wurden. VAdm. Kurita verfügte mit der 5. Flotte im Verband A über drei Schlachtschiffe, sechs Schwere Kreuzer und den Leichten Kreuzer "Noshiro" als Zerstörerführer, dem sieben Zerstörer unterstanden.

Der Vorband B setzte sich aus zwei Schlachtschiffen vier Schweren Kreuzern und dem Leichten Kreuzer "Yahagi" als Zerstörerführer mit sechs Zerstörern zusammen.

Es folgten noch vier weitere Verbände mit ähnlich starken Einheiten, von denen Verband 5 als Einsatzverband unter der bewährten Führung von VAdm. Ozawa stand und aus einem Schweren Träger, drei Leichten Trägern und drei Leichten Kreuzern mit acht Zerstörern bestand.

Diesen Verbänden gegenüber stand die 3. US-Flotte unter Admiral Halsey mit der Task Force 38 und Teile der 7. US-Flotte unter von KAdm. Sprague. Eine "Schlachtlinie" zur Bewachung der Surigaostraße kam hinzu. Sie wurde von KAdm. Oldendorf geführt und verfügte über sechs alte Schlachtschiffe, drei Schwere und fünf Leichte Kreuzer, 29 Zerstörer und 45 Schnellboote. Am 17. Oktober begannen auf beiden Seiten die entscheidenden Angriffe. Der 18. und 19. OKtober sah erneut schwere Luftangriffe gegen Mindanao und Leyte durch die Flugzeuze der 5. USAAF und jene von den insgesamt verfügbaren 18 Geleitträgern.

Am 20. Oktober begannen die Landungen der 6. US-Armee unter GenLt. Krueger, die durch den dichten Luftschirm und das Unterstützungsfeuer der Schiffsgeschütze zügig vorangingen.

Japanische Torpedoflieger trafen am Abend des 20. Okt. den Kreuzer "Honolulu". Am folgenden Tage wurde der Schwere Kreuzer "Australia" schwer getroffen. Beide Schiffe mußten auf den Haken genommen und abgeschleppt werden.

Die japanischen Kriegsschiffsgruppen erhielten auf dem Marsch zur Front einige Treffer. So wurde der Kreuzer "Aoba" von U-Boot "Bream" torpediert. Am frühen Morgen des 23. Okt. kamen die U-Boote "Dace" und "Darter" zum Torpedoschuß, welche die Kreuzer "Maya" und "Atago" versenkten, die zur Zentralgruppe von VAdm. Kurita gehörten.

Im Zweiten Anlauf gelang es "Darter" noch, den Kreuzer "Takao" zu torpedieren. Im dritten Angriff wurde "Darter" geortet und mit Wasserbomben verfolgt. Das Boot lief auf ein Korallenriff und sank.

Im Verlaufe der Luft-Luft-Duelle des 24. Oktober flog ein einzelner japanischer Stuka den Träger "Princeton" an. Seine 250-Kilo-Bombe war ein Volltreffer. Der leichte Träger geriet sofort in Brand. Nach einigen Explosionen brannte er aus. Der herbeigelaufene Kreuzer "Birmingham" wurde durch Explosionen auf dem Träger beschädigt.

Der Träger mußte durch eigene Zerstörer versenkt werden.

Bei weiteren Angriffen an jenem tragischen Mittwoch, dem 24. Okt., kamen sechs durchgebrochene japanische Stukas nicht zum Wurf.

Vier Wellen US-Trägerflugzeuge griffen im Gegenzuge die japanische Zentralgruppe an. Auf "Myoko" wurde ein Torpedotreffer erzielt, dem ein Bombentreffer folgte. Die "Musashi" wurde ebenfalls von einem Torpedo getroffen.

Die "Musashi" wurde noch zweimal angegriffen und schwer eingedeckt. Dieses Schlachtschiff erhielt insgesamt sechs schwere Treffer. Auch die "Yamato" das japanische Flaggschiff, ein Superschiff, erhielt zwei Treffer.

Eine vierte Welle US-Bomber- und Torpedoflieger erzielte abermals zehn Bomben- und sechs Torpedotreffer. Die "Musashi" sank nach 30 Bomben- und Torpedotreffern. Dieses Schlachtschiff hatte die Höchstzahl an Treffern während des Krieges erhalten.

Alle übrigen Schlachtschiffe erhielten leichte Treffer. Die US-Landungsoperationen wurden erfolgreich zum Abschluß gebracht.

Seeschlacht in der Surigaostraße

Die von den Admiralen Nishimura und Shima geführten japanischen Kampfgruppen waren von der US-Luftaufklärung im Süden erfaßt worden. Damit war die "Schlacht in der Surigaostraße" eingeleitet. Diese letzte Seeschlacht großen Stils begann mit dem Feuerüberfall der KGr. von KAdm. Nishimura gegen jene 45 Motor-Torpedoboote unter Cdr. Bowling, die am 23. Oktober nach einem Marsch von 1.100 Seemeilen von Mios Woendi in den Leyte-Golf einliefen. Sie patrouillierten am Nachmittag des 24. Okt. durch die Surigao-Straße, als sie um 22.50 Uhr gesichtet wurden. Die Boote schossen ihre Torpedos. So torpedierte PT137 den japan. Kreuzer "Abukuma".

Zehn MTB wurden im ersten Schlagabtausch getroffen, von denen eines sofort sank.

Die Zerstörer-Squadron unter Captain Howard beteiligte sich am Feuerkampf. Zerstörer "Melvin" torpedierte das jap. Schlachtschiff "Fuso". Insgesamt schoß diese Squadron 27 Torpedos. Kurz nach einer Wendung erfolgte der zweite Angriff dieser Zerstörer mit Torpedos. Diesmal wurden die Zerstörer "Yamagumo" und "Michishio" tödlich getroffen. Dem Zerstörer "Asagumo" wurde der Bug weggeschossen.

Im Kampf der Schlachtschiffe und Schweren Kreuzer wurde die "Yamashiro" von VAdm. Nishimura, mehrfach getroffen und sank nach einer Kesselexplosion.

Der Schwere Kreuzer "Mogami" wurde ebenfalls so schwer getroffen, daß er sank. VAdm. Nishimura hatte seine beiden Schlachtschiffe, den Schweren Kreuzer "Mogami" und drei Zerstörer verloren. Von der KGr. unter KAdm. Oldendorf war lediglich der Zerstörer "Grant" versenkt worden.

Die Schlacht in der Surigaostraße war zu Ende. Sie kennzeichnete gleichzeitig das Ende des Zeitalters des Seekrieges mit Großkampfschiffen. Sie war übrigens die letzte Seeschlacht, an der die Luftstreitkräfte beider Seiten keinen Anteil hatten. Zugleich sah sie auch den letzten Einsatz einer klassischen Schlachtlinie.

In der gleichzeitig damit verlaufenden Schlacht über und bei Samar kam es zu beiderseitigen Verlusten. Der jap. Kreuzer "Kumano" wurde durch Torpedofächer mehrfach getroffen. Der Kreuzer "Suzuya" konnte den Großteil der Besatzung abbergen.

Die japanischen Schlachtschiffe "Yamato" und "Nagato" schossen in diesem Gefecht die US-Zerstörer "Joel", "Samuel B. Roberts", "Johnston" und "Gambier Bay" zusammen. "Haruna" und "Kongo", die beiden anderen Schlachtschiffe der KGr. unter VAdm. Kurita, griffen die Task Group 77.2.4 an, deren Trägerflugzeuge im Gegenzug die Kreuzer "Chokai" und "Chikuma" angriffen und diese so schwer eindeckten, daß sie sanken. Daraufhin brach VAdm. Kurita den Kampf ab und befahl das Ablaufen.

Sechs japanische Kamikazeflieger drangen jedoch noch unter Führung von Lt. Seki zur Task Group 77.4.3 durch, versenkten den Geleitträger "St. Lo" und beschädigten die weiteren Geleitträger "Kalinin Bay", "Kitkun Bay" und "White Plains" teilweise sehr schwer. Lediglich der Geleitträger "Fanshaw Bay" kam mit heiler Haut davon.

Ein weiterer kleiner Kamikazeverband griff mit fünf Maschinen von Mindanao aus die Task Group 77.4.1 an. Der erste Kamikazeflieger stürzte sich auf das Deck des Trägers "Santee", er prallte auf dem Flugdeck auf, durchschlug es und explodierte in Hangardeck. Das ausbrechende Feuer war fast unter Kontrolle, als ein jap. U-Boot (es war I 56) diesen havarierten Gegner mit seinen Torpedos versenkte.

Ein weiterer Todesflieger stürzte auf das Deck der "Suwanee". Auch hier konnte das ausbrechende Feuer gelöscht werden.

Götterwind-Kamikazeflieger

Darmit kamen erstmals japanische Kamikazeflieger zum Einsatz. Dieser Sonderverband war vom japanischen Marineoberkommando aufgestellt worden. Als im Herbst 1944 klar geworden war, daß nur eine ganz bestimmte Art von Einsatz noch Erfolg verbürgen würde, erfolgte die forcierte Aufstellung der Kamikaze-Verbände.

Diese Verbände erhielten Maschinen, denen alle wichtigen Teile entnommen worden waren, denn sie sollten sich mit ihrer Bombenlast direckt auf die Schiffe stürzen. Jene vier Kamikazeflieger, von denen im Vorabschnitt die Rede war, hatten ihren Angriff aus heiterem Himmel im steilen Sturzflug auf die Ziele geflogen und waren erfolgreich, weil sie nicht im schrägen Winkel auf die Träger stürzten und dann nämlich abgerutscht wären.

Drei Stunden nach diesem Angriff erfolgte übrigens ein weiterer gegen einige Träger. Die fünf "Götterwindpiloten" wurden von vier Zeke-Jägern gesichert.

Der erste Kamikaze traf den Träger "Kitkun Bay", rutschte aber von der Kante des Flugdecks desselben ins Wasser, wo die mitgeführte Bombe detonierte und das Schiff unter Wasser aufriß.

Der zweite Todesflieger griff die "White Plains" an und verfehlte diese nur knapp. Der dritte traf die "St. Lo" mitten auf dem Flugdeck. Die dort stehenden Avenger-Maschinen wurden zerstört. Die "St. Lo" sank binnen 30 Minuten.

Während die Zerstörer mit Bergungsarbeiten befaßt waren, stießen zwei weitere Kamikaze-Maschinen "Judys 21" zum Angriff herunter. Eine traf die "Kalinin Bay", die zweite explodierte so dicht bei der "Kitkun Bay", daß deren vorher erlittenen Beschädigungen noch verstärkt wurden.

Die Kamikazeeinsätze wurden fortgesetzt. Am 26. Okt. griffen fünf solcher Flieger an. Sie trafen im zweiten Anflug den Träger "Suwanee" abermals schwer. "Sangamon" und "Petroff Bay" wurden nur knapp verfehlt.

Weitere Angriffe sollten später noch große Erfolge erzielen. Ebenso solche der Oka-Bombereinsätze.

Weitere See-Luftkämpfe bis Ende Dezember 1944: Die Schlacht bei Cape Engano

Um die japanische Ablenkungsgruppe unter VAdm. Ozawa zu stellen, liefen drei Verbände der Task Force 38 unter KAdm. Sherman in der Nacht zum 25. Oktober nach Norden.

Ihnen gegenüber standen auf japanischer Seite die "Mobile Streitmacht" unter VAdm. Ozawa.

Im Kampf der beiderseitigen Luftangriffe und der amerikanischen U-Boote kam es japanischerseits zum Verlust folgender Schiffe:

Träger "Zuiho" und sein Schwesternschiff, die "Chitose" schwer getroffen. "Chitose" sank um 9.37 Uhr des 25. Okt.

Der große Träger "Zuikaku" erhielt einen Torpedotreffer, der die Bordverständigung lahmlegte, sodaß VAdm. Ozawa um 11.00 Uhr auf die "Oyodo" übersteigen mußte. Der Zerstörer "Akitsuki"sank nach Bombentreffer.

Die zweite Welle der US-Angreifer traf den Träger "Chiyoda". Die Besatzung verließ den Träger, der um 16.30 Uhr versenkt wurde.

Einige Kreuzer gingen verloren und nach den sechs erfolgreich durchgeführten Angriffen hatten die Japaner vier Träger verloren. Die "Hyuga" - ein Flugdeckschlachtschiff - und das zweite Flugdeckschlachtschiff "Ise" konnten beschädigt entkommen.

Weitere Schiffsverluste mußte auch die Kurita-Gruppe hinnehmen (siehe zu diesen Seeschlachten: Saunders, Hrowe, H.: a.a.0.).

Bis zum Ende des Jahres 1944 kam es zu einer Reihe kleinerer Operationen. Japanische Luftlandeoperationen gegen die US-Flugplätze auf Leyte am 27. Nov. schlugen fehl. Kamikazeflieger beschädigten die "Colorado", die "Montpelier" und die St. Louis". Die "Maryland", die diesem Angriff entkam, wurde am 29. Nov. von Kamikazes getroffen und schwer beschädigt. Im Verlauf dieser Angriffe gelangen die zeitgleich damit durchgeführten Luftlandungen auf dem Flugplatz Burauen. Dort gingen japanische Fallschirmjäger nieder und nahmen den Platz nach 48-stündigem Gefecht in Besitz.

Über die am 30. Dezember 1944 beginnenden letzten Einsätze gegen Luzon wird im Band sieben der Reihe ausführlich berichtet werden.

* * *

ABKÜRZUNGSVERZEICHNIS

AA	=	Aufklärungsabteilung
A.A.	=	Auswärtiges Amt
a.a.0.	=	am angegebenen Ort
a.D.	=	Außer Dienst
Abt.	=	Abteilung
AFP	=	Artillerie-Fährprahm
AK	=	Armeekorps
alb.	=	albanische
AOK	=	Armeeoberkommando
ArmeeGen.	=	Armeegeneral
Batl.	=	Bataillon
BatlGefStand	=	Bataillonsgefechtsstand
B.d.K.	=	Befehlshaber der Kreuzer
B.d.U.	=	Befehlshaber der U-Boote
BewBatl.	=	Bewährungsbataillon
Bf	=	Jagdflugzeug-Typenbezeichnung
BrigGen.	=	Brigadegeneral
BRT	=	Bruttoregistertonnen
can.	=	canadische
cbm	=	Kubikmeter
Cdr.	=	Commander
cm	=	Zentimeter
CW	=	U.K. Coastal - Channel west (engl. Küstengeleitzug)
DAK	=	Deutsches Afrika-Korps
desgl.	=	desgleichen
DFS	=	Deutsche Forschungsanstalt für Segelflug (Lastensegler)
Div.	=	Division
DivArt.	=	Divisionsartillerie
DivGefStand	=	Divisionsgefechtsstand
Divnen	=	Divisionen
DivKdr.	=	Divisionskommandeur
Dr.	=	Doktor
dt.	=	deutsch(er)
EL	=	Eichenlaub (zum Ritterkreuz)
ex	=	vorheriger Name
FdU	=	Führer der U-Boote
FeldAusbDiv.	=	Feldausbildungsdivision
FeldErsBatl.	=	Feldersatzbataillon

Fest-ID	=	Festungs-Infanteriedivision
FJ	=	Fallschirmjäger
FJD	=	Fallschirmjäger-Division
FJR	=	Fallschirmjäger-Regiment
FHQ	=	Führerhauptquartier
FKpt.	=	Fregattenkapitän
FlakAbt.	=	Flakabteilung
FlakDiv.	=	Flakdivision
FlakRgt.	=	Flakregiment
FlaMW	=	Flakmaschinenwaffe
FlK	=	Fliegerkorps
Flot.	=	Flottille
FregKpt.	=	Fregattenkapitän
Frhr.	=	Freiherr
FschLehrBatl.	=	Fallschirm-Lehrbataillon
FschMGBatl.	=	Fallschirm-MG-Bataillon
FschPzDiv.»HG«	=	Fallschirmpanzerdivision »Hermann Göring«
FT	=	Funkentelegraphie (Funkspruch)
FüsRgt.	=	Füsilierregiment
FW	=	Focke Wulf
Fw.	=	Feldwebel
GA	=	Großadmiral
GD	=	Gebirgsdivision, Gardedivision
GebSchtzDiv.	=	Gebirgsschützen-Division (sowj.)
GebPiBatl.	=	Gebirgspionierbataillon
GebJägRgt.	=	Gebirgsjäger-Regiment
GefStand	=	Gefechtsstand
GJR	=	Gebirgsjägerregiment
Gen.d.Art.	=	General der Artillerie
Gen.d.Fl.	=	General der Flieger
Gen.d.FschTr.	=	General der Fallschirmtruppe
Gen.d.Inf.	=	General der Infanterie
Gen.d.Kav.	=	General der Kavallerie
Gen.d.Pi.	=	General der Pioniere
Gen.d.PzTr.	=	General der Panzertruppe
GenLt.	=	Generalleutnant
GenMaj.	=	Generalmajor
GenOberst	=	Generaloberst
GenStOffz.	=	Generalstabsoffizier
gep.	=	gepanzert
GFM	=	Generalfeldmarschall

Go	=	Großseglertyp
GPU	=	Gosudarstvennoje politicescoje upravlenie (politische Polizei der Sowjetunion)
GR	=	Grenadierregiment, Garderegiment
GrenRgt.	=	Grenadierregiment
He	=	Heinkel
HeKüstArtAbt.	=	Heeres-Küstenartillerie-Abteilung
HePzJägAbt.	=	Heeres-Panzerjägerabteilung
HGr.	=	Heeresgruppe
HGrGefStand	=	Heeresgruppen-Gefechtsstand
HGrHQ	=	Heeresgruppen-Hauptquartier
HGrKdo	=	Heeresgruppenkommando
HKL	=	Hauptkampflinie
Hptm.	=	Hauptmann
HQ	=	Head Quarter; Hauptquartier
HVPl.	=	Hauptverbandsplatz
HX	=	Geleitzug USA-England
Ia	=	Erster Generalstabsoffizier
ID	=	Infanteriedivision
IDnen	=	Infanterie-Divisionen
i.G.	=	im Generalstab
InfRgt.	=	Infanterieregiment
IR	=	Infanterieregiment
ital.	=	italienische
JägBatl.	=	Jägerbataillon
JägDiv.	=	Jägerdivision
JägKorps.	=	Jägerkorps
JägRgt.	=	Jägerregiment
Jak	=	Jakowlew (sowj. Flugzeugtyp)
Jan.	=	Januar
jap.	=	japanisch(e)
JG	=	Jagdgeschwader
JR	=	Jägerregiment
JS	=	Josef Stalin (schwerer sowjetischer Panzertyp)
Ju	=	Junkers
jugosl.	=	jugoslawisch(e)
JW	=	Geleitzug Loch Ewe - Kola Fjord
KAdm.	=	Konteradmiral
KavBrig.	=	Kavalleriebrigade
KavDiv.	=	Kavalleriedivision
KFK	=	Kriegsfischkutter

Kdr.	=	Kommandeur
KG	=	Kampfgeschwader
KGr.	=	Kampfgruppe
KGrFhr.	=	Kampfgruppenführer
KKpt.	=	Korvettenkapitän
km	=	Kilometer
kn	=	Knoten (Schiffsgeschwindigkeit)
Kp	=	Kompanie
KpChef	=	Kompaniechef
Kpn.	=	Kompanien
Kpt.	=	Kapitän
KptLt.	=	Kapitänleutnant
Kpt.z.S.	=	Kapitän zur See
KommGen	=	Kommandierender General
KT	=	Küstentorpedoboot
KTB	=	Kriegstagebuch
KwK	=	Kampfwagenkanone
L-SS-»AH«	=	Leibstandarte SS »Adolf Hitler«
LaGG; La-5	=	Lawotschkin-Jagdflugzeug; Flugzeugtyp
lett.	=	lettisch(e)
lett.SS-Div.	=	lettische SS-Division
LST	=	brit. Tanklandungsboot
lt.	=	laut (Bezugnahme)
Lt.	=	Leutnant
Lt.z.S.	=	Leutnant zur See
LTF	=	Lufttransportführer
Lw-FeldDiv.	=	Luftwaffen-Felddivision
LwFeldRgt.	=	Luftwaffen-Feldregiment
LwJägRgt.	=	Luftwaffen-Jägerregiment
M.-Flot	=	Minensuch-Flottille
Maj.	=	Major
MarArtAbt.	=	Marine-Artillerie-Abteilung
MarInfBrig.	=	Marine-Infanteriebrigade
MarSchtzBatl.	=	Marine-Schützenbataillon
Me	=	Messerschmitt
MFP	=	Marine-Fährprahm
MG	=	Maschinengewehr
MGB	=	Motor Gun Boat
MPi	=	Maschinenpistole
MTB	=	Motortorpedoboot (brit.)
MTW	=	Mannschaftstransportwagen

neuseel.	=	neuseeländisch(e)
OB	=	Oberbefehlshaber
Ob.d.L.	=	Oberbefehlshaber der Luftwaffe
Ob.d.M.	=	Oberbefehlshaber der Kriegsmarine
OberstLt.	=	Oberstleutnant
Oblt.	=	Oberleutnant
Oblt.z.S.	=	Oberleutnant zur See
ObStFhr.	=	Obersturmführer
Ofw.	=	Oberfeldwebel
OK; H, L, M, W	=	Oberkommando; Heer, Luftwaffe, Marine, der Wehrmacht
ONS	=	Geleitzug England-USA
ostw.	=	ostwärts
OT	=	Organisation Todt
PD	=	Panzerdivision
PGD	=	Panzergrenadierdivision
PGR	=	Panzergrenadierregiment
Pi	=	Pioniere
PiBatl.	=	Pionierbataillon
Pz	=	Panzer
PzAA	=	Panzer-Aufklärungs-Abteilung
PzAbt.	=	Panzerabteilung
PzArtRgt.	=	Panzer-Artillerieregiment
PzAOK	=	Panzerarmee-Oberkommando
PzJägAbt.	=	PanzerJäger-Abteilung
PzGrenDiv.	=	Panzergrenadierdivision
qbi	=	Q-Gruppenspruch im Funkverkehr (keine Sicht)
Q-Stab	=	Quartiermeisterstab
RA	=	Räumboot-Ausland (Beuteboote)
RAF	=	Royal Air Force
R-Boot	=	Räumboot
R-Flot.	=	Räumboot-Flottille
RgtGefStand	=	Regimentsgefechtsstand
RgtKdr.	=	Regimentskommandeur
RK	=	Ritterkreuz des Eisernen Kreuzes
rum.	=	rumänisch(e)
russ.	=	russisch(e)
S-Boot	=	Schnellboot
S-Flot.	=	Schnellbootflottille
San.	=	Sanitäter, Sanitäts
SanOfw.	=	Sanitätsoberfeldwebel
SC	=	Geleitzug Sydney-England

SchtzRgt.	=	Schützenregiment
SD	=	Schützendivision (sowj.)
sHArtAbt.	=	schwere Heeresartillerie-Abteilung
SichDiv.	=	Sicherungsdivision
sm	=	Seemeilen
sowj.	=	sowjetisch(e)
SPW	=	Schützenpanzerwagen
SR	=	Schützenregiment
SS-PD	=	SS-Panzerdivision
SS-PolDiv.	=	SS-Polizeidivision
StG	=	Sturmgeschütz
StGeschAbt.	=	Sturmgeschütz-Abteilung
StGeschBrig.	=	Sturmgeschütz-Brigade
StGeschKp.	=	Sturmgeschütz-Kompanie
südöstl.	=	südöstlich
südw.	=	südwestlich
T-Boot	=	Torpedoboot
T.-Flot.	=	Torpedobootflottille
TKA	=	Torpedokutter (sowj.)
to	=	Tonnen
UdSSR	=	Union der sozialistischen Sowjetrepubliken
Uffz.	=	Unteroffizier
UJ	=	U-Jäger (U-Boot-Jäger)
ung(ar.)	=	ungarisch(e)
US	=	United States
USA	=	United States of Amerika
USAAF	=	United States Army Air Force (Heeresluftwaffe)
UStFhr.	=	Untersturmführer
VAdm.	=	Vizeadmiral
VGD	=	Volksgrenadierdivision
VO	=	Versorgungsoffizier
westl.	=	westlich
WFSt.	=	Wehrmachtführungsstab
WP	=	Küstengeleitzug Bristolkanal-Portsmouth
Z.-Flot.	=	Zerstörerflottille
z.b.V.	=	Zur besonderen Verfügung.

QUELLENANGABEN UND LITERATURVERZEICHNIS
(Auszug)

Ahlfen, Hans, von:	Der Kampf um Schlesien, München 1961
Alman, Karl:	Panzer vor!, Rastatt 1966
ders.:	Großlandung Seinebucht, München 1964
ders.:	Marinebatterie Marcouf, Rastatt 1965
ders.:	Angriff, ran versenken!, Rastatt 1965
ders.:	Sprung in die Hölle, Rastatt 1964
ders.:	Der Kessel von Cotentin, Rastatt 1965
ders.:	Großadmiral Karl Dönitz, Leoni 1983
Antonow, A.S.:	Die Panzer, Berlin (Ost) 1959
Arnold, H.H.:	Global Mission, New York 1948
Bauer, Prof. Eddy:	Der Panzerkrieg, Bonn 1965
Bayerlein, Fritz:	Die Panzer-Lehr-Division vom D-Tag bis zum V-Tag. KTB an den Autor
Berning, H.H.:	Duell der Giganten, Balve 1961
Böhmler, Rudolf:	Monte Cassino, Darmstadt 1955
ders.:	Fallschirmjäger, Bad Nauheim 1961
Bradley, Omar N.:	A soldiers Story, New York 1951
Brasche, Rudolf:	Mit der Panzer-Lehr-Division im Westen, i.Ms.
Carell, Paul:	Verbrannte Erde, Frankfurt/Main 1966
Carius, Otto:	Tiger im Schlamm, Neckargemünd 1960
ders.:	Unterlagen an den Autor, i.Ms.
Chamberlin, H.W.:	Amerikas Zweiter Weltkrieg, Bonn 1952
Churchill, Winston:	The second World War, Vols V, VI, London 1952-1954
ders.:	Der Zweite Weltkrieg, Bern, München, Wien 1985
Collier, Sir Basil:	The defence of the United Kingdom, London 1957
Crocker, George N.:	Schrittmacher der Sowjets, Tübingen 1960
Dahms, Helmuth:	Die Geschichte des Zweiten Weltkrieges, München 1983
Dieckhoff, Gerhard:	Die 3. Panzergrenadierdivision, Göttingen 1963
Dieckert, Kurt und Grossmann, Horst:	Der Kampf um Ostpreußen, München 1960
Dönitz, Karl:	Zehn Jahre und 20 Tage, Frankfurt/Main 1963
ders.:	Unterlagen über den Seekrieg und U-Boot-Krieg, i.Ms. an den Autor
ders.:	Mein wechselvolles Leben, Göttingen 1968
Eberbach, Heinrich:	Kampfberichte von der Invasionsfront, i.Ms. an den Autor
Eisenhower, Dwight:	Kreuzzug in Europa, Amsterdam 1948
Fey, Will:	Panzer im Brennpunkt der Fronten, München 1959
Fretter-Pico, Maximilian:	Mißbrauchte Infanterie, Franfurt/Main 1957
Friessner, Hans:	Verratene Schlachten, Hamburg 1956
Fuller, J.F.C.:	Der Zweite Weltkrieg 1939-1945, Wien 1952
Gackenholz, Hermann:	Zusammenbruch der Heeresgruppe Mitte 1944, Frankfurt/Main 1957

Galland, Adolf:	Die Ersten und die Letzten, München 1953
Gerhard, Rudolf:	Von Wunsdorf zu den Ardennen, i.Ms. an Franz Kurowski
Girbig, Werner:	1000 Tage über Deutschland, Stuttgart 1973
ders.:	Start im Morgengrauen, Stuttgart 1975
Gisevius, H.B.:	Bis zum bitteren Ende, Hamburg 1947
Godt, Erhard:	Der U-Bootkrieg, in: Bilanz des Zweiten Weltkrieges, Frankfurt 1960
Görlitz, Walter:	Der Zweite Weltkrieg, Bd. 2, Stuttgart 1952
Greiner, H.:	Die Oberste Wehrmachtführung 1939-1945, Frankfurt/Main 1950
Greiner, Heinz:	Kampf um Rom - Inferno am Po, Neckargemünd 1968
Harris, Sir Arthur:	Bomber Offensive, London 1947
Hartelt, Wolfgang:	Kampfberichte über den Einsatz beim Fallschirm-Panzer-Korps »HG«, i.Ms. an den Autor
Haupt, Werner:	Heeresgruppe Nord, Dorheim 1970
ders.:	Heeresgruppe Mitte, Dorheim 1968
Hayn, Friedrich:	Die Invasion, Heidelberg 1954
Heydte, Prof.Dr. Friedrich A. von der:	Die Fehler in der Rechnung Cotentin, CS 1968
ders.:	Berichte und Unterlagen an den Autor
Hölter, Hermann:	Armee in der Arktis, München 1977
Hoffmann, Karl:	Das Panzer-Lehr-Regiment 130 im Einsatz, i.Ms.
Hoppe, Harry:	Die 298. ID in Italien, Bad Nauheim 1953
ders.:	Unterlagen an den Autor
Hossbach, Friedr.:	Infanterie im Ostfeldzug, Osterode 1951
Hubatsch, Hillgruber, Schramm:	Das KTB des OKW, Frankfurt/M 1961-63
James, David H.:	The Rise and Fall of the japanese Empire, London 1951
Kalinov, Kyrill D.:	Sowjetmarschälle haben das Wort, München 1954
Karczewski, Bruno:	Mit der Teufelsdivision im Einsatz und andere Kampfberichte, i.Ms. an den Autor
Kern, Erich:	Genenalfeldmarschall Schörner, Preußisch-Oldendorf 1970
Kerutt, Helmut:	Kampfberichte aus dem Westen 1944, i.Ms. an den Autor
Kollatz, Karl:	Stoßtrupp Lepkowski,
ders.:	Fw. Rudolf Brasche,
ders.:	General der Fallschirmtruppe Ramcke,
ders.:	Generalmajor Karl-Lothar Schulz,
ders.:	GFM Walter Model,
ders.:	Generalmajor Max Sachsenheimer,
ders.:	Generalleutnant Martin Unrein,
ders.:	Generalleutnant Wend von Wietersheim,
ders.:	Oberst Franz Griesbach,
ders.:	Oberstleutnant Heinz Hogrebe,
ders.:	Generalmajor Horst Niemack, alle: Rastatt 1959-1980
Kühn, Volkmar:	Deutsche Fallschirmjäger im Zweiten Weltkrieg 1939-1945, Stuttgart 1993 (10. Auflage)
ders.:	Torpedoboote und Zerstörer im Einsatz, 1939-1944, Stuttgart 1990

ders.:	Schnellboote im Einsatz 1939-1945, Stuttgart 1992
ders. und Kleine, Egon:	Tiger - Die Geschichte einer legendären Waffe 1942-1945, Stuttgart 1993 (6. Auflage)
Bor-Komorowski, Tadeuz:	The secret army, London 1951
Kurowski, Franz:	Die Panzer-Lehr-Division, Bad Nauheim 1964
ders.:	Von den Ardennen zum Ruhrkessel, Herford 1965
ders.:	Kampf um die Festung Europa, Neckargemünd 1966
ders.:	Heeresgruppe Mitte 1942-43, Friedberg 1989
ders.:	Fränkische Infanterie, Bochum 1970
ders.:	Ich kam durch, Rastatt 1970
ders.:	Endkampf um das Reich, Friedberg 1987
ders.:	Zu Lande, zu Wasser, in der Luft, Bochum 1969
ders.:	Grenadiere, Generale, Kameraden, Rastatt 1968
ders.:	Mit Eichenlaub und Schwertern, Rastatt 1970
ders.:	Blutiges Dreieck - Der Zusammenbruch der Heeresgruppe Mitte, Rastatt 1972
ders.:	Armee Wenck - Die 12. Armee zwischen Oder und Elbe, Neckargemünd 1967
ders.:	Heimatfront, Bayreuth 1960
ders.:	Der Panzerkrieg, München 1991 (3. Auflage)
ders..	Generalfeldmarschall Albert Kesselring, Berg 1985
ders.:	Balkenkreuz und Roter Stern - Der Luftkrieg über Rußland, Dorheim 1985
ders.:	Die Schlacht um Deutschland, München 1981
ders.:	Generaloberst Dietl, Berg 1990
ders.:	An alle Wölfe: Angriff!, Friedberg 1986
ders.:	Panzer Aces, Toronto 1992
ders. und Tornau, Gottfried:	Sturmartillerie - Geschichte einer legendären Waffe, Stuttgart 1977
Lemm, Hans-Georg:	Kriegseinsätze in Rußland und im Westen, i.Ms. an den Autor
Linklater, Eric:	The Campain in Italy, London 1951
MacDonald, Charles, B.:	The Battle of the Huertgen-Forest, Philadelphia-New York 1946
Majdalany, Fred:	Monte Cassino, München 1958
Manstein, Erich v.:	Verlorene Siege, Bonn 1955
Manteuffel, Hasso v.:	Die 7. Panzerdivision im Zweiten Weltkrieg, Uerdingen 1965
ders.:	persönliche Gefechtsberichte an den Autor
ders.:	Kampf im Süden der Ostfront: Jassy-Targul Frumos, i.Ms. an den Autor
ders.:	Einsätze im Raum Schaulen, Kauen, i.Ms. an den Autor
Milch, Werner:	Unser Einmarsch in Rom 1944, i.Ms. an den Autor
Montgomery, Bernh.:	Von Alamein zum Sangro, Hamburg 1948
ders.:	Von der Normandie zur Ostsee, Hamburg 1949
Morison, S.E.:	History of the United States Naval Operations in World War II, Vol. 1- 15, Boston 1947-1962
Nehring, Walter K.:	Die Geschichte der deutschen Panzerwaffe 1916-1945, Berlin 1969

ders.:	Diverse Kampfberichte i.Ms. an den Autor
Otte, Alfred:	Kurze Geschichte des Fallschirmpanzerkorps »HG«, i.Ms. an den Autor
ders.:	Einsatz der Panzerdivision »HG«, i.Ms. an den Autor
ders.:	Die weißen Spiegel, Bad Nauheim o.J.
Patton, G. S.:	Krieg, wie ich ihn erlebte, Bern 1950
Paul, Wolfgang:	Brennpunkte - Geschichte der 6. PD, Krefeld 1977
Pickert, Wolfgang:	Vom Kubanbrückenkopf bis Sewastopol, Heidelberg 1955
Pohlmann, Hartwig:	Wolchow, Bad Nauheim 1962
PzAOK 4:	Befehl Nr.: 2681/44 gKados
Remmert, Heinz:	Einsatzberichte des GR 464, i.Ms. an den Autor
Richards, Denis:	Royal Air Force 1939-1945, Vol. I-IV, London 1954-56
Rendulic, Dr.Lothar:	Gekämpft, gesiegt, geschlagen, Wels 1952
ders.:	Soldat in stürzenden Reichen, München 1965
ders.:	Kampfberichte i.Ms. an den Autor
Ryan, Cornelius:	The longest Day, New York 1968
Sachsenheimer, Max:	Kampfberichte und Dokumente an den Autor
Schaulen, Joachim v.:	General der Panzertruppe Hasso von Manteuffel - Panzerkrieg im Zweiten Weltkrieg, Berg 1987
Schulz, Joh.:	Unternehmen Overlord, Balve 1961
ders.:	Duell der Giganten, Balve 1962
Schulz, Friedrich:	Kampfberichte und Dokumente an den Autor
Schulz, Karl-Lothar:	Kampfberichte, Dokumente und Unterlagen an den Autor
Senger u. Etterlin, Dr. F.M. jr.:	Die 24. Panzerdivision, vormals 1. Kavalleriedivision 1939-1945, Neckargemünd 1962
Shilin, P.A.:	Die wichtigsten Operationen des großen Vaterländischen Krieges 1941-1945, Frankfurt/Main 1962
Shukow, Georgi K.:	Erinnerungen und Gedanken, Berlin 1976
Spaeter, Helmuth:	Geschichte des Panzerkorps »GD«, Duisburg 1958-59
Steglich, Martin:	Kampfberichte und Unterlagen an den Autor
Stoves, Rolf:	Die 1. Panzerdivision 1939-1945, Bad Nauheim
Stronk, Wolfram:	Einsatz mit der 5. Kompanie in Warschau und andere i.Ms. an den Autor
Student, Kurt:	Memoiren i.Ms. an den Autor
ders.:	Arnheim - Letzter deutscher Erfolg, ZS
Tedder, Lord Arthur:	Air Power in War, London 1946
Teusen, Hans:	Kampfberichte aus dem Westen, i.Ms. an den Autor
Trees, Wolfgang:	Schlachtfeld Rheinland, Aachen 1976
Trettner, Heinz:	Einsatzberichte über die 4. Fallschirmjägerdivision 1944-1945 in Italien, i.Ms. an den Autor
Unrein, Martin:	Kampfberichte an den Autor i.Ms.
Vormann, Nikolaus v.:	Tscherkassy, Heidelberg 1954
Wagener, Karl:	Die Heeresgruppe Süd 1941-1945, Dorheim o.J.
ders.:	Ausbruch der 1. Panzerarmee aus dem Kessel Kamenez-Podolsk, ZS
Wenck, Walter:	Diverse Unterlagen i.Ms. an Franz Kurowski
Westphal, Siegfried:	Erinnerungen, Mainz 1975

Wilmot, Chester: Der Kampf um Europa, Frankfurt/Main 1960
Zeller, Konrad: Kampfberichte an den Autor

Weitere Quellenwerke, die für Band V, VI und VII ausgewertet wurden:

Bundesministerium für Vertriebene:
Dokumentation der Vertreibung der Deutschen aus Ost-Mitteleuropa

Verband Luftwaffenehrenmal Fürstenfeldbruck:
Aufklärungsflieger, Fallschirmjäger, Flakartillerie, Bd. 1 und 2. Luftwaffen-Felddivisionen, Seenotdienst der Luftwaffe, Transportflieger, Nahkampfflieger-Verbände,
Kampfflieger, Nachtjagdverbände, Jagdflieger. Alle Celle 1971

Bundesarchiv/Militärarchiv:
Diverse Kriegstagebücher für Heer, Luftwaffe und Marine. (Genaue Auflistung erfolgt im Gesamt-Registerteil).
U-Boot-Archiv-Westerland, Horst Bredow.
Verband der U-Bootfahrer, Kpt.z.S. Hans Diggins,
Gemeinschaft der Sturmartillerie, OTL a.D. Wickelmayer.
Gemeinschaft der Tiger-Abteilungen der Wehrmacht, Egon Kleine.

Verband Deutsches Afrika-Korps e.V.:
Gen.d.Kar.a.D. Westphal.
Gemeinschaft der Gebirgstruppen (und viele andere).

Allen wird in gesonderter Weise am Schluß dieser siebenbändigen Arbeit gedankt werden.
Ihre Mithilfe hat sich als entscheidend erwiesen.

Dortmund im Herbst 1994

Franz Kurowski